韓國新劇과 셰익스피어 受容史

II

신정옥 저

책머리에

　이 책은 논문이 아닙니다. 그러나 내용은 논문과 같습니다. 이 책은 한국 신극과 셰익스피어 수용사를 서술한 것입니다. 수용사는 사실에 근거해야 할 것입니다. 수용의 내용은 사실(史實)에 맞도록 문의(文意)에 맞추어 편하게 읽을 수 있도록 산문으로 쓴 것입니다.

　셰익스피어가 위대한 극작가라는 사실을 인식한 것은 대학에서 영문학을 공부할 때의 일이다. 셰익스피어가 영국의 극작가로서 세계문화사에 빛나는 업적을 남긴 것은 이미 알고 있었으나 그의 작품을 접한 것은 피난시절의 대학에서였다. 교수의 강의를 듣고 또 원작을 접하면서 그의 위대함을 느낀 것은 그의 호한(浩瀚)한 세계와 뛰어난 시적 재능뿐만 아니라, 이 드넓은 우주 속에서 미소한 인간의 존재를 그렇게도 명징(明澄)하게, 그리고 이 세상에 사는 수많은 계층의 사람들의 성격, 감정을 칼로 도려내듯 묘사한 것에서 더욱 감동하지 않을 수 없었다.

　셰익스피어는 성인(聖人)이다, 경구가(警句家)이다.
　셰익스피어는 문호이다, 시인이다, 희곡작가이다.
　셰익스피어는 위대하다, 오늘날에도 살아있다.

　우리나라에 셰익스피어가 수용되면서, 셰익스피어를 인식하는 과정에서 그에게 부쳐진 호칭이다. 결국 오늘날 셰익스피어는 위대한 세계적인 대문호로 역사에 기록될 것은 확실하다.
　학부를 거쳐 대학원에 진학하면서 더욱 그의 작품에 매료되었고, 그의 작품세계에 대한 연구 그리고 작품의 번역에 혼신의 힘을 기울여 왔다. 대학원 재학시절 金甲順 교수의 권고로 〈한여름 밤의 꿈〉을 번역하였고, 이화여자대학교 대강당에서 성황리에 3일간의 공연을 하였으며, 바로 출판되었다. 이것이 서양연극과 셰익스피어 연구에 입문하게 된 계기가 된 것이다. 그래서 박사학위의 논문도 그 제목이 〈英美劇의 移入과 韓國新劇에 미친 影響〉이었다.
　1975년부터 1984년 사이에 서구작가들의 현대세계명작을 선택하여 번역하였으며, 전집 10권으로 출판하여 우리나라 희곡과 무대예술의 승화에 주력하려고 하였다. 세계에서 또 우리나라에서 알려지고 공연되는 희곡의 대부분이 포함돼 있다. 그 무렵은 지재권(知財權)문제가 협약되거나 시행되기 전이었기 때문에 자유롭게 작품을 선정할 수 있었다. 그리고 〈무대의 전설 - 명배우 명연기〉로 무대예술의 길잡이에 일조하였으며, 〈韓國新劇과 西洋演劇〉과 〈한국에서의 서양연극(공저)〉의 책자를 출판하여 학계에 서양연극문제를 투사(投射)하여 서양연극의 한국에 미친 영향을 논의하는데 참여하였다.

그러나 필생의 사업으로 몰두한 것은 셰익스피어 전집의 번역, 우리나라의 셰익스피어의 수용사 그리고 신극과 셰익스피어에 관한 연구였다. 우선 대학원 시절의 〈한여름 밤의 꿈〉 번역 이래 2008년까지에 셰익스피어의 작품 42권의 번역·출판을 마무리하였고, 그 후는 개정판의 집필에 착수하여 계속 출판하고 있다. 42권의 출판도 방대한 사업이라, 이 일을 맡아서 출판한 고 김진홍 박사 및 전예원 양계봉 사장에게 심심한 감사를 드리고 싶다. 전집의 내용은 희곡이 39편이고 장시가 3편이며, 희곡 중의 2편 〈두 귀족 친척〉(The Two Noble Kinsmen)과 〈에드워드 3세〉(Edward III)는 근자에 셰익스피어의 작품으로 공인을 받게 되어 우리나라에서는 모처럼 번역 출판된 것으로 역자는 책임감과 부담감을 느끼고 있다. 그래도 셰익스피어의 전 작품 42권을 번역하여 출판까지 마무리 하였으니 필생의 큰 과업을 일단락 지었다는 학자로서의 채무와 도리를 다한 것으로 자위(自慰)하고 있다. 셰익스피어의 작품으로 새롭게 인정된 〈두 귀족 친척〉은 출판 후 인천시립극단(예술감독 이종훈 연출)이 우리나라에서 처음으로 인천예술회관 야외공연장에서 2009년 7월 31일부터 8월 9일까지 무대화하였으며, 〈에드워드 3세〉는 유라시아 셰익스피어 극단 대표 남육현 연출로 국립극장 하늘극장에서 2010년 11월 3일부터 7일까지 공연되었다. 셰익스피어 작품으로서 새롭게 공연된 두 작품이 우리나라에서도 처음으로 새롭게 빛을 보게 된 셈이다.

신극(新劇)이나 셰익스피어에 관한 연구와 논문은 대학교지, 학회지, 잡지, 단행본으로 계속 발표하여 왔는데, 문제점은 연구의 동기와 자료수집에 있었다. 1970년대 이후 우리 연극현장에서 긍정적인 면도 있으나, 일부에서는 마구잡이로 농락되는 것을 목격하며 셰익스피어의 작품이 지나칠 정도로 훼손되는 것이 아닌가 하고 염려하였다. 그리고 자료를 찾아 논문화하기 시작한 것은 1980년대 초였으며, 신문화가 싹트는 20세기 초 1906년대부터 셰익스피어가 우리나라에 그 이름이 도입되고 나서 그 이후에 미친 영향의 과정을 추적하기 시작하였다. 힘든 작업이었다. 자료 수집은 특히 어려웠다. 컴퓨터가 보급되지 않았던 시절이어서 신문, 잡지, 회보, 조회, 인터뷰 등으로 자료를 모아서 정리하여 하나의 체계를 수립하는 일이라, 고행의 노력 끝에 책 한권을 집필하면서도 마음은 항상 부족하고 불만스러울 뿐이었다.

셰익스피어의 수용사는 〈셰익스피어 한국에 오다 - 셰익스피어의 한국수용과정연구〉에서 1906~1961까지의 총론을, 1979년까지의 희곡의 개별적 수용과정을 다루었으며, 1987년까지의 분야별 수용과정은 한국드라마학회의 학회지 〈드라마연구〉 통권 23, 24, 26호에 게재하였다. 그 후 2013년까지의 내용은 새로 자료를 수집 정리하였으며, 이들을 종합하여 오늘까지의 수용과정을 기록하였다. 그러나 셰익스피어의 수용은 문화의 서구화와 신극운동이 잉태(孕胎)한 것이어서 〈新劇과 셰익스피어 受容史〉로 새로이 집필하여 이번에 출판하게 되었다. 이 모든 학문적 연구는 필자가 명지대학교 교수 및 명예교수로 재직하여 이루어진 것이니 동 대학은 필자의 연구의 토대가 된 것이다.

책의 제명은 〈韓國新劇과 셰익스피어 受容史〉이다. 여기서 셰익스피어라고 함은 셰익스피어가 작가인 희곡의 무대화, 즉 연극이고 그 수용사이다. 겸해서 문학적 및 학문적 수용도 다루었다. 그러나 근자에는 대학의 증설과 학교자체의 개편으로 영문학과와 연극과가 계속 늘어나고 있으니, 각 대학마다, 또 학계에서도 셰익스피어에 관한 번역과 연구 성과가 발표되지 않는 곳이 없다. 따라서 상당한 시간이 지나야, 그 기여도와 공과가 판별날 것이다. 그래서 근자와 현대에 있어서는 공연되는 사실에 입각한 연구적 수용에 전념하기로 하였다.

연극을 되도록 많이 감상하는 것을 하나의 과제로 삼고 있으며, 특히 셰익스피어의 작품 공연은 꼭 관극하도록 노력하고 있다. 셰익스피어 작품이 양산되는 근자에는 전국 각 지방에서도 많은 공연이 이루어지고 있어, 이를 모두 볼 수도 없으니, 필자가 관극한 것이거나 자료가 있는 작품의 범위 내에서 다루었으며, 이 저술에 포함되지 못한 부분은 그분들의 노고에 대하여 송구스러운 일이다. 셰익스피어의 수용은 우리나라의 문학과 연극 신극화의 발전에 모태가 되어 큰 영향력을 발휘하였으며, 본 저술이 하나의 시금석이 되리라고 믿고 있다.

한국연극사에 대한 지식은 柳敏榮 博士의 도움으로 해결할 수 있었으며, 깊이 감사드리고 싶다. 그리고 영미희곡 10권을 간행하는데 큰 힘이 되어주신 노경식 교수와 장윤환 전 서울신문사 사장에게도 감사드린다.

항상 격려해주신 극단 신협의 연출자 전세권 교수와 연극비평가인 박정기 희곡심사위원장, 그리고 지금은 저 하늘나라에서 침묵의 충언을 보내고 계신 여인극장 대표였던 강유정 연출가는 필자의 학문과 이 수용사의 저술에 큰 힘이 되었으며, 필자의 후학인 이지태 교수 및 서경대학교 대학원 강의에서 필자의 후학으로 인정한 장익렬 평론가와 오승수 연출가의 협조, 그리고 그 간의 저자의 학술서적들의 출판을 맡아주신 출판사인 새문사, 범우사, 백산출판사, 푸른사상, 전예원 사장님들에게 심심한 사의를 표한다.

마지막으로 필자보다 먼저 세상을 뜬 지금은 하늘나라에서 필자를 기다리고 있는 큰아들 순철이가 몹시 보고 싶다는 말과, 2014년 이후에는 필자의 건강상의 이유로 공연을 볼 수 없었으며, 이 책을 완성하기 위하여 필요한 모든 자료를 구해준 사랑하는 작은 아들 윤철에게 꼭 고맙다는 말을 하고 싶다. 아울러 지금 중환자실에서 병마와 싸우고 있는 남편에게 한 평생 필자가 하고 싶은 셰익스피어 연구를 할 수 있게 하여 준 것에 대하여 너무나 고맙다는 말과 이생에 당신과 같이 할 수 있어서 행복했다는 말을 전하고 싶다.

고양시 일산 일우에서
신 정 옥

맥베스 *Macbeth*-313

로미오와 줄리엣 *RomeoandJuliet*-413

총론

주석

제5장 셰익스피어 공연사

우리나라는 선진국이 되었습니다. 경제에서나 문화에서나 세계 10대국에 오르내리고 있습니다. 자랑할 만한 일이겠죠. 정치는 10위에 드는지 모르겠습니다.

그러나 우리는 6·25를 겪었습니다. 피난은 갔죠. 수복하고 나니 서울도 허허벌판 같았습니다. 국민 모두 열심히 일해서 오늘의 대한민국이 되었고, 서울은 당당히 세계 5대 도시의 하나가 되었습니다.

필자는 나라의 어려움이 가시지 않을 때도 다행히 학교를 다녔습니다. 그 무렵 영문학계는 최재서 교수가 햄릿 대역 판을 내서 큰 호평을 받았습니다. 우리나라에서 처음 출간된 완역 단행본 <햄릿>은 1923년 현철의 '하믈레트'(박문서관 발행)입니다. 피난시절 대구·부산 등에서 신협이 공연하도록 번역한 한노단이 있습니다. 명역으로는 설정식의 햄릿이 있습니다. 그리고 최정우, 우형규, 여석기, 오화섭, 이경식, 김갑순 등 여러 교수가 셰익스피어를 번역하였고 연구하였습니다. 저는 대학원에서 김갑순 교수의 지도를 받았으며 그 분의 권유로 <한여름 밤의 꿈>을 처음 번역하였고 이화여자대학교 강당에서 1958년 10월 17일과 18일 양일에 걸쳐 김갑순 교수의 연출로 공연을 하였는데 크게 환영을 받게 되었습니다. 고마운 일입니다. 그것이 제가 셰익스피어 작품을 번역하게 된 동기이고, 어려운 길을 택한 것이겠죠. 오늘까지 겨우 전 작품, 희곡 39편, 장시 3편의 번역을 끝냈습니다. 지금은 일부 개정판을 내고 있습니다. 바보 같은 인생을 살아온 건지 모르겠습니다. 그래도 만족하고 있습니다.

우리나라에는 이광수가 있고, 김동인이 있습니다. 유치진도 있고 차범석도 있습니다. 미국에는 T. 윌리엄스, 아서 밀러, 에드워드 올비가 있으며, 러시아에는 톨스토이가 있고, 독일에는 괴테가 있고 프랑스에는 몰리에르가 있습니다. 영국에는 셰익스피어를 공박하던 버나드 쇼어도 있죠. 그러나 이 모든 훌륭한 문호를 거명하면서도 한사람을 뽑으라고 하면 아마 대부분이 셰익스피어를 고를 것입니다.

우리나라가 개화되면서 서구문명이 빠르고 크게 흘러들어 왔습니다. 소중한 문화가 여러 가지 면에서 영향을 주어 지금은 문명도 선진국이 되었죠. 그 가운데 큰 줄기의 하나는 셰익스피어입니다. 셰익스피어는 어느 나라에서나 그 나라의 문화적 입지를 밝히는 등대가 되었습니다. 그래서 저는 셰익스피어의 전 작품을 평생을 걸쳐 완역한 것을, 바보 같은 일인지 모르겠으나, 만족하고 있습니다.

　제가 바라는 것은 셰익스피어 전용극장과 셰익스피어 전용극단, 셰익스피어 전문 연극인의 양성입니다. 정일성 교수님은 셰익스피어의 4대 비극을 연출·공연하였습니다. 또 Julius Caesar, 기타 몇 희극도 공연하였습니다. 국립극장 해오름에서 공연할 때의 웅장한 규모도 이제 잊을 수가 없습니다. 이제 정일성님은 연극전문인을 양성하고 계십니다. 모두가 바라고 기뻐하겠죠. 앞으로 훌륭한 연극인을, 많은 연극인을 보게 될 것입니다. 고마운 일입니다. 모두의 행운을 빕니다.

Hamlet

햄릿

1995year _{Hamlet}

묘지에 있는 햄릿과 호레이쇼

■ 1995.7.5., 동아일
보 기사

<햄릿>에 관한 간
단·명료한 이론이 보
도되었다. 영문학과
셰익스피어 수용을
연구해 온 필자도 감
명을 받은 이론이기
에, 1995년 7월 5일
동아일보에 보도된
내용을 전부 게재한
다. 필자는 하버드대
학 영문학과의 헬렌
벤들러 교수다.

지난 1000년간 쓰인 시(時) 중 가장 위대한 작품은 무엇인가. 필자가 이 질문의 대답으로
'햄릿'을 고른 것은 결코 서정시에 대한 배신행위가 아니다. '햄릿'은 극적인 동시에 서정적
인 극시이기 때문이다.

셰익스피어의 표현대로 '육욕적이고 피투성이의, 무심한 살육'이 햄릿의 기본 플롯을 이루
고 있지만 이 작품의 서정적인 구조는 극적인 행위 위에 반짝이는 거미줄처럼 비극적으로
드리워져 있는 햄릿의 고귀한 의식을 우리에게 전달해준다. 극적인 햄릿은 살인에 의해
자극을 받고 화를 내며 흥분하지만 서정적인 햄릿은 모든 죽음에 감동받는다.

햄릿이 믿는 것은 죽음뿐이다. 그는 이 작품이 쓰인 당시를 지배한 이념의 일부였던 기독교
적 내세를 믿지 않는다. 햄릿이 고민하는 단 하나의 문제는 '사느냐, 죽느냐' 뿐이다. 살아
있는 것들에게 반드시 찾아오는 죽음과 살인은 그를 불안하게 하는 두 가지 요소들이다.
죽음이 살인을 통해 찾아오는가는 별로 중요하지 않다. 햄릿의 마음을 어지럽히는 것은

죽음 그 자체이기 때문이다.

체슬라브 밀로즈는 유럽문화에서 햄릿의 시기가 '조잡한 미신으로부터 자유롭고 우아하며, 문학과 예술을 장려하는 귀족계급의 비주류'가 등장하기 시작한 시기였다고 정의한다. 이 조잡한 '미신'은 햄릿 아버지의 유령을 여전히 둘러싸고 있다.

그러나 햄릿은 유령을 보고난 후에도 죽음의 잠 속으로 찾아오는 나쁜 꿈에 대해서만 이야기할 뿐이다. 그에게 남아 있던 믿음의 잔해는 신랄한 대학교육에 의해 분쇄되어 버렸다. 햄릿은 기독교적 위안을 거부함으로써 서유럽의 지난 1000년 역사 중에서 철학적 전환점을 나타낸다. 종교적 권위가 붕괴된 자리는 사회적 혁명에 의해 메워진다.

셰익스피어의 위대한 희곡들 중에서 단 한사람의 서정적 의식에 의해 지배되는 작품은 햄릿뿐이다. 맥베스 부부, 헬과 폴스타프, 앤토니와 클레오파트라 모두 두 사람이고 데스데모나, 오셀로, 이아고는 3인조를 이룬다. 리어 왕은 둘씩 셋씩 짝을 짓는 등장인물들로 가득차 있다. 그러나 햄릿에게는 형제도, 아내도 함께 복수에 동참하는 부하도 없다. 그래서 햄릿은 언제나 중심에 있다. 다른 등장인물들은 모두 폭포처럼 쏟아지는 그의 빛나는 언어를 자극하고, 거부하고, 가로막기 위해 존재한다. 햄릿의 연출가들은 이 구도를 마지막 장면에 반영한다. 햄릿이 중앙에서 쓰러지고 그의 주위에 클로디어스, 거트루드의 시체가 있다. 그리고 무대의 양쪽 날개 부분에는 이 극에 등장하는 다른 죽은 사람들이 숨어 있다. 포틴브라스는 햄릿의 아버지에게 살해당했고 햄릿의 아버지는 클로디어스에게 살해당했다. 폴로니어스, 로젠크란츠, 길던스턴은 모두 햄릿에게 살해당했다. 그리고 오필리아는 자살했다.

햄릿은 기독교 이후의 시대를 나타내는 빼어난 시다. 이 작품은 기독교적 믿음에 내포된 정치적 위계질서를 거부한다. 에밀리 디킨슨은 이렇게 썼다. "그는 셰익스피어를 찾아낸 자신의 미래를 발견했다."

1997year Hamlet

■ 1997 '제7회 사랑의 연극잔치' 참가작
  공연집단 행동·극단 자유극장(구성/연출 임재찬) <초대, 1997 봄>
  1. 1997.5.1~5.12., 문예회관 소극장
  2. 1997.5.22~6.15., 하늘땅 소극장1관
공연집단 행동이 극단 자유극장과 <햄릿>을 창의적으로 패러디하여 각색한 <초

대, 1997 봄>은 임재찬이 구성·연출하였다. 작품 내용은 한 나라의 궁궐 입구에 사람들이 모여들 무렵 나팔소리와 함께 궁궐의 문이 열리고 귀족들이 입장한다. 그곳에서 두 젊은이, 햄릿과 레어티즈가 검술시합을 준비하고 있다. 귀족들이 지켜보던 칼싸움은 끝내 참변이 되어버리고, 모두가 죽음을 맞이한다. 그리고 모든 권력을 넘겨받은 이웃나라의 왕자 포틴브라스의 재판극이 이어진다.

극의 무대는 포틴브라스가 판사가 되어 죽은 자를 재판하는 법정극이 되고, 관객들은 목격자로서, 배심원으로 참여하게 된다. 오스릭은 클로디어스를 옹호하면서 햄릿을 기소하는데, 그 내용은 국가모반죄, 국부살해죄, 오필리아에 대한 간접살인죄, 폴로니어스 재상의 살해죄, 길던스턴과 로젠크란츠의 살해죄 등이며, 호레이쇼는 햄릿 편에서 클로디어스와 거트루드에 대한 근친상간죄, 클로디어스의 선왕 햄릿 살인죄와 왕자 햄릿 살인미수죄 등 죄목을 오스릭에 맞서 주장한다. 이들 죄목은 기소되어 배심원(관객)들의 의견을 들은 후 재판장이 판결을 내리기까지를 극의 골격으로 삼고 있으며, 원작에서 다루고 있는 심리와 행동의 변화의 요인이 되는 내용들을 재구성한 것이다.

◆ 1997년 한겨레신문 '안치운의 연극읽기'
만약 햄릿이 피고소인으로 재판을 받는다면, 권력을 쥔 숙부를 살해한 그에게 무슨 벌이 내려질까. 〈초대, 1997 봄〉에서 햄릿은 고상하지도 나약하지도 않다. 햄릿이 떠돌이 극단의 배우에 의해 재현되고, 사유가 배제된 햄릿의 모든 행위는 이제 처벌될 위기에 처해있다. 관객들의 거수에 따라 그는 죄인이 될 수도 있고, 무죄를 선고받을 수도 있기 때문이다. 공연은 관객들에게 햄릿을 만들게 한다. 재판정과 같은 사각형의 무대에서 관객은 도덕적인 사유와 논리와 이론으로 무장된 햄릿과 만나는 것이 아니라 햄릿을 재판한다. 관객들에게 결정권을 맡기는 재판극이다. 공연의 새로움은 햄릿의 결핍과 결함을 찾는 것이 아니라, 과잉 평가되었던 햄릿을 적극적으로 해체하는 데 있다. 햄릿에 대한 오해, 그것이야 말로 한국연극의 사대주의이고, 연극을 사유하지 않았던 결과라고 말한다.

■ 대학극
1997년은 셰익스피어 작품, 희극·비극이 대학극으로 활기 있게 공연된 한 해였다. '제5회 젊은 연극제', '세계연극제 97 서울/경기', '제27차 ITI(International Theatre Institute) 총회' 및 '1997 세계대학연극축제(IFHETI)'가 우리나라에서 개최되었기 때문이다.

1. '제5회 젊은 연극제', 1997.5.13~5.20., 국립극장

'제5회 젊은 연극제'는 1997년 5월 13일부터 20일까지 국립극장과 한양대학교 연극영화과 공동주최로 6개 대학 연극학과가 셰익스피어 작품을 공연하였다. 공연한 대학명과 작품명은 다음과 같다.

청주대학교	연극영화학과	〈햄릿이야기〉
한양대학교	연극영화학과	〈십이야〉
상명대학교	연극예술학과	〈리허설 말괄량이 길들이기〉
동국대학교	연극영상학부	〈맥베스〉
중앙대학교	연극학과	〈리어〉
단국대학교	연극영화학과	〈오셀로〉

■ 〈햄릿이야기〉 1997년 5월 14일~15일
   기획 김선호, 연출/윤주호, 지도교수/조병진

[작품소개]

셰익스피어의 〈햄릿〉을 재해석한 이번 작품은 햄릿의 개인적 고뇌보다는 주변 인물들로부터 파생되는 상황 속에서 햄릿의 방황과 기성세대 권력층, 가진 자들의 횡포와 암투 속에서 파멸되어가는 햄릿을 그리고 있다. 이 작품의 특색은 이야기를 햄릿이 독자적으로 이끄는 것이 아니고, 주변 인물들이 제시하여준 상황 속에서 햄릿의 방향을 주제로 이야기를 전개한다는 것이다.

햄릿의 어머니인 왕비는 햄릿에 대한 편집증적 모성으로 그를 왕위에 올리려고 갖은 권모술수를 부린다.

남편을 독살한 남편의 동생과의 결혼, 재상과의 잠자리도 마다하지 않는다. 그로 인해서 순수한 영혼을 가진 햄릿은 권력의 약육강식의 전장에 내몰려지게 되고 순수한 영혼의 파괴와 더불어 타락의 길을 걷게 된다.

그는 그를 사랑하는 오필리아의 영혼마저 파괴시킨다. 순수한 영혼의 오필리아와 햄릿은 사회와 정치권력이라는 괴물에게 유린당하고 절망의 나락으로 내던져진다.

어머니에 대한 사랑과 배신감 사이에서 고뇌하던 햄릿의 내면의 공격성을 형상화시키어 아버지의 망령을 만들어낸다.

시간의 뒤틀림 속에서 연극적 시간의 공간을 창출하여 과거와 현재를 연계시키고 배우들로 하여금 무대를 만들게 하여 구조주의적 무대를 지향하는 이번 〈햄릿이야기〉는 정치와 권력이라는 미명 아래 자행되는 악행 속에서 순수한 영혼의 파괴과정을 그리고 있다.

2. '세계연극제 '97 서울/경기' 1997.9.1.~10.15., 국립극장 및 서울 전 지역 주요공연장

■ 아이슬란드 반다멘 극단(스베인 아리나르손(S. Einarsson) 작/연출) <암로디 영웅담> 1997.9.11.~9.13., 문화일보홀

1992년에 창단된 반다멘 극단은 다양한 제 의식을 바탕으로 음악과 동작을 가미한 이야기체 연극을 만들어왔으며 연대 미상의 음악을 가미한 운문체의 리머(Rimor), 비키바키춤, 고대 북구의 샤머니즘 행위로 희극성을 자아내고, 포스트 모던한 인용문을 포함한 공연양식이 자아내는 현대적인 연기술을 즉흥적으로 차용하기도 한다. 13세기 후반에 쓰인 것으로 추정되는 아이슬란드의 반다멘 영웅담을 기초로 만들어진 <암로디 영웅담>은 아이슬란드 판 <햄릿>이라 할 수 있는 작품으로 셰익스피어의 <햄릿>의 원전이 바로 이 영웅담이다. 700년 전 이야기가 랩이나 귀에 익은 멜로디 같은 젊은 취향의 요소들과 적절히 혼합된다.

◆ 1997.9.13. 서울신문

중세문학에서 주제를 택하고 고대의 연극 원전에서 내용을 택해 이 둘을 결합시키는 방식을 많이 사용하는 아이슬란드 반마멘 극단의 대표적 작품… '암로디 영웅담'은 유럽에 널리 알려진 설화인 암로디 왕자의 이야기를 연극으로 만든 일종의 '아이슬란드 판 햄릿'. 삼촌을 살해한 암로디 왕자의 삶은 위험에 처하게 되고 생존을 위해 광인의 탈을 쓰게 된다. 유럽 언론으로부터 '랩 바이킹'이라는 별명을 얻은 반다멘 극단은 이번 공연에서 이처럼 진지한 주제를 다소 익살스럽고 그로테스크한 표현으로 선보인다. 우선 작품의 시대 배경이 700여 년 전이지만 랩 음악 등 젊은 취향의 요소들을 적절히 혼합하고 있다.
구성도 독특하다. 내용상의 무거움과는 관계없이 20개의 짧막한 장면으로 구성, 여유로움을 느끼게 해준다.
아이슬란드와 북유럽 여러 나라의 텔레비전과 영화분야에서 60여 편의 작품을 연출한 바 있는 스베인 아이나르손이 연출을 맡았다.

3. '국제극예술협회 제27차 총회', 1997.9.14~9.20.,(ITI, International Theatre Institute), 호텔 롯데월드

ITI(International Theatre Institute)는 UNESCO 산하의 비정부 단체(NGO) 주요 조직으로서 1948년 창설되었으며, 프랑스 파리에 본부를 두고 있다. 1997년 현재 전 세계 74개국이 가입하고 있으며, 공연예술의 국제적인 교류와 발전에 크게 기여

하고 있다.

ITI 한국본부는 1958년 창립 이후 적극적인 활동과 기여를 인정받아 1981년부터 17개국으로 구성된 최고 의결기구인 집행위원국의 일원으로 참여하고 있다. 또한 한국본부는 1995년에 베네주엘라의 카리카스에서 열린 '제26차 ITI 총회'에서 김정옥 집행위원이 세계 회장에 당당히 선출됨으로써 회장국이라는 최고의 명예를 획득하게 되었다. 이미 한국본부는 1983년 뮌헨 총회에서 만장일치로 제27차 총회 유치국으로 지정되었으며, 이 사실은 카리카스 총회에서 재확인과 함께 그간 잠정적으로 정체되었던 ITI 범 세계의 축제인 '세계공연예술축제(Theatre of Nations)'를 병행해서 유치하는 영광도 얻게 되었다.

4. 1997 세계대학연극축제(IFHETI)(International Festival of Higher Educational Theatre Institute), SEOUL 1997.9.7.~9.18., 연강홀, 동국대학교 예술극장

'세계연극제 97 서울/경기'는 9월 1일부터 10월 15일까지 진행되었으며, 이 행사의 일부인 '97 세계대학연극축제 IFHETI(International Festival of Higher Educational Theatre Institute) SEOUL'은 1997년 9월 7일부터 18일까지 연강홀과 동국대학교 예술극장에서 진행되었다.

■ 댄스컴퍼니 조박(공동안무 박호빈·조성주) <암실 속으로 사라진 카멜레온> 1997.11.5.~11.9., 대학로 정보소극장

1996년 박호빈·조성주 부부를 주축으로 창단된 댄스컴퍼니 조박은 부부의 공동안무로 춤과 연극이 결합된 <암실 속으로 사라진 카멜레온>을 1997년 11월 5일부터 9일까지 대학로 정보소극장에서 공연하였다. 부부 중심이었던 댄스컴퍼니 조박은 2003년 박호빈 중심의 '까두(ccadoo·加頭)' 무용단으로 새롭게 출발하게 된다.

◆ 한겨레신문(1997.11.7)
댄스 컴퍼니 조박의 <암실 속으로 사라진 카멜레온>은 춤과 연극 사이를 카멜레온처럼 오고 가는 작품이다. 출연진도 무용수와 연극배우가 반씩 섞여 있다. 부부 무용가 박호빈, 조성주씨와 연극배우 강화정, 이석호가 나란히 등장한다.
안무를 맡은 박호빈씨는 작품의 플롯을 셰익스피어의 <햄릿>에서 따왔다. 하지만 원작이 '사느냐 죽느냐'의 실존적 결단에 내몰린 인간의 비극을 그린 반면, 이 작품의 주제는 소통단절과 상하소외, 그리고 거기서 파생하는 불신, 자폐, 강박증 따위와 관련돼 있다. 시대적 배경도 자동차, 사진, 영화, 전화, 핸드폰이 등장하는 현대다. 현대야말로 개인의 고립이 극단화된 시대라는 판단 때문일 것이다.

무대는 흑백사진이 덕지덕지 붙은 어두운 암실이다. 아버지가 자동차 사고로 죽자 어머니와 삼촌은 부리나케 결혼식을 올리고 햄릿의 환청 속에서 아버지는 사고에 음모가 개입돼 있다고 폭로한다. 햄릿은 암실에 들어가 망상의 공간에 스스로를 가둔다. 이 망상의 공간 안에서 햄릿은 살인을 음모한 삼촌을 패대기치고, '어머니이자 숙모'인 여자를 추궁하고, 오필리아의 연민을 거부하고, 원작 속의 연극 대신 차 사고의 전후를 편집한 영화(슬라이드)를 튼다. 어머니는 독배가 아니라 심장마비로 죽고, 광분한 햄릿은 삼촌을 가위로 찔러 죽인다. 오필리아는 쇼크사하고 햄릿도 쓰러진다. 그러나 다시 무대가 밝아지면 전화벨 소리와 함께 여행길의 어머니와 삼촌이 안부를 묻고 암실 속의 햄릿은 그들의 목소리를 듣는다. 이 작품에는 매우 많은 대사가 등장한다. 전화 통화나 혼령의 외침이 녹음테이프를 통해 나올 뿐만 아니라 출연자가 직접 대화를 하고 혼잣말을 내뱉는다.

1998year Hamlet

■ 극단 미학(번역 신정옥, 연출 정일성) <햄릿>
1998.4.14~4.20., 국립중앙극장 대극장

극단 미학이 창단되었다. 정일성이 대표이고 상임연출가이다. 창단기념으로 1998년 4월 14일부터 20일까지 국립극장 대극장에서 셰익스피어작 <햄릿>을 신정옥 번역, 정일성 연출로 공연하였다.

미학의 <햄릿> 공연을 관극한 필자도 감동을 면치 못하였다. 이번 공연의 내용은 필자가 번역한 작품이었다. 번역자의 글을 작품세계라는 제목으로 팜플렛에 기재하였다.

… 우리의 독자 및 관객에게 가장 널리 알려진 극작가는 역시 셰익스피어였으며, 가장 인기 있는 희곡은 <햄릿>이라고 하여도 과언이 아닐 것 같다. 셰익스피어의 <햄릿>은 세계의 극작가들의 작품 중에서도 최초로 우리나라 말로 전 막이 번역되었고, "To be, or not to be, that is the question." (Ⅲ. i .56)이라는 햄릿의 명언은, 그 말의 해석과 철학이 뭇사람의 논쟁거리가 되었으며 일찍이 정치가 장덕수의 수필 "의지의 약동" (「학자광」제5호, (1915.5.2.))에도 인용된 것은 흥미로운 일의 하나이다.

… 셰익스피어의 4대 비극 중의 하나인 〈햄릿〉은 흔히 '유혈과 복수의 극' 또는 '성격비극' 그런가 하면 '사랑의 비극' '가정비극'이라고까지 불리고 있음은 사실이다. 그처럼 작품 〈햄릿〉 속에는 피비린내 나는 사건과 자극적인 행동으로 가득차 있다. 즉 복수극이고 비극적인 요소인 유령의 출현, 불륜(不倫)의 간음(姦淫), 실성, 극중 극, 가혹한 살인, 결투 등등 피비린내나고 심화(深化)된 비극적 의미를 부여해주는 동시에 보는 사람으로 하여금 저항을 느끼게 하지 않는 까닭은 어디 있을까?

셰익스피어 비극은 거의 공통된 개념을 지니고 있다. 다시 말해 고구하고 능력있는 인물들이 등장한다. 그 인물들이 성격적인 결함 또는 악습 때문에 뜻하지 않았던 불행으로 전락(轉落)하게 된다. 그리하여 뼈를 깎는 고통 끝에 종말에 이르러서는 처절하고 참혹한 죽음을 당한다. 이러한 이야기가 셰익스피어의 모든 비극의 공통된 개념이다.

… 두말할 나위 없이 주인공 '햄릿'이 받는 고초는 심각하고 뼈저리다. 그의 최후가 비참하고 눈물겹다. 그러나 우리의 가슴에 최종적으로 와닿는 것은 절망이 아니다. 허무감도 아니다.

… 비극을 한발자국 넘어선 곳에 희망의 빛이 있음을 암암리에 느끼게 한다. 햄릿의 마지막 대사 "죽음은 말이 없다"(Ⅳ.ⅱ.356)라고 읊으며 숨졌을 때 오직 고요하고 한없이 숭고한 심정에 젖게 되는 것도 그 때문이리라. 아마 그 순간 우리의 영혼은 높은 곳을 향해 나래치리라.

■ '세계문화의집'-'아시아·태평양주간' 초청공연
연희단거리패(재구성/연출 이윤택) 〈햄릿〉
1998.5.3., 독일 세계문화의집 대강당

연희단거리패는 1996년 부산 경성대 콘서트홀과 서울 동숭아트센터 동숭홀에서 이윤택 재구성/연출의 〈햄릿〉을 초연한 후, 그 해 경북대학교 대강당, '제20회 서울연극제'에 공식 참가작으로 문예회관 대극장에서, '러시아 6대주 대륙연극제' 공식 참가작(아시아권 대표작으로 초청)으로 로스토프극장에서 공연하였다. 1998년 5월 3일 연희단거리패는 독일 베를린에 진출하였다.

◆ 1998.5.6. 스포츠조선 임정식 기자
첫 걸음이었지만 큰 걸음이었다. 한국연극이 세계 연극의 중심지 중 하나인 독일 베를린 무대에 성공적으로 데뷔했다.

주요 언론들도 거의 빠짐없이 예고 기사와 공연평을 싣는 등 대단한 관심을 보였고 특히 베를린 시 양대 일간지인 베를리너 모르겐 포스트지와 슈피겔지는 컬러 사진과 함께 문화면 톱기사로 다루었다.

관객들의 반응도 뜨거웠다…

〈햄릿〉(셰익스피어 작, 이윤택 연출)은 이번 페스티벌의 주제인 샤머니즘적 해석으로 주목을 끌었다. 죽은 선왕으로부터 살해의 비밀을 전해 듣는 장면을 무당이 접신하는 것으로 그려내는 등 독특한 해석이 돋보였다는 평.

처음부터 끝까지 주제를 끌고 나가는 연출의 힘도 탁월하다는 호평을 받았다.

두 작품을 모두 지켜본 베를린연극제의 한 심사위원은 "작품에 에너지가 넘친다. 언어에 지나치게 의존하는 독일연극에 새로운 비전을 제시했다."며 극찬했다.

■ 극단 처용·한세기획(연출 이상원) 〈햄릿〉
1998.9.14.~9.16., 대구 대덕문화전당 야외광장

극단 처용의 연극과 마임의 만남을 위한 시도라 볼 수 있는 환경연극 〈햄릿〉의 연출은 극단 처용의 대표인 대구과학대학의 이상원 교수이다. 이 작품은 국내 최초의 환경연극이라는 점에서 연극계의 관심을 끌었다. 환경연극이란 실내공연 뿐만 아니라 담벽이나 분수대 등 주위환경을 무대장치로 활용하고, 관객을 적극적인 참여자로 만드는 특이한 형태의 환경친화적인 연극을 말한다. 관객은 여러 공간을 배우를 따라 이동하면서 연극을 감상한다.

◆ 표원섭 가야대 연극영화과 교수

우리에게 낯선 환경연극의 실험성을 강조한 연극이다. 60, 70년대 미국 뉴욕에서 리처드 쉐크너에 의해 시도되었는데 그는 대본에 대한 새로운 접근을 통해 고정된 극장 건축이 갖고 있는 무대와 객석의 구분을 없앴다. 각각의 장면마다 그 자체의 공간환경을 만들어서 관객을 참여자로, 관찰자로 만들면서 환경적인 상황 속에서 원시 제의식을 바탕으로 한 연극을 만들었다.

연극의 새로운 맛을 느끼게 해준 연출의 창조성이 돋보인 작품이었나.

이번 공연에서 무대는 대덕문화전당 광장과 사무실, 옥상, 분수대, 화단 등 자연환경을, 장면의 상황에 맞게 적절히 이용, 공간의 이동을 통해 관객을 단순한 관찰자가 아닌 참여자로 만들었다. 햄릿의 독백장면을 건물 2층 사무실 유리창을 통해 한다든가, 극중극 장면을 빔 프로젝트를 이용해 건물 옥상벽에 영상으로 보여준 것, 군대를 상징하는 깃발과 종이를 이용한 인형의 오브제 사용 등은 신선한 맛을 느끼게 해준다.

■ 바탕골 예술관(작 제임스 셔먼, 번역 정우성, 번안/연출 장진) 〈매직타임〉
1. 1998.9.1..~9.15., 바탕골소극장
2. 1998.9.17~11.1., 바탕골소극장

3. 1998.11.5.~1998.12.3., 바탕골소극장

1986년 창단된 바탕골 예술관의 <매직타임>은 1998년 평론가들이 선정한 좋은 연극상을 수상하였다. '매직타임'은 일명 'Show Time'이라고도 하는데 바로 무대 위에서 펼쳐지는 가상의 시공간을 말한다. 즉 무대 위에서 흐르는 시간은 '매직타임' 이고 무대 밖에서 흐르는 시간은 '세월'인 것이다. 장진 감독은 우리에게 <킬러들의 수다>, <웰컴 투 동막골> 등의 영화와 <택시 드리벌>, <서툰 사람들>등의 연극 감독 으로 잘 알려져 있는 인물이다.

<매직타임>의 배경은 셰익스피어의 <햄릿>을 공연하는 극장의 분장실, 그 곳에 서 마지막 공연을 준비하는 배우들의 이야기이다. 장진 감독은 <매직타임>의 번안을 의뢰받았을 때 도저히 한국 상황으로 가져올 수 없다고 생각해 '햄릿을 공연하는 배우들의 이야기'라는 구성의 일부분만을 발췌해 쓴 작품이라고 하였다. 무대 뒤 분장실 이야기 안에는 재미난 마당놀이로 풀어서 "나가 햄릿이다", "죽어볼까 살아 볼까 그것이 문제구만" 등의 구수한 전라도 사투리를 쓰면서 극은 전개된다. 극은 대부분 배우들의 이름이 실명으로 사용되었다.

[줄거리]
연극에서 조연급인 레어티즈 역을 맡은 지현(정재영의 바뀌기 전 본명이 정지현이다.)은 TV 스타가 돼 주인공 햄릿자리를 꿰찬 하균(신하균)이 못마땅하다. 두 사람은 대학동기로 지현은 당시 연극 <춘향전>에서 이몽룡을 맡는 등 하균보다 더 잘나갔기 때문이다. 따라서 지현은 대학시절 방자 역 등 조연만 맡았던 하균에게 사사건건 시비를 건다. 이와 함께 아동극부터 TV 재연드라마까지 어떤 캐릭터든 거절 않지만 주인공으로 내정된 아내 귀정 앞에서 보는 오디션만큼은 피하고 싶은 규수, 아픈 아내를 걱정하면서도 무대를 지켜야 하는 병택 등 화려해 보이는 무대 위 모습과 달리 때론 애처롭기만 한 배우들의 일상이 까발려진다. 이래저래 분주한 <햄릿>의 분장실은 모든 갈등과 문제들을 안은 채 억척스런 무대감독 정은의 눈을 피해 사고뭉치 문식에 의해 갑자기 마당극 <햄릿>으로 돌변하는데… 햄릿이 클로디어스를 찌르려고 폼 잡는데 느닷없이 사설이 끼어들면서 마당극은 걷잡을 수 없이 흘러간다. O X를 통한 편 가르기는 햄릿을 위시한 그 주변 인물들에게 각자의 입장을 설명하게 하는데 햄릿의 칼까지 나와 증언을 하게 되고 나름대로 각자 피해를 줄이 기 위해 햄릿에 대한 애정과 가족관계를 들먹인다. 그 와중에 결국 왕만이 나쁜 놈으로 점 찍히고 왕의 항변으로 햄릿(신하균)과 레어티즈(정지현)의 승부장면이 재현되며 현실 의 대립관계로 돌아온다. 격렬한 칼싸움 뒤 하균과 지현은 서로의 우정을 확인하게 되고 규수에 대한 귀정의 마음도 풀린다. 마지막 공연을 남기고 모든 갈등들이 해소되지만 결국 병택의 아내는 죽고 만다. 병택은 죽은 아내의 영혼이 공연을 지켜보고 있을 거라며 멋진

공연을 하자고 배우들과 다짐한다.

1998년에 공연된 <매직타임>에는 지금은 너무나도 유명한 배우가 된 신하균, 정재영, 이문식, 임원희 등 현재 장진군단으로 불리는 배우들과 우리나라 제1대 품바 정규수 등이 출연하였다. 장진 감독은 한 인터뷰에서 지금은 대한민국에서 내노라하는 톱스타가 된 서울예대 연극과 출신 정재영에 대한 일화를 소개하였다. "<매직타임>을 공연하기 직전에 재영이가 <경찰청 사람들>의 재연배우로 출연하고 있었다. 난 재영이를 고등학교 때부터 알았고, 찬란하게 무대 위에서 빛날 배우란 걸 알았는데, TV에서 엑스트라로 나오는 게 너무 속상했다. 하지만 재영이가 당시 결혼할 분도 있었고, 내가 선배로서 앞길을 열어주지 못하는 상황에서 "너, 그거 그만하면 안되냐? 나랑 같이 가자"고 그 얘기를 깡다구만으로 말할 수가 없더라. 그래서 재영이가 맡은 캐릭터가 내가 하고 싶었던 말을 하게 했던 거다."라고 하였다. 실제로 정재영은 <매직타임> 극중에서 <햄릿>에 레어티즈로 출연하는 지현 역을 맡아 얼굴에 우스꽝스런 분장을 하고 아동극과 TV 재연 드라마까지 닥치는 대로 출연하는 규수에게 "그런 것 하지마라"고 말한다.

■ 극단 허리(각색/연출 유준식) <허리의 햄릿>
1998.11.24~12.6., 의정부 허리소극장

극단 허리(대표 유준식)는 1990년 4월 1일 단체이름을 '휴서사(휴전선과 서울 사이)'로, 연극을 주사업으로 정하고 창단식을 하면서 허리의 역사가 시작되었다. 1995년 극단의 이름을 '휴서사'에서 '허리'로 바꾸었다. 극단 허리는 연극문화의 불모지라 불릴 수 있는 의정부라는 지역적 약점을 딛고 꾸준히 지역주민들의 문화욕구를 충족시키기 위해 노력해왔으며 이의 결실로 지난 1998년 9월 경기북부 유일의 정통민간공연장인 허리소극장을 의정부에 개관하게 된 것이다.

유준식은 햄릿의 각색과 연출을 두고는 생선에 비유했다.

"우리네 구미에 맞지 않는 아주 포동포동한 햄릿이라는 서양물고기가 있어요. 그런데 그 고기는 동서양을 막론하고 좋게 생각되는 뼈대를 가지고 있었어요. 그 물고기의 살을 다 발라내고 뼈만 앙상하게 남겨 놓았지요. 그리고는 우리들이 우리의 마음대로 그냥 거기다 살을 붙여 봤죠. 셰익스피어의 문학성은 최대한 지키되 우리 구미에 맞는 생선을 만들어 보자는 뜻이죠."

획기적 실험의 가능성을 높이기 위해 유준식이 햄릿 역할을, 극단76 대표인 기주봉이 클로어티스왕 역을, MBC마당놀이와 KBS마당놀이를 통해 안무솜씨를 다져온 김규태가 레어티즈 역을, 대동극회 대표로서 40여년간 200여 편이 넘는 작품을 해온 무세중 교수가 유령/광대1 역을 맡았다.

1999year Hamlet

■ 한양대 김미예 교수의 20세기를 마감하면서 '**젊은 연출가들의 약진이 돋보였던 세기말**'이란 글이다.

Ⅰ. 머리말

20세기를 마감하는 1999년, 아직도 우리는 창작극과 번역극이라는 이분법의 논리로 연극 공연계를 바라본다. 셰익스피어의 〈햄릿〉이 우리 무대에 올랐다면 우리는 4세기 전 런던 템즈강가에 있던 어느 극장의 무대에 오른 〈햄릿〉을 보는 것이 아니다. 오늘 우리와 같은 고뇌에 번민하는 햄릿을 보는 것이다. 그것이 관객의 기대이다. 그런 관객의 기대를 연극 창조자들이 아는 때문인지 번역극 전체의 방향은 원작에 충실했다기보다는 각색을 통해 한국화의 시도를 한 것이 많았다…

Ⅱ. 1999년 번역극 현황

공연된 번역극을 통해 그래도 몇 가지 흐름은 찾아 볼 수 있다. 우선은 셰익스피어의 활발한 수용이었다. 셰익스피어의 수용은 90년대의 특색이기도 한데 전반기에 약 20편이 무대에 오른 반면 후반기에는 60편 가까운 작품이 무대에 올랐다. 그 중에서도 1999년은 15편이 공연되어 가장 활발한 수용기였다…

셰익스피어의 작품 중에서도 〈햄릿〉이 여러 얼굴로 가장 많이 무대에 올랐다… 이 중 극단 유의 공연만이 어느 정도 원작에 충실했고 모두들 다양한 형식 실험의 결과로 나온 공연이었다.

Ⅲ. 맺음말

… 가장 눈에 띄는 것은 젊은 연출가들의 약진이다. 적어도 번역극에서는 이 현상이 두드러졌다.

■ 극단 작예모(작 이희준, 연출 김운기) <찬탈> 부제: 역사의 블랙홀 속으로
   1999.3.5.~4.4. 동숭아트홀 소극장

극단 작예모는 세 가지 명제 '작은 몸짓, 예술사랑, 인간모임'에서 따온 이름이며,
흥행보다는 작품성을 위주로, 소극장을 중심으로 활동하는 극단들 중의 하나이다.
1999년은 극단 작예모의 창단 5주년이 되는 해이며, 이를 기념하여 이희준 작, 김운
기 연출 <찬탈>을 장중한 형식미와 볼거리를 장식하여, 싸구려 연극이 범람하는
대학로에 제대로 된 연극으로 관객에게 다가섰다.

◆ 스포츠조선(1999.3.11.)

천정명, 성여진, 정유석 등 젊은 연기자들의 패기 넘치는 연기가 시원시원하고, 그리 넓지
않은 공간 위에서 펼치는 춤과 신경을 많이 쓴 장중한 음악, 어두움을 적절히 활용한 조명은
마치 대극장 연극을 보는 듯한 느낌을 준다.
'황조가'로 유명한 고구려 유리왕 시대의 인물을 주인공으로 설정하고 셰익스피어의 '햄릿'
구성을 패러디한 스토리라인, 속도감있는 장면 전환은 자칫 딱딱한 역사극으로 빠질 수
있는 작품에 새로운 생명력을 불어넣고 있다. 그러면서 피비린내나는 권력의 폭력성과
허무함, 아이러니를 적절히 담아 세기말을 사는 우리에게 무언의 메시지를 전한다.
어머니의 복수를 결심한 해명태자, 이에 맞서 생명을 부지하기 위해 왕을 죽일 음모를
꾸미는 화희, 그러나 엉뚱하게도 충신이었던 두로가 마지막에 옥새를 장악하는 결말은
인상적이다. 사람이 살기 시작한 이후 끊임없이 되풀이되고 있는 권력 장악의 역사, 거기에
개입된 해프닝은 어쩌면 시공간을 초월한 '역사의 블랙홀'일지 모른다.

■ 극단 노뜰(각색/연출 원용오) <햄릿>
  1. 1999.4.9., 속초 문화회관
  2. 1999.4.12~4.18.,'99 셰익스피어연극 상설무대' 참가작 여해문화공간
  3. 1999. 4.23~4.24., 강원도 원주 치악예술회관
  4. 1999.5.3., 일본 '토가페스티벌' 초청공연
  5. 1999.5.5.~5.9.,'제2회 셰익스피어 연극 상설무대' 참가작 북촌 창우극장

1999년은 20세기의 마지막을 장식하는 한해였다. 누구나 셰익스피어의 한 작품
만 대라고 하면 으레 <햄릿>을 꼽듯이 <햄릿>의 공연도 연극으로, 노래로, 춤으로
가지가지 변용, 변형으로 공연되었다. 공연과 공연단체, 극장 수가 많다는 서울에서
만 있는 것이 아니다. 이미 소개한대로 6·25 때의 부산에서부터, 대구시립극단,
그리고 포항시립극단, 인천시립극단 등 다양한 연극, 그리고 셰익스피어극 공연 등

은 신극이나 셰익스피어 수용사에 꼭 기록할만한 값어치가 있는 것이었다.

극단 노뜰은 1993년에 창단되어 실험적인 공연과 새로운 연극언어를 찾기 위해 작업하는 극단이다. 노뜰은 직접 프랑스 현지(Poitier)에 스튜디오를 마련해 작품제작도 하며, 다양한 관객을 만나고자 도시화되지 않는 벽지에서 공연을 하며, 국내외에서 교류의 장을 넓히고 있는 보편성을 찾고 있는 극단이다. 이 극단은 원주의 극단이나 서울과 부산을 비롯하여 10개 이상의 도시에서 공연하였으며, 1996년에 '춘천국제연극제', 1997년에 '전주연극제'와 '마산연극제', 1998년, 1999년, 2000년에는 '셰익스피어 연극 상설무대'에 참가했으며, 1997년에 '모나코 페스티벌'에서는 환경과 인간성문제를 「江」이라는 상징적 배경으로 공연하여 호평을 받았으며 국내외에서 활발히 공연하는 우리극패이다.

극단 우리극패 노뜰은 1999년 '제2회 셰익스피어 연극 상설무대'에 참가하여 <햄릿>을 개막작으로 5월 5일부터 9일까지 북촌 창우극장에서 공연하였다. 1998년 1월에 창단된 공연기획 장이가 주최하고 있는 '셰익스피어 연극 상설무대'는 1998년부터 시작되었다. 공연에 대한 줄거리는 2001년 편을 참조하기 바란다.

[연출의도]
원작 햄릿의 구조 중에서 시적 언어 등 문화적 언어의 역할을 줄이고 이미지를 중심으로 해 21세기 전쟁과 살육과 공포의 도시로 전환, 인물의 내적상황 등을 중심에 두었다.
원작의 군살들을 하나씩 제거하는 과정에서 마침내 남은 것은 음모, 욕망, 복수, 살육이라는 네 개의 이미지이며 이것을 주된 모티브로 해서 章의 구성을 새로이 하게 되었다.
가장 중요한 것은 햄릿을 20세기말로 옮겨 놓은 것이었다.
시적 언어를 철폐하는 대신 움직임, 에너지, 호흡, 소리, 빛, 오브제 등을 통해 보편적인 연극언어를 시도하였다.

■ 극단 '동' 러시아에서 1994년 창립

대한민국의 국민, 대한민국의 교포, 모두 자랑스러운 존재다. 미국에도, 일본에도 많은 교포가 있으나, 영국, 프랑스, 캐나다, 남미, 아프리카에도 자랑스러운 교포의 활약상이 보도되고 있다. 소련에도 교포가 있다. 그 곳 교포들은 스탈린의 학정으로 중앙아시아의 카자흐스탄 등 변두리로 추방당하였다. 하기는 충성파는 이북으로 진군, 점령, 인민공화국을 세운 김일성 일파도 있지만…

셰익스피어의 수용사에서 일본 도쿄의 유학생들이 초기 수용에 큰 힘이 되었다. 이제는 우리나라의 극단들이 일본이나 미국, 영국에서 공연하여 칭찬을 흠뻑 받고 있다.

소련의 문화는 대단히 선진적이다. 우리가 친근하게 느끼는 차이코프스키가 있다. 그의 교향곡 6번 '비창', 바이올린 협주곡이며 피아노 협주곡 1번 등은 공연목록에서도 순위를 차지한다.

그의 무용곡 백조의 호수, 잠자는 숲속의 미녀, 호두까기 인형은 우리가 매년 대하는 무용이다. 차이코프스키 콩쿨은 세계 3대 콩쿨 중 하나이다. 정명훈이 일등없는 2등을 하였고, 최현수가 성악에서 1등을 차지한 바 있다.

이러한 문화국 소련에 우리나라의 교포 연극단이 생겼다. 유학생들의 모임이다. 처음 극단 '동'을 만든 것은 1994년 모스크바에서였다. 극단이라기보다는 일종의 스터디그룹이었다고 해야 옳겠다. 쉬킨연극대학교에 유학 온 한국학생 6명이 함께 극을 만들면서 공부하자는데 뜻을 모았다. 그해 11월 창단 작품으로 메데를링크의 <틈입자>를 학교극장 무대에 올렸다. 한국어 공연이었지만, 학장과 교수는 새로운 형식과 표현에 골몰하는 이들의 작업에 격려를 아끼지 않았다. 이어 창작극 <평범한 옷차림의 여자>, 고골리의 <외투> 등 작품을 공연하였으며 셰익스피어의 <햄릿>도 그 중의 하나였다.

이들이 지난해 1998년 6월 귀국했다. 연극을 계속한다는 분명한 명제가 있었지만 생각같이 수월치 않았다. 스스로 공간을 마련키로 하고 각자 돈을 모았다. 그렇게 해서 홍대 앞 산울림 소극장 맞은 편 지하에 소극장을 어렵사리 마련했다. 첫 작품은 장 라신의 <페드라>와 고골리의 <외투> 두 작품을 동시에 무대에 올렸다.

러시아에서 '햄릿'을 공연한 이들의 앞날에 영광이 있기를 기원한다.

■ '일본 아시아 아스테이지페스티벌' 참가작
연희단거리패(재구성/연출 이윤택) <햄릿>
1999.7.23~7.24., 동경예술극장 중홀

'햄릿이 일본 나들이 갔는데…'라는 제목을 붙이고 조선일보는 1999.7.29. 다음과 같이 보도하였다.

이윤택이 이끄는 한국의 연희단거리패가 셰익스피어 연극 <햄릿>을 동경에서 일본어로 공연했다. 그것도 연출자 이윤택의 상상력을 가미한 '한국적 햄릿'이었다. 공연은 23일과 24일 동경 이케부쿠로 동경예술극장에서 있었다.
박수에 인색하다는 일본 관객들이 두 번째 공연이 끝날 땐 7번이나 커튼콜을 했다…

이윤택의 〈햄릿〉은 원작의 뼈대를 철저히 살린 점이 개성이었다. 대형 천마도(天馬圖)를 배경 삼은 무대, 동서양 의상을 입은 배우들은 우리 몸짓으로 어우러지고, 색소폰 멜로디와 사물가락이 만났다. 하지만 이야기 구조는 원전 그대로다. 이윤택은 이렇게 말했다. "셰익스피어극을 가발 쓰고 원작대로 올리면 진부하다고 손가락질 받고, 완전히 재해석하면, '셰익스피어도 아니다'라고 비판받는다. 나는 셰익스피어 연극공연 목록에 포함될 연극을 하고 싶었다."

■ 축제극단 舞天(작 마로윗츠, 연출 김아라) 〈햄릿 프로젝트〉
　 1999.8.6.~8.29., M Camp Theater(죽산 무천 야외극장)

셰익스피어의 변용은 정통 못지않은 하나의 축제다. 〈햄릿〉의 변용으로 시도된 작품들은 국내에서도, 해외에서도 다양하다. 그 중의 하나가 찰스 마로윗츠(Charles Marowitz)의 〈마로윗츠 햄릿〉으로 원작 〈햄릿〉의 줄거리를 따르고 있지만, 구성면에서는 현저한 차이를 보이고 있다고 이미 설명하였다. 이 작품은 극단 맥토가 1974년 12월 김효경 연출로 국립극장에서, 1981년 1월에는 이종훈 연출로 운현극장에서 공연한 바 있다.

1989년 여성연출가 김아라는 죽산면 용설리로 갔다. 폐가를 사서 집필실로 만들고 마을회관을 전세내어 극단 연습장으로 꾸몄는데 사들인 1700평 대지는 김아라의 연극의 터전이 되었다. 1977년에 극단명을 '축제극단 舞天'으로, 야외극장을 'M Camp Theater'로 명명하고 8월에 〈오이디푸스〉 3부작을 공연하였고, 1988년에는 'M Camp Theater 2'로 〈인간 리어〉를 공연하였다.

1999년 8월 6일부터 29일까지 'M Camp Theater 3'으로 〈햄릿 프로젝트〉를 공연하였는데 원작은 마로윗츠, 연출은 김아라였다. 〈마로윗츠 햄릿〉을 대본화하여 김아라의 〈햄릿〉으로 공연하였으며, 특이한 것은 인디뮤직 황신혜 밴드의 리더 김형태를 햄릿으로 발탁한 것이었다.

김아라는 연극에 평생을 바친 연극인이고 주체적 판단이 강한 연출가이며 유인촌의 〈햄릿〉을 연출하기도 했다. 김아라는 우리나라 연극계에서 한태숙(韓泰淑)과 더불어 여성연출가의 주류로 기억될 것이다. 2002년 편을 참조하기 바란다.

◆ 한국연극 제280호(1999.10월) 연극평론가 김방옥
〈마로윗츠 햄릿〉에서는 햄릿은 무책임안 난봉꾼으로 그려지고, 클로디어스는 유능한 정치인으로 그려지며, 오필리아는 단순한 섹스 파트너입니다. 하지만 〈햄릿 프로젝트〉에서 햄릿은 신체장애인이며, 무대 위의 연못 안에 고립되어 있어, 경멸할 대상이기보다는 동정해

야 할 인물로 그려집니다. 마로윗츠는 선왕을 무능한 인물로 해석하는 대신 클로디어스를 매력적인 군주로 해석했는데 이번 공연에서 클로디어스는 음란한 몸짓으로 일관해 선왕과의 대비가 이뤄지지 않았습니다…

〈마로윗츠 햄릿〉의 햄릿은 햄릿의 낭만성을 죽여서 그런 동정적인 관계를 파괴하고자 합니다. 그 유명한 "사느냐 죽느냐 그것이 문제로다."라는 대사도 광대를 통해 패러디 하는 등 완전히 낭만적인 색체를 배제하는데 이 공연에선 햄릿을 물리적으로 고립된 신체장애인으로 그리기 때문에 관객이 동정심을 갖게 됩니다.

■ 사다리 움직임 연구소(대본/총연출 임도완) 〈스펙트럼 2001〉
　1999.10.21.~10.24., 예술의전당 자유소극장

사다리 움직임 연구소(대표 임도완)는 무대 위에 새로운 시적 언어를 창조한다는 심상으로 1998년 창단되었다. 〈스펙트럼 2001〉은 섬광기(閃光器)를 연상케 한다.

연출자 임도완은 마임배우로도 유명하다. 셰익스피어의 〈햄릿〉을 다각경의 프리즘을 통해 보듯 등장인물의 열정과 감정, 상황, 심리상태 등을 대변하는 움직이는 현대적 조형물과 다양한 매체로 새롭게 분석한 작품이 〈스펙트럼 2001〉이다.

등장인물은 여섯 명, 햄릿, 오필리아, 왕, 왕비, 레어티즈, 폴로니어스 뿐이다. 선왕 등 다른 캐릭터들은 모두 9명의 코러스가 연기한다. 햄릿을 빛의 프리즘 효과에 비유한 실험극으로 해체하여 프리즘을 통하여 발산하는 7가지 빛깔을 분리해내듯 의상·인물·소리·조명·영상·조형물·움직임 등 7가지 '햄릿요소'를 해체한 뒤 재구성한다.

왕이 달고 나오는 날개가 그 움직임에 따라 미세하게 심기 변화를 의미하는 등의 방법으로 등장인물들의 몸에 부착된 골판지나 천 등의 조형물들은 모두 인물의 성격을 극적으로 보여준다. 다시 말하면 배우가 직접 감정표현을 격하게 하는 대신 의상과 조형물들이 감정을 대변한다.

소리와 조명 역시 단순히 배우들을 위한 배경이 아니라 때론 그 자체가 주연이 되기도 한다. 또 조형물에 붙어 있는 작은 스크린 조각들끼리 결합하면서 하나의 큰 스크린을 만들어 그 속에 어떤 영상을 비추기도 하는 등 새로운 시도를 하였다. 대사는 줄이되, 모든 환경요소는 주연들이다. 빛도 소리도 의상도 움직임도, 대사가 없는 무언극, 마임도 그러하다.

■ 극단 청년·극단 수업(각색/연출 김민호) 〈미친 햄릿〉
　1999.10.12.~10.31., 혜화동1번지

햄릿이 미쳤다. 극단 청년과 극단 수업이 공연한 연극이 〈미친 햄릿〉 이다. 줄거리

는 원본과 같으나 김민호의 창작극이다.

⊙ 제1막
〈햄릿〉의 각각에 인물특징을 가지고 배우들이 혼돈의 상태에서 서로가 연결고리를 찾아 대응하고 있다. 하지만 각자는 그 연결고리에 대해 전혀 인식하지 못하고 자신이 가지고 있는 정의까지 그 대립과정에서 파괴되면서 혼돈을 겪는다.

⊙ 제2막
현 왕은 왕비와 왕의 자리를 차지한 기쁨에 연회를 열고 햄릿에게 유학을 그만두고 같이 있기를 권한다. 연회 중 햄릿은 선왕의 유령을 만나서 의문의 죽음을 당한 선왕 유령에게 모든 진실을 듣고 자신이 앞으로 해야 할 일에 대해 맹세와 다짐을 한다. 오필리아는 복수를 맹세한 햄릿의 마음은 모른 채 그가 자신이 원치 않는 사람으로 다가오는 것에 놀란다. 왕비는 왕에게 햄릿의 이상한 행동에 신경을 써주길 바라며 부탁하지만 무시되고, 오히려 폴로니어스에게 햄릿이 미쳤다는 얘기를 듣는다. 폴로니어스는 햄릿과의 대화 중 자신의 딸 오필리아 때문에 미쳤다는 생각을 굳히게 되고, 햄릿에게 왕을 기쁘게 하기 위해 연극을 준비할 것을 약속한다.
햄릿으로 인해 극을 보러온 왕, 왕비, 폴로니어스, 오필리아, 그 외.
기대에 어긋난 연극에 왕은 당황하고 왕비는 햄릿이 저지른 일을 꾸짖기 위해 그를 부르지만 오히려 햄릿에 추궁을 당한다. 자신의 마음을 모르는 햄릿 때문에 왕비는 괴로워하고, 햄릿은 다가올 더 많은 시련을 예감한다.

⊙ 제3막
기억난 과거에 혼돈의 상태에서 각자가 겪을 일을 부정하려고 한다. 군발이(레어티즈)는 자신의 아버지와 여동생을 죽인 미친놈(햄릿)을 공격하고, 패가망신(폴로니어스)은 잘난 놈(호레이쇼)의 수동적 행동을 탓하며 자신의 잘못을 인정하고 거지(현왕)를 공격한다. 여자(오필리아)는 햄릿에게 사랑을 거부당한 결과로 미쳐서 죽고, 엄마(왕비)는 자신이 그럴 수밖에 없었던 상황을 말하며 이해를 구한다.
이 때 서로의 대화에서 대립되어 모든 이들의 연관관계에 의해 서로 죽이고 죽는데 이리저리 피해 다니던 잘난놈(호레이쇼)은 자신의 죄를 느끼고 미쳐서 자살을 하려하나, 실패하여 결국 혼자 살아남는다.

■ 서울 뮤지컬 컴퍼니(작 조광화, 연출 전훈) <록 햄릿>
  1999.11.12.~12.12., 호암아트홀
1999년에 햄릿은 미치기도 하였고, 빛이 되기도 하였다. 1999년을 보내면서 마지막으로 〈햄릿〉은 춤추고 노래한다. 〈햄릿〉 만큼 숱하게 재해석된 작품도 드물지만,

록 뮤지컬로 제작된 경우는 국내외에서 찾기가 어렵다. 연출자 전훈은 "강력한 비트로 세기말적인 느낌을 진하게 갖고 있는 헤비메탈을 통해 햄릿의 고민을 시대적인 것으로 드러내고자 한다."고 말했다. 전씨는 이 작품을 '메탈 뮤지컬 오페라'라고 하였다. 필요 없는 스토리를 과감히 삭제하는 대신 격정적인 에피소드의 장면들을 통해 이야기를 축약시켜 전달하며, 젊음과 반항과 광기가 가득한 메탈 사운드와 퍼포먼스적 연기를 결합시킨 공연이었다.

이 공연이 관객과 대중의 관심을 사고 흥미를 돋운 것은 여러 신문의 보도와 많은 비평이 증명한다. 그 중의 몇 가지를 소개한다.

◆ 1899.8.30. 중앙일보
…톡톡 튀는 아이디어로 관객을 즐겁게 만드는 극작가 조광화와 '은행나무 침대', '유령' 등 영화음악으로 인정받은 작곡가 이동준, 초연 '난타'의 연출가 전훈, 화끈한 뮤지컬 '하드록 카페'의 안무가 오재익 등 동년배 예술가들의 만남부터가 예사롭지 않다.

◆ 1999.11.23. 세계일보 구희서 연극평론가협회장
…조광화의 〈햄릿〉은 그러한 다양한 햄릿을 만나온 관객이라도 얼른 수용하기가 쉽지 않을 정도로 과격하게 다른 얼굴이다…
햄릿이 수도원에서 선왕의 제사를 지내며 복수를 다짐하는 장면이자 햄릿이 레어티즈의 권유로 유곽을 찾아가는 장면, 햄릿이 수도원에서 반란을 일으키려는 장면 등은 새로 만들어진 대표적인 예이고…
선왕의 유령은 오필리아의 몸을 빌려 복수를 재촉하고 레어티즈의 누이에 대한 사랑을 근친상간의 가능성으로 표현하고 그것을 짐작하는 햄릿의 적극적인 발언 등은 가장 원작과 먼 지점인 것 같다.

<록 햄릿>은 분명히 화젯거리였다. 필자는 '록'이 젊은 것이라 하여 관극하지 않았다. 셰익스피어를 번역·연구하는 자로서는 -지금에 와서 생각하건대- 보지 못하여 직접 관극평을 하지 못하는 것이 퍽 아쉽다.

2000year Hamlet

■ 극단 동인(작 김현묵, 연출 조병진) <햄릿-침실에서>
　2000년 2월, 소극장 리듬공간

　극단 동인은 그들의 전용 소극장 리듬공간 개관기념 페스티벌 제3탄으로 김현묵의 작품을 조병진이 연출한 <햄릿-침실에서>를 2000년 2월 소극장 리듬공간에서 공연하였다.

　이 공연 후 1999년 창단된 김현묵이 이끄는 극단 동인과 1988년에 창단된 박재운이 이끄는 극단 예성무대가 합쳐져서 2000년 5월 극단 예성동인이 탄생하게 된다. 2003년 극단 예성동인과 건물주 사이에 임대계약이 만료됨에 따라 리듬공간 소극장은 주인이 바뀌면서 극장명이 청아소극장으로 바뀌게 된다.

[줄거리]
이것이 꿈인가 현실인가? 햄릿은 누군가 아버지를 죽이는 악몽에 시달리다 꿈속에서 어머니의 부정을 확인한다.
◉ Synopsis-1장 왕비의 공간
제발 눈을 뜨세요? 제발! 어머니! 죽음의 침실에서 섹스를 하다니…. 어머니의 부정에 온통 햄릿은 혼돈에 싸여있다.
◉ Synopsis-2장 햄릿의 공간
햄릿은 계속해서 아버지(유령)의 악몽에 시달리고…숙부와 어머니는 햄릿의 심정은 무시하고 결혼을 진행한다.
◉ Synopsis-3장 오필리아의 침실
순결은 피로 물들고 … 관위의 섹스라~~ 호레이쇼에게 순결을 빼앗긴 오필리아. 내 육체는 소유했으나 내 정신은 햄릿 뿐!
◉ Synopsis-4장 햄릿의 공간(죽음의 그림자)
이젠 늦었어요, 왕자님을 더 이상 사랑하지 않아요! 공연을 위해 원고를 준비하는 햄릿. 순결을 잃은 오필리아가 마지막 작별을 하고 햄릿은 청혼하지만…
◉ Synopsis-5장 왕의 공간
가면 속의 욕망의 그림자는 서서히 떠오른다. 인생이 연극이면 인간은 곧 배우! 레어티즈는 긴 여정에서 돌아오고 왕은 그와 음모를 시작한다. 가면 속에 가려진 인간의 마성 그것이 욕망인 것인가?

⊙ Synopsis-6장 햄릿의 공간(감옥)
내 영혼을 구속하는 감옥, 죽느냐 사느냐 그것이 문제로다. 아버지를 만나고 확신에 찬
햄릿. 연극(결투)을 분주하게 준비하지만 음모의 흔적은 느끼지 못하고…
⊙ Synopsis- 7장 죽음의성-절대적 사랑을 위한 분투

■ 극단 반(反)(재구성/연출 박장렬) <햄릿 몽중몽(夢中夢)>-비록 악몽일지라도-
2000.8.19.~9.3., 소극장 리듬공간

이 작품에서는 결투나 자살 등으로 모두 죽지만, 숙부만이 남는다. 악이 살아남는
다는 편이 이 시대에 더 어울린다는 재구성과 연출을 한 박장렬의 세계관 때문이다.

[줄거리]
햄릿의 숙부인 클로디어스는 왕위에 오르고 폭군으로 이름을 떨친다.
부왕의 죽음으로 비탄에 빠져있던 햄릿은 망부(亡婦)의 망령에 의해 폭로된 무서운 비밀
(현왕인 숙부가 아버지를 독살했다는 사실)을 알고 현왕에 대해 분노를 느끼면서도 망령의
진실성 여부에 의문을 품고 고민한다. 그러나 숙부와 조급한 재혼을 한 어머니에 대해서는
확고한 증오심을 느낀다. 이러한 충격으로 햄릿은 사랑했던 오필리아조차 버리고 만다.
한편 레어티즈는 자신의 아버지이며 재상인 폴로니어스가 현왕인 클로디어스에게 온갖
아첨을 하는 것을 보고 조국을 떠나 유랑의 세월을 보낸다. 햄릿은 극중극을 통하여 숙부가
아버지를 독살했다는 심정적인 확증을 갖게 되고, 어머니의 침실로 찾아가서 어머니를
맹렬히 비난하다 둘의 대화를 엿듣고 있던 중신 폴로니어스를 현왕으로 착각하여 살해한
다. 이 사건으로 햄릿은 영국으로 추방당해 죽음의 직전에 몰리나 구사일생 목숨을 건진다.
한편, 오필리아는 아버지의 비참한 죽음에 대한 충격으로 미치고 끝내 자살한다.
아버지와 여동생을 비극적으로 잃은 레어티즈는 비보를 듣고 조국으로 돌아온다. 숙부는
햄릿을 모함하고 레어티즈를 선동하여 햄릿을 죽이기 위한 계략에 레어티즈를 앞장 세워
칼 솜씨를 겨루는 시합을 연다. 그러나 그 시합에서 죽음의 그림자는 모두(햄릿, 햄릿의
어머니, 레어티즈)를 휩쓸고 지나간다. 격한 레어티즈의 칼에 깊은 상처를 입은 햄릿은
복수(숙부의 처단)를 하지 못하고 "이것이 운명이란 말인가"라는 대사를 남기고 죽는다.
숙부는 천천히 등을 돌려 사라진다. 이어 오필리아의 노랫소리 "꿈 속에 잠이 드니 인생사
꿈 같네. 꿈 속에 꿈을 꾸니 저세상 가는 길 한 맺혀 붙드네." 가 들리는 가운데 숙부는
등을 돌려 사라진다.

■ 한양레퍼토리(원작 제임스 셔먼, 연출 박광정) <매직타임>
2000.10.25~12.3., 아롱구지 소극장

1998년 우리나라에서 초연된 장진 번안/연출의 <매직타임>은 1998년 한국연극

평론가협회가 올해의 베스트3으로 선정될 정도로 한마디로 대단했다. 지금은 고인이 되신 한양레퍼토리 대표 고 박광정 연출로 또 다른 <매직타임>이 2000년 10월 25일부터 12월 3일까지 대학로 아롱구지 소극장 무대에 올려졌다. 1998년 장진 감독의 <매직타임>이 한국적으로 각색된 것이라면 2000년 박광정의 <매직타임>은 거의 원전 그대로이다.

극단 한양레퍼토리는 한양대학교 연극영화학과 최형인 교수(극단 대표)와 신일수 교수(예술감독)를 중심으로 학과의 문화예술계 지위 보장과 신학 연계를 위해 만들어진 극단이다.

박광정은 다음과 같이 연극 <매직타임>의 탄생배경을 설명하였다.

〈매직타임〉이란 작품을 알게 된 게 5년 전쯤일 겁니다. 애초에 '화동연우회'의 공연작품으로 번역되어 있다가 공연은 되지 않고 번역본이 '학전'에 있었을 때니까요.
처음에 읽었을 땐 '발상이 재미있다!'란 생각을 하게 되었고 그렇지만 '너무 미국적인걸?' 하는 생각에 '우리의 상황으로 바꿔보면 어떨까?' 하고 궁리를 했었고 〈비언소〉 다음 연출작으로 결정해 그 당시 함께 작업을 했던 극단 '이다', 극단 '차이무' 식구들이랑 〈매직타임〉을 위한 MT도 갔었습니다.
그러다 '비언소' 공연이 장기 공연을 하게 되면서 차일피일 하다가 공연시점을 놓쳤고 어찌어찌 대본이 돌다가 지난 98년 장진 감독의 번안작품으로 대학로 무대에 올라 많은 관객들이 재미있게 본 연극이 되었고 그 해에 공연된 작품 중 가장 뛰어난 3작품 중 하나로 역사에 남게 되었습니다…
어쨌됐건 〈매직타임〉은 원작의 70년대 상황을 지금 상황으로 부분 부분 수정하고 원작에 미국사람만이 알 수 있는 내용들을 우리나라 사람들도 알 수 있는 것들로 최대한 바꾸려고 해봤는데 어떨지 모르겠습니다.

[줄거리]
연극 〈매직타임〉은 성황리에 막을 올렸던 연극 '햄릿'의 마지막 공연을 앞두고 배우들이 분장실에 나누는 수다와 그리고 무대 위에서의 활동을 동시에 보여주고 있다.
시카고 어느 극장의 분장실. 마지막 햄릿 공연이 오르기 전이다. 무대감독에게서 유명한 A.C.T(Americal Conservatory Theatre)극단의 빌 볼씨가 관객으로 온다는 말을 듣고, 배우들의 신경은 예민해진다.
사이가 좋지 않던 레리와 데이빗의 말싸움이 벌어지고, 앨런은 연극하는 것을 좋아하지 않는 부인과 아이들의 양육문제로 심각해진다. 기대치 않던 오디션에 합격한 앤을 모두 축하해 주는 동료들과 달리 남편 스캇은 달갑지 않게 여긴다. 일과 사랑을 두고 배우들 모두가 함께 고민하는 가운데, 스캇이 공연시간을 몇 분 남겨두지 않고 나가버린다. 둘만 남은 분장실에서 데이빗은 로리에게 반지를 주며 청혼을 하지만 로리는 늘 장난처럼 자신을 대하는 데이빗에게 불만을 토로하며 거절한다. 이에 누구보다도 분노한 레리와 데이빗과의 갈등은 고조된다. 막이 오르면 모든 문제들이 마술처럼 풀릴 거라는 기대로 마지막 공연이 올라간다.

2001year Hamlet

2001년은 새로운 세기가, 새로운 밀레니엄이 시작되는 해다. 새 시대에 알맞게 셰익스피어의 작품이, 〈햄릿〉이 줄을 이어 공연되었다. 2월에는 극단 열린의 〈데포르마시옹-햄릿〉, 3월에는 극단 예성동인의 〈햄릿-분신놀이〉와 연희단거리패의 〈햄릿〉이 셰익스피어 연극의 큰 흐름이 되었다. 열거한 세 가지 〈햄릿〉은 모두 변용극이다.

■ 극단 열린(구성/연출 오순환)
〈데포르마시옹-햄릿〉 '이미지, 놀이, 움직임, 소리로 만드는 햄릿'
2001.2.22.~3.25., 알과핵 소극장

극단 열린의 〈데포르마시옹-햄릿〉은 대사가 아닌 비언어적인 방법으로 새롭게 접근한 것이다. 데포르마시옹(déformation)은 망그러져야 한다는 뜻이다. 오순환은 대상을 시실적으로 그리지 않고 의식적으로 변형시키거나 확대하여 원 대본을 따르지 않고 망가뜨렸다. 모든 인물을 등장시키지도 않는 대신 세 가지 이미지를 지닌 햄릿. 하나는 죽음 쪽에서는 악마적 이미지인 햄릿, 두 번째는 삶 쪽에서는 인간적인 이미지의 햄릿, 그리고 나머지 하나는 육체 자체를 갖고 있는 햄릿이다. 순수한 오필리아, 햄릿을 사랑하는 오필리아, 미친 오필리아의 세 오필리아를 각각 등장시켜 인물의 성격과 심리를 집중 묘사하였다. 각기 성격이 다른 3명의 햄릿과 3명의 오필리아가 등장하며, 등장 인물도 왕, 왕비, 햄릿, 오필리아, 레어티즈 등 5명으로 줄였다.

[줄거리]

신음과 비명이 뒤섞이고 불길한 까마귀 소리. "누구냐? … 누구냐?"를 묻는 소리에 이어 햄릿을 둘러싼 한 무리의 사람들이 나오고 복수를 부탁하는 선왕의 목소리가 종소리와 함께 들려온다. 배우들이 나와 공을 이용한 놀이를 한다. 모두 동작을 멈춘다. 느린 동작으로 왕관이 전달된다. 클로디어스와 거트루드가 등장하고 클로디어스에게 왕관을 씌워준다. 클로디어스와 거트루드가 퇴장하고 3쌍의 남녀가 춤을 춘다. 3쌍의 남녀는 각각의 햄릿과 오필리아들이다. 이들이 점점 인형이나 마네킹처럼 변하는 와중에 3명의 햄릿이 "수도원으로 가?"라는 대사를 하고 오필리아는 점점 인형처럼 되어간다.

검은 옷을 입은 배우와 흰 옷을 입은 배우, 검은 셔츠와 흰 바지를 입은 3명의 배우가 뒤엉켜 신음을 하다 분리된다. 이들은 3명의 햄릿이다. "사느냐 죽느냐 그것이 문제로다" 3막 1장의 햄릿 대사를 한다. 대사 내용에 맞춰 검은 옷의 햄릿과 흰 옷의 햄릿이 죽음을 몸으로 표현한다.

모든 배우들이 나와 '무궁화 꽃이 피었습니다' 놀이를 한다. 놀이 도중 클로디어스와 거트루드는 그들의 욕망을 표현한다. 놀이가 '여우야, 여우야, 뭐하니?'로 바뀌고 클로디어스가 "죽었니? 살았니?"라고 묻자 술래인 햄릿은 가면을 쓴 모습을 보여주며 클로디어스에게 왕이 아니라고 말하자, 놀란 클로디어스는 자신이 왕이라 대답한다. 이 장면은 극중극의 표현이다.

클로디어스는 3막 3장의 독백을 하고 3명의 햄릿이 등장한다. 흰 옷의 햄릿은 복수의 실행을 촉구하고 검은 옷의 햄릿은 이를 말린다. 햄릿과 거트루드는 침실에서 이야기를 나누고 흰 옷과 검은 옷의 햄릿은 각각 선왕과 현왕의 초상화로 표현된 거울을 들고 있다. 3명의 오필리아인 수녀 오필리아, 순수한 어린 오필리아, 현재의 오필리아가 등장하여 무대와 객석을 돌아다니며 햄릿과의 과거 이야기를 하고, 미친 오필리아를 표현한다. 흥분한 레어티즈가 등장하고, 클로디어스는 그에게 복수의 칼을 햄릿에게 돌릴 것을 종용한다. 거트루드가 오필리아의 죽음을 알린다. 천둥과 비바람 속에서 여러 배우들이 뒤엉켜있고 오필리아가 그들의 틈에서 나와 물에 빠져 죽는다. 햄릿이 죽은 오필리아를 부둥켜안고 아주 오래오래 운다. 어둠 속에서 불빛들이 움직이고 이 움직임은 원을 그리다 십자가의 형태를 만든다.

검은 옷을 입은 햄릿과 레어티즈가 서로 부딪히지 않고 상징적으로 결투를 한다. 검은 옷의 햄릿이 레어티즈의 칼에 맞아 쓰러지자 또 한 명의 햄릿을 잡고 있던 흰 옷의 햄릿이 레어티즈를 죽인다. 푸른 색 조명을 받은 큰 사각형의 천 가운데 거트루드가 머리만 내놓고 있고 배우들은 천을 천천히 돌린다. 암전 후, 붉은 색 조명을 받은 큰 사각형의 천 가운데 클로디어스가 머리만 내놓고 있고 배우들은 천천히 돌린다. 암전 후, 붉은 색 조명을 받은 큰 사각형 천을 들고 객석으로 갔다가 다시 무대로 와서 천을 마치 관처럼 직사각형으로 접어들고 객석으로 퇴장한다.

■ 2001년 '셰익스피어 페스티벌 참가작'
극단 예성동인(작/연출 김현묵) <햄릿-분신놀이>
2001.3.6.~5.20., 소극장 리듬공간

1989년 설립된 극단 예성무대(대표 박재운)와 극단 동인(대표 김현묵)이 2000년 5월 통합하여 설립된 극단 예성동인은 <햄릿-분신놀이>를 제12회 정기공연으로 2001년 '셰익스피어 페스티벌'에 참가하여 3월 6일부터 5월 20일까지 소극장 리듬공간에서 공연하였다. 극단 동인의 김현묵은 2000년에는 <햄릿-침실에서>를 무대에 올린 적이 있다.

이 작품은 원작을 완전 해체해 극중극 형식으로 재구성하여 햄릿과 분신인 배우 3명이 무대에 올라 햄릿의 감춰진 내면을 투영하는 거울 구실을 한다. 원작의 주요인물 모두를 햄릿의 분신으로 처리한 점이 이채롭다. 왕비와 오필리아, 햄릿 역의 세 배우는 모두 1인 다역이나 다름없다.

[줄거리]
◉ 프롤로그
햄릿은 왕과 왕비가 혼례식을 올리기 직전, 왕비가 선왕을 죽이는 역을 보여준다. 여기서 선왕 역은 햄릿이 맡음으로서 마지막 왕비가 햄릿을 죽이는 설정에 대한 암시를 제시한다.
◉ 제1장
죄책감과 자신의 죄를 감추려는 왕비는 햄릿이 올린 연극에 대해 실망하고 그런 망상에서 벗어나라고 애원한다. 그러나 햄릿은 모두 죽을 것이라고 예언한다. 왕비는 자책감에 자리를 떠나고 대신 오필리아를 부른다.
오필리아를 본 햄릿은 오필리아가 물에 빠져 죽는 환영에 시달려 그녀를 멀리한다. 그러나 이러한 사실을 모르는 오필리아는 햄릿을 위로하고 안아주려 한다. 그리고 청혼한다. 햄릿은 오필리아가 청혼하는 것에 반발하여 그녀와 강세로 성관계를 맺는다.
◉ 제2장
왕비의 침실에서 깨어난 햄릿. 오필리아에게 폭력을 휘두른 것이 꿈인지 생시인지 구별하지 못한다. 호레이쇼(오필리아 1인 2역)-햄릿의 눈에는 오필리아는 미래에 다가올 권력이며 죽음이다. 호레이쇼(여기서는 오필리아를 짝사랑함으로써 그녀를 차지하려는 음모를 갖고 있으며 권력을 지향하는 인물로 설정한다. 따라서 오필리아와 호레이쇼는 복합적으로 닮은꼴이다.)가 들어와 혼례식에 참석하라 하지만, 햄릿은 유령 얘기만 늘어놓는다. 그러나 호레이쇼는 햄릿을 유령에게 안내한 적이 없다고 부인한다. 이에 배신감을 느낀 햄릿은 혼례식장을 난장으로 만들고는 복수를 주제로 한 연극대본을 쓰겠다고 결심한다.
◉ 제3장

실제일 듯, 아니면 햄릿의 작품에 나오는 내용인 듯, 경계가 모호한 채로 오필리아와 호레이쇼의 대화가 시작된다. 여기서 햄릿은 작품을 쓰며 중얼거리면서 호레이쇼 역할을 한다. 무대에서 오필리아는 상심한 채 호레이쇼를 거부하고, 호레이쇼는 결국 오필리아를 겁탈한다.

⊙ 제4장

햄릿을 찾아온 오필리아는 수녀원으로 떠나겠다고 하며 이별을 고한다. 햄릿은 수녀원은 매음굴이라며 말리지만, 이미 충격을 받은 오필리아는 결국 떠나간다.

이를 지켜본 왕비는 햄릿에게 수녀원에 가서 요양을 하라고 하지만 햄릿은 거절한다. 햄릿은 자신이 쓴 '어긋난 시선'이라는 대본을 보여주며 연극에 몰두하겠다고 안심시킨다.

⊙ 제5장

이 장은 분신놀이 극중극이다. 셰익스피어의 원작 〈햄릿〉을 거꾸로 극중으로 넣은 것이다. 모든 인물들이 각자에게 거울이며 햄릿의 분신이며, 왕비는 오필리아의 미래 모습, 오필리아는 왕비의 과거 모습으로 설정, 난장 놀음을 한다. 이 장에서 누가 누구인지는 중요하지 않다. 서로를 객관적으로 서로에게 보여주는 것이 중요하다. 이 놀이를 통하여 각자가 지닌 욕망과 가식과 진실을 드러내며 미래를 투명하게 내다보는 햄릿의 예언자적 태도를 드러낸다.

그러나 햄릿은 놀이를 멈춘다. 호레이쇼가 오필리아를 겁탈하는 장면을 임의로 삭제했기 때문이다. 햄릿은 연극마저 실패하고 좌절한다.

⊙ 제6장

제1장의 앞내용이 반복되며 시작된다.

그러나 이 반복은 같은 내용이 아니다. 왕비가 거부하는 연극은 프롤로그의 연극만이 아닌, 햄릿이 쓴 '어긋난 시선'까지도 포함한다. 여기서 왕비의 실체가 드러난다. 햄릿은 떠나간 오필리아의 환영에 시달리고, 왕비는 오필리아를 죽이라고 햄릿을 종용한다. 그것만이 나와 함께 살 수 있는 길이라고. 결국 햄릿은 오필리아를 죽이고 왕비는 햄릿의 귀에 독약을 부어 죽인다. 그리고는 나체가 되어 왕의 침실로 들어간다. 이와 동시에 오필리아의 혼령이 일어나 죽은 햄릿을 포근히 안아준다.

■ 연희단거리패(연출/각색 이윤택) 〈햄릿〉
　1. 2001.3.23.~4.8., 예술의전당 자유소극장
　2. 2001.6.3.~6.4., '제5회 수원 화성 국제연극제' 초청공연 경기도 문화예술회관 소공연장

연희단거리패가 1996년 창단 10주년 기념공연으로 초연하여 그 해 '서울연극제' 연출상을 수상하였던 〈햄릿〉을 국내에서는 5년 만에 다시 무대에 올렸다.

연희단거리패의 〈햄릿〉은 초연 이후 국내에서는 공연되지 않았지만 1996년 러시

아 대륙연극제 공식참가, 1998년 독일 베를린 '세계문화의 집' 초청공연, 1999년 '일본 아시아 아스티지 총회' 및 5개 도시 순회공연, 2000년 '일본 토가 페스티벌' 참가 및 일본 전국공연을 하였으니 이제 연희단거리패는 국제적 극단이 되었고, 연희단거리패의 <햄릿>은 이윤택을 세계의 연출인으로 우뚝 서게 한 작품이다.

연희단거리패의 <햄릿>은 기본적인 줄거리는 여느 <햄릿>과 동일하다. 그러나 무대는 천마도 고분 이미지에서 끌어온다. 우리의 거대한 고분 속을 무대로 설정하여 모든 상황이 그 무덤 속에서 벌어진다. 햄릿과 유령과의 만남은 우리의 토속 신앙적 접촉과정에서 바라보고, 우리의 놀이문화를 극중극 안에 삽입시켰으며, 죽음을 맞이하는 인간의 두려움과 좌절을 오필리아의 장례식을 통해 표현하며, 무덤지기들의 선문답(禪問答) 등, 연희단거리패의 해설대로 서양의 고전을 우리 연극적 양식으로 수용하여 동서양 문화충돌을 통해 삶과 죽음의 경계를 자유롭게 넘나들며, 햄릿의 광기를 유령과의 접선으로 해석하고, 죽은 오필리아가 실제 흙을 덮어쓰며 절규하는 장면 등 이윤택다운 앙상블이다. 2003년 편도 참조하기 바란다.

■ 국립극단·한국셰익스피어학회(번역/연출 정진수) <햄릿>
2001.9.7.~9.16., 국립극장 해오름극장

국립극단은 1950년에 창단되었고 '세계명작무대'시리즈로 셰익스피어극은 <말괄량이 길들이기>(The Taming of the Shrew), <말은 말로, 되는 되로>(Measure to Measure), <리처드 3세>(Richard III), <십이야>(Twelfth Night)를 공연하였으나, <햄릿> 공연은 창단 이래 51년 만에 처음으로 정진수 번역/연출로 무대화된 것이다. 이 공연은 정통극으로 하나의 혁신이다.

여기서 혁신이라고 함은, 근자에 셰익스피어극의 공연은 모두가 변용극이고, 민속화된 것이다. 좀처럼 정통극은 볼 수가 없다. 국립극장이 이 작품으로 진실한 셰익스피어극 정통 <햄릿>을 보여주었다.

햄릿 역을 맡은 김석훈은 영화배우이고 탤런트로 잘 알려져 있지만, 1988년부터 2000년까지 국립극단 단원으로 활동, 무대의 꿈을 가장 소중하게 여기는 배우이다. 김동원, 유인촌으로 이어지는 대한민국 햄릿의 계보를 21세기의 햄릿, 김석훈이 이어갈 것임을 이번 무대에서 확인할 수 있을 것이라고 국립극단은 기대하였다. 김석훈의 캐스팅은 1세대 햄릿 김동원이 같은 교회에 다니는 김석훈을 추천하였기 때문이라고 한다. 김동원은 2006년 작고하였다. 그는 국립극단장이었고 이 공연을 할 무렵에는 예술원 회원이었다.

연출을 맡은 정진수는 성균관대학교 예술학부 교수이며 극단 '민중'의 대표이다. 연극협회 이사장도 지냈고 서울예술제 집행위원장이기도 한 그는 이미 여러 작품을 연출하였으며, 김동원 주연의 <햄릿>을 연출한 이해랑에 이어서 21세기의 <햄릿> 공연을 연출할만한 학자이고 연극인이다.

■ 노뜰(재구성/연출 원용오) <동방의 햄릿>(Hamlet From East)
  1. 2001년 7월 '프랑스 아비뇽 페스티벌 오프' 참가작
  2. 2001.9.14.~9.16., '2001 독립예술제 이구동성' 참가작 국립극장 별오름극장
  3. 2001.11.14.~11.18., '2001 서울공연예술제' 공식초청작 알과핵 소극장
  4. 2002.1.26.~1.3., 국립극장 달오름극장
  5. 2002. 5월, '서울 프린지 페스티벌 2002' 참가작, 씨어터 제로
  6. 2002.11.4~11.11., '제9회 베세토(BESETO) 연극제' 참가작, 중국 베이징

극단 노뜰은 1993년에 창단되었으며, 연출가 원용오가 극단 대표이다. 노뜰은 강원도 문막 후용리에 2000년 폐교된 초등학교 자리에 후용공연예술센터라는 작업 공간을 차렸다. 노뜰은 "최선을 다해 일한다"는 뜻이다.

<동방의 햄릿>은 1999년 일본 '토가 페스티벌'에 공식으로 초청된 첫 한국작품이며, 호수를 배경으로 한 야외무대에서 바람과 배우들과 오브제가 하나가 되어 야외 공연의 진수를 보여주었다는 관객들의 평을 들었다. '토가 페스티벌'은 일본의 세계적 연출가 스즈끼 타타시가 세계 각국의 연극인들과 네트워크를 통해 상업성으로부터 공연예술 창작성과 독자성을 보존, 발전시키고자 창설한 국제연극제이다.

노뜰이 2001년 7월에 참가한 '아비뇽 페스티벌'은 1947년 프랑스의 배우이자 연출가인 쟝 빌라르가 연극제를 제안하면서 아비뇽 시와 국가의 전폭적인 지지로 오늘날 세계적 페스티벌이 되었으며 노뜰의 <동방의 햄릿>은 이곳에서도 '살아있는 연극'이라는 찬사를 받았다.

극단 노뜰의 <동방의 햄릿>은 셰익스피어 <햄릿>의 핵심적 요소들만 차용해 한국적 정서로 재해석한 작품으로 셰익스피어의 주옥같은 대사를 과감히 버리고 한국적인 무대언어가 중심이 돼 동양과 서양, 전통과 현대가 어우러져 있다. 배우들의 몸짓 등 비언어적 메시지 전달과 악기연주 등 실험적 색채가 짙은 작품으로 요즘 유행하는 뮤지컬 같은 볼거리를 과감히 배제하였다.

[줄거리]

긴 여행을 떠나온 사람들⋯그들은 죽음을 향해 가듯 무거운 걸음으로 길을 간다. 그들이 피워내는 담배연기는 인생의 역경들이 묻어난다. 인생의 마지막에 선 그들은 모두 바람이 되고 물이 되고 공기가 된다.

어디선가 햄릿을 부르는 소리가 울리고 순간 햄릿은 몽상의 세계로 빠져들듯 잠이 든다. 햄릿은 꿈을 꾸다 피리소리와 함께 아버지를 만나고 아버지의 죽음에 대해 알게 된다. 선왕의 장례식 날, 클로디어스와 거트루드는 마음 속 깊은 곳 욕망의 눈을 들어 광란의 춤을 춘다. 햄릿은 그들을 보며 고통스러워하며 분노한다. 장례식에서 돌아오던 햄릿에게 무언가를 말하려는 망령들과 함께 햄릿은 아버지의 소리를 들으며 복수를 다짐한다. 마침내 거트루드와 클로디어스는 결혼식을 올린다. 햄릿은 축하객 속에서 과장된 몸짓을 하며 그들의 결혼식을 조롱하고, 그 분노를 못 이겨 뛰쳐나가 환영을 보게 된다. 선왕은 햄릿에게 무언가를 말하려는 듯 옛 기억 속으로 그를 인도한다. 선왕과의 어린 시절의 여행은 행복한 기억이지만 잠에서 깨어난 햄릿은 여전히 고통스럽고 어머니와 숙부에 대한 복수심은 사그라지지 않는다. 마침내 햄릿은 아버지의 죽음을 가면극으로 선 보이고, 이에 거트루드는 경악을 금치 못한다.

결국 햄릿은 숙부를 살해하고 어머니와 대면한다. 그리고 어머니를 살해하려는 순간 선왕에 의해 모든 시간은 멈추고 선왕은 햄릿을 이끌고 다시 먼 길을 떠난다. 거트루드는 혼자 남아 있다.

2002year Hamlet

■ '하이네 뮐러 페스티벌' 참가작 극단 단막극장(원작 하이네 뮐러, 연출 함형식) <햄릿기계> 2002.3·15.~4.21., 대학로 단막극장

옛 동독을 대표하는 지성이자 브레히트 이후 독일 최고의 극작가로 꼽히는 하이네 뮐러(1929~1995)는 '경악의 미학'으로 유명하다. 역사 속에서 반복되는 인간의 폭력성을 고발하는 그의 작품은 폭력·테러·살인 등 역사의 어두운 면을 무대에 올려 관객을 공포와 충격으로 몰고 가서 인간과 역사에 대한 고정관념을 깨뜨린다.

뮐러가 국내에 소개되기 시작한 것은 1985년 군산지역의 극단 갯터의 창단작품으로 공연된 것이지만, 1993년부터 공연되기 시작한 채승훈 연출의 <햄릿 머신>이 우리에게는 익숙하다. 1998년 <햄릿 머신>은 나체 배우들의 한바탕 피범벅 씻김굿으로 쇼크를 던진 바 있다.

[줄거리]

현재의 햄릿은 셰익스피어가 말하는 왕자 햄릿이 아니다. 지나간 시대에 가해자이자 피해자로 남았고 그저 현실과 과거 속에서 갈등하는 사람일 뿐이다.

막이 오르면 햄릿은 죽음을 내다보고 있는 나이의 햄릿으로 나온다. 그는 항상 자신의 집에 갇혀 나오지 못한다. 그는 언제나 집안에서만 존재할 뿐이다. 변화되었다고 믿고 싶지만 결코 변화되지 않은 세상으로 뛰어들 용기가 없기 때문이며 더욱이 그를 그렇게 만드는 것은 과거의 자신의 행적이 악몽처럼 그를 따르고 있기 때문이다.

현재에서 그는 현실에서 적응하지 못하는 자신을 조롱하는 유령들과 과거의 환영들에 시달리고 언제나 그들에 의해 악몽으로의 여행을 떠나게 된다. 그리고 그 악몽 속에서 그는 오필리아를 통해 구원받으려 하지만 결국 악몽으로 빠져드는 반복의 시간 속에 갇히게 된다.

■ '2002 서울공연예술제' 참가작 극단 창파(작 정우숙, 연출 채승훈) <사물의 왕국> 2002.6.6.~6.9., 국립극장 달오름극장

실험적 연극에 주력해온 극단 창파(공동대표 채승훈·박경삼)가 '2002 서울공연예술제'에 참가하여 셰익스피어 작품들을 패러디, '진리'에 관해 물음을 던지는 연극 <사물의 왕국>을 2002년 6월 6일부터 9일까지 국립극장 달오름극장에서 공연하였다.

드라마터지 조현아는 '햄릿'의 눈에 보이는 유령이 왕비 거트루드의 눈에는 보이지 않는다는 설정이 '자신이 믿는 것만 보고자 하는 햄릿의 심리상태'에 대한 우의적 표현은 아닐까? 하는 시각에서 출발하였다고 하면서 "자신만의 세계에 갇혀 편협하게 세계를 바라보는 시각, 그리고 이 편협한 시각만이 옳다고 믿는 독단이 진리를 왜곡하고 갈등이나 투쟁을 낳는 것은 아닐까. 서로의 생각을 존중하는 자세가 바로 진리의 원천"이라고 설명했다. 작품 제목 <사물의 왕국>은 극중 하불립이 쓰는 희곡 제목이기도 하다.

[작품개요]

셰익스피어의 불후의 명작 '햄릿'을 대할 때면 항상 재미있는 의심을 하게 되는 부분이 있다. 그것은 다름 아닌 '햄릿이 부왕을 죽인 자에 대한 의심을 하게 되는 계기'이다. 유령의 말을 듣고 햄릿은 숙부를 살인자로 의심하게 된다. 그런데 가만히 이성적으로 되짚어 보면,

유령의 말을 신뢰할 수 있는 것일까? 그것은 사실 햄릿이 그렇게 믿고 싶은 심리적 욕망의 결과가 아닐까? …

[줄거리]
작가이자 배우인 하불립은 5년 전 여배우 고진리를 살해하고 시체를 유기한 자들을 찾아 죄 값을 묻고자 몇 년 만에 극장으로 돌아온다. 그는 과거에 고진리를 임신시켰던 왕이억, 배역 문제로 다툼이 많았던 서둘녀, 연적으로 느끼던 오피리, 변화에 적응하며 실리만 추구하던 마박수 내외 등 고진리 살해에 연루되었던 단원들에 대한 심증을 확인하고자 작품을 쓴다. 한편 셰익스피어 전문극단으로서 화려한 명성을 누렸던 극단은 전 대표의 갑작스런 죽음 이후 노골화된 권력과 이권다툼을 겪으며 몰락으로 치달아 극장을 처분해야 하는 위기에 몰려있다. 이들은 위기의 타개책으로 공연을 하기로 합의하고 연습에 들어가나 제각기 살 길을 모색하면서 끊임없이 서로를 배반한다. 하불립이 쓴 셰익스피어의 혼성 모방작 〈사물의 왕국〉은 영혼과 정신이 죽어 사물화된 세상에 대한 냉소적인 고발이며 그런 세상을 만든 자들에 대한 강력한 비난이 주제다. 그러나 하불립을 사랑하던 오피리는 하불립의 생각이 틀리고 왜곡된 것임을 증명하고자 대본을 고치고, 하불립은 자신이 알고 있던 사실과는 다른 장면에 부딪혀 다시 미치게 된다. 결국 고진리의 살해자는 밝혀지지 않은 채 공연은 무산되고 극장은 신세기 극단으로 넘어간다. 그 후 단원들은 제 살길을 찾아 뿔뿔이 흩어지고, 헐리는 극장에는 꿈과 이상을 품은 젊은 날의 영혼들 속삭임만 남는다.

■ '제10회 젊은 연극제' 참가작 전주대학교 예체능·영상학부 연극전공
(원작 기국서 〈햄릿 5〉, 연출 박정민) 〈오브제 햄릿〉
2002.6.29., 문예진흥원 예술회관 대극장

기국서의 〈햄릿 5〉는 제14회 서울연극제 출품작이다. 광주사태의 희생자들과 정치세력에 대한 비판, 그리고 고문치사사건이라는 맥락에서 볼 때, 그 주제는 〈햄릿 4〉와 크게 벗어나지 않는다. 다만 〈햄릿 4〉보다 강도 높은 비판, 노골적인 음담패설을 동반한 욕설, 그리고 "햄릿 부친의 유령은 광주희생자들의 망령으로, 어머니는 퇴폐적 자본주의의 화신으로, 삼촌은 권력 찬탈자로, 암살자들은 수사당국의 고문관들로, 무덤파는 인부들은 민중으로 나타내는 일련의 작업을 통해 사회 각층을 비판한 것이다.

전주대학교(예체능·영상학부 연극전공)는 행사에 참가하여 셰익스피어 원작을 기국서가 각색하여 만든 〈햄릿 5〉를 박정민 연출로 〈오브제 햄릿〉으로 제명을 바꾸어 2002년 6월 29일 문예진흥원 예술회관 대강당에서 공연하였다. 지도교수는 박병도

교수였다.

[줄거리]

◉ 1. 꿈과의 만남

햄릿은 악몽을 꾼다. 꿈에서 그는 수많은 죽은 망령들을 본다. 그 망령들은 억울하게 죽은 사람들이다. 햄릿은 그 현상을 자신의 무의식에 자리 잡은 어떤 정치적 충격의 투영이라고 생각한다. 그러므로 그는 나름대로 진혼을 하려 한다. 그러나 햄릿은 또 한 가지 죽음의 극복에 대하여 생각한다. 그래서 그의 철학적 친구(호레이쇼)를 꿈에 등장시켜 죽음과 삶의 해석을 시도해본다.

◉ 2. 사랑과의 만남

정치적(또는 빈민운동) 운동을 하는 애인은 언제나 사회현실에 가슴 아파한다. 햄릿은 그러나 언제나 창백한 고뇌, 그것도 단순히 이해할 수 없는 광적 상태 속에 빠져있다. 그러한 그를 애인은 질책한다. 결과적인 사색을 그들은 같이 하지만 그렇기 때문에 늘 다툰다. 그것은 사랑인가? 사랑이 아닌가?

◉ 3. 폭력과의 만남

두 살인자들이 대학생 두 명을 살해하고 유기한다. 그 둘은 그것이 직업이다. 그들은 서로 내면으로 갈등한다. 그들은 자기들의 참회가 어떤 방법으로든 그들의 영혼을 구원시키지 못한다는 사실에 절망한다. 그들은 약과 같은 것으로 일시적 위안을 얻지만 원혼의 그림자가 언제나 따라다님을 느낀다. 그들은 사색도 거기까지가 한계. 그들은 또 다른 희생자들이다.

◉ 4. 자본가(어머니)와의 만남

왕비 혹은 어떤 유한여인으로 상징되는 자본주의는 실제 자본가들의 세계관으로 나타난다. 그들의 연민도 연민으로만 그칠 뿐이다. 그것은 관객과의 대화의 방식으로 노출된다. 마치 TV의 유쾌한 대담쇼를 연상케 한다. 햄릿은 그들의 무의식 속에 자리 잡은 칼날과 같다. 그러나 그들은 곧 그 사실을 잊는다.

◉ 5. 연극과의 만남

모든 연극은 정치적이다라고 생각하는 사람들이 연극을 하고 춤을 추고 광인을 연출하고 음란, 퇴폐를 보여준다. 그것은 밑바닥의 위에 대한 할큄의 복수이다.

◉ 6. 철학과의 만남

무덤을 파는 인부들은 가장 밑바닥이면서 생과 사에 대한 철학적 태도를 갖는다. 그들의 질펀한 음담패설은 생명의 잉태를 말하려는 것이다. 건달들은 현실의 항변을, 주인공은 플라스틱 꿈 가운데서 자라나는 이들을 말한다. 주인공은 잠들 것인가 깨어있을 것인가를 사색한다.

◉ 에필로그-모든 죽음

스토리에 의해서도 사람들은 죽어가고 다른 운명(예컨대 고문 받다가)으로도 죽는다. 죽음의 행렬이다. 그러나 모두들 다시 살아난다. 하나의 사색이라는 태도와 한편의 연극이라는 입장으로.

■ 축제극단 舞天(작 마로윗츠, 각색/연출 김아라)
<햄릿 프로젝트 2002> 2002.10.10.~10.30., 정동극장

김아라가 이끌고 있는 축제극단 무천은 1998년 <인간 리어>, 1999년 원작 마로윗츠의 <햄릿 프로젝트>, 2000년 <맥베스 21>, 2001년 <오셀로>로 김아라의 셰익스피어 4대 비극에 대한 재해석 작업의 완결편을 마무리 했다. 참으로 대단한 일이 아닐 수 없다. 그 김아라가 자신들의 본거지인 죽산에서 서울로 돌아오며 만든 '귀성작' 2002년 <햄릿 프로젝트 2002>를 무대에 올렸다.

실험적이고 도발적인 무대를 만들어온 여성 연출가 김아라가 만든 원작 마로윗츠의 <햄릿 프로젝트 2002>는 햄릿을 조롱한다. <햄릿>의 등장인물 모두가 햄릿을 비웃고 조롱한다. 이 작품은 햄릿이라는 한 인물에 철저히 초점을 맞추어 콜라주 기법으로 분석한 공연이었다. 1999년편도 참조하기 바란다.

[연출자의 말]
셰익스피어의 햄릿 이야기는 사라졌다. 우리의 몽환적이고 나약한 시인 햄릿도 사라졌다. 광증적이며 주술적 마술의 무대, 광란의 실체 속으로 텀벙 들어가 다중인격체 햄릿의 널뛰는 서커스를 만나보자.
햄릿의 무의식 속에는 폭력으로 가득 찬 세상에 대항하는 햄릿만의 방식이 있다. 비겁하고 소심하고 우유부단한 햄릿, 콤플렉스로 가득찬 그 바보, 겁쟁이의 무의식 세계로 들어가 그와 등장인물들의 내면에 자리한 병리학적 세계를 콜라주 기법으로 완성할 퍼포먼스 〈햄릿 프로젝트〉.
햄릿은 고립되어 있다. 햄릿의 혈관, 즉 장기와 장기를 잇는 통로처럼 시작과 끝이 불확실한 미로를 상징하는 출구 안에 갇혀 있다.
무대는 군대가 장악하는 쿠데타의 현장으로, 무덤으로, 결투장으로, 무도회장으로, 왕실의 밀실로, 왕궁의 회의실로 시시각각 변한다.
〈햄릿 프로젝트〉는 햄릿이라는 인간을 폭로하는 연극이다. 〈햄릿 프로젝트〉에 등장하는 모든 인물들은 햄릿의 자의식과 무의식 속에 존재하는 강박관념의 실체. 폭력으로 가득 찬 인간세상과 그에 대응하는 햄릿의 우유부단함은 그를 몰락으로 안내한다.

■ 극단 청년(연출 김민호) '셰익스피어 벗기기 페스티벌'
2002. 11. 27~12. 8, 대학로 열린소극장

1998년에 창단된 극단 청년의 젊은 연출가 김민호는 배우생활을 하다가 러시아에서 9년 동안 유학하고 귀국하여 바로 이번 '셰익스피어 벗기기' 페스티벌을 준비하였으며 "러시아에서 얻은 가장 큰 깨달음은 아무리 서양연극을 하더라도, 결국은 우리만의 것으로 만들어야 한다는 사실"이라고 말하면서 '한국의 셰익스피어'를 강조하였다.

이번 '셰익스피어 벗기기' 페스티벌은 셰익스피어의 원작을 다시 쓴 <미친 햄릿>(화·목·토), <웃고랑 맥베스>(수·금·일), 셰익스피어 작품 9편의 핵심을 각각 한줄의 대사로 압축한 <한줄짜리 연극>(월) 세 편이 공연되었다. <한줄짜리 연극>은 <리어왕>, <베니스의 상인>, <오셀로>, <말괄량이 길들이기>, <레이디 맥베스>, <햄릿>, <로미오와 줄리엣> 등에서 뽑은 대사를 한 줄짜리로 외치는 연극이다.

모두 김민호가 직접 각색하였고 두 편의 연출도 맡았다. <미친 햄릿>과 <웃고랑 맥베스>는 줄거리를 변형하고 굿과 판소리 등 전통적 요소를 넣어 무대화하였다.

필자는 극단 청년의 '셰익스피어 벗기기 페스티벌'을 격려하며 다음과 같이 축하하였다.

「벗겨진 셰익스피어」를 봅시다.
…이제 백로가 지나고 9월이 청포도처럼 감미롭게 우리들은 환상과 사색의 세계로 끌어들이는 가을을 맞이합니다.
서울 한 구석의 작은 극장 안에서 온 세계가 우러러 보는 셰익스피어의 작품들이 벗겨집니다. 셰익스피어의 대사는 영어요, 벗겨진 셰익스피어의 대사는 한국말입니다. 그 대사가 왜 이렇게 밝고, 어둡고, 무겁고, 가벼운가, 왜 높고 낮은가? 이것이 김민호 극작가요, 연출가의 작품이고, 극단 「청년」의 부르짖음입니다. 근자에 세계 연극계가 무섭게 달려가서 잡으려는 러시아 연극의 면모가 우리나라에서도 김민호 연출가와 그의 한패가 보여줍니다. 그의 러시아 체제 15년의 연극연구가 셰익스피어 벗기기로 벗겨집니다.
여기서 벌어지는 연극세계가 환하게 빛을 발휘하소서.

■ 보리스 에이프만 발레단(안무 보리스 에이프만)
　　<러시안 햄릿> 2002.12.3.~12.5., LG 아트센터
2001년 겨울 우리나라를 방문, 관객들을 열광케 했던 모던발레 안무가 보리스 에이프만과 '검은 디바' 소프라노 제시 노먼이 다시 우리 관객을 찾았다.

◆ 2002.11.20 연합뉴스

보리스 에이프만 발레단은 고전발레의 강국 러시아에서 드물게 현대발레를 추구하며 세계 현대발레의 흐름을 주도하는 단체다. 특히 춤에 문학성과 철학성을 담은 '드라마틱 발레'가 이 발레단의 특징으로 이 때문에 작품 소재도 셰익스피어, 몰리에르, 도스토예프스키 등 세계적 문호의 작품이 많다.

국내 초연되는 「러시안 햄릿」(3-5일)은 이 발레단의 요즘 경향을 가늠할 수 있는 최근작. 표트르 대제와 함께 러시아 사상 가장 위대한 군주로 꼽는 여제 예카테리나 2세와 불행했던 그 아들 파벨을 소재로 했다.

예카테리나 2세는 18세기 러시아를 유럽에 맞서는 강국으로 키웠지만 그 이면엔 남편을 암살하고 제위에 오른 어두운 집권과정이 있었다. 이 때문에 아들 파벨은 '러시안 햄릿'으로 불리며 끊임없는 암살 위협에 시달려야 했다. 화려한 황실을 배경으로 한 이 작품은 역설적으로 그 화려함 속에서 처절한 고독과 불안으로 서서히 파멸해간 이들의 영혼을 그린다…

이 무용단을 이끌고 있는 인물은 보리스 에이프만(56). 뉴욕타임스가 '오늘날 가장 성공한 러시아 안무가'로 꼽은 인물이다. 소비에트 연방 시절 공연예술인에게 주어지는 최고의 찬사였던 '러시아 국민예술가' 칭호를 얻었으며 공연예술계 최고 권위상인 골든마스크상을 수상(1999년)하기도 했다…

77년 보리스 에이프만 발레단을 창단하면서 연극성과 현대무용의 표현력을 덧입힌 현대발레로 러시아 현대발레를 도약시켰던 것…

2003year Hamlet

■ 극단 청년(김민호 작/연출) <미친 햄릿>
　 2003.1.10.~3.9., 열린극장

1998년에 창단된 극단 청년이 <미친 햄릿>을 공연하였다. 극단 청년의 <미친 햄릿>은 1999년에 초연한 작품으로, 극단 청년의 김민호가 주관한 2002년에 '셰익스피어 벗기기 페스티벌'에서 재공연되었으며, 많은 관객과 연극평론가들로부터 우수하다는 평을 받은 바 있다. 이 작품에 대한 설명은 1999년 편을 참조하기 바란다.

연극평론가 호서대 안치운 교수는 김민호에게 따끔한 충고를 하였다.

…문제는 열정에 있다. 이들이 지닌 열정은 너무 성급하다는 것이 내 판단이다. 우리 때도 그랬다. 새롭게 연극한다고 항상 고전을 비틀고 난도질을 했었다. 고전의 각색과 해체에 대한 열정은 젊은 연극인들을 신경증적 강박으로 몰아세웠다. 그것은 실험정신으로 이어져 어른들로부터도 크게 비판받지 않았다. 〈미친 햄릿〉을 한 이들도 공연 팸플릿에 다음과 같이 셰익스피어를 고발한다고 적어 놓았다. '무대와 객석을 분리, 살아있는 극장을 죽인 죄, 언어중심의 표현을 내세워 배우의 다양한 표현력을 말살시킨 죄, 관객들의 집중과 이해를 교란한 죄, 제의적 요소와 연극의 신성성을 없앤 죄'. 연극은 눈앞에 관객을 앉혀놓고 벌이는 존재에 대한 해석이지 작가와 작품을 고발하는 것은 아닐 것이다.

■ 극단 가변(작 조현아, 연출 송형종) <On Air 햄릿>
  1. '권력유감 勸力有感-9·3·6 展' 참가작 2003.4.3.~4.13., 연극실험실 혜화동1
     번지
  2. '2003 서울연극제' 젊은 연극 초대전(국내부문) 2003.10.7.~10.19., 연극실험
     실 혜화동 1번지

혜화동1번지는 국내 유일의 연출가 동인으로 연극의 고정관념을 벗고 개성 강한 실험극을 무대에 올릴 것을 결의하며 탄생하였으며 연극실험실 혜화동1번지 소극장을 중심으로 활동하였다. 1993년 기국서, 김아라, 류근혜, 박찬빈, 이병훈, 이윤택, 채승훈 등 그 당시 40대 연출가들로 1기 동인이 출범했다. 이후 1997년 2기 김광보, 박근형, 손정우, 이성열, 최용훈이 바통을 넘겨받았고, 2001년에는 3기 김낙형, 박장렬, 송형종, 양정웅, 오유경, 이해제 등이 넘겨받는다. 이후 2006년 4기 김재엽, 김한길, 김혜영, 박정석, 우현종이 그 뒤를 이으며, 2011년 윤한솔 극단 그린피그 대표, 최철 문화창작집단 날 대표, 이양구 극단 해인 대표, 김수희 극단 미인 대표, 김한내 극단 빠-다밥 대표, 김제민 극단 거미 대표가 5기로 출범하게 된다. '혜화동1번지' 동인은 직전 기수 구성원 각자가 추천한 연출가를 전원 합의 방식으로 다음 기수를 선출한다.

실험극 동인 '혜화동1번지' 3기생들이 3월 20일부터 6월 8일까지 대학로 연극실험실 혜화동1번지에서 '권력유감 勸力有感-9·3·6 展'을 진행하였다. 이 행사의 하나로 극단 가변이 <On Air 햄릿>을 4월 3일부터 13일까지 연극실험실 혜화동1번지에서 공연하였고 시상식에서 연극부문 앙상블상을 받았다.

On Air의 뜻은 우리를 둘러싼 실체 없는 이미지의 실체와 보이지 않는 구조를 감각적으로 경험할 수 있다는 뜻이다. 작가인 드라마트루기의 조현아의 말이다.

〈On Air 햄릿〉은 살인자를 처벌하기 위해 암살을 계획할 수밖에 없는 자가당착, 다시 말해 자신의 목적과 의지에 상관없이 게임의 법칙에 의해 행동하게 되는 이들의 이야기다. 누가 가해자이며 누가 희생자인지 분간할 수 없다. 명백한 희생이 치러지는데도 단지 게임일 뿐이고, 게임오버 후에는 리플레이 된다. 세팅된 게임의 보이지 않는 법칙만 있을 뿐이다. 그렇다면 대체 이 게임은 무엇을 위한 것이며 누가 만든 것인가?

그러나 이러한 원작의 재해석에 대하여 비판적인 글 또한 있었다. 연극평론가 호서대학교 연극학과 안치운 교수는 그의 저서 '연극과 기억'에서 이 작품에 대하여 다음과 같이 말하였다.

〈온 에어 햄릿〉(조현아 작)은 '권력'이란 주제를 드러내기 위하여 원작인 〈햄릿〉을 지나치게 비틀어 놓았다… 이 작품은 원작을 이리 뜯고 저리 잘라버리거나 덕지덕지 더해 놓은 꼴이 되었다. 결과적으로 공연은 실험이란 이름을 내세워 고전인 원작을 불구로 만들어 놓았다. 이것이 실험연극의 얼굴은 아닐 것이다. 그럴 바에야 고전을 추근대지 말고 직접 써서 공연하는 것이 훨씬 낫지 않겠는가.

■ '세계명작시리즈 제2편' 경기도립극단(역 신정옥, 연출 문석봉) 〈햄릿〉
2003.4.9.~4.13., 경기도 문화예술회관 소극장

필자가 번역하고 문석봉이 연출한 경기도립극단의 〈햄릿〉 공연이 전통극이라는 것은 매우 반가운 일이다. 셰익스피어의 작품 중 가장 많이 공연되는 것이 〈햄릿〉이나, 대부분 변용되어 현대적 배경이나 민속화되는 경향인데 이 공연은 모처럼 전통극이어서 셰익스피어의 〈햄릿〉을 〈햄릿〉답게 이해하는데 큰 도움이 될 것이다.

작품해설 가운데 햄릿의 성격을 논의하였는데 국제적으로 알려진 평을 들어 정확하세 규명하였다.

햄릿의 성격을 분석한 이론 중에는 브래들리(A.C. Bradley)의 '우유부단함'이란 이론이 가장 널리 알려져 있다. 머릿속에 생각이 너무 많아서 행동으로 실천할 힘이 없다는 이 이론의 연장선상에 두 가지 이론이 있다. 하나는 햄릿을 갑자기 어른이 된 어린아이로 보아, (대학생처럼) 실제 인생경험이 부족하기 때문에 이상과 현실의 갈등이 있다는 주장이다. 또 하나는 햄릿이 독일의 대학에서 철학을 공부하던 지성인이기에 행동은 못하면서 말로만 떠드는 지성인을 표현한 것이라고도 한다.

나이트(G. Wilson Knight)는 '죽음의 메신저'라는 상징적 분석이론을 냈다. 작품 속에서 검은 상복의 햄릿은 화려한 궁전을 돌아다니는 죽음의 사자이고 그를 만나는 사람 모두가 잠시 과거를 돌이켜보고자 죽음을 맞는다.

또 다른 이론으로는 어네스트 존스(Earnest Jones)의 '프로이드식 정신분석'으로 오이디
푸스 콤플렉스에 초점을 맞춘 이론이다. 〈햄릿〉의 줄거리는 에이스킬로스의 3부작 '오레스
테이아' 제2부와 비슷하다는 면에서 고대 그리스 비극과 연결된다. 여기에 19세기 말
유행하던 프로이드 이론을 더하여 햄릿의 성격을 어머니에 대한 애증으로 풀었다. 이 이론
에서 햄릿은 어머니와 오필리아를 동일시한다. 이런 여러 이론들이 워낙 유명하게 퍼졌기
때문에 관객은 작품을 보기도 전에 미리 햄릿에게서 우유부단함이나 상징적인 모습 혹은
콤플렉스를 찾으려 한다. 그러나 실제 작품에 나타난 것만 보자면 햄릿은 어떤 한 가지
성격의 인물로 규정하기에는 너무 다면적이다.

■ 극단 노뜰(원용오 재구성/연출) 〈동방의 햄릿〉
　1. 2003.4.18.~5.4., '소극장 연극 우수작 초청공연' 초청작 국립극장 별오름극장
　2. 2003.8.7., '대구 국제민속연극제' 참가작, 대구문화예술회관
　2003년 극단 노뜰은 국립극장이 '소극장 연극 우수작 초청공연'으로 마련한 무대
에서 원용오 재구성/연출의 〈동방의 햄릿〉을 4월 18일부터 5월 4일까지 국립극장
별오름극장에서 공연하였다.
　극단 노뜰의 〈동방의 햄릿〉은 극의 진행과 대사 등이 원작과 큰 거리가 있다.
그러나 그들의 칭호가 같고 햄릿이 복수하는 과정 등은 원형의 틀을 닮고 있으니.
셰익스피어 원작의 변용이라고 할 수 있을 것이다.
　공연에 대한 내용은 1999년과 2001년 편을 참조하기 바란다.

■ 극단 은세계(작 미하엘 엔데, 각색 고순덕, 연출 박진선)
　〈오필리아의 그림자 극장〉
　1. 2003.7.25.~8.4., 연강홀
　2. 2003.11.10.~11.18., 국립극장 달오름극장
　2001년에 국내에 그림동화책으로 소개된 미하엘 엔데 작 〈오필리아의 그림자
극장〉은 목소리가 작아 배우의 꿈을 접은 채 늙어버린 오필리아가 그림자들과 만나
공연을 펼치고 사후에도 천사들을 상대로 그림자극을 무대에 올린다는 줄거리이다.
2001년 설립된 극단 은세계(대표 이동준)가 보여준 이번 무대는 그림자 배우, 그림자
조명, 그림자 영상, 그림자 의상 등 그림자들의 향연을 보여준 공연이었다.

[줄거리]

주인공 오필리아는 연극배우가 되기를 바라는 부모 덕분에 셰익스피어 희곡 '햄릿'의 등장 인물과 같은 이름을 갖지만 정작 무대에는 서보질 못한다. 목소리가 작아 겨우 대사를 읽어주는 일에 만족해야 했다.

유명한 희극과 비극의 대사를 모조리 외워버린 오필리아. 그러나 연극의 시대는 가고, 오필리아도 늙어버린다.

극장이 문을 닫는 날 무대를 찾은 할머니 오필리아는 그림자를 사귀게 된다. 주인 없이 세상을 떠돌고 있는 그림자 '장난꾼'들이 하나, 둘씩 오필리아를 찾는다.

깨진 바이올린-낑낑이, 쓰러진 전봇대-키다리 아저씨, 구멍난 물뿌리개-훌쩍이, 탱탱볼-통통이, 시든 나팔꽃-가수 등 그림자들은 대사를 읽어주는 오필리아와 함께 오필리아 그림자 극장을 열고 멋진 공연을 펼친다.

한창 공연 중이던 어느 날 크고 어두운 그림자가 나타난다. 인생의 희극과 비극, 행복과 멋진 공연까지 맛본 오필리아는 '죽음'이란 이름의 그림자까지 받아들이며 눈을 감는다. 그러나 오필리아는 죽은 게 아니었다. 천사들을 관객으로 그림자극을 공연하며 영원한 삶을 살게 된다.

■ 연희단거리패(각색/연출 이윤택) <햄릿>

   1. 2003.8.2.~8.4., '제15회 거창국제연극제' 참가작, 거창구연서원
   2. 2003.10.8.~11.11., 국립극장 하늘극장

1996년 공연, 2001년 공연에 이어 2003년 연희단거리패의 <햄릿>은 원작을 삭제 수정하지 않고 3시간 전작 공연을 하면서 출연진도 교체되어, 1대 김경익, 2대 이승헌에 이어 3대 '햄릿'역에 신인 지현준이 발탁되었다. 2003년 공연은 모두 야외에서 공연되었다. 8월 공연은 거창의 야외무대에서, 10월 공연은 400여 년 전 셰익스피어 시대와 유사한 야외공연 형태로 국립극장 하늘극장에서 공연되었다.

이윤택이 연출한 연희단거리패의 <햄릿>은 원전에 충실하ㅏ 민속화된 특성이 있다. 하나는 접신(接神)의 구조와 광기(狂氣)의 해석이다. 한국적 인식으로 해석된 부분이 바로 접신의 구조로 <햄릿>을 파악한 것이다. 햄릿과 유령의 만남으로 우리의 샤먼적 인식으로는 접신의 의사소통이 가능해진다. 그리고 무덤지기의 놀이와 무덤지기들의 어릿광대라고 하나, 이 극에서는 파격적으로 싱싱한 삶의 놀이성으로 극단화된다. 죽음이라는 비극성을 물화된 객체(해골)로 수용하는 우리의 낙관주의는 의상대사의 깨달음과 다름 아닌 자유 의지인 것이다. 또 하나는 망령들의 세계이다. 이 연극의 마지막에는 죽은 자들이 모두 일어나 폐허 속을 어슬렁거리며 걸어 다닌다. 현실적 욕망에 사로잡혀 허우적대다가 생명을 잃은 불우한 망령들에게 아직

세상은 어지럽다는 것이다. 2001년 편도 참조하기 바란다.

■ 동국대학교 연극학과(연출 김용태) <햄릿>
2003.11.18~11.22., 동국대학교 문화관예술극장

동국대학교는 우리나라에서 두 번째로 연극학과가 생긴 대학이다. 연극영상학부 연극과라고 하며, 동국대학교에는 우리나라에서 처음으로 셰익스피어 전집 40편을 번역·출판한 김재남 교수가 재직하였고 연극학과는 오랜 역사와 연극공연의 전통을 지켜온 대학이다.

2003년 제41회 졸업기념 작품으로 셰익스피어의 <햄릿>을 공연하였다. 동국대학교 연극과는 졸업공연으로 <마로윗츠 햄릿>을 비롯하여 셰익스피어의 <베니스의 상인>, <리어왕>, 그리고 <십이야>를 공연한 바 있다.

2004year Hamlet

■ 극단 미연(작/연출 김순영) <삼류배우>
   1. 2004.2.5.~3.1., 대학로 연우소극장
   2. 2004.7.30.~11.7., 대학로 발렌타인 극장
   3. 2005.1.6.~2.6., 대학로 발레타인 극장
   4. 2005.11.16.~2006.2.6., 대학로 발렌타인 극장
   5. 2006.3.4.~4.30., 대학로 발렌타인 극장
   6. 2006.12.4.~12.7., 부산 금정문화회관
   7. 2008. 7월~8월, 군부대공연
   8. 2011.5.10.~5.29., 대학로 SM 아트홀
   9. 2012.2.24.~ 5.23., 종로 시네코아
   10. 2016.3.18.~4.17., 충무아트홀

1998년 창단된 극단 미연은 "연극 <삼류배우>의 시작은 2003년 작고하신 이근삼 선생님의 <어느 노배우의 마지막 연기>라는 연극 제목을 사 년 전에 듣고 나온 발상이었음을 밝혀두면서 수많은 삼류들에게 격려와 경종의 의미가 되기를 바랍니다."

고 작품의도를 밝혔고, 연극 <에쿠우스>의 히어로 강태기를 주연으로 발탁하였다. 이 극은 전석 매진을 기록할 정도로 인기가 좋았다. 이후 2016년까지 주인공이 변경되면서 수차례 공연을 계속하여 오고 있다.

이번 작품에서 '삼류배우' 이영진 역을 맡아 열연한 강태기는 연극계에서 일찌감치 '일류'로 평가받아 온 명품배우다. 1975년 필자가 번역한 <에쿠우스>의 한국 초연 때 앨런 역을 연기하면서 일약 연극계의 스타로 떠올랐고 필자를 남달리 따랐던 그라 필자가 아끼고 사랑했던 연극계 후배였다. 그러나 2013년 12월 애석하게도 생을 달리했다.

이 작품은 셰익스피어의 <햄릿>과는 아무런 관련이 없는 작품이다. 연극계의 힘들게 살고 있는 많은 후배 삼류배우들에게 꿈과 희망을 주고, 극중극에 <햄릿>이 언급된 것을 핑계로 고인의 명복을 비는 차원에서 이 연극에 대한 글을 쓴다.

[줄거리]
연극배우 30년 경력의 이영진(강태기)은 "인생이여! 연극 같은 인생이여! 내 역할은 주인공인가, 아니면 단역으로 끝나고 마는 것인가!"라는 그의 대사처럼 늘 단역배우다. 대학생인 딸과 중학생인 아들이 있지만 아버지로서 배우로써 존경을 받지 못하는 처지이며 다만 미장원을 경영하며 살림을 꾸려가는 아내만이 아직 기회를 만나지 못한 배우로 생각해줄 뿐이다. 이영진은 밤만 되면 언젠가는 필생의 소원인 햄릿 역을 언젠가는 맡겠다는 일념으로 가족들을 모아놓고 매일 연습을 하면서 늘 햄릿의 대사를 왼다. 극단에서는 '햄릿' 공연을 하게 되고 그는 연출자에게 사정해서 햄릿 역을 맡게 되고 집에 와서도 자랑을 하며 햄릿 연습에 열중하지만 흥행을 염려한 제작자의 입김 탓에 극단 출신 탤런트 전상일에게 햄릿 역이 돌아간다.

공연기간 도중 녹화 스케줄에 쫓기던 탤런트 전상일이 공연을 하루 못하게 되자 제작진은 '준비된 햄릿'인 삼류배우 이영진에게 단 한 번 햄릿 역을 맡긴다. 이영진은 노배우와 함께 호흡을 맞추며 아내와 자녀를 극장 맨 앞좌석에 초대한다. 하지만 방송국 PD의 배려로 탤런트 전상일이 극장에 도착한다.

결국 주인공을 할 기회가 왔으나 공연 막바지에 교체되고 그 사실을 모르는 아내와 자식들은 꽃다발을 들고 공연장을 찾았으나 아버지가 평생소원이었던 주인공이 아니라 단역으로 출연하자 충격을 받는다.

공연이 끝난 뒤 삼류배우 이영진은 텅 빈 객석을 앞에 두고 아내와 자식들을 무대 한 켠에 앉힌 채 무대에 올라 이 세상에서 가장 소중한 관객 세 분을 모시고 공연을 하겠다면서 주인공으로서 연습했던 햄릿 연기, 가족 만을 위한 '모노드라마 햄릿'을 열연한다. 그리고 "자기의 역할을 충실히 연기만 하면 되는 것일 뿐. 인생이란 주인공도 단역도 없는 넓디넓은 무대일 뿐. 일류인생과 삼류인생이 있을 뿐"이라고 외친다. 세상에 주눅든 단역배우는 비로소 인생의 주연으로 우뚝 선다. 아내와 자식들은 눈물을 흘리며 남편과 아버지를 껴안는다.

■ 극단 창파(작/연출 채승훈) <마의태자>
2004.2.6.~2.22., 김동수플레이하우스

실험극 공연을 위주로 공연하겠고 하면서 1995년 창단된 창파는 2000년 공연한 <햄릿머신>과 2002년 공연한 <사물의 왕국>으로 우리에게 잘 알려진 극단이다. 특히 2000년 <햄릿머신> 공연시 배우들이 알몸 공연을 펼쳐 장안의 화제가 되기도 하였다. 극단 창파는 2000년 제2회 정기공연으로 무대에 올렸던 <햄릿머신>을 <마의태자>로 제명을 변경하여 2004년 2월 6일부터 22일가지 김동수플레이하우스에서 공연하였다. 행위예술가로 유명한 극장 씨어터제로의 대표 심철종씨가 움직이는 마의태자 역을 맡았다.

[줄거리]
그 옛날에 죽었던 마의태자가 다시 태어난다. 그것은 그리 중요하지 않다. 무수히 죽고, 무수히 다시 태어나는 것의 한 부분일 뿐이니까.

마의태자는 부모 특히 아버지의 폭정에 심하게 반발한다. 거기에 대항하다가 꾸중을 듣는 그는 무언가 저항할 것을 생각한다. 그래서 그는 혁명가들을 만난다. 그는 아버지를 축출하고자 한다. 그러나 이제 망령되기 이루 말할 수 없는 아버지는 그동안 눌려왔던 어머니의 칼에 의해 죽고 만다.

어머니는 그동안 간부처럼 살아왔다. 그녀는 마의태자를 낳기 전에 다른 남자의 아내였다. 아버지의 강탈에 의해 아버지의 여자가 된 것이다. 그녀는 자신의 비틀린 처지를 상쇄하기 위해 자신의 몸을 맘대로 굴렸다. 아버지 몰래 많은 사람과 음탕한 교접을 가져왔다. 그것이 어머니의 숙명이다. 힘없는 자들의 역사 속에서의 생존 방식이다. 그러던 어머니가 아버지를 죽인 것이다. 회의하고 자신 없어 하던 마의태자와는 달리 그녀가 행동에 옮긴 것이다.

그러나 세상은 바뀌지 않는다. 어머니는 다음 행동을 할 줄 모른다. 아무런 준비가 되어 있지 않다. 무지와 응결된 사고로 아직 무엇을 해야 하는지 모르기 때문이다. 그리고 마의태자는 끝까지 회의하기만 할 것이다. 그리고 그러한 회의론과 기회주의는 결국 그 어느 쪽에 의해 죽을 수밖에 없다.

■ 극단 노뜰(재구성/연출 원용오) <동방의 햄릿>

1. 2004.4.23.~5.1., 세계명작기행 제2탄 '셰익스피어 난장' 출품작, 국립극장
   KB청소년 하늘극장
2. 2004 5 29.~5.30., 대전 예술의전당 원형극장

세계명작기행은 국립극장의 야외극장인 하늘극장의 활성화를 위해 기획된 것으로 지난해 그리스 비극 3편에 이어 올해 2회째를 맞아 제2탄으로 셰익스피어의 야외극 5편(클럽 하늘, 동방의 햄릿, 한여름 밤의 꿈, 뮤지컬 십이야, 리어왕)을 4월1일부터 5월26일까지 릴레이식으로 국립극장 KB청소년 하늘극장 야외무대에 올리는 '셰익스피어 난장(亂場)'을 선보였다.

국립극장 하늘극장은 2002년 6월 660석 규모로 개관된 야외극장으로 셰익스피어 시대의 '글로브 극장', '로즈 극장'의 정취 그대로를 살려 우리의 마당극 형태의 오픈 씨어터를 만든 것이다.

이번 공연은 국립극장이 민간 공연단체와의 첫 번째 교류라는 점도 주목할 만하였다. 작품에 대한 내용은 '2001년' 편을 참조하기 바란다.

◆ 2004.5.14. 한겨레신문
우리나라를 대표하는 공연예술단체는 어디일까. 이런 질문에 우리나라 사람들은 각자 취향에 따라 다른 답변을 할 게 틀림없다. 하지만 해외 공연예술계 인사들에게 '한국을 대표하는 극단'을 묻는다면 주저 없이 극단 '노(勞)뜰'을 꼽을 것이다. 극단 노뜰의 고정 레퍼토리는 1997년 이후 해마다 해외공연에 빠짐없이 초청되고 있다. 놀랍게도 극단 노뜰의 근거지는 수도권이 아니다. 원용오 대표를 비롯한 상근단원 8명은 강원도 원주시 문막 톨게이트에서 10분가량 외딴길로 들어가야 하는 문막읍 후용1리의 폐교에서 새로운 공연문화를 일구고 있다.
지난 1993년 노뜰이 창단될 때부터 참여한 원용오씨는 문화운동으로 마당극에 참여한 마지막 세대이다. 강원도 영월 출신으로 대학시절 전통문화에 대한 관심으로 탈춤반에서 활동한 원씨는 마당극의 무대를 태백, 정선 등지의 노동현장에 마련하기도 했다. 지역에 뿌리내린 공연예술단체를 만들겠다는 생각에서 뜻을 함께하는 사람들과 함께 노뜰을 창단했지만 공동체 문화활동은 일과 밥을 동시에 해결하지 못했다. 창단 2년 만에 극단 사무실 문을 닫을 수밖에 없었다. 그러다가 1997년부터 〈동방의 햄릿〉, 〈1919 사제리〉 등의 작품을 무대에 올리면서 세계적으로 주목받는 극단으로 성장했다.
사실 세계적인 극단의 주인공이라 해도 폐교에서 지내는 모습은 '청빈 공동체'를 떠올리게 한다. 먹을거리는 '아점'과 '이른 저녁', 두 끼의 식사가 전부다. 그것도 공연 연습에 매달리다 보면 '초코파이'로 간단히 때우는 경우도 흔하다. 단원들이 주린 배를 확실하게 채우는 날은 새로운 공연을 마을주민들에게 선보일 때다. 공연에 초청받은 후용1리 이장을 비롯한

'지역인사'들이 성대한 '축하 잔칫상'을 차려주기 때문이다. 무대라고 해봐야 서너 평되는 공터일 뿐이지만 주민들은 노뜰에 대한 한없는 애정을 보여준다. 그런 든든한 '배경'은 한국을 대표하는 노뜰의 힘이며 연출을 맡은 원용오씨에게 창조적 영감을 주기도 한다. 세계를 무대로 삼은 극단 노뜰에게는 차마 드러내놓고 말하기 어려운 게 있다. 그것은 서울에서 공연을 할 때 생기는 문제이다. 대중에게 알려진 국내의 극단이 대부분 서울에 뿌리내리고 있는 탓에 초청단체에서 '숙소'를 따로 챙겨주지 않는 것이다. 연습실 뒤편의 텃밭에서 나오는 야채와 나물로 식사를 하기에 먹는 것에 그다지 신경을 쓰지 않는다. 하지만 잠자리가 없어 단원들이 뿔뿔이 흩어짐으로써 공연 준비에 차질을 빚는 일은 더 이상 없었으면 하는 게 원씨의 소박한 바람이다. 극단 노뜰로서는 외국 공연단체가 국내 공연지의 숙박시설이 부실해 공연을 포기했다는 소식에 '쓴웃음'을 지을 수밖에 없었다. 극단 노뜰의 무대는 우리에게 익숙하지 않다. 하지만 세계인의 보편적인 무대언어를 만든 다는 의미에서 세계적인 연출자들이 펼치는 무대와 크게 다르지 않다. 원용오씨의 〈동방의 햄릿〉이 셰익스피어의 연극을 몸짓 언어로 재해석했다면 영국이 자랑하는 세계적인 안무가 매튜 본의 〈호두까기 인형!〉(30일까지 LG아트센터)은 차이콥스키의 음악을 '댄스 시어 터'로 풀어냈다. 연출가와 안무가로 창조적 영감을 발휘하는 두 사람이지만 사회적 대접은 하늘과 땅 차이다. 매튜 본이 2년 전 창단한 '뉴 어드벤처스'의 경우 '더 스피트파이어 트러스트' 등의 재정적 지원을 받아 〈가위손〉과 〈메리 포핀스〉 등을 새로 무대에 올리려 할 때, 원씨의 극단 노뜰은 여전히 국내 공연의 숙박비를 염려해야 하는 처지다.

■ 극단 악어(역 신정옥, 연출 이성열) 〈햄릿〉

1. 2004.4.23.~5.30., '연극열전 참가작, 동숭아트센터 동숭홀
2. 2004.6.26.~6.27., 대구학생문화센터 대공연장

극단 동숭아트센터와 문화창작집단 수다는 한국연극 최고의 프로젝트라고 자랑 하는 2004년의 '연극열전' 프로젝트를 기획하여 1980년부터 2003년까지 흥행과 작품성으로 인정받은 추억의 명연극 15편을 2004년 1월부터 1년간의 일정으로 무대 에 올렸다.

목화(대표 오태석), 미추(대표 손진책), 연우무대(대표 정한용), 실험극장(대표 이 한승), 연희단거리패(대표 이윤택), 76단(대표 기국서), 골목길(대표 박근형), 수다 (대표 장진), 동숭아트센터(대표 홍기유), 악어컴퍼니(대표 조행덕) 등 기라성 같은 극단들이 참여하였다.

공연관람 경험이 있는 관객 500명을 1대1 설문조사를 거친 결과 가장 보고 싶은 연극으로는 〈햄릿〉(52.7%)이 1위를 차지했으며 〈에쿠우스〉(37.1%), 〈청춘예 찬〉(18%), 〈오구〉(12.3%), 〈불좀 꺼주세요〉(11.6%)가 그 뒤를 이었다.

극단 악어컴퍼니(대표 조행덕)는 셰익스피어 작 <햄릿>으로 이 행사에 참가하여 4월 23일부터 5월 30일까지 공연하였으며 제작 조행덕, 번역 신정옥, 극본 노동혁, 연출 이성열이었다.

극단 악어가 공연한 2004년의 <햄릿>은 작품해석에서 햄릿 못지않게 숙부인 클로디어스 왕을 크게 부각시켰다고 설명한다. 원래 <햄릿>은 햄릿 만이 주인공으로 그려져왔다. 기껏해야 오필리아를 내세워 싸구려 멜로를 심어 넣을 뿐이다. 바이킹의 나라란 곧 무지와 야만의 세계로 해석될 수 있다. 오로지 폭력과 어둠, 들뜬 망령들만이 횡행하던 미신으로 가득 찬 시대로, 그것은 곧 예수가 석가가, 공자와 마호메트가 태어나기 전과 같은 암흑의 세상이며, 이 어둔 세상에 지혜와 생명의 빛이 꽃피기 전의 세계이다. 이 절망적인 암흑의 세계에 오직 두 명의 賢人이 있었으니, 하나는 시와 예술을 사랑하는 디오니소스적 인간 '햄릿'이고 다른 하나는 이성과 분별을 무엇보다 우선시하는 아폴로적인 인간 클로디어스이다. 디오니소스적 인간 햄릿은 세상에 대한 분노와 열정을 지니고 있지만 현실 속에서 무기력하기만 하다. 아폴로적인 인간 클로디어스는 세상에 대한 냉철한 판단력과 실행력을 지녔지만 그의 양심은 공허하다. 하지만 이들 두 사람은 모두 나름대로의 비전을 가지고 이 야만과 무지의 세상을 바꾸려 한다. 다만 그 지향점과 이상형이 정반대라는 점에서 이 둘은 부딪칠 수밖에 없다. 만약 이 둘의 관계를 다르게 비유한다면 희랍극에서의 '안티고네와 클레온' 또는 최근 몇 년 동안 계속되고 있는 '빈 라덴과 부시'의 싸움 정도로 이야기할 수 있을 것이다. 2004년 햄릿은 이 두 사람의 서로 다른 이상과 욕망의 대결장이 될 것이다. 이 작품해석의 명제는 "야만과 무지의 세대, 오직 두 명의 賢人 '햄릿'과 '클로디어스' 서로 다른 理想鄕을 가진 두 사람의 물러설 수 없는 대결!"이라고 하겠다.

■ '2004 서울국제공연예술제' 공식초청작품
슬라이만 알 바쌈 씨어터 컴퍼니(연출 슬라이만 알 바쌈)
<The Al Hamlet Summit> 2004.10.19.~10.21., 서강대학교 메리홀

우리나라는 문화적 교류에 있어 아랍이나 이슬람과는 아직 초보적인 단계다. 그러나 2004년 서강대학교 메리홀에서, 이슬람 근본주의자 햄릿과 자살 테러범 오필리아가 만나는 <알 햄릿 서밋>(Al-hamlet Summit)이 공연되었다. 연출가 겸 극작가 슬라이만 알 바쌈(Sulayman Al-Bassam)이 중심이 되어 이끌고 있는 중동지역의 대표적 극단, 슬라이만 알 바쌈 씨어터 컴퍼니가 국제화와 장르간 교류 확대를

기치로 열리는 '2004 서울국제공연예술제' 공식초청작품으로 참여한 작품이었다.

[작품설명]

이 공연을 연출한 슬라이만 알 바쌈은 영국의 에든버러 대학을 졸업하고 1996년 런던에서 자움극단을 창단하였다. 2002년에는 쿠웨이트로 돌아갔으며, 〈알 햄릿 서밋〉으로 '에든버러 프린지 퍼스트 어워드'를 수상하였고, 2002년 '카이로 국제실험극제'에서 최우수 작품상, 연출상을 수상하였으며, 2003년 '걸프만 청소년 연극제'에서 최우수 작품상을 수상하였다.

슬라이만 알 바쌈 씨어터 컴퍼니는 중동지역의 대표적인 극단이며, 아랍인 배우들로 구성되어 유럽 공연계에선 흔치않게 아랍어로 공연을 해왔다.

이번 공연은 아랍배우들이 아랍어로 공연한 정치 드라마이며, 아랍적인 시가(詩歌)의 전통이 현대 아랍의 정치수사학과 결합되는 아랍의 드라마이다. 이 작품에서 햄릿은 오이디푸스 콤플렉스의 분노를 지니고 아버지의 죽음에 대한 복수를 꿈꾸는 덴마크의 왕자가 아니라, 경계선 너머에 적군을 마주보고 있는 중동의 한 익명국가의 종교 근본주의자이다. 이름을 알 수 없는 중동의 한 국가, 이 국가의 현 통치자는 전 통치자의 동생으로, 무자비하며 매우 서구화된 인물이다. 그는 형의 아내와 결혼했고 자신의 정권을 '새로운 민주주의'라 부른다. 한편 아버지를 여읜 왕자 햄릿은 오사마 빈 라덴과 같은 이슬람 근본주의자로 고뇌하고, 오필리아는 자살 폭파범으로 비극적 운명을 맞는다.

무대배경은 한 익명의 아랍국가 정상회담 장소이다. 배우들 앞에는 각 인물들의 이름이 쓰여 있는 명패가 놓여져 있다. 또한 테이블에 숨겨진 카메라는 배우들을 관찰하고 배우들의 감춰진 제스처들을 우리에게 그대로 보여준다. 이렇듯 신중하고도 효과적인 놀라운 방법으로 영상을 사용하여 이미지를 투사한다.

회의장을 연상시키는 독특한 이미지의 무대, 무대 뒷면에 설치된 커다란 스크린을 통한 효과적인 영상 이미지의 투사 그리고 등장인물들의 뛰어난 연기는 이 작품이 '2002 에든버러 프린지 퍼스트 어워드'를 수상했다는 사실을 충분히 증명하고 있다.

2005year Hamlet

■ '한·일 아동 청소년 연극제 2005' 참가작

극단 은세계(작 미하일 엔데, 연출 박진선) 〈오필리아의 그림자극장〉

1. 2005.1.15.~1.30., '제1회 아시티지 겨울연극제' 참가작 상명아트홀
2. 2005.2.18.~2.20., '한·일 아동 청소년 연극제 2005' 참가작, 과천시민회관 소극장

 <오필리아의 그림자극장>은 2001년 국내에 그림동화책으로 처음 소개된 작품을 토대로, 아이와 어른의 마음속에 잠들어 있는 신비한 세계를 '오필리아'라는 주인공과 그림자들의 만남을 통해 동화와 더욱 동화 같은 환상적 무대를 통해 형상화한 작품으로 극단 은세계는 2003년에 연강홀과 국립극장 달오름극장에서 공연한 적이 있다. 작품에 대한 설명은 2003년 편을 참조하기 바란다.

■ 2005 '제26회 서울연극제' 공식참가작
극단 무천 & 김아라 레퍼토리 시스템(개작/연출 김아라) <덫-햄릿에 대한 명상>
2005.5.9.~5.15., 문예진흥원 예술극장 대극장

 지난 1999년부터 2001년에 걸쳐 셰익스피어 4대 비극(햄릿, 맥베스, 오셀로, 리어왕)을 야외극으로 공연했던 김아라 연출은 두 번째로 2007년까지 셰익스피어의 5개 작품을 무대에 올리는 대형프로젝트를 기획, 그 첫 번째 작품으로 <덫-햄릿에 대한 명상>을 2005년 '제26회 서울연극제 공식참가작'으로 하여 5월 9일부터 5월 15일까지 문예진흥원 예술극장 대극장에서 공연하였다. 김아라는 <덫-햄릿에 대한 명상>은 1999년 유인촌의 <햄릿>과 같은 해 황신혜 밴드의 김형태를 주연으로 한 야외극 마로윗츠 원작 <햄릿 프로젝트>, 2002년 정동극장의 마로윗츠 원작 <2002 햄릿 프로젝트>에 이어서 이번 공연으로 <햄릿>을 네 번째로 연출하게 되는 것이다.

 1991년에 창단된 극단 무천과 김아라 레퍼토리시스템의 대표를 맡고 있는 연출가 김아라의 수상경력은 화려하다. 1987년 '백상예술대상' 신인 연출상, 1992년 '백상예술대상' 대상/연출상/작품상, 1992년 '동아연극상' 연출상, 1995년 '서울연극제' 대상/연출상/작품상을 수상하였던 김아라는 수상경력과 걸맞게 국립극단 최초의 여성 및 최연소 초청 연출자, 독일 세계여성연극인회의 한국대표, 일본 아시아 여성 연극인회의 한국대표, 중앙대학교 예술대학 연극과 강사 및 한국예술종합학교 연극원 강사, 서울시립극단 상임연출, 국제극예술협회, 서울연출가협회, 정동극장 이사 등을 역임하였고, 월간중앙 <한국을 이끄는 100인>, 신동아 <한국연극을 이끄는 5인> 등에 선정된 대한민국의 자타가 인정하는 실력파 여성 연출가이다.

[줄거리]

젊고 순수한 한 배우가 오디션을 통해 〈햄릿〉의 주인공 햄릿 역을 맡는다. 연극에 참여하는 주요 인물들은 관록과 명망을 자랑하는 아름다운 거트루드 역(서주희 씨)의 배우를 중심으로 치정관계에 얽혀있다. 제작자인 남편(정영두 씨), 정부인 레어티즈, 연적인 오필리아, 새로운 연인인 로젠크란츠 등등… 남편은 이 모든 사실을 알면서도 여유롭고 방관하는 태도를 취한다. 연극을 만드는 과정에서 거트루드 역의 배우는 햄릿 역인 그에게 유독 복수심과 질투심을 건드린다. 창조열에 불타는 햄릿은 밤낮으로, 일상과 연극을 혼돈한 채 햄릿에 빠져 있다. 집착에 가까울 정도로 그는 주요 인물들에 대해 관찰한다. 거트루드 역시 이 남자와 동질의 인간이다. 그들은 서로 질투와 배신과 성욕을 자극하면서 창조열에 휩싸여 있다. 그러나 그들은 덫에 걸린다. 사랑이라는 덫이다. 숱한 아내의 애정행각에 별반 관심이 없던 남편은 서서히 그 사랑에 대해 질투와 복수심을 갖는다. 마치 햄릿에 등장하는 유령의 임무처럼 그의 살의는 치밀하며 제작자다운 연극성을 지니고 있다. 그는 연극 속에서의 유령의 임무를 인용하여 거트루드가 마셔야 할 술잔에 독을 넣어 아내를 살해한다. 유령의 복수에 대한 집요한 추궁과 명령에 대하여 강박관념에 시달리는 햄릿의 운명처럼 햄릿 역의 배우는 그 살인을 묵과하면서 자신의 비밀스러운 사랑에 경배를 보낸다.

■ 극단 드림플레이(작/연출 김재엽) <유령을 기다리며>
　1. 2005.2월, '제1회 뉴 플레이 리그' 참가작, 연극실험실 혜화동 1번지
　2. 2005.5월, 청주 씨어터-j 개관기념 'ing 페스티벌' 초청공연
　3. 2005.8.12., '서울프린지 페스티벌' 개막 오프닝작, 창무 포스트 극장
　4. 2005.8.14., '제17회 거창국제연극제' 참가작
　5. 2005.10.18.~11.6., '노른자 시리즈' Part 1, 연극실험실 혜화동 1번지
　극단 드림플레이의 <유령을 기다리며>는 셰익스피어의 <햄릿>과 사무엘 베케트의 <고도를 기다리며> 두 작품을 교묘하게 엮은 상황희극으로 우유부단형 인간 햄릿, 교내 폭력서클을 이끄는 사고뭉치 오필리아, 그녀의 이란성 쌍둥이 모범생 레어티즈, 조기유학을 가서 도박에 빠진 귀족 로렌 크란츠와 길던스턴 등 불투명한 전망 속에서 자신만의 길을 찾아 나설 용기를 내지 못하고 주저앉는 젊은이들의 모습을 보여주는 공연이었다. 2006년 이 작품에 대한 설명도 참조하기 바란다.

[줄거리]
아버지의 유령이 출몰한다는 나무 아래에서 죽치고 기다리는 햄릿. 소문만 무성하고 좀처럼 나타나지 않는 유령을 기다리는 햄릿은 정말 머리가 산만해지고, 마음이 복잡하다. '소문으로만 떠돌던 아버지의 유령이 소문처럼 나에게 복수를 요구한다면 어떻게 해야

할까? 정말 소문대로 아버지가 클로디어스 삼촌의 손에 독살되었을까? 앞으로 왕국의 왕위계승은 어떠한 수순을 밟게 될 것인가? 부정한 수단으로 권력을 잡은 클로디어스 삼촌과의 결투는 피할 수 없는 것인가? 그러면 클로디어스 삼촌과 결혼한 어머니 거트루드에게는 이 사실을 어떻게 설득할 수 있을 것인가? 게다가 클로디어스 삼촌의 일등공신인 폴로니어스와 그의 딸이자, 사랑스러운 오필리아와의 관계는 또 어떡하고? 아, 머리 복잡하다…'

유령을 기다리는데 지루해진 햄릿은 소일거리 삼아 광대 호레이쇼와 함께 이러저러한 가능성들과 앞으로의 행동들을 다양하게 예측해보기 시작한다. 하지만 도무지 나타나지 않는 아버지의 유령. 지친 햄릿이 깜빡 잠이 들면 아버지의 유령이 나타나고, 호레이쇼를 비롯한 로젠크란츠와 길던스턴이 유령을 보았다고 떠들어댄다. 하지만 햄릿이 깨어있을 때면 유령은 절대로 나타나지 않는다. 거트루드와 클로디어스 부부는 선왕이 자연사했음을 밝히고 사망진단서를 보여주는 등 결백함을 주장하고 오히려 햄릿을 걱정한다.

그러던 어느 날, 햄릿은 주변의 모든 사람들이 나타나 햄릿을 놀리고 햄릿을 비웃는 합창을 부르는 악몽을 꾸게 된다. 그러고 나서 아버지 유령이 나타나지만 그 아버지는 복수도 복종도 햄릿의 마음에 달려 있다고 말하고 사라진다. 그 후에 햄릿은 기다림에 만족스러워 하면서 계속 기다린다. 결국 햄릿은 그 어떤 것도 하지를 못한다.

■ 2005년 '혜화동1번지 제4회 연출가 데뷔전'
박경수 재구성/연출 <마로윗츠 햄릿>
2005.7.20.~7.24., 연극실험실 혜화동1번지

7월 20일부터 24일까지 장경섭 연출의 <하루>와 박경수 연출의 <마로윗츠 햄릿> 두 작품이 무대에 올려졌는데, 각각 50분씩 나뉘어서 공연되고 중간에 5분의 휴식시간이 있었다. 50분 안에 햄릿의 모든 것을 표현하기는 힘들었다고 보지만 그래도 가면을 이용한다거나 햄릿의 심리를 잘 표현한 게 돋보이는 극이었다.

◆ 연극평론가 김옥란

<마로윗츠 햄릿>을 박경수가 재구성·연출한 작품이다. <마로윗츠 햄릿>을 아직 확인해보진 않았지만 셰익스피어 원작 <햄릿>에서 어머니와 오필리아를 새롭게 해석한 작품으로 보인다. 이 작품은 셰익스피어의 <햄릿>과 마로윗츠의 <햄릿>이라는 이미 고전과 현대판 원작이 있는 작품이라는 점에서 처음부터 작가적 역량보다는 연출적 역량에 기대를 가지고 공연을 보게 만든다.

그리고 실제로 이 작품은 코러스의 비중을 중요하게 다룬다거나 주요 장면들을 상징적으로 다루고 있다는 점에서 여러 모로 연출적 역량에 주목하게 한다.

인상 깊었던 것은 맨 처음 장면이 5명의 코러스들이 슬로우 모션으로 무대 안쪽에서부터 점점 객석으로 다가와 관객 한 사람 한 사람에게 무조건 반갑게 웃으며 악수를 청하며(마임) 시작되는데… 당연히 관객들은 당황하며 모른 체하며 고개를 설레설레 것게 되고… 그러면 또 다시 실망하고 다른 관객에게 다가가고 다시 외면당하고의 반복…

이 장면만으로도 모든 사람들의 외면 속에서 혼자 아버지의 망령에 붙들려 있고, 그것에 대해서도 확신할 수 없는 햄릿의 상황을 매우 효과적으로 전달하고 있다. 관객들의 외면까지도 이미 극적 구성의 하나로 염두에 두고 계산하고 있는 센스가 놀랍다! …

햄릿에 대한 연출 박경수의 해석은 '전복을 꿈꾸는 자'이다.

햄릿이 주는 문제의식이 여전히 생생하게 살아있음이 놀랍고, 그것이 한국의 젊은 연극인에게 번역되고 재생되고 달라지고 있는 지점들이 흥미롭다. 마로윗츠 햄릿이 오필리아를 새롭게 해석하고 있는 지점과는 달리 박경수에게는 여전히 아버지의 혼령이 더 의미있고 뭔가 당기는 지점같아 보인다.

■ 극단 신협(각색 강병헌, 연출 전세권) <2005 블랙햄릿>
2005.8.27.~9.16., 충무아트홀

59년 역사에 빛나는 대한민국 최장수극단 신협이 6.25전쟁 중이던 1951년 9월에 고 이해랑 선생의 연출로 피난지인 대구 키네마 극장에서 국내 최초로 초연하였던 <햄릿>을 54년 만에 새롭게 부활시켰다. 1951년 신협의 공연 당시 <햄릿>은 햄릿 역에 김동원 선생, 거트루드 황정순, 오필리아 최은희, 클로디어스 장민호 선생님 등이 열연하였다.

<2005 블랙햄릿>은 음모와 음모 뒤에 숨겨진 사랑이야기로서 셰익스피어의 원작 <햄릿>을 새롭게 각색한 우리 인간들의 영원한 화두 '사랑의 실체'를 파헤친 작품이다. 여기에 초연 배우인 장민호 씨가 극중극에 클로디어스 왕 역으로 출연하였다.

극단 관계자는 "초연 배우인 황정순, 최은희 선생이 연습 현장에 나와 연기 지도를 하고 있다."며 "국내에서 첫 번째 '햄릿'으로 무대에 나왔던 원로배우 김동원 선생이 병환 중이어서 쾌유를 빈다는 취지도 이번 작품에 들어있다."고 말했다.

[줄거리]

⊙ 제1장 PM 7:30 대관식

이 나라 역사상 가장 용맹했던 아버지 햄릿1세가 죽자 어머니 거트루드 왕비는 왕위 계승자 삼촌과 그 즉시 결혼을 한다. 어머니와 삼촌의 결혼을 불륜으로 생각하는 왕자 햄릿은 어머니의 배신에 분노한다.

⊙ 제2장 PM 10:45 진실 혹은 거짓

아버지의 죽음에 대한 '음모의 냄새'를 맡은 햄릿에게 가장 절친한 친구 호레이쇼는 죽은 왕이 '유령'이 되어 나타났음을 알린다.

◉ 제3장 AM 8:11 극중극

햄릿이 현왕이 자신의 친형을 독살하고 형수마저 빼앗았다는 유령의 말을 재확인하기 위해서 만든 연극을 관람하던 왕은 계략에 말려드는데.

◉ 제4장 AM 11:57 살인 또 살인

참회의 눈물을 흘리는 왕에게 복수의 칼을 내리치던 햄릿과 간교한 왕의 게임은 계속되고.

◉ 제5장 PM 1:30 아들과 어머니, 그리고 여자

어머니 거트루드 왕비와 아들 햄릿의 갈등은 증폭되고 왕으로 착각하여 사랑하는 여인 오필리아의 아버지를 살해하게 된 햄릿은 그녀마저 잃게 된다.

◉ 제6장 PM 2:30 죽느냐 사느냐

살인을 저지른 왕자 햄릿은 유배의 길을 떠나던 중, 자신을 살해하려는 왕의 계략을 눈치채고 아버지를 죽이고 자신마저 죽이려한 살인마를 찾아서 왕궁으로 되돌아간다.

◉ 제7장 PM 4:00 무덤

시체를 안치하던 무덤지기의 곁을 지나치던 햄릿은 오필리아의 장례를 목격하고 오열하는데 오필리아의 오빠 레어티즈와 숙명의 담판을 짓는다.

◉ 제 8장 PM 7:00 비밀의 결말

피의 복수로 시작된 인간관계는 결국 복수에 복수로 꼬리를 물고 이 나라의 최고 위치에 있던 왕족 3명과 귀족 3명이 하루 만에 죽는다. 단 24시간 만에…

6명의 주검이 널브러진 왕궁에 햄릿가의 오래된 '숙적' 포틴브러스 왕자가 모습을 드러낸다. 그리고 햄릿에게 유령이 나타났다고 알려준 바로 그 자 호레이쇼가 그를 맞는다. 철저하게 계획된 음모에 성공한 두 사람은 얼굴을 마주 보고 회심의 미소를 짓는다.

햄릿이 죽어가면서 의심한 '더 큰 음모'의 실체가 마침내 모습을 드러내는 순간이다. 그러나 왕비를 취하기 위하여 음모를 계획했던 햄릿의 절친한 친구 호레이쇼, 그가 맞이하는 배신의 최후는 짝사랑하던 여인의 싸늘한 죽음 뿐…

■ '셰익스피어 난장 2005' 주제 : 현대극으로서의 셰익스피어

▣ 국내 극단 공식 참가작 3편(주제: 한국의 셰익스피어)

　1. 국립극단 최초의 야외극 〈베니스의 상인〉,

　2. 연희단거리패(연출/각색 이윤택) 〈햄릿〉,

　3. 목화 레퍼토리 컴퍼니(연출 오태석) 〈로미오와 줄리엣〉: 오랜 세월 반목하고 살아온 '재너머가(家)'와 '갈무리가(家)'의 아들, 딸이 등장하는 한국적으로 재해석한 작품

▣ 해외 초청작 1편(주제: 아시아가 바라본 셰익스피어)

　일본 구나우카 극단의 〈맥베스〉: 연출가 미야기 사토시 씨에 의해 역사를 지배했던

남성에게 여성과 아이들이 복수하는 이야기
- ▣ '프린지 페스티벌' 신진 극단의 3편
  1. 영상을 활용한 동국대학극장의 〈햄릿〉(연출 김용태)
  2. '익살광대' 3명이 햄릿의 삶을 조망한 공동창작집단 뛰다의 〈노래하듯이 햄릿〉(연출 배요섭)
  3. 극단 가마골의 신세대 뮤지컬 〈로미오를 사랑한 줄리엣의 하녀〉(연출 이윤주)
- ▣ '셰익스피어의 이해들'의 원어 연극 〈태풍〉
- ▣ 10개 대학이 참가한 '셰익스피어 학생 원어 연극제'

1. '국내 극단 공식참가작'
연희단거리패(연출/각색 이윤택) 〈햄릿〉2005.9.21.~9.29., 국립극장 하늘극장
위 7개의 셰익스피어 작품 중 이윤택과 오태석만 노털 연출가(이윤택 자칭)이고
나머지 5명은 젊은 연출가이다. 이제 연극의 연출도 젊어지기 시작하는 것인가?
작품에 대한 설명은 2001년 편을 참조하기 바란다.

◆ 2005.10.11. 한겨레신문
… 우리에게 익숙한 것들로 〈햄릿〉을 재구성하는 데 한계가 있었던 것일까. 악기의 가락이
어긋나거나 열린 공간에서 외부의 소음이 극의 진행을 가로막기도 했다. 더욱이 너무나
분명한 선악 구별 짓기는 자칫 부담으로 느껴질 수도 있었다. 저마다의 〈햄릿〉을 만나는
것을 방해했던 것이다. 그런 아쉬움은 배우들의 신들린 연기로 충분히 용서받았다. 예컨대
무덤 속으로 가라앉던 레어티즈가 "산 자를 죽은 자와 같이 묻으라"는 외마디 비명을
지르던 순간, 쏟아지는 흙에도 눈 한번 깜빡거리지 않던 오필리아의 연기는 쉽게 잊히지
않으리라.
그렇게 한국식을 전수받은 '햄릿'은 거대한 대지(무대를 덮은 황색 천)를 뚫고 2층 무대
위로 오른다. 그리스의 신상이 되어 예수처럼 부활하는 장면이다. 몽상가 햄릿이 벗은
몸으로나마 영웅으로 재탄생하는 셈이다.

2. '프린지 페스티벌' 참가작 공연창작집단 뛰다(각색/연출 배요섭) 〈노래하듯이 햄릿〉 2005.9.28.~10.5., 국립극장 별오름극장
극단이란 말 대신에 '공연창작집단'임을 표방하며 한국예술종합학교 연극원 출신
연출자와 배우들이 모여 2001년에 설립된 공연창작집단(대표 황혜란, 연출 배요섭)
은 연출은 물론 무대예술, 의상 디자인까지 직접 해낸다. 이들의 본거지는 서울이
아닌 강원도 화천이라는 점이 특색이 있다. 버려진 생수통, 찌그러진 양재기와 양은

냄비, 모서리가 닳은 나무 빨래판 등 천덕꾸러기 낡은 물건들은 '뛰다'의 손을 거쳐 독특한 무대예술품으로 탈바꿈한다. 평범한 사물 속에 숨은 재미난 형상을 발견해 내고, 재활용품 악기와 가면으로 변신시키는 이들의 솜씨는 가히 '오브제의 마술'이라 부를 만하다. 이 악기들은 무명, 삼베, 지푸라기 등 친환경적 소재를 활용해 제작한 무대 속에서 더욱 빛난다.

공연창작집단 뛰다의 <노래하듯이 햄릿>(배요섭 연출)은 세 명의 광대가 인형과 가면을 이용하여 햄릿의 모든 배역을 연기하고, 여기에 노래와 음악이 어우러지면서 '무겁지도 않지만 가볍지도 않은' 햄릿의 이야기를 펼친다.

[줄거리]
저녁 어스름을 누르고 어둠이 찾아올 무렵 세 명의 광대들이 수레를 끌고 무덤가로 돌아온다. 이들은 죽은 사람의 모습을 한 가면이나 인형을 만들어 그것으로 장례를 치러주는 사람들이다. 이날도 어느 영혼의 장례를 치러주고 있었는데, 무덤가를 배회하고 있던 햄릿의 유령을 만나 그의 하소연을 듣게 된다. 유령이 남기고 간 수첩을 줍게된 이 광대들은 으레 그랬듯이 햄릿의 이야기로 수다를 떨며 놀기 시작한다. 수첩에 적혀있는 이야기는 이렇다. 햄릿이 아버지를 잃고 깊은 슬픔에 빠져 지내다가, 아버지의 유령을 만나 숙부가 아버지를 죽이고 어머니와 결혼하여 왕위를 빼앗았다는 사실을 알게 된다. 그리하여 햄릿은 복수를 하기 위해 기회를 엿보지만 번번이 놓치고 만다. 결국 사랑하는 사람의 아버지를 실수로 죽이게 되고 결국 외국으로 추방당하였다가 다시 돌아와 복수를 하게 된다는 이 구구절절한 사연을 세 명의 광대들이 들춰내 보여준다. 하지만 광대들이 얻게 되는 결론은 이렇다. 죽음 앞에서 모든 것은 허망하다는 것. 사랑도 정의도 복수도 권력의 욕망도 어리석은 장난이라는 것. 광대들은 다시 죽은 사람들을 찾아 떠난다.

3. '프린지 페스티벌' 참가작 동국대학극장 (번안/연출 김용태) <햄릿>
2005.9.22.~9.27., 동국대학교 예술극장

동국대학극장은 2003년 동국대학교 연극학과 졸업공연으로 초연되었던 작품 <햄릿>(연출 김용태)을 '2005 셰익스피어 난장' 프린지 페스티벌에 참가하여 9월 22일부터 27일까지 동국대학교 예술극장에서 공연하였다. 초연 당시 아마추어리즘과 아카데믹을 표방하는 학교 작품임에도 불구하고 젊은 감각과 다양한 연출적 시도로서 좋은 평을 이끌어냈다고 한다.

동국대학극장의 <햄릿>은 원작의 막과 장을 없애고, 이야기를 단순화시켜 19개의 신(scene)으로 재구성했다. 각 장면의 의미를 효과적으로 드러낼 수 있는 다양한 연극적 장치들이 등장하며, 언어를 최소화하고 다양한 시청각적 이미지를 도입해 마치 한편의 영화와 같은 영상미가 두드러진 연극이었다는 평을 받았다.

■ 극단 한울림(원작 제임스 셔먼, 각색/연출 정철원) <매직타임 인 대구> 2005.11.24.~11.27., 대구 파랑새소극장

매직타임이 인기몰이가 되고 있다. 서울에서의 공연도 호평이었으나 대구에서도 1997년에 창단된 한울림 극단이 제임스 셔먼 원작의 <매직타임>을 대구 상황에 맞게 재해석하여 무대화하였다. 정대표는 "원작의 배경인 시카고를 대구로 옮기면서 극의 구성도 우리 식으로 이끌고 나간다. 극중 배우들의 환상을 마당극 형태로 풀어나가면서 출연 배우들의 이름을 극중 배역 이름 그대로 사용하고 우리 주변에서 쉽게 맞닥뜨릴 수 있는 사건들을 곳곳에 삽입했다."고 설명했다. 필자는 언제나 작품의 지방공연을 축하하는 마음으로 살펴보고 있다. 작품에 대한 설명은 1998년 장진 연출 편을 참조하기 바란다.

[연출의도]
제임스 셔먼 원작인 <매직타임>은 1998년 장진 감독의 번안작품으로 대학로 무대에 올려져 한국연극평론가협회가 선정한 베스트 3에 들어갈 정도로 폭발적인 반응을 일으킨 작품이다. 그 후 여러 극단에서 무대에 올렸고 극단 한울림도 제임스 셔먼 원작을 대구 상황에 맞게 재해석하여 다시 한 번 무대에 올리고자 한다.
연극 <매직타임>은 연극을 준비하고 무대에 올리는 배우들의 진솔한 모습을 보여준다. 우리는 이들의 모습을 통해 두 개의 시공간을 동시에 만나게 된다. 첫 번째 무대의 조명을 받는 배우가 활동하는 환상의 공간, 그리고 두 번째는 그 환상이 해결해줄 수 없는 지극히 평범하고 고민투성이의 일상이다.
우리는 이들의 모습을 통해 두 개의 시공간을 한 무대에서 만날 수 있다. 그러나 <매직타임>에서 진정 우리에게 보여주고 싶은 것은 이 연극이 두 개의 시공간을 그리고 있다는 것도, 그리고 분장실에서 나누는 수다가 별나고 재미있다는 것도 아니다. 바로 무대를 사랑하고 무대를 지키려는 사람들을 통해 느낄 수 있는 '인간적인 사랑' 그것을 보여주고 싶은 것이다.
관객과 마주친 배우는 원수도 친구도 아닌 슬픔도 기쁨도 가지지 못하는 광대일 뿐이다…

■ 극단 은세계(작 미하엘 엔데, 연출 박진선) <오필리아의 그림자극장>
  1. 2006.1.14., '제1회 김해 문화의전당 아동극장' 개막작 김해 문화의전당 누리홀
  2. 2006.2.21.~3.1., 문화일보홀
  3. 2006.6.17.~6.18., 고양 어울림극장

극단 은세계는 이 작품을 2003년 두 차례, 2004년에는 '제1회 아시티지 겨울연극제' 참가작으로, 2005년에는 '한·일 아동청소년 연극제 2005'에 참가하여 공연한 적이 있다.

극단 은세계의 <오필리아의 그림자극장>은 연극배우가 되기를 바라는 부모 덕분에 셰익스피어의 <햄릿>에 등장하는 인물과 같은 이름을 갖지만 정작 무대에는 서보질 못하는 주인공 오필리아가 그림자들에게 연극 대사를 읽어주다 세상을 떠난다는 줄거리로 이전 공연과 큰 차이가 없다.

■ 극단 청년(작/연출 김민호) <미친 햄릿>
  2006.4.7.~5.28., 대학로 열린극장

극단 청년의 김민호는 1999년에 <미친 햄릿>을 초연하였고, 2002년 '셰익스피어 벗기기 페스티벌'에서 <미친 햄릿>, <웃고랑 맥베스>, <한줄짜리 연극>으로 많은 사람들의 관심을 받아왔고, 2003년 1월~3월 열린극장 공연 이후 3년만인 2006년에 다시 <미친 햄릿>으로 돌아왔다. 김민호는 <미친 햄릿>의 네 차례 공연으로 <미친 햄릿>같은 미친 김민호로 우뚝 서게 되었다.

셰익스피어의 <햄릿>에서 햄릿이라는 이름을 따왔으나, 김민호 작/연출의 창작극이다. 원작에서 햄릿은 미친척하며 오필리아에게 수도원으로 가라고 야단친다. 그러나 햄릿의 속셈은 오필리아를 사랑하고 있다. 김민호는 햄릿을 아예 미친놈으로 하였으며, 줄거리는 다음과 같다.

한 공간에서 죽은 자의 넋을 달래기 위해 여인이 천도재를 지내고 있다. 굿 연구가인 잘난 놈이 자료를 수집한다며 나타나 사진을 찍기 시작하자 여인은 이를 거부하고, 이때 유령이 나타나 자신이 그 곳 주인이라면서 있고 싶으면 그 곳의 관습을 따르라고 한다. 무덤 속 해골을 파헤치다 군인에게 붙잡힌 미친놈이 군인에게 끌려 여인의 집으로 오게 되고 패가

망신과 거지는 서로의 처지를 탓하며 이곳에 살고 있다.

여인이 죽은 자들의 분노를 달래고 위로하기 위해선 굿이 필요하다고 한다. 하지만 군인은 군사지역에서 굿은 절대로 안 된다며 자신이 심판하겠다고 한다. 여인은 갑자기 미쳐 무엇인가에 홀린 듯이 춤을 추기 시작하고, 사람들은 동요한다. 여인이 유령에게 말하라고 하자 유령은 자기도 모르게 움직이다가 자신이 미친놈의 아버지라고 한다. 그곳에 잘난놈이 있고, 거지, 패가망신, 미친놈, 군인, 밥집 엄마 등이 모여 있는데, 그들은 과거에서부터 강한 인연이 있었다.

과거 속에는 군인에게 20년 동안 매일 밥을 해주던 밥집엄마는 미친놈의 엄마였고, 남편인 유령이 죽자마자 미친놈의 작은 아버지인 거지와 결혼했으며, 여인과 미친놈은 서로 사랑하는 사이였고, 미친놈이 여인의 아버지인 패가망신을 죽인 사실들을 기억해내게 된다. 모두가 잊고 있던 기억들을 기억해내고 갈등이 증폭되어 파국으로 치닫는다. 순식간에 벌어진 이 모든 사건을 목격하고 관망하던 잘난놈이 자살을 시도하다 실패하고, 유령이 나타나 미친놈의 시체를 안고 진혼굿 같은 의식을 치르며 울부짖는다.

과거와 현실 사이에 증폭되는 갈등과 대립-선왕의 죽음을 통해 야기되는 인간 군상들의 모습을 냉철한 시각으로 조명하여 동시에 인간의 본질과 지식으로 표현되는 현대인의 이중적 모순, 나약함을 고발한다.

■ 극단 드림플레이(작/연출 김재엽) <유령을 기다리며>
　　1. 2006.4.15.~5.28., '제3회 셰익스피어 난장' 참가작 국립극장 별오름극장
　　2. 2006.9.5., '2006 창작뮤지컬 쇼케이스' 선정작, 충무아트홀 소극장
　　3. 2006.9.19.~10.15., 대학로 연우소극장

극단 드림플레이는 2002년 12월에 창단된 인디퍼포먼스그룹(Independent Performance Group)으로 젊은 예술가들의 그룹이다.

극단 드림플레이는 <햄릿>에서 '아버지의 유령'을 뽑아냈고 <고도를 기다리며>에서 '기다림'을 가져왔다. 둘을 한 데 섞어서 퓨전 연극 <유령을 기다리며>가 탄생한 것이다.

⊙ 등장인물의 특성

햄릿	나무주위에서 소문으로만 듣던 아버지 유령을 기다린다.
호레이쇼	햄릿 곁에서 함께 기다려준다. 원래는 강아지였다.
유령	햄릿에게 나타나려다가 실패하고 결국 나타나주지만 예상 밖이다.
클로디어스	햄릿에게 왕관을 주려다가 실패하고 왕이 되어 거트루드와 산다.
거트루드	햄릿의 버릇을 고치려 실패하고 왕비로서 클로디어스랑 산다.

오필리아	햄릿의 연인이지만 적성 찾아 제 갈길 가려다가 불의의 사고를 당한다.
레어티즈	오필리아의 쌍둥이 오빠.
로젠크란츠	햄릿의 막역한 친구. 햄릿 삥 뜯는 재미로 산다. 카지노 도박에 실패한다.
길던스턴	햄릿의 막역한 친구, 외국물 좀 먹은 실패한 조기 유학생이다.

이들은 셰익스피어 <햄릿>의 인물들과 같으나 극의 내용은 21세기 현대를 위트와 풍자를 동반한 웃음으로 재치 있게 그린 상황극이다. 복수냐 복종이냐 고민하는 햄릿은 현대 젊은이들의 한 단면을 그린 것이다. 햄릿이 고립무원의 상태에서 복수를 결행해야할지 고민하나, 그는 마법학교 열등생, 왕따, 동네북, 문제아로 표상되는 전혀 다른 햄릿으로 창조되었다. 복수하지도 못하면서 매일 고도처럼 기다리기만 하며, 누군가가 와서 자신의 인생을 바꿔주길 기대하는 자다. 궁정광대였다가 햄릿의 잘못 건 마법으로 강아지가 됐다 늑대가 되고, 변신하는 호레이쇼, 사고뭉치 오필리아, 그녀의 이란성 쌍둥이고 모범생인 레어티즈, 조금은 엉뚱한 친구 로젠크란츠와 길던스턴 등 동시대의 불투명한 전망 속에서 자신만의 길을 찾아 헤매는 또래 젊은이의 초상을 가감 없이 그려냈다.

<고도를 기다리며>는 조용한 기다림이다. 이 극에서의 기다림은 시끄럽고 마구잡이 언어를 지껄이며 기다린다. 햄릿과 광대 호레이쇼는 늑대로, 강아지 소리 내는 것이 일수다. 마법학교 장학생 레어티즈와 열등생 오필리아 남매는 잤느냐 안 잤느냐로 다툰다. 그러면서도 햄릿은 유령을 기다린다. 줄거리는 원문과 같으나, 왕자답지 않은 마법학교 열등생 햄릿. 주변인물의 언동은 왕족이나 귀족사회와는 거리가 멀다. 각박한 현대의 모습이다. 그러나 줄거리는 원본과는 거꾸로 간다. 죽는 자는 없다. 거트루드는 클로디어스와의 결합에 행복하다. 햄릿은 오필리아를 기다린다. 극의 줄거리는 2005년에 상세히 설명되어 있고, 2006년 공연 역시 2005년 공연과 큰 차이가 없으므로 생략한다.

■ 극단 화살표·극단 동숭무대(연출 정세혁) <서스펜스 햄릿>
2006.6.16.~9.3., 동숭무대 소극장

<서스펜스 햄릿>은 세 번의 삶과 한 번의 자살로 압축된다. 유약함에서 벗어난 햄릿이다.

무대의 배치와 세트는 아주 단순하여 무대 중앙의 흰 욕조를 중심으로 '죽음'

또는 '불안한 징조'를 상징하는 듯한 붉은 커튼이 드리워져있다. 극이 시작되면 눈을 가린 햄릿이 "엄마…"라고 부르며 선왕을 목욕시키는 어머니, 거트루드가 보인다. 그리고 선왕의 귓속으로 독을 부으니 선왕의 동생, 클로디어스가 음산한 웃음을 짓는다.

작은 조명등조차도 없는 그야말로 칠흑 같은 어둠 속에서 배우들의 대사를 듣고 있으면 묘한 긴장감과 함께 공포감이 온 몸으로 퍼지게 된다. 물은 아마도 '피'를 상징하고 있는 듯하다. 무대 위로 반복적으로 떨어지는 물을 보면서 관객은 등장인물들의 처절한 죽음을 예감하게 된다.

초점 없는 눈빛, 끊임없이 귀에서 쏟아지는 물, 환청, 누군가의 눈길… 햄릿은 죄의식에 사로잡혀 있다. 아버지의 죽음에서 시작된 죄의식이 아닌, 어머니를 사랑하는 그래서 숙부 클로디어스의 행위에 대한 공감에서 오는 죄의식이다. 이 작품에서 오필리아와 거트루드는 한 인물이다. 그래서 햄릿은 더욱 죄의식에 사로잡히고 더욱 괴롭다. 붉은 천과 욕조의 물이 보여주는 입체적인 표현은 죄의식에 사로잡힌 햄릿의 감정 그대로를 객석으로 전달하며 서스펜스의 정수를 보여주었다.

◆ 2006.8.7. 헤럴드
극단 화살표는 '명작 스릴러 극장'의 첫 번째 대상으로 '햄릿'을 골랐다. 세 번의 살인과 한 번의 자살이 이어지는 셰익스피어의 '햄릿' 드라마에 잔혹을 덧씌웠다. '서스펜스 햄릿'은 원작의 난해함을 단순하게 포장했다. 대신 살인과 폭력의 장면에 현미경을 들이대 살상의 한가운데서 광기에 휩싸여 가는 햄릿을 그린다. 우유부단하고 생각이 많던 원작의 햄릿은 잊어도 좋다. 화려한 영화적 기법을 도입하고 연극적 상상력도 풀어내 역동적인 검술대결 등 강렬한 무대를 꾸민다. '강풀의 순정만화'를 통해 깔끔한 연출력을 자랑한 정세혁이 연출을 맡았다

■ 극단 가족(각색 도정선·하순주, 연출 문성대·용선중) <셰익스피어 in 햄릿>
　2006.6.23.~7.23., 대학로 블랙박스시어터
극단 가족은 각기 다른 예술 분야 (작가, 연출, 배우, 무대, 조명, 음악감독)에서 현재 활동 중인 30대 중후반의 젊은이들이 뜻을 같이하여 우리의 정체성을 탈피하고 새로운 연극을 창조하고자 모인 극단이다.

햄릿의 성격이나 행동에 많은 의견이 있다. 대체로 생각하는, 또는 고민하는 햄릿으로 하였으나 <셰익스피어 in 햄릿>에서는 정반대의 적극적, 행동적, 그리고 죽음도 마다하지 않는 햄릿으로 설정하였다.

[줄거리]

연극에서 가장 중심축을 이루고 있는 것은 확실한 두 인물의 갈등, 즉 선을 상징하는 햄릿과 악을 상징하는 숙부인 클로디어스의 극명한 대립을 강조하였다. 햄릿은 선왕의 망령을 본 후 복수를 위한 적극적인 행동으로 돌진하고, 숙부는 그러한 햄릿의 행동에 반응하여 그를 죽이기 위한 적극적 방어를 구축한다. 왕은 햄릿의 오랜 친구인 로젠크란츠와 길던스턴을 자신의 목적의 중심에 세워 놓고, 결국엔 햄릿이 사랑하는 여인 오필리아를 살해함으로써 그녀의 오빠인 레어티즈에게 햄릿에 대한 복수심을 증가시키도록 계획을 꾸민다. 선과 악의 처절한 대립이 이루어지고 결국은 오필리아의 장례식에서 둘은 서로의 죽음의 진실들을 알지도 못한 채 돌발적인 감정으로 인하여 허무하게 죽어가는 것이다. 극의 마지막에서는 모두 죽을 수밖에 없는 비극을 탄생시킴으로서 우리는 왜 진실을 모른 채 지금 이 세상에 살고 있는지? 과연 살 의미는 있는지? 진실한 삶은 어떤 것인지? 라는 삶의 명제들을 다시 한번 되짚어볼 필요성을 관객에게 제공해주는 것이다. 햄릿이 마지막으로 호레이쇼에게 던지는 말 한마디, "우리의 가족 이야기를 연극으로 만들면 재미있지 않겠나?"에서 상상할 수 있듯이 호레이쇼가 셰익스피어일 수도 있으며, 또는 현재의 햄릿은 Shakespeare in Hamlet을 토대로 만들어졌다는 상상을 제공하기도 하는 것이다.

■ 서울뮤지컬 컴퍼니(대본 조광화, 연출 전훈, 음악 이동준) <락 햄릿>
2006.7.27.~10.8., 대학로 세우아트센터

안톤 체호프 4대 장막전 시리즈 연출로 주목받은 연출가 전훈, 극작가 조광화, <쉬리>와 <태극기 휘날리며> 등의 음악을 만든 영화음악인 이동준 3인이 다시 뭉쳤다. 세 사람은 1999년 호암아트홀에서 초연한 <락 햄릿>을 만들었던 멤버들로서 다시 뭉쳐 소극장용 뮤지컬로 각색한 2006 언플러그드 <락(樂) 햄릿>을 7월 27일부터 10월 8일까지 대학로 세우아트센터에서 공연하였다. 대극장과 체육관에서 공연된 7년 전 <락 햄릿>과 달리 소극장으로 무대를 옮기고, 드럼, 기타, 피아노, 첼로, 대금 등 전자 악기를 배제한 악기 편성으로(그래서 언플러그드) 무거운 햄릿의 이야기를 가볍게 즐길 수 있도록 했다. 이들은 "비극적이고 우울하기만한 햄릿을 유쾌하게 만들어보자는 처음 의도를 이제야 살려낸 것"이라고 말하였다. 2시간 20분에 달했던 공연시간도 1시간 30분으로 줄였으며, 30명에 달했던 등장인물도 8명으로 압축했다.

◆ 2006.7.26. 컬쳐타임
"고뇌하는 '햄릿'은 가라!" 셰익스피어 작품 가운데 가장 많은 버전으로 각색돼 무대에 오르는 <햄릿>을 즐겁게 만날 수는 없을까. 서울뮤지컬컴퍼니는 1999년 록 버전의 <햄릿>

을 무대에 올렸지만 어두운 그림자를 완전히 털어내지는 못했다. 이번에 업그레이드된 뮤지컬 〈2006 언플러그드 락(樂) 햄릿〉은 21세기 신세대의 감각에 어울리는 작품이다. 시청각에 예민한 신세대들의 정서에 다가서기 위해 멀티비전을 이용한 영상에 색다른 록을 들려준다. 여기에서 햄릿이 고민과 자괴감의 늪을 마냥 헤맬 수는 없는 노릇.

고뇌의 탈을 과감히 벗은 햄릿은 유머감각을 지닌 인물로 거듭나 시니컬한 결말에 이른다. 신구 세대 간의 명확한 선악 구도도 세월의 무게를 견디지 못하고 인간적 양면성을 드러내는 듯한 방식으로 탈바꿈했다. 햄릿을 가볍게 만나면서 상상력의 극대화를 경험할 수 있다.

■ '2006 울산 북구 무룡예술제' 개막공연작 울산연극배우협회·새앎예술단·지역 무용인(각색 국민성, 연출 손기룡) 〈태자햄릿〉
  2006.9.11., 울산시 북구문화예술회관 공연장

〈태자햄릿〉은 서양극 형식의 모태인 '카타르시스'와 우리 굿의 '신명을 통한 한풀이'인 엑스터시를 접목시켜 한국적 이미지로 국민성 작가가 재구성한 연극으로 부산시립극단 손기룡 수석연출이 예술감독을 맡고 '울산연극배우협회' 소속 배우들과 '새앎예술단' 단원들 및 지역 무용인들이 함께 만든 작품이다.

◉ 등장인물
진지왕(미라미국의 왕), 미실(왕비), 태자, 김대문(재상), 이화(김대문의 딸), 문노(김대문의 아들이자 이화의 오빠), 설원랑(혜광태자의 친구. 낭도), 파사왕(선대 왕), 세종(가락국 출신으로 진지왕 다음대의 왕으로 제사장의 역할도 한다), 만신 풍물굿(쇠, 징, 장구, 소고, 북), 대신들, 시녀들, 무희들(검무, 처용무) : 풍물패들이 그 역할을 하도록 한다.,
◉ 시대적 배경: AD 536년경
◉ 공간적 배경: 화랑도 국토순례장의 한 곳인 울산 반구대

[줄거리]
신왕이 등극하던 날, 하늘에 제를 올리기 위해 화랑들의 국토 순례장에 왕을 비롯한 백성들이 집결한다. 축제 분위기의 제는 어느 순간 천둥번개를 동반하면서 하늘의 진노를 사는 듯하다. 그러나 그것이 구천을 떠도는 망자들의 원한 탓임을 감지한 만신은 망자들을 불러내어 그들의 원혼 풀이를 해주는데….

진지왕은 형수이면서 왕비요 태자의 어머니이기도 한 미실과 행복한 시간을 보낸다. 그러나 조카이면서 아들이기도 한 태자의 슬픔이 극에 달해 심기가 편할 수만은 없다. 진지왕은 태자의 슬픔을 달래주기 위해 갖은 애를 쓰는데…

지혜와 용맹, 그리고 겸양의 덕을 고루 갖추고 백성의 추앙을 받던 선왕의 죽음으로 백성은 물론 태자의 심기는 편할 수가 없다. 그러나 슬픔을 가슴에 묻고 묵묵히 수련에 임하는

태자. 수련이 끝나고 한바탕 축제의 마당이 펼쳐진 후의 고즈넉하다 못해 음침하기까지 한 밤에 선왕인 파사왕의 망령이 나타난다. 아버지의 생전 모습으로 태자에게 복수할 것을 명하는데…

태자는 혼란스럽다. 아버지의 원한이 무엇인지 그 원인을 파악하지 못했기에. 마침 사랑하는 여인 이화의 아버지 김대문 대감이 풍물굿패를 소개하고 태자는 신과 인간의 통로 구실을 한다는 만신에게 망령과 대화할 것을 부탁한다. 왕실의 모든 사람들과 대신들까지 참여한 굿마당에서 선왕의 죽음의 진위가 신의 도움으로 재현되고, 왕은 분노와 불안에 떨기 시작한다. 선왕인 아버지의 죽음의 원인을 파악한 태자는 망설이던 복수의 칼을 갈기 시작하는데….

복수는 복수를 낳고, 죽음은 죽음을 부른다. 결국, 왕실 일가족은 복수의 칼날 아래 모두 죽음을 맞는다. 신왕은 망자의 소리를 듣고 그들의 원한을 풀고 극락왕생 하도록 만신에게 천도재를 올려줄 것을 명한다. 산자들이 사는 세상의 미련을 털어버린 망자들은 만신에 이끌려 산자들의 세상을 떠나간다.

무대설명: 반구대에 제천의식을 위한 상이 준비되어 있고 한쪽에는 침실이 마련되어 있다. 천도재를 위해 화려한 오방줄이 곳곳에 걸려 있다. 신당은 무대 안쪽 중앙이나 한쪽 구석에 마련되어 있어 무대 가운데는 공연을 할 수 있도록 비워둔다.

■ 극단 메노 포르타스(연출 에이문타스 네크로슈스) <햄릿>
2006.11.1.~11.5., LG 아트센터

리투아니아의 극단 메노 포르타스(Meno Fortas)는 세 번째로 내한 공연하여 네크로슈스(Eimuntas Nekrosius) 연출의 <햄릿>과 <맥베스>를 선보였다.

그는 1997년에는 <햄릿>, 1999년에는 <맥베스>, 2001년에는 <오셀로>를 공연하여 러시아 '황금 마스크상'과 '스타니슬라브스키 국제상', 유럽국제협회의 '뉴유러피언 시어터 리얼리티즈상'을 수상한 바 있다.

리투아니아의 록 가수가 햄릿을 연기하는 <햄릿>은 특히 무대 천장에 매달려 있는 육중한 양철 톱니바퀴, 배우의 온 몸을 적시며 내리는 비 그리고 배우의 머리 위로 뚝뚝 떨어져 녹아내리는 얼음 덩어리 등 시각적인 상징들이 주는 강한 힘과 충격으로 네크로슈스의 이름을 전 세계에 알리게 한 그의 대표작 중의 대표작이다. 네크로슈스는 햄릿의 내적 고뇌를 금속과 모피, 물과 얼음, 불과 재 등 상징적인 도구들을 통해서 뿐 아니라 이들 물체들이 배우들의 피부와 닿았을 때의 육체적인 체험을 통해서도 보여준다.

◆ 조선일보 200611.2.

연출가 네크로슈스는 무대에서 말(言)은 아끼고 물·불·흙·돌 등 자연의 사물들로 관객의 마음을 두들겨 팬다. 펀치력은 얼얼하고 해석력은 현대적이다.

형을 살해하고 형수와 결혼한 그가 햄릿이 꾸민 연극을 본 후 참회의 기도를 하고 있다. 포도주잔에 담긴 건 물이다. 세상을 다 빨아들일 것 같은 표정을 한 클로디어스는 이 대목에서 "하늘이 비를 억수같이 내려 내 손을 씻겨주었으며…" 이라고 기도한다. 연출가는 '햄릿'을 관통하는 이미지로 물을 쏜다. 리투아니아에서 제빙기까지 가져온 그는 꽁꽁 얼어붙은 샹들리에 등 얼음도 여러 장면에 밀어 넣는다. 부슬비처럼 물이 떨어지는 장면으로 연극은 닫힌다.

◆ 국민일보 2006.10.24.

미국의 극작가 아서 밀러가 20여 년 전 '연극 천재'라며 극찬한 인물은 리투아니아 출신의 연출가 에이문타스 네크로슈스였으며 '믿을 수 없는 밤이다. 내 생애에서 가장 최고의 작품 중 하나다. 하지만 리투아니아어라는 언어적 한계 때문에 그의 명성이 가려질까 안타깝다.'라고 하였다. 그러나 밀러의 우려와는 달리 네크로슈스는 리투아니아를 넘어 유럽 최정상의 연출가로 군림하고 있으며, 유럽의 변방 리투아니아는 네크로슈스를 시작으로 하여 리마스 투미나스, 오스카라스 코르슈노바스 등 탁월한 연출가를 배출하여 연극 강국으로 우뚝 섰다.

■ 극단 푸른소·문화창작집단 빼갈 공동제작(작/연출 김원태) <햄릿 트라우마>
   2006.12.22.~12.27., 마포문화센터 서울 포포밍아트홀

햄릿이라는 명제의 작가가 두 사람이 된 셈이다. 이런 경우 작가가 맞는 것인지, 번안자가 맞는지, 각색자가 맞는 것인지 혼돈스럽다.

두 극단은 다분히 이질적인 집단이다. 극단 푸른소의 예술감독 황병도는 인간문화재 제17호 봉산탈춤 이수자, 한국전통극연구소 예술감독, 세계가면극 페스티벌 초청으로 유럽순회공연, 미국 뉴욕 퍼러싱 한인회 초청으로 워싱톤, 뉴욕 등에서 순회공연 등 이력이 말해주듯이 우리나라 전통파 예능인이다. 극단 창립동기도 특이하다. 극단 측에 의하면 "광대(廣大)는 받아들이지 않는 것이 없으므로 광(廣)이며, 포함하지 않는 것이 없으므로 대(大)입니다. 노자를 태우고 이상향을 향해 나아갔다는 '푸른소'. 푸른소는 예를 도(道)로서 받아들이며, 사람이 아닌 삶을 살아가는 예술인들의 모습입니다. 이런 모든 이들과 함께 가기 위해서 '극단 푸른소'는 창단되었습니다."라고 하였다. 이러한 동기는 동양적 도덕개념을 풍겨준다.

문화창작집단 빼갈은 대학로에서 소속을 가진 채 각각의 분야에서 활동하던 젊은 예술가들이 모였다. 빼갈은 40도가 넘는 중국의 독한 술이다. 이 술 같은 정열의

표상일 것이다. 극작가, 소설가, 시나리오작가, 연극 연출가, 무대 디자이너, 작곡가, 영화감독, 연극배우, 재즈강사, 안무가, 웹디자이너가 모인 집단이 되었고 예술의 산물인 연극을 공연하려고 하였다.

이러한 두 극단이 합동 공연하니 동서와 고금을 어우르는 연극이 될 수 있을 것이다. 줄거리의 흐름은 원저와 같으나, 트라우마된 햄릿이 전제이다. 푸른소와 문예창작집단 빼갈다운 <햄릿>의 트라우마였다.

2007year_{Hamlet}

■ 공연창작집단 뛰다(각색/연출 배요섭) <노래하듯이 햄릿>
   1. 2007.5.14., '제6회 의정부 음악극 축제' 참가작 의정부 예술의전당
   2. 2007.5.18.~5.27., '2007 청소년 공연예술제' 참가작 국립극장 하늘극장

<노래하듯이 햄릿>은 셰익스피어 비극 <햄릿>을 광대들의 질펀한 입담으로 풀어낸 공연이다. 공연창작집단 뛰다는 2005년 '셰익스피어 난장' 프린지페스티벌에 참가하여 <노래하듯이 햄릿>을 국립극장 별오름극장에서 공연한 후 2년간 다듬어서 2007년 '제6회 의정부 음악극 축제'가 열리는 의정부 예술의전당에서 5월 14일 공연하였다.

이번 공연은 줄거리는 2005년 공연과 별 차이가 없었으나, 2005년 등장하였던 3명의 광대가 2007년에는 5명으로 늘어났다.

◆ 2007.5.3. 경향신문
다섯 명의 광대가 햄릿의 한(恨)을 풀어준다. 노래하듯이, 놀아나듯이, 공연창작집단 '뛰다'가 만든 '노래하듯이 햄릿'은 셰익스피어의 무거운 '햄릿'을 마음껏 꾸짖고 조롱한다. 남들이 다 겪는 죽음 앞에 누구나 하나쯤은 견디고 있을 고통 앞에 왜 혼자만 아픈 듯이 심각하냐 호통친다. 죽음의 이미지로 둘러싸인 햄릿은 익살맞은 광대들을 만나 지독한 사연들을 툭툭 털어내는 놀이판과 주인공으로 거듭난다.
◆ 서울연극협회 연극평론가 주소형
이 작품에 비극성은 없다. 진지한 척하는 모든 것을 조롱하는 광대들의 질펀한 입담과

노래만 귓가에 아련하게 남을 뿐. 그나마 그도 사라지고 나면 바람 소리 황량한 이승을 멋쩍게 바라보는 자신만 덩그러니 남게 된다. 고뇌에 찬 진지함은 조롱당하고 오히려 웃음을 유발시킨다.

■ 극단 오늘(작/연출 위성신) <술집-돌아오지 않는 햄릿>
2007.7.19.~9.30., 인켈아트홀 2관

극단 오늘은 1994년에 창단된 극단이다. 연극 <술집-돌아오지 않는 햄릿>(작/연출 위성신)은 '햄릿이 없는 햄릿 공연은 가능할까?'라는 생각에서 출발한 작품으로 햄릿을 공연하는 배우들의 이야기를 다루고 있다. 2007년 '한국문화예술위원회 지원선정작품'이기도 하다.

연출가 위성신은 중앙대 연극과를 졸업하고 한국 한국예술종합학교 연극원 연출과 전문사 과정(MFA 과정)을 마쳤으며 현재 수원대학교 연극영화과 겸임교수이다. 2007년에 뮤지컬 <사랑에 관한 다섯 개의 소묘>의 작가이자 연출가이며, 많은 작품을 연출해왔다.

[줄거리]

햄릿을 공연하기로 한 배우들의 술집 이야기이다. 공연을 20여일 앞둔 시점에서 햄릿이 연락이 두절된 채 행방불명 중이다. 햄릿이 나타나지 않는 2일째부터 일주일 사이의 술집에서 벌어진 연극쟁이들의 사는 이야기이다. 연습도 제대로 진행되지 않고 분위기도 썰렁하다.

매일 일상처럼 찾아가는 술집에서 배우들은 공연에 대한 걱정과 일상의 모습을 토해낸다. 그리고 계속되는 햄릿의 연습 불참으로 사람들 사이에 연습분위기에 대한 불만이 팽배해지고, 배우들끼리 다툼도 일어난다. 그러던 중 술자리에서 기섭이 햄릿 없이 햄릿을 해보는 건 어떻겠느냐는 제안을 꺼낸다. 게다가 어차피 이렇게 된 마당에 민호는 아예 연출도 바꾸고, 일주일 정도 공연을 연기해서라도 햄릿 없는 햄릿 공연을 해보자고 지수에게 제안하면서 지지를 부탁한다.

결국 연출이 작업에서 빠지게 되고 햄릿이 잠적한 지 7일째 되는 날, 호프집에서 대책회의가 열린다. 대책회의 도중 서로의 자존심을 건드리는 말로 지수와 주석 사이에서 다툼이 일어나고, 화가 난 주석은 자리를 박차고 나가버린다. 남은 배우들은 다수결에 의해 햄릿 없는 햄릿 공연을 올리기로 결정한다. 한편 술 취한 주석은 사람들이 없는 빈 포장마차 안을 들여다보고 나오면서 자신이 유령이라며 소리치며 길을 걷는다.

■ 플레이 위드(연출 박선희) <플레이 위드 햄릿 I > 2007.2월, 우리극장

<플레이 위드 햄릿Ⅱ> '제10회 서울 프린지 페스티벌' 참가작
2007.8.17.~8.19., 소극장 예

2006년 12월 한양대 근처 식당에 모인 4명의 연기전공 학생들이 <햄릿>을 그대로 베끼지 말고 각자가 햄릿이 되어 즉흥극을 해보자는 학교 선배 연출가 박선희의 제안에 의기투합하여 겨울방학동안 작업하고 2007년 2월 우리극장을 하루 빌려 딱 두 번 공연하면서 비정규 극단 플레이 위드가 탄생했다. 그러나 플레이 위드라는 극단 명은 정식으로는 2008년에 <플레이 위드 햄릿 Ⅲ>을 공연하면서 부터이며 앞으로 계속 <플레이 위드 햄릿>을 만들 것이고, 무엇이든 가지고 놀자는 의미에서 플레이 위드라는 극단명을 쓰기로 했다고 한다. 이들은 '젊은 배우들의 무모한 연출 그리고 가난'이 자신들의 무기라고 자신 있게 말한다.

이 작품은 어떻게 보면 시리즈물이라고 할 수 있겠다. 시리즈 첫 번째 작품은 <햄릿> 공연을 준비하는 친구들 간에 살인사건이 발생하고 그 범인을 찾는 가운데 드러나는 그들 간의 진실을 다룬 작품이었고, 두 번째 작품은 <햄릿>을 준비하는 배우들 간의 이야기인 점은 같지만, 살인사건이 아닌 주인공이 빠져서 공연 취소 위기에 몰린 남은 배우들끼리 '햄릿'을 만들어가는 내용을 다루었으며 두 번째 작품 부터 츠카쿠치 토모가 드라마트루그로 참여하였다.

[줄거리]- 플레이 위드 햄릿 Ⅰ
햄릿을 공연하려고 준비하는 극단이 있다. 멤버들은 모두 젊고 열심이었는데 어느 날, 주인공 햄릿 역을 맡은 배우가 목매단 채 발견된다. 동료들은 그의 죽음에 당황하지만, 곧 다시 공연준비에 들어간다. 유령장면을 연습하던 그들에게 갑자기 죽은 배우가 나타나서 자신이 살해되었다고 말한다. 이후 그들은 점점 누가 살인범인지를 밝혀내려는 과정 속에서 숨겨져 있던 관계들이 드러난다.

[줄거리]- 플레이 위드 햄릿 Ⅱ
'플레이 위드 햄릿 Ⅱ'는 한 번도 중심이 되어 본 적 없는 사람들이 중심이 되는 이야기다. 햄릿 역의 유명배우가 영화에 출연하면서 공연이 취소될 판이다. 매번 단역만 주워섬기던 삼류배우들은 의기투합한다. "우리라고 못할 거 뭐있어!"
극은 원작의 갈등관계를 그대로 가져간다. 햄릿과 오필리아, 왕비간의 갈등, 레어티즈와 클로디어스의 갈등을 연극을 준비하는 배우들 간의 균열과 함께 끌고 간다. 인정받지 못하는 사람들에 대한 연민을 코미디로 희석시킨다.

■ 김남진의 댄스 씨어터 창(안무 김남진) 무용극 <햄릿 Blcak Out>

1. 2007.8.21.~8.22., '제11회 수원화성국제연극제' 참가작 수원청소년문화센터 온누리홀
2. 2007.9.18.~9.19., 성남아트센터 앙상블 시어터

오늘을 사는 현대인들이 과연 이 햄릿의 모습과 같지 않을까하는 생각에서 출발한 댄스 씨어터 창의 <햄릿>은 인생을 산다는 것은 즐겁기도 하지만, 고난을 헤쳐 나가야 한다는 햄릿의 고뇌를 표현한다. 세계의 각종 페스티벌을 염두에 두고 제작한 작품으로 극단 측에 의하면"무용과 직접적인 대사를 통해 세익스피어의 <햄릿>을 Dance Theatre로 재창조하였다."고 한다. 세계 초연작이었다.

◆ 2007.9.7. 세계일보 "5명의 햄릿"을 만나다 … 무용 "햄릿"
인간의 내면에 숨겨져 있는 본성을 끊임없이 춤으로 끌어내는 안무가 김남진이 이번에 세익스피어 4대 비극 중 하나인 '햄릿'을 무대로 가져온다. 도덕적 양심, 복수의 욕구, 망설임 등으로 갈등하는 햄릿에 빗대어 현대인의 삶을 조망한다.
꿈으로 시작하는 작품은 기억을 찾아가는 과정에서 5명의 각기 다른 햄릿을 만들어 놓는다. "나는 어디에 있으며 또 누구인가." 기억을 찾으며 자신을 되돌아보는 이들은 때로는 강렬한 움직임으로, 때론 절제된 동작으로 존재의 의미를 묻는다. 무대 위 에너지는 대조되는 형상을 통해 긴장의 끈을 놓지 않는다…
무대 위에서 펼쳐지는 선명한 주제 의식은 그의 가장 큰 매력.
무용평론가 문애령은 "김남진은 자신이 말하고 싶은 내용의 요점을 춤으로 파악하는 섬세한 안무가"로 평했다.

■ 극단 현존(작 김현묵, 연출 박명규) <햄릿-욕망의 그림자>
　 2007.9.20.~9.30., 대학로 알과핵극장
2000년 명기획 부설로 창단된 극단 현존이 첫 번째로 선택하여 무대에 올리는 연극작품은 김현묵 작가가 글을 쓰고 박명규 연출이 재구성한 <햄릿-욕망의 그림자>이다. 이 작품의 작가 김현묵은 자신이 공동대표로 있었던 극단 예성동인이 2001년 무대에 올렸던 <햄릿-분신놀이>의 작가이고 연출가이기도 하였다.

◆ 블로그 웹진 'Show You'
'욕망이라는 그림자'라는 그 제목에서 알 수 있듯이 이번 햄릿은 인간의 절대적 필연성인 욕망에 그 초점을 명확히 맞추고 있다.
정통 햄릿을 새롭게 쓴 김현묵 작가의 작품 '욕망의 침실'의 핵심은 성욕과 욕망, 그리고 그 경계에 있는 출산의 신성성에 대한 형이상학적인 논의였다. 선왕에 이어서 후왕마저도

남편으로 맞은 자신의 어머니인 왕비를 바라보며, 햄릿은 인륜적 가치와 욕망의 본능 사이에서 고통 받고, 더군다나 선왕의 복수에 대한 인륜적 억압으로 인해, 점점 미쳐가다가, 결국 그런 고통 받는 햄릿을 바라보던 왕비에 의해, 죽음을 당하게 된다. 그리고 왕비는 오로지 성욕에 대한 갈증을 푸는데 몸을 활용하며, 성욕, 즉 섹스라는 것이 인간 본연의 생의 본능임을 우리에게 시사해주고 있다.

형인 선왕을 죽이고 형수인 왕비를 자신의 왕비로 받아들이는 후왕의 탐욕스러운 야망과 권력욕, 선왕의 죽음을 바라보면서도 어쩔 수 없이 후왕의 아내가 되어버릴 수밖에 없는 왕비의 이율배반적 태도, 그 후왕에게 복수를 맹세하는 햄릿, 정통극에서와는 달리 욕망의 주체자로서 재해석되어 오필리아를 겁탈하는 사랑의 집착성을 드러내는 호레이쇼, 햄릿에 대한 오필리아의 순수한 사랑, 레어티즈의 자기 동생에 대한 복수심 등 모든 것이 하나같이 욕망이라는 의미로 해석되어 얽히고설켜 드라마의 추진력으로 절정을 향해 나아간다.

■ (주)PMG네트웍스, (주)포이보스 공동제작(작사/작곡 야넥 레덱츠키, 편곡 마틴 쿰작, 연출 왕용범) 뮤지컬 <햄릿>
2007.10.12.~11.11., 유니버설 아트센터

뮤지컬의 공연은 날이 갈수록 성행한다. 앤드류 로이드 웨버(Andrew Lloyd Webber)의 <Jesus Christ Superstar>, <Evita>, <Cats> 그리고 <Phantom of the Opera> 등은 이미 고전작품이 되었다. <Abba>에서부터 <삼총사>에 이르기까지 뮤지컬의 공연은 헤아리기가 어려울 정도로 다종다양하고 숫자도 대단하다. 뮤지컬은 놀이문화를 대변하듯 앞으로도 성행할 것이다.

저명한 외국의 교향악단의 공연, 베르디(Giuseppe Verdi)의 <춘희(La Traviata)>, 또는 <리고렛토(Rigoletto)>, 푸치니(Giacomo Puccini)의 <라보엠(La Boheme)> 또는 토스카(Tosca), 비제(Georges Bizet)의 <카르멘(Carmen)> 공연 등은 공연비용이 크다. 비용이 적게 드는 아담한 뮤지컬도 있을 수 있다. 그러나 흥행성을 고려할 때, 뮤지컬 공연도 화려한 무대, 화사한 의상, 좋은 음악 등은 역시 많은 비용을 필요로 한다.

뮤지컬도 누구나 성공할 수 있는 것은 아니다. 그런 의미에서 유니버설 아트센터에서 공연된 야넥 레덱츠키의 뮤지컬 <햄릿>은 뮤지컬 공연에서 하나의 정석과 전례를 보여준 것이다. 뮤지컬의 한 전형인 것이다.

◆ 한국일보
뮤지컬 <햄릿>의 한국 라이선스 공연을 앞두고 원작자 레덱츠키(45)가 처음으로 방한했다. 2000년에 첫 선을 보인 <햄릿>은 체코에서 600회 이상 상연됐으며 2004년에는 뉴욕 브로드웨이 무대에 올라 좋은 반응을 얻었다. 법학도 출신인 레덱츠키는 1987년에 데뷔해 200여곡의 노래를 발표한 '체코의 국민가수'. <햄릿>의 작사, 작곡은 물론 햄릿 역으로 직접 출연까지 했다. 지난달 28일 입국한 레덱츠키는 아직 <햄릿> 공연팀의 연습을 보지 못했지만 햄릿을 맡은 세 명의 배우 중 한 사람인 김수용 주연의 <해어화>를 관람한 뒤 "(김수용)햄릿 역할에 무척 잘 어울린다."고 흥분을 감추지 못했다. 그는 "한국 연출가(왕용범)와 대화를 나눠보니 클로디어스의 악행의 배경을 권력욕이 아닌 거트루드에 대한 사랑 때문으로 그린 내 의도를 정확히 짚어내 기뻤다."며 한국 공연에 대한 기대감을 나타냈다.

■ **극단 신협(연출 경상현) <King & Hamlet>,**
2007.10.24.~10.28., 동덕여자대학교 공연예술센터

국내 최장 역사를 자랑하는 극단 신협(대표 전세권)이 60주년인 환갑을 맞아 극단의 역사를 회고하고, 앞으로의 재도약을 모색하는 의미로 10월 10일에서 28일까지 극단 신협의 <King & Hamlet>을 포함하여 네 편의 연극을 동덕여자대학교 공연예술센터와 국립극장 달오름극장에서 연속 기념공연을 펼쳤다.

극단 신협이 한국 연극사에 공헌한 공로는 유치진이나 6·25 사변 후의 신협활동을 통해 이미 총론에서 소개하였다.

2007년 신협의 <King & Hamlet>은 22번째 작품으로 1951년 대구 키네마극장에서 이해랑 연출로 국내 초연된 신협의 기념비적인 작품이다. 연출자 경상현은 이해랑 생전 마지막인 <햄릿> 연출 당시의 조연출자였다.

전세권은 지금도 신협의 살림을 돌보고 있으며, 이 당시 극단장은 황정순이었다. 신협대표 전세권은 "극단 신협 60년의 뒤안길에서" 라는 대표의 글에서 신협 초창기부터의 역사, 전대표가 신협에 19세에 연구생으로 가입하여 오늘까지 지내온 역사의 한 토막을 소개하였고 그 첫 구절은 다음과 같다.

극단 신협은 2007년으로 60년을 맞이한다. 신협의 역사는 대한민국 전후의 역사와 같다. 1947년 유치진 선생을 고문으로 발족하여 제1대 단장 이화삼, 제2대 단장 이광래, 제3대 단장 윤방일, 제4대 단장 이해랑, 제5대 단장 김동원 선생으로 이어져 박상익, 황정순, 백성희, 최은희, 장민호, 박암, 조항, 주선태 선생 등 우리나라의 유수한 배우들을 배출하면서 60년 전통을 이어온 극단임을 연극인들이 매우 잘 알고 있는 사실이다.

■ 국립극단 <테러리스트, 햄릿>(역 신정옥, 연출 옌스-다니엘 헤르초크(Jens-
   Daniel Herzog)) 2007.11.6.~11.24., 국립극장 달오름극장

햄릿이 테러리스트가 되었다. 필자인 신정옥 번역본을 김미혜와 요하네스 키얼스
텐(Johannes Kirsten)이 드라마트루그와 공연대본을 구성하였으며 옌스-다니엘 헤
르초크(Jens-Daniel Herzog)가 연출하였다.

연출가 헤르초크(당시 43세)는 이 당시 연극과 오페라 연출로 더욱 주목받고 있는
독일 현대연극의 차세대 연출가이다. 대학에서 철학을 공부했으며, 취리히 샤우스필
하우스, 함부르크 탈리아극장, 빈의 부르크테이터, 프랑크푸르트 샤우스필 하우스
등의 객원연출을 거쳐 2000년부터 독일 만하임 국립극장 예술감독으로 일하고 있다.

독일 만하임 국립극장의 <오셀로, 베니스의 무어인>은 2006년 5월, '2006 셰익스
피어 난장'의 해외초청작으로 선정되어 한국 국립극장무대에 오른 적이 있다.

줄거리는 원저와 다름없다. 문제는 햄릿의 성격해석이다. 필자는 우유부단하고
연약하다고 하는 햄릿을 오필리아를 사랑하는 진지함, 복수를 결행하는 적극성을
주장하였으나 이 극에서의 햄릿은 극(極)으로 치닫는 캐릭터가 되었다. 샹들리에
위에서 권총을 쏘고 소주를 마시고 여학생 복을 입은 오필리아, 신사복에 왕관만을
얹은 클로디어스, 권총을 쏘는 햄릿의 마지막 장에서의 결투장면은 어떤 것일까
하는 걱정이 되었으나, 걱정을 덜어주듯 검으로 마감하는 것으로 처리되었다. 무대
는 관중석 한가운데까지 차지하였다. 현대판으로 정통성을 살린 <햄릿>의 공연이었
다. 무대의상을 디자인 한 미리엄 부쉬(Miriam Busch)의 애쓴 보람이 엿보인다.

<테러리스트 햄릿>은 독일 판이기도 하고 만하임 국립극장 판이기도 하다. 연출
가 헤르초크, 드라마투르그 키얼스텐, 제작 협력한 토마스 크라우스(Thomas
kraus), 음악감독 아심 스태픈하겐(Adhim Steffenhagen) 등이 모두 독일인이며
만하임 국립극장맨이다.

2008year Hamlet

■ 극단 골목길(번역 정진수, 각색/연출 박근형) <골목길 햄릿>

1. 2008.1.29.~2.17., 대학로 게릴라극장
2. 2008.4.5.~4.27., 선돌극장
3. 2008.7.28.~7.29., '제8회 밀양여름공연예술축제' 셰익스피어난장 초청작품 밀양 우리동네극장
4. 2008.7.30.~7.31., '제20회 거창국제연극제' 국내공식초청작, 거창 축제극장

게릴라 극장은 2008년 기획전으로 셰익스피어의 두 작품을 맞이하였다. 하나는 극단 골목길의 <골목길 햄릿>이며, 또 하나는 연희단거리패의 <로미오와 줄리엣>을 개작한 <해오라기와 솔뫼> 공연이다.

극단 골목길은 연출가 박근형을 주축으로 대학로에서 활동하고 있는 박근형 사단의 괜찮은 배우들이 중심이 되어 2003년 창단되었다.

<골목길 햄릿>은 '원전에 충실한 햄릿을 추구하겠다.'는 다짐을 가지고 극단 골목길이 만든 권력에 눈먼 자가 만들어낸 가족 비극사를 통해 인간의 존재에 대해 말하는 작품이다.

그런데 '골목길'이란 이름을 붙인 이유는 '골목길'은 서민들의 상징적인 공간이고, 따라서 <골목길 햄릿>은 왕족의 이야기가 아닌 서민적인 인간의 이야기를 다루려는 의도에서였다고 한다.

셰익스피어의 작품공연은 대체로 세 가지로 분류할 수 있다. 첫 번째는 극단 골목길 모양으로 원전에 충실하게 한다는 것. 두 번째는 작품내용을 현대적, 민속적으로 특정장면을 고르거나 확대하는 변용극이며, 세 번째는 뮤지컬, 오페라, 무용 등으로 변용하는 것이다. 흥행성을 올리기 위하여 현대적으로 또는 음과 결합하는 뮤지컬로 공연되는 경우가 허다해지는 근자에 모처럼 원전에 충실하게 공연한다는 것은 반가운 일이다.

■ PMG 네트웍스(작사/작곡 야넥 레덱츠키, 편곡 마틴 쿰작)
<햄릿> 시즌 2(연출 김광보, 음악 변희석),
2008.2.21.~4.5., 국립중앙박물관 극장 '용'

유럽과 브로드웨이에서 모두 공연되어 작품성과 흥행성을 겸비한 뮤지컬로 인정받았던 <햄릿>은 2007년 아시아 최초로 한국과 라이선스 계약을 체결하였고, 2007년 10월 12일부터 11월 11일까지 유니버설 아트센터에서 국내 팬들에게 최초로 공개되어 뜨거운 호응을 얻은 바 있다. 극단 측에 의하면 재공연에 대한 요청이 너무 많아서 2008년 앵코르 공연을 결정한 것이라고 한다. 원작자인 체코의 국민가

수 야넥 레덱츠키는 '프라하와 브로드웨이 작품을 뛰어넘었다.'고 평하기도 했다

2007년 공연 시의 왕용범 연출은 2008년에는 김광보 연출로, 이성준 음악감독에서 변희석 음악감독으로 그리고 신성록에서 고영빈으로… 연출, 음악감독, 배우 등 제작진이 새롭게 바뀌었다. 초연에서는 햄릿과 오필리아, 거트루드와 클로디어스의 사랑에 초점을 맞췄지만, 이번에는 인간 본연의 욕망을 중점적으로 다뤘다. 인물의 성격도 더 명확해졌다. 대표적인 예로 클로디어스의 탐욕스러운 성격을 표현하기 위해 대관식 이후 환락 장면이 추가됐다. 햄릿의 내적 갈등을 그려내는 장면도 많아졌다. 극적인 상황을 강조하기 위해 배경 음악에도 현악기 연주를 보탰다.

■ 2008 '정미소 창작지원프로젝트' 선정작

설치극장 정미소(대표 윤석화)는 2008년 '정미소 창작지원프로젝트'(기획 및 예술감독 윤석화)에 선정된 네 편의 작품을 발표하였다.

- 김기승 연출 〈나비(nabis) 햄릿〉
- 김운기 연출 〈사춘기〉
- 신유청 연출 〈동물원이야기〉
- 배요섭 연출 〈노래하듯이 햄릿〉

신정아 파문으로 촉발된 학력위조 회오리 파문 당시 윤석화씨는 자신의 홈페이지에 "저는 이화여대를 다니지 않았습니다. 부끄럽고 두렵지만 후련합니다."라고 밝히고 반성과 은둔의 시간을 보냈다. 하지만 설치극장 정미소와 월간 객석의 대표를 맡고 있는 윤석화씨는 '정미소 창작지원프로젝트'를 통해 본인이 직접 배우로서 무대에 서지는 않지만 제작자 겸 예술감독으로서 창작극을 지원 연극인들을 후원하고 있으며, '제3회 입양의 날' 기념행사에서 특별공로패를 받는 등 좋은 사회사업을 많이 하고 있다. 윤석화의 좋은 마음이 전달되어서인지 40년 전통의 금호건설은 설치극장 정미소와 결연, '2008 정미소 창작 프로젝트'를 통해 실험적인 예술가들을 지원하기로 했다. 이제 모든 것을 잊고 그가 우리에게 보여준 〈신의 아그네스〉에서의 신들린 연기를 보여주었으면 하는 것이 필자의 바람이다.

▣ 김기승 각색/연출 〈nabis 햄릿〉
2008.3.8.~4.6., 설치극장 정미소

<나비>(nabis) 햄릿>은 '난타' 기획자였던 연출가 김기승이 만든 작품으로 극장과 갤러리가 만나는 독특한 무대를 선보이면서 '정미소 창작지원프로젝트'의 첫 작품이다.

[작품설명]
정미소 대표 윤석화, 연출 김기승, 음악 이동준. 세 dreamer가 나비를 타고 대학로 상공에서 만난다.

'nabis 햄릿'에서 음악은 단순한 극의 판타지 효과를 배가시키는 역할에 머무르지 않고 무대의 중심언어가 된다. 이동준의 음악은 정미소의 공간을 날아다니며 씨어터와 갤러리가 합친 무대에서 더욱 능동적으로 그 역할을 수행한다. 작가가 선택한 'nabis 햄릿'의 햄릿과 극 중 8명의 인물들은 고독한 은둔형 외톨이들이다. 이들은 누구와도 소통하지 못하고 자기만의 껍데기에 갇혀 끝내 죽음을 맞는다. 마치 나비가 7~8년에 가까운 오랜 시간을 번데기로 살다 짧게 날며 죽어가는 것과 같은 양상이다. 나비에게 짧은 비행이 생의 종말이 다가왔음을 의미하나 나비의 아름다운 비행은 오랜 시간을 어둠 속에서 버텨온 나비에게 바쳐지는 기쁨의 진혼곡이기도 하다. 이 진혼곡은 소통의 어려움을 겪고 고독한 삶을 마치고 떠나가는 햄릿과 〈햄릿〉 속의 인물들, 또한 우리 모두에게 바치는 레퀴엠이다.

▣ 공연창작집단 뛰다(각색/연출 배요섭) 〈노래하듯이 햄릿〉
  1. 2008.10.24.~11.2., 아르코 예술극장 소극장
  2. 2008.11.7.~11.30., 설치극장 정미소

2001년 서울예술종합학교 연극원을 졸업한 8명의 젊은이들이 창단한 공연창작집단 뛰다는 2005년 '인형음악극'이라는 새로운 형식의 극을 실험하면서 그 첫 번째 작품으로 만든 것이 <노래하듯이 햄릿>이다. '죽느냐 사느냐'의 심각한 고민을 덜어내고 인형음악극으로 재탄생한 <노래하듯이 햄릿>은 남녀노소 누구나 공감할 수 있는 이야기를 인형, 가면, 오브제, 음악, 광대 등 뛰다만의 스타일로 풀어낸 햄릿 이야기다. 2005년 국립극장 '셰익스피어 난장' 참가작, 2007년 '의정부국제음악극축제' 공식초청작, 같은 해 국립극장 '청소년공연예술제' 초청공연, 2008년 'Pams Choice' 선정작 등으로 많은 공연을 펼쳐왔으며, '2008 정미소 창작지원 프로젝트'로 선정된 4편 중의 하나이다. 작품에 대한 설명은 2005년 편을 참조하기 바란다.

■ 플레이 위드(연출 박선희) <플레이 위드 햄릿 Ⅲ>
  2008.3.9.~3.11., 동숭무대 소극장
플레이 위드의 <플레이 위드 햄릿> 세 번째 이야기는 판타지 미스터리 '환상속의

햄릿'이야기로 동숭무대를 100만원에 빌려서 플레이 위드라는 극단명을 처음으로 사용하면서 정식으로 데뷔공연을 하였다고 한다.

<플레이 위드 햄릿>은 2008년 8월까지 모두 1, 2, 3, 4 편이 공연되며, 이 네 편을 모두 관람한 블로거 '인디언 밥'의 플레이 위드 햄릿 세 번째 이야기에 대한 공연평을 소개한다.

영화감독을 꿈꾸는 석호, 사진작가를 꿈꾸는 태훈, 동대문에서 옷가게를 운영하는 송희, 스튜어디스인 진아, 배달 일을 하며 자신이 사실은 '햄릿'이라고 믿고 있는 도원, 그리고 독립영화제작자 필재는 '절친한' 고교동창생이다. 사건은 고교 졸업 후 미국으로 이민을 갔던 필재가 잠시 귀국했을 때 발생한다. 갑작스러운 필재의 죽음으로 인해 남은 다섯 친구들은 모두 경찰의 조사를 받게 되고 그러는 가운데 조금씩 어둡고 거칠었던 그들의 과거사가 드러난다. 극은 경찰 조사를 통해 나온 각자의 진술들을 바탕으로 그들의 복잡 미묘한 관계가 만들어지게 되었던 과거 이야기들을 보여주는 형식으로 진행된다. 그들의 과거가 밝혀질수록 다섯 명 모두에게 충분한 살해 동기가 있음이 나타나고, 사건은 점점 미스터리 추리극으로 나아간다.

여기서 잠깐. <햄릿>은 어디로 갔을까? <햄릿>의 이야기는 현실에서 진행되는 친구들 간의 갈등 속에서 자신이 '햄릿'이라고 믿는 도원이의 상상을 통해 나타난다. 현실 속의 갈등이 도원이의 상상과 합쳐지면서 친구들은 레어티즈, 클로디어스, 거트루드, 오필리아, 호레이쇼가 되어 햄릿의 복수극에 등장하게 된다. 이렇게 현실과 과거, 그리고 상상의 공간을 이동하는 데 사용되는 것은 검정색 큐브 다섯 개 뿐이다. 큐브의 조합과 조명 변화로 이루어 내는 공간 이동은 그것만으로 독특하고 참신하다고까지는 할 수 없지만 군더더기 없이 스피디한 진행으로 깔끔하고 적절하게 이루어졌다. 더불어 <햄릿>으로 들어갈 때 사용된 도구는 바로 철가방인데, 조명과 함께 칼로 변하는 철가방의 활용은 상당한 재미를 주는 부분이었다⋯

<Play With Hamlet>은 앞에서 언급한 다른 '햄릿'들과는 많이 다르다. 결과적으로 이 공연에서 '햄릿'은 조금 '덜' 중요하다. <햄릿>을 기본 텍스트로 삼고 있기는 하지만 결과로 나온 공연에서 <햄릿>은 그저 부수적인 부분으로 밀려난다. <햄릿>으로 시작해서 결과적으로 완전히 다른 이야기-친구들 간의 갈등으로 빚어진 미스터리 추리극-로 완결된 즉흥 과정은 충분히 재미있었고, 그 시도 역시 해볼 만한 것이었다고 생각한다. 제목에서의 <~Hamlet> 보다는 <Play with~ >가 이들에게는 중요한 것 같기 때문이다.

이들의 <Play with~ >는 앞으로도 계속 이어질 것이라고 한다. 일단 올 여름 프린지 페스티벌을 겨냥하여 네 번째 <Play with Hamlet>을 생각하고 있단다. 이들의 <햄릿> 시리즈가 또 어느 방향으로 나아가게 될 지, 그리고 과연 몇 번의 변주가 더 이어질지

기대해본다.

■ 국립극단(연출 옌스-다니엘 헤르초크(Jens-Daniel Herzog))
<테러리스트, 햄릿>
1. 2008.3.14.~3.23., 2008년 '세계명작무대' 국립극장 달오름극장
2. 2008.8.19.~8.20., '제12회 수원화성 국제연극제' 초청작 경기도 문화의 전당 소공연장
3. 2008.8.19.~8.26., '제2회 세계 국립극장 페스티벌' 초청작 국립극장 달오름극장

1986년부터 2009년 말까지 국립극단은 '세계명작무대'를 통해 평균적으로 매해 한 편씩 해외명작들을 무대에 올려 왔으며, 셰익스피어 작품은 7편이 무대에 올랐다. <말괄량이 길들이기>(1988년, 김재남 역, 문호근 연출), <법에는 법으로>(1992년, 김창화 역·연출), <리처드 3세>(1996년, 이태주 역, 김철리 연출), <십이야>(1998년, 신정옥 역, 박원경 연출), <햄릿>(2001년 정진수 역·연출/2007년 신정옥 역, 헤르초크 연출), <줄리어스 시저>(2002년, 신정옥 역, 정일성 연출), <타이터스 앤드러니커스>(2003년, 김철리 역·연출), <베니스의 상인>(2005년, 신정옥 역, 박재완 연출)이 공연되었다.

국립극단은 '2007년 세계명작 기획시리즈'로 209회 정기공연으로 초연해 호평을 얻은 필자 번역, 다니엘 헤르초크 연출의 <테러리스트 햄릿>을 '2008년 세계명작무대 기획시리즈'로 다시 무대에 올려 국립극단의 2008년 첫 번째 작품이자 국립극단의 제210회 정기공연으로 3월 14일부터 23일까지 국립극장 달오름극장에서 앙코르 공연하였다.

국립극단이 독일 연출가 옌스-다니엘 헤르초크와 함께 만든 이 작품에서 '햄릿'은 의심에 사로잡힌 우울증 환자, 복수심에 불타 폭력을 서슴지 않는 테러리스트, 고결한 영혼의 소유자, 냉철한 지성인 등 다양한 면모를 가진 복합적인 인물로 그려진다. 또한 남방에 청바지 복장을 한 햄릿은 권총을 머리에 대고 '사느냐 죽느냐'를 읊조리고, 미쳐버린 오필리아는 극 후반 짧은 치마의 교복 차림으로 등장하는 등 현대적 느낌의 의상과 소품으로 재해석되었다.

독일의 연출가 옌스-다니엘 헤르초크 작품은 그 동안 공연되었던 <햄릿>이 복수의 비극, 사랑의 비극, 정치극이라는 고정관념을 과감하게 뛰어넘는 현대적인 재해석을 하였다.

국립극단은 "추한 햄릿, 아름다운 햄릿, 낭만적인 햄릿 등 다양한 버전이 있었지

만 이 작품에는 이런 햄릿의 단면을 모두 담고 싶었다. 햄릿 속에 공존하는 다양한 모습을 포착하는 것이 셰익스피어가 말하고자 한 햄릿에 가장 가까운 작품이라고 본다.”고 밝혔다.

■ '제8회 봄날 연극축제'(부제: 직장인들의 이중생활)
  직장인 극단 무리(작 위성신, 연출 김기수) <술집-돌아오지 않는 햄릿>,
  2008.5.28.~6.1., 대학로극장

“문화를 직업으로 하는 사람이 많아지게 하는 것보다 자신의 삶 속에서 문화를 영위하는 사람이 많아지게 하는 것이 우리가 문화민족으로서 해야 할 가장 중요한 사업이다.”는 기치 아래 1991년 직장인들이 모여 만든 '극단 무리'는 이번 행사에 참가하여 제50회 정기공연으로 위성신 작 <술집-돌아오지 않는 햄릿>을 공연하였다. 위성신이 쓴 이 작품은 극단 오늘이 2007년에 공연한 적이 있는 작품이다.

극단 무리의 단원은 모두 70여명으로 웹디자이너, 물리치료사, 대기업 사원, 방송작가, 여행사 직원, 고등학교 교사 등 다양한 직업의 사람들이 모여 있는 직장인 극단이다. 공연은 1년에 네 차례로 그때그때 형편에 맞는 사람들이 참여한다. 이번 공연은 50번째 공연이다.

이 공연을 관람한 관객이 올려놓은 공연평의 일부를 게재한다.

오래된 한 작은 극단에서 연극 햄릿을 올리기로 했는데 정작 그 주인공인 햄릿 배우가 연습에 나오지 않는 것을 계기로 이 오래되고 낡은 극단에서 그동안 쌓여있던 불만과 문제가 드러난다. 어쨌든 햄릿은 나오지 않으며 이 극단의 문제나 공연의 주제도 우리가 아는 그 햄릿이 아니란 것. 그들 각자가 기다리고 갈망하는 것은 햄릿이라는 이름으로 표상된 다른 무언가다. 술집엔 햄릿이 나오지 않는다. 그러나 모두가 오필리아와 거트루드, 레어티즈까지 모두가 햄릿의 대사를 한마디씩 외운다는 게 흥미로웠다.
결국 몇 번의 주먹다짐에 가까운 다툼 끝에 갈등은 원만하게 해결되어 그들끼리 돌아오지 않는 햄릿을 기다리지 않고 햄릿 없는 햄릿을 올린다… 사실 이 결말이 꽤나 모듈스럽다고 생각했었다. 가질 수 없는 이상을 대신해 그것이 없는 대체물을 손에 넣는다-스러워서, 아니 모듈이라면 좀 더 잔인하려나…
배우들이 다들 성량만은 굉장해서, 각자 직장에서 저 기세대로 소리를 지르면 끝내줄 것 같다.

■ 극단 코끼리만보(작/연출 배삼식) <거트루드>
2008.6.5.~6.15., 예술의전당 자유소극장

세익스피어의 비극들 중에서도 최고로 꼽히는 <햄릿>의 주인공은 명제대로 햄릿이다. 그러나 그의 어머니 거트루드는 2대에 걸쳐 왕후가 되었으나, 햄릿의 삼촌 클로디어스의 아내가 되어 햄릿의 공박을 받게 되고 극의 막판에 햄릿의 독살을 기도한 독이 든 술잔을 마시며 죽어가는, <햄릿>이라는 비극의 한 주인공이다. 극중에서 거트루드의 역할은 연출가의 의도에 따라서 커질 수 있다.

[줄거리]
무대는 극장식 주점 엘시노어. 햄릿의 아버지는 잘 나가던 조폭으로 엘시노어 주점의 사장이었다. 하지만 동생 클로디어스가 형을 죽이고 거트루드와 재혼해버린다. 공연이 시작되면 주점의 중앙무대에서 햄릿과 레어티즈가 검투를 하고 있다. 세명의 남자들은 모두 다 죽는다는 게임의 결말을 다 알고 있다. 클로디어스는 거트루드에게 아들 햄릿을 위해 독이 든 술잔으로 건배를 하도록 종용하는데, 거트루드는 원작에서는 독이 든 사실을 모르고 있지만 배삼식의 이 연극에서는 독이 든 사실을 알고 있다. 그리고 그녀는 사내들이 왜 죽을려고만 하는지 이해할 수 없다. 그녀는 너무 많은 술을 마셨다며 이를 거절한다. 하지만 사내들은 정해진 결말로 향하기 위해 이전의 같은 상황을 반복하지만 거트루드는 독배를 마실 차례가 될 때마다 계속 본인이 독이 든 술을 먹고 죽어야 하는 그녀의 임무를 엉뚱하게 빗겨간다.

독배를 마시라고 그녀를 채근대는 사내들에게 거트루드는 죽은 전남편과 폴로니어스, 오필리아에 대한 생각들로 괴로운 심정을 토로하지만, 사내들은 계속 그녀가 모든 일을 망치고 있다며 온갖 이유를 들어 독배를 강요한다. 이에 격분한 거트루드가 그들이 향하려고 하는 비극적 결말의 억지스러움을 조목조목 지적하며 거부하자 사내들의 위대한 복수극은 대단원의 정점에서 일순간 일대혼란에 빠져버린다.

저마다 복수를 다짐하고 시합을 시작한 햄릿과 레어티즈, 오랜 피해의식 속에 비극의 원인을 조장해온 클로디어스, 이 엉키고 꼬여버린 복수극의 현장을 기억하는 호레이쇼, 엘시노어의 두 종업원 로즈와 스턴은 엉망이 된 복수극 속에서 거트루드와 한바탕 소동과 논쟁을 벌이면서 지쳐가고 있을 때, 죽은 폴로니어스와 오필리아가 살아 돌아온다. 레어티즈는 고민할 필요가 없다. 아버지와 누이가 살아 돌아왔으니 새로운 삶을 시작하면 된다. 하지만 햄릿과 클로디어스에게 아버지와 형의 죽음은 변치않는 사실이다. 거트루드와 클로디어스의 관계 또한 돌이킬 수 없는 것이기 때문이다. 거트루드가 독배를 마심으로써 완성될 수 있는 이야기다.

거트루드가 독배를 앞에 두고 "받아들이냐, 받아버리느냐 그것이 문제로다"라고 읊조리는 대사는 "죽느냐 사느냐 그것이 문제로다"라는 햄릿의 대사를 패러디해 실소를 자아낸다. 하지만 이 같은 거트루드의 몸부림에도 불구하고 이야기는 자꾸만 비극으로 치닫는다. 모든 결말을 정해진 대로 이끌기 위해 사내들은 이전의 상황을 반복하고 그만하라는 거트루드의 절규에도 불구하고 억지로 그녀의 입에 독을 틀어넣고는 햄릿을 포함한 모든 등장인물들도 함께 독배를 마시고 장렬한 죽음을 맞이한다. 결국 오직 내레이터이자 관찰자인 호레이쇼만이 살아남아 이들의 죽음을 목격한다…

그러나 또 한 번의 반전이 기다리고 있다. 수없이 독을 마신 거트루드에게 내성이 생긴 것. 거트루드는 혼자서 되살아나 "이 감옥에서 밖으로 빠져 나가겠다"고 외친다. 그러나 거트루드가 목표를 이루려는 순간, 호레이쇼는 등 뒤에서 그에게 총을 겨눈다. "밖은 없어요. 이 이야기는 이미 완성되었습니다. 탕!(총성)"

■ 극단 은세계(작 미하일 엔더, 연출 박진선) <오필리아의 그림자 극장>
2008.6.20.~7.13., 원더스페이스(구 사다리극장) 세모극장

2001년 설립된 극단 은세계(대표 이동준)는 2001년에 국내에 그림동화책으로 소개된 미하엘 엔데 작 <오필리아의 그림자 극장>을 2003년 7월 연강홀에서 초연하였는데 이 작품은 2018년 현재까지 매해 수차례씩 공연되고 있는 부모님들이 어린 아이들에게 보여주고 싶은 아주 인기가 많은 작품으로 2008년 어머니공연평가단이 매월 1편씩 아동극을 감상한 뒤 1년 간 감상한 공연 가운데 최고작을 가려 매년 5월 시상하고 있는 '제7회 어린이를 위한 좋은 공연' 시상식 수상작이다.

■ 극단 여백(연출 오경환) <햄릿> 2008.7.2.~7.13., 상명아트홀 2관

극의 줄거리는 원전과 별 차이가 없으나 셰익스피어 원전에 현대식 무대미학이 가미되어 재탄생한 작품으로 선왕의 유령이 등장할 때마다 아코디언 연주가 흘러나오고, 파티장에서 등장인물들은 트로트 음악에 맞춰 춤을 춘다.

◆ 2008.6.29. 뉴시스 진현철 기자

이번 공연은 인간과 인생, 실존적 삶의 탐구에 주력하는 작품이다. 사회와 동시대인들에게 꼭 하고 싶은 말을 들려준다. 2시간 반에 이르는 연극 '햄릿'은 두 가지 문제와 의미를 강조한다.

먼저 '존재론적 모순'이다. 아버지 유령이 알려준 죽음의 비밀은 아들 햄릿에게 지워진 무거운 실존적 짐이 된다. 연극 '햄릿'은 '사느냐 죽느냐'를 놓고 씨름하는 인간 햄릿의 이야기다. 햄릿은 존재할 수도 비존재 할 수도 없는 딜레마에 빠져있다.

이어 '가상세계의 본질'에 관한 '시대론적 모순'이다. 가식과 가면, 허상 등으로 둘러싸인

천박하고 부질없는 세상은 햄릿에게 감옥이다. 하지만 햄릿 또한 모순된 인물이다. 인간 햄릿의 원죄와 비극은 신이 할 일을 자기가 하겠다고 나선 데 있다. 무력한 인간이 신의 섭리와 우주적 질서를 넘어서려 했다. 햄릿의 결함은 전지전능의 신과 같은 이성이 햄릿을 몽상가 혹은 이상주의자로 만든 것이다.

살인을 저지르고 영국으로 추방됐다가 도중에 살아 돌아온 후의 햄릿은 분열된 자아를 극복하고 인간의 한계성을 인식하는 등 새롭게 변화한다. 심판장면에서 영혼은 더럽히지 않았지만 그 대가는 죽음이 된다. 햄릿의 최후 장면은 결국 인간정신의 고귀성을 웅변한다. 삶의 존재의미를 역설하는 대목이다.

■ '서울 프린지 페스티벌 2008' 참가작

플레이 위드(연출 박선희) <플레이 위드 햄릿 IV> 2008.8.16.~8.17., 소극장 예

2007년 2월 햄릿을 가지고 놀이하는 <플레이 위드 햄릿> 첫 번째 공연을 하였고, 그 해 8월 '프린지 페스티벌 2007'에 참가하여 두 번째 이야기, 2008년 3월 세 번째 이야기를 무대에 올렸던 극단 플레이 위드는 <플레이 위드 햄릿> 네 번째 이야기를 가지고 '서울프린지 페스티벌 2008'에 참가하여 8월 16일과 17일 소극장 예에서 공연하였다. 이번 햄릿은 태국으로 여행을 간다. <플레이 위드 햄릿>에 출연하는 세 명의 배우와 연출가가 실제로 20일간 태국으로 여행을 하면서 겪은 사건과 기억들의 재구성 위에 상상력을 첨가하여 만든 즉흥극이라고 극단 측은 밝혔다.

[줄거리]

밥 딜런을 노래하며 살고 싶은 레이(정도원), 게이 햄릿 배역을 맡은 적이 있었으나 거꾸로 게이가 아님을 항변하며 실제 연출에게 하소연하는, 햄릿 배역을 맡고 싶으나 기회를 얻지 못하는 햄(전석호), 그리고 어려서부터 춤을 추었고 춤이 좋지만 자신의 춤이 없는 리아(최지숙). 이들 3명의 배우와 연출가는 저마다의 이유를 마음에 품고 황급히 태국으로 도망간 햄릿을 쫓아 여행을 떠난다. 도망치는 햄릿처럼 발을 디딘 태국땅. 그러나 낯선 곳에서의 여행은 오히려 그들을 혼란스럽게 만든다. 레이는 정말 자신이 밥 딜런처럼 노래하고 싶었던 건지, 햄은 정말 게이가 아니었는지, 리아는 정말 춤을 추고 싶었던 것인지, 그리고 햄릿은 정말 덴마크로 돌아오고 싶었던 것인지… 결국, 그들은 이국의 땅에서 진정한 '나'를 찾을 수 있었을까?

이제 레이, 햄, 리아가 그들의 이야기를 시작하려 한다.

■ 극단 오늘(작/연출 위성신) <술집-돌아오지 않는 햄릿>

  1. 2008.10.1.~11.23., 아리랑 소극장

2. 2008.12.17.~2009.1.24., 대학로 나온씨어터

3. 2009.2.10.~3.29., 대학로 소극장 축제

이 작품은 1994년에 창단된 극단 오늘이 2007년 초연하였고, 그 해 한국문화예술위원회 예술창작 및 문화활동지원 선정작, 2008년 서울문화재단 대학로 순수예술작품지원사업 선정작, 2009년 지방문예회관 우수공연프로그램 공모 선정작이다.

이제 작품이야기로 넘어가면 <햄릿> 공연을 준비 중인 한 극단에서 주인공 햄릿역을 맡은 배우가 연락이 끊기고 결근이 이어지자 불안해진 나머지 배우들은 술집으로 향한다. 이들이 털어놓는 배우로서의 꿈과 현실, 갈등을 중심으로 닭살 커플과 삼삼오오 모인 친구들, 쌓인 감정을 풀어내는 선후배, 햇병아리 신입생들, 가난한 가장 등 술집에서 흔히 볼 수 있는 다양한 사람들의 에피소드가 함께 펼쳐지는 줄거리로 2007년 공연과 큰 차이가 없다.

■ 셰익스피어의 아해들(Korea Shakespeare's Kids)
   (연출 이혜경 강릉대 영어영문학과 교수) <햄릿>
   2008.10.25.~10.26., 국립극장 달오름극장

이 공연에 대한 글은 2008.10.30. 동아일보 유성운 기자의 글로 대신하고자 한다.

• "제자들에게 연극의 진수 보여주자"

극단 '셰익스피어의 아해들'은 대학의 영문과 교수 23명으로 구성된 국내 유일의 교수극단이다.

햄릿 역의 신겸수 경기대 교수는 52세, 오필리아를 맡은 김현주 숙명여대 교수는 46세다. 나이로는 클로디어스 왕과 거트루드 왕비를 해야 맞을 듯하다. 연출을 맡은 이혜경 강릉대 교수가 "햄릿의 나이를 의식하지 않게 하려고 오히려 과격하고 많은 거리를 움직이는 동선을 짰다."고 말하자, 신교수는 "요즘에 보약을 먹는다."며 맞받으면서도 "아마 사상 최고령 햄릿일 것"이라며 뿌듯해했다.

이들은 모두 한국 셰익스피어학회 소속 교수들. 극단을 만들겠다고 나선 건 5년 전. 학생들이 올리는 셰익스피어 원어연극제를 지도하던 이들은 "이것저것 지적하다가 아예 우리가 올려버리자."고 마음먹었다. 그렇게 해서 처음 올린 작품이 <리어왕>(2004). 왕년의 실력을 보여주겠다며 나선 무대는 생각보다 낯설었다. "학생들 앞에 섰는데 순간 몸이 경직되고 식은땀이 나더라고요. 학생들 앞에서 완벽한 연기를 보여줘야 한다고 생각하니 앞이 캄캄해진 거죠."(신웅재 광운대 교수)

이들은 원칙이 있다. 셰익스피어가 활동하던 당시 쓰여진 17세기 고어를 사용한다는 것과 복장도 당시 공연에 사용했던 르네상스 풍으로 직접 제작한다는 것이다. 그리고 실험적

해석보다는 원전대로 풀어간다.

의상 제작도 이혜경 교수가 직접 원단을 사서 제작했다. 디자인을 배운 적도 없지만 시중에 있는 공연 복장들은 르네상스 풍을 제대로 구현한 것이 없는데다 가격도 수 십 만원에 달하기 때문이다. 배우 개런티가 없는 이들에게 의상비는 가장 큰 지출이다. 원단을 사는데만 삼백여만 원이 들어간다.

다들 너무 잘 알다보니 문제가 일어나기도 한다. 해석이 부딪히는 것이 대표적. 워낙 여러 가지 방법으로 해석되는 셰익스피어다보니 종종 생각이 다를 때도 있다. 인터뷰 도중에도 대본으로 쓰는 〈햄릿〉이 1604년 또는 1623년 판본인가를 두고 가벼운 논쟁이 일기도 했다.

지난 해 〈맥베스〉를 올렸을 때는 배우들이 되도록 배역에 몰입하지 않으려 애쓰는 일도 있었다. 영국에서는 〈맥베스〉가 불운의 상징이기 때문에 배우들은 연습 때도 '맥베스'라는 이름을 입에 담는 것이 금기시 된다. "마녀의 주문 같은 경우는 당시 마녀들이 사용하는 주문을 인용해 공연 중에 악령이 나타나기도 했다는 기록도 많아요. 그 대사를 가능하면 제대로 발음 안하려고 노력했어요."(김현주 교수)

■ 연극집단 성북동 비둘기(재구성/연출 김현탁) 〈김현탁의 햄릿〉
   1. 2008.11.5.~11.6., '제11회 서울변방연극제' 참가작 가변무대(한성대입구역)
   2. 2009.4.9.~4.26., 대학로 아름다운 극장

1996년 젊은 연극인들이 모여 만든 연극집단 성북동 비둘기는 김현탁이 대표이고 연출가이다.

연출가 김현탁은 유리피데스, 셰익스피어, 체홉, 쟝 주네, 차범석, 유치진, 입센 등의 작가들 작품을 선택하여, 자신만의 연출기법으로 무대에 올리는 것으로 유명하다. 그의 유명한 작품으로는 연극의 현실과 이상을 녹인 〈연극의 본질 : 메디아〉, 수영장과 펭귄 마담을 등장시킨 〈풀장의 하녀들〉, 차범석의 산불을 베이스로 한 〈김현탁의 산불〉 등이다.

무대는 테이프로 사각틀 경계를 쳤다. 사각틀 안은 어린 햄릿의 세계이고 사각틀 밖은 중절모를 쓴 어른 햄릿의 세계이다. 공연시작 전부터 무대 가운데, 하얀 런닝셔츠와 팬티를 입은 아역 배우 한 명이 누워 있고 이는 50년 전의 어린 햄릿이다. 과거와 현재가 혼재된 햄릿은 어린 레어티즈와 폴로니어스가 등장하면서 어린 시절의 고통이 트라우마 된다. 고통속의 햄릿은 사각틀 밖으로 황급히 뛰쳐나온다. 그리고 무대는 사각틀 밖에서 고통을 견디어온 어른 햄릿과 앞으로 고통을 겪어야 할 사각틀 안의 어린 햄릿으로 갈라진다.

어린 햄릿은 엄마와 삼촌의 격렬한 정사를 한 공간에서 체험한다. 어른 햄릿은 그 모습을 또렷이 기억한다. 어린 햄릿은 어른 햄릿의 아버지이기도 하다. 아버지의 모습을 한 자신의 모습. 아버지가 죽고 나자 재산과 명예와 여자와 자식을 차지한 삼촌을 보면서 햄릿 주위를 떠도는 망령이 아버지가 아니라 햄릿 자신일 때, 이것을 받아들여야 하는 것은 어린 햄릿에게는 끔찍한 트라우마가 된다.

마지막 장면에서 늙은 햄릿이 사각틀 안으로 들어가 어린 햄릿이 가지고 있던 총을 빼앗아 자신의 머리로 가져가다가 어린 햄릿의 관자노리를 겨누며 절규한다. 그러나 어른 햄릿은 어린 햄릿을 살해 할 수 없다. 과거는 이미 존재하므로 거세할 수 없다는 것을 보여주는 것이다.

■ 동국대학교, (주)HQ(연출 김용태) <햄릿>
2008.12.24.~12.28., 동국대학교 이해랑 예술극장

한국 현대연극의 선구자인 고 이해랑 선생(1916~1989년)은 배우 겸 연출가로서 일생을 연극 발전을 위해 헌신하다 1989년 햄릿 공연 연습 도중 74세로 작고했다. 1959년부터 1981년까지 동국대 연극영화학과 교수를 역임했으며, 연극인으로서는 최초로 국회의원(제8·9대)에 선출됐다.

이해랑 예술극장과 기념홀은 고인의 장남인 이방주 이사장(전 현대산업개발 회장)이 고인의 뜻을 기리기 위해 전달한 20억원 발전기금으로 동국대학교가 서울캠퍼스 내 교내 예술극장을 연극 전용극장으로 리모델링해 탄생한 것이다. 이해랑 예술극장을 재단장하고 일반에 개방하면서 처음으로 상연하는 작품 <햄릿>에 햄릿 역에 이정재, 세 명의 오필리아에 김소연·소유진·전혜빈, 왕 역에 남성진, 폴로리우스에 이효정, 거트루드 김정난 외 레어티즈 윤국로, 로젠크란츠 임영진, 길던스턴 박광일 등 동국대 출신 스타배우들이 모두 뭉쳤다. 이들은 연극 <햄릿> 공연 수익금 중 1억 5천만 원을 모교에 기부하겠다는 계획과 함께 노개런티로 작품에 참여하겠다는 의사와 동시에 이해랑 예술극장의 개관을 축하하기 위하여 참여한다는 취지를 밝혔고 12월 24일부터 28까지 공연하였다.

2003년 동국대학교 연극학과의 졸업공연으로 초연되었던 <햄릿>은 2008년 이번 작품에서는 이야기를 단순화시켰고, 각 장면의 의미를 효과적으로 드러낼 수 있는 다양한 연극적 장치들이 등장한다. 언어를 최소화하고, 친숙하지만 뭔가 새로운 시청각적 이미지를 도입해 마치 한편의 영화를 보는듯한 착각을 일으키게 한다. 멜로적 요소를 가미한 동양적 정서와 차가운 메탈의 빈 무대에서 펼쳐지는 서구적 이미지의 충돌과 조화, 빠른 장면 전개와 절제된 움직임. 현대화 되었지만 시적 아름다움을 유지하고 있는 언어, 영상 세대의 젊은 연출과 배우들이 펼쳐내는 다양한 시도들이 색다른 스타일의 연극을 만들어냈다.

2009year Hamlet

■ 극단 시인과 무사(각색/연출/재구성 김동연) <햄릿-슬픈 광대 이야기>
2009.1.27.~1.31., 대학로 문화공간 이다2관

극단 시인과 무사의 대표인 김동연은 "시인의 마음 한편에 무사의 다짐어린 칼을 차고 세상 앞에 당당히 나서겠다는 대중연극에 대한 의지와 연극의 본래 주인인 관객에게 연극을 돌려주겠다."고 다짐하면서 2003년 '서울변방연극제'에 첫 연출작인 <환상동화>를 내놓으면서 연극계의 관심을 받기 시작하였다.

극단 시인과 무사의 <햄릿-슬픈 광대 이야기>는 <환상동화>에 등장한 세 광대가 모티브가 된 작품으로, 셰익스피어의 <햄릿>을 김동연이 각색·재구성하여 원작에 없는 어린 햄릿을 등장시켜 햄릿을 좀 더 인간적으로 이해함과 동시에 희극적 삶을 꿈꾸지만 비극적인 인생을 살아야 하는 인간의 아이러니함을 그린 광대극이다. 9명의 배우들이 등·퇴장 없이 1인 다역을 소화하며, 기타리스트 이성준이 직접 작곡한 음악을 라이브로 들려주었다.

[줄거리]
어린 햄릿은 덴마크를 떠나기 전 환송회에서 연극공연을 하기로 한다. 그가 공연할 연극은 복수를 다룬 비극이다.

그에게 연극을 가르칠 인물은 원작 <햄릿>에서 해골로만 등장하는 광대 요릭이나, 어린 햄릿에게 비극의 대사들은 어렵기만 하다. 진실된 연기를 보여줘야 하는데 자신은 아직 비극의 감정이 무엇인지, 누구를 어떻게 증오해야 하는지 잘 모른다. 분노로 가득 찬 연극의 대사를 어렵게 배운 어린 햄릿이 중얼거리면, 장성해서 아버지의 죽음 앞에서 처절하게 복수를 다짐하는 햄릿의 대사로 오버랩 된다.

어린 햄릿의 비극 배우기는 실제 햄릿의 대사가 되어 울리고, 점점 비극의 정서를 담기 시작하나. 그와 반대로 미친 척하는 햄릿의 행동은 점점 희극 속의 어릿광대처럼 우스꽝스럽게 변한다.

이제 무대에 나서야 할 시간이 되자, 어린 햄릿은 자신이 무대에서 혹시 실수라도 하지 않을까 두렵다. 무대에 오르는 장면은 원작의 마지막 장면인 결투장이다. 결투장은 축제처럼 흥겹다. 사람들은 춤을 추고 광대들은 우스운 동작으로 응원과 야유를 보낸다. 햄릿도 축제를 즐기듯 희곡 속의 어릿광대처럼 결투를 즐긴다. 그러나 햄릿은 원작처럼 음모로 인해 축제는 순식간에 비극의 결말을 맺게 된다. 여기저기 나뒹구는 시체들, 그리고 햄릿은 마지막 독백을 한다. "내가 다시 덴마크로 돌아오면 비극 따윈 하지 않을 거야. 난 희극을 할 거야, 사람들이 모두 웃고 행복해지는 희극을 할 거야 …"

■ 동국대학교 졸업생 배우들(연출 김용태) <햄릿> 부제: Hamlet in Water
　1. 2009.2.6.~2.7., 충남대학교 정심화 국제문화관 정심화홀
　2. 2009.2.13.~2.14., 대구 수성아트피아 용지홀

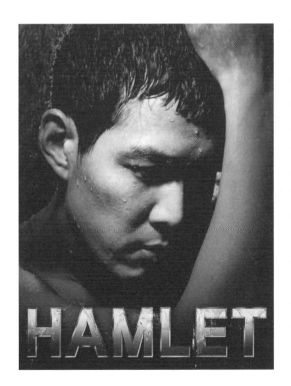

부제 'HAMLET in Water'에서 보듯 이번 작품은 햄릿과 물의 만남이라고 할 수 있다. 거의 모든 장면에서 물이 주요 장치적 요소로 등장해 언어를 최소화하면서 말하고자 하는 바를 명확하게 전달한다. 쏟아지는 빗방울 속에 홀로 남겨진 아이는 아버지 잃은 아이의 외로움과 슬픔을 절절하게 드러낸다. 또 물에 둘러싸인 햄릿은 철저하게 고립된 햄릿의 고뇌를 표현하고 있다. 또 기존 원작의 막과 장 개념을 19개 신으로 바꿔 이야기와 인물을 단순화시켰다.

[줄거리]

한 아이가 아버지와 함께 춤을 추며 행복한 시간을 보내는데 갑자기 아버지는 어디론가 사라지고 아이는 비를 맞으며 홀로 남게 된다. 비가 오는 가운데 선왕의 장례행렬이 이어지고 햄릿은 아버지에 대한 그리움을 가슴에 묻는다. 그 때 광란의 음악소리와 사람들의 춤이 왕이 된 삼촌과 왕비가 되는 어머니의 결혼 축하 파티를 알린다. 햄릿은 아버지의 환영을 보게 되는데, 아버지의 억울한 죽음에 대해 알게 되고 복수를 결심한다. 햄릿의 친구들인 로젠과 길던스턴도 왕의 명을 받아 햄릿의 실성 원인을 살피기 위해 햄릿을 만나는데, 복수에 대해 갈등하던 햄릿은 그들이 데려온 극단에서 영감을 받아 왕과 왕비 앞에서 아버지의 죽음과 유사한 상황의 연극을 공연할 것을 계획한다. 햄릿은 어머니의 위선과 과오를 벗겨내기 위해 물로 더러워진 왕비의 몸을 씻겨내고 왕비는 햄릿의 복수를 그만두게 하려 하면서 둘의 감정은 격해진다. 결국 복수에 대한 강한 의지를 표출하는 햄릿의 총에 의해 숨어서 왕비를 돕던 폴로니어스는 죽게 된다. 한편, 오필리아는 사랑하는 햄릿에게 받은 상처에 아버지의 죽음까지 더해져 결국 실성하게 된다. 아버지의 죽음 소식에 돌아온 레어티즈는 아버지의 죽음, 그리고 동생의 실성한 모습에 햄릿에 대한 강한 복수심이 일어난다. 그래서 레어티즈는 왕과 손을 잡고 햄릿을 죽일 계획을 꾸민다. 실성한 오필리아는 한 아이를 햄릿이라 생각하여 목걸이를 건네주고는 목숨의 끈을 놓고 만다. 왕의 계략으로 햄릿을 향할 실탄이 들어 있던 총이 운명의 장난처럼 뒤바뀌어 햄릿이 아닌 레어티즈가 목숨을 잃게 되고, 햄릿에게 줄 독주를 왕비가 대신 마심으로써 왕비도 목숨을 잃게 된다. 아버지에 이어 어머니의 목숨까지 앗아간 왕에 대한 증오로 햄릿은 왕을 죽이게 된다. 죽어 있는 모든 인물들을 바라본 햄릿도 스스로 목숨을 끊게 된다. 홀로 불장난을 하고 춤을 추던 아이 곁에 어느 순간 아버지가 나타나 둘만의 행복한 시간이 이뤄진다.

출연진은 햄릿 이정재, 오필리아 소유진·전혜빈, 왕 남성진, 거트루드 김정난, 폴로니어스 정상철·이효정 등 모두 동국대학교 출신 배우들이었고, 연출 김용태, 예술감독 신영섭 교수, 연기감독 최영환 교수, 기술감독 이동훈 교수 등 제작진 역시 동국대 연극학부의 교수들이 중심이 되었다.

■ 극단 물결·디오니소스 드라마연구회 공동 주최(번역/연출 이현우) <햄릿Q1>
  2009.3.20.~3.29., 동덕여대 공연예술센터

모처럼 셰익스피어의 원저가 원전(元典)대로 공연되었다. 순천향대학교 교수인 이현우가 번역·연출 하였으며, 그가 설명한 연출 의도에서 이 공연의 특징을 알 수 있다.

우리가 이번에 공연하기로 한 〈햄릿〉은 셰익스피어의 공연본 텍스트라고 할 수 있는 〈햄릿〉(제1사절판본, Q1)이다. 기존에 우리가 읽어왔던 〈햄릿〉에 비해 길이는 절반 밖에 안 되지만 대신 셰익스피어가 그의 배우들과 함께 〈햄릿〉을 어떻게 연출하고 공연했을까를 알려주는 수많은 기호들이 담겨 있는 그야말로 무대 위의 〈햄릿〉이다.

이번 공연본 〈햄릿〉에서는 단 한 줄의 대사도 고치거나 빼지 않고 그대로 공연한다. 무대구조도 셰익스피어의 작품들이 공연되었던 글로브 극장의 빈 무대와 발코니 구조를 차용했다. 하지만 겉보기에는 크게 달라지는 부분도 있다. 우리는 시대배경을 대략적인 대한제국시대쯤으로 설정했다. 따라서 의상도 르네상스풍일 수 없다.

연출자가 설정한 시대적 배경은 햄릿이 왕자였던 덴마크가 영국, 노르웨이, 폴란드 등 여러 나라에 둘러 싸여져 있는 국가적 위기의 현실을 중국, 러시아, 일본 등 주변국의 위협에 시달리던 대한제국으로 비추어서 관객이 현실감 있게 느낄 수 있도록 하기 위한 것이었으리라. 주인공 햄릿은 20대로 누구보다 빛나는 청춘의 한 가운데에 서있지만 세상에 대한 원망이 가득 차 있다. 이 작품에서 그는 21세기형 햄릿답게 고뇌하는 것에 그치지 않고, 능동적으로 나아가는 모습으로 그려졌다.

디오니소스 드라마 연구회의 김미예 동덕여자대학교 교수가 제작자로 작품해설을 하였으며, 해설문의 끝마무리를 "73년 이래 오랫동안 모셔 왔던 송옥 선생님의 은퇴를 기념하여 〈햄릿Q1〉을 헌정합니다."라고 하였다.

◆ 공연전문잡지 OTR 심순진

이 연극에서 햄릿은 조선시대 말 황태자 순종의 역사적 아픔을 그린 것으로 생각된다. 일본의 압력과 이완용의 강요로 흔들거리는 조선말은 일본의 압력으로 한국군도 해산하였으며 황태자도 유학이라는 허울 좋은 명목으로 일본에 인질로 가게 된다.

조선시대의 외세의 침략으로 흔들거리는 정세에 고뇌하는 황태자 햄릿은 부패와 아부에 물들어있는 관리들과 어려운 살림에 시달리는 민초들 때문에 괴로워한다.

여기에 그러한 정치적인 사실을 알리는 남사당패들이 등장한다. 그들이야말로 전국팔도를 다니며 기예를 펼치면서 민중의 가슴을 파고들며 그들의 언어를 유행시켰으며 민중의 아픔을 전달하는 크나큰 집단인 셈이었다. 여기 연극에서 남사당패들의 놀이가 그 사실을 잘 그려내고 있다.

일본은 한국의 민정까지 파고들어 국권도 탈취하려 하였다. 그 장면을 네 명의 일본군들이 황태자를 끌고가 죽이는 장면으로 기막힌 야유를 그려낸 것이 아닌가 싶다.

햄릿의 절규와 그의 마음속에 흐르는 피는 깊이 파인 구덩이의 붉은 꽃송이로 표현하는가 하면 황태자의 어머니 민비의 처절한 죽음도 핏빛 붉은 꽃을 펼쳐 보이는 것으로 장식한 것으로 생각되었다.

참으로 아름답고 기발한 발상의 공연이 아닌가 싶다.

정말로 큰 공연장에 꽉 찬 관객들의 열기가 이 공연의 즐거움과 깊은 슬픔을 함께 하고 있었다.

■ '2009 아시아연극연출가워크숍' 초청작, 중국 장광티엔 연출 <위기의 햄릿> 2009.4.14.~4.26., 아르코예술극장 소극장

'아시아연극연출가워크숍'은 2005년에 처음 시작되어 그 동안 대만, 중국, 일본, 홍콩 등 아시아 각국의 우수한 연출가들을 초청해 평소 접하기 힘든 아시아의 수준 높은 작품을 관객들에게 선보여 왔다. 2009년에는 '셰익스피어 인 아시아Ⅱ'의 부제를 붙여 인도의 '라비' 연출과 중국의 '장광 티엔' 연출을 초청하여 한국의 '김성노' 연출과 함께 이색적인 셰익스피어의 작품 세계를 선보였다.

장광티엔은 체 게바라, 공자 등에 대한 혁신적 해석으로 공연 금지조치를 당하는 등 중국연극계에서 '성가신 사람' '반란분자', 심지어 '미친놈'으로 불리기도 한다. 그의 <위기의 햄릿>은 음악과 행위예술, 정치대화, 변론, 대중집회 등으로 구성된 감각적인 매체연극으로 경제위기와 정치위기로 사면초가에 처한 '중국의 햄릿들'에 관한 이야기다.

다음은 주최 측의 작품에 대한 설명이다.

• 12페이지로 재해석된 <위기의 햄릿>

<위기의 햄릿>은 요즘 경제위기와 정치위기로 사면초가(四面楚歌)에 빠진 중국의 햄릿들에 관한 이야기다. 장광티엔의 천재적인 음악과 그가 표방하는 '매체연극' 속 새로운 연극의 언어들로 표현될 이 작품은 오래 전 셰익스피어가 영국에서 <햄릿>을 만들어 이웃나라 덴마크에서 공연했듯이 그는 중국의 이야기를 만들어 이웃나라인 한국에서 공연한다.

◆ 2009.4.22. 동아일보 권재현 기자

형인 선왕을 독살하고 왕위와 형수를 함께 찬탈하는 클로디어스(황성현)는 "선왕인 형은 민중을 데리고 천지와 전투하다시피 했는데, 그 자신은 흡사 상제와 같았다."면서 "선왕에 대해 7할은 업적으로 하고 3할은 과오로 삼는다."고 말한다. 혁명엔 성공했지만 과도한 정치사업으로 중국인민을 도탄으로 몰아넣었던 마오쩌둥(毛澤東)에 대한 중국지도부의 평가를 빼닮았다. 클로디어스는 "현재의 덴마크 인민은 영혼운동을 겪으며 정치생활로 파곤한 탓에 안정이 필요하니 이제부터 우리 업무의 중점은 국가 경제건설"이라고도 말한다. 덩샤오핑(鄧小平) 이후 현 중국지도부의 노선과 일치하는 발언이다.

그렇다면 억울한 죽음을 당한 선왕의 복수를 꿈꾸는 햄릿(김균)은 정의의 편일까. 선왕이 죽자마자 동생인 클로디어스와 결혼한 햄릿의 어미인 거트루드(백지원)는 장막 뒤에 숨은 신하 폴로니어스를 칼로 찔러 죽인 햄릿을 "무능하고 허위적인 도덕군자"라고 꾸짖는다. 그는 "숙부의 모든 것에 반대한다면 군대를 일으켜 정치를 바꾸던지 결투를 할 일이지 미친 척 바보처럼 굴다가 쥐새끼나 찌르는 일은 하지 않을 것"이라고 아들의 비겁함을 꼬집는다. 햄릿을 사랑한 오필리아(이지영)의 비판은 더 매섭다. 그는 자신의 무덤에서 때늦은 사랑을 고백하는 햄릿을 향해 "사랑의 맹세를 정치투쟁의 대가로 저당잡혔다."며 "그런 말로 선거유권자를 속일 순 있어도 난 못 속인다."고 쏘아붙인다. 결국 햄릿은 비인간적 자본주의화를 비판하는 구호만 요란할 뿐 구체적 대안은 없는 중국의 신좌파의 표상인 셈이다.

중국의 괴짜 연출가 장광티엔(張廣天·43)은 2000년 작 '체구에바라'와 2004년 작 '성인공자'로 명성을 얻었다. 전자는 쿠바혁명의 영웅 체 게바라를 등장시켜 중국의 빈부격차 문제를 비판했고 후자는 문화혁명기엔 린바오(林彪)와 공자를 싸잡아 비판하던 비림비공(批林批孔)운동을 펼치다 이제는 다시 시류에 휩쓸려 공자를 우상시하는 중국인들의 집단주의를 비판했다. 두 작품은 중국당국에 의해 공연금지 처분을 받았다.

■ 극단 연인(각색/연출 박철완) <햄릿의 한여름 밤의 꿈>
2009.8.5.~8.20., 국립극장 달오름극장

창단 12년을 맞는 극단 연인은 '일장하야몽별곡(一場夏夜夢別曲), 셰익스피어 남녀상열지사(男女相悅之詞)'라는 부제를 단 <한여름 밤의 꿈>(연출 박철완)을 3년 전부터 매년 각기 다른 버전으로 이미 세 번이나 공연하여 호평을 받은 바 있다.

극단 연인은 한걸음 더 나아가 셰익스피어의 대표적인 비극 <햄릿>과 희극 <한여름 밤의 꿈>을 장자의 호접몽(胡蝶夢)으로 묶어 내어 <햄릿의 한여름 밤의 꿈>을 2009년 8월 5일부터 20일까지 국립극장 달오름극장에서 공연하였다. 셰익스피어의 고전을 현대적 감각에 맞게 각색하는 작업은 '70년대 이후 꾸준히 진행되고 있지만 '셰익스피어의 대표적인 비극의 주인공 햄릿이 한여름 밤의 꿈을 꾼다면 어떤 이야기가 될까'를 베이스로 <햄릿>과 <한여름 밤의 꿈>을 하나의 작품으로 제작하여 공연하는 것은 이번 공연이 세계 초연이다.

[줄거리]

햄릿은 부왕의 급작스런 서거 뒤에 어머니 거트루드 왕비가 삼촌 클로디어스와 결혼하고 삼촌이 왕위를 계승하자 이에 충격을 받고 정신적으로 방황한다. 그러던 중 왕위 계승자 클로디어스 왕과 왕비 거트루드가 주최한 만찬에 연극공연과 펜싱경기를 관람하던 햄릿은 오필리아의 무릎을 베고 잠시 잠에 빠져 돌아가신 부왕의 유령을 만나 피의 복수극을 시작하는 〈햄릿〉의 꿈과 〈한여름 밤의 꿈〉을 동시에 꾸게 된다. 잠에서 깨어나자 모든 피로연도 끝나고 연극공연도 끝난 상태이다. 피로 물든 덴마크 왕자 〈햄릿〉 이야기와 〈한여름 밤의 꿈〉을 동시에 꾼 햄릿에게는 둘 중에 어느 것이 진짜 꿈인지, 현실이 꿈인지, 꿈이 현실인지 몽롱하기만 하다.

기대감이 컸던 것인지 이 연극에 대한 관람평은 대부분 비판적이었다.

◆ 블로거 혜융
그는 위대한 셰익스피어의 작품들을 어수선하게 '짬뽕' 시켜버린 우를 범했다… 박철완 연출가의 의도는 참 좋았지만, 그의 극은 사람들의 공감을 이끌어내기에는 너무 '실험적인' 연극이었다…
피카소의 생과 작품을 보면 알 수 있듯, 실험적이고 파격적이고 추상적이라는 것은, 늘 기본을 완벽하게 닦고난 후에 이루어지는 것이다.
위대한 두 극을 합치려던 실험적 포부가 있었다면 조금 더 완벽하게 기본을 닦아야 했던 게 아닐까.
◆ 블러거 STIMP
… 호기심이 내가 이 연극을 본 이유였다. 도대체 비극인 〈햄릿〉과 희극인 〈한여름 밤의 꿈〉이 만나면 어떤 모습이 될까? 햄릿이 꾸는 한여름 밤의 꿈의 정체가 무엇일까? 하는 궁금증. 신선하다고 생각했다…
햄릿은 꿈을 꾸지 않았다. 2009년 8월의 어느 날 국립극장 달오름극장에서 공연된 것은 〈햄릿의 한여름 밤의 꿈〉이 아니라 〈햄릿〉과 〈한여름 밤의 꿈〉이었다. 그것도 각각 다른 시각에 공연된 것이 아니라 같은 시각, 같은 무대에서…

■ '제9회 서울국제공연예술제' 국내초청작 극단 여행자(연출 양정웅) 〈햄릿〉
　 2009.10.30.~11.8., 명동예술극장
　　극단 여행자는 1997년에 결성되어 2009년에 창단 12년을 맞이하고 있다. 이 극단은 신체가 만들어내는 이미지와 동양적인 정서의 음악, 의상, 무대미술이 유기적으로 결합한 극단 여행자다운 작품 스타일을 선보이고 있으며, 국내뿐 아니라 국외의 다양한 페스티벌에도 참가하고 있다. 2006년 제10회 폴란드 '그단스크 국제 셰익스피어 페스티벌'에서 〈한여름 밤의 꿈〉으로 대상 및 관객상을 수상하였고, 한국 최초로 영국 바비칸센터 초청공연을 하였으며, 2003년에는 '제15회 이집트 카이로 국제 실험연극제'에서 <緣 KARMA>로 대상을 수상한 바도 있다.

극단 여행자와 극단 연희단거리패 그리고 극단 목화는 해외공연도 활발히 하고 있는 점도 국내 연극단체로는 가상할 만하며 이 방면의 트라이앵글로 쌍벽을 이룰 만하다.

2009년은 <햄릿> 공연이 환갑을 맞이하는 해다. 1949년 명동예술극장에서 이해 랑 연출, 최무룡 주연으로 한국에서 초연이 된 이후 60년 만에 같은 극장에서 극단 여행자가 양정웅 연출로 굿판 <햄릿>을 2009년 10월 30일부터 11월 8일까지 새롭 게 상연하였다.

양정웅의 <햄릿>에서는 굿놀이가 세 번 나온다. 햄릿이 아버지의 한을 푸는 제는 진오기굿, 물에 빠져죽은 오필리아의 한은 수망굿으로 풀고, 마지막에서 햄릿이 죽 어갈 때에는 죽은 자의 한과 산자의 응어리를 함께 풀어주는 산진오기굿이다.

이 공연을 연출한 양정웅은 "각종 번역과 원전을 참조, 햄릿의 핵심만 추려 굿을 더했다. 햄릿이 가지고 있는 응어리와 한을 푸는데 굿이 적격이라고 직관적으로 판단했다."고 하였다. 양정웅은 고전비극 세익스피어의 <햄릿>의 공연을 한국의 민 속화로 하는 굿으로 한 것이다. 굿은 한을 풀고 행복을 바라는 한국 정서에 가장 알맞은 놀이문화일 것이다.

극단 여행자는 관객의 이해를 돕기 위해서 <햄릿>공연에서 선보인 굿과 그 종류 에 대하여 공연 팸플릿에서 설명하였는데 그 요지는 다음과 같다.

- ⊙ 굿의 정의 : 무당이 신에게 제물을 바치고 노래와 춤으로 길흉화복(吉凶禍福) 등의 인간의 운명을 조작해달라고 비는 제의.
- ⊙ 진오기굿 : 죽은 이의 넋을 위로하고 극락천노를 기원하는 굿을 오가낫 또는 진오기굿이 라 한다. 무속신앙에서는 진오기굿을 받지 못한 망자는 저승세계로 갈 수 없다고 믿을 정도로 가장 중요한 제의로 친다. 햄릿의 죽은 아버지를 위로하는 굿으로 삼았다.
- ⊙ 수망굿 : 물에 빠져 죽은 사람의 넋을 건져 위로하고 저승에 보내는 굿을 수망굿이라고 한다. 이 굿의 본격적인 성격이 드러나는 첫 순서는 넋 건지기이다. 물속에서 방황하는 익사자의 넋을 그대로 둘 수 없어서 그 넋을 건져낸 뒤 원한을 풀고 저승으로 보내어 영생케한다는 의미를 가진 의례이다. 여기서는 물에 빠진 오필리아의 넋을 위로하기 위한 굿이다.
- ⊙ 산진오기굿 : 불교에서 생전예수(살아있을 때 자기의 재를 하는 것)하듯이 죽기 전에 자기의 진오기를 미리 하는 것이다. 작품의 결말부분에서 레어티즈의 독이 묻은 검에

상처가 난 햄릿은 서서히 온 몸에 독이 번져 죽어간다. 배신과 음모, 광기로 가득 찬 세상에서 맺힌 한과 응어리를 내려놓고 침묵 속에서 쉬고자 하는 햄릿이 죽기 전에 그를 위로하는 산진오기굿이 행해지면서 극은 막을 내린다.

■ 연희단거리패(연출 이윤택) <햄릿>

1. 2009.8.22., 강릉문화예술회관
2. 2009.11.5.~11.22., 눈빛극장 개관기념공연

이윤택은 우리나라 연극계의 명품이다. 필자는 그를 반항하는 연출가라고 하였다. 그는 시대의 흐름에 저항하는 듯 항상 새로운 수법의 연출솜씨로 관객을 놀라게 하며 감동을 안겨준다. 셰익스피어극을 우리나라의 민속화로 다루어온 대표선수감이다. 이번 공연에서는 가장 셰익스피어의 원작에 충실하면서도 현대화, 민속화에서 새로운 면모를 보인 연출이었다. 작품에 대한 내용은 2001년과 2003년 편을 참조하기 바란다.

■ '제9회 서울국제공연예술제' 초청작품

▣ 국내초청작품–극단 미추 <철종 13년의 셰익스피어>(원작 미노우에 하사시, 극본 배삼식, 연출 마츠모토 유쿠) 2009.10.19.~10.23., 대학로예술극장 대극장

극단 미추는 '제9회 서울국제공연예술제'에 국내초청작품으로 <리어왕>, <햄릿>, <맥베스>, <로미오와 줄리엣>, <오셀로> 등 셰익스피어 연극 37편을 한 작품으로 모아 에도시대를 배경으로 패러디한 일본 마츠모토 유쿠 원작 연극 <덴포 12년의 셰익스피어>를 배삼식 씨가 배경을 조선 말기로 옮겨 한국적 상황으로 각색한 <철종 13년의 셰익스피어>를 2009년 10월 19일부터 23일까지 대학로 예술극장 대극장에서 일본 연출가 마츠모토 유코와 한국 배우들이 함께 만들어 공연하였다.

[줄거리]

1859년 조선 철종의 등극으로 혼란에 빠진 시기를 틈타 어지러운 사회상과 시대적 배경, 철종 10년 강화땅. 이곳에는 지나는 길손들로 흥청대는 '도화진(桃花津, 복사나루)'이라는 역참이 있었다. 복사나루엔 객주집이 두 군데 있는데 이 두 곳 모두 경영하고 있는 어왕 이씨는 자신이 경영하던 객주 주인권과 소유한 전답, 재산을 모두 세 명의 딸, 간월이, 이간이, 거달이에게 물려주기로 하고, 누가 자신에게 가장 효성이 지극한지, "그 마음가짐에 따라 재산을 나눠주겠다."고 말한다. 그러나 위 두 딸인 간월이과 이간이는 자신의 자식이라고는 하지만 아내의 부정으로 솔직히 자신의 자식인지 알 수 없고, 주어다 키웠지

만 심성 고운 막내 거달이에게 재산을 물려주고 싶어 한다.

간월이와 이간이는 재산을 차지하기 위해 온갖 아첨을 하는 반면, 막내 거달이는 너무 정직해서 언니들에 비해 소극적인 말밖에 하지 못하고, 이에 아버지는 거달이에게 좀 세게 말하면 먹힐 줄 알고 거달이에게 그렇게 밖에 이야기 할 수 없으면 집을 나가라고 말한다. 그러나 막내 딸 거달이는 아버지의 깊은 뜻을 알지 못하고 아버지를 잘 부탁한다는 말을 언니들에게 남기고 집을 떠나간다. 결국 어왕 이씨의 재산과 객주 주인권은 간월이와 이간이가 나눠 가진다. 그런데 막내 거달이는 절간 앞에 두고 간 업둥이를 데려다 키운 것인데 나중에 동네에 부임해온 관리 박찰방의 부인인 복달이가 거달이의 쌍둥이 자매였다.

3년이 지나 1862년. 맹세한 효심은 간 데 없고 간월이와 이간이는 서로 욕심을 앞세워 각자의 남편인 문대구와 가필로를 내세워 매사에 싸움을 일으켜 복사나루 역참은 둘로 갈라진다. 〈로미오와 줄리엣〉의 시작이다. 곧이어 이간이네의 〈맥베스〉와 간월이네의 〈햄릿〉 대결이 시작된다.

한술 더 떠 간월이와 이간이는 야심이 모자란 제 남편들에게 만족하지 못하고 간월이는 시동생 살모사와 이간이는 남편의 의제인 막패두와 내연관계를 맺고 각자의 남편을 죽일 음모를 꾸민다. 먼저 시동생 살모사가 자신의 형 문대구를 죽이고, 막패두는 가필로를 죽인다는 게 실수로 어왕 이씨를 죽여버리고 가필로도 죽인다.

그 후 막패두는 자신의 주인이자 생명의 은인인 가필로를 죽인 것에 대한 죄책감 때문에 "막패두는 잠을 죽였다!"라는 환청에 시달린다. 그 때 떠돌이 귀갑이가 나타나 막패두를 위로하는데 귀갑이는 이상한 할멈으로부터 "자네처럼 억세게 운이 좋은 사람은 처음이야. 곧 복사나루 찰방이 될 거야. 그러나 둘이면서 하나인 여자를 반드시 조심해. 너를 파멸로 몰아세울 존재야."라는 예언을 받는다. 귀갑이는 두 집안의 싸움에 편승해 복사나루 역참을 손에 넣으려는 음모를 세운다.

귀갑이는 전령을 자처하며 가필로를 죽인 것은 문대구 일파라는 소문을 온 마을에 퍼뜨리고, 이간이와 막패두는 귀갑이를 어쩔 수 없이 조직에 들어오게 한다. 귀갑이는 머리가 좋고 억세게 좋은 운으로 벌이는 일에 승승장구한다. 간월이가 남편을 제거하자 갑자기 아들 왕재가 햄릿처럼 돌아와서는 쫓겨난 어왕의 막내딸 이모인 거달이와 이룰 수 없는 사랑에 빠진다. 이간이는 나중에 깨달은 바가 있어서 두 번째 남편 막패두(전 남편의 의제)가 폐병에 걸리자 지극정성으로 간호하고 객주도 열심히 운영하지만 귀갑이의 음모로 부인을 의심하게 된 남편이 이간이를 죽이게 된다. 여기서 막패두의 질투에 불을 지핀 것은 〈오셀로〉의 손수건에 비유되는 노리개다. 이 노리개는 손수건과 마찬가지로 막패두의 어머니 것으로 그가 이간이에게 준 '정조'의 표시인 것이다. 이것을 귀갑이가 몰래 빼내 가사수의 손에 들어가게 한 후 그 노리개를 거달이에게 건네게 조작한다. 이아고를 연상시키는 귀갑이의 계략에 넘어간 막패두는 의처증으로 부인 이간이를 죽이고 자신도 자폭하기에 이른다. 귀갑이는 가사수마저 제거하고 새 객주의 자리에 오른다. 모든 것을 거머쥔 귀갑이의 눈에는 복달이/거달이만이 보인다. 왕재를 잃고 실의에 빠진 거달이는 귀갑이의 덮침을 거부하다가 자결하고, 그런 거달이의 죽음을 꿈에서 본 복달이의 말에 의해 귀갑이는 문책을 당한다. 죽은 거달이의 몸을 타는 귀갑이는 더 이상 인간이 아니라 악 그 자체이다. 허지만 그는 교묘한 술책을 부려 위기의 상황을 다시 기회의 순간으로 바꾸어 놓는다. 귀갑이는 하나 남은 장애벽이 박찰방을 죽이고 박찰방의 부인이자 거달이의 쌍둥이 자매 복달이를 차지하고 할멈의 예언대로 찰방자리에 오른다. 하지만 할멈의 또 다른 예언을 듣지 않고 둘이면서 하나인 여자 즉 귀갑이의 쌍둥이 자매 복달이를 좋아해서 결국 자신도 파멸로 간다. 그것도 자신의 손이 아닌 백성의 손에 의해. 곱사등이 귀갑이를 타도 하기위해 모인 농민들은 반란을 일으켜 귀갑이를 농민들 모두가 창으로 찔러들어 올린다. 백성들이 나오면서 복사나루 객주집 전쟁은 끝이 난다. 객주와 관련된 모든 인물은 죽는다. 중간에 로미오와 줄리엣의 패러디가 나온다. 한양에서 미모가 출중한 기생이 있었는데 복사나루의 장례식꾼의 부부와 인연을 맺고 한양에서 복사나루로 왔는데 운명의 여신의 장난으로 서로 만나지 못하고 기생이 자결하자 장례식꾼도 자살한다.

■ 해외초청작품-폰테데라 극단(연출 로베르토 바치)
　〈햄릿-육신의 고요〉(AMELTO NELLA Carne il Silenzio)
　2009.11.14.~11.15., 대학로예술극장 대극장

　　11월 14일과 15일 '2009 서울국제공연예술제' 해외초청작품으로 대학로 예술극장 대극장에서 공연된 '2009 이탈리아 비평가상'을 수상한 이탈리아의 폰테데라 극단 〈햄릿-육신의 고요〉는 로베르토 바치의 연출로 전작 〈햄릿-모든 준비는 끝나다〉(Amleto-essere pranto e tutto)에 이어 새로운 부제를 단 작품으로, 원작의 비극을 새롭게 해석하여 햄릿의 실제 무대였던 중세 유럽의 분위기와 현대적 무대를 함께 할 수 있도록 하였다.

◆ 2011.11.19. 동아일보의 권재현 기자
　대학로예술극장 대극장에서 공연된 로베르토 바치 연출의 〈햄릿-육신의 고요〉는 햄릿을 제외한 다른 6명의 배우 모두가 똑같이 하얀 펜싱복과 펜싱투구를 쓰고 등장합니다. 펜싱 칼을 들고 햄릿을 위협하는 그들은 극중 배역을 마음대로 넘나듭니다. 그들은 대사가 필요한 장면에서만 투구를 벗고 얼굴을 드러내는데 특정 배역이 정해진 것이 없습니다. 일례로 두 명의 여배우는 거트루드와 오필리아 역을 마음대로 넘나들면서 연기합니다. 두 여배우가 한 배역을 나눠서 연기할 때도 있습니다.
　홀로 외로이 검은 옷을 입은 햄릿은 검 한 자루만 들고 그들 모두를 상대해야합니다. 대사는 분명 햄릿의 것이지만 몸은 6대 1의 힘겨운 싸움을 펼쳐야합니다. 당황한 표정이 역력할

뿐 분노와 광기의 흔적을 찾기 어렵습니다. 가장 불쌍한 햄릿입니다.

익명의 존재로서 여섯 배우는 운명을 상징합니다. 그들은 가혹하게 햄릿을 몰아대고 위협하다가 투구를 벗은 잠시잠깐만 친절한 인간의 얼굴을 드러냅니다.

이 작품을 상징하는 오브제는 톱밥입니다. 펜싱투구 뒤에 숨은 여섯 명의 배우는 톱밥이 가득 들어가 있는 포대자루에서 왕관과 홀, 스카프 등 그 때 그 때 배역에 필요한 소도구들을 꺼내듭니다. 이 포대자루 속 톱밥은 레어티즈가 햄릿을 죽이겠다고 천명하는 순간 해골들과 함께 무대 밖으로 쏟아져 나옵니다. 연극은 그 톱밥더미 위에 해골을 올려놓고 그 위에 왕관을 씌우면서 끝납니다.

톱밥은 무차별성을 상징합니다. 어떤 목재든 톱밥으로 깎아놓으면 모두 똑같아집니다. 이 연극 속 햄릿의 입장에서 보면 다른 여섯 명의 배우는 무차별적 존재입니다. 햄릿은 그런 운명의 무차별적 공격에 희생된 가엾은 꼭두각시에 불과합니다.

이야말로 지독한 허무입니다. 하지만 햄릿의 거친 숨소리가 멈추고 찾아온 고요가 묘한 위로가 됩니다. 그 순간 깨닫습니다. 아, 햄릿이야말로 삶과 죽음 사이의 텅 빈 시공간을 채운 인간의 땀과 숨을 상징하는 존재이구나. 역사 또는 운명이란 거대한 수레바퀴 아래서 어떻게든 그 방향을 조금이라도 바꿔보기 위해 땀과 피를 흘리지만 결국엔 무(無)로 돌아갈 인간 주체(主體)의 슬픈 그림자이구나 하는 그런 깨달음입니다. 해골에 씌워진 왕관, 그것이야말로 '연극의 왕자'로서 햄릿의 진면목인 것입니다.

■ 극단 뛰다 <노래하듯이 햄릿>

1. 2009.10.23., 유스퀘어 동산아트홀
2. 2009.11.21.~11.22., 인천종합문화예술회관 소극장

<노래하듯이 햄릿>은 공연창작집단 뛰다 '인형음악극 시리즈'의 첫 번째 작품이다. 인형, 오브제, 음악, 광대 등 뛰다 특유의 연기 스타일과 작곡가 한정림의 음악이 어우러진 공연이다. 2005년 초연 이래 2007년, 그리고 '2008 정미소 창작지원 프로젝트'로 선정되어 공연하였다.

햄릿의 모든 인물들을 4명의 광대가 인형과 가면을 통해 연기하고, 여기에 28곡의 아름다운 노래가 덧붙여진다. 극단 뛰다의 인형음악극 <노래하듯이 햄릿>은 아동극의 전유물로만 여겨지던 인형극과 뮤지컬로 획일화된 음악극의 지평을 확대하는 새로운 방식의 공연양식이다. 작품에 대한 내용은 2005년 편을 참조하기 바란다.

2010year Hamlet

■ **연희단거리패(연출 이윤택) <햄릿>**
1. 2010.4.13.~4.18., 예술의전당 토월극장
2. 2010.5.3., 루마니아'제7회 국제 셰익스피어 페스티벌' 초청작, 루마니아 마린 소레스쿠 국립극장

2010년은 연희단거리패의 <햄릿>이 세계의 서로 다른 <햄릿>과 만나는 해다. 연희단거리패는 2010년 4월 '루마니아 셰익스피어 페스티벌(7th International Shakespeare Festival)'에 공식 초청되었다. 7회를 맞아 세계 각국의 <햄릿>만을 엄선하여 초청하는 이 페스티벌에는 로버트 윌슨(Robert Wilson), 독일 샤우뷔네의 토마스 오스터 마이어(Thomas Ostermeier), 2008년 내한하여 <갈매기>를 연출한 러시아의 유리 부투소프(Yuri Butusof), <불의 가면>(2002년)과 <로미오와 줄리엣>(2005년)을 내한 공연한 라투아니아의 오스카라스 코르슈노바스(Oskaras Korsunovas), 우스터 그룹(The Wooster Groop)의 엘리자베스 르 콩트(Elizabeth Le Compte) 등 세계적인 연출가들의 <햄릿>이 한자리에 모여서 공연하며, 공연장소는 축제의 주공연장인 마린 소레스쿠 국립극장이다.

2010년 루마니아에 한국 대표작품으로 초청된 연희단거리패의 <햄릿>은 가장 한국적이면서도 가장 셰익스피어적인 <햄릿>이 되기 위해 아든 판을 텍스트로 하였고, 영국 <레미제라블>초연 공연의 안무자 케이트 플랫(Kate Flatt)을 초청하여 연기안무 워크숍을 거치고, 네덜란드에서 유학을 마치고 돌아온 안무자 양승희가 <햄릿>의 움직임을 담당하였으며, 10년 넘게 <햄릿>에 참여해온 김소희(거트루드), 2대 햄릿 이승헌(클로디어스), 김미숙(호레이쇼)등 연희단거리패의 대표배우들과 3대 햄릿 지현준과 4대 햄릿 윤정섭을 햄릿과 포틴브라스로 배치하였다.

■ **극단 화살표(연출 정세혁) <햄릿 서스펜스>**
2010.6.5.~6.27., 대학로 예술극장 소극장

극단 화살표가 창단 10주년을 맞이해 해외 진출을 모색하는 'Compact-Verbal'적인 햄릿 <햄릿 서스펜스>을 6월 5일부터 27일까지 대학로 예술극장 대극장에서 공연하였다. 극단 화살표는 2006년 이 작품을 동숭무대 소극장에서 공연한 적이 있다.

[시놉시스]
원작의 어두움과 난해성을 단순명쾌하게 펼쳐 보이면서도 살인과 폭력의 장면에서는 영화적 기법과 연극적 상상력을 바탕으로 장황한 대사보다는 강력하고 역동적인 행동을 통해 기괴한 이미지로 극대화하여 잔혹한 살상의 한 가운데서 서서히 자신의 순수함을 잃어 끝내는 킬링머신으로 변해가는 햄릿을 그려낸다.

〈햄릿 서스펜스〉가 주목한 점은 등장인물을 둘러싸고 있는 어떤 신비한 요소이다. 예를 들면, 햄릿을 부르는 목소리, 새빨간 피, 독이 든 잔, 엿보는 자, 독 묻은 칼의 뒤바뀜, 꽃을 든 미친 소녀의 울고 웃는 듯한 노랫소리 등이 그렇다. 따라서 햄릿은 그 자체로 서스펜스의 연속이라고 볼 수 있다.

◆ 2010.5.28. 한국일보 장병욱 기자
〈햄릿〉은 결국 연쇄 살인의 비극, 살육의 광기에 대한 이야기다. 지난해 서울국제공연예술제에서 해외 초청작으로 상연된 이탈리아 폰테데라 극단의 〈햄릿_육신의 고요〉는 아예 무대 전체를 죽음의 이미지로 뒤덮인 펜싱 경기장으로 그려 깊은 인상을 남겼다.

극단 화살표가 준비중인 〈햄릿 서스펜스〉 역시 그 같은 맥락에 놓인다. 세 번의 살인과 한 번의 자살이라는 줄거리는 존중한다. 그러나 등장인물들을 한결같이 모종의 콤플렉스에 시달리는 인물로 간주, 셰익스피어 특유의 장광설을 압축했다. 오이디푸스 콤플렉스에 초점을 맞춰 인물들의 관계를 정리하고, 무용이나 퍼포먼스에 버금가는 시각적 이미지를 통해 원작을 다시 보게 한다. 젊은 무용수들을 모아 만든 '똥자루 무용단'의 파격적 무대 연출로 관심을 끌었던 정세혁씨의 감각이 살아있는 이 무대는 극단 화살표 창단 10주년 기념작이기도 하다.

■ '제12회 서울변방연극제' 초청작품
극연구소 마찰(작 하이네 뮐러, 연출 김철승) 〈햄릿머신-prototype〉
1. 2010.9.10.~9.11., 합정동 Anthracite coffee roasters(카페 무연탄)
2. 2011.2.24.~2.26., LG 아트홀

2009년 김철승이 창단한 극연구소 마찰은 2010년 '제12회 서울변방연극제' 행사에 초청되어 김철승 연출의 〈햄릿머신-prototype〉을 9월 10일과 11일 합정동 앤트러사이트 카페(카페 무연탄)에서 공연하였다.

극연구소 마찰은 음악, 미술 등 타 장르와의 협업을 통한 공연과 'Site-specific'이라는 기존의 극장에서 벗어난 새로운 공간에서의 공연을 꾸준히 연구하고 시도하고 있는 극단이다.

참고로, 우리나라에서 공연된 1978년에 쓰인 하이네 뮐러 작, 〈햄릿머신〉의 공연

연보는 아래와 같다.

- 1985년 창단된 군산지역을 대표하는 극단 갯터의 창단작품
- 1993년 극단 반도(채승훈 연출), '제17회 서울연극제' 참가작
- 1999년 민족예술인총연합회 동해시 지부
- 2000년 극단 창파(채승훈 연출)
- 2002년 단막극장(함형식 연출), '하이네 뮐러 페스티벌' 참가작 극단 창파(채승훈 연출), 일본'가나자와(金澤) 국제연극제'참가작
- 2003년 극단 창파(채승훈 연출), '수원화성 국제연극제'참가작
- 2007년 일본의 실험극단 'OM-2', 한일 아트 릴레이 2007'참가작

이 공연에 대한 설명은 서지영 연극평론가가 '오늘의 서울연극' 발간호 제1호 (2010.10.18.)에 기고한 '제12회 변방연극제 초청공연작 <햄릿머신-prototype>' 글로 대신하고자 한다.

이 공연은 극연구소 마찰이 지향하는 신체 즉흥극과 장소 특정성이라는 실험을 하이네 뮐러의 <햄릿머신>을 재료로 시도한다. prototype이라는 제목이 말해주듯 완성된 작품으로서가 아닌 만들어가는 과정, 다듬어지지 않은 과정을 거칠고 투박한 대로 생생하게 보여주는 시험모델이다.

김철승의 <햄릿머신-prototype>은 자괴감에 시달리던 구동독 지식인의 자기비판을 현대사회의 부조리 앞에 신음하는 정체된 인간의 모습으로 옮겨놓는다. 원작이 갖고 있는 역사성은 배제되었지만 상징적이고 미학적으로 표현한 김철승의 공연은 이 시대를 살아가는 모든 이들의 자화상을 짧고 강렬한 터치로 그려놓는다.

⊙ 장소 특정성

공연장소는 합정동에 있는 '앤트러사이트'라는 카페이다. 이 카페 건물은 나름대로의 역사를 가지고 있다. 파친코 기계를 만들던 곳에서 발전소 공장, 그리고 신발공장이었다가 카페로 리모델링했는데 옛 공장과 창고의 모습이 그대로 남아있어서 장소성과 역사성을 간직한 의미 있는 공간이라고 할 만한 곳이다.

⊙ 분간과 분열, 그리고 파편들

벽을 사이에 두고 두 명의 햄릿이 존재하는데 가로막힌 두 세계에 따로 존재하는 분열된 햄릿, 또 다른 햄릿은 희극적으로 묘사되었다. 오필리아의 여자가 되고 싶은 나약한 햄릿, 자신의 어머니를 대신해 오필리아에게 보복하고, 죽어가는 그녀를 다시 살려 강간하고, 그녀를 창녀라 부르며 그녀에게 남성으로서의 폭력을 기할 만큼 가하더니, 햄릿은 차라리

여자가 되고 싶다고 한다. 오필리아의 옷을 입고 창녀 같은 몸짓으로 호레이쇼와 동성연애자처럼 춤을 추는 장면은 이 연극에서는 많이 희화화 되었다. 피 튀는 현장 대신 소파의 쿠션이 던져지고, 신발들이 요동치면서, 스스로를 묶는 햄릿의 자책으로 이어진다.

⊙ 신체즉흥극

이 작품에서도 역시 김철승 연출은 공연에 개입한다. 공연에 배우처럼 들어가서 배우들에게 뭔가를 지시한다. 이들이 주력하는 실험은 즉흥극이기 때문에 연출가는 이미 연습된 것 외에도 관객의 반응에 따라 그 자리에서 배우에게 디렉션을 준다. 공연분위기에 따라 연극이 달라지는 것이다. 꼭 지켜야 할 부분 말고는 얼마든지 바꿀 수 있다.

■ 호주 애들레이드 '제4회 오즈 아시아 페스티벌' 개막공연작
  극단 여행자(연출 양정웅) <햄릿> 2010.9.17.~9.18., 호주 스페이스씨어터

이 공연의 설명은 2009년 편을 참조하기 바라며 2010년 공연에 대해서는 2010.9.20. 동아일보 권재현 기자의 글로 대신하고자 한다.

• 濠오즈 아시아 페스티벌 첫 주빈국으로 한국 선정
  무속극으로 소화한 '햄릿' 현지 관객들 "독창적" 환호

17일 호주 애들레이드의 오즈 아시아 페스티벌 개막공연작으로 선보인 극단 여행자의 <햄릿>. 마지막 장면에서 고깔모자를 쓴 햄릿(전중용)을 위해 산진오기굿을 펼치고 있다. <햄릿>은 세 판의 한국적 굿으로 셰익스피어 원작을 독특하게 풀어낸 연극이다. 첫 번째는 죽은 사람의 원혼을 달래는 진오기굿이다. 햄릿(전중용)은 부왕의 넋을 달래려고 한판 굿을 열었다가 부왕의 넋과 접신한 무당들의 목소리를 통해 아비가 독살됐음을 알게 된다. 두 번째 굿은 물에 빠져죽은 사람의 넋을 달래는 수망굿으로, 오필리아(남승혜)의 장례식에서 펼쳐진다. 마지막은 독이 묻은 검에 찔려 죽어가는 햄릿을 위한 산진오기굿(죽기 전에 자신의 진오기를 미리 하는 굿)이다.

연극평론가인 마이클 몰레이 플린더스대 교수는 "1월 호주 시드니에서 공연했던 독일 베를린 샤우뷔네극장 예술감독 토마스 오스터마이어의 '햄릿'보다 훨씬 풍부하고 뛰어나다"고 평했다.

극단 여행자는 한국 도깨비설화를 접목한 <한여름 밤의 꿈>으로 2006년 폴란드 그단스크 국제 셰익스피어 페스티벌에서 대상을 수상한 뒤 이듬해 호주에서 6주간 순회공연을 펼쳤다. <햄릿>도 호평을 토대로 시드니와 멜버른 등 호주 주요 도시 순회공연 얘기가 나오고 있다. 여행자의 양정웅 대표는 "호주 평론가들의 반응에 자신감을 얻었다"면서 "내년 여름 독일 글로브극장과 폴란드 그단스크 페스티벌 등 유럽무대에도 진출할 계획"이라고 말했다.

■ '2010 서울연극올림픽' 해외초청작
베를린 샤우뷔네 <햄릿>(각색 마리우스 폰 마이엔부르그, 연출 오스터 마이어)
2010.9.29.~10.1., 남산예술센터

'2010 서울연극올림픽'행사는 로버트 윌슨(미국), 스즈키 다다시(일본), 노벨문학상을 받은 극작가 윌레 소잉카(나이지리아) 등 각 나라를 대표하는 세계적인 연출가로 구성된 '연극올림픽 국제위원회'를 중심으로 회마다 새로운 주제로 열리는 세계적인 연극축제다. 1995년 그리스를 시작으로 일본(2회 1999), 러시아(3회 2001), 터키(4회 2006)에 이어 제5회 연극올림픽 개최지로 서울이 선정돼 4년만의 '연극올림픽'이 한국에서 개최된 것이다.

이번 행사에는 '사랑(Sarang): Love and Humanity'을 주제로 임영웅, 오태석, 손진책, 이윤택 등 국내 거장 연출가뿐만이 아니라, 이미 국내에 많은 관객층을 확보하고 있는 세계적인 연출가 토마스 오스터 마이어(독일), 티엔 친신(중국) 등의 인기 작품과 이란, 이스라엘 등 국내에서 쉽게 접해보지 못했던 해외 유명 작품들도 공연되었다.

[줄거리]
햄릿은 미쳐간다. 그의 부친은 알 수 없는 병에 걸려 갑작스럽게 죽었고, 그의 모친은 한 달 만에 죽은 남편의 동생과 결혼한다. 어느 날 동생이 자신을 독살했다며 복수를 부탁하는 아버지의 환영을 본 햄릿은 복수의 계획을 숨기기 위해 미친 척 행동한다. 그는 그 과정에서 현실에 대한 통제를 잃어버린다. 그에게 온 세상은 고여 있는 늪같이 변하고, 욕망과 성(Sexuality)은 위협적인 구렁텅이가 된다. 그의 주변 친구들은 본인을 감시하기 위해 의붓아버지가 조정하는 첩자인 것으로 밝혀진다. 햄릿이 사랑하는 오필리아마저도 그 책략의 한부분이다. 감시자로 인해 햄릿의 불안감이 근거 없는 것이 아니라는 것이 증명됨으로써 복수하려던 자는 희생자가 된다. 미친 척 행동하던 햄릿은 실제로 정신이상자가 되어, 엉뚱한 오필리아의 아버지를 죽인다. 이에 그의 모친과 의붓아버지는 이 살인을 은폐하고 햄릿을 세상의 눈에 띄지 않게 하여 햄릿의 복수 계획은 사라져버린 것처럼 보인다. 햄릿은 자아와 목적 그리고 그의 인생에 대한 통제를 잃는다. 오필리아는 이러한 현실 앞에서 파괴되어 스스로 목숨을 끊어버린다. 마침내 그의 의붓아버지가 햄릿을 침묵시키기로 결정했을 때, 햄릿은 그것을 기회 삼아 최후의 광란으로 세상을 무릎 꿇게 한다.

◆ 2009.10.18. '오늘의 서울연극' 송민숙 연극평론가
이 작품은 2008년 아비뇽축제의 주요공연장소인 '쿠르돈뇌르(교황청 앞마당)'에서 초연된 작품이다…

야외 공연장에서 연출을 실내로 가져온 바, 남산예술센터 무대바닥은 흙으로 채워졌다…
모든 야외공연이 무대에서 흙을 사용하는 것은 아니지만 바닥 재료로 선택된 검은 흙은
특히 선왕과 오필리아의 매장장면에서 그대로 사용되는 재료여서 작품과의 연결성을 갖는
다…

오스터 마이어 연출의 〈햄릿〉은 이보다 더 지속적이고 적극적인 방식으로 흙을 사용한다.
흙이 갖는 원초적 물질성을 연극을 통해 극대화하는 동시에 어머니인 대지가 갖는 신화적
함의로서 세상의 기원이자 종말로서의 흙, 나아가서 불의가 자행됨으로써 모든 질서가
와해된 진창으로서의 세상이라는 상징성까지 획득하게 된다…

◆ 2009.10.18. '오늘의 서울연극' 심정순 연극평론가(숭실대 교수)
마이엔부르그의 각색 드라마의 특징은 '쥐덫게임'과 '복수극'의 플롯을 중심으로 과감한
삭제를 함으로서, 공연의 스피드 감, 긴장과 서스펜스를 강화시킨다는 점이다. 햄릿은 친구
호레이쇼에게, 특히 독살 장면에 이르러, 클로디어스 왕의 안색을 잘 살펴달라는 지시를
내려, 클로디어스를 자신이 놓은 쥐덫 장치에 잡아넣으려고 한다. 반면, 클로디어스 왕은
왕 대로, 미친 듯한 행동을 보이는 햄릿에게 불안을 느껴, 오필리아와 대면을 시키고 뒤에
서 지켜보는 등, 햄릿을 자기들이 설정한 쥐덫 장치에 잡아보려 한다. 그리고 일찌감치
'지체 높은 사람의 미친 행동은 위험하다.'며 영국으로 빼돌릴 계획을 한다.
이번 각색에서 두드러지는 또 다른 주제가 '복수극'이다.
이러한 복수의 동인(動因)은 마이엔부르그 각색에서 동시대적 충격적 언어 스타일로 간단,
명료한 문장으로 재번역된다. 클로디어스 왕에게 햄릿은 이렇게 말한다. "You killed my
father and you're fucking my mother and that's why you're about to die."
나아가 마이엔부르그는 앞서 언급한 '면전연극(in-yer-face)' 스타일의 폭력적인 언어를
구사하는데, 햄릿은 자신의 어머니 거트루드에게 "hot sult"(더러운 갈보)라고 부르기도
하고, 오필리아는 미쳐버린 상태에서 햄릿이 결혼 약속을 해놓고, 자기를 버렸다며 이렇게
말한다. "By cock, they(young men) are to blame"(젊은 남자들은 xx가 문제란
말이야). 햄릿 자신 역시 극중에서 "fuck"이라는 말을 여러 번 내놓는다.

■ 조선대학교 극예술연구회(원작 이노우에 히사시, 재구성 배삼식, 연출 신용수)
　〈철종 13년의 셰익스피어〉 2010.11.17.~11.18., 5.18 기념문화센터 민주홀
이 작품은 2009년 대학로 예술극장 대극장에서 극단 미추(연출 마츠모토 유코)에
의해 무대에 올려진 적이 있다. 작품에 대한 설명은 2009년 편을 참조하기 바란다.

■ 포항시립연극단(번역 신정옥, 연출 김삼일) 〈햄릿〉
　2010.11.24.~12.4., 포항시립아트홀

1983년에 창단된 포항시립연극단의 김삼일이 셰익스피어의 명작 4대 비극의 대표작이라고 하는 <햄릿>에 도전하였다. 셰익스피어 작품으로는 2005년 <말괄량이 길들이기> 연출에 이은 두 번째 연출이다.

김삼일 연출가는 대경대학 연극영화과 교수를 정년퇴임하였고, KBS 국장급을 역임하고, 이해랑 연극상 등 많은 수상기록이 있으며 현재도 포항시립연극단의 상임 연출가로서 연출경력도 대단한 연극인이다.

<햄릿>에는 시대적 한계를 넘어야 하는 문제가 있다. 셰익스피어의 비극 중에서도 가장 긴 연극이다. 수사학적이다. 길면 길수록 지루할 수 있다. 복수의 우여곡절이 심하나 정신적, 환경적 과정도 길고 지루할 수 있다. 포항시립극단의 <햄릿>은 이러한 문제점들을 해결하려고 하였다. 작품을 빠르게 진행하였다. 햄릿의 학우인 로젠크란츠와 길던스턴, 노르웨이로 파견되는 사절들, 궁전의 근위병들 등등이 등장하지 않는다. 몇몇 장면들이 삭제되었다. 하지만 포항시립연극단은 호레이쇼와 폴로니어스 등을 통해 삭제된 장면들의 내용과 역할을 적절하게 메워나갔다. 결과적으로 원작을 거의 훼손하지 않고 지루함을 덜어냈다.

2011year Hamlet

■ 연희단거리패(작 하이네 뮐러, 연출 이윤택) <햄릿머신>
  1. 2011.3.4.~3.6., 부산 가마골소극장
  2. 2011.4.29.~5.8., 게릴라극장

극단 창파(채승훈 연출)와 극연구소 마찰(김철승 연출)의 <햄릿머신>에 이어 또다른 <햄릿머신>이 탄생했다. 연희단거리패 이윤택의 <햄릿머신>이다.

1986년 부산에서 연희단거리패를 창단하고 극장인 가마소극장(2013년 밀양연극촌으로 이전)을 오픈한 이윤택은 1994년에 우리극연구소와 동숭레퍼토리컴퍼니를 창단했다. 이윤택은 2009년 경상남도 김해시 생림면에 연극배우들의 훈련을 위한 '도요창작스튜디오'를 만들었고, 2011년 '제1회 도요창작스튜디오 젊은 연극인 훈련과정 및 해외교류 WORKSHOP'을 개최하였다.

연희단거리패의 대표적 레퍼토리인 <햄릿>의 또 다른 버전이기도 한 독일 작가 하이네 밀러 작, 정민영 번역의 <햄릿머신>은 이번 '도요창작스튜디오 젊은 연기자 훈련과정'제1기의 발표작품이다.

◆ 연극평론가 박정기

연극이 시작되면 가면을 쓴 여인이 객석입구에서 등장, 건반악기 앞에 앉아 연주를 시작하면 날카롭고 예지에 찬 모습의 매력적인 미남 해설자가 등장해 장면해설을 하면서 윌리엄 셰익스피어의 햄릿의 도입에서 상상할 수 있는 2미터가 됨직한 선왕의 망령이 등장을 하고, 선왕의 장례식 장면이 전개되면서, 커다란 관을 든 장례행렬이 비장하고 침울한 음악에 맞춰 등장한다. 햄릿과 호레이쇼, 그리고 숙부인 클로디어스의 가면을 쓴 모습이 보이고, 철제 냉장고 속에서 왕비인 거트루드가 역시 가면 쓴 모습으로 등장, 관 뚜껑을 열고, 선왕인 남편의 시체를 끌어안고 통곡과 절규를 한다. 잠시 후 시체는 팔이 뜯기고, 몸통이 들어 올려지면서 마치 육고간의 통 갈비처럼 살갗이 벗겨진 동체가 드러나고, 등장인물들이 다투듯 시체를 물어뜯는 충격적인 장면이 전개되고, 환자이동의자(wheelchair)에 앉은 오필리아가 등장한다. 건반악기의 연주는 중형 관현악기의 처연하고 애절한 연주로 바뀌면서, 천정에 부착된 화면에는 시위현장을 비롯한 현실과 대비되는 화면과 최근 발생한 일본에 들이닥친 거대한 해일의 영상까지, 세 개의 화면에 생생하게 투영된다. 해설자가 극의 진행을 일일이 열거하고 소개하면서, 햄릿 뿐 아니라 등장인물 전원의 상황변화에 따른 혼돈과 무질서 속에서, 생자인지 사자인지 구별할 수 없는 아비규환(阿鼻叫喚) 속에서의 연기자 개개인의 동작과 연기는, 마치 인조인간(robot)의 군상을 대하는 것 같은 느낌으로 관객에게 밀착되어 다가온다.

대단원에서 만년설로 덮인 고산준령(高山峻嶺)의 영상이 화면에 투사되고, 21세기에 태어난 인조인간 햄릿과 더불어 절망의 역사 속으로 사라져가야만 했던 등장인물들의 공동묘지가 무대 위에 만들어진다. 바로 그 무덤 속에서 새봄의 꽃처럼 다시 피어나는 생명의 태동(胎動)은, 하이네 뮐러의 절망을 희망의 약속으로 대체시킨 연출가 이윤택이 만들어낸 인류 재창조의 모습이 되었다.

■ 서울시극단(연출 박근형) <햄릿> 2011.4.8.~4.24., 세종문화회관 M씨어터

　　2011년 신임극단장 김철리 체제로 새출발한 서울시극단은 창단 15주년 기념작 및 김단장 취임 첫 작품으로 <햄릿>을 선택하였고, 극단 골목길 대표인 박근형을 연극성과 흥행성을 고루 갖춘 '우리시대의 최고의 연출가'라고 상찬하면서 연출을 맡겼다. 박근형은 정진수 번역의 <햄릿>을 각색하고 연출하여 2008년에 <골목길 햄릿>으로 무대에 올린 적이 있다.

　　그러나 서울시극단과 박근형에 대한 기대가 커서 그랬을까! 전문가들의 평은 그다지 좋지 못하였다.

◆ 2011.5.18. '오늘의 서울연극' 서나영(평택대학교 방송연예학과)
• 연극의 사회적 기능에 대한 도전 〈햄릿〉
그는 원작에 기죽히 않고 과감하게 자기의 이야기를 햄릿의 대사에 실어 보낸다. '광장'이니 '불꽃'이니 '방사능'이니 하는 우리 사회의 의미 있는 화두를 현 정부를 상징하는 컨테이너 성벽 위에서 거침없이 쏟아낸다. 더 나아가 광대들의 극중극을 통해 권력을 우롱하고 예술의 기능을 이야기한다…
하지만 이렇게 연출의 분명한 목소리에도 불구하고 작품 전체를 관통하는 연출의 통일성과 각 인물에 대한 타당성 있는 해석은 부족했다. 극의 후반부 오필리아의 죽음과 관련된 장면은 감상주의적 해석에 머물러 있다. 왜 모두 오필리아의 죽음을 그리 슬퍼하고 있는지 이해가 되지도 않는데 무겁고 슬픈 음악을 통해 관객에게도 그 슬픔을 강요하기까지 한다… 이는 어쩌면 오필리아 인물 자체에 대한 해석의 부족에서 나온 결과일 수 있다. 거트루드를 비롯한 두 여성 인물은 적극적 해석이 결여된 채 순수와 욕망의 대명사로 진부하게 무대 위에 올라와 있었다. 또한 클로디어스와 햄릿을 맡은 배우들의 실제 나이가 많이 차이 나지 않는 모습에서 오는 햄릿의 지나친 무게감은 두 인물로 대변되는 현실과 이상의 차이를 명쾌하게 만들어내지 못했다…
죽어 있는 폴로니어스가 벌떡 일어나 퇴장하고, 죽은 오필리아가 제 발로 걸어 들어와 천을 덮고 눕는, 현실의 리얼리티와는 다른 리얼리티를 무대에서 용인한다 하더라도 배우들 자신의 호르몬도 자극 못하는 키스 장면을 보는 것, 뛰지도 않았는데 뛰어 온 것 같이 헐떡이며 들어오는 등장 장면을 보는 것, 당하는 사람조차 하나도 당황스럽지 않은 성적인

폭력 장면을 보는 것, 그리고 뭉툭하게 만들어져 찔리지도 않을 칼을 들고 왼쪽, 오른쪽 합을 맞추는 칼싸움 장면을 보는 것은 정말 못 견딜 일이다…

연출의 감상주의적 한계와 진부한 무대 연기로 공연예술의 미학적 완성도와 현재성에 대한 문제들을 숙제로 남겼다.

■ '제7회 여성연출가전'(주제: 셰익스피어 여장하다)
극단 씨어터 백(연출 백순원) <햄릿> 2011.4.12.~4.17., 대학로 선돌극장

2004년 '제1회 젊은 여성연출가전'이라는 타이틀로 시작한 행사는 현재 '여성연출가전'이라는 타이틀로 2011년 제7회를 맞고 있다. 1회, 2회는 '여성과 성', 3회, 4회, 5회는 '문학과 감성의 만남', 6회는 '전쟁', 이번 7회는 지금까지와는 다르게 파격적이고 포괄적인 주제에서 벗어나 '셰익스피어 여장하다'라는 주제를 택하였다. 6주 동안 6개의 셰익스피어 작품, <한여름 밤의 꿈>, <햄릿>, <리어>, <로미오와 줄리엣>, <맥베스>, <소네트-검은 여인의 노래>가 공연되었다. 이번 주제를 잘못 이해하면 진짜 셰익스피어가 여장을 하고 나타나나(?)로 생각할 수 있으나 아니다. 운율 여(呂)에 꾸밀 장(裝)인 여장(呂裝)이다. 셰익스피어하면 떠오르는 그의 탁월한 시적 언어를 현대적으로 꾸민다는 의미의 '여장하다'이다. 이 행사의 주최는 연출집단 女go(대표 백순원)이다.

2003년에서 2010년까지 활동한 극단 시공(대표 백순원)에서 극단 명칭을 극단 씨어터 백으로 바꾼 상임연출가이자 연출집단 女go의 대표인 젊은 여성 연출가 백순원의 작품이다.

[줄거리]

정신병동 작은 햄릿의 방. 햄릿은 그림자를 향해 총을 겨눈다. "넌 누구냐?"삼촌 클로디어스와 어머니 거트루드의 결혼 피로연 파티에 온 햄릿은 친구 호레이쇼와 아버지 죽음에 대한 복수를 준비한다. 햄릿은 미친 척 하면서 삼촌에게 복수를 하려고 폴로니어스와 레어티즈가 준비한 파티에 자신의 심복들을 침투시켜 축하 공연을 망치면서 삼촌과 어머니를 자극한다. 클로디어스는 햄릿의 이상한 행동을 보면서 레어티즈를 통해 햄릿을 주시한다. 햄릿은 삼촌 클로디어스를 암살하기 전 일부러 외면을 하던 사랑하는 오필리아를 만나고 그토록 독대를 원했던 거트루드를 만난 후 복수할 결심을 하려는 순간, 오필리아가 머리를 헝클어뜨린 채 파티장을 돌아다닌다. 햄릿이 자신을 죽이려고 하는 것을 안 삼촌, 클로디어스는 폴로니어스를 통해 오필리아를 자신의 방에 들인다. 오필리아가 미친 것이 햄릿에 의한 것이라고 거짓말을 하는 폴로니어스, 햄릿을 암살하려던 레어티즈, 클로디어스에 의해 오필리아가 미쳤다는 사실을 말하는 거트루드에 의해 총이 엇갈린 채 겨누게 된다. 그러나 이들의 뒤에서 호레이쇼는 이 모든 것을 지켜보고만 있는데…

정신병원에서 아버지의 죽음을 파헤치고 복수를 하기 위해 파티에 온 햄릿, 형을 죽이고 형의 왕관과 권력을, 젊고 아름다운 왕비를 얻고서도 끊임 없이 욕심을 부리는 클로디어스, 어린 나이에 늙은 왕과 결혼하고 남편이 죽자 시동생과 재혼하여 자신의 위치를 굳건하게 지키고 아들 햄릿에 대해서도 늘 냉정한 거트루드, 정치적으로 자신의 입지를 지키기 위해 아들 레어티즈와 오필리아를 내세우는 폴로니어스, 항상 2인자의 삶을 살아가는 아버지 폴로니어스를 보며 자신은 햄릿을 제치고 왕의 신임을 얻고 국민의 영웅이 되고자 하는 레어티즈, 햄릿의 절친한 친구이자 포틴브라스의 첩자인 호레이쇼, 정치적 야욕을 위해 자신을 이용하는 아버지를 피해 사랑을 지키려는 오필리아가 한 장소에서 하룻밤에 일어나는 파티를 벌인다. 난장파티의 결론은 모두 죽음이었다.

■ 극단 집현(연출 이상희) <햄릿>
   1. 2011.5.13.~5.22., '제5회 청소년공연예술제' 국내초청작\국립극장 달오름극장
   2. 2011.9.25.~5.28., '카자흐스탄 알마티 실크로드 연극제' 초청공연
   3. 2011.11월, 'MBC 창사 50주년 특별기획프로그램' 선정 경남 5개 지역 문화예
      술회관 순회공연

자유극단 출신 배우 최경희씨가 대표로 있고, 극단 목화 출신 이상희씨가 연출을 맡고 있는 극단 집현은 1980년에 창단된 인천을 대표하는 극단이다. 극단 집현은 2007년 제의형식과 놀이를 결합시켜 <햄릿-Ritual and Play>를 무대에 올린 적이 있다. 셰익스피어 작품으로는 2008년에 <리어왕>, 2009년에 <한여름 밤의 꿈>, 2010년 2월 <맥베스>를 공연하였다.

[줄거리]
선왕(아버지)의 죽음을 애도하는 제의에서 태자는 재상의 딸에게 사랑의 징표를 건넨다. 제의 도중 선왕의 혼백이 나타나 사무(무당)에 빙의 되어 선왕을 살해한 것은 자신의 친동생이라며 아들인 태자에게 복수를 부탁한다. 왕은 형수를 새로이 왕비로 맞이하고 태자에게 왕위를 물려줄 것을 공포한다. 태자는 욕정을 참지 못하고 삼촌의 품에 안긴 어머니를 증오한다. 목숨의 위태로움을 느낀 태자는 미친 듯 광기를 부려 살해당할 목숨을 유지하며 복수를 다짐한다. 왕은 재상에게 태자의 광증의 원인을 알아보도록 지시한다. 태자가 복수를 위해 재상의 딸을 저버리자 재상의 딸은 충격으로 미쳐간다. 태자는 확실한 증거를 잡기 위해 광대패들에게 연극을 꾸미도록 부탁한다. 태자는 연극을 통해 왕이 선왕을 독살했음을 확신하고 복수의 실행을 결심한다. 태자는 참회하는 왕을 죽이는 것을 미루고 왕비

에게로 가서 어머니의 부도덕을 비난한다. 태자는 자신의 행동을 염탐하던 재상을 왕으로 오인하여 살해한다. 위험을 느낀 왕은 태자를 섬으로 보내며 섬의 도주에게 살해하도록 편지를 쓴다. 태자는 자신을 살해하라는 편지의 내용을 알고 배에서 탈출 한다. 한편 태자에게 버림받은 재상의 딸이 광증으로 물에 빠져 죽자 재상의 아들은 아버지를 죽이고 누이동생을 죽게 만든 태자에게 결투를 신청하고 왕은 독이 묻은 칼과 독주를 준비하고 태자를 살해할 음모를 꾸민다. 태자를 살해할 독주를 왕비가 마시고 죽고 태자도 독이 묻은 칼에 찔리고 재상의 아들 또한 독이 묻은 칼에 찔려 죽어가며 이 모든 음모가 왕이 꾸민 것임을 밝힌다. 태자는 왕을 죽이고 자신 또한 죽음을 맞는다.

◆ 김혁수 서울문화재단 문화사업본부장
그는 정통연극과 굿놀이의 만남을 통해 전통과 현대의 만남과 전통예술의 현대적 수용을 연극예술 안에 실현하고자 하는 자신의 목표를 성공적인 무대로 성취해냈다. 〈햄릿〉의 근원적 주제인 '삶과 죽음'은 갈기갈기 찢긴 영혼을 상징하는 무대미술을 통해 오브제(Objet)로 실현되었고, 배우들의 언어와 육체의 행동은 한국적 정서로 무난하게 탈바꿈한 채, 빠른 속도감과 열정으로 관객을 집중시켰다. 결과적으로 극단 집현(集賢)의 이상희가 추구한 〈한국적 햄릿〉은 서울의 대학로에서 만났던 어떠한 〈햄릿〉과 비교해도 손색이 없었으며 뉴욕 브로드웨이에서 만난 어떠한 예술적 양식과 비교해도 손색이 없었다.

■ 창작 공동체 아르케(재구성/연출 박상석) 〈햄릿 스캔들〉
  1. 2011.7.19.~7.24., '셰익스피어와 광대들' 참가작 우석레퍼토리극장
  2. 2012.7.30.~7.31., '제12회 밀양여름공연예술축제' 젊은 연출가전 참가작, 밀양 창고극장

2010년 겨울 몇몇 연출가들이 모여 연극에 관해 이런저런 이야기를 하던 중 하나의 테마를 정하고 해마다 정해진 테마를 무대에 올려보자는 제안이 나왔고, 그 결과 셰익스피어의 대표작 3편을 젊은 연출가들의 시선으로 재해석해 선보이는 시리즈 공연인 '셰익스피어와 광대들'이 우석레퍼토리극장에서 공연되었고 참가작은 아래와 같다.

- 예술집단 페테, 백훈기 연출 〈어폰 오셀로〉(Upon Othello)
- 창작공동체 아르케, 박상석 연출 〈햄릿 스캔들〉
- 극단 아츠플레이 본(本), 박지연 연출 〈맥베스〉

창작공동체 아르케의 〈햄릿 스캔들〉은 연출가 박상석이 재구성하여 셰익스피어

의 원작 <햄릿>의 시대적 배경을 현대로, 덴마크 왕가(王家)를 DK 그룹으로 바꾸어, 왕권쟁탈이 아닌 그룹운영권을 둘러싼 음모와 갈등, 그룹총수의 야욕과 육욕, 그룹 승계자의 광기(狂氣)와 복수 등으로 바꾸어 햄릿과 인터넷 신문기자 호레이쇼와의 대담을 통해 관객들에게 전달하는 연극이다.

[줄거리]
이 시대의 많은 사건과 사고 속에서 정신질환자 햄릿이 삼촌과 어머니를 죽였다는 사건이 보도된다. 햄릿은 왜곡된 진실을 밝히기 위해 기자를 불러 자신의 이야기를 들려준다. DK 그룹의 회장인 아버지가 죽고 삼촌 클로디어스는 새로운 회장으로 취임하여 어머니 거트루드와 결혼하고, 그룹임원과 그 아들이 경영권을 장악하기 위해 신임총수에게 견강부회(牽强附會)하는 등의 장면이 차례로 전개된다. 유학에서 돌아온 햄릿은 어머니의 변심에 슬퍼하는데 아버지의 유령이 나타나 삼촌이 자신을 살해했다며 복수를 해달라고 한다. 한편 삼촌은 권력에 위협이 되는 햄릿을 제거하기 위한 계획을 세우고 햄릿은 삼촌의 감시를 피하기 위해 미친 척을 한다. 햄릿이 미친 것이 오필리아 때문이라고 확신한 폴로니어스의 말을 들은 삼촌은 언론을 이용하여 햄릿을 매장시키려고 한다. 하지만 여론은 햄릿을 동정하고 오히려 햄릿에게 이별을 통보한 오필리아를 공격한다. 오필리아는 악성 댓글과 기사에 미쳐간다.
한편 유령의 말이 사실임을 확인한 햄릿은 삼촌을 죽일 기회를 갖지만 마침 기도하고 있는 삼촌을 죽이지 못한다. 햄릿은 복수를 위해 사랑하는 여인 오필리아를 자신의 광인연기의 상대역으로 만들어, 실수로 오필리아의 부친 폴로니어스를 살해하게 되고, 이 때문에 오필리아는 실제로 정신이상이 되어 강물에 빠져 죽는다. 햄릿은 숙부 클로디어스의 계략으로 오필리아의 오빠 레어티즈와 죽음의 결투를 벌이게 된다. 모친인 거트루드는 클로디어스가 마련한 독배를 마시고 죽게 되고, 칼날에 바른 치명적인 독에 상처를 입은 레어티즈가 죽기 전에 햄릿에게 클로디어스의 흉계를 폭로하고 결국 클로디어스는 햄릿의 손에 죽는다.
대단원에서 정신이상자로 수감된 햄릿과의 인터뷰를 통해 인터넷 신문 기자 호레이쇼는 햄릿의 진정성과 햄릿이 정상인임을 알게 되지만, 마녀사냥식의 여론몰이에 결국 햄릿이 희생되는 것으로 연극은 끝이 난다.

■ 정보연극전-다시(多視) 주제: 햄릿
2009년 국내 연극계에 주목 받는 극단 중 다섯 팀(극단 골목길, 극단 백수광부, 극단 여행자, 극단 작은신화, 극단 풍경)이 모여 프로듀서가 공연을 기획·제작하는 이른바 'PD 시스템'에 반기를 들고 극단 중심의 연극 제작 체제로 회귀하자는 취지에

서 '정보극장운영회'를 결성하고 그 해 첫 무대로 각 극단의 대표작을 선보이는 '정보
연극전-다시' 시리즈를 공연했다. 2011년 두 번째 기획프로그램으로 '햄릿'을 주제
로 대한민국의 내로라하는 6개의 극단이-극단 골목길(박근형 연출), 극단 백수광부
(이성열 연출), 극단 여행자(양정웅 연출), 극단 작은신화(최용훈 연출), 극단 청우(김
광보 연출), 극단 풍경(박정희 연출)-<햄릿 업데이트-첫 번째>와 <햄릿 업데이트-두
번째> 라는 각각의 타이틀로 3개 극단씩 2팀을 이루어 1팀 당 3주간씩 총 6주간
공연하였다.

  6주간 이어지는 이번 공연은 한 팀이 한 작품을 한 주씩 하는 것이 아니라 각기
공통으로 극장과 무대를 사용하며 하루에 세 팀이 만드는 세 편의 햄릿이 각기 3주씩
이어진다. 기획 단계부터 이를 염두에 두어, '햄릿'을 주제로 30분이라는 제한된
시간 안의 공연을 창작하기로 정하였고, 관객들은 한 무대 위에 펼쳐지는 세 극단의
각기 다른 햄릿을 즐길 수 있었다.

1. <햄릿 업데이트-첫 번째>
■ 극단 백수광부(연출 이성열) 〈햄릿, 죽음을 명상하다〉
  무대상황은 '햄릿' 공연의 마지막 날 분장실 안. 제1장은 분장사가 오필리아의
분장을 하고 있는 사이 대사를 연습하고 있는 햄릿 역 배우, 2장은 햄릿의 분장
때 자신의 역에 대해 넋두리를 하는 오필리아 역 배우, 3장은 관객 아무도 자신의
존재를 기억하지 못하는 것에 대해 얘기하는 분장사의 독백이 펼쳐진다.

  이 작품은 부분적으로 독일 현대극작가 하이네 밀러의 '햄릿기계'를 연상케 한다.
극중 햄릿 역 배우의 독백은 끝없이 이어지며 현대문명에 대한 비판, 정치·사회 현실
에 대한 비판을 쏟아낸다. "가수의 애절한 노래는 끝나지 않았건만 암살자의 총에
비명횡사한 저 아버지가 내 아버지인가, 새벽녘 호위해줄 경호원도 없이 바위 위에
서 몸을 날려 온몸으로 으깨어져야 했던 그 아버지가 내 아버지인가. 아버지 어디
계세요?" 이 대사는 가치관의 혼돈 속에 빠져있는 이 시대 국민의 모습을 그려낸다.
또한 오필리아의 대사 중에는 남성지배 역사에 대한 독설이 중요한 부분을 차지한다.

■ 극단 여행자(연출 양정웅) 〈영매 프로젝트Ⅱ-햄릿〉
  약 35분 길이의 <영매 프로젝트 Ⅱ-햄릿>은 제의적인 느낌이 강하고 실험성이
짙다. 대사의 양은 작고 배우들의 몸 움직임과 촛불, 향 등 제의를 나타내는 장면들의
이미지가 강렬하다. 이 작품은 햄릿의 한을 굿으로 풀어낸 극단 여행자의 작품 <햄

릿>을 완전히 해체해 재조립한 것이다.

지난해 미국의 비주얼 아티스트 캐서린 설리번과 사운드 및 비디오 아티스트 션 그리핀을 초청해 극단 여행자가 자기네 작품 '페르귄트'를 완전히 새로 만들어낸 경험을 극단 여행자의 <햄릿>에 적용한 오마주(hommage) 작품이다.

출연진은 모두 여섯 명의 여배우다. 이들은 각자 현대무용의 느낌을 주는 다양한 움직임을 통해 햄릿 내면세계의 흐름을 풀어낸다. 대사나 독백, 드라마의 기승전결 등 기본적인 질서는 무너져있다. 극의 시작과 끝이 햄릿의 '죽느냐, 사느냐. 그것이 문제' 독백이기 때문에 전체적으로 햄릿의 그 고뇌와 고통과 우유부단이 몸으로 표현되고 있음을 추정할 수 있을 뿐이다.

중간중간에 "약한 자여, 그대 이름은 여자" 같은 익숙한 대사들이 더러 나와 뭔가 '햄릿을 보고 있다는 생각이 들지만 컨템포러리 아트로서의 행위예술과 같은 느낌이 강하다. 비논리적이며 알아들을 수 없는 읊조림이나 망자의 넋을 위로하는 것 같은 웅얼거림이 대사를 대체한다. 햄릿의 얘기를 다루는 작품에 여배우들만 출연하는 것도 실험적이다. 세 편의 작품 중에서는 가장 급진적이다.

▣ 극단 청우(연출 김광보) ⟨Let Them Talk⟩

30분 길이의 <Let Them Talk>는 고전 <햄릿>의 등장인물들이 죽은 후 자신 생전의 생각과 행동에 대해 뭐라고 변명할까를 상상해 무대 위에서 얘기토록 했다는 점에서 흥미롭다. 무덤지기가 무덤을 파다 스르르 잠이 드는데 꿈속에서 생전의 거트루드와 햄릿이 사랑했던 오필리아가 나타나 티타임을 갖는다.

둘은 생전 자신들 행동의 정당성을 주장한다. 이들의 대화를 통해 고전 '햄릿'의 각 장면들이 자연스럽게 재생된다. 이어 햄릿, 클로디어스, 폴로니우스, 레어티즈 등의 인물들이 등장해 자신들의 변을 늘어놓는다. 그들이 대사를 통해 드러내는 것은 개인적인 욕망들이다.

햄릿의 삼촌 클로디어스는 원래 사랑, 왕관 등이 모두 자신의 것이었는데 형이 빼앗아 갔기 때문에 그것을 되찾은 것에 불과하다고 강변한다. 무덤지기의 마지막 대사 "사정은 무슨, 들어보니 다 제 잘났다는 헛소리뿐이더구만"의 느낌처럼 각 등장인물들은 모두 자기도취, 자기옹호에 바쁘다. 등장인물 대사에 자기가 죽었다는 사실 자체를 아는 내용이 들어가 있는 것이 재미있다. 코믹하게 고전 '햄릿'의 뒤집어 보기를 시도한 작품이다.

2. <햄릿 업데이트-두 번째>

▣ 극단 골목길(연출 박근형) <길 위의 햄릿>

전통음악 창작그룹 '앙상블 시나위'의 실제 연주를 바탕으로 배우 '김주완'의 독백 연기가 무대를 채운다. 출연진은 김주완이었고, 스텝은 각색/연출 박근형, 조연출 이은준, 음악 전통음악 창작그룹 '앙상블 시나위' 등이었다.

극단 골목길의 <길 위의 햄릿>은 망루부터 어머니의 방까지 엘시노어 성 곳곳으로 장소를 옮겨 다니며 원작의 개괄적인 줄거리를 훑는다. 햄릿은 삼촌에 대한 복수심, 어머니에 대한 배신감, 자신의 나약함에 대한 자책으로 끊임없이 분노를 게워낸다. 하지만 그는 홀로 괴로워하면서 행동을 망설이고 주저하던 원작 햄릿의 모습을 벗는다. 어느 순간 그는 묵직한 돌덩이를 들고 울분 가득한 목소리로 외친다. "침묵은 죄악이다. 돌을 들어라. 가자. 가자." 이는 더 이상 현실의 부조리를 속으로만 삭이지 않고 투쟁하겠다는 강인한 햄릿의 탄생을 보여준다. 햄릿이 때로는 객석을 숙부 클로디어스로, 때로는 어머니로, 때로는 빈 벽으로 여기며 뱉어내는 날카로운 독백과 노기어린 눈빛은 공연 내내 관객을 긴장케 한다. 여기에는 햄릿의 심정을 대변하는 악기 연주까지 더해져 극의 집중도를 높인다. 햄릿의 독백과 전통 음악이 이루는 조화에서는 골목길만의 참신한 시도가 엿보였다.

▣ 극단 작은신화(연출 최용훈) <그냥, 햄릿>

극단 작은신화의 <그냥, 햄릿>은 제목 그대로 '그냥'일뿐인 햄릿을 풀어냈다. 이 작품은 오이디푸스 콤플렉스가 묻어나는 햄릿을 통해 원작의 나약하고 우유부단한 성격을 한층 더 짙게 표현한다. 무서웠던 아버지보다 자상한 삼촌을 더 좋아하는 것으로 설정된 햄릿이 어머니의 재혼을 불만스러워하는 이유는 바로 어머니의 손길을 더 이상 느낄 수 없기 때문. 자신의 소유물이었던 어머니를 잃었다는 생각으로 여자를 불신하게 된 햄릿은 "약한 자라구? 아니지, 약한 자여, 그대 이름은 여자!"라며 뾰로통하게 대사를 내뱉는다. 자신에 대한 복수를 종용하는 아버지의 유령에게도 '자고 있었으면서 어떻게 삼촌의 살해 현장을 보았냐'며 시종일관 투덜댈 뿐이다. 이처럼 겉만 자란 어린아이에 불과한 햄릿은 타인에 의해 수동적으로 자신의 행동 방향을 결정한다. 자신의 주위를 계속 맴돌며 각기 다른 요구를 하는 아버지, 어머니, 연인, 친구가 말 한마디를 던질 때마다 흔들리던 그는 망설임을 반복하다가 결국 탁자 밑에 기어들어간다. 공연 내내 그가 능동적으로 한 일은 이것뿐이라고 해도 과언이 아니다. 탁자 밑에서 몸을 웅크리고 아기처럼 엄지를 빨면서 나중에 복수를 하겠다며 스르르 잠이 드는 그의 모습은 이 작품의 백미로 꼽을 만하다.

■ 극단 풍경(연출 박정희) 〈햄릿, 서바이벌〉

〈햄릿〉 오디션 공고가 연극 사이트에 뜬다. 이번 공고에는 햄릿 역만을 오디션한다. 공고문에는 〈햄릿〉 대사에서 나오는 몇 가지 모티브가 적혀져 있다. 오디션을 볼 배우들은 그 중 하나의 모티브를 선택하여 여자, 남자 할 것 없이 한 가지 역, 햄릿만을 연기한다. 오디션 장에는 각인각색의, 동시대의 젊은 햄릿들이 펼쳐진다.

극단 풍경의 작품 〈햄릿, 서바이벌〉은 소재와 형식에서 가장 신선했다. 최근 유행하는 서바이벌 오디션의 틀을 빌린 이 극은 햄릿을 주제로 3분가량 연기를 펼치는 다섯 명의 지원자, 즉 다섯 명의 햄릿을 보여준다. 왕따 햄릿, 기자 햄릿, 전경 햄릿, 편의점 아르바이트생 햄릿, 고3 수험생 햄릿. 이들은 고뇌하고 좌절하는 햄릿의 특성을 꼭 빼닮은 현대 사회 속 인물군상을 그려낸다. 특히 아르바이트생 햄릿이 드러내는 현실은 20대의 피부에 가장 와 닿는다. 그는 편의점 바로 앞에서 대학생 등록금 반값 시위가 펼쳐지는 현장을 지켜보며 이에 참여하고 싶은 강한 의지로 불타오른 젊은 아르바이트생이다. 하지만 그는 돈을 벌어야만 하는 자신의 처지를 깨닫고 선뜻 편의점에서 뛰쳐나가지 못한다. 그 대신 휴대폰으로 현장을 중계하는 소극적인 방식을 택할 뿐이다. 다른 사람들처럼 과감하게 문제 해결에 앞장서지 못하고 뒤에서 고민하기만 하는 그의 모습은 안타까움을 자아낸다.

■ EMK 뮤지컬 컴퍼니 〈햄릿〉(작사/작곡 야넥 레덱츠키, 편곡 마틴 쿰작, 연출 로버트 요한슨)

1. 2011.10.20.~11.27., 유니버설 아트센터
2. 2011.12.23.~12.25., 고양 아람누리 아람극장

체코 출신 국민 가수·작사·작곡가인 야넥 레덱츠키가 탄생시킨 뮤지컬 〈햄릿〉은 1999년부터 2006년까지 체코 프라하에서 1000만 관객을 동원하며 프라하 최고의 롱런 히트작품이 되었고, 2003년과 2004년에 브로드웨이에서 성공적으로 공연을 마쳤다. 2008년에는 체코와 브로드웨이에서 앙코르 공연을 하였다. 체코로부터 뮤지컬 〈햄릿〉 국내 라이센스 계약을 체결한 EMK 뮤지컬 컴퍼니가 (주)PMG 네트웍스와 신성록, 신효범 등을 주연으로 발탁해 2007년 〈햄릿 시즌1〉과 2008년 〈햄릿 시즌 2〉를 성공적으로 공연하였고, EMK가 야넥 레덱츠키에게 세계공연을 위한 월드버전 제작을 제안하여, 2007년과 2008년 공연을 관람한 레덱츠키가 "무대, 의상,

안무 등이 체코 원작 보다 낫다."며 제안을 수락해 2009년 <햄릿-월드버전>이 만들 어졌다. 공연에서 나오는 수익과 로열티는 공동으로 배분하고, 한국을 비롯한 아시 아 판권은 EMK가 갖는 조건으로 국내업체가 해외 라이선스를 가지게 된 첫 번째 사례가 된 것이다. 그리고 EMK는 2011년 체코의 작품을 한국에서 만들어 일본으로 수출하는 쾌거를 거두게 되었다.

연출을 맡은 로버트 요한슨은 "이번 뮤지컬 <햄릿>은 셰익스피어의 원작보다 훨씬 더 비극적인 사랑에 초점을 맞추고 있다."며 "햄릿과 오필리아, 클로디어스와 거트루드, 이 두 커플의 러브스토리로 인해 빚어지는 갈등과 비극적인 운명을 그려 낼 것"이라고 밝혔다. 참고로 이 작품은 '거트루드의 사랑'이라는 제목으로 각색되어 발간된 책에서 영감을 얻어 제작된만큼 거트루드의 죽은 남편의 동생인 클로디어스 와의 결혼은 작품 내 모든 인물들 간 갈등의 시발점이 된다.

■ <네 가지 빛깔의 2011 햄릿 프로젝트>, 국립극장 달오름극장
1. 뮤지컬 햄릿(각색/연출 김지훈) 2011.11.4.~11.6.
2. 무용 햄릿(각색/연출 차현석) 2011.11.8.~11.9.
3. 오페라 햄릿(각색/연출 차현석) 2011.11.12.~11.13.
4. 연극 햄릿(각색/연출 차현석) 2011.11.17.~11.20.

네 가지 빛깔의 햄릿 프로젝트는 성공리에 마무리되었다. 네 가지 중의 한 가지만 가지고 공연하는 경우도 많은 스텝과 많은 연기진이 많은 조직이나 기관의 협조를 받으며 공연하며, 작은 업적도 큰 희생과 노력이 있어야 성취된다. 네 가지 중 한 가지도 자랑할 만하다. 햄릿 프로젝트는 행사로서는 큰 행사이고, 사업이라면 큰 사업이다. 문화계나 연극계에 대한 공헌도 크다.

처음 사업을 시작한다고 들었을 때 필사는 '설마'하고 염려하였다. '젊은 예술가가 어찌 그런 일을 할 수 있나?' 하고. 네 가지 빛깔을 다 쐬고 나서 필자는 차현석을 문화계의 혁명가요, 문화 사업가라고 지목하였다. 문화사업가다운 성공이 없이는 성과를 기대할 수 없다는 것을 필자는 잘 알기 때문이다. 사업은 조직이 필요하고 조직 구성원의 혼신의 노력 없이는 버려진 휴지조각이나 마찬가지다.

총예술감독 임경식 교수와 기획팀장 주민관, 제작팀장 김보배에게도 '햄릿 프로 젝트'의 성공에 치하의 말씀을 안 드릴 수 없다.

■ 뮤지컬 〈햄릿〉(부제: 감춰진 음모)(각색/연출 김지훈)

[김지훈의 인사말]

이 극은 사실을 바탕으로 재구성한 이야기이다. 실제 고구려시대 이야기와 무관하다. 우리극은 고구려시대와 접목한 이야기이기에 몇 가지 한국적 표현들이 삽입된다. 이 극의 전체적인 표현은 '굿'을 표방한다. 늙은 무당이 혼령을 부르고, 혼령들의 억울한 사연을 보여주며, 마지막 귀신이 천도하는 의식을 거행한다. 또한 〈햄릿〉에서 왕이 선왕을 죽였다는 것을 확인하기 위해 연극으로 보여준다. 우리는 한국적 표현으로 마당놀이를 택했다. 막간극으로서 재미와 객관성을 갖게 할 서사적 느낌을 보여준다. 많은 볼거리와 다양한 음악장르를 통해 관객의 인상에 깊게 새겨지게 할 것이다.

[줄거리]

선왕이 죽자 왕비는 동생과 결혼을 한다. 하지만 이를 못마땅하게 생각하는 햄릿. 햄릿은 아버지 죽음을 애도하기 위해 선왕의 무덤을 찾아가고 선왕의 혼령과 만나게 된다. 혼령은 자신을 죽인 자가 바로 현재의 왕이라 말한다. 햄릿은 그 말을 듣고 분노에 휩싸이고 무덤으로 들어가 선왕의 옷을 입고 자신을 감추기로 한다. 한편 왕비는 혼인날부터 현재의 왕과의 잠자리를 거부한다. 그녀의 결혼은 자신의 계략을 추진하기 위한 수단일 뿐. 그녀가 바라는 것은 왕의 자리다. 햄릿은 그것도 모른 채 왕을 죽이기 위해 계획을 짜고, 왕비는 그런 아들을 이용하여 왕의 자리를 넘보려 한다.

▣ 무용극 〈햄릿〉 부제 : 망자의 한(각색/연출 차현석)

[연출의도]

무용으로 보여지는 햄릿은 기본적으로 희곡으로 쓰인 햄릿을 바탕으로 호레이쇼의 진혼제를 통해서 희곡에서는 보여주지 않았던 복수와 화해를 그려낸다. 햄릿이 보여주는 이야기 구조와 인물의 깊이는 많은 사람들이 다양한 해석을 할 수 있도록 한다. 어떤 공연에서는 액션이 주요 플롯 장치로 등장하고 다른 공연에서는 잔인한 살인을 둘러싼 복잡한 철학적 사색이 보다 중요하게 부각된다. 비평 역시 관점에 따라 햄릿의 무의식적 욕망에 초점을 두기도 하고, 여성주의 비평가들은 오필리아와 거트루드에 주목하기도 한다.

[줄거리]

햄릿은 아버지의 갑작스런 죽음과 어머니(거트루드)와 숙부(클로디어스)의 재혼으로 현실에 대한 절망과 분노로 고뇌에 빠져들고, 이때 햄릿 앞에 나타난 부왕의 유령은 복수를 종용하며, 햄릿은 복수의 칼을 뽑아든다. 그 복수의 과정에서 햄릿은 실수로 연인 오필리아의 아버지를 죽이고, 오필리아의 오빠 레어티즈의 원한을 산다. 두 사람은 클로디어스의 음모로 결투를 벌이고 이 자리에서 거트루드와 클로디어스 그리고 햄릿 모두가 죽음을 맞는다. 하지만 망자가 되어서도 복수의 칼을 쉽게 거두지 못하는 이들을 위하여 호레이쇼는 진혼제를 준비한다.

■ 오페라 〈햄릿〉(각색/연출 차현석)

[작품해설]

셰익스피어의 걸작 햄릿은 메르카단테, 토마, 자프레트, 섬, 초콜라이 등 유명작곡가들에 의해서 오페라로 만들어졌다. 그만큼 원작의 스토리가 가지는 매력이 컸기 때문이다. 그 중에서도 원작의 특성을 오페라로 가장 완벽하게 옮겼다는 평가를 받는 작품은 앙브루 아즈 토마의 햄릿이다.

토마의 오페라 햄릿은 셰익스피어의 희곡 햄릿에서 몇몇 설정과 캐릭터만을 빌려온 것처럼 느껴질 정도로 원작과는 다르다. 가장 많이 지적되는 것은 해피앤딩. 5막에서 레어티즈는 햄릿을 찌르지만 그의 결백을 알게 되고, 오필리아의 장례식에서 선왕이 유령이 나타나 클로디어스의 범죄를 고발하고 햄릿은 클로디어스를 죽이고 새로운 왕으로 추대된다. 결말 이외에도 바뀐 것은 많다. 일단, 주요 캐릭터가 햄릿-오필리아-거트루드-클로디어스 로 축약된다. 오필리아의 아버지 폴로니어스는 선왕(햄릿의 아버지) 암살의 공범자로 바뀌 긴 했지만 비중은 축소되고, 햄릿에 의해 죽지도 않는다.

거트루드 역시 희곡에 비해 훨씬 덜 결백하고, 암살의 공모자이다.(즉 암살 공모자는 클로 디어스-거트루드-폴로니어스) 오필리아와 햄릿의 관계 역시 변한다. 셰익스피어의 희곡 에서 오필리아가 아버지의 영향력 하에 있고, 햄릿이 폴로니어스를 죽인 사실을 알고 미쳐 가는 것과는 달리 토마의 오페라에서 폴로니어스가 선왕 살해 공모자라는 사실을 안 햄릿 이 결별을 선언하자 그 상실감에(미쳐) 자살하는 것으로 나온다.

오페라 햄릿 원작(햄릿이 죽지 않고 선왕이 등장인물을 조성)의 내용보다는 원작 햄릿의 내용에 더 가깝게 표현할 예정이다.

■ 연극 〈햄릿〉(각색/연출 차현석)

연극에서의 차현석은 본분이 연출이다. 그가 각색을 하였고 연출을 하였으니 차 현석으로서는 신명을 바쳐서 연출하였을 것이고 '햄릿 프로젝트'의 〈햄릿〉은 하나의 새로운 〈햄릿〉을 창출하였다.

■ 인천시립극단(번역 신정옥, 연출 이종훈) 〈햄릿〉
　2011.11.25.~12.4., 인천종합문화예술회관 소공연장

인천시립극단은 1990년 창단되어 춘향전을 공연하였다. 서양에서도 하나의 작 가, 하나의 고전작품을 고르라고 하면 아마도 셰익스피어일 것이고 〈햄릿〉일 것이 다.

한국과 서양의 대표작이라고 할 〈춘향전〉과 〈햄릿〉을 공연한 인천시립극단은 셰 익스피어의 작품공연에서도 만만한 도전자가 아니다. 1993년에 〈말괄량이 길들이

기〉, 1996년에 〈노미오와 주리애〉, 1997년에 〈실수연발〉, 2007년에 〈한여름 밤의 꿈〉, 2008년에 〈맥베스〉, 2010년에 〈사랑과 광증〉, 그리고 2011년에는 〈햄릿〉을 공연하게 되었으니, 이제 4대 비극에서 공연되지 않고 있는 것은 〈리어왕〉 뿐이다.

공연은 성공하였고 문화인과 관객이 극장을 가득 메웠다. 이번 작품 〈햄릿〉의 역자인 필자는 공연에 맞춰 〈햄릿〉공연에 따른 해설을 프로그램에서 설명하였다. 〈햄릿〉의 이해에 도움이 될 것 같아서 일부를 전재한다.

• **새로운 〈햄릿〉이 될 것인가?**

…〈햄릿〉은 공연방식의 유형이 다양하다. 번안되고 한 장면을 강조한 부분극, 뮤지컬, 오페라, 발레 등으로 그리고 영화로 영상화되고 있다. 그러나 〈햄릿〉은 희곡이고 그 본바탕인 전통은 연극이다. 그래서 인천시립극단의 〈햄릿〉공연은 셰익스피어를, 〈햄릿〉을 바르게 감상하는 계기가 되는 무대가 될 것이다.

… 햄릿은 분명히 사색적인 인간이다. 그리고 많은 상황과 직면한다. 아버지의 망령이 햄릿에게 복수하라고 한다. 오필리아를 사랑하고 호레이쇼에 대한 우정이 있다. 아버지를 죽인 삼촌에게 복수하려고 하며 그 삼촌의 왕비가 된 어머니를 증오하는 사랑이 있다. 햄릿은 오필리아의 아버지를 죽이고 그녀의 오빠 레어티즈는 햄릿을 죽이려 하고, 햄릿은 정신병을 가장하며 경우에 맞게 강약이 있다. 오필리아는 미친다. 묘지장면에서 오필리아에 대한 진지한 사랑으로 고별한다.

이 비극은 그 종막에서 호레이쇼를 제외한 주인공들이 모두 애절하게도 죽음을 맞이하게 된다. '햄릿'은 죽고 죽이는 종막에서 후세를 위한 예언인 유언을 남기고 마지막 말은 「이제 남는 건 침묵뿐이다.」라고 하며 이 세상과 고별한다. 〈햄릿〉은 죽음으로 대미를 장식하는 비극이다. 그런데 셰익스피어의 비극은 차사지 않다. 고귀하고 능력 있는 인물들이 등장한다. 이들이 성격상의 결함이나 악습 때문에 뜻하지 않았던 불행으로 전락하여 처절한 죽음을 당하나 그 죽음을 고상하게 미화하는 애절함이 있다. 그리고 죽음 후에는 희망이 엿보인다.

… 〈햄릿〉은 가장 소중한 문학작품이고 연극이고, 예술이다. 필자가 번역한 단행본은 233 페이지의 단행본이며, 원문의 행수를 따지면 3848행에 불과하다. 그러나 거대한 분량의 대작이 있어도 〈햄릿〉이 지니는 작품성은 가장 위대하다.

인천시립극단은 최근에 새로이 셰익스피어의 작품으로 인정된 〈사랑과 광증〉(원제:〈두 귀족 친척(The Two Noble Kinsmen)〉)을 우리나라에서 초연한 기록을 가지고 있다. 이번 공연에서 〈햄릿〉을 어떤 형상으로 새로이 구현할 것인가 기대가 크다.

■ **문화창작집단 수다(원작 제임스 셔먼, 재구성/연출 장진) 〈리턴 투 햄릿〉**

1. 2011.12.9.~2012.4.8., '연극열전 4' 참가작 동숭아트센터 동숭홀
2. 2012.4.13.~4.14., 의정부 예술의전당 소극장
3. 2012.5.10.~5.12., 울산 현대예술관

<리턴 투 햄릿>은 <햄릿>의 마지막 공연을 준비하는 배우들의 백스테이지 에피소드를 그린 작품으로 극의 마지막에 화해와 용서, 꿈과 열정의 감동을 준다.

장진 감독은 제임스 셔먼 원작 <매직타임>에서 '햄릿을 공연한 배우들의 이야기'라는 구성의 극히 일부만을 발췌하여 <매직타임>이란 제목으로 1998년에 바탕골 소극장에서 공연한 적이 있으며 공연 당시 지금 소위 장진 군단이라 불리는 충무로의 잘나가는 배우들(그 때는 신인배우?) 신하균, 정재영, 이문식, 임원희의 실명을 사용하여 공연하였다. 이번 작품은 장진 감독의 말에 의하면 "완전히 인수분해하여 완전히 새로운 연극으로 만들었다."고 한다. 이 작품과 비슷한 작품으로는 영화로 개봉된 여배우들의 무대 뒷모습을 보여주는 <여배우들>이 있었다.

<매직타임>은 장진 감독의 공연 이외에도 2000년과 2006년에 지금은 폐암으로 별세한 고 박광정씨의 연출로 공연된 적이 있으며, '왕의 남자'로 영화계의 탑스타가 된 이준기와 이준기 소속사 멘토엔터테인먼트 신인배우 6명이 2007년 자체적으로 연극무대를 꾸며 공연된 것 외에도 2008년에는 동서씨어터와 직장인 극단 아해가 공연하였고, 2010년에는 극단 사람세상이 무대에 올린 적이 있는 작품이다.

평택대학교 백소연 교수는 이번 연극의 문제점을 지적하였다.

…관객을 위해 알기 쉽게 풀어냈다는 〈햄릿〉의 마당극 버전은, 결과적으로 셰익스피어의 원전이 말하고자 했던 궁극적인 문제의식을 삭제해낸 채 구성진 사투리에 의존한 웃음 유발, 그 이상의 의미를 보여주지는 못했다… 결말부에 이르러 이루어진 급박한 마무리는 상대적으로 무척 엉성하게만 보였다. 극도로 대립하던 민과 재영이 급작스럽게 마음을 터놓고 화해를 시도하는 것도, 공연 직전 갑자기 날아든 두 개의 소식-진우의 아내가 임신을 하고 지욱의 아내가 죽음을 맞는다는 것도 지나치게 신파적이며 작위적이라는 느낌을 준다. 이는 〈리턴 투 햄릿〉이 가진 치명적 한계이기도 하다.

2012 year Hamlet

■ 극단 집현(재구성/연출 이상희) <햄릿 코리아>
　1. 2012.1.26.~2.5., 대학로 예술극장 대극장
　2. 2012.8.2.~8.3., '제24회 거창국제연극제' 참가작 거창 수승대 축제극장

1980년에 창단된 인천을 대표하는 극단 집현의 <햄릿 코리아>는 "사느냐 죽느냐 그것이 문제로다"로 유명한 셰익스피어의 <햄릿>을 이상희가 우리나라의 전통장례, 판소리, 북소리, 사물놀이와 사자춤 등의 광대놀이 등을 이용하여 재구성하고 연출하여 만든 작품이다. 작품에 대한 설명은 2011년 편을 참조하기 바란다.

◆ 2012.2.10. 인천뉴스 박철민 기자

…1980년대 중반 작고한 극작가 조일도 선생을 주축으로 심평택, 전무송, 최종원, 조상건 등 이름만으로도 기라성 같은 배우들이 전통과 현대예술의 만남, 전통예술의 현대적인 수용을 시대의 연극공연 양식에 투영하려고 창단한 이후 30년을 올곧게 외길을 걸어가고 있는 극단 '집현'이다.

… 이러한 극단 집현의 창조적인 전통 작업은 국내를 넘어 세계의 문을 두드린 지 오래되어 이미 2005년에 미국 LA, 시애틀을 시작으로 체코, 이태리, 스페인, 몽골, 중국, 멕시코, 프랑스, 영국, 터키, 헝가리, 세르비아와 포르투갈 등 세계 14개국 21개가 넘는 유수의 도시와 연극제에 초청되어 한국적인 신선한 공연양식으로 우리 것이 곧 세계의 것이라는 깊은 인식을 심어주었고, 또한 한국공연의 세계화 작업은 극단의 발전성과 함께 앞으로도 계속될 것이다.

집현 특유의 사물놀이 양식에 이번에는 구슬픈 가락의 선율로 심장을 울리는 아쟁이 추가되어 선왕의 고통어린 장면이나 태자의 고뇌를 표현하는 장면에 차용하고, 광대패 놀이의 한층 더 세련되고 발전된 무대, 마당놀이의 원형이 추가되어… 서구의 '햄릿'이 아닌 우리의 햄릿이 이제 글로벌 햄릿이 될 수 있다는 존재감을 보여주었다.

… 무대 위에 펼쳐진 민장과 무명들, 그리고 흰 천들의 너풀거림은 우리의 천과 한지, 한복 등을 통해 이미지를 풍경으로 상징화하려는 극단 집현의 철학이었다.

… 이미 우리의 향토 연극제인 '고마나루 연극제'에서 두 번이나 대상을 받았고, '인천연극제'와 '전국연극제' 등을 휩쓴 극단 집현의 저력은 국내의 인정 차원을 넘어서는 것이다. 이러한 현상 아래에서 황해도 소놀음굿 전승계승자이기도 한 극단 대표와 역시 전통 극단 목화 출신의 뛰어난 연출가 이상희 연출의 고뇌가 함께 하는 한 극단 집현이 만드는 공연들에 우리의 관심이 집중됨은 당연한 일일 것이다.

■ 연희단거리패(각색/연출 이윤택) <햄릿>

1. 2012. 3월 24일과 31일, 밀양연극촌 우리동네극장
2. 2012.4.5.~4.8.,'2012 이베로아메리카노 국제연극제' 공식초청작, 콜롬비아 꼴숩시디오 극장
3. 2012.7.27.~7.28.,'제12회 밀양여름공연예술축제'참가작 밀양연극촌 성벽극장

1986년에 창단된 연희단거리패는 연극공연의 횟수로나, 수상경력으로나, 해외공연실적으로나 아마 대한민국 최고의 극단이라 자부심을 가질 만한 극단이다. 1996년 부산, 서울 초연 후 그 해 서울연극제 연출상을 수상한 연희단거리패의 <햄릿>은 이후 러시아 'ASSITEJ 대륙연극제'에 참가하고 1998년 독일 베를린 '세계 문화의 집' 공연을 비롯 일본 아시아 ASSITEJ 초청 5개 도시 순회공연, 일본 '토가 페스티벌' 등 해외무대에서도 꾸준히 공연되어 왔다.

연희단거리패의 <햄릿>은 2010년에는 루마니아에서 개최되었던 '제7회 국제 셰익스피어 페스티벌'에 공식 초청되어, 로버트 윌슨, 오스터 마이어, 부투소프, 코르슈노바스 등이 연출한 <햄릿>과 함께 대한민국을 대표하여 어깨를 나란히 하며 세계 관객들에게 한국연극의 힘을 과시하였다. 실제로 현장에서 관객들의 평 역시 이들의 공연보다 더 좋으면 좋았지 나쁘지 않은 게 사실이었다.

이윤택 연출은 그동안 '권력욕에 물든 레어티즈' 등 셰익스피어의 이윤택적 변용에 많은 공을 들였다면, 이번 2012년부터의 작품은 셰익스피어에 가장 충실한 <햄릿>으로 만들었다. 특히, 이 작품은 콜롬비아에서 개최되는 세계 5대 연극축제로

손꼽히는 '2012 이베로아메리카노 국제연극제' 올라아시아 프로그램에 공식 초청돼 콜럼비아 꼴숩시디오 극장에서 공연(4.5~4.8)하였다.

콜럼비아에서 개최되었던 '이베로아메리카노 국제연극제'는 1988년 콜롬비아 보고타시 건립 450주년 기념행사로 처음 시작되었으며, 격년제로 개최된다. 세계 공연예술 관계자들이 한자리에 모여 교류하는 대규모 페스티벌로, 한 해 관객이 약 280만 명에 이른다. 한국에서는 국립극장의 <우루왕>(2002), 안애순 무용단의 <열한 번째 그림자>(2005, 2010), 예감의 <브레이크 아웃>(2010)과 이번에 연희단거리패의 <햄릿>(2012)이 초청된 것이다.

◆ 1996년 러시아 로스토프 '제12회 국제 아스티지 대륙연극제': 깜사몰스까야 쁘라브라 신문

만일 상금을 수여하는 페스티발이 있었다면 한국의 햄릿은 여러 면에서 최고의 황금 마스크상을 받았을 것이다."

■ '제33회 서울연극제' 기획초청작, 극단 가변(연출 이성구) <햄릿 이야기>
　　2012.4.19.~4.29., 대학로 설치극장 정미소

2003년 조현아 작, 송형종 연출로 <On Air Hamlet>을 무대에 올렸던 극단 가변은 2012년에는 이성구 연출로 <햄릿 이야기>를 무대에 올렸다.

[줄거리] 글: 박정기

… 연극이 시작되면 검은 상복의 햄릿이 등장해 어린이들의 모습을 지켜본다. 곧이어 호레이쇼의 등장과 햄릿과 놀이기구를 오르내리며 우산을 검처럼 사용해 벌이는 대결은 하나의 볼거리가 되고, 장쾌한 음악과 함께 왕비 거트루드와 신왕 클로디어스가 폴로니어스를 비롯한 수행원들과 함께 등장, 왕비와 신왕은 놀이기구 꼭대기로 올라선다. 두 사람의 결혼이 발표되고, 숙부인 신왕은 햄릿에게 자신을 아버지라 호칭하도록 이른다. 모든 아들들이 그렇듯이 자신의 어머니의 정절 훼손이 햄릿으로서는 도저히 납득하기 어려웠고, 부왕이 죽은 지 얼마 되지 않았는데, 숙부의 품으로 들어가는 어머니의 모습은 햄릿에게는 받아들일 수 없는 충격적인 일이었다. 게다가 자신의 이름을 끊임없이 불러대며 자신이 시해 당했다고 부르짖는 부왕 망령의 처절한 음성은 환청처럼 계속되고, 그 소리는 객석까지 깊이 스며든다.

3막 1장의 명대사인 "사느냐 죽느냐"가 햄릿 뿐 아니라, 작중인물로 설정된 한 노인의 대사로도 반복이 되고, 노인은 액자를 통해 세상을 보려는 듯 자신의 얼굴 가까이 액자를 가져다 댄다.

정권변화에 따르는 선왕의 아들을 보호하려는 호레이쇼의 충성심이 부각되고, 연인 오필리아에게까지 어머니처럼 부정한 피가 흐르는 것으로 생각한 햄릿이, 오필리아에게 수도원으로 가라고 하는 광적인 외침은, 오필리아로서는 난데없이 울리는 마른하늘의 천둥과 벽력이 아닐 수 없다.

광대패의 등장으로, 햄릿이 부왕망령의 주장이 사실인가 아닌가를 확인하기 위해, 부왕의 시해장면을 광대패의 어린이극으로 재현시킨다. 앙증스럽고 귀여운 모습으로 선왕을 죽이는 장면이 연출되고, 이를 관람한 신왕은 소스라쳐 놀라며 벌떡 일어나지만, 애써 태연함을 가장하며 퇴장한다. 이 광경을 주시한 햄릿은 부왕이 암살되었음을 확신한다. 신왕의 햄릿을 처치하려는 의지가 표명되고, 왕비는 햄릿을 보호하기 위해 폴로니어스를 자신의 편으로 끌어들이려고, 육체로 유혹한다. 두 사람의 성 접촉 장면이 햄릿에게 발견되고, 햄릿의 분노폭발로 폴로니어스는 햄릿의 손에 죽음을 당한다. 왕비의 변명은 햄릿에게는 전혀 들리지 않는다.

한편 자신에게는 물론 아버지에게까지 저지른 햄릿의 광폭한 행동으로, 오필리아는 실성과 함께 자살로 생을 마감한다.

귀국한 레어티즈에게, 아버지를 살해하고 누이까지 자살토록 이끈 햄릿은, 철천지 원수가 아닐 수 없다. 신왕 클로디어스는 이러한 레어티즈를 부추겨 햄릿과의 결투를 종용하고, 결투장에서 햄릿에게 독약까지 먹일 계획을 세운다.

대단원에서 햄릿과 레어티즈의 결투가 많은 사람이 지켜보는 가운데, 청홍색의 딱지치기로 시작이 되고, 곧이어 우산을 검처럼 사용해 벌이는 대결이, 피라미드 형태의 놀이기구 아래위를 뛰어다니며 곡예를 하듯 펼쳐지고, 왕비는 신왕이 햄릿에게 마시게 하려고, 술잔에 넣은 독 바른 진주 술을 햄릿 대신 마시고 쓰러진다. 레어티즈 역시 우산 끝에 바른 독으로 햄릿을 찌르고, 같은 우산에 찔려 숨을 거두며, 신왕의 음모 전모를 밝힌다. 햄릿은 신왕을 죽이고 자신도 역시 숨을 거둔다. 그때 격렬한 총기의 발사음과 함께 호레이쇼가 왕자의 안위를 위해, 군대를 대동해 등장하지만, 이미 사태가 돌이킬 수 없다는 상황판단을 하고, 국가의 위기에 대처하기 위해 전국에 비상계엄을 선포한다.

대단원에서는 서장과 마찬가지로 종장에서도 노인이 등장해, "사느냐 죽느냐"를 독백처럼 중얼거리며, 햄릿을 깨워 놀이기구 위로 올라가 앉도록 이른다. 햄릿의 미소 띤 얼굴을 기념사진으로 촬영하는 장면과 함께 연극은 마무리를 한다.

■ MJ 컴퍼니(각색/연출 성천모, 프로듀싱 최무열, 음악 AEV)
<햄릿-the actor> 2012.3.31.~5.5., 예술의전당 자유소극장

2011년 셰익스피어의 오셀로를 각색해 2인극 <오셀로와 이아고>를 성공리에 공연하였던 MJ 컴퍼니(2008년 창단)는 아버지의 죽음 이후 어느 순간부터 소외된 햄릿이 아버지의 죽음이 의도된 타살이라는 사실을 알게 돼 복수를 결심하면서 벌어지는 이야기 <햄릿-the actor>를 2012년 3월 31일부터 5월 5일까지 예술의전당 자유소극장에서 공연하였다.

극단 측에 의하면 이 작품은 한마디로 '세상에서 가장 재미있는 비극 '그리고 '음악극'이라고 한다. 성천모가 각색 및 연출을, 최무열 대표가 프로듀싱을 하고, 2012년 3월 '불후의 명곡'에 출연하였던 에이브가 음악감독을 맡아 편곡을 하였다.

이 작품에는 단 3명의 출연배우가 등장하여 십 수 명에 이르는 등장인물을 모조리 연기하며, 첼로, 바이올린. 피아노의 3중주로 이루어지는 배경음악이 라이브로 공연되었다.

이 작품으로 MJ 컴퍼니는 2012년 '제1회 셰익스피어 어워즈'에서 젊은 연출가상(성천모)과 여우주연상(정수영)의 영광을 수여하게 된다.

[줄거리]
햄릿의 아지트에 찾아온 두 배우, 사라와 켐벨… 햄릿의 우울증 증세를 걱정한 어머니가 보낸 햄릿의 오랜 친구들이다. 햄릿은 켐벨이 낭독하는 프라이암 왕을 암살하는 장면에서 영감을 얻어 연극으로 자신의 복수를 왕 앞에 공연할 것을 계획하게 된다. 햄릿의 아지트에서 세 사람은 강한 이끌림으로 즉흥극 <곤자곤의 암살>을 준비하고 실연한다. 극중극에서 두 배우는 일인 다역을 하게 된다.
햄릿과 두 배우는 망령이 들려준 독살장면을 숙부와 왕비 앞에서 공연해 진위 여부를 가리기로 작정을 하고 공연을 한다. 극중극 마지막 장면은 숙부가 햄릿에게 먹이려던 독이 든 술잔을 왕비가 대신 마시는 장면, 레어티즈의 독 바른 칼날에 상처를 입게 된 햄릿과 역시 그 독 바른 칼날에 찔린 레어티즈가 죽어가며 햄릿의 숙부인 왕의 흉계가 폭로되면서 햄릿은 숨을 거두기 직전, 숙부의 가슴에 칼을 깊숙이 꽂으면서 극중극은 마무리 된다. 현실로 돌아와 무대 위에 여기저기 쓰러진 시체를 바라보며, 마지막 힘을 다해 꼿꼿이 버티고 선 햄릿의 모습을 보여주며 침울하게 연극은 끝난다.

■ 극단 미학(번역 신정옥, 연출 정일성) <Lab Theatre 햄릿>
　 2012.10.31.~11.11., 대학로 아름다운 극장
극단 미학은 1997년에 정일성씨가 "신파악극과 어쭙잖은 실험극이 난무하는 연극계에 정통극으로 새바람을 불어넣겠다."는 각오로 뜻 맞는 사람들과 만든 극단이다. 극단 미학은 1998년 창단 첫 작품으로 국립극장 대극장에서 <햄릿>을 무대에 올렸으며, 그 당시 햄릿 역에 탤런트 김명수, 선왕의 유령에 원로배우 장민호, 폴로니어스 심양홍, 오필리아 배유정 씨 등 유명탤런트들이 캐스팅되어 화제를 모았다.

극단 미학은 2005년 <맥베스>를 국립극장 달오름극장에서, 2008년 창단 10주년 기념작으로 <오셀로>를 동덕여대 공연예술센터에서, 2009년 <리어왕>을 다시 동덕여대 공연예술센터에 올림으로써 명실상부한 셰익스피어의 4대 비극을 모두 공연한 극단이 되었다. 네 작품 모두 필자의 번역과 정일성의 연출로 공연하였기에 극단 미학은 필자가 사랑하는 극단이 아닐 수 없다.

필자는 이 공연을 축하하며 다음의 글을 보냈다.

우리나라는 선진국이 되었습니다. 경제에서나 문화에서나 세계 10대국에 오르내리고 있습니다. 자랑할 만한 일이겠죠. 정치는 10위에 드는지 모르겠습니다.

그러나 우리는 6·25 를 겪었습니다. 피난을 갔죠. 수복하고나니 서울도 허허 벌판 같았습니다. 국민 모두 열심히 일해서 오늘의 대한민국이 되었고 서울은 세계 5대 도시의 하나가 되었습니다.

필자는 나라의 어려움이 가시지 않을 때도 다행히 학교를 다녔습니다. 그 무렵 영문학계는 최재서 교수가 〈햄릿〉 대역 판을 내서 큰 호평을 받았습니다. 우리나라에서 〈햄릿〉을 처음 번역한 것은 중역이기는 하나 현철(玄哲)이 1921년 5월 1일부터 1922년 12월 1일까지 개벽(開闢)지에 게재한 〈햄릿〉이었습니다. 피난시절 대구·부산 등에서 신협이 공연하도록 번역한 한로단이 있습니다. 그리고 최정우, 여석기, 오화섭, 김갑순, 한로단, 김주현 등 기타 여러 교수들이 셰익스피어를 번역하였고 연구하였습니다. 저는 대학원에서 김갑순 교수의 지도를 받았으며 그분의 권유로 〈한여름 밤의 꿈〉을 처음 번역하였고 이화여자대학교 대강당에서 1958년에 공연을 하였는데 크게 환영을 받게 되었습니다. 고마운 일이죠. 그것이 제가 셰익스피어의 작품을 번역하게 된 동기이고, 어려운 길을 택한 것이겠죠. 오늘까지 겨우 전 작품, 희곡 39편, 장시 3편의 번역을 끝냈습니다. 지금은 일부 개정판을 내고 있습니다. 바보 같은 인생을 살은 건지 모르겠습니다. 그래도 만족하고 있습니다. 우리나라가 이광수가 있고 김동인이 있습니다. 유치진도 있고, 차범석도 있습니다. 이분들은 근대한국문화 개발에 큰 공을 세웠습니다.

미국에는 테네시 윌리엄스와 아서 밀러가 있으며, 러시아에는 톨스토이가 있고, 독일에는 괴테가 있고, 프랑스에는 몰리에르가 있습니다. 영국에는 셰익스피어를 공박하던 버나드 쇼도 있죠. 그러나 이 모든 훌륭한 문호를 거명하면서도 한 사람을 뽑으라고 하면 아마 대부분이 셰익스피어를 고를 것입니다.

우리나라가 개화되면서 서구문명이 빠르고 크게 흘러들어 왔습니다. 소중한 문화가 여러 가지 면에서 영향을 주어 지금은 문명도 선진국이 되었죠. 그 가운데 큰 줄기의 하나는 셰익스피어입니다. 셰익스피어는 어느 나라에서나 그 나라의 문화적 입지를 밝히는 등대가 되었습니다. 그래서 저는 셰익스피어의 전 작품을 평생을 걸려 완역한 것이죠.

제가 바라는 것은 셰익스피어 전용극장과 셰익스피어 전용극단, 셰익스피어 전문연극인의 양성입니다. 정일성 교수는 셰익스피어의 4대 비극을 연출 · 공연하였습니다. 또 〈줄리어스 시저〉와 기타 몇 작품들도 공연하였습니다.

국립극장 해오름 대극장에서 〈햄릿〉을 공연할 때의 일입니다. 개막 첫머리에 햄릿 아버지의 유령이 나타납니다. 복수하라는 유령의 무서운 목소리가 극장 구석구석까지 울립니다. 그 분위기는 햄릿이 죽는 종막의 끝판까지 이어집니다. 연출의 탓일까요? 원로배우의 관록일까요? 그 웅장한 무대를 잊을 수가 없습니다.

이제 정일성 교수는 연극전문인을 양성하십니다. 모두가 바라고 기뻐하겠죠. 앞으로 훌륭한 연극인을, 많은 연극인을 보게 될 것입니다. 고마운 일입니다. 모두의 행운을 빕니다.

■ 서울문화재단 (대본/연출 기국서) 〈햄릿6 : 삼양동 국화옆에서〉
2012.11.6.~11.25., 남산예술센터

우리나라에서 연극하는 사람 누구라도 우리나라 연극계의 큰 별 세 개를 꼽으라면 이해랑, 김동원, 장민호를 꼽을 것이다. 이해랑 선생님은 1989년 4월 8일, 김동원 선생님은 2006년 5월 13일에 사랑하는 연극계의 후배들을 남겨 놓고 저 멀리 좋은 곳으로 가셨고, 남은 한 별 장민호 선생님이 2012년 11월 2일 후배들 곁을 떠나셨다. 먼저 이 글을 쓰기 전 진심으로 애도를 표하며, 세 분이 우리나라 연극계에 남긴 큰 업적에 대하여 무한한 감사를 보낸다.

1976년에 창단된 극단 76은 극단을 이끌고 있는 기국서 연출로 1981년에 〈햄릿1〉을 국립극장 소극장에서, 1982년에 〈햄릿2〉를 문예회관 소극장에서, 1984년에 〈햄릿과 오레스테스〉(햄릿 3)를 문예회관 대극장에서 공연하였다. 이후 기국서는 1990년 1월 현대극장과 〈햄릿4〉를 대학로극장에서, 1990년 9월 극단 신협과 〈햄릿5〉를 자신의 연출로 무대에 올렸다.

2012년 한국 실험연극의 대표연출가이고 연극계의 이단아라 불리는 기국서는 무려 22년 만에 〈햄릿〉 시리즈의 여섯 번째 작품, 〈햄릿6 : 삼양동 국화옆에서〉를 서울문화재단 주관으로 11월 6일부터 25일까지 남산예술센터에서 공연하였고, 이 작품에 햄릿 역을 맡았던 윤상화가 '2012년 대한민국 연극대상'에서 남자연기상을 수상하였고, 이 작품은 2013년 '제2회 셰익스피어 어워즈'에서 우수상을 수상하게 된다.

참고로 기국서는 영화 '도둑들'에서 홍콩 조직의 보스 웨이홍으로 출연한 적이 있으니 독자들은 누구인지 "아!" 하고 알 수 있을 것이다. 탤런트 기주봉씨와 형제지간이다.

[기국서의 연출노트]

나는 6·25 한국전쟁 중에 태어났다. 아버지는 혁명운동을 했다는 죄로 형무소에서 7년 넘게 복역하고 나와서 평생 고문 후유증으로, 싸구려 진통제에 중독되어 살다가 돌아가셨다. 우리 가족들은 연좌제에 해당되어 제도권은 물론, 사회진입이 차단되었다. 나와 동생은 연극인이 되었다. 연출가와 배우로, 내 20대는 박정희 독재정권의 가장 캄캄했던 유신시대 속에서 허우적댔다.

…최근 몇 년 동안 나는 80년 광주학살 못지않은 충격을 경험하였는데, 그것은 용산참사와 쌍용자동차 해고 노동자들의 잇단 자살이었다. 용산사건에서는 죽은 사람들이 법적인 문제로 몇 달 동안 장례를 치르지 못하고 냉동실에 갇혀 있었다는 사실에서…비정의 극치를 보았고…눈물이 저절로 흐르고…이 사회에 인간애는 없어져버린 걸까? 인간애는 없어졌을까?

[줄거리]

배경은 삼양동 오래된 골목길에 있는 낡고 오래된 카페 '국화'.

햄릿은 진땀을 흘린다. 눈앞에 죽은 아버지가 나타나고 환각에 시달린다. 불쑥 친구 호레이쇼가 앞에 나타난다. 호레이쇼와 무의식에 대한 대화를 한다. 눈을 감았다 뜨니 아버지가 눈앞에 있다. 오래 전 죽은 아버지. 아버지의 유령은 또 다른 헛것, 망령을 몰고 온다. 공장 노동자로 일하다가 무자비한 노조 탄압작전에 물고문으로 죽은 영혼, 광주사태, 용산참사의 희생자들, 성폭행 피해자들, 쌍용자동차 자살 노동자들의 망령들이 외상 후 스트레스성 증후군을 보이는 햄릿을 괴롭힌다.

어느 카페, 오필녀라 불리는 오필리아는 햄릿의 오랜 연인이며 절대적인 지지자다. 그녀는 어떤 상황에서도 햄릿이 옳다는 믿음이 있다. 옆자리의 호레이쇼는 햄릿의 이상한 행동을 걱정한다. 카페로 햄릿과 오필리아의 탈을 쓴 배우 둘이 들어와 인형극을 한다. 그것을 바라보던 햄릿은 그들의 표정 없음, 거짓 웃음에 삶의 공허, 자살충동을 느낀다. 오필리아의 독설을 뒤로 하고 햄릿은 카페를 나선다.

햄릿이 간 곳은 어느 절벽. 여기서 한 발 내딛으면 저 세상이다. 절벽에서 자살을 생각하던 햄릿은 우연히 두 명의 기관원이 시체를 유기하는 장면을 목격한다. 두 기관원은 권력을 향해 과감하게 저항한 한 인사를 살해하고 실족사로 처리하려 한다. 햄릿은 가해자가 모호한 사회적 폭력과 억압의 희생자들을 어찌하지 못하고 바라만 본다.

연극 연습실, 셰익스피어 〈햄릿〉의 배우들이 온전하지는 않지만 자신의 캐릭터를 분석하고 대사를 외우고 있다. 햄릿 역의 배우는 칼을 뽑아든다. 그것이 왕을 죽이기 위함인지 왕비를 죽이기 위함인지 자신을 향한 것인지 알 수 없다. 증오와 추악함 속에 질주하는 햄릿, 햄릿은 끝이 보이지 않는 하수구를 달려간다. 이곳에서 나가는 방법은 죽음뿐이다.

공동묘지. 무덤을 파는 인부들은 걸쭉한 음담패설을 나눈다. 뜨내기와 건달들이 어떤 무덤에 침을 뱉으며 지나간다. 호레이쇼는 무덤 주인이 누구냐 묻는다. 무덤에 묻힌, 한때 왕이었던 망자의 사연을 듣는다. 햄릿은 호레이쇼에게 삶과 죽음에 대한 철학을 이야기한다. 그것은 마치 산 자에 대한 경고, 죽은 자에 대한 조문처럼 들린다.

다시 카페 안. 호레이쇼가 마담에게 연극의 서두를 어떻게 잡을까 장황하게 이야기하기 시작한다. 백발의 노인네가 신중현의 〈아름다운 강산〉이 울리는 가운데 언덕길 너머로 사라진다.

■ '제2회 대학로 오페라 페스티벌' 참가작
　이지클래식(작곡 앙브루아즈 토마, 연출 차현석) 오페라 〈햄릿〉
　2012.12.9.~12.10., 대학로 스타시티극장

　이 공연은 일반적인 오페라와는 달리 대중과의 거리를 좁혀 가수의 숨소리까지 들으며 공연에 심취할 수 있다는 것이 가장 큰 특징으로 큰 무대와 부담스런 가격이 아닌 누구나 쉽고 재미있게 다가갈 수 있는 무대를 제공한다는 취지에서 만들어진 것이다.

　이지클래식의 대표인 차현석 연출로 12월 9일부터 10일까지 공연되었던 오페라 〈햄릿〉은 셰익스피어의 〈햄릿〉이 앙브루아즈 토마에 의해 오페라로 재탄생된 작품이다. 이지클래식의 차현석 연출은 토마의 오페라 〈햄릿〉을 2011년 11월 국립극장 달오름극장에서 공연되었던 뮤지컬, 오페라, 발레, 연극의 〈네 가지 빛깔의 2011 햄릿 프로젝트〉에서 초연한 적이 있고, 작품에 대한 설명은 2011년 공연을 참조하기 바란다.

　매튜 라이 외 공저로 저술한 '죽기 전에 꼭 들어야 할 클래식 1001'에 있는 앙브루아즈 토마의 〈햄릿〉에 대한 설명이다.

　토마(1811~1896)는 재능 있는 피아니스트로 파리 음악원에서 수학하던 중에 작곡으로 로마 대상을 수상하기도 했다. 그는 후에 음악원의 교수가 되었고 1871년부터 죽을 때까지 교장직을 역임했다. 그는 보수적인 성향이었기에 바그너가 시도하는 혁신을 반대했다. 오페라 작곡가로서는 구노처럼 성공한 작곡가들의 영향을 받았다
　셰익스피어에 대한 유럽 예술계의 열정은 그에게도 영향을 끼쳤다. 토마는 구노가 〈로미오와 줄리엣〉을 작곡하자 〈햄릿〉을 작곡했다. 〈미뇽〉과 〈파우스트〉의 대본을 썼던 쥘 바르비에와 미셸 카레는 햄릿의 줄거리를 프랑스 사람들의 취향에 맞게 고쳤다. 즉, 등장인물을 반으로 줄이고 원작에 없는 사건들을 덧붙였으며 햄릿이 죽지 않고 왕으로 등극하는 해피엔딩으로 끝났다.

■ '제2회 마이크로 셰익스피어 햄릿 전' 참가작

서울연극협회는 (주)이지컨텐츠그룹, 대학로 스타시티극장과 함께 고전 공연콘텐츠를 개발하고자 2012년 '마이크로 셰익스피어 맥베스전'에 이어 2013년 '마이크로 셰익스피어 햄릿전'을 2013년 5월 27일부터 6월 9일까지 예술공간 상상에서 개최하였다. 이번 행사에는 초연과 재연, 원전에 충실한 공연과 각색 작품 모두가 참여가 가능하였다.

'마이크로 셰익스피어 햄릿전'에는 총 6개의 작품이 참가하였다.
■ 극단 예락 〈햄릿-두 병사 이야기〉
■ 극단 라나앤레오 〈햄릿과 오필리아 4호선 당고개행 막차를 타다〉
■ 극단 이상한 앨리스 〈킹 클로디어스〉
■ 극단 홍차 〈더 햄릿 싸이클〉
■ 극단 가변 〈어린왕자 햄릿〉
■ 극단 하땅세의 〈라이브 햄릿〉

■ 극단 예락(각색/연출 석성예) 〈햄릿-두 병사 이야기〉
　1. 2013.5.30., 예술공간 상상
　2. 2013.8.15.~8.25., 예술공간 상상

시상식에서 대상과 연출상을 수상한 〈햄릿-두 병사 이야기〉는 영국 문호 셰익스피어의 〈햄릿〉을 색다른 시각으로 재해석한 작품으로, 타이틀롤 '햄릿'이 극을 이끌어가는 기존작과 달리 엉뚱한 두 병사 '버나르도'와 '프랜시스'의 시각으로 '햄릿'을 풀어내는 2인극이다. 서른 명에 가까운 원작의 등장인물들을 단 두 명으로 압축했다. 보초를 서던 버나르도가 우연히 햄릿과 유령의 대화를 듣게 된다. 그의 친구인 프랜시스와 함께 선왕의 죽음을 추리하며 벌어지는 에피소드를 담았다.

[줄거리]
보초를 서던 버나도가 우연히 유령과 햄릿의 대화를 듣게 된다. 막사로 돌아온 버나도는 프랜시스에게 이 이야기를 하게 되고 두 사람은 선왕의 죽음을 추리하게 된다. 그리고

진범이 클로디어스 왕인 것을 알게 된다. 프랜시스는 이 이야기를 이용해 한몫 챙기려는 계획을 세운다. 두 병사는 연극 시연을 통해 버나도가 본 것이 사실이라는 것을 알게 된다. 그리고 그들은 플로니어스에게 이 사실을 알리고 큰돈을 챙기려고 하지만 햄릿이 플로니어스를 죽여버린다. 그로 인해 플로니어스의 아들인 레어티즈는 폭동을 일으킨다. 두 병사의 계획은 수포로 돌아가고 버나도는 포기하자고 한다. 그러나 프랜시스는 지긋지긋한 병사 생활을 벗어날 수 있었던 기회를 놓칠 수 없다며 폭동의 장소로 가려고 한다. 그 과정에서 말리는 버나도와 프랜시스는 격렬하게 다투게 되고 삶에 관한 두 병사의 입장을 알게 된다. 그러나 결국 클로디어스와 레어티즈, 햄릿, 왕비는 죽음을 맞게 되면서 햄릿 사건은 역사 속으로 묻히게 되는데…

■ 극단 라나앤레오(각색/연출 김사빈) 〈오필리아 4호선 당고개행 막차를 타다〉
 2013.6.1., 대학로 상상화이트 소극장

야외극 거리극 음악 무용극 마임 신체극 등 여러 장르의 공연자와 작업을 함께 해오고 있는 극단 라나앤레오의 <오필리아 4호선 당고개행 막차를 타다> 공연은 셰익스피어 원작 <햄릿>과 거리가 멀다.

[줄거리]
모든 지하철이 끊어진 새벽 1시 23분. 혜화역 열세 번째 계단을 한발로 서서 세 바퀴 돌면 어디론가 떠나는 지하철 열차 X 선을 탈 수 있다는 소문이 퍼지고 있던 어느 날, '김오필리아'가 타고 있는 이 열차에 혜화역에서 노원역까지 가는 '이햄릿'이 오른다. 막차를 탔다는 기쁨도 잠시, 시간을 확인하고는 무언가 이상함을 느끼는 '이햄릿'. '김오필리아', 다음 역에서 열차에 오른 '박호레이쇼'에게 당고개행 막차인지 물어보지만 왠지 그도 잘 모르는 것 같다.
열차의 행선지 때문에 불안해진 '이햄릿'. 애니팡에에만 몰두해 있는 '김오필리아'. 열차에 오른 것으로도 불쾌한 '박호레이쇼'가 서로 다른 묘한 충돌을 일으키기만 하고 …
한 편, 전혀 듣지도 보지도 못한 해괴한 역에 차례로 정차하는 지하열차에 왠지 비정상적인 인물들이 하나둘씩 올라타 이들의 귀갓길에 장애물로 등장하는데…
술에 취한 '토끼와 거북이'는 세상에 대해 이상한 언어들로 해설을 늘어놓기만 하고, 사기꾼 같은 '신털이'는 오늘도 변함없이 신을 털다가 옆 칸으로 사라지고, 불쾌한 포스를 팍팍 풍기는 노숙자 '멧돼지와 호랑이'는 하찮은 재주를 보이며 승객들에게 빵을 뜯으려고 호시탐탐 기회를 엿보는데. 여기에 자신들의 CD를 팔려는 언더그라운드 그룹 '제비와 사슴'까지 가세해 지하열차 안은 점점 돌이킬 수 없는 멘붕의 도가니로 빠져들어간다. 과연 이 모든 불행한 상황을 극복하고 비내리는 새벽을 달리는 마지막 지하열차 X선을

타고, '김오필리아', '박호레이쇼'와 함께 오늘도 변함없이 '이햄릿'은 안전하게 집에 귀가
할 수 있을 것인가?

■ 극단 이상한 앨리스(각색 윤사비나·최세아, 연출 최세아) 〈킹 클로디어스〉
　1. 2013.6.3., 대학로 상상화이트 소극장
　2. 2014.5.5.~5.7., 인천아트폴랫폼
　2010년에 창단된 극단 이상한 앨리스(윤사비나·최세아 각색, 최세아 연출)는 '햄
릿 없는 햄릿', '형수를 취한 反王 킹 클로디어스를 재조명한 연극' 〈킹 클로디어스〉
로 시상식에서 우수상을 수상하였다.

◆ 연극평론가 박정기
이 연극은 햄릿의 숙부인 〈클로디어스 왕〉을 주인공으로 등장시켜, 형인 햄릿 왕을 독살하
고, 왕좌와 형수인 거트루드 왕비를 차지한 후, 잠시 영욕에 파묻힌 다음, 차츰 다가오는
인간적인 고뇌와 갈등, 그리고 후회에 빠지기도 하지만, 마지막에는 될 대로 되라는 식의,
모든 것을 운명에 맡기는 클로디어스의 모습으로 그려냈다…
연극은 시작 전부터 무대에 거트루드가 검은 상복을 입고, 얼굴까지 검은 천으로 가린
채, 미동도 않고 있다가, 연극이 시작되고, 클로디어스가 국화꽃을 들고 무대를 오가면,
그 때 거트루드도 함께 움직인다. 클로디어스가 국화꽃다발을 무대바닥에 패대기를 치고,
그 속에서 장미꽃 한 송이를 집어 거트루드에게 가져다주는가 하면, 허공에 매단 흑색
정장 상의에 국화꽃다발을 던지고, 선왕의 망령을 대하는 듯한 행동을 보이기도 하기까지,
두 사람이 다 팬터마임으로 연기를 하기에, 무언극이로구나 하는 생각을 할 즈음, 클로디어
스가 갑자기 자신의 행동을 후회하는 독백을 내뱉기 시작하고, 거트루드는 한 마리의 고양
이 울음소리나, 신음소리를 내뱉으며 두 주인공이 짐승처럼 덤벼들며, 서로 희롱하고 어울
리는 모습을 연출해낸다. 클로디어스가 괴로움을 표시하다가, 모든 것을 될 대로 되라는
식으로, 운명에 맡기려 들자, 거트루드는 돌연 굵은 백색테이프로 무대 위에 선을 긋기
시작하고, 무대바닥과 흐트러진 국화꽃다발, 그리고 사다리 조형물에까지 백색 테이프의
긴 선은 다녀간 자취를 남긴다. 가상으로 햄릿과 레어티즈가 칼싸움을 하는 장면에서는
거트루드가 꽃가지를 양손에 쥐고 응원하는 모습을 보이고, 클로디어스가 햄릿에게 먹일
독약 대신 국화꽃잎을 넣은 술잔을, 거트루드가 대신 마시고 쓰러지는 장면이라든가, 대단
원에서 클로디어스가 거트루드의 검은색 치마를 뒤집어쓰고 숨어 있다가 고개를 내미는
장면에 이르기까지, 연극은 피아노의 즉흥연주음과 더불어, 관객을 숨쉴 여유조차 주지
않고, 격랑의 물결 속으로 이끌어간다.

■ 극단 자유공간(연출 정철환) <햄릿 레퀴엠>
2013.6.15.~7.7., 대학로 스타시티 TM 스테이지

말년의 모차르트는 경제적으로 심한 압박을 받아 심신이 지쳐있었다. 먹고살기 위해서 쥐어 짜내야 했던 창작의 고통이 이만저만이 아니었다. 모차르트는 1791년 늦은 봄, 신원을 알 수 없는 인물로부터 <레퀴엠> 작곡 의뢰를 받는다… 파격적인 금액에다가 절반을 선수금으로 받는 조건은 어려웠던 천재 작곡가의 눈을 번쩍 뜨게 만들었을 것이다.

<레퀴엠>은 죽은 자를 위해 올리는 진혼 미사, 즉 죽은 이의 넋을 달래는 곡이란 뜻이다. <레퀴엠>의 첫 구절은 "주여, 그들에게 영원한 안식을 주소서. Requiem aeternam dona eis Domine"라고 되어 있다. 'Requiem'은 라틴어로 '안식'을 뜻한다.

모차르트는 곡을 완성하지 못하고 세상을 떠났고, 모차르트의 미망인인 콘스탄체는 의뢰인에 대한 계약을 이행하지 못한 것을 걱정했다… 결국 이 일을 떠맡은 사람은 모차르트의 제자 쥐스마이어였다… 결과적으로 완성된 <레퀴엠>은 의뢰자에게 무사히 전달되었다…

그럼 수수께끼의 그 의뢰인은 누구였을까? 그는 프란츠 폰 발제크 백작이었다. 백작은 1791년 2월 세상을 떠난 아내를 추모할 목적으로 <레퀴엠>을 주문했고, 그것을 자신이 작곡했다고 하면서 1793년 12월 14일 자신의 지휘로 연주했다. 권력자가 음악가의 재능을 돈을 주고 자신의 것처럼 속이는 일은 18세기 당시에 비일비재했다고 한다. 이상은 네이버 지식백과에서 발췌한 내용이다.

[작품설명]
<햄릿 레퀴엠>은 부제가 뜻하는 대로 죽음들을 무대로 끌어 올렸다. 복수는 복수를 낳고, 피는 피를 부른다. 원작 햄릿에는 많은 죽음들이 있다. 그 죽음들은 복수에 의해 실행되거나 복수에 휘말려 희생되기도 한다. 이번에 제작하는 레퀴엠에서는 결과물인 죽음을 화두로 하여 개인의 욕망과 그 욕망으로 인한 죽음의 의미를 전달하고자한다.

■ 한국예술종합학교 연극원(작 마로윗츠, 역/연출 정주연) <마로윗츠 햄릿>
1. 2013.6.13.~6.15., 한국예술학교 연극원 실험무대
2. 2013.7.12.~7.14., CJ azit

1992년에 설립된 한국예술종합학교는 1994년에 연극원을 설립하였다.
우리나라의 <마로윗츠의 햄릿>의 초연은 1996년 극단 은행나무가 윤우영 연출로 은행나무 극장에서 공연한 것이었다. 그 뒤 1998년에는 특이하게도 서울의대 간호대 연극반에서 제45회 정기공연으로 서울의대 강당에서 공연하였고, 2005년에는 '연출가 데뷔전'에서 박경수 연출로, 2006년에는 이 작품을 1996년에 초연하였던 극단 은행나무가 재공연을, 2012년에는 대구를 대표하는 극단 온누리가 창단 20주년 기념작으로 공연하였다.

찰스 마로윗츠는 뉴욕 태생으로 1956년 런던으로 건너가 브룩-스콜필드의 <리어왕>에서 피터 브룩의 조연출로 일했고 '잔혹연극' 시즌 중에 로열세익스피어 실험그룹 중에서 그와 함께 공동 연출하였다. 이 시기에 피터 브룩과 함께 람다극장에서 28분짜리 <햄릿>을 공동연출하였으며 후에 한 시간짜리로 늘려 베를린 공연에서 젊은 관객들에게 기립박수를 받았다. 후에 지금의 1시간 15분짜리의 작품으로 파르아 국제연극제 등에 참가하였고, 이탈리아의 자넷타코크레인 극장, 런던 등지에서 공연하였다. 웨스트엔드 극단의 많은 작품들을 연출하였으며 1968년 '오픈스페이스 씨어터'를 시작하였고 지금은 그 곳의 예술감독으로 있다.

마로윗츠는 세익스피어 <햄릿>에 등장하는 인물 개개인의 개성에 견해를 달리하였다. 세익스피어극의 제4장에 등장하는 포틴브라스는 그의 작품에선 극의 시작을 알리는 인물로 되어 있다. 클로디어스는 유능한 군주요, 재치 있는 정치가로, 햄릿의 아버지이며 유령으로 등장하는 왕은 전쟁으로 갈갈이 찢긴 국가의 통치자이자 폴로니어스 같은 아첨배에게 놀아나는 멍청이, 거트루드 같은 지조 없는 왕비를 둔 남편, 햄릿 같은 꿈만 먹고 사는 자식을 가진 아버지로 밖에 달리 표현되지 않았다. 또 노르웨이 왕자 포틴브라스의 역할을 원작과는 달리 극대화시켜 햄릿과의 관계를 지킬 박사와 하이드의 관계로 보았다. 또한 호레이쇼라는 인물을 아예 없애기도 했다.

■ 2013년 '제25회 거창국제연극제' 개막 공연작
드림인터내셔널(재구성 오태영, 연출 심철종) <100인의 햄릿>
2013.7.26., 거창 무지개극장

개막작이어서 그런지 무료공연이었다. 이 작품은 거창국제연극제가 내세우는 야외무대, 자연과 하나 되는 연극공연의 취지를 가장 잘 살린 작품으로 수승대 캠핑 관중을 향해 나가기 위해 공연 무대를 수승대 계곡 수중 무대에 설치한 획기적인 공연이었다. <100인의 햄릿>은 불과 물, 조명과 영상, 음향이 이루어진 야외극으로 세계에서 초연인 공연이었다.

◆ 2013.7.27. 거창군민신문

배우들은 기존에 보인 연극과는 달리 물속에서부터 천천히 무대로 등장, 파격적이면서도 집중성을 부각시켰다. 무대에 오르며 외친 함성은 '인간의 군상'을 여지없이 보여줬는데, 마치 삶과 죽음의 한 단면이 스쳐 지나가는 듯 했다.

공연은 햄릿이 '시지프스 신화'를 나직이 읊조리면서 시작된다. "죽느냐, 사느냐 이것이 문제로다."는 "인간은 균형 속에 태어나 절망 속에 죽는 것이냐"는 대사로 살짝 비틀면서도 균형을 이루는 삶이란 절망 속에서도 희망의 끈을 놓지 않으려는 고뇌를 엿보게 했다. 특히 공연 시작과 중간, 마지막에 하나의 모음으로만 선율을 노래하는 라흐마니노프의 '보칼리제'는 인간이 지닌 목소리 자체의 아름다움을 유감없이 느낄 수 있는 동시에 애수와 정서를 느낄 수 있었다.

김희정 음악감독은 "〈100인의 햄릿〉 속에 등장하는 어머니며, 여자로서 비난받는 오필리아의 복합적인 기쁨과 슬픔, 환희를 나타낸 곡"이라고 했다. 이 공연의 주제곡으로 너무 잘 어울린 보칼리제의 편안한 음색은 마치 한여름 밤 수승대를 찾은 관객들을 위한 음악 같기도 했다. 한 편의 아리아는 환상적인 조명과 함께 마음을 편안하게 다스렸다.

여기에 흰옷을 입은 햄릿들 사이에 빨간 천으로 온 몸을 감싸고 뗏목을 타고 등장하는 오필리아는 열정 그 자체이면서 강낭콩보다 더 붉은 사랑이기도 했다. 100명의 햄릿은 격정적인 감정으로 스스로를 질책하고 비난했기에 더 안쓰러웠다.

하지만 절규하듯 휘어지는 100명의 햄릿은 정체성 혼란으로 괴로워하는 현대인의 고민을 들려줬고, 장대로 물을 때리며 일으키는 물보라는 현대인의 고민을 부숴버리는 듯 일탈의 해방감으로 다가왔다.

그리고 무엇보다 가장 강렬했던 것은 빛과 이미지의 조화와 함께 조명 뒤로 펼쳐진 소나무들이 물위를 배경으로 배우들과 멋지게 어우러졌다는 점이다. 야외공연의 진수를 거창국제연극제 개막식에서 볼 수 있었다.

심철종 연출가는 "〈100인의 햄릿〉은 다양한 캐릭터와 색깔을 가진 배우들이 육체적 고민부터 정신적 혼란까지 정체성을 겪고 있는 현대인들의 모습을 보여주기 위한 것"이라고 말했다.

한편 이 작품은 올해 거창국제연극제 초연을 시작으로 국내 공연축제투어를 하고, 내년에는 영국 에든버러와 프랑스 아비뇽으로 진출을 계획하고 있다.

■ MJ 컴퍼니(각색/연출 성천모, 프로듀싱 최무열, 음악 AEV) 〈햄릿 The Actor〉
  1. 2013.9.20.~10.13., 예술의전당 자유소극장
  2. 2013.10.17.~11.24., 대학로 예술극장 3관

MJ 컴퍼니는 성천모 연출의 〈햄릿 The Actor〉를 2012년 3월 31일에서 5월 5일까지 예술의전당 자유소극장에서 공연하였고, 6월 3일 국립극장 달오름극장에서

열린 '제1회 셰익스피어 어워즈'에서 이 작품으로 젊은 연출가상과 여우주연상을 수상하였다.

극단측은 "프로듀서 최무열의 음악성과 MBC '나는 가수다'의 천재 편곡자 AEV의 만남! 어디서도 볼 수 없는 품격 있고 화려한 AEV의 피아노 3중주! 음악이 있는 연극 <햄릿>-감성의 극치를 경험하라! 천재적인 감성으로 피아노를 연주하는 피아니스트 AEV. 연극과 클래식 음악이 만나 한층 더 고급스러워진 햄릿, 가장 서정적인 멜로디를 작곡하는 AEV의 작곡과 연주가 연극 햄릿의 품격을 한 단계 올려놓는다!"고 작품설명을 하였다.

작품에 대한 설명은 2012년 편을 참조하기 바란다.

■ 극단 민예(작/연출 김성환) <햄릿왕 피살사건>
2013.11.28.~12.15., 김동수 플레이하우스

1973년에 전국립극장장 허규가 창단한 극단 민예는 창단 40주년 제15회 정기공연으로 '2013년 소극장협회 공연장 대관료 지원사업 선정작'인 김성환 작/연출의 <햄릿왕 피살사건>을 11월 28일부터 12월 15일까지 김동수 플레이하우스에서 공연하였다.

극단 민예의 창립 단원으로는 아직도 민예 단원인 정현, 오승명, 공호석을 비롯해 손진책(극단 미추 대표), 구자홍(의정부 예술의전당 관장), 김흥기, 박규채(이상 탤런트) 등이 있었다. 현재 극단의 대표는 허규, 손진책, 정현을 거쳐 이혜연이 맡고 있다.

극단 민예의 <햄릿왕 피살사건>은 연극과 재판이라는 놀이형식을 따라가고 있다. 이 연극은 사당패들이 나와서 하는 '무궁화 꽃이 피었습니다', '기차놀이' 그리고 이 극을 관통하는 '숨바꼭질'놀이로 시작한다.

[줄거리]
갑작스런 아버지 선왕의 죽음으로 덴마크로 돌아 온 왕자 햄릿은 장례를 치르자마자 어머니는 숙부와 결혼을 하고, 숙부 클로디어스는 왕위를 계승하게 되고, 어머니는 다시 왕비가 되는데, 어느 날 아버지의 망령을 대면하여 암살을 당했다는 외침을 듣고, 아버지의 죽음에 대한 의심을 품게 된다. 햄릿은 현왕인 클로디어스에게 아버지의 죽음에 관한 진상조사를 요구하게 된다. 클로디어스는 햄릿의 요구를 묵살하려 하지만, 폴로니어스의 건의에 따라 진상조사위원회가 설치되고 위원장으로 폴로니어스가 임명된다. 법정에서 선왕의 건강상태와 임종 당시의 상황이 증인들의 증언에 따라 재현된다. 하지만 재현된 장면들은 햄릿과

클로디어스 양측의 시각과 입장을 대변할 뿐이다. 진상조사위원의 위원장인 폴로니어스는 은밀하게 햄릿을 만나 햄릿이 원하는 대로 재판의 결과가 나올 수 있다고 제안한다. 햄릿은 진실만을 원한다며 이 제안을 거절한다. 폴로니어스는 자신의 모든 권력과 부를 그의 아들 레어티즈도 누린다는 조건을 전제로 클로디어스에게도 같은 제안을 한다. 한편 햄릿은 레어티즈를 만나 도움을 청한다. 그들은 진실을 찾기 위해 오필리아와의 파혼을 빌미로 가짜결투를 계획한다. 결투 소식을 전해들은 클로디어스는 폴로니어스에게 레어티즈의 칼에 독약을 발라 햄릿을 죽인다는 조건으로 폴로니어스의 제안을 받아들인다. 햄릿과 레어티즈의 결투가 진행되는 도중, 오필리아가 레어티즈의 칼에 아버지 폴로니어스가 독약을 바른 사실을 알린다. 햄릿은 폴로니어스를 추궁하고 폴로니어스는 모든 사실을 말한다. 클로디어스는 햄릿의 칼에 죽는다. 그리고 배우들은 '꼭꼭 숨어라 머리카락 보인다…'로 시작되는 숨바꼭질 노래를 부른다.

하나의 극단이 40년을 유지할 수 있다는 것은 정말 놀라운 일이다. 이쯤에서 대한 민국 극단의 역사를 한 번 되짚어 볼 필요가 있다고 생각한다. 내용은 두산백과에서 발췌하였다.

한국에서 최초로 극단의 형식을 갖추어 극장에서 연극을 상연한 것은 1908년 이인직(李人稙)의 작품 〈은세계〉를 원각사(圓覺社)에서 공연한 것이 효시가 된다. 1914년 원각사는 화재로 소실되었다. 이러한 원각사의 활동에 고무되어 서울에 몇 개의 극장과 극단이 생겼으며, 그 대표적인 것으로 '혁신단'과 '문수성일좌(文秀星一座)' 및 '유일단(唯一團)' 등을 꼽을 수 있다. '혁신단'은 1911년 임성구(林聖九) 등이 조직하여 〈법지법(法之法)〉, 〈육혈포 강도〉, 〈실자살해(實子殺害)〉 등을 공연하였다. '문수성일좌'는 '혁신단'의 공연에 불만을 품고 윤백남(尹白南)과 조일재(趙一齋)를 주축으로 조직된 극단이며, '유일단'은 이기세(李基世)가 조직하여 연흥사(演興社)를 주 무대로 활약하였다.

그 후 한국연극에 중요한 전기를 마련한 '토월회(土月會)'가 1929년 창단되어 1932년 명칭을 태양극장으로 바꾸어 활동을 계속하였다. 이러한 토월회의 신극운동을 이어받아 활동한 극단으로 '극예술연구회'가 있다. '극예술연구회'는 1931년 조선에 진정한 극문화를 수립하자는 취지 아래 설립된 극단으로, 창립동인은 김진섭(金晋燮)·유치진(柳致眞)·이헌구(李軒求)·서항석(徐恒錫)·윤백남·이하윤(異河潤)·장기제(張起悌)·정인섭(鄭寅燮)·조희순(曺喜淳)·최정우(崔珽宇)·함대훈(咸大勳)·홍해성(洪海星) 등 12인이다. '극예술연구회'는 일제의 탄압으로 해체되었으나 1936년 '극연좌(劇硏座)'로 개편되어 창립 정신에 맞는 연극활동을 계속하였다.

신협(新協)과 극협(劇協)이 있었다. 신협은 1950년 1월 국립극장의 전속극단으로 창립된 단체로서 1950년대 한국 연극계를 대표하는 극단이자 현존하는 최장수 극단이다. 이 극단의 뿌리는 1947년 5월에 발족한 극예술협회(劇藝術協會, 약칭 극협)에 있으며, 극단 측은 창단 기념행사를 1947년을 기점으로 갖는다. 참여 인물도 이해랑(李海浪)·김동원(金東園)·유치진(柳致眞)·오사량(吳史良)·황정순(黃貞順) 등 주로 우익 신극인(新劇人)들의 무대였던 극협 단원을 중심으로 만들어졌다.

1950년대 후반부터는 한국극단에도 새로운 연극운동의 하나로 소극장운동이 대두되기 시작하였다. 소극장운동은 낡은 연극을 배척하고 아카데믹한 연극을 지향함으로써 침체된 한국연극을 부흥시키는 데 목적을 두었다. 대표적인 극단으로 1957년 창단된 제작극회(製作劇會)를 들 수 있으며, 그 동인은 차범석(車凡錫)·김경옥(金京鈺)·오상원(吳尙源)·박현숙(朴賢淑) 등이었다. 그 후 1962년 국립극단이 창설되어 〈원술랑〉 등을 공연하였고 같은 해 드라마센터가 건립되었다. 1963년 이근삼(李根三)·김정옥(金正鈺)·양광남(梁廣南) 등이 주축이 되어 민중극장을 창단하였고, 같은 해 차범석 등을 중심으로 극단 산하(山河)가 창립되었다.

그 후 창단된 주요극단으로 사계(四季)·성좌(星座)·실험극장(實驗劇場)·자유(自由)·광장(廣場)·가교(架橋)·현대극장(現代劇場)·민예(民藝)·미추(美醜)·신시(神市)·로얄시어터 등이 있다.

■ 명동예술극장(역 김종환, 연출 오경택) 〈햄릿〉
2013.12.4.~12.29., 명동예술극장

셰익스피어의 희곡 〈햄릿〉을 고풍스런 명동길의 서울명동예술극장에서 관극하게 되었다. 셰익스피어의 작품 중에서 명작이라고 하고, 명동예술극장(극장장 구자흥)이 2013년을 마감하는 년말에, 등장인물과 스텝진에 정보석, 김학철 등 유명 탤런트들과 연극계의 별이라 불리는 레이디 맥베스 서주희와 같은 스타 배우들과 같은 연극계의 명사들을 총 동원한 호화스럽고 침통한 〈햄릿〉 공연을 마련하였다. 이 작품은 조선일보와 인터파크가 공동으로 실시한 '연말 뮤지컬/연극 최대 기대작' 설문조사에서 연극부문 1위에 오를 정도로 공연 정보가 알려지기도 전에 가장 보고 싶은 연극으로 떠올랐다는 점에서 관객들의 많은 관심을 끌었던 작품이기도 하다.

◆ 2013.12.2. 이데일리 양승준기자
연출 "일관성 떨어지는 오필리아 등 재해석"
… 먼저 원작의 대사를 반으로 줄였다. 대신 작품 속 캐릭터의 입체화에 집중했다. 고전에서 잃어버린 이야기 조각들을 찾아가는 것부터 시작했다. 크게 두 가지 질문에서 출발했다. '거트루드는 왜 남편의 동생과 재혼했을까'와 '오필리아가 갑자기 미친 이유는'이다. 오 연출은 여기에 살을 붙였다.

거트루드는 여자 혹은 어머니로서 사는 데 대한 갈등을 지닌 인물이다… 형을 죽이고 왕좌를 차지한 인물과 재혼하고 아들의 불행까지 방관하는 어머니의 모습은 공감이 어려웠던 부분 중 하나다. 오 연출은 선왕이 과연 좋은 왕이자 남편이었는지에 대한 질문을 새로 던져 거트루드에게 다가갔다.

"당시에는 형수취수제라는 제도가 실제 존재했다. 때문에 거트루드의 선택이 도덕적으로 큰 잘못은 아니었을 거다. 원작에 나와 있듯 전쟁을 즐겼고 그로 인해 덴마크에 혼란을 가져온 선왕과의 결혼생활이 결코 행복하지 않았을 거라 생각했다. 거트루드는 어머니이기 전에 인간이자 여성으로 자신을 홀대했던 전 남편보다 자상한 클로디어스에게 끌리는 게 자연스러웠을 거다. 이런 다른 해석들이 공연에 담겨 있다." 오필리아의 죽음에 다른 해석도 보여주겠다고 했다.

◆ 2013.12.15. MK 뉴스 전지현 기자

오경택 연출은 셰익스피어의 4대 비극 햄릿을 통해 현대 젊은이들의 시련과 고민을 조명하고 싶었다. 그래서 햄릿에게 양복을 입히고 칼 대신 총을 줬다…

51세 정보석은 30세 햄릿을 연기하기에 에너지가 부족해 보였다. 그의 분노는 젊은 광기가 아니라 중년의 고통으로 느껴졌다. 평생 그의 로망이었다는 햄릿을 너무 늦게 만난 것 같다.

■ 콜트·콜텍 해고노동자들의 다큐멘터리 연극
   (각색/구성 전성현, 연출 권은영·매운콩) <구일만 햄릿>
   2013.10.7., 10.14.,, 10.22.~10.27., 12.17.~12.22., 연극실험실 혜화동1번지

아마 세계에서 유일한 연극일 아주 특이한 연극, 콜트·콜텍 해고노동자들의 다큐멘터리 연극 <구일만 햄릿>은 딱 9일 동안에만 공연한다고 해서 붙인 이름이다. 그러나 전회 전석 매진이었다. 이 연극은 '막무가내종합예술집단 진동젤리'(이하 진동젤리)의 권은영 대표의 제안으로 시작됐다.

연극에 등장하는 배우 다섯 명 중 네 명이 전문 배우가 아니라 7년째 복직투쟁 농성을 벌이고 있는 콜트·콜텍 해고노동자들이다.

셰익스피어의 <햄릿>의 대사를 읊으면서도 배우들은 콜트·콜텍의 상황을 알리는 데 주력하였다. 공연 중간 중간에 지난 7년간의 투쟁의 기록을 담은 영상물을 상영하고, 무대 중앙에는 다 찌그러진 기타 한대가 덩그러니 놓여 있다. 햄릿의 숙부인 덴마크 왕의 망토는 투쟁 당시 사용하던 플래카드이다.

억울하게 정리해고 되었던 콜트·콜텍 노동자들은 지난 7년간 안 해본 것이 없다. 천막농성, 고공농성, 삭발, 단식, 1인 시위, 선전전, 집회 등 여느 노동자들의 생존권

투쟁과 비슷하나 조금 특이한 것은 따뜻한 문화라는 옷이 덧입혀졌다는 것이다. 이들의 문화활동은 이번 연극이 처음이 아니다. 당시엔 다룰 줄도 모르던 기타를 뮤지션들의 도움으로 배워서 '콜밴'이라는 밴드까지 만들어, 음악인들과 함께 문화제를 열기도 했다.'노 뮤직, 노 라이프(No Music, No Life)'라는 기치 아래 국내외 뮤지션들은 콜트 기타 불매 운동을 펼치며 꾸준한 지지를 표했다. 반면 콜트사 측에서 만든 콜트문화재단은 이렇게 해고투쟁을 하는 노동자들을 비웃기라도 하듯 유명 기타 뮤지션들을 모아 기획한 <기타 레전드가 들려주는 6가지 이야기, G6 콘서트>라는 이름의 공연을 건국대 새천년관 지하 강당에서 열었고, 공연장에 콜트·콜텍 기타노동자들과 그들과 함께하는 시민들은 입장이 거부되었다. 이에 분노한 '콜트·콜텍 기타노동자들과 함께하는 사람들'이 뮤지션들에게 항의하는 과정에서 사과를 받는 일도 생겼다. 뮤지션 신대철은 공연 전 "콜텍 사태를 몰라 상처를 주게 돼 미안하다."라고 사과를 한 뒤 무대에 올랐다. 그러고는 공연 내내 묵묵히 기타만 연주했다. 신대철씨는 공연을 마친 뒤 자신의 SNS를 통해 "힘든 공연이었다."라고 밝혔고 별도로 반드시 콜트·콜텍 기타노동자들과 함께하는 공연을 갖도록 하겠다는 의사를 전하기도 하였다. 그리고 실제로 신대철씨는 이 약속을 지켰다. 시나위 신대철씨를 비롯해 사랑과 평화, 최이철, 김목경, 한상원 씨 등이 예스24무브홀에서 '기타레전드, 기타노동자를 만나다'란 제목의 콘서트를 했다.

2009년 콜트·콜텍의 노동자 해고가 불법이라는 판결이 있었다. 그리고 2014년 1월 10일, 콜텍의 해고 노동자 24명이 콜텍을 상대로 낸 해고무효확인소송의 파기환송심에서 노동자들이 패소했다. 이 결과는 '콜밴'이자 <구일만 햄릿>의 주인공들에게 큰 타격을 주었다. 2014년 4월 24일에는 종교계, 법조계, 정계와의 연대를 통해 콜트·콜텍 기타노동자 투쟁의 사회적 해결을 모색하기 위한 문화제 '마음의 소리'가 열렸다. 2014년 6월 12일 정오, '자유 평등 정의'가 새겨진 대법원을 등진 콜트·콜텍 기타노동자들 그리고 8년의 투쟁을 곁에서 지켜온 이들이 모여 환하게 웃었다. 5월 19일부터 콜텍 정리해고에 대한 대법원의 '상식적인' 판결을 촉구하며 이어온 25일 간의 24시간 1인 시위를 마무리하는 순간이었다. "상고를 모두 기각한다."는 기계적인 한 마디에, 치미는 분노와 울화조차 아까운 이들은 차라리 환히 웃었다.

이상은 콜트·콜텍 부당 해고자에 대한 보도기사들을 필자가 날짜별로 정리해서 적은 글이다. 필자가 굳이 햄릿과는 관계가 없다고 볼 수 있는 내용을 언론기관들의 보도내용이라고 하면서 상세히 적은 이유는 연극이 힘없는 자, 약한 자, 소외받는 자, 억울한 자, 불편부당하게 대우 받는 자들에게 조그마하나마 꿈과 희망과 용기를 줄 수 있었다는 것을 보여준 중요한 한 예가 되었기 때문이다.

2014year _{Hamlet}

■ '제3회 마이크로 셰익스피어' 참가작
  1. 극단 예락 <햄릿 두 병사 이야기>
  2. 극단 고리 <햄릿의 방심>(Hamlet's Carelessness)
  3. 극단 루트 21 <햄릿 에쮸드>
  4. 극단 진일보 <바보 햄릿>
  5. 극단 동숭무대 <오셀로 피는 나지만 죽지 않는다>

▣ 극단 예락(각색/연출 석성예) 〈햄릿-두 병사 이야기〉
  1. 2014.1.5.~1.31., 대학로 상상아트홀 화이트
  2. 2014.2.6.~3.2., 대학로 스타시티 SM스테이지
  3. 2014.6.5.~8.31., 대학로 예술공간 혜화
  4. 2014.9.20.~9.28., 대학로 노을소극장

극단 예락은 2013년 5월 '제2회 마이크로 셰익스피어 햄릿전'에 참가하여 대상과 연출상을 받은 <햄릿 두 병사 이야기>를 가지고 2014년 '제3회 마이크로 셰익스피어'에 참가하였다. 두 병사의 이야기라는 베이스는 유지하였지만 극이 전개되는 내용은 2013년 공연과 상당부분 변화가 있었다.

◆ 2014.2.21. 데이터뉴스 한제윤 기자
• 가장 희극적인 햄릿이야기
…〈두 병사 이야기〉는 누구도 기억하지 못했던 제3의 인물의 시점으로 새롭게 희극 햄릿이야기를 탄생시켰다. 여기서 주목할 점은 주인공의 시점이다. 비극이었던 작품이 평온한 삶을 꿈꾸는 주인공의 시점으로 바뀌니까 극의 분위기도 바뀌었다. 그들이 나누는 대화에 전쟁이나 슬픔, 비극스러운 이야기는 없다. 버나도는 사랑하는 여자를 만나 결혼을 꿈꾸고, 프랜시스는 돈을 많이 벌어 영국으로 떠나 많은 여자를 만나고 극작가가 되기를 소망한다. 그들의 시점에서 햄릿이야기는 그저 돈을 벌기 위한 수단, 혹은 수다의 소재일 뿐이다.

"백성들에게 때론 비극적인 이야기보다 영웅담이 더 희망적일수도 있으니깐"

원작을 살펴보면 햄릿은 우유부단한 인물이었다. 죽느냐 사느냐를 놓고 괴로워하며 어물쩡대다가 본인도 죽는다. 그러나 백성들에게는 모두를 죽여버린 레어티즈를 죽인 영웅 햄릿이다. 프랜시스는 사실 가장 불쌍한 것은 레어티즈라며 버나도에게 사건의 전말을 설명하지만 백성들에게 '사실'을 말하지는 않는다. 비극적인 이야기도 희망적인 영웅담이 될 수 있고 그들이 원하는 것은 비극이 아닌 희극이기 때문이다.

• 버나도와 프랜시스의 우정

극이 결말에 닿을수록 햄릿이야기는 두 병사에게 중요치 않았다는 것을 알 수 있다. 프랜시스는 늘 꿈꾸던 영국행을 선택하고 버나도는 자신의 고향에 남아있기로 한다. 프랜시스가 영국에 가기 위해 돈을 벌려고 했던 사정을 가장 잘 아는 버나도는 자신이 열심히 모은 돈을 그에게 기꺼이 내어준다. 프랜시스는 버나도를 바보 같다며 늘 타박했지만 일기장에는 그와의 추억을 남겨놓는다. 또 그는 행복한 결혼을 꿈꾸는 버나도를 위해 여자친구도 소개시켜준다.

이 연극이 우리가 흔히 아는 〈햄릿〉의 두 병사 이야기였다면 햄릿의 죽음으로 극은 끝났을 것이다. 그러나 햄릿의 죽음 뒤에도 여전히 그들은 행복했고 꿈꿔왔던 삶을 살기로 한다. 돈을 벌기 위한 수단이었던 '햄릿사건'을 모두가 죽어버린 탓에 활용하지 못했던 프랜시스는 영국에서 그에 대한 극을 쓰기로 한다. 이러한 결말은 이 연극이 '햄릿'이 아닌 전혀 다른 새로운 극을 창조했음을 말해준다.

▣ 극단 고리 뮤지컬(각색 고광시황, 연출 임창빈)

〈햄릿의 방심〉(Hamlet's Carelessness)

2014.2.15.~2.28., 예술공간 상상화이트홀

극단 고리는 새로운 밀레니엄시대의 시작이자 문화예술의 세기를 맞이하여 문화예술을 이끌어갈 차세대 주자 20, 30대들이 모여 생각과 뜻을 한곳에 뭉쳐 대학로 문화를 21세기에 발맞춰 성공적으로 이끌어가고자 하는 뜻으로 2000년 1월 1일 창단된 극단이다. 이 작품을 연출한 임창빈은 2014년 '제3회 셰익스피어 어워즈'에서 젊은 연출가상을 수상하게 된다.

▣ 극단 루트 21(연출 최유리) 〈햄릿 에쮸드〉

2014.3.5.~3.30., 대학로 상상아트홀 화이트

극단 루트 21은 2004년에 새로운 공연형식을 연구하기 위해 만들어진 극단으로 대표는 텍사스테크대학교에서 연극학 박사학위를 수여받은 수원과학대학 공연연기과 학과장 박재완 교수이다.

에쮸드(Etude)란 보통 연습 교본이란 뜻으로 사용되며, 그림의 밑그림을 의미하기도 하고 짧은 문학 작품을 지칭하기도 한다. 또한 그 자체로서 하나의 작품을 말하기도 한다. 연극에서는 즉흥연기를 의미하기도 한다.

[작품설명]
햄릿, 덴마크의 왕자.
그는 아버지(선왕)의 유령을 통해 어머니(거트루드)와 재혼한 숙부(클로디어스)에 의해 자신의 아버지가 독살되었다는 사실을 알게 된다.
혼란 속에서 마침내 그는 복수를 결심한다. 하지만, 그 복수의 끝은 죽음으로, 비극으로 끝난다.
원작의 사건, 갈등, 상호 관계…
햄릿의 독백을 바탕으로 오늘날 우리의 시대상에 부합하는 햄릿의 모습을 찾기 위한 여행이 시작된다.
아버지와의 사별에 대한 아픔이 채 가시기도 전에 재혼해버린 엄마에게 미움을 표출하는 어린 햄릿.
온라인상에서 만난 친구를 통해 아버지의 억울한 죽음을 알게 되는 사춘기의 햄릿.
여섯 명의 배우가 보여주는 우리 시대 햄릿의 모습들……
그들의 이야기를 바라보면서 우리 삶에서 함께 숨 쉬는 햄릿을 발견한다.

▣ 극단 진일보(연출 김경익) 〈바보 햄릿〉
2014.6·25 .~7.20., 대학로 아름다운 극장

애석하게 생을 달리한 고 노무현 대통령을 주제로 한 햄릿공연이 있었다. 2012년에 창단된 신생 극단으로 김경익이 대표를 맡고 있다. 김경익은 1996년 연희단거리패 10주년 기념공연 〈햄릿〉에서 주연을 맡았으며 20여 편의 영화에도 출연하였다. 특히 영화 〈타짜〉에서 김혜수의 금이빨 보디가드로 출연하였으니 관객들은 아마 누구인지 짐작할 수 있을 것이다. 극단 진일보는 2014년 '세월호 참사 추모 문화제'에 참여하여 〈바보 햄릿〉을 공연하였다.

[기획의도]
〈바보 햄릿〉에서 故 노무현 대통령은 억울하게 죽은 선왕의 역할로 등장한다. 햄릿이 복수를 꿈꾸게 만드는 중요한 역할이다. 꿈속에서 "나를… 잊지말라!"는 선왕의 외침에 햄릿은 아버지의 복수를 다짐한다. 셰익스피어의 〈햄릿〉과 유사하지만, 선왕(故 노무현 대통령)이 꿈속에서 들려주고 싶었던 말은 정말 저주와 복수의 다짐이었을까? '바보'라는 애칭으로

불리던 그가 〈바보 햄릿〉을 통해 2014년을 살고 있는 우리에게 말하고 싶은 것은 무엇일까?

이 연극은 故 노무현 대통령에 대한 찬양도 비판도 균형 있는 시각으로 다루고 있다. 〈바보 햄릿〉은 정치적 시시비비를 가리자는 내용이 아니라 오히려 지식인이라 자처하고 지적 허영 속에 살아가는 동시대 사람들을 겨누고 있다. 아무도 가지 않던 길을 만들어 갔던 '바보 노무현'이 우리에게 하고 싶은 말은 과연 무엇일까? 모순된 현실을 부정하며 복수를 꿈꾸는 햄릿을 통해 지금, 이곳의 관객들에게 묻는다.

당신은 진정 살아있는가? (To be) 아니면 그렇지 않은가? (or not to be) 그것이 문제라고! (That is the question!) 그것에 대한 반성과 성찰이 〈바보 햄릿〉이 만들어진 목적이다.

◆ 연극평론가 박정기

연극은 도입에 한 기자가 휴대폰을 받는 장면에서 시작된다. 통화내용은 기사를 정정하라는 부장의 지시인 듯싶다. 기자는 통화를 마치자 옷을 그 자리에서 벗고 양말을 무대 안쪽으로 던지고 긴 탁자에 올라가 눕는다. 왼쪽 팔에는 붕대가 감겨져 있다. 기자는 잠을 청한다. 그러자 꿈속인지 생시인지 닥터와 인턴, 그리고 간호사가 등장하고 기자는 정신질환을 앓고 있는 환자로 취급을 받는다. 그러면서 연극 햄릿 도입에 선왕의 망령이 등장을 하는데 그가 바로 노무현 전 대통령이라는 설정이고, 기자는 햄릿이다. 망령은 자신의 죽음을 잊지 말라고 한다. 향후 기자는 햄릿의 역할을 맡고, 선왕의 복수를 다짐한다. 닥터는 숙부인 왕이 되고, 간호사는 거트루드와 오필리아 역을 맡고, 인턴은 레어티즈 역을 한다. 병원 사무장은 호레이쇼와 폴로니어스 역과 오필리아의 무덤지기 역을 한다. 원작 햄릿에서의 배우들이 등장해 극중극에서 부왕의 독살장면을 연기하지만, 이 연극에서는 닥터와 간호사 그리고 인턴이 무술인 분장을 하고, 각기 무기를 하나씩 들고 나와 무예를 펼쳐 보인다. 햄릿의 명대사 "죽느냐 사느냐 이것이 문제다…"를 햄릿이 환자복차림으로 내뱉고, 닥터는 숙부왕 클로디어스의 회개장면의 대사를 하고, 사무장은 호레이쇼 역과 폴로니어스 역을 햄릿의 줄거리대로 펼친다. 폴로니어스는 햄릿이 어머니 거트루드에게 비난하는 말을 퍼붓는 것을 엿듣다가, 햄릿의 칼에 찔려 죽는다. 탈을 쓰고 탈춤과정이 펼쳐지는가 하면, 감시카메라의 전원플러그를 뽑았다가 다시 꽂기를 계속하고, 후반부에 오필리아가 햄릿에게 치명적인 주사를 놓으려다가, 그 주사기를 햄릿에게 빼앗기고 햄릿 대신 주사기에 찔려 병실 밖으로 비명을 지르며 뛰어나가고, 숙부인 왕은 자신의 행위의 정당성을 끝까지 주장하는 내용으로 연출된다. 대단원에 빔 프로젝트를 통해 구름 같은 영상과 함께 노무현 전 대통령의 육성이 흘러나오면서, 그의 음성은 "나를 잊지 말라"가 아닌, "나를," 이라는 붉은 애니메이션 글자로 마무리를 한다.

마지막 장면은 도입에서처럼 기자가 기사정정을 거부하는 통화의 내용과 함께 퇴장하면, 무대바닥에 희디 흰 국화 한 송이에 조명이 집중되면서 연극은 끝이 난다.

■ 국악뮤지컬집단 타루(각색/연출 박선희) <판소리 햄릿 프로젝트>
　　1. 2014.2.20.~2.23., 구로아트밸리예술극장
　　2. 2014.3.7.~4.13., 국립극장 달오름극장
　　3. 2014.7.3.~7.4., 서귀포 예술의전당
　　2001년 창단된 국악뮤지컬집단 타루의 <판소리 햄릿 프로젝트>는 '햄릿을 판소리로 어떻게 재미있게 들려줄 수 있을까'로 시작된 프로젝트로 서양의 대표적인 고전 햄릿과 한국을 대표하는 판소리가 결합된 무대로 햄릿의 자아를 4명으로 설정해 햄릿의 고민을 극대화한 작품이다. 이번 공연에서 햄릿의 긴 독백은 햄릿들의 대화로, 오필리아의 대사는 노래로, 극중극 장면은 작은 뮤지컬 장면으로, 마지막 하이라이트 칼싸움 장면은 판소리 장면으로 구성되었다.
　　연출가 박선희는 햄릿의 상황이 우리 시대의 젊은이들이 맞닥뜨리는 현실과도 맞닿아 있다고 생각하는 것 같다.
　　판소리 햄릿 프로젝트는 전라도 사투리로 전달된다. 박선희 연출은 "우리나라에서는 서울말을 하지 않으면 연기가 아니라고 생각한다. 편견인데, 인정하고 싶지가 않다. (출연하는) 소리꾼들이 목포, 여수, 김제 출신이다. 그들이 가장 잘 표현할 수 있는 방식이 사투리다. 자기들 말이니까. 사투리가 주는 리듬감이, 그게 소리로 표현되는 것이 너무 좋다."고 하였다.

◆ 연극평론가 박정기
　<햄릿>을 판소리로 제작한 공연은 처음이다. 게다가 여성국악인 4인이 출연해 <햄릿>의 남녀 주요배역을 모두 연기해낸다.
　1950, 60년대에 진경여성국극단에서 남자 역을 김진경·김경수 자매가 남성보다 더 남성답고 출중하게 연기해 갈채를 받았고, 근자에는 극단 미추의 마당놀이에서 김성녀 현 국립창극단 예술감독이 남성 역을 멋들어지게 연기하는 것을 관람한 적이 있지만, <햄릿>의 전 배역을 4인의 젊은 여성국악인이 국악뮤지컬로 공연한 것은 최초가 아닌가 싶다.

■ 극단 물결(각색/연출 송현옥) <햄릿, 여자의 아들>
　　2014.4.3.~4.6., 대학로 예술극장 대극장
　　2009년 햄릿의 시대적 배경을 대한제국으로 설정한 <햄릿 Q1>을 무대에 올렸던 극단 물결은 2014년에는 한 가지 장르가 아닌 연극, 무용, 음악, 영상 등 다양한 예술 장르를 복합적으로 활용하여 셰익스피어의 <햄릿>을 송현옥이 각색하고 연출하여 현대적인 감각과 여성주의적 관점으로 재해석한 <햄릿, 여자의 아들>은 연극에

현대무용과 영상예술을 더한 것이 특징이다.

극단의 대표이자 세종대학교 교수이며 2013년 한국예술평론가협의회가 선정한 '제33회 최우수 예술가상(연극부분)'을 수상한 송현옥 연출은 "종합예술로 선보이는 <햄릿>은 우리가 처음일 것"이라고 자신했다. 클로디어스 역을 맡은 김준삼은 2014년 '제3회 대한민국 셰익스피어 어워즈'에서 연기상을, 그리고 연출을 맡은 송현옥 교수가 우수상을 수상하게 된다.

이 작품은 '죽느냐 사느냐'로 대표되는 이분법적 사고에 갇힌 햄릿이 점차 아버지를 죽인 숙부와 재혼한 어머니의 입장과 욕망을 이해하게 되는 과정을 그렸다. "약한 자여, 그대 이름은 여자"라고 한탄한 햄릿의 여성관은 다소 비관적이다. 연출자 송현옥은 "'어머니 혹은 창녀'라는 여성에 대한 이분법적 햄릿의 사고에서 벗어나 햄릿이 '여성으로서의 어머니의 욕망'을 인정하고 아버지의 그늘에서 벗어나 남자의 아들에서 여자의 아들이 돼가는 과정을 그린다."고 하였다.

이 작품 속에는 원작에 나오는 호레이쇼와 레어티즈는 모두 등장하지 않는다. 로젠크란츠와 길던스턴만 등장할 뿐이다. 그 이유는 클로디어스가 행하는 선동정치의 이면을 보게 되는 햄릿의 눈에 이 나라의 군중들은, 자신의 주관은 배제된 채 보이지 않는 권력에 따라 움직이는 로젠크란츠와 길던스턴으로 대표되기 때문이다.

◆ 연극평론가 박정기

부왕 햄릿의 망령이 거리의 청소부로 등장을 하고, 햄릿의 동료들을 코러스와 배우로 등장시켜 장면변화마다 신속하게 대처시키고, 연출가의 처녀시절 모습과 방불한 오필리아를 등장시켜, 그녀 자신이 겪었던 사랑인 듯 싶은 장면을 새로이 구현해내고, 햄릿 3막 1장의 명대사를 천정에서 늘어뜨린 줄에 매달린 페타이어에 몸을 싣고, 독백하는 햄릿의 모습은 명장면이기도 하다. 숙부왕이 세 개의 촛불을 켠 촛대를 들고 신께 참회하는 장면이라든가, 햄릿과 모후와의 대화를 엿듣다가 들켜 죽음을 당하는 폴로니어스 장면, 그리고 배우들이 연출해내는 부왕시해 장면은 완전히 새로운 연출기량으로 표현되고, 특히 페타이어를 차례로 쌓아올린 오필리아의 시신의 납골당적인 표현은 이 연극의 백미(白眉)라 하겠다. 대단원에서는 기존극단의 공연에서 보여주던 햄릿과 레어티즈의 결투장면 대신, 햄릿 구국 환영잔치로 대체시키고, 햄릿이 숙부 왕에게 복수하려 드는 것을 감지한 모후가 햄릿의 단검을 몰래 빼앗아 품에 감추는 장면이나, 숙부 클로디어스가 햄릿을 살해하려고, 독 진주를 담은 독배를, 모후 거트루드가 대신 마신 후, 절명하는 순간까지 햄릿의 복수를 만류하는 장면은, 〈햄릿, 여자의 아들〉이라는 제목처럼, 햄릿의 복수심을 용서와 화해로 이끌어가려는 모후 거트루드의 의지이자, 송현옥 연출가의 의지가, 무대 위에 아름답게 드러나 감동이 배가된 연극이었다.

■ 유라시아 셰익스피어극단(ESTC)(번역/연출 남육현) <햄릿>
2014.5.14.~6.8., 설치극장 정미소

2002년부터 13년간 영국 문화원의 후원과 협조를 받아 '셰익스피어 39편 전 작품 공연 프로젝트'로 셰익스피어 작품 16편을 공연했던 극단 유라시아 셰익스피어극단 (ESTC)은 셰익스피어 탄생 450주년을 기념하여 17번째 작품으로 셰익스피어의 <햄릿>을 설치극장 정미소에서 남육현 번역 및 연출로 5월 14일부터 6월 8일까지 공연하였다. ESTC는 셰익스피어의 본고장에서 박사학위를 받은 남육현 교수가 2002년에 창단하여 현재 대표를 맡고 있고 원전에 충실한 공연을 하고 있다. 참고로 일본에서는 셰익스피어의 전작공연을 했거나 하고 있는 극단이 두 개다.

필자는 ESTC가 1879년 셰익스피어의 고향인 스트랫퍼드-어폰-에이번 (Stratford-upon-Avon)에서 창설된 셰익스피어 기념 극장이 1960년에 재건과 조직 개편과 함께 지금의 명칭으로 바뀐 로열셰익스피어극단만큼 역량가 재능을 갖춘 극단으로 발전하기를 희망하면서 빠른 시일 내에 셰익스피어의 전 작품을 공연한 극단으로 탄생하기를 진심으로 희망하여 그들의 앞날에 신의 가호가 있기를…

한편 도올 김용옥 한신대 석좌교수는 제자 11명과 함께 <햄릿>을 관람하고 "젊은 시절, 햄릿의 매력에 푹 빠져 원서를 통째로 외웠었다. 햄릿을 보면서, 젊은 날의 추억이 주마등처럼 스쳐지나갔다. 연극다운 연극을 본 것 같아 행복하다. 깊은 감동을 받았다."는 감동의 말을 공연 팀에 전하였다.

■ '제52회 시티 오브 런던 페스티벌' 참가작 극단 여행자(연출 양정웅) <햄릿>
2014.7.12., 런던 피콕극장

'제52회 시티 오브 런던 페스티벌(City of London Festival, COLF)'은 세계 최대의 공연예술축제인 에딘버러 페스티벌과 더불어 세계 3대 클래식 축제 중 하나로 2014년 6월 22일부터 한 달간 런던 도심에서 진행되었다. 축제 초기에는 클래식 음악이 주를 이루었으나, 2000년대 중반부터 특정 국가를 주제로 하는 테마가 정해지면서 2005년 네덜란드, 2006년 일본, 2007년 프랑스가 조명됐고 올해는 한국이 '서울 인 더 시티'라는 이름으로 선정되어 한국의 연극, 현대무용, 퓨전국악과 퍼포먼스 등 대규모 공연이 영국 런던 중심부에서 펼쳐졌다.

극단 여행자는 양정웅 연출이 셰익스피어 원작 <햄릿>을 한국의 굿으로 재해석하여 2009년에 명동예술극장에서 초연한 작품을 가지고 이 행사에 참가하여 공연하여 관객들로부터 엄청난 호평을 받았다. 공연에 대한 자세한 내용은 2009년 편을 참조하기 바라며 여기서는 2014. 7. 14. 조선일보 런던 특파원 김기철 기자의 보도내용을 소개하고자 한다.

햄릿(전중용)은 2막에 나올 그 유명한 대사, "사느냐, 죽느냐, 그것이 문제로다."를 첫 등장 장면부터 쏟아냈다. 아버지 죽음을 애도하기 위해 입었던 검은 상복을 팬티까지 벗어 던지면서 전신 노출을 감행했다. 시작부터 탄성이 흘러나왔다. 극 중 내내 햄릿이 입은 의상은 흰 추리닝(트레이닝복). 아버지를 죽이고 권력을 찬탈한 숙부와 불륜의 어머니에 대한 반항을 담아냈다.

지난 12일 런던 피콕 극장에서 열린 극단 여행자의 '햄릿' 공연. 한국 전통 굿과 무속으로 해석한 셰익스피어로 호평을 받았다

'양정웅 표 햄릿'은 떠들썩했다. 북과 꽹과리, 장구는 물론 무녀의 노랫가락, 방울 소리가 청각을 자극했다. 햄릿은 사각형 무대 가장자리에 깔린 쌀 2t(한국 상표를 단 미국 쌀) 위를 뛰어다니다 한 움큼씩 집어던지며 적개심을 드러냈다. 무신도(巫神圖)가 사방에 깔린 무대 위를 맨발의 배우들이 쉴새 없이 뛰어다니며 에너지를 발산했다.

햄릿이 아버지의 유령을 만나는 장면은 '진오기굿'으로 처리했다. 햄릿의 부탁으로 죽은 자를 위한 굿을 펼치던 무당 세 명은 억울한 죽음과 복수를 부탁하는 아버지의 목소리를 중개했다. 셰익스피어가 햄릿을 쓸 때, 햄릿과 아버지의 만남을 이렇게 처리하지 않았을까 싶을 만큼 그럴듯했다. 물에 빠져 죽은 오필리아를 추모할 때, 독 묻은 칼을 맞고 햄릿이 죽을 때 등장한 굿 장면도 해외 관객들에게 인상적일 법했다.

■ 극단 홍강(각색 이현수, 연출 정대찬) 〈햄릿〉
2014.8.15.~8.17., 울산문화예술회관 소공연장

울산에서 유일하게 단원 전원이 연극 전공생으로 2007년에 창단된 극단 홍강은 〈햄릿〉의 대사 중에서 "아, 너무도 추하고 더러운 이 몸뚱어리, 녹고 녹아서 이슬이라도 되어 없어져버려라. … 이 세상은 잡초만 무성하게 자란 정원, 더럽고 흉물스러운 것들만이 우글대고 있다."(햄릿 1막 제2장 중)를 주제로 자신들만의 〈햄릿〉을 탄생시켰다. 덴마크 왕국이 아닌 쓰레기 매립장을 배경으로, 그곳에 사는 거지들이 〈햄릿〉의 주인공이 되어 세월호 사건, 정치 문제 등 세태를 풍자하며 사회의 근원적인 문제들을 파헤친 작품이다.

■ MJ 컴퍼니(연출 성천모, 프로듀싱 최무열, 음악 AEV) <햄릿 The Actor>
  2014.8.1.~8.31., 예술의전당 자유소극장

  MJ 컴퍼니의 <햄릿 The Actor>는 아버지 프라이암 왕의 죽음으로 우울증에 걸려 하루하루를 살아가던 햄릿이 사건의 전말을 알고 친구이자 배우인 사라와 캠벨을 불러들여 클로디어스 왕 앞에서 연극 형태로 재구성한 이른바 '복수의 리허설'을 공연함으로써 벌어지는 이야기를 오직 세 명의 배우만 등장시킨 작품으로, 2012년부터 3년 연속으로 예술의전당 무대에서 공연되고 있는 작품이다.

  이 작품은 세계 셰익스피어 학회에서 단체관람을 하였으며, 미국 MIT 공대에서는 <햄릿 The Actor>의 대본과 영상을 공식 연구자료로 택할 정도로 해외에서 많은 관심을 받고 있는 작품이다. 작품에 대한 설명은 2012년 편을 참조하기 바란다.

■ 극단 가빈(작 제임스 셔먼, 연출 이기호) <매직타임>
  1. 2014.9.17.~10.12., 부산 가온아트홀 3관
  2. 2014.10.14.~10.16., 경성대학교 예노소극장

  연극 <매직타임>은 두 가지 종류의 공연이 있었다. 하나는 장진 감독이 제임스 셔먼의 <매직타임>을 한국인 명칭을 쓰고 판소리를 넣는 등의 방법으로 한국적으로 재해석한 것으로 초연은 1998년 바탕골소극장에 신하균, 정재영, 이문식, 임원희의 실명을 사용하여 공연한 것이었고, 2012년에는 이 작품을 서울, 의정부, 울산에서 <리턴 투 햄릿>이란 제목으로 공연하였다. 또 다른 하나는 고 박광정씨의 연출로 2000년 원작 그대로 공연되었던 작품이다.

  2014년에는 경성대 연극학과 재학생과 졸업생으로 2014년 창단된 극단 가빈이 제임스 셔먼 작 <매직타임>을 공연하였다.

  일명 'show time'이라 불리는 '매직타임'은 무대 위에서 펼쳐지는 가상의 시공간을 뜻하는 용어이다. 연극 <매직타임>은 배우들이 어떻게 살아가고 있는 지에 대해 <햄릿>을 공연하는 무대 뒤 분장실을 배경으로 보여준다. 배우들의 삶이 오디션과 밀접하다는 것을 각각의 특성 있는 배우들이 분장실에서 나누는 일상적 대화를 통해서 관객들이 알 수 있게 꾸민 작품이다. 배우라는 직업이 관객들이 봤을 때, 그저 멋있는 존재로 다가갈 수 있지만, 사실은 많이 고민하고 생각하는 힘든 직업이며, 안정적이지 않고 항상 변화를 향해 달려야만 하는 고통스러운 것임을 내포하고 있다.

  작가 제임스 셔먼(James Sherman)은 2000년 박광정 연출의 <매직타임> 국내 공연을 계기로 한국종합학교 연극원에서 2001년 한 학기 동안 강연을 하기도 하였다.

작품의 줄거리는 2000년 10월 한양레퍼토리(연출 박광정) 편을 참조하기 바란다.

■ 극단 서울공장·인도 InKo Centre <햄릿 Avattar>(안무 아스타드 데부(Astad Deboo)·김지윤, 연출/각색 임형택)
  1. 2014.10.23.~11.2., 대학로예술극장 대극장
  2. 2015.10.8.~10.11., '2015 서울공연예술제' 초청작 대학로예술극장 대극장

2002년 창단된 극단 서울공장은 다양한 레퍼토리와 워크숍, 국제 교류를 통해 퍼포먼스극, 음악극, 소리극 등을 활발하게 하고 있는 우리나라의 대표적인 창작 집단이다. 서울예술대학 연기과 교수인 임형택이 대표를 맡고 있다.

셰익스피어 원작 <햄릿>의 줄거리와 구성은 그대로 따르되 상징적이고 몽환적인 장면은 직접 무대에 서는 인도 예술가들의 동작과 노래로 형상화했다. 이 작품은 인도의 전통 무용인 바탁과 인도 뱅갈 지방에서 전해 내려오는 음유시인 집단인 바울의 음악을 한국의 전통 예술과 결부시켜 만든 작품이다.

[줄거리]
오필리아의 영혼이 노래를 부르는 가운데 햄릿은 병원으로 이송되고 있다. 지난날의 쓰라리고 달콤했던 기억들이 찰나처럼 스쳐간다. 햄릿은 풍류를 알고 즐기는 자다. 권력에는 관심이 없고 광대들과 함께하는 배우훈련, 무술수업을 좋아한다.
선왕은 햄릿을 이해하는 유일한 사람이었다. 그런 아버지의 갑작스런 죽음을 피부로 받아들일 수 없었던 햄릿. 미친 시대에 온전한 자신으로 받아들일 수 없어 햄릿은 광인이 되기로 결심한다. 그리하여 햄릿은 광대들과 아버지의 죽음에 대한 진실을 알기 위해 연극을 준비한다. 이를 통해 살인자는 자신의 삼촌이고 어머니가 그의 새로운 아내가 된 오염된 진실을 깨닫는다. 진실이 아닌 탐욕스런 사랑을 강요받는 오필리아, 침대 속 욕망에 사로잡힌 어머니의 현실을 질타하고 거부한다.
과연 행동의 결과란 희생만이 남는 것일까? 햄릿의 아바타는 되살아날 것인가?

◆ 연극평론가 박정기
아바타(Avatar)는 자신의 분신을 가리킬 때 쓰는 표현으로, 이는 원래 힌두교의 비쉬누 신과 관련된 말이다. 비쉬누 신이 어지러운 세상을 구원하기 위해 인간 또는 반신반인의 모습으로 출현을 한다.
인도의 국보급 안무가인 아스타드 데부(Astad Deboo)는 독일 피나 바우쉬, 영국 핑크 플로이드, 런던 마사 그레이엄, 뉴욕 호세 리몬 등 세계 각국의 예술인과 협업을 해온 글로벌 아티스트로 우리나라에서는 1983년 '아스타드 데부(Astad Deboo)의 초청공연'

이 공간사랑에서 열린 적이 있다.

파르바띠 바울(Parvathy Baul)은 미모의 집시풍의 여가수로 바울은 방랑하는 탁발승이란 의미이다. 사찰에서 예불 후, 스님들이 네 개의 사발 같은 나무그릇에 밥, 반찬, 국, 물을 담아 식사를 하는데, 그것을 발우공양이라고 한다. 발우공양의 발우가 바로 바울과 같은 뜻이다. 현대에 이르러 '바울(Bauls)'은 음악을 통하여 신에게 다가고자 노력하는 방랑 신도를 일컫기도 한다.

■ 이노컴퍼니(각색 김나정, 연출 김진만) 오페라연극 <햄릿>
2014.11.21.~12.28., 용산아트홀 대극장 미르
2015.4.24.~5.24., 용산아트홀 대극장 미르

이노컴퍼니는 이노베이션(innovation)과 컴퍼니(company)의 합성어로 공연문화의 이노베이션, 오페라의 이노베이션을 통해 공연문화의 혁신과 고급문화로 인식되고 있는 오페라의 대중화를 목표로 2014년 6월 9일 창단되었다.

오페라연극 <햄릿>은 셰익스피어의 4대 비극 중에서도 대표작으로 꼽히는 희곡 "햄릿"과 앙브루아즈 토마의 동명의 오페라를 원작으로 하여 연극을 접목한 오페라, 연극, 뮤지컬의 장점만으로 구성된 콜라보레이션 공연이다.

◆ 연극평론가 박정기

오페라 햄릿(Hamlet)은 전5막으로 셰익스피어의 원작을 미셸 카레(Michel Carré)와 쥴르 바르비에(Jules Barbeir)가 공동으로 대본을 집필했다.

앙부루아즈 토마의 햄릿에서는 특이하게 햄릿(Hamlet)역이 바리톤이다. 덴마크의 왕 클라우디우스(Claudius)는 베이스, 폴로니우스(Polonious)의 아들 레어티즈(Laertes)만이 테너이다. 폴로니우스의 딸 오필리아(Ophelia)는 소프라노, 햄릿의 어머니인 덴마크의 여왕 거트루드(Gertrude)는 메조소프라노이다.

최상의 아리아로는 <포도주, 슬픔을 씻어주네 O vin, dissipe le tristesse> <그대의 즐거움을 위해 A vos jeux> <오펠리아의 광란의 장>이 알려졌다.

셰익스피어의 <햄릿>은 여러 작곡가들이 오페라로 만들었지만 토마의 작품이 가장 환영을 받고 있다. 토마는 1811년 독일의 메츠에서 태어났으나 파리에서 생애의 대부분을 보낸 프랑스 작곡가이다. 토마가 작곡한 <햄릿>은 원작과는 달리 후반부에 숙부왕을 죽인 후 왕으로 추대되는 해피엔딩이다. 또한 프랑스 오페라에서는 발레가 필수품이라, 물론 <햄릿>이라는 비극적 내용의 오페라에는 발레가 합당하지는 않지만 그럼에도 불구하고 화려한 발레가 등장한다. 제4막의 발레(봄의 축제 Le fete du printemps)는 오펠리아의 광란의 장면과 죽음의 장면에 이어 나오는 것이다.

〈오페라 햄릿〉은 1868년 파리 오페라극장에서 초연을 가진 이래 프랑스에서 가장 인기 있는 오페라로 인정을 받았다. 그러나 프랑스 이외의 지역에서는 거의 공연되지 않았다. 토마의 또 다른 작품인 미뇽(Mignon)의 인기에 압도되었기 때문인 것 같다. 햄릿은 1869년 영국의 코벤트 가든에서 〈암레토(Amleto)〉라는 타이틀로 공연되었다.

〈오페라 연극 햄릿〉에서는 마거릿이라는 젊고 아름다운 여성을 오필리아와 대비시켜 등장시키고, 햄릿의 친구인 호레이쇼가 좋아하는 여인으로 설정을 한다. 그리고 호레이쇼가 과거 유랑극단 단원이었기에 부왕 암살 장면을 동료 유랑극단원들에게 연기하도록 청한다. 그리고 원래 오페라에서 노래로 부르던 대사를 이번 오페라연극에서는 출연자들이 대사로 전달한다. 도입의 부왕의 망령장면은 부왕이 가면과 왕관을 쓰고, 수많은 망령과 함께 등장한다.

타악기와 현악기 그리고 건반악기의 연주석이 배경 왼쪽에 마련이 되고, 연주자들이 극의 흐름을 주도한다.

2015year_{Hamlet}

■ 유라시아 셰익스피어 극단(Eurasia Shakespeare Theatre Company, ESTC)
〈햄릿〉 2015.3.9.~4.5., 문화공간 옐림홀

유라시아 셰익스피어 극단(Eurasia Shakespeare Theatre Company, ESTC)은 2002년부터 진행하고 있는 셰익스피어 39편 전 작품 공연 프로젝트의 17번째 작품으로 셰익스피어 탄생 450주년 기념 기획무대 셰익스피어의 명작 〈햄릿〉을 2015년 3월 9일부터 4월 5일까지 문화공간 옐림홀에서 공연하였다.

극단 ESTC 셰익스피어 전작품(39편) 공연 프로젝트 주요 공연 연혁이다.
2002년 11월 : 국내초연 축제극장 〈베로나의 두 신사〉(The Two Gentlemen of Verona) 공연
2005년 10월 : 국내초연 상명아트홀 〈나스타샤〉(Nastasya, 원작 "백치" The Idiot)
2007년 5월 : 국내초연 국립극장 〈헛소동〉(Much Ado About Nothing) 공연
2007년 5월 : 국내초연 ESTC 셰익스피어 극장 〈헛소동〉(Much Ado About Nothing)
2007년 5월 : 국내초연 용인시 Arts Center 〈헛소동〉(Much Ado About Nothing)

2007년 11월 : 국내초연 ESTC 셰익스피어 극장 〈끝이 좋으면 다 좋아?〉(All's Well
That Ends Well?) 공연

2008년 3월 : 국내초연 ESTC 셰익스피어 극장 〈사랑의 헛수고〉(Love's Labour's
Lost)

2008년 9월 : 국내초연 국립극장 셰익스피어 명작사극 장미전쟁 8부작 첫 번째 〈리처드
2세〉 공연

2008년 10월 : 국내초연 용인시 Arts Center 초청공연 〈리처드 2세〉 공연

2009년 3월 : 국내초연 청운예술극장 셰익스피어 명작사극 장미전쟁 8부작 2번째
〈헨리4세 제1부〉 공연

2009년 6월 : 국내초연 국립극장 셰익스피어 명작사극 장미전쟁 8부작 3번째 〈헨리4세
제2부〉 공연

2009년 9월 : 국내초연 대학로예술극장 셰익스피어 명작사극 장미전쟁 8부작 4번째
〈헨리5세〉 공연

2010년 4월 : 국내초연 예술의전당 자유소극장 〈존 왕〉(King John) 공연

2010년 8월 : 국내초연 대학로극장 &예술의전당 〈아테네의 타이먼〉(Timon of
Athens) 공연

2010년 11월 : 국내초연 국립극장 하늘극장 〈에드워드 3세〉(King Edward III) 공연

2011년 4월 : 국내초연 예술의전당 셰익스피어 명작사극 장미전쟁 8부작 5번째 〈헨리6세
제1부〉 공연

2012년 5월 : 국내초연 아트센타 K 셰익스피어 명작사극 장미전쟁 8부작 6번째 〈헨리6세
제2부〉 공연

2012년 9월 : 국내초연 설치극장 정미소 셰익스피어 명작사극 장미전쟁 8부작 7번째
〈헨리6세 제3부〉 공연

2012년 11월 : 국내초연 국립극장 달오름 셰익스피어 명작사극 정미전쟁 8부작 8번째
〈리처드3세〉 공연

2013년 5월 : 설치극장 정미소 셰익스피어 새 4대비극 시리즈 1번째 무대 〈맥베스〉
(Macbeth)공연

2014년 5월 : 설치극장 정미소 셰익스피어 새 4대비극 시리즈 2번째 무대
〈햄릿〉(Hamlet)공연

2014년 7월 : 대학축제초청 셰익스피어 새 4대비극 시리즈 2번째 무대
〈햄릿〉(Hamlet)공연

2014년 9월 : 정부기관초청 셰익스피어 새 4대비극 시리즈 2번째 무대
〈햄릿〉(Hamlet)공연

2014년 1월 : 남해축제 셰익스피어 새 4대비극 시리즈 2번째 무대 〈햄릿〉(Hamlet)공연

2015년 3월~4월 : 문화공간엘림홀 셰익스피어 새 4대비극 시리즈 2번째 무대
〈햄릿〉(Hamlet) 앵콜공연

■ 드림시어터컴퍼니(각색/연출 정형석) 〈어둠 속의 햄릿〉
  1. 2015.4.22.~5.3., 예술공간 오르다
  2. 2015.10.7.~10.11., 예술공간 오르다

셰익스피어의 햄릿을 원전으로 한 이 작품은 햄릿이 선왕을 복수하지 않고 권력을
탐하는 인물로 재설정하여 벌어지는 일들을 그리고 있다.

원전에서의 햄릿은 그 자신 앞에 놓인 굴레를 피하지 못해 갈등하고 고뇌하는
인물로 그려지고 있다. 자신에게 주어진 운명을 피하고 싶었으나 그럼에도 그 운명
을 따라야 하는 나약한 인간이다.

이 작품은 햄릿을 도덕과 윤리, 본능과 도덕을 벗어던진 현대사회의 부조리한
권력층을 상징하는 인물로 변환시켜 인간으로서의 갈등과 고뇌가 사라진 비인간적
인 인간들이 지배하는 세상을 그리려 한다.

◆ 연극평론가 박정기
〈어둠 속의 햄릿〉은 원작의 비극적 결말을 의도적으로 개선하여 희극적 결말을 맺도록
재창작한 연극이다.
햄릿이 숙부인 클로디어스 왕에게 협력하여 숙부는 80세에 달하기까지 덴마크를 통치한
다. 물론 햄릿도 중년의 나이가 되었고, 오필리아와의 사이에서 햄릿 주니어가 태어나
그 역시 장성한 청년이 된다. 왕비인 햄릿의 어머니 거트루드와 오필리아는 호사생활의
극치를 누리며 살고 있다. 재상 폴로니어스의 아들 레어티즈도 무장(武將)으로 나라에
충성을 하면서 차기 통치권 자리를 넘보고 있다. 햄릿의 절친인 호레이쇼는 선대의 국왕
암살에 관한 진실을 알고 있기에, 진실 은폐라는 정치적 차원에서 어두컴컴한 감옥에 갇힌
채 평생을 보내고 있다. 당연히 햄릿과 레어티즈 사이에 통치권에 관한 암투가 전개되고,
레어티즈는 선대왕의 비밀을 만천하에 공개하려고 광대들을 초청해, 햄릿선왕이 그의 아우
인 클로디우스에게 독살당하는 장면을 꼭두각시극으로 연출해내 햄릿이 우유부단하고 기
회주의자적인 성격으로 부친의 복수는커녕 자신의 안일만 유지하려고, 왕위 계승권자로
서의 자격이 없음을 만천하에 공개하려한다. 그러나 공연이 끝나자 광대들은 전원 살해당
하고 만다. 당연히 레어티즈는 분노를 터뜨리고 햄릿을 비난한다. 바로 그때 인접국이자
적대국인 노르웨이의 포틴 브라스 2세가 덴마크를 침공한다. 햄릿이 적군 저지에 곧바로
나서지 않고, 우물주물하자 레어티즈는 총사령관이 되어 앞장서 노르웨이 군에 맞서 전쟁
터로 나간다. 햄릿의 아들 햄릿 주니어는 일찍이 정치적이나 경제적인 문제보다는 문학과

예술 쪽에 더 관심을 두고 자랐났으나, 부친 햄릿의 강권으로 무관직을 택했기에, 햄릿과 오필리아의 반대에도 불구하고, 이번 전쟁에서 레어티즈와 함께 출전한다. 그러나 레어티즈와 햄릿 주니어는 전쟁터에서 전사한다. 다행히 덴마크 군이 승리를 했기에, 햄릿은 레어티즈 일파의 여하한 저지나 방해도 없이 클로디어스의 뒤를 이어 왕좌에 오르게 된다. 그러나 햄릿은 비로소 회의에 빠진다. 자신이 바라고 선택한 희극적 결말이 어쩌면 비극적 결말보다 더 비극이 된 것이 아닌가 하고.

■ '제12회 부산 연극제'(2015.5.1.~5.10.)

이번 연극제는 '웰컴, 셰익스피어'라는 콘셉으로 공식초청작 부문에선 프랑스, 이탈리아, 체코, 러시아, 미국, 한국 6개국이 참여하고, '고월드 페스티벌'에 12개 작품, '다이나믹 프린지'에 20개 작품과 부대행사인 10분 연극제, 워크숍, 아트마켓, 아티스트 토크 등 다양한 프로그램으로 진행되었다.

개막작은 프랑스 디퓨전의 <말괄량이 길들이기>, 폐막작은 러시아의 극단 티티비가 만든 <로미오와 줄리엣>이었고 나머지 초청공연작은 체코의 슈반도보 극장의 <햄릿>, 러시아 발틱하우스의 <맥베스>, '햄릿'을 재해석한 미국 캠트의 인형극 <마리오네트 햄릿>, 한국 극단 목화(오태석 연출)의 <템페스트> 이었다.

이 외에 공식적으로 초청받지 못한 공연 단체가 참여하는 공연들로, 연극 장르 외에 다양한 장르가 자유롭게 참가하는 프로그램 '다이나믹 프린지'와 국내 우수 공연들을 경연을 통해 해외 공연 예술 축제에 진출할 수 있도록 지원하는 프로그램 '고월드 페스티벌'이 있다. 여기에서 우수작품을 선정, 1등 팀에게는 내년 영국 에딘버러, 프랑스 아비뇽 축제에 참가하도록 지원하고 있으며, 2015년에는 2014년 1등 작품 극단 마고의 '벚꽃동산-진실너머'라는 작품이 그해 8월 영국 에딘버러 공연에 참가하였다.

이번 행사에서 '공식초청작품'에서 2편, '다이나믹 프린지'에서 1편 총 3편의 <햄릿> 작품이 무대에 올랐다.

■ <햄릿> '공식초청작'

1. 미국 캠트 인형극 <마리오네트 햄릿> 2015.5.2.~5.5., 부산시민회관 소극장

1920년대식 인형극 보존에 힘쓰는 극단 캠트는 햄릿을 인형극으로 만들어냈다. 관객은 이중 프리즘을 통해 인형의 움직임과 배우의 움직임 둘 다를 보게 되는데, 이는 인형이 조작되는 것처럼 주인공이 자신의 숙명으로부터 벗어날 수 없음을 뜻한다. <햄릿>의 또 다른 버전인 <마리오네트 햄릿>은 마리오네트가 조작되는 것처럼 주인공이 자신의 숙명으로부터 벗어날 수 없는 셰익스피어의 비극을 인형극으로 표현한 작품이다. 캠트의 인형극은 마리오네트의 움직임과 그에 따른 배우의 움직임을 같이 보는 재미를 준다.

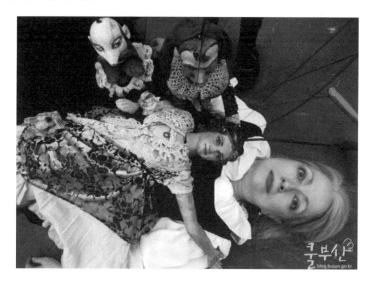

2. 체코 슈반도보 극장 <햄릿> 201.5.8.~5.9., 부산시민회관 소극장

체코에서 온 '슈반도보 극단'은 프라하 시의 지원 아래 운영되고 있으며 프라하

연극계의 젊은 연극을 대표한다. 이들이 선보이는 햄릿은 아들이 겪었을 고통과 혼란이라는 개인적 요소에 집중해 비극을 구성한다. 아버지를 잃은 아들 이야기에 포커스를 맞춘 슈반도보 극장의 '햄릿'은 관객들에게 광기어린 햄릿을 보여준다. 시대적 배경을 원작의 덴마크 왕조에서 현대의 로열 패밀리로 변신시켰다. 사랑하는 아버지가 죽은 지 얼마 되지 않아 어머니가 재혼한다. 로얄 패밀리에게는 무엇보다 도 치명적인 비밀이 아들의 광기로 만천하에 드러난다. 햄릿은 왕위를 찬탈당한 불만을, 호레이쇼는 자신이 본 믿을 수 없는 환상을, 폴로니어스는 딸에게 향하는 은밀한 당부를, 클로디어스는 완전히 제거되지 않은 자책감을 표현해야 하며, 햄릿 과 오필리아의 정사 등이 내포되어 있다.

◾ '다이나믹 프린지' 참가작, 극단 진일보 (연출 김경익) <바보 햄릿>
　　2015.5.7.~5.9., 부산문화회관 소극장
　3류 잡지사 기자 종철이 데스크로부터 밤늦게 기사를 정정할 것을 부당하게 요구 받고 간신히 잠이 들자 악몽이 시작되고 죽은 선왕 노무현 대통령이 나타나 "나를… 잊지 말라"고 했다는 강박증에 시달리던 햄릿은 스스로 노대통령이 되어 현실의 지배자 병원장과 마지막 일전을 벌이는 내용이다. 작품은 자세한 내용은 2014년 '제3회 마이크로 셰익스피어'편을 참조하기 바란다.

■ 극단 미로(각색/연출 안재범) <웃어라, 햄릿>
　　2015.5.19.~5.24., 대학로 노을소극장
　2010년 3월, '연극은 극예술의 기초과학'이란 주제 아래 창단한 극단 미로는 '거 창국제연극제', '서울프린지페스티벌', '10분 연극제', '경북연극제', '전국연극제', '현대극 페스티벌', '셰익스피어 페스티벌' 등 다양한 전국 단위의 연극제와 페스티 벌에 참가하여 왔다.

[기획의도]
• 현대인의 불안 강박증에 대한 유쾌한 풍자
〈웃어라, 햄릿!〉은 경쟁사회 속에서 성과 주체로 살아가며 극도의 스트레스에 시달리는 현대인의 초상을 유쾌하게 풍자한 연극이다. 본 연극은 성과 사회의 과잉활동, 자기착취에 맞선 사색적 삶, 영감을 주는 무위와 심심함, 휴식의 가치를 이야기하며, 오늘날 '웃음'의 개념에 대한 새로운 시각을 던진다. 이를 통해 '우리가 행복하게 살아가기 위해서 진정으로 필요한 것은 무엇인가?' 혹은 '가장 소중한 것임에도 우리가 잊고 살아가는 것은 무엇인가'

에 대해 관객과 함께 고민해 보고자 한다.

[줄거리]
지독한 두통에 시달리는 햄릿은 아버지의 장례를 치르던 중 오필리아의 사혈소를 찾아간다. 두통을 치료하고자 피를 뽑으면서 햄릿은 유령, 클로디어스, 거트루드의 환상을 보게 되고, 그로 인해 햄릿의 두통은 오히려 심해진다. 그에 따라 두통에서 벗어나려 더 많은 피를 뽑으려는 햄릿과 이를 만류하는 오필리아 사이에서 일대 소동이 벌어지고, 극은 알 수 없는 결말을 향해 치닫는다. 과연 햄릿은 삶의 번뇌에서 자유로울 수 있을까?

■ 공연집단 뛰다(연출/번역/대본 배요섭) <노래하듯이 햄릿>
　2015.6.6.~6.21., 국립극단 백성희장민호 극장
공연창작집단 뛰다는 강원도 화천군 화천읍 동지화 마을의 폐교에 "시골마을 예술 텃밭"이라는 이름을 붙이고 2000년에 출발한 극단이다. 공연집단 뛰다의 <노래하듯이 햄릿>은 4인의 광대가 인형극을 연출하며, 노래와 춤으로 햄릿의 줄거리를 펼쳐가는 노래극으로 2005년 국립극장 '셰익스피어 난장'에서 초연한 이후, 2007년 '의정부 국제음악극 축제' 공식초청작, 2008년 'PAMS Choice' 선정작 및 아르코 파트너 기획 공연, 2009년 '광주 국제공연예술축제' 공식초청작, 2012년 '오스트리아 짤츠부르크 국제음악극 축제' 공식초청작으로 10년간 꾸준히 공연되어온 작품이다.

[기획의도]
• '인형과 가면, 음악이 어우러지는 진혼난장굿'
<노래하듯이 햄릿>은 한판 굿이다. 햄릿의 해골을 앞에 두고 무당과 같은 네 명의 광대들이 햄릿의 영혼을 달래주는 진혼굿이다. 광대들은 햄릿이 남기고 간 수첩을 뒤적이며 그의 삶을 재현해낸다. 햄릿의 해골, 숙은 가죽으로 만든 인형과 가면, 일상적 소품들을 이용해 광대들이 만드는 장면은 뛰다만의 독특한 연극적 이미지라고 할 수 있다.
[줄거리]
<노래하듯이 햄릿>은 죽은 햄릿의 영혼을 달래주는 진혼굿이다. 광대들은 햄릿이 남기고 간 수첩을 뒤적이며 그의 삶을 이끌어낸다. 아버지의 죽음, 그리고 곧이어 어머니의 결혼, 그것도 아버지의 동생과 결혼하는 어머니를 지켜봐야 했던 햄릿의 고민들을 어릿광대들이 햄릿을 대신해 내뱉어준다. 이로써 광대들은 사느냐, 죽느냐의 기로에서 고민하는 햄릿에게 공감과 위로를 건넨다.

■ 극단 성북동 비둘기(각색/연출 김현탁) <망루의 햄릿>(The Lost Tears in

Hamlet) 2015.6.26.~7.5., 국립극단 백성희장민호 극장

근대 도시화에서 살아남은 성북동의 비둘기들처럼 동시대의 연극의 상업화와 표준화 물결에 맞서 연극성을 고취하고자 극단 성북동 비둘기는 2005년에 창단되었다. 이 작품을 각색하고 연출한 김현탁은 동아연극상 새개념연극상, 신인연출상, 작품상 수상자이다.

연극 <망루의 햄릿>은 윌리엄 셰익스피어의 '햄릿'을 기반으로 한다. 하지만 '햄릿'을 어느 한 시대에 국한된 이야기로 보지 않고, 오늘날 현대사회를 살아가는 이들의 모습으로 그려낸다. 원작의 드라마를 따라가기보다 가정사, 애정사, 굵직한 역사적 사건 등이 여러 시간과 공간 속에서 펼쳐지고, 눈물과 상처를 안고 살아가는 많은 이들을 만난다.

◆ 연극평론가 박정기

눈물을 잊은 햄릿이라는 원제에 망루(忘淚)라는 수식어를 붙이기는 했지만, 높은 무대로 해서 전망대 느낌의 망루(望樓)라는 생각도 든다.

연극은 도입에 햄릿과 여자 2인이 망대 같은 무대에 올라 이혜민 작사·작곡의 동요 "아빠와 크레파스"에 맞춰 율동을 하는 모습에서 시작된다. 햄릿의 붉은 조끼는 시위현장에서 붉은 조끼를 입은 시위대의 모습을 연상시킨다. 아니나 다를까 동요가 끝나자 햄릿은 확성기를 들고 구호를 외쳐대기 시작한다. 배경에 나란히 놓인 의자에 숙부와 왕비, 그리고 경찰관 복장의 폴로니우스, 그리고 젊은 여인들이 등장해 시위대를 쳐다보고 있다. 그들이 시위에 반응을 보이자, 햄릿은 자신이 광대라는 소리를 지르기도 한다. 그러면서 원작의 광대장면에서의 동생이 형을 죽인 후 임금의 자리에 오르는 대사를 내뱉기도 한다. 망대 위의 시위를 저지하려고, 헬멧을 쓴 레어티즈가 등장을 하고, 숙부 왕과 왕비 일행이 망대에 오른다. 향후 햄릿 원작의 내용이 가미되면서 오필리아가 등장을 하고, 햄릿과 오필리아의 노래가 관객을 극 속으로 빨아들인다. 극 중 세종대왕의 훈민정음(訓民正音) 서문이 낭독되는가 하면, 숙부왕은 고정 마이크 앞에 서서, 어눌하지만 초대 대통령 이승만 박사를 연상시키는 음성과 대사로 객석에 웃음을 터뜨리게 만들고, 거트루드 왕비가 장발을 휘날리며 춤이나 노래하는 모습 또한 예쁘고 독특하기 그지없어 관객의 눈길을 끌기도 한다. 햄릿과 레어티즈의 결투장면에서는 시위대 촛불로 대결을 하고, 촛불용기에 숙부가 따라주는 술을 받아 마시며, 1차 2차 3차 대결을 벌이면 극은 상승 점으로 치닫고, 영화 <노팅 힐(Notting Hill)>의 "She"와 최성수와 임수정이 불러 히트시킨 가요 "동행"을 열창하면 극은 절정에 이른다. 대단원은 결투장면에서 독배를 마신 출연자들이 무대 위에 모두 쓰러지고, 숙부가 다시 고정마이크 앞에 다가서서 어눌한 대사로 나라 전체의 화합을 다지는 대사로 마무리를 하면, 쓰러졌던 출연자들이 모두 일어나 기념촬영을 하는 모습에서 연극은 끝이 난다.

■ '제10회 여성 연출가전 참가작품'(2015.8.27.~9.27.)
극단 씨어터 백(각색 박진희·백순원, 연출 백순원) <햄릿>
2015.9.16.~9.20., 동숭아트센터 소극장

'여성 연출가전'은 여성 연출가들이 쉽게 자리 잡지 못했던 연극계에 그들의 터전을 만들고자 2005년 시작되어 올래 10회를 맞이한다. 이번 무대는 시작부터 함께 한 OB팀과 기대되는 YB팀이 작품을 선보인다. OB 5팀(최진아, 백순원, 오승수, 서미영, 김민경)은 시작부터 함께 한 연출자이고, YB 6팀(이영미, 이슬기, 김가람, 한정원, 정인정, 성화숙)은 앞으로 연극계를 이끌어갈 신예 연출자들이다.

OB 팀 백순원은 2012년 '올해의 젊은 연극인상' 수상, 2013년 '2인극 페스티벌 연출상' 수상, 2014년 '부산국제연극제' 최우수작품상을 수상한 극단 씨어터 백의 대표이자 상임연출이다.

연극평론가 박정기씨는 백순원을 발전적인 앞날이 기대되는 미모의 여성연출가라고 하면서 다음과 같이 작품을 평하였다.

무희들이 등장해 폴카와 탭댄스를 추는가 하면, 오필리아는 의상에서부터 발레리나차림이다. 등장인물이 현대식 정장을 착용하고, 폴로니어스는 늘상 미소를 띤 자상한 모습의 카페사장으로, 레어티즈는 핸섬한 젊은 지배인인 듯싶다. 클로디어스는 중년의 근엄한 표정의 미남 왕이고, 왕비 거트루드는 출중한 미모와 늘씬한 체격, 그리고 관능미가 넘치는 미모의 여인이다.

햄릿은 원래 정신질환과 간질발작 같은 질병이 있는 것으로 설정이 되고, 발작시마다 호레이쇼가 약을 복용시켜 발작을 진정시킨다. 햄릿이 부왕의 죽음을 규명해보려는 연극을 공연하고, 숙부의 태도를 주시하지만, 숙부는 의연한 태도를 유지한다. 숙부의 동태를 추적해가며 주시하던 햄릿이 드디어 숙부가 혼자 있는 자리에서 잘못을 뉘우치고 반성하는 모습을 보이니, 부친사망의 확증을 잡기는 하지만, 이와는 반대로 어머니인 왕비 거트루드는 남자 없이는 못 사는 한창 나이이기에 주저 않고 시동생의 건강한 품으로 뛰어 들고, 어머니를 향한 햄릿의 충고와 주장은 그저 당나귀 귀에 코란 읊기나 마찬가지일 뿐이다. 숙부에게 몸과 마음을 밀착시키는 어머니의 행동거지에 분노하고, 숙부에 대한 증오심과 복수심으로 해서 햄릿의 지병은 나날이 악화되어 간다. 모습은 물론 마음씨까지 아름다운 오필리아가 멋진 발레솜씨를 드러내지만, 증오로 눈이 뒤집힌 햄릿에게는 그 아름다운 모습이 눈에 들어오지 않고, 오직 오필리아 만이 유일하고 만만한 상대라는 생각에서, 그녀에게 온갖 못된 행태는 다 드러내보이고 핍박을 가한다. 그로 인해 오필리아는 견디다 못해 미쳐버리고 만다. 햄릿의 나라인 덴마크에서는 모든 국민이 숙부왕의 국권찬탈집권을 차츰 당연시하는 태세이고, 햄릿의 투쟁은 고독하고, 소외되고, 도외시되는 지경에 이른다.

햄릿이 모든 것을 바로잡으려는 의지를 드러내고 혁명적 거사를 일으키려 한다. 그러나 숙부왕은 미리 알아차렸는지 수행원 전원이 권총을 뽑아들고 햄릿에게 총구를 겨눈다. 숙부왕의 지시에 따라 엄청난 발사총성이 들린다. 그러나 쓰러진 인물은 숙부 왕으로 설정된다. 햄릿은 이 장면을 보고 충격을 일으켜 발작증세가 더욱 강하게 나타난다. 호레이쇼가 햄릿에게 다가가 약병을 꺼내 탁자위에 놓는다. 그러나 빈 약병이기에 햄릿은 발작 끝에 운명한다. 대단원에서 호레이쇼는 무대중앙으로 와 서서, 과거 덴마크에게 빼앗겼던 영토를 포틴브라스에게 되돌려 준다는 선포와 함께 공연은 끝이 난다.

■ 극단 서울공장·인도 InKo Centre <햄릿 Avattar>
   (안무 아스타드 데부(Astad Deboo)·김소이, 연출/각색 임형택)
   2015.10.8.~10.11., 대학로 예술극장 대극장
이 공연에 대한 설명은 '2014년' 편을 참조하기 바란다.

■ 국악뮤지컬집단 타루(연출 박선희) <판소리 햄릿 프로젝트>
   2015.10.8.~10.25., 예술의전당 자유소극장
햄릿의 복잡한 머릿속 생각이 4명의 각기 다른 성격을 가진 자아로 분열된 상황을 그린 소리극 <판소리 햄릿 프로젝트>가 국악뮤지컬그룹 타루의 박선희 연출로 10월 8일부터 10월 25일까지 서울 서초동 예술의전당 자유소극장에서 공연되었다.

<판소리 햄릿 프로젝트>는 2012년 12월 두산아트센터 두산아트랩 워크샵 형식의 공연으로 처음 시도된 이후 2013년 쇼케이스를 거쳐 2014년 2월 구로아트밸리, 3월 국립극장 별오름극당에서 공연되었다.

<판소리 햄릿 프로젝트>는 판소리와 셰익스피어의 본질인 '이야기'에 중점을 두고 '햄릿을 판소리로 어떻게 재미있게 들려줄 수 있을까' 고민한 끝에 시작한 프로젝트다. 이 작품은 원작이 가지고 있는 햄릿의 고민과 무게감은 살리고, 고전의 무거움은 덜어내 햄릿이 결코 우리 모습과 다르지 않다는 것을 보여준다.

똑같은 복장과 분장을 한 여성 소리꾼 4명이 햄릿이자 오필리아, 거트루드, 클로디어스가 돼 갈등을 빚고 이야기를 풀어간다. 전라도 사투리로 판소리의 말맛을 살리고 칼싸움으로 긴장감을 끌어낸다. 타루의 정체성인 판소리와 우리 가락뿐만 아니라 스윙, 왈츠, 탱고 등 다양한 음악이 녹아 있다. '햄릿'의 역사시대상을 재치있게 우리 사회상과 접목해 이 시대의 자화상을 투영시킨다.

전통공연으로는 드물게 33회 장기공연을 마친 후에도 끊임없는 재공연 문의를 받아 계속해서 한층 업그레이드된 모습을 보여주고 있으며 이번 작품에서는 햄릿이

영국으로 쫓겨가며 벌어졌던 사건을 담은 '해적가'를 추가, 총 13곡의 소리를 만날
수 있다.

◆ 오늘의 서울연극 2016년 2월호 연극평론가 김향
요즘 '창작판소리'가 드문드문 그러나 관객들의 관심을 끌며 공연되고 있다. '창작판소리'
하면 이자람 소리꾼의 작품들을 떠올리게 되지만, 이자람과 매우 친근한 관계를 맺고 있는
국악뮤지컬집단 '타루'와 또 판소리 공장 '바닥소리' 역시 15년 정도 창작판소리를 만들어
온 집단이다. 이자람은 '타루'의 (창단)멤버이기도 했으며 '바닥소리'의 최용석 대표와는
뮤지컬 〈서편제〉에서 함께 출연한 사이이기도 하다. '타루'와 '바닥소리'는 각기 다른 특성
을 지니고 창작판소리를 제작하고 있는 '귀중한' 민간예술단체라고 할 수 있다.
'타루'는 판소리의 기교를 뜻하는 '다루'라는 말로, '타루' 집단이 추구하는 것은 '전통과
현대 사이에서 관객과 함께하는 음악극'이다. 판소리에 대한 무관심을 극복하고 관객과
함께 판소리를 즐기고 싶어한다고 할 수 있겠다. 다소 모호한 제목인 〈판소리 햄릿 프로젝
트〉는 예상되는 바와 같이 '셰익스피어의 〈햄릿〉을 판소리화 한다'는 프로젝트를 아예
제목으로 단 것이라 할 수 있겠다. 그리고 '프로젝트'라는 말을 달면서 내용 자체가 '판소리
꾼들이 〈햄릿〉이라는 작품을 판소리화하는 것'이라는 메타적 성격을 띠게 되었다. 셰익스
피어의 주요한 대사 내용은 살리면서도 전체적으로 평설적인 사설로 각색했다. 네 명의
판소리꾼들(송보라, 조엘라, 이원경, 최지숙)은 판소리꾼 개인이면서도 동시에 등장인물
'햄릿'이고, 때때로 '선왕 햄릿', '거트루드', '오필리아', '클로디어스' 등을 극중극으로
연기한다. 이러한 방식은 판소리와 다른 듯하면서도 판소리 방식을 원용한 독특한 방식이
되었다. 특히 똑같은 복장을 한 네 명의 '햄릿'이 전라도 방언으로 노래하며 햄릿의 복잡한
내면을 연기하는 놀이적 성격은 판소리 장르의 '언어놀이적 면모'를 색다르게 표현하는
것이 되었다. '타루'의 〈판소리 햄릿 프로젝트〉는 언어체계가 다른 영국의 희곡 〈햄릿〉을
한국 판소리 사설로 재창작하는 가운데 고유의 상상력을 작동시키고 있었다.

2016year Hamlet

국민일보(2016.6.19.) 장지영 기자가 2016년 〈햄릿〉 공연에 대한 기사를 게재하
였기에 그 전문을 소개한다.

윌리엄 셰익스피어 서거 400주년인 올해 전 세계적으로 그의 작품이 잇따라 무대에 오르고 있다. 우리도 예외는 아니어서 1년 내내 50편 가까운 셰익스피어 작품이 공연된다. 이 중 가장 눈에 띄는 것은 '햄릿'이다. 이미 공연됐거나 계획이 확정된 것만도 13편에 이른다.

햄릿 열기를 처음 지핀 것은 지난 2월 국립극장에서 영국 국립극장(NT) 라이브로 선보인 연극 '햄릿'이다. 영국 인기배우 베네딕트 컴버배치가 타이틀롤을 맡은 이 작품은 지난해 NT의 히트작으로 국내 6회 상영분이 동이 났다. 이어 3월에는 셰익스피어를 새롭게 해석한 '셰익스피어 뒤집多' 페스티벌이 열렸다. 이 중 극단 드림시어터컴퍼니 '어둠 속의 햄릿'과 극단 브레드히트-사무엘 베케트의 '짐승가'가 '햄릿'을 원작으로 했다. 원작을 잔혹 스릴러로 풀어낸 '짐승가'는 초연 당시 호평을 얻어 최근 앙코르 공연됐고, 8월 에딘버러 프린지 페스티벌 참가를 앞두고 있다.

4월 서울연극제에서는 극단 백수광부의 '햄릿 아비'가 대상, 연출상, 연기상을 휩쓸었다. 6월에는 셰익스피어 전문 극단인 유라시아 셰익스피어극단의 '햄릿'과 극단 파종잡담의 'WAKE UP, 햄릿'이 잇따라 무대에 올랐다.

하반기에도 햄릿을 자주 만나게 될 예정이다. 7월에는 이윤택과 극단 연희단거리패의 대표작인 '햄릿', 고(故) 이해랑 선생을 기리는 신시컴퍼니의 연극 '햄릿', 대구국제호러연극제에 참가하는 대만 왕모린&블랙리스트 프러덕션의 '햄릿머신 해석학'이 대기 중이다. 특히 신시컴퍼니의 '햄릿'은 이해랑 연극상을 수상했던 박정자, 손숙, 유인촌, 윤석화 등 원로배우 9명이 출연할 예정이라 화제를 모으고 있다.

여기에 성인 햄릿과 소년 햄릿의 심리를 교차한 연극열전의 '햄릿 더 플레이'(8월), 서울시극단이 국내 버전으로 번안한 '함익'(9월), 덴마크 리퍼블리크 시어터&타이거 릴리스의 음악극 '햄릿'(10월), 햄릿의 고뇌를 몸짓으로 풀어낸 서 발레단의 창작발레 '햄릿-구속과 해탈 사이'(11월)가 이어진다.

아버지의 억울한 죽음, 어머니와 삼촌의 결혼, 연인의 아버지 살해 등 가혹한 운명 속에서 고뇌하는 덴마크 왕자의 이야기를 다룬 '햄릿'은 셰익스피어의 37개 희곡 중에서도 대표작으로 꼽힌다. 세계에서 가장 많이 공연되는 작품이긴 하지만 한국에서는 그 비중이 유난히 높은 편이다. 1990년부터 2010년까지 공연으로 제작된 400개의 셰익스피어 작품 가운데 25%인 101편이 '햄릿'이었을 정도다. 올해도 다른 나라에서 '햄릿'이 공연되는 것과 비교해 압도적이다.

셰익스피어 전문가인 이현우 순천향대 영문과 교수는 "절박한 상황에 처한 햄릿의 고뇌가 우리 민족의 고뇌와 크게 다르지 않기 때문에 '햄릿'을 자주 무대에 올리는 것은 아닌가 생각한다"며 "1910년 '햄릿'이 셰익스피어 작품 가운데 국내에 처음 소개된 후 지금까지 일제강점기, 한국전쟁, 독재시대, 민주화와 IMF, 빈부격차 등 시대가 바뀌어도 힘겨운 환경이 우리를 둘러싸고 있다. '사느냐 죽느냐 그것이 문제로다'라는 햄릿의 명대사가 예나 지금이나 우리의 상황을 잘 표현해주지 않는가"라고 말했다. 다만 시대에 따라 '햄릿'을 풀어내는 방식이 바뀌는데, 1990년대부터 무대 위에 제의적 요소를 많이 가져온 것이 두드러진다고 이 교수는 분석했다.

■ 소니아 프리드먼 프로덕션 제작, 린지 터너 연출, 베네딕트 컴버배치 주연 〈햄릿〉

1. 2016.2.24.~3.3., 국립극장 해오름극장
2. 2016.11.24., 메가박스

국립극장 측은 "더 이상 설명이 필요없는 천재적인 배우 베네딕트 컴버배치의 〈햄릿〉 한번을 보느냐 두 번을 보느냐 그것이 문제로 다"라는 제목으로 다음과 같이 설명하였다.

2015년 연극계 최고의 화제 작, 〈햄릿〉이 한국에 상륙한 다. 셰익스피어의 4대 비극 〈햄릿〉의 주인공은 영국 BBC 시리즈 '셜록'으로 세계 적인 신드롬을 일으킨 주인 공인 베네딕트 컴버배치가 맡았다. 최근 공연 예술 등에 대한 공로를 인정받아 영국 엘리자베스 여왕으로부터

'대영 황실 훈위'를 수여 받는 영광을 얻은 그는 이번 작품에서 클래스가 다른 '햄릿'을 연기한다.

2014 올리비에 어워드 연출상에 빛나는 린지 터너가 연출해 작품의 완성도를 더욱 높인 〈햄릿〉은 영국 현지는 물론 전 세계에 뜨거운 관심 속에 연이은 매진을 기록했다. 광기에 사로잡힌 베네딕트 컴버배치의 소름끼치는 독백과 명불허전 연기력을 이제 스크린으로 만나자.

연극평론가 김옥란씨의 관람평으로 작품에 대한 소개를 대신하고자 한다.

이 공연은 2015년 8월 바비칸 센터에서 초연되고 12주간 매진 행렬을 이어가고 영국내 NT라이브 실황 중계조차 티켓 구하기가 어려울 정도였다고 하니 새삼 컴버배치의 인기가 대단하구나 싶다.

• **그야말로 컴버배치에 의한, 컴버배치를 위한 〈햄릿〉 공연**

… 왕궁이 소재인지라 만찬 장면에선 대극장 무대 전체를 가로지르는 식탁이 나오고 테이블 위에 차려놓은 음식들이 심상치 않다. 글라스와 음료수와 장식 꽃들 사이로 죽은 짐승들의 해골과 뿔들이 놓여있다. 소품 하나하나, 장면 하나 미장센 장난 아니다.

인터미션 후 2부에선 왕궁 홀을 덮친 엄청난 흙더미가 무대를 잔뜩 뒤덮고 있고, 무대 저 뒤편 복도 끝까지 동선을 활용하고 있어서 언덕 위에서 사람들이 등장하고 퇴장하는 듯한 느낌으로 원근법이 살아있는 무대그림도 나온다.

• **전체적으로 원작에 충실한 교과서 같은 공연**

〈곤자고의 살인〉의 광대극 극중극 장면도 왕궁의 홀 한가운데 이동무대를 만들어 놓고 그 안에서 극중극을 연기한다. 이후 거트루드의 침실에서 햄릿과 독대하는 장면에선 이동무대를 통해 선왕의 유령이 등장하게 하는 동선으로 연결.

오필리아는 백인이지만, 오빠인 레어티즈는 흑인 배우를 쓰고, 로젠과 길덴 중 한 명은 동남아 배우를 쓰는 듯 다양한 인종을 배려하고 있는 모습도 일종의 교육적 효과처럼 느껴짐. 유일하게 호레이쇼만을 체크무늬 셔츠의 배기바지에 배낭을 멘 현대 청년의 모습으로 보여주고 있어서 웬일인가 했는데, 햄릿의 오래된 이야기를 현재에도 전달해 주는 전달자(등 뒤의 커다란 배낭이 흡사 우편배달부의 전달자의 모습인 것처럼)로서의 모습처럼 해석한 듯.

문득 교과서처럼 완벽하게 만들어진 〈햄릿〉을 보다보니, 영국 국립극장은 이렇게 셰익스피어 공연을 충실히 반복해서 공연해서 후대 세대들에게 셰익스피어를 학습시키고 훈련시키는 책임이 있구나 느껴진다. 이것도 국공립 제작극장의 기능의 하나. 학교에서 인문교육이 무너지고 있고, 극장에서 그 역할을 적극적으로 떠맡을 필요도 있겠다, 수긍하게 됨. 영국의 상황은 어떤지 모르겠지만. 그렇게 느껴짐.

반면에 우리 국공립 제작극장은 한국 문학이나 인문학 전통의 전달자와 학습자로서 무슨 역할을 하고 있나? 의문과 함께 열패감이 느껴지기도. 바로 그 국립극장 대극장 대형 스크린의 햄릿 앞에서.

• **마지막에 인상 깊은 것 하나**

공연이 다 끝나고 커튼콜 장면에서 컴버배치가 지금 현재 테러와 전 세계 전쟁지역의 아이들을 위한 국립극단 모금을 하고 있다고 소개한다.

함께 본 지인 왈, 영국 공연에선 꼭 배우들이 마지막에 나와 저런 모금 활동을 한다고 한다. 우리는 대한민국 한복판 공연장에서 세월호 관련 모금활동을 했다고 극장이 폐쇄 당했는데…

영국에서 배우들이 존경받는 위치에 있는 것은 이렇듯 예술이 동시대의 문제와 현실에 대해서 침묵하지 않기 때문이라는 생각이 들었다.

영국연극이 위대하고, 영국 작가들이 살아있는 것은 바로 이런 문화의 힘 때문이겠구나. 깨달음.

■ '셰익스피어 뒤집多' 페스티벌 2016.3.8.~4.3., 소극장 혜화당

셰익스피어 서거 400주년을 맞아 젊은 극단들이 모여 제작한 페스티벌, 셰익스피어 원작을 해체 및 재구성해 동시대적인 연극으로 풀어낸 '셰익스피어를 뒤집多'가 3월 8일부터 4월 3일까지 소극장 혜화당에서 열렸다.

■ 드림시어터컴퍼니(연출 정형석) 〈어둠속의 햄릿〉
　2016.3.8.~3.13.., 소극장 혜화당

'셰익스피어 뒤집多' 페스티벌 개막작은 2008년 창단되어 2012년부터 대학로에서 본격적으로 활동하고 있는 젊은 극단 드림시어터컴퍼니(연출 정형석)의 <어둠속의 햄릿>(연출 정형석)으로 이 작품은 '2015년 서울연극제' 자유참가작으로 5월에 초연되어 '대한민국 셰익스피어 어워즈'에서 연기상을 수상하였다. 작품에 대한 설명은 2015년 편을 참조하기 바란다.

햄릿 역은 '제33회 서울연극제'와 '2015 셰익스피어 어워즈'에서 연기상을 수상한 박기륭, 레어티즈 역은 일본 연극의 거장 스즈키 타다시의 총애를 받아 일본과 한국 양쪽에서 왕성하게 활동하고 있는 이성원이 맡았다.

■ 극단 브레드히트와 사무엘 베케트(연출 박단추) 〈짐승가〉
　1. 2016.3·15 .~3.20., '셰익스피어 뒤집多' 페스티벌 참가작 혜화당 소극장
　2. 2016.5.6.~6.12., 대학로 동양예술극장 3관
　3. 2016년 8월, 영국 '제69회 에든버러 프린지페스티벌' 참가작
　4. 2016.10.28.~10.30., '제7회 대전국제소극장연극축제' 참가작, 대전 상상아트홀

[줄거리]
외형적으로 일반적인 도축 사업장인 듯 보이는 세방유통은 사실 철저하게 통제되는 고위 권력층의 인간세탁 처리시설이다. 어느 날, 최고 권력자의 내연녀 양희주가 세방유통에 끌려오게 된다. 양희주는 보통 여자와 달랐다. 그녀는 누구보다 지적이고 치명적인 매력을 지닌 그녀. 아주 작은 기회라도 절대 놓치지 않고 자신을 위해 이용하는데 천재적인 재능을

가진 여인 양희주. 그녀는 세방유통의 부회장 이학철을 이용해 권력을 장악하는 계획을 세운다.

그러던 어느 날, 이상철 회장이 잔인하게 살해당하는 사건이 일어나게 된다. 범인은 내부에 있고 증거는 사라져 간다. 이상철 회장의 아들은 병약하고 힘없는 아이로 방에 틀어박힌 은둔형 외톨이다. 아버지의 살인 사건의 실체에 조금씩 다가가는 이해인. 나약한 아이가 선택한 느리고 소심한 복수의 방법은 결국 서서히 날카로운 비수가 되어 짐승들의 급소를 찌른다.

세상을 살아가는 방법을 아직 잘 모르는 은둔형 외톨이 해인은, 캠코더의 화면을 통해 점차 세상과 소통한다. 캠코더는 그가 세상과 소통하기 위한 창이기도 했지만, 타자에게 그의 진짜 눈을 가릴 수 있는 방패이자 무기이기도 했다. 그래서 그는 자신의 진짜 모습을 꽁꽁 숨기고, 미친 사람처럼 행동한다. 살아남기 위한 유일한 방법이었는지 모른다. 그는 온갖 잔인한 욕망과 헛된 탐욕의 늪에서 스스로를 보호해야만 했으니까. 해인이 캠코더를 내려놓고 나선 첫 외출은 그래서 더 인상적이다. 자신과 세상을 연결시켜주는 다리이자, 자신을 보호해주는 캠코더를 내려놓고 해인은 자신 눈앞의 삶 그 자체를 그대로 마주한다. 사느냐 죽느냐, 그에게 더 이상의 삶의 의미는 없다. 짐승보다 더 짐승같은 사람들 속에서 그를, 그리고 다른 이들을 구원할 수 있는 유일한 방법은 죽음이라는 비극뿐이었다. "사람은 왜 사람일 수 없지? 뭐 때문에 짐승만도 못한 거야?"

■ '2016 서울연극제 공식참가작'
극단 백수광부(작가 공동창작, 연출 이성열) <햄릿 아비>
2016.4.8.~4.17., SH아트홀

연출자 이성열은 극단 연세대학교 사학과 출신으로 혜화동 1번지 2기 동인으로 서울 연극협회 부회장, 상명대학교 공연학부 무대미술학과 겸임교수다. 한국백상예술대상 신인연출상, 서울연극제 연출상, 김상열 연극상, 이해랑 연극상 등을 수상했다.

극단 백수광부의 <햄릿 아비>는 2016년 5월 8일 '제37회 서울연극제' 폐막식에서 5인의 심사위원으로부터 "계몽적 상투성이나 감상주의에 빠지지 않은 냉정한 시선으로 현실을 유감없이 드러낸 거친 연극"이라는 평을 들으며 대상·연출상·연기상의 3관왕을 수여하게 되는 영광을 누리게 된다.

하지만 공연전문 블로거들은 대체로 겁대가리 없이 현 정부를 비판하는 백수광부에 많은 격려를 하였지만, 비판을 한 블로거 무림태풍의 글을 소개하고자 한다.

…배우들이 앉아 연극계의 사안을 관객들에게 설명한다. 관객으로 온 배우나 연극계 종사자들은 다 아는 내용이지만 관객은 모르는 내용을 설명한다. … 소위 반대편의 집단을

향해 쏟아내는 욕지거리에 관객은 마음이 불편하다.

관객은 공연을 보러온 거지 극단의 입장이나 불편한 욕을 들으러 공연장에 오는 건 아니다. … 대학로 길거리에서 표를 파는 행위는 불법이지만 연극계가 그들을 퇴치할 행동을 하는 걸 본 적이 없다. 그래도 표를 팔아야 공연장을 찾기 때문이다. 이중적인 모습이다. … 부당함을 부당하다고 떳떳하게 말할 수 있을 때 공연계는 성장하리라 믿는다. …기대하고 온 관객에게는 틀림없는 불편한 연극이었다.

그러나 극단 그룹動·시대 연출자 오유경은 오늘의 서울연극 2016년 5월호에서 극찬을 아끼지 않았다.

작품 〈햄릿 아비〉는 생활에 지친 상조회사 직원(영문도 모르고 무조건 햄릿이라 불리는 어떤 남자)이 자신이 탄 지하철이 종착역에 도착한 지도 모르고 잠에 빠져 있다가 햄릿의 아비, 선왕의 요구로 죽음의 한을 풀어주는 거꾸로 시간여행을 떠나면서 시작된다. 그러나 그 여행은 햄릿 아비의 죽음이 아닌 한국, 우리의 역사 속에서 결코 잊어선 안 되는 죽음, 아직도 우리의 가슴에 맺혀있는 진실로부터 버려진 죽음을 기억하는 여행이 된다. 군부독재 시절의 죽음, 윤봉길과 안중근 의사의 죽음, 복직을 외치다 공장 굴뚝에서 추락한 노동자의 죽음, 일제강점기 강제납치 되었던 위안부 소녀들의 죽음, 그리고 세월호… 꽃다운 아이들의 죽음. 아직도 차가운 물속에 잠겨있는 아이들. 작품은 이 죽음들을 기억하는 여행을 통해 역사가 확실한 진실규명으로 매듭지어지지 못하면 얼마나 많은 억울한 죽음들이 계속적으로 이어지며 결국 현실의 삶이 버려진 죽음들의 무덤이 되어버린다는 메시지를 전한다.

■ 조선일보(2016.04.28.) 이해랑 탄생 100주기

2016년은 셰익스피어 탄생 400주년이 되어 많은 행사·공연이 국내외에서 이루어지고 있다. 우리나라에서 또 하나 잊어서 안될 일은 2016년이 李海浪의 탄생 100주년이 된다는 것이다.

동양대 공공인재대 학장인 조현제는 조선일보에 '아하! 이 인물 탄생 100주기 故 이해랑 선생'이라는 추모의 글에서 '우리나라 근현대 연극의 큰 스승 … 6·25전쟁 중에도 '햄릿' 공연'이라는 제목으로 기고하였으며, 그 내용을 그대로 전재한다.

• "사느냐 죽느냐, 그것이 문제로다."

1916년, 이해랑은 매우 명망 있는 집안에서 태어났어요. 고조부께서는 조선 철종 임금의 사촌이었고, 할아버지는 왕실의 의전실장, 아버지는 세브란스 의학전문학교 부속병원의 의사였다고 해요. 청년 시절 이해랑은 휘문고보에 입학하자마자 항일 동맹휴학의 주동자로 몰려 퇴학당할 정도로 강단 있고 민족정신이 투철했던 학생이었고요.

그 후 유학길에 올라 일본 니혼대학 예술과에서 아마추어 극단 '동경학생예술좌'를 만들고 연기 생활을 시작했답니다. 1938년 대학 졸업 후 귀국해서는 연극단체에 가입해 말단 배우로 활동하지요. 아버지는 유학까지 다녀온 아들이 양반 집안에서 광대라고 여기던 연극배우를 하자 강하게 반대했어요. 선생님은 결국 집에서 쫓겨나다시피 했지요.

▲ 6·25전쟁이 한창이던 1951년 9월 대구 키네마극장에서 이해랑(앞줄 왼쪽에서 셋째)/대한민국예술원 제공

이해랑은 일제 식민지 시대와 해방, 그리고 분단이라는 역사적 혼란기 속에서 연극의 정통성을 지키는 데 혼신의 힘을 다했어요. 6·25 전쟁의 피란지에서도 연극 무대를 만들어 피란민들을 위로하고, 일반 대중에게 연극을 널리 전파하는 데 기여했어요. 이해랑은 연기자인 동시에 뛰어난 연출가로서 '햄릿' '뜨거운 양철 지붕 위의 고양이' '황금연못' 등 희곡 100여 편을 무대에 올렸으며, 해방과 함께 극단 '전선'을 창립하고 1946년에는 '극예술회'를 설립하는 등 독립 후 혼란한 시기에도 연극계를 주도했어요. 문화예술기관을 세우고 정착시키는 문화예술 행정가로서도 활동하며, 국립극장의 극장장과 예술단체총연합회 회장, 예술원 회장 등을 역임했죠. 선생님의 업적을 기리기 위해 이해랑 연극재단과 조선일보는 매년 우리나라 최고의 연극인에게 이해랑 선생님의 이름을 딴 '이해랑 연극상'을 수여해 오고 있답니다.

이해랑은 거장임에도 스스로 악역을 도맡아 하는 배우로 유명했답니다. 한번은 이해랑이 셰익스피어의 '오셀로'에서 악역 '이아고'로 출연할 때였어요. '이아고'로 분장한 그가 악역 연기에 열중하고 있는데, 관객석에서 새총을 쏴 오른쪽 뺨을 때렸어요. 잠시 후 또다시 돌팔매가 날아와 곤욕을 치렀죠. 나중에 범인을 잡고 보니 꼬마 관객이었어요. 이해랑의 연기가 너무 실감 나자, 아이가 '이아고'가 밉다며 저지른 일이었어요.

'모든 예술 분야가 녹아든 종합예술 연극은 그 나라 문화의 표본이다'라고 해요. 이해랑 선생님의 연극 한평생은 어쩌면 연극을 통한 나라 사랑의 원대한 큰 뜻이 숨어 있었던 것이 아니었나 생각해봅니다.

■ 극단 파종잡담(윤색 조정일, 연출 이정용)
<Wake Up Hamlet> 2016.6.22.~7.3., 문화공간 엘림홀

<Wake Up Hamlet>은 꾸준한 후학양성에 힘써온 연기 아카데미 수액터스팜의 스승과 제자가 함께 꾸리는 극단 파종잡담의 창단공연작품이다. 씨앗을 뿌리며 수다를 떠는 모습을 본따 이름을 지었다고 한다.

◆ 연극평론가 박정기

<Wake Up Hamlet>은 윌리엄 셰익스피어의 〈햄릿〉을 변형시킨 작품이다. 연극은 도입에 햄릿이 홀로 펜싱 검을 휘두르는 장면에서 시작된다. 햄릿이 지쳐 잠이 들면 부왕의 유령이 다가와 햄릿을 깨운다. 부왕의 유령은 햄릿이 등장하는 장면마다 함께 등장하고 대단원에서도 연극의 도입에서처럼 햄릿에게 모습을 드러낸다. 부왕의 의상은 허름하고 수염도 깎지를 않아 노숙자 느낌이 든다. 숙부는 훤칠한 미남에다가 백색계열의 의상으로 세련미가 넘친다. 왕비는 붉은 색 의상에 미모와 관능미를 겸해 남성관객의 시선을 끌고, 폴로니어스는 학자풍에 단장을 짚고 다니는 것으로 독특한 설정을 하고, 레어티즈는 훤칠한 미남에 지성미가 넘치고, 오필리아는 늘씬한 체구와 예쁜 용모로 젊은 남성관객들의 연모의 대상이 된다. 호레이쇼, 로잰크란츠, 길덴스텐도 적역인 듯싶은 느낌이고, 광대는 그간의 광대 역과는 달리 뮤지컬이나 오페라를 하는 연기자로 여겨진다. 극의 내용은 원작을 따랐으나, 3막 1장의 명대사 "사느냐 죽느냐 그것이 문제다…."는 다른 장면에서 사용되고, 극의 말미의 펜싱 결투장면은 실제와 방불해 관객의 가슴을 조마조마하게 만들기도 한다.

■ 유라시아 셰익스피어 극단(역/연출 남육현) 〈햄릿〉
1. 2016.7.3.~7.4.., 금천구청 금나래아트홀
2. 2016.7.13., 부산문화회관 중극장
3. 2016.9.21.~10.2.., 문화공간 엘림홀

유라시아 셰익스피어 극단은 셰익스피어 전 작품 39편을 공연한다는 목표를 갖고 2002년 창단됐다. 2014년부터 2시간 정도의 분량으로 <햄릿>을 공연하여 왔던 유라시아 셰익스피어 극단은 올해 셰익스피어 서거 400주년을 기념해 무삭제 버전을 올리기로 했고, 단행본 230쪽 분량의 셰익스피어 희곡 <햄릿>의 모든 대사를 편집 없이 무대에서 고스란히 공연하였다. 인터미션 1시간을 제외한 총 공연 시간은 약

300분(5시간)으로 올해 국립극장에서 공연한 <햄릿>이 145분, 충무아트센터에서 공연한 <햄릿 더 플레이>가 135분인 것과 비교하면 두 배가 넘는 분량이다.

◆ 연극평론가 박정기
금번 <햄릿> 공연은 한국최초로 5시간의 원작대로의 공연이다. 유라시아 셰익스피어 극단의 남육현 교수의 열정과 의지로 드디어 한국의 셰익스피어 <햄릿> 공연이 세계 정상 수준임이 확정된 느낌이다.

남육현 교수는 셰익스피어의 본고장인 런던에서 박사학위를 받고, 유라시아 셰익스피어 극단을 창단해 셰익스피어 전체 작품을 공연할 목표로 현재 17개의 작품을 공연했다. 남육현 교수의 태산(泰山) 같은 의지와 금강석을 뚫는 천착(穿鑿)의 장인정신, 그리고 예술혼(藝術魂)이 금번 <햄릿> 공연에서 진가를 발휘한다.

셰익스피어 원작을 제대로 공연하는 단체는 드물고, 원작공연이 없다고 해도 과언이 아니다. 시대적 배경을 우리의 고대사로 바꾼 작품도 있고, 등장인물을 대폭 축소, 난자질을 가해 변형 각색한 공연작품도 많다. 개중에는 우리의 고대사로 변형시킨 작품을 영국 본고장으로 가져가 공연을 해, 갈채를 받고 수상을 한 극단도 있다. 그러나 동세대나 후대들을 위해 원작공연이 있어야 함에도 불구하고, 현재 국공립극단이나 개개 극단의 공연담당자들은 이 절실한 요구를 외면하고 있다.

■ '이해랑 탄생 100주년 기념공연' 신시컴퍼니(극본 배삼식, 연출 손진책) <햄릿>
  2016.7.12.~8.7., 국립극장 대극장

연극배우 겸 연출가로 극단 전선의 창립인 故이해랑 선생은 1950년 국립극장 개관 당시 전속극단 대표로 활동했고 다양한 연기 활동과 연출 활동을 벌였다. 이번

그의 탄생 100주년을 맞이해 재탄생되는 신시컴퍼니의 '햄릿'은 과거 이해랑 연극상을 수상했던 연극계의 원로 배우들이 모여 연기하게 됐다.

배우 전무송, 박정자, 손숙, 정동환, 김성녀, 유인촌, 윤석화, 손봉숙, 한명구 등 기라성 같은 배우들이 참여하는 연극 <햄릿>은 그동안 공연돼 왔던 모습과는 다른 모습으로 전개된다. 평단과 관객의 극찬 속에 전석 매진, 전회 기립박수를 받으며 한국 연극 역사의 기념비적인 기록을 세웠다.

■ 대만극단 흑명단공작실(연출 왕모린) <햄릿머신 해석학>
2016.7.29.~7.30., 대구스타디움 야외특설 천막극장

이 작품은 현대연극의 가장 난해한 연극으로 손꼽히는 독일 극작가 하이네 밀러의 작품 <햄릿머신>을 대만 최고의 연출가 왕모린이 재해석하여 대사보다는 배우들의 극한 몸짓과 울부짖음으로 인간이 만들어낸 현대물질문명에 대한 통렬한 비판과 세기말적인 제 현상을 연출가 왕모린 특유의 실험정신으로 무대를 가득 채운다.

특히 극 전반에 흐르는 단순하면서도 자극적인 음향은 배우들의 몸짓과 어우러져 연극을 관람하는 내내 관객을 긴장하게 만들고 작품에 집중하게 만들어주는 작가정신의 충만한 창의적이고 예술적인 뛰어난 작품이다.

■ 울산광역시·울산문화회관(번역 김석만, 연출 박용하) <햄릿>
2016.7.29.~7.31., 정자항 남방파제 특설무대

◆ 2016.7.31. 경상일보 석현주 기자

총 공연 시간은 1시간 50분으로 원작의 다른 햄릿 공연에 비해 많이 압축됐다. 그런데 연극이 주인공 햄릿을 중심으로 모든 것이 조율되다 보니 주변 인물들의 변화 상태와 이로 인한 미묘하고 극적인 상황의 줄타기는 줄었다. 희곡 '햄릿'에서는 햄릿 외 주요인물들이 작품 속에서 서로 영향을 주고받으며 갈등하고 긴장하는 감정선을 이어갔다.

또 다른 한편으로 생각하면 복수라는 하나의 뚜렷한 목표점을 두고 진행되는 매끄럽게 정리된 연극이었다. 복잡한 것을 싫어하는 일반 관객들을 위한 의도적 연출이었을지도 모른다.

야외공연장에서 공연하다 보니 무대는 상징적인 것, 꼭 필요한 장치들만 동원됐다. 또 이들 무대 장치들이 연기자들의 등·퇴장, 연기를 위한 기능적 도구로 활용됐다.

또 야외공연장에서 진행된만큼 무대와 객석 간의 거리가 매우 가까웠다. 야외공연장은 여느 연극 공연장과 달리 젊은 관객들과 가족 관객들로 객석이 거의 채워졌다. 관객들은 두시간 가량 이어지는 연극에 집중하는 모습도 보여주었다. 무대에서 눈을 떼지 않고 '햄릿'을 주시했다.

■ '제16회 밀양여름공연예술축제'

윌리엄 셰익스피어 서거 400주년을 맞아 제16회 밀양여름공연예술축제 기간인 7월 27일부터 8월 7일까지 셰익스피어 작품공연이 많았다. 이번 축제는 셰익스피어 주간, 지역문화 주간, 명작클래식 주간, 가족극 주간, 창작극 주간, 젊은연출가전, 대학극전, 무료 프린지 공연으로 나눠 진행되었다. 셰익스피어 공연은 다음과 같다.

◉ 셰익스피어 주간
- 극단 목화의 〈로미오와 줄리엣〉,
- 연희단거리패의 〈맥베스〉,
- 극단 가마골의 〈로미오를 사랑한 줄리엣의 하녀〉,
- 극단 서울공장의 〈햄릿 아바따〉,
- 우리극연구소의 〈하마터면 남자와 남자가 결혼할 뻔 했어요〉,
- 연희단거리패의 〈햄릿〉 등이고,
◉ 대학극전
- 호산대의 〈당신 뜻대로 하세요〉,
- 단국대의 〈베니스의 상인〉 등이다.

■ 극단 서울공장의 윌리엄(임형택 연출) 〈햄릿 아바따〉
1. 2016.7.28.~7.30., 노원문화예술회관
2. 2016.8.2.~8.3., '제16회 밀양여름공연예술축제' 밀양연극촌 성벽극장

극단 서울공장은 연기예술의 탐구 및 훈련을 목적으로 2000년 3월에 만들어진 '서울연기연구실(Seoul Acting Lab)'을 모태로 창단된 극단이다.

〈햄릿 아바따〉는 상상과 현실 세계를 오늘날의 시선으로 바라본 '햄릿'의 이야기를 담고 있다. 여기에 인도에서 '화신(Incamation)'을 의미하는 '아바따'를 통해, 지금 이 시대의 군상을 대변한다. 결국, 현실 속 나의 모습이 아닌 연극 속 '아바따'를 통해 비로소 진실해지는 우리의 모습이 한국의 몸짓, 그리고 소리로 그려내지는 작품이다.

〈햄릿 아바따〉는 2014년 한국에서 초연되어 호평을 받았고 2015년 인도 순회공연에서 연이은 기립박수를 받았다. 이번 〈햄릿 아바따〉는 인도버전에서 한국버전으로 재구성하였다. 작품에 대한 설명은 2014년 편을 참조하기 바란다.

2016.7.29.~7.30., '제16회 밀양여름공연예술축제' 밀양연극촌 성벽극장

이윤택(李潤澤, 1952~)은 1971년 부산경남고등학교를 졸업하고, 1972년 서울 연극학교 수료, 1979년 한국방송통신대학 초등교육과를 졸업한 시인이자 극작가, 연극, 뮤지컬 연출가이다. 연극계에서는 '문화게릴라'라는 별칭으로 불린다. 1986년 연희단거리패를 창단하고 부산의 가마골소극장을 거점으로 연극 활동을 시작하여 극작, 연출, 연기훈련, 무대미술 전반에 걸친 광범위한 작업을 통해 1990년대 한국 실험연극의 기수로 등장했다. 서울예술대학 극작과 겸임 조교수, 한국예술종합학교 객원교수, 동서대학교 공연예술학부 초빙교수, 성균관대학교 연기예술학과 초빙 조교수, 국립극단 예술감독, 영산대학교 연기연출과 초빙교수, 중앙대학교 연극학과 대학원 출강의 이력이 있으며 현재 동국대학교 연극영화과 부교수를 역임하고, 연희 단거리패 예술감독을 맡고 있다.

◆ 연극평론가 박정기씨

연극은 원작의 줄거리를 그대로 펼쳐 보이고, 로젠크란츠와 길덴스텐을 여성연기자로 대체 시키고, 폴로니우스가 광대 역을 겸하고, 광대패의 수도 10여명에 이른다. 햄릿과 클로디 어스의 독백장면은 객석 전면에서, 거트루드의 방은 2층 발코니로 설정된다. 부왕의 망령 장면은 아래 위층을 모두 사용하고, 햄릿과 레어티즈의 결투장면에 이은 대단원은 정면의 넓은 무대에서 연출되며 오필리아, 클로디어스, 햄릿, 폴로니어스 그 외의 죽어 간 인물들은 무덤을 덮은 커다란 백색의 천 틈새로 올라와 무대 뒤로 퇴장을 하고 햄릿은 전라의 모습으로 퇴장하는 장면에서 연극은 끝이 난다.

■ ㈜연극열전 6(재창작 지이선·김동연, 연출 김동연) <Hamlet-The Play>
2016.8.2.~10.16., 충무아트홀 중극장 블랙

㈜연극열전은 한국연극의 활성화를 위해 개최한 2004년 '연극열전'의 체계적인 운영을 위해 2007년 11월 설립된 공연단체로서 2014년까지 '연극열전 5'를 성공리에 마무리 하였으며, 2015년부터 시작되는 '연극열전 6'에는 일본, 프랑스, 캐나다 등 세계 각국에서 공연된 화제작품들과 창작작품들을 엄선해 국내 초연무대를 갖는다.

<햄릿-더 플레이>는 원작에는 없는 '어린 햄릿'과 해골로만 존재하는 광대 '요릭'을 등장시켜 순탄치 않은 미래를 알면서도 나아갈 수밖에 없는 햄릿의 외로움과 고귀함에 대해 이야기하는 작품이다.

이 작품을 재창작한 지이선은 한국예술종합학교 연극원 극작과를 졸업한 미모의 여류작가이고 연출자 김동연은 중앙대학교 연극과 출신으로 배우로 출발해 작가 겸 연출가가 되었고, 현재 극단 시인과 무사의 대표다.

◆ 2016.8.31. 아이즈의 기사.

[줄거리]

어린 햄릿은 광대 요릭과 함께 전쟁에서 돌아올 아버지를 위해 연극을 준비한다. '살해된 선왕의 복수를 행하는 왕자'라는 내용의 비극이라는 것이 마음에 들지 않지만, 연습을 계속해나간다. 한편, 성인이 된 햄릿은 아버지인 선왕이 죽은 지 채 3달도 되지 않아, 어머니 거트루드와 숙부 클로디어스가 결혼하는 상황에 자조한다. 그러던 어느 날, 자신의 앞에 나타난 선왕의 망령을 만나, 죽음에 얽힌 진실을 알게 된다. 햄릿은 아버지의 복수를 위해 미친 척 연기하기 시작하는데….

• 인생이라는 연극

선글라스를 끼고 나타난 햄릿은 검은색 코트 자락을 휘날리더니 총까지 겨눈다. 원작에는 없던 '어린 시절의 햄릿'이 등장하는가 하면, "약한 자여, 그대의 이름은 인간"처럼 신성불가침의 성역으로 여겨지던 대사조차 거침없이 해체된다. 정석적인 <햄릿>과는 분명한 거리가 있다. 그러나 셰익스피어가 무수히 언급한 본질만은 고집스럽게 지켜진다. 비극을 공연해야 하는 어린 햄릿과 죽음을 예감하고 연극을 무기 삼아 나아가는 성인 햄릿. 작품 속에서 두 햄릿의 시간은 교차되고, 마침내 '인생은 연극'이라는 사소하고 무거운 깨달음에 가닿는다. 그렇게 햄릿은 고결한 왕자가 아니라, 연극 같은 생을 끝까지 살아내려는 지극한 인간의 모습으로 우리에게 온다.

• Character: 강한 자여, 그대의 이름은 여성

당시의 시대 탓도 있겠지만, 셰익스피어가 여성을 그린 시선에 동의하기 힘든 경우가 종종
있다. 그 정점은 단연 〈햄릿〉 속 두 여인 차지다. 하지만 〈햄릿-더 플레이〉는 거트루드와
오필리아에게 그들만의 동기를 확고히 부여한다. 거트루드는 '정숙한 어머니'라는 고루한
프레임에 갇히는 대신, '왕관과 나라의 평화'를 지키기 위해 시동생과의 결혼도, 아들을
향한 독배도 불사하는 당당한 왕족으로 거듭난다. 오필리아의 변화는 한층 격렬하다. "수녀
원에나 가라"던 햄릿의 폭언에 "당신의 말로 상처 입지 않는다"며 단호히 응수하거나,
"죽느냐 사느냐 그것이 대체 문제일까" 의문을 던지고, 자신의 선에서 비극을 멈추려는
용기도 내보인다. 극 중에서는 한 사람의 배우가 거트루드와 오필리아를 번갈아 연기해
두 여성 캐릭터의 강인함이 보다 심화된다는 점도 재미있다.

■ 서울시극단(작 김은성, 연출 김광보) 〈함익〉
　 2016.9.30.~10.16., 세종M시어터

올해, 연극계의 권위 있는 '이해랑 연극상' 수상자, '미니멀리즘의 귀재'인 연출가
김광보 서울시극단 예술감독과 '재창작의 귀재'인 작가 김은성이 셰익스피어의 〈햄
릿〉을 재해석한 〈함익〉이 9월30일부터 10월16일까지 세종문화회관 M씨어터에서
공연되었다.

◆ 연극평론가 박정기

〈함익〉은 윌리엄 셰익스피어의 〈햄릿〉을 변형시킨 작품이다. 시대적 배경을 현대 한국으로
바꾸고, 햄릿을 여성으로, 오필리아를 남성으로, 숙부 왕을 새어머니로, 그 외의 햄릿의

분신, 폴로니어스를 여성으로, 그리고 광대들을 연극과 학생들로 설정하고, 햄릿 원작 도입에만 등장하는 버나도를 주요배역으로 부각시키고, 어린이, 원숭이인간 등을 등장시킨다. 햄릿인 함익을 부호이자 기업 총수의 외동딸로 설정하고, 셰익스피어의 본고장에서 연극을 전공하고 돌아온 연극학과 교수로, 현재 햄릿 연출을 맡아 연습 중이고 공연이 얼마 남지 않은 것으로 소개된다. 도입에 함익이 〈로미오와 줄리엣〉의 줄리엣 대사를 영어로 읊조리면, 영상으로 한글 자막이 무대 외벽에 투사가 된다. 함익의 아버지와 새 어머니가 그 사이에서 태어난 아동을 데리고 등장하면, 원작의 오필리아의 부친인 폴로니어스 역으로, 호남 사투리를 구사하는 여성이 오필리아의 어머니 역으로 설정, 등장해 호연을 보이고, 오필리아 역의 남성 오필형이 등장해 함익에게 반지를 주며 청혼을 하기도 한다. 물론 연극에서는 함익의 새 어머니에 대한 원망과 아버지와 새 어머니가 친 어머니를 독살했다는 복수심이 노정되기도 하지만, 400년 전에는 왕권이 법보다 우선시 되었기에 왕자 단독 복수작업을 펼쳤다는 것이 수긍이 가지만, 2016년 현재 엄연히 법치국가이고 형법이 존재하는 나라에서 모친을 살해한 증거나 자료를 제시함이 없이 혼자서 복수심에 불타올라 고뇌하는 설정이 합당한가 의문이 들고, 함익이 환각제를 사용해 부왕의 망령이 아닌 자신의 분신과 대화를 하는 장면이라든가, 철모르는 어린이 말만 듣고 따르는 인간 원숭이를 증오심으로 칼로 난자해 죽이는 장면, 폴로니어스의 아들로 설정된 오필리아가 아닌 오필형보다는 함익의 제자이자 연극학과 복학생인 정연우에게 마음을 살포시 열기 시작하는 장면은 관객의 시선을 집중시키는 장면이지만 억지인 듯싶다. 정연우는 햄릿 원작의 도입인 성벽장면에만 잠깐 등장하는 버나도 역을 맡은 학생인데, 함익의 마음을 자극시킨 때문인지 후에는 주인공 햄릿 역을 맡게 된다. 환각제를 사용해 분신과 대화하는 함익의 모습은 레즈비언을 연상시키기도 하고, 함익 부친의 기업총수다운 모습과 쩌렁쩌렁 울리는 음성으로 호통을 치는 장면은 함익의 복수심을 오그라들게 만든다. 여성 폴로니어스의 아들 오필형은 함익에 눈에 들기에는 부족한 인물인 듯싶고, 함익이 정을 들인 복학생 정연우와 그리고 그 정연우에게 주인공 햄릿을 맡기고 심혈을 기울여 연출한 연극 햄릿이 학생들의 반대해석으로 실패로 끝이 나니, 아버지와 새 어머니가 실망한 모습으로 객석을 떠난다. 주인공역을 한 정연우가 허탈한 듯 무대에 널브러지면, 연출을 하던 여학생 연출자도 나란히 누워버린다. 대단원에서 함익은 자신의 분신과 함께 안개 자욱한 어둠 속으로 사라지는 장면에서 연극은 끝이 난다.

■ 덴마크극단 리퍼블리크 & 영국 컬트 밴드 타이거릴리스 음악극 〈햄릿〉
2016.10.12.~10.14., LG 아트센터

연극이 아닌 노래와 이미지로 무장한 음악극 〈햄릿〉, 영국의 컬트 밴드 '타이거릴리스(Tiger Lillies)'와 덴마크의 떠오르는 극단 '리퍼블리크(Republique)'가 만든 작품으로 2012년 덴마크에서 초연된 이 작품이 10월 12일부터 14일까지 서울 역삼

동 LG아트센터에서 공연되었다.

◆ 2016.10.13. newsis

음악극 '햄릿' 매력의 6할은 영국의 컬트 밴드 '타이거 릴리스'의 보컬 마틴 자크로부터 나온다.

카스트라토는 오페라 등에서 여성의 높은 음역을 내는 남성가수다. 아코디언을 든 채 해설 자 겸 전지전능한 캐릭터가 돼 들려주는 그의 목소리는 등장인물들의 심리를 대변한다. 가성의 팔세토 창법 위에 전설적인 영국 밴드 '퀸'의 보컬 프레디 머큐리, 영국의 싱어송라 이터 미카, 미국 밴드 '펀.'의 보컬 네이트 루스의 목소리를 교묘하게 섞어 놓은 듯한 그의 음색은 그 자체로 위로가 된다.

결국 자신의 아버지를 살해한 삼촌 '클로디어스', 그와 결혼한 어머니에 대한 복수심에 불타는 햄릿을 위한 비나리다. 모든 이가 죽고 햄릿마저 숨을 거둘 때의 황폐함은 이루 말할 수 없지만, '그저 폐허의 노래 뿐'이라고 자크가 노래할 때 외롭지만은 않다.

특히 빛나는 건 오필리아가 등장할 때마다 그녀의 죽음을 연민하고 애틋하게 여기는 자크 의 처연한 발라드가 울려 퍼질 때 성(城)의 형태 등으로 사용되는 무대 중간 벽면은 영상을 만나 물 표면이 된다. 홀로 극 속에서 발레리나처럼 움직이는 오필리아가 와이어에 매달려 그 벽면을 다리로 기어오르자 물 표면의 영상은 심연으로 전환되고, 오필리아는 물에 빠진 상황이 된다. 바로 이어지는 오필리아의 장례식 장면에서 와이어에 매달린 그녀가 장례 행렬 위로 천천히 내려올 때, 그 어느 '햄릿'보다 우아한 장면 전환 연출을 보여준다.

음악과 이미지를 중심으로 진행되는 타이거 릴리스 &덴마크 리퍼블리크 시어터의 이 몽환 극은 셰익스피어 서거 400주년에 또 '햄릿'을 공연해도 지겹지 않다는 명분을 준다.

■ 극단 고래(각색/연출 이해성) <고래햄릿>
  1. 2016.10.12.~10.16., 나루아트센터 대공연장
  2. 2016.10.20.~10.23., 연우소극장

소문만 무성했던 문화계 '블랙리스트'에 <고래햄릿>의 연출가 이해성의 이름이 포함된 사실명단이 공개됐다. 공개된 인원수만 9,473명이다. 명단은 네 부문으로 나눠졌다. '세월호 정부 시행령 폐기 촉구 선언' 문화예술인 594인, '세월호 시국선언' 문학인 754인, '문재인 후보지지 선언' 6517인, '박원순 후보지지 선언' 1608인이었다.

10월 12일 공개된 블랙리스트 이름 사이로 극단 고래 이해성 연출가의 이름도 보였다. 공교롭게도 이날은 광진문화재단의 상주예술단체 극단 고래가 연극 <고래햄릿> 첫 번째 공연을 올리는 날이었다. 기자들과 만난 이 연출가는 "블랙리스트에 올라가 있다니 영광"이라고 말했다.

검열에 저항하는 젊은 연극인들의 페스티벌 '권리장전2016_검열각하'가 2016년 6월부터 시작해 5개월간 매주 1편씩, 총 20편의 연극이 무대에 올랐고, <고래햄릿>은 '권리장전' 페스티벌 참가작이기도 하다. '권리장전'의 경우 주제가 '검열'이지만 연극 <고래햄릿>은 검열이라는 소재에 매몰되거나 국한되지 않고 검열을 포함해 불합리들이 일어나고 있는 사회를 포괄적으로 보여주었다.

◆ 연극평론가 박정기
<고래햄릿>에서도 죽은 자와 산 자가 함께 등장을 한다. 햄릿 부왕의 유령 뿐 아니라, 죽은 폴로니어스의 유령도 함께 등장한다. 400년 전의 시대적 배경을 현대로 이끌어와 출연자들이 휴대폰으로 문자를 주고받는다. 열정적인 아르헨티나 탱고에 맞춰 클로디어스와 거트루드가 열정적인 춤을 펼치고, 여색을 탐하는 것으로 설정된 클로디어스는 오필리아를 범하기까지 한다. 광대패가 아닌 극단고래 단원들이 농악을 연주하며 등장하고, 햄릿이 연출한 부왕살해 연극장면은 오페라의 유령의 명장면과 주제음악으로 연출된다. 30년 전 클로디어스는 왕이 된 형에게 사랑하던 여인 거트루드를 양보했고, 햄릿은 클로디어스와 거트루드의 사이에서 잉태된 씨였고, 태어나기는 햄릿 부왕과 거트루드가 왕과 왕비로 맺어졌을 때 태어난 것으로 설정이 된다. 그 사실을 안 연후에는 햄릿은 숙부가 아닌 친부를 살해할 엄두를 내지 못한다. 햄릿의 친부로 설정된 클로디어스는 왕 자리를 빼앗으려고 형을 살해하고, 옛 애인 거트루드를 되차지한다. 또 여색을 탐하기에 오필리아까지 범한다. 그런 후 입에 붙은 거짓말로 폴로니어스의 아들 레어티즈에게 햄릿이 오필리아를 강간하고 버렸기에 오필리아가 자살을 했노라고 전한다. 대단원에서 햄릿과 레어티즈의 결투장면에

서 햄릿 모친 거트루드가 독배를 들고 죽어가는 모습을 보면서 칼에 찔린 레어티즈가 자신의 칼날에 독을 바른 것은 자신의 아버지 폴로니어스를 죽이고 오필리아를 강간한 복수 때문이라고 하니, 햄릿은 레어티즈의 부친을 살해한 것은 고의가 아니었고, 오필리아를 범한 적이 결코 없노라고 한다. 그제서야 레어티즈는 클로디어스에게 속은 것을 알고 클로디어스의 흉계와 거짓을 햄릿에게 알리니, 분노한 햄릿은 클로디어스를 살해한다. 그 장면에 햄릿 부왕의 망령과 폴로니어스의 망령이 등장해 시종일관 사태를 지켜보고 결말이 나자 두 망령은 퇴장을 한다. 첫 장면에서부터 마지막 장면까지 등장한 햄릿 부왕의 망령은, 햄릿에게 복수하라는 말 대신 심판하라는 소리를 하고 대단원은 역사적 심판으로 결말이 난다.

■ 서발레단(안무 서미숙) 발레 <햄릿-구속과 해탈 사이>
2016.11.4.~11.6., 세종M시어터

세종문화회관은 셰익스피어 서거 400주년을 기념하는 공연으로 서울시극단의 가족음악극 <템페스트>를 시작으로 <헨리4세-왕자와 폴스타프>, 창작극 <함익> 그리고 오페라 <맥베스>를 무대에 올렸다. 또한 '셰익스피어 in Ballet' 시리즈로 명작의 하이라이트로 선보이는 <셰익스피어 발레 스페셜 갈라>, 서발레단의 창작발레 <햄릿-구속과 해탈 사이>, 서울시 발레시어터 제임스 전의 <한여름 밤의 꿈>을 무대에 올렸다.

셰익스피어 햄릿에서 모티브를 가지고 온 <햄릿-구속과 해탈 사이>는 고뇌하고 방황하는 인간의 전형으로서의 햄릿의 이미지를 기본으로 복수, 배신감, 사랑, 정체성의 문제 등 현재의 우리 역시 똑같이 겪고 있는 한 인간의 모습을 그린다.

2013년 발레의 대중화와 저변 확대를 위해 유니버설 발레단, 서울발레 시어터, 이원국 발레단, SEO 발레단, 와이즈 발레단은 뜻을 모아 공연을 진행한 후, 구체적인 활성화 방안을 모색했고, 2013년 말 설립인가 과정을 거쳐 협동조합으로 2014년 첫 공연을 가졌다. 협동조합의 정식 명칭은 발레 STP(Ballet Sharing Talent Program) 협동조합이다. 창단 목적은 단체별 무용수 교류와 작품 공동 개발 등 발레의 발전과 대중화를 위해 상호 협력하는데 있다고 하였고, 더불어 공연횟수 증가를 통해 무용수의 직업을 창출하고 안정적인 활동 지원을 위해 노력할 예정이라고 하였다. 이들은 우리나라를 대표하는 정상급 발레단들로서 클래식 갈라부터 모던 댄스, 넌버벌 댄스컬까지 각 발레단의 특색있는 무대를 선보이겠다고 하였다.

Othello

오셀로

■ <오셀로>의 이태리 전기집(1565년)

셰익스피어의 <오셀로>에 등장하는 인물들인 오셀로, 이아고, 데스데모나의 이야기를 품은 이태리의 설화가 있다. 친티오(Cinthio) 작 Hecatommithi (小話百編, 1565년) 전기집(傳奇集) 3編 7話의 이야기다.

이 작품에서 이아고는 베니스의 무어인에 비하면 큰 차이가 있다. 이아고는 인습적인 전형의 범인이었으나, 셰익스피어는 인습적인 범인에 지력절륜(知力絶倫)의 악한이라는 음험한 위선자의 성격으로 묘사하였다.

셰익스피어의 대문호다운 솜씨는 대단원(大團圓)에서 나타

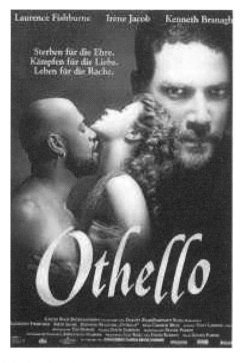

난다. 원작(原作)에서는 데스데모나의 비극적 운명은 전혀 다르다. 설화에서는 무어인 오셀로의 희망에 따라 그의 면전에서 이아고가 모래를 넣은 자루로 데스데모나를 두들겨 패 죽인 후, 무어인 오셀로와 이아고에 의해 천장이 무너져 서까래에 깔려 죽은 것으로 위장된다. 이 사실이 밝혀진 후 오셀로는 체포되어 자살하지 않고 옥중에서 데스데모나의 친척에 의해 죽게 된다. 그리고 이아고는 또 다른 범죄를 범한 후, 고문의 여파로 죽는다. 셰익스피어의 <오셀로>에서는 이아고의 모함으로 오셀로가 질투에 불타서 데스데모나를 죽이고, 진상을 알게 된 오셀로는 목숨을 끊게 되고 이아고는 악한 운명의 막바지에서 떨어지게 된다.

오셀로를 사랑하는 데스데모나는 브래들리(A. C. Bradley)의 말처럼 그녀의 사랑은 순진하며, 바이올라(Viola)처럼 사랑스럽고, 고난은 코델리아(Cordelia) 또는 이모젠(Imogen)처럼 깊으며, 시녀 에밀리어(Emilia)가 하수인은 누구냐고 묻자, 그녀는 숨을 헐떡거리며 말한다.

Nobody : I myself, Farewell. Command me to my Kind Lord : O farewell!

허언(虛言)이라고 들릴지 모르나, 그녀는 오직 남편의 역성을 드는 것 같다.

1996 year Othello

■ 국립무용단(극본 차범석, 연출 이병훈, 안무 국수호) <오셀로>
　1996.11.6.~12.1., 국립중앙극장 대극장

　배경을 상고시대 한반도의 부족국가로 옮긴 번안극으로 장군 오셀로와 아름다운 여인 사라비의 사랑에 질투를 느낀 가문사(이아고)가 음모를 꾸며 둘 사이를 죽음으로 갈라놓고, 자신도 그 죄값을 받아 죽임을 당한다는 줄거리는 원작과 같다.

　◆ 국민일보(1996.11.20) "국립무용단 또 하나의 도전"
　국립무용단(예술감독 국수호)이 파격적인 모험을 시도한다.
　외국문학을 작품의 소재로 끌어들인 것도 처음이거니와 이탈리아 태생의 발레리노를 비롯해 김현자 박숙자씨 등 외부 스타들을 대거 기용해 면모일신을 꾀하고 있다. 이번 공연에는 또 국립무용단장을 30여년 동안 역임하고 은퇴한 송범씨가 무용수로 25년 만에 처음으로 무대에 서고 왕년의 국립무용단 스타였던 김문숙씨가 특별 출연하는 등 원로 무용가들의 가세로도 화제가 되고 있다.
　차범석 극본, 국수호 안무로 무대화되는 <오셀로>는 배경을 상고시대의 해안 부족국가로 옮기고 주인공 오셀로를 무어랑, 데스데모나를 사라비, 이아고를 가문비, 에밀리아를 다시리, 케시오를 강우루로 바꾸는 등 배경과 인물을 한국화 시켰지만 인간의 원초적인 질투와 시기, 이로 인한 갈등과 파국 등 작품의 주제는 그대로 차용했다. 하지만 춤사위는 승무 탈춤 처용무 무속춤 등 전통춤을 원형으로 이끌어냈다.
　우리의 전통 춤사위가 외국인 무용수를 통해 어떻게 표출될지도 화젯거리다. 이번 공연에 파격적으로 캐스팅된 로돌프 파텔라(서울발레시어터 수석무용수)는 올해로 6년째 서울에서 활동하고 있으며 팬클럽까지 있을 정도로 인기 있는 무용수다.
　음악 무대미술 의상 소품 등에서도 새로운 시도를 많이 해 미술은 국립현대미술관이 「96 올해의 작가」로 선정한 설치미술가 윤정섭씨. 의상은 뮤지컬 <명성황후>에서 주목을 맡은 김현숙씨가 각각 맡았고, 음악은 신예 작곡가 조석연씨가 국악과 양악을 조화시켜 작곡했다.
　국수호 예술감독은 "<오셀로>라는 명작을 통해 세계적 보편성을 가진 작품을 개발하고 우리 춤극을 세계 속에 자리매김한다는 목표로 이번 공연을 기획했다"고 말하고 "오셀로 데스데모나 이아고 등 세 주인공의 상반된 죽음을 통해 삶과 죽음의 의미를 생각해보려 했다."고 밝혔다.

1997year Othello

■ **고려대학교 강성학 교수 '이아고와 카산드라' 책 발간 1997.3.10.**

고려대학교 강성학 교수는 1997년 냉전 종식 이후 새로운 시대 미국의 국제적 역할과 대한정책, 주한미군 문제, 항공력의 함의, 국제정치 속에서의 외교와 폭력, 한국의 UN정책, 한반도의 위기관리와 통일정책 등 한국과 관련된 국제정치 분야를 다룬 연구서 '이아고와 카산드라'를 발간하였다. '이아고와 카산드라'는 '강교수가 국내·외 학술지에 발표했던 논문 23편을 모아 8부 23장으로 펴낸 것이다.

저자인 강교수는 고려대학교에서 정치학 학사 및 석사학위를 취득한 후 모교에서 2년간 강사를 하다가 미국무부 풀브라이트(Fulbright) 장학생으로 도미하여 노던 일리노이 대학교(Northern Illinois University)에서 정치학 박사학위를 취득하였다. 그 후 1981년 3월부터 모교의 정치외교학과 교수로 재직해오면서 1986년 런던 경제정치대학(The London School of Economics and Political Science)의 객원 교수를 역임한 바 있으며, 1988년에는 도쿄대학의 동양문화연구소에서 객원 연구원 그리고 1998년 말과 2006년 봄 학기에는 일본 와세다 대학의 교환교수였다. 그 동안 '카멜레온과 시지프스: 변천하는 국제질서와 한국의 안보'(688쪽)라는 저서로 1995년 제1회 한국국제정치학회 저술상을 수상했으며, '이아고와 카산드라: 항공력 시대의 미국과 한국'(807쪽)은 미국의 저명한 학술지 'Foreign Policy'가 서평을 싣기도 하였다. 그 외에도 1999년 문화관광부 우수 학술도서로 선정되었으며 그의 최대 야심작 '시베리아 횡단열차와 사무라이: 러일전쟁의 외교와 군사전략'(781쪽) 및 '소크라테스와 시이저: 정의, 평화 그리고 권력'(304쪽), 또 한 때 베스트셀러에도 올랐던 '새우와 고래 싸움: 한민족과 국제정치'(402쪽)가 있다. 또한 2007년 대한민국 학술원의 우수 학술도서로 선정된 '인간 神과 평화의 바벨탑: 국제정치의 원칙과 평화를 위한 세계헌정질서의 모색'(756쪽) 그리고 '무지개와 부엉이: 국제정치의 이론과 실천에 관한 논문 선집'(994쪽)을 비롯하여 지난 30여 년간의 교수생활 동안에 약 30권에 달하는 저서, 편저서, 역서를 냈다.

이 책의 제목에 등장한 '이아고'는 셰익스피어의 희곡 오셀로에 나오는 냉소적이고 세속적인 인간. '카산드라'는 트로이의 왕 프리아모스의 딸로 다가올 전쟁과 트로이의 멸망을 예언했던 그리스 신화 속의 여인이며 양심과 항의가 결합된 지혜의 상징이다. 이아고와 카산드라는 여기서 두 가지 의미를 함축하고 있다. 탈 냉전시대의 미국은 더 이상 공동이익을 추구하는 '대부'가 아니라 독자적인 이익을 최우선시하는 '이아고'로 변모해갈 것이기 때문에 우리는 '카산드라'처럼 미국에 경고를 계속해야 한다는 것이다. 이와 함께 학문의 세계는 권력의 세계에 대해 끊임없이 진리를 말하고 닥쳐올지 모르는 위험을 경고하는 카산드라의 역할을 계속해야 한다는 의미도 담고 있다.

■ **단국대학교 예술대학 연극영화과 <오셀로>(번역 이태주, 연출 박준, 지도교수 윤호진) 1997.5.12.~5.13. 단국대학교 예술관 공연장 1**

단국대학교 예술대학 연극영화과는 1997년 <오셀로>를 제7회 졸업공연과 '제4회 젊은 연극제 참가작'으로 공연하였다.

[작품소개]

셰익스피어의 다른 비극과는 달리 〈오셀로〉는 극의 전개와 비극의 발단이 부부간의 사랑과 질투에서 비롯되기 때문에 가정비극으로 분류된다. 바로 이 부분이 다른 비극보다 현대의 관객들에게 쉽게 공감대를 얻을 수 있을 것이다. 사랑은 동서고금을 막론한 영원한 테마이기 때문에 우리는 이 점을 바탕으로 작품 원본의 시·공간적 배경을 현대화시켰고 또 그것이 충분히 가능했다. 대신 원본에서 이아고의 악마적 모습이 일으키는 비극의 원인을 좀 더 현대인들의 타당성에 맞춰 오셀로의 개인적인 콤플렉스와 또한 그로 인해 부딪히는 인물 간의 충동에서 비롯되게 초점을 맞추었다. 그로 인해 이 비극의 주인공들의 모습이 혹시 현대인들이 모습이 아닌가 하고 스스로 돌아볼 수 있게끔 하는 것이 〈오셀로〉의 주요목표 중 하나이다.

단국대학교 연극영화과는 1988년에 개설되었으며, 〈오셀로〉 공연을 한 1997년은 만 10년을 맞이하는 해였다. 10년은 짧은 세월일 수 있다. 이보다 먼저 연극과를 설립한 중앙대학교는 〈햄릿〉 역을 한 유인촌 교수가 있고, 동국대학교는 셰익스피어의 전 작품을 번역한 김재남 교수가 있으며, 이 단국대학교에는 윤호진 교수가 있고, 셰익스피어 4대 비극을 번역한 이태주 교수가 있다. 우리나라 연극계에, 셰익스피어 수용에 서광을 빛내 줄 수 있는 터전이 되기를 기대한다.

■ **'97 세계연극제' 공식초청작, 국립무용단(극본 차범석, 연출 이병훈, 안무 국수호) <오셀로> 1997.9.18.~9.21., 국립극장 대극장**

'97 세계 연극제'의 일환으로 마련된 음악극·무용에 한국에서는 서울예술단의 <한여름 밤의 꿈>과 국립무용단의 <오셀로>가 공식 초청되었다.

국립무용단은 62년 전통 민속무용의 재창조와 창작무용극의 정립을 취지로 창단돼 한국무용을 대표하는 직업무용단으로 자리를 잡았다. 중앙대학교 무용과 교수인 국수호는 국립무용단의 단원을 거쳐 지도위원으로 15년 이상 무대에서 무용수와 안무가로 활약했다. 96년 국립무용단 단장으로 취임하면서 그는 우리 춤의 문학화 작업과 동시에 세계화의 가치를 들고 '춤극'이라는 우리 고유의 장르를 만들어가고 있다. 첫 번째 춤극 <무녀도>에 이어 <오셀로>를 두 번째 춤극으로 96년 무대에 올려 좋은 평가를 받은 바 있다. "지난해 말 외국문학과 한국 춤의 만남으로 첫선을 보였던 <오셀로>의 보완무대"라고 서울신문(1997.9.12.)은 보도하였다.

춤극 <오셀로>는 셰익스피어의 <오셀로>에 바탕을 두고 창작된 작품이다. 종래 춤극이 빠지기 쉬웠던 사건 중심이나 이야기 줄거리를 추구하는 방식에서 벗어나 인간의 속성과 여러 계층의 만남에서 일어나는 심리적 변화, 그리고 그 내면적 갈등을 춤으로 표현했다. 시대배경을 여러 부족이 난립하던 우리나라 상고시대로 설정했고 인물 또한 우리식으로 각색했다. <오셀로>는 안무자의 뛰어난 무대 구성력과 국내 최고기량의 국립무용단이 펼치는 대형무대로서 서양의 고전 연극이 한국의 춤사위와 만나 춤극의 한 전형을 제시하였으며 셰익스피어의 희곡을 바탕으로 삼았지만 배경과 구성을 새롭게 한 창작물이다.

내용도 희곡상의 줄거리 추구보다는 인간의 속성과 심리변화, 내면적 갈등 표현에 중점을 두었다. 투박하고 야생적인 무어랑(오셀로)과 역신 가문비(이아고)의 성격적 대립을 큰 골격으로 하되 순진함의 상징 사라비(데스데모나)가 남편의 편협한 질투 때문에 죽음으로 내몰리는 과정을 갈등의 기둥으로 삼았다. 국수호 단장이 안무에 주인공 무어랑으로 출연까지 하였으며, 큰 비중을 차지하는 이아고를 이탈리아 출신 발레댄서 로돌프 파텔라와 국립무용단 단원인 백형민이 맡는 등 대부분 배역이 더블캐스팅이다. 오랜만에 무대에 선 원로무용가 송범·김문숙씨도 볼 수 있었다.

우리 춤사위가 <오셀로>라는 춤극으로 세계연극제라는 세계에 퍼진 무대에 공식 초청되어 공연됐다는 것은 의의 깊은 일이다.

1998year Othello

■ 로열 내셔널 시어터(Royal National Thetre of Great Britain)(연출 Sam Mendes) <오셀로> 1998.2.11. ~2.20., 예술의전당 토월극장

로열 내셔널 시어터(RNT, Royal National Theatre of Great Britain)는 영국의 국립극단이다.

공연 브로셔의 내용을 소개한다.

⊙ 세계 최고의 영국 로열 내셔널 시어터 첫 내한공연으로 예술의전당 개관 10주년을 맞아 세계 최고의 영국 로열 내셔널 시어터(Royal National Theatre)를 초청, 최초의 한국 공연을 갖습니다. 런던의 템즈강가 사우스 뱅크에 위치한 RNT는 영국 최고의 스텝과 배우가 모여 정통 영국은 물론 가장 실험적이고 현대적인 연극의 장으로 세계 연극계의 흐름을 주도하고 있습니다.

⊙ <오셀로>, 질투가 낳은 셰익스피어의 고전적 비극!

<오셀로>(원제 The Moor of Venice)는 셰익스피어 4대 비극 중에서 가장 치열한 심리묘사로 널리 알려져 있는 작품으로 인간이 어떻게 악의 그물에 사로 잡혀 그 자신과 죄 없는 자를 파멸로 이끄는 지를 보여줍니다.

이 작품이 주는 특별한 감동은 셰익스피어의 어떤 작품보다 더 인간 본성과 밀접한 관계를 지니고 있기 때문이며 사랑과 질투, 오해가 빚어낸 비극을 생생히 그려내고 있기 때문입니다.

◆ 스포츠조선(1988.1.31.) 박용재 기자

• 죽음으로 통하는 삼각관계 <오셀로>

이 공연은 환율급등으로 초청비용이 두배나 뛰어오르는 바람에 좌절될 뻔 했으나 주한영국 문화원과 영국 외무부가 2억원 규모의 개런티 전액을 부담하겠다고 나서 성사됐다.

… 이번 무대는 뮤지컬 '올리버'로 유명한 샘 멘데스가 연출을 맡아 간결한 무대장치, 상징적인 의상, 강렬한 신시사이저 음악 등 독특하게 꾸며낸다…

…1976년 세계적인 명배우 로렌스 올리비에를 극장장으로 맞아 창단권 로열 내셔널 시어터는 3개의 극장을 갖고 있으며 1주일에 최소한 6개의 다른 작품을 무대에 올릴만큼 영국은 물론 세계에서도 최고 최대 극단으로 손꼽힌다.

현재는 국내에서도 잘 알려진 뮤지컬 '레미제라블'을 연출한 트레버 넌이 극장장을 맡고 있다.

◆ 한국일보(1998.2.17.) 김희원 기자

• 섬세한 연출 언어 장벽 극복

역시 고전이다. 로열 내셔널 시어터의 〈오셀로〉는 영어와 자막으로 3시간 반 동안 공연됐다. 한국관객들은 셰익스피어의 주옥과 같은 대사를 거의 알아듣기 어려웠지만 간악한 이아고의 계약에 푹 빠진 오셀로의 비극적 살인에 공감했다.

화려하고 웅장한 연극에 길들여지기 시작한 우리 관객의 취향에 비추어볼 때 멘데스의 연출은 특별한 것이 없었다.

언뜻 보면 낡은 티가 나는 평범한 무대였다.

하지만… 배우들은 놀랄만큼 강한 흡입력을 지니고 있었다.

… 공연내내 고른 육성을 내는 데이비드 헤이우드(오셀로 역)와 아이몬 러셀 빌(이아고 역) 등은 잘 훈련된 배우의 자세를 단적으로 보여주었다.

특별난 무엇, 특이한 무엇에 쫓겨 온 우리에게 탄탄한 기본을 깨우쳐주는 무대였다.

■ 동숭무대(각색/연출 박근형) <피는 나지만 죽지 않는다 >-오셀로(Othello)- 1998.9.18.~11.1., 대학로극장

극단 동숭무대가 창단되었다. 동숭무대가 신설극단이고 창단공연이나, 도심의 관심을 받기에는 아직 이르다. 2002년 재공연 때는 훨씬 다르게 반응을 얻었다. <오셀로>의 변용의 정도는 각색가 박근형이 하기 나름이다.

[줄거리]

정신병원. 오셀로가 휠체어에 앉아있다. 눈이 멀었다. 간호사가 있다. 오셀로는 마지막 대사를 읊는다. "피는 나지만 죽지 않는다" 꽃다발을 들고 면회 온 연출자와 극단 사람들이 보인다. 무대는 오셀로가 정신병원으로 들어오기 전으로 돌아간다.

극단 단원인 오셀로 역의 50대 남자 봉규와 20대 처녀인 데스데모나 역의 정연이 사랑을 하고 연극 〈오셀로〉의 캐스팅을 발표하는 날 이들은 결혼을 발표하고 정연의 임신사실을 알린다.

정연을 짝사랑하고 배역에 불만을 가진 승준(로더리고 역)과 경수(캐시오 역)가 정연의 부모에게 이 사실을 알리고, 부모는 분노를 터뜨린다.

경수는 승준을 이용하여 오셀로가 데스데모나가 젊은 이아고와 연인사이이고 데스데모나가 임신한 아이가 이아고의 아이라고 의심하게 만들고, 증거를 조작하여 데스데모나의 지갑에 이아고의 사진을 넣고 이를 봉규가 알게 만든다. 연극과 현실을 분간하지 못하는 봉규는 연극에서 오델고가 데스데모나를 죽이는 신에서 실지로 정연을 죽이게 된다. 오셀로의 최후의 말 "난 네가 캐시오가 아니라 이아고라는 걸 알고 있었어. 죽어라. 뭐 피는

나지만 죽지 않는다고."

■ \<Othello\> 영화

영화는 중간매체다. 담겨진 사실을 예술적으로 표현한 것은 영상예술이라고 한다. 셰익스피어의 \<Othello\>는 4대 비극의 하나이며 다른 비극과 다르게 가정사의 비극이다. 연극은 무대가 정해져 있는 좁은 공간이다. 영화는 무대가 세상이다. 촬영에 의하여 집중, 확대도 가능한다. \<Othello\>가 영화가 되면 어떨까? 박력있게 관중의 마음을 사로잡을 것이다.

◆ 중앙일보(1998.10.17.) 권혁주 기자
• 칸 그랑프리 수상작, 오셀로(EBS 밤 10시 10분)
거장 오손 웰스가 각색·감독·주연까지 맡아 4년에 걸쳐 만들어 낸 걸작. 그렇게 오랜 시간이 걸린 이유는 돈이 없어서다. 제작 도중 돈이 떨어지면 다른 영화일로 돈을 벌어 다시 만들고 한 작품이다. 영화중 등장인물 로더리고가 살해당하는 장소가 증기탕이었던 것도 의상을 만들 돈이 없어 벗고 찍을 수 있는 곳을 택했기 때문이다. 그렇게 고생하면 만들고서도 52년 칸 영화제 그랑프리를 차지했다.

■ 국립오페라단 오페라(연출 김홍승) \<오텔로\>
　　1998.11.16.~11.21., 국립극장 대극장

1998년은 셰익스피어 작품 중에서도 \<오셀로\> 공연이 대세인 듯하다. 모처럼 국립오페라단이 1998년 11월 16일부터 21일까지 국립극장 대극장에서 \<오텔로\> 공연으로 가세하였으니.

한국일보는 이번 공연의 보도에서 그 무렵의 오페라계 소식도 담았기에, 참고로 그 전문을 게재한다.

◉ 국립오페라단 호화배역 오늘부터 공연

오페라 팬들은 이번 주가 즐겁고 괴롭다. 예술의전당 오페라극장에서는 〈라보엠〉〈리골레토〉〈카르멘〉세 편이 번갈아 올라가고 국립오페라단은 16일부터 국립극장 대극장에서 〈오텔로〉를 공연하기 때문이다. 어디로 갈 것인가. 신인들의 열연을 보자면 오페라극장으로, 실력으로 무대를 평정한 호화배역을 만나려면 국립극장으로 가야 한다.

〈오텔로〉는 베르디 말년의 걸작. 웅대한 합창과 아름답고 강렬한 음악으로 유명하다. 셰익스피어 원작의 줄거리는 순수하고 고결한 장군(오텔로)이 시기심에 가득찬 부하(이아고)

의 악마적 계약에 빠져 천사같은 아내(데스데모나)를 죽이고 자살하는 내용.

선과 악, 사랑과 질투, 빛과 어둠이 서로 부딪치고 엇갈려서 빚어내는 비극이다.

…오텔로에 맞는 드라마틱 테너는 세계적으로 드물다. 이번 공연 지휘자 최승한의 설명을 들어보자.

지휘자 카라얀과 테너 르네 콜로가 바그너의 작품해석을 놓고 충돌하자 콜로가 말했다. "바그너 지휘자는 전 세계에 수천명이지만 바그너 테너는 30명도 안된다." 결국 카라얀이 졌다. "오텔로 테너는 더 드물다."

테너 김남두(40), 소프라노 김향란(38)은 무대 위에서 펼쳐지는 드라마만큼 극적인 인간 승리의 주인공이다. 김남두의 진가는 지난 해 김자경 오페라단의 「아이다」, 정명훈 지휘 KBS 교향악단의 「오텔로」콘서트에서 '폭발'했다. 그 전까지는 무명이었다. 성악과가 없는 지방대 출신으로 거의 독학으로 죽어라 노래연습만 하다가 33세의 늦은 나이에 이탈리아 유학을 떠나 고생고생 끝에 제 목소리를 찾았다. 지방시립합창단원, 당구장 주인, 동네음악 학원 운영 등 길을 몰라 한참 헤매다가 어렵게 떠난 유학에서 개선장군이 되어 금의환향했다. 그의 노래는 '황금빛 트럼펫'으로 불렸던 불멸의 테너 마리오 델 모나코를 연상시킨다.

김향란에게 이번 작품은 '부활선언'이다. 암을 이기고 4년만에 돌아온 오페라 무대이기 때문이다. 유방암 말기진단, 8시간의 대수술, 길고 힘든 투병 끝에 건강을 되찾았다. 무대를 휩쓸던 젊은 스타가 죽음을 선고 받았을 때 얼마나 절망했을까. 그는 "처음 데뷔할 때처럼 떨리고 기쁘다"며 "최선을 다하겠다"라고 말한다.

1999year Othello

■ 1999 3.5., 문화일보 기사(오애리 기자) '셰익스피어 실체' 논쟁 재연

"셰익스피어 작품의 실제 작가는 17대 옥스퍼드 백작이다." 영화 '셰익스피어 인 러브'의 흥행 성공에 힘입어 영·미 대중 문화계에서 윌리엄 셰익스피어 (1564~1616)에 대한 관심이 급증하고 있는 가운데, 셰익스피어의 실체를 둘러싼 학계의 논쟁이 새삼 가열되고 있다.

8일자 타임지(誌)는 셰익스피어와 동시대 인물인 17대 옥스퍼드 백작 에드워드 드 베르(1550~1604)가 <햄릿> <리어왕> <오셀로> <말괄량이 길들이기>등 주옥같은 작품을 쓴 작가일 가능성이 높다는 학계의 주장을 상세히 소개했다. 드 베르가

실제 셰익스피어란 견해는 지난 20년대부터 꾸준히 제기돼왔으나 큰 주목을 받지 못했다. 그러나 최근 그의 생애에 대한 연구가 진척되면서 셰익스피어 작품과의 밀접한 관련성이 드러나고 있다는 것이다.

시골 스트라스퍼드 초급학교 출신으로 알려진 셰익스피어와는 달리 드 베르는 옥스퍼드 대학에서 법학을 전공했고 라틴어, 역사, 그리스·로마신화, 시, 연극 등에 정통했다. 셰익스피어가 외국을 여행했다는 기록은 전혀 없는 반면, 드 베르는 셰익스피어 작품 속에 자주 무대로 등장하는 이탈리아 베니스에 거주한 적이 있다. 셰익스피어 작품의 교과서로 일컬어지는 오비디우스의 '변신'을 최초로 영역한 사람은 드 베르의 숙부이다.

이밖에 '햄릿'처럼 해적들에게 납치된 경험이 있으며, '리어왕'처럼 세 딸과 유산 분배 문제로 갈등을 겪었다. '오셀로'처럼 아내의 부정을 의심해 5년동안 별거했다. 할아버지뻘인 로버트 드 베르 백작은 리처드 2세와의 동성애 사건으로 영국 귀족사회에 충격을 던졌으며, '리처드 2세'가 이 사건 직후의 상황을 소재로 하고 있다는 점도 우연으로만 보기는 어렵다. 영문학자 조지프 소브란은 "16세기 영국 귀족들은 문화계에서 본명으로 활동하는 것을 꺼렸다."며 "극단을 직접 운영한 적이 있는 드 베르가 시골 출신 배우 셰익스피어의 이름을 빌렸을 가능성이 짙다"고 주장했다.

그러나 '천재 셰익스피어'의 저자 조너선 베이트는 "위대한 작가는 대학출신이어야 한다는 식의 발상은 속물적이며, 셰익스피어 작품 속의 하층민 속어들을 귀족이 통달하기란 불가능하다"는 반론을 폈다. 이에 대해 소브란 등 일부 영문학자들은 셰익스피어 작품들의 발표연대가 정확하지 않다는 점을 들어 기존 학설의 수정을 촉구하고 있다고 타임지는 전했다.

2000year Othello

■ 김미진 作 <자전거를 타는 여자> 2000.1.29. 발간

김미진 作 <자전가를 타는 여자>와 셰익스피어 작 <오셀로>를 비교한 문화일보 기사가 있어 보도내용을 게재한다.(2001 1.29)

데스데모나는 불 옆에서 오셀로가 펼치는 원정(遠征)의 무용담을 엿들으며 그에게 마음을 빼앗긴다. 사나이의 모험. 그 새로운 세계와의 조우는 여인에게 그토록 강력한 자장(磁場)으로 작용하는 것일까.

김미진의 새 장편 '자전거를 타는 여자'의 주인공 미목도 다르지 않다.

소심하고 고답적인 남편 곁에서 단조로운 일상을 메워나가던 미목. 그의 옆에 산사나이 하훈이 나타난다. 그가 열어보이는 새 세상은 미목의 가슴에 높은 매그니튜드(震度)의 흔들림으로 남는다.

'에베레스트 빙벽, 아프리카 오지, 사막 떠돌아다닌다. 그런 단어들이 가슴에 돌을 던진 것처럼 물결을 일으켰다… 그는 전혀 생소한 세계에 살고 있는 또 다른 인류였다. 그의 영혼은 무슨 색깔일까.'

물론 셰익스피어 〈오셀로〉와의 공통점은 여기까지이다. 데스데모나가 불륜을 범했다는 오해를 산 끝에 오셀로에게 목 졸려 죽는 반면, 미목은 하훈과 맹목의 사랑에 덧없이 끌려들어가게 되고 종내 남편을 살해하기에 이른다.

소설은 히말라야 로체정상에서 서바이벌 키트 속의 메시지가 발견되면서 시작되고, 사뭇 흥미로운 극적 장치를 연달아 열어보이면서 속도감을 얻는다. 일간지 기자 인호는 몇해전 조난사한 하훈의 유품에서 정체불명의 여인 'MM'에게 보내는 메시지를 입수하고, 이를 특종으로 기사화하지만, 'MM'의 신원을 확인하지 못해 애를 먹는데…

• [자전거를 타는 여자 줄거리]

히말라야의 고원을 누비며 기록한 산사나이들의 거칠고 고독한 삶과 결혼의 굴레 그리고 비련의 사랑! 일상의 화색빛 고독보다는 산의 위험을 택하는 산사나이 하훈. 엄한 집안에서 갇히듯 자라 탈출하듯 결혼한 여자 미목. 횡계의 한 시골에서 우연히 마주친 두 사람은 첫눈에 인연이 될 운명임을 직감하고 불륜의 사랑에 빠진다. 해변의 모텔에서, 차안에서 서로의 육체를 갈구하지만 둘은 그리움에 더욱 허덕인다. 미목의 가출로 불륜의 사실이 알려지고 질투와 분노에 눈먼 남편은 미목을 학대한다. 그때 하훈은 로체 등정을 위해 네팔로 떠난다. 미목은 결국 남편을 흉기로 찔러 죽이고 하훈을 찾아 네팔로 떠나지만 그는 이미 죽어 로체의 혼령이 된 뒤다. 결국 그녀도 강물에 몸을 던진다.

2001year Othello

■ 리투아니아 빌니우스 스몰 시어터(원작 미하일 레르몬또프, 연출 리마스 투미나스) <가면무도회> 2001.4.26.~4.28., LG 아트센터

빌니우스 스몰 시어터의 <가면 무도회>의 원작자 미하일 레르몬또프는 본래 러시아의 국민 시인 '푸쉬킨'의 뒤를 잇는 낭만주의 시대의 대표시인으로 더 유명하다. <가면 무도회>는 26세의 나이로 요절한 레르몬또프의 몇 안되는 희곡 중 대표작이라 할 수 있는데, 레르몬또프가 왕성한 작가 활동을 벌였던 상트 페테르부르크를 배경으로 하고 있다.

연출가 리마스 투미나스(Rimas Tuminas)는 그의 고국 리투아니아에서뿐 아니라 유럽에서 가장 주목받는 연출가 중 한명으로 국제적인 명성을 얻고 있다. 투미나스는 리투아니가가 독립을 선포하던 해인 1990년, 리투아니아의 수도 이름을 따서 빌니우스 스몰 시어터(The Small Theatre of Vilnius)를 창립하였다. 유럽의 변방에 있던 리투아니아의 이 작은 극단을 알리게 된 작품은 체홉의 <벚꽃동산> (The Cherry Orchard) 이었다. 투미나스는 이 작품으로 National Theatre Prize를 수상했다. 그 이후 불멸의 히트작 <가면무도회>(Masquerade)로 수많은 페스티벌에서 최고 연극상을 수상했다. 특히 <가면무도회>가 초연되었던 1997년, 폴란드에서 열리는 콘탁트 국제연극제에서는 두 명의 리투아니아의 연출가가 주요부문상을 모두 휩쓸면서 리투아니아 예술세계를 유럽 전역에 알리는 쾌거를 이루기도 했다. 이 연극제에 <햄릿>을 가지고 참가했던 네크로슈스는 심사위원 최고상을 수상했고, 투미나스는 최고 연극상(Toru Governor's Grand Prix)과 비평가상(The Journalists' Award), 그리고 무대 디자인상을 수상했다.

<가면무도회>는 죄없는 아내에 대한 의심, 모욕당한 신의와 질투심이 작품을 움직여나가는 동력이 되고 있다는 점에서 곧잘 셰익스피어의 <오셀로>와 비교되는 작품이기도 하다. 오셀로와 아르베닌은 모두 사회적 지위와 명예를 갖춘 남편들이다. 오셀로가 훌륭한 장군으로 화려한 무용담을 가지고 있는 것처럼 아르베닌 역시 화려한 과거를 자랑하는 중년이다. <오셀로>의 데스데모나나 <가면무도회>의 니나는 모두 아름답고 순결하며 남편에게 헌신적인 아내이다. 데스데모나는 잃어버린 손수건에 의해. 니나는 파티장에서 잃은 팔찌로 인해 남편의 의심을 사게 된다. 두

작품 모두 남편의 극심한 질투가 여주인공을 죽이게 되고, 남편 역시 아내의 무고함을 알고 스스로 목숨을 끊거나 미치게 된다.

그러나 셰익스피어의 <오셀로>와는 달리 레르몬또프의 <가면무도회>의 중심에는 선과 악, 정의와 불의의 문제가 놓여있지 않다. 아르베닌에게는 간악한 동기를 가진 이아고가 없다.

[시놉시스]

◉ 1막

어스름한 해질녘 저녁, 상트 페테르부르크의 모야카강(Moyka River) 근처의 광장에 귀족 그룹의 남자들이 모여서 카드놀이를 하고 있다. 분위기는 오늘 가기로 되어있는 가장 무도회 이야기에 이르자 고조된다. 가장 무도회는 남몰래 공작을 사랑하고 있는 슈뜨랄 남작부인이 그녀의 사랑의 증표로 팔찌를 공작에게 주면서 절정에 이른다. 슈뜨랄 남작부인은 마스크를 쓰고 있었기 때문에 공작은 그녀가 누구인지 알지 못한다. 공작은 아르베닌에게 자랑스럽게 팔찌를 보여주면서 반드시 이 아름다운 주인의 정체를 밝혀내겠다고 말한다. 집에 돌아온 아르베인은 그의 부인 니나가 팔찌를 잃어버렸다는 것을 알게 된다. 흥분한 아르베닌은 공작에게 팔찌를 준 여자가 니나일 것이라고 의심한다. 니나는 아마도 가장 무도회를 하는 중에 잃어버린 것 같다며 그를 안심시키려 애쓴다. 니나는 슈뜨랄 남작부인의 집으로 팔찌를 찾기 위해 간다. 니나는 마침 그곳에 있던 공작에게 그녀가 방문한 이유를 설명한다. 니나가 떠난 후 공작은 자신이 니나의 팔찌를 가지고 있으며 분명히 그녀가 가장 무도회에서 자신을 유혹하려 했던 아름다운 여인임에 틀림없다고 말한다. 얼마 지나지 않아 니나의 부정에 대한 소문이 퍼지기 시작한다. 아르베닌은 몹시 격노하며 니나가 부정한 짓을 했다고 확신하며 복수를 결심한다. 한편 슈뜨랄 남작부인은 공작에게 자신이 공작을 사랑했다고 고백을 하지만 이를 모르는 아르베닌은 여전히 아내의 부정을 의심한다.

◉ 2막

공작은 니나와 만나 그녀에게 팔찌를 돌려주면서 아르베닌의 복수계획에 대해 경고한다. 그러나 니나는 그런 그의 말을 믿지 못하고 공작의 경고를 일축해버린다. 그날 저녁, 니나는 아르베닌에게 아이스크림을 달라고 요구하는데, 그는 몰래 아이스크림에 독약을 넣는다. 니나가 먹은 독약의 기운이 나타나자 아르베닌은 잃어버린 사랑과 행복, 그리고 그녀가 준 수치심에 대해 니나에게 이야기한다. 그리고 그는 자신이 아이스크림에 독약을 넣었다는 것과 그녀가 곧 죽게 될 것이라고 말한다. 니나는 공포에 휩싸이면서 그녀의 결백을 맹세하며 죽는다. 아르베닌은 절망하면서 그가 저지른 일이 얼마나 끔찍한 일이었는지 비로소 깨닫는다. 어떤 낯선 남자가 나타나 아르베닌이 그녀의 부인을 죽였다고 세상에 알린다. 공작은 아르베닌에게 니나와 자신 사이에는 어떠한 애정관계도 없었다는 것을 밝히면서 슈뜨랄 남작부인이 모든 사실에 대해 쓴 편지를 그에게 건네준다.

■ 극단 무천(번역 이태주, 연출 김아라) <인간 오셀로>
2001.8.3.~8.26., 안성시 죽산면 용설리 야외무대

'욕망-비극의 원천'이란 주제하에 공연된 <인간 오셀로>는 1998년부터 시작한 <인간 리어>, <햄릿 프로젝트>, <맥베스 21> 등에 이은 셰익스피어의 4대 비극 시리즈 완결판이자 극단 무천 창단 10주년 기념공연 첫 번째 무대이다. 연출가 김아라는 "이들 공연을 통해 한국적인 공연양식을 정형화해내겠다."고 공언한 바 있다. 인간이 지닌 질투, 욕망, 선악 등 온갖 비극을 영상, 타악과 구음, 판소리, 무용, 춤 등 여러 장르가 어우러진 복합장르 형태의 색다른 음악극으로 보여준 이번 무대는 하늘을 올려다보면 별빛이 한눈에 들어오는 한여름 밤 야외무대에서 고대 그리스의 야외극을 연상시키는 제의적 공연형태로 공연되었다.

■ 2001.7.4. 일간스포츠 이숙영 칼럼

<오셀로>와 연관하여 '여자의 과거'라는 재미있는 일간스포츠 이숙영 칼럼(2001.7.4.)이 있어 소개한다.

여자의 과거는 정말이지 좀 심하게 말하면 때려죽인다 해도 불지 않아야 하는 법이다. 주변에서 그런 문제 때문에 결혼 생활 내내 고통을 당하며 사는 여성을 몇 알고 있다. 비단 결혼에서 뿐 아니라 연애중일 때도 과거 남자와의 진한 사연을 털어 놓았다가는 그것이 굴레가 되어 오래오래 장애 요인이 되리라.

여자들이여, 남자의 뒤끝이 의외로 길다는 것을 명심하도록, 어찌 보면 질투의 강도도 여자보다 강렬하며(속으로), 독점욕이 센 남자일수록 과거 있는 여자 꼴을 못 보는게 일반적이다.

간접 경험을 해보고 싶다면 우리 영화 〈해피엔드〉나 일본영화 〈우나기〉를 보면 남자의 질투심이 얼마만큼 큰 가를 알 수 있을 것이다. 두 영화 모두 심지어는 아내를 죽이게 까지 된다. 물론 거기서는 과거 얘기가 아니라 현재 정부를 두고 있는 내용이지만 … 셰익스피어의 4대 비극 중의 하나인 〈오셀로〉에서도 간교한 이아고의 책략으로 아내 데스데모나를 의심하게 된 오셀로가 결국 아내를 죽이고 자신도 자살한다는 내용이 나온다. 그렇듯 남자의 질투나 독점욕에는 무시무시한 부분이 있다는 얘기를 하고 싶어서다… 고로 이 지면에서 꼭 얘기하고 싶은 것은 연인들끼리 올 여름 바닷가 같은데서 무드가 잡힌다고 해서 남자의 진실게임 하자는 수작에 절대로 넘어가지 마시길. 넘어가면 피차 괴로워지는 법이다…

이름하여 '선의의 거짓말'이라는 게 존재하지 않는가? 특히 여성들은 이 과거라는 문제에 대해서는 시치미를 딱 떼고 앙큼을 떨 일이다. 그게 서로 좋다.

■ 극단 후암(번역 신정옥, 연출 차현석) <오셀로>
2001.12.13.~12.25., 대학로 학전 소극장

<오셀로>는 4대 비극의 하나이나, 다른 비극과 다르다. 왕도 왕후도 없다. 왕권을 위한 권력다툼도 없다. 오직 오셀로와 데스데모나의 순수한 사랑과, 이아고의 모계로 생긴 질투심에 미쳐버린 용맹한 장군과 순애하는 데스데모나의 죽음이라는 사랑의 비극이다.

<오셀로>는 셰익스피어 작품 중 구성이 단순하며 4대 비극 중에서 가장 사실적이고 우리가 이해하기 쉬운 인간의 사랑과 질투, 그리고 분노를 아주 선명하고 간결하게 묘사하고 있다.

이 극은 한마디로 말하자면 단순하고 강한 사자같은 오셀로가 교활한 이아고의 계약에 빠져버린 비극이라고 할 수 있다. 독백에서조차 앞뒤 말이 맞지 않는 거짓말을 하고 있는 이아고의 무동기의 악(motiveless malignity)을 통해 셰익스피어의 4대 비극 중 최고의 악한을 만나볼 수 있다.

또한 사랑과 질투, 분노의 모습을 차례대로 보여주고 있는 오셀로는 결국 자신의 내면에 잠재되어 있는 어떠한 열등감 같은 것으로 사랑하는 사람조차도 신뢰하지 못하며 극의 결말이 비극이 되도록 돕고 있다. 서로에 대한 불신의 결과로 항상 파멸에 이르고 마는 단순한 진리를 깨우치게 한다.

극단 후암은 21세기를 시작하는 2001년 1월에 창단되었으며 2001년부터 1년에 4편의 공연을 한, 어떻게 보면 무모하다고 할 만한 감투정신이 엿보이는 극단이다. 극단을 창단한 대표이자 연출가인 차현석은 서울예술대학 극작과 출신으로 이윤택 우리연구소 1기인 26세의 청년이다.

필자는 셰익스피어 문화를 발전시킬 셰익스피어 극장, 셰익스피어 극단, 셰익스피어 연예인의 탄생을 소망해왔는데 현 유라시아 셰익스피어 극단(대표 남욱현 교수)이 발족하여 셰익스피어 작품을, 그것도 우리나라에서의 초연작으로 공연하고 있다. 극단 「후암」도 셰익스피어 작품공연과 로렌스 올리비에 같은 셰익스피어 연극인의 출현을 기대할 만하다. 셰익스피어 연극인이라면, 김동원, 이해랑뿐이다. 그래서 다음 세대를 누가 창출하느냐? 앞으로의 큰 과제이다. 작품에 대한 설명은 2003년 편을 참조하기 바란다.

2002year Othello

■ **극단 동숭무대(각색 박근형, 연출 임정혁) <오셀로-피는 나지만 죽지 않는다>**
  2002.2.13.~3.10., 대학로 강강술래극장

  극단 동숭무대는 1998년 4월에 창단되어 그 해 <오셀로-피는 나지만 죽지 않는다>를 공연하였고 2002년 이 작품을 다시 공연하였다. 작품에 대한 설명은 1998년을 참조하기 바란다.

■ **리투아니아, 에이문타스 네크로슈스 연출 <Othello>**
  2002.10.3.~10.6., LG 아트센터

  이 작품을 연출한 에이문타스 네크로슈스(Eimuntas Nekrosius)는 리투아니아 출신으로 러시아 모스크바에서 Lunacharsky Institute of Theatre Art를 졸업하였고, 라투아니아 Kaunas Drama Theatre에서 연출활동, 리투아니아 국립청년극장과 라투아니아 국제연극제 예술감독을 역임하였으며, 1998년 극단 '메노 포르타스(Meno Fortas)'를 창단, 현재까지 예술감독으로 활동 중이다. 네크로슈스는 많은 작품을 연출하였으며, 셰익스피어 작품으로는 1997년에 <햄릿>, 1999년에 <맥베스>, 그리고 2001년에 <오셀로>를 연출하였으며 <오셀로>는 초연된 이후 폴란드의 '콘탁트(kontakt) 국제 연극제' 최고 작품상, 최고 연출가상, 최고 남우주연상 및 비평가상 등 4개부문상을 석권하였고, 사라예보 'Mess Festival' 최고 작품상과 최고 남우주연상을 수상, 모스크바에서 열린 '제3회 세계연극 올림픽제'에 초청받는 등 현재 최절정의 네크로슈스의 저력을 입증하고 있다.

  네크로슈스는 셰익스피어 비극의 공연에서 단연 독보적인 위치를 차지하고 있으며, 우리나라에서도 2000년 '서울국제연극제'에서 <햄릿> 공연으로 연극팬들에게 널리 알려져 있다. <오셀로>는 그가 연출한 비극 중에서도 가장 최고의 작품이라고 평가받고 있으며, 그렇게 강력한 감정들은 셰익스피어와 네크로슈스가 만나서 탄생한 연극에서만 가능하다고 하였으며 현재 유럽에서 극찬을 받고 있다.

  네크로슈스의 <오셀로>에는 몇 가지의 특징이 있다. 2000년 <햄릿> 공연시간은 3시간 50분이었으며, 이번 2002년 <오셀로> 공연은 5시간이다. 그러나 관극하는 자는 지루함을 모른다. 그만큼 박진감이 넘치는 긴장된 공연이기 때문이다. <오셀

로>는 시간과 공간이 가장 제한된 작품이다. 원작은 우직하고 성급한 오셀로가 이아고의 모계로 질투심에 눈멀어 사랑하는 아내를 목졸라 죽이고 자살하는 내용이나, 네크로슈스는 이 비극의 이야기를 두 시간으로 매듭짓지 않는다. 파멸로 치닫는 인간내면의 고통을 시각적 이미지로 형상화해 극을 풍성하고 충만하게 감성으로 느끼게 한다. 네크로슈스는 불, 물 흙, 나무 등 원초적인 자연요소들을 상징적으로 사용하여, 언어 자체를 넘어서는 메시지 확장을 극 속에서 시도하여왔으며, <오셀로>에서는 해머, 나무상자, 돌, 도끼 등을 곳곳에 배치하여, 파도처럼 거세지는 오셀로의 감정 상태를 수백마디 대사보다 더 강렬하게 길게 전달하였다. 물과 공기, 바다, 눈물, 바람 등 형체가 없는 물질들과 나무와 땅 등 따스한 자연이 자리 잡게 한 것은 <햄릿>에서의 벽, 얼음, 그리고 <맥베스>에서의 돌과는 대조적이었다. 이러한 눈에 보이지 않는 감정노출 방법은 무대에서 구현되지 않으나, 네크로슈스가 마술처럼 설정해 놓은 각종 장치들로 관객들은 이들 자연을 머릿속에 그리고, 느끼게 된다.

또 하나의 특징은 새로운 인간성의 창출이며, 데스데모나를 연기한 출연자는 리투아니아의 프리마 발레리나 '애글레 스포카이테'이다. 평소 배우가 아닌 다른 분야의 예술인들과 함께 작업하는 것을 매우 좋아하는 네크로슈스는 <햄릿>에서는 록 가수를 등장시켰으나 이번에는 발레리나를 무대 위에 세웠다. 리투아니아 국립 오페라/발레 극장에서 주역 무용수로 활동하고 있는 그녀는 리투아니아 내에서 뿐 아니라 러시아, 핀란드, 일본 등 각종 국제 콩쿠르에서 1위를 수상한 바 있는 세계적인 무용수이다. 그녀의 춤추는 듯 아름다운 움직임과 천진난만한 모습은 질투에 눈 먼 오셀로와는 큰 대조를 이루며 이 비극을 더욱 처절하게 하였다.

또 원작에 나와 있는 오셀로와 데스데모나 사이의 인종, 계층의 격차를 없애고 대신 오셀로의 '늙음'과 데스데모나의 '젊음'만을 대비시켜 극을 이끌어 나가려는 네스크로슈스의 의도가 담긴 설정이다. 여성으로서의 매력이 막 꽃피기 시작한 데스데모나의 아름다운 모습, 반대로 늙고 지친 오셀로의 모습은 '부부'라기 보다는 마치 '아버지와 딸'을 연상시킨다. 네크로슈스는 데스데모나 뿐 아니라, 오셀로 주변의 인물들을 모두 젊은 배우들로 설정하여 오셀로를 더욱 더 외롭게 만들고, 이는 이 작품에서 긴장과 갈등을 조장하는 가장 중요한 요인이 된다.

이아고 역시 네크로슈스에 의해 새로운 모습으로 설정되었다. 이제껏 악한 음모론자로만 여겨졌던 이 작품에서 다수의 변호사를 대동할 것이며 이제 우리는 그를 변호할 것이라고 표현하며, 악인의 전형으로 간주되던 이아고를 정신분열적인 모습을 보이는 흥미로운 캐릭터로 변모시켰다. 이로 인해 네크로슈스의 이아고는 때로는 사람으로 때로는 악마로 변하면서 관객들로부터 동정심을 비롯한 복잡한 감성을 느끼게 하였다.

우리에게는 너무도 익숙한 셰익스피어와 오셀로이나, 관객들은 네크로슈스에 의해 새롭게 창조된 <오셀로>를 통해 이제껏 경험하지 못한 독특하고 강렬한 감동을 경험하게 되었다.

■ 예술의전당·영국 코벤트가든 로열 오페라 하우스 공동제작(연출 빌 뱅크스 존스) 오페라 <오셀로> 2002.10.9.~10.12., 예술의전당 오페라극장

러시아의 차이코프스키는 '백조의 호수' '잠자는 숲속의 미녀' '호두깎이 인형' 등 무용극을 작곡하였고, 오페라도 '유진 오네긴', '스페이드의 여왕'을 작곡하여 우리나라에서는 인기도가 높은 작곡가이지만, 셰익스피어의 작품을 오페라화한 것은 19세기의 이태리 작곡가 베르디(Verdi, Giuseppe)로, <맥베스>, <오셀로>, 그리고 <헨리 4세 1.2부>와 <윈저의 즐거운 아낙네들>을 소재로 하여 아리고 보이토(Arrige Boito)가 쓴 폴스타프(Falstaff)를 대본으로 하여 베르디가 작곡하였다.

베르디의 오페라 <오셀로>도 아리고 보이토의 대본을 바탕으로 작곡한 것이며, 우리나라에서는 예술의전당이 국내 최초로 영국 코벤트가든 로열 오페라 하우스와 공동 제작한 작품이며, 2002년 10월 9일부터 12일까지 예술의전당 오페라 극장 무대에서 공연되었다.

<오셀로>는 이태리어로 'Othello'라고 쓰기 때문에 '오테로'라고 발음하며 베르디가 1880년~1886년 사이에 작곡하였으며 73세가 되는 1887년 2월 5일 밀라노 스카라극장에서 초연되었다. 그 후 1960년 발터 펠젠슈타인, 1974년 카라얀의 TV 영화버전, 1986년 프랑코 제프레리 등의 연출 버전이 나왔으나, 심오한 연극적 요소를 요구하는 까다로운 작품이어서 자주 무대에 오르지는 못하였다.

현재 가장 각광받는 버전은 20세기의 위대한 오페라 연출 중 한명으로 꼽히는 엘리아 모진스키가 오셀로 초연 100주년을 맞아 1987년 로열 오페라에서 선보인 무대이며, 이번에 들여오는 프로덕션이 바로 그것이다. 이번 공연은 모진스키의 조연출이었으며, 현재 로열 오페라단의 스텝 연출가로 활동 중인 빌 뱅크스 존스가 연출하였으며, 카를로 팔레스키가 지휘하는 코리안 심포니와 국립합창단이 출연한다. 무대, 의상, 조명, 음악 등의 스텝은 로열 오페라 하우스팀이 하였다.

연출가 빌 뱅크스 존스는 "공연 초반 20분은 키프로스 전투장면이며, 절대로 놓치지 말 것"이라고 권하였다. 셰익스피어의 원작에는 없는 부분인데 20명으로 구성된 오케스트라의 반주에 맞추어 천둥소리, 레이저 빔, 군중의 합창, 빠른 무대전환 등 압도적이고 전쟁터의 긴장감은 물론 3시간 걸리는 극 전체의 분위기를 예고한다.

■ 「The Classics」 2002 두 번째 페스티벌
'2002 셰익스피어 러브 페스티벌'(Love in Shakespeare)
주최: 국립극장, 한국 셰익스피어학회, 지구연극연구소

2001년 첫 번째 페스티벌 체홉에 이어 두 번째 페스티벌은 부제 '셰익스피어와 함께 사랑 여행을 떠나자'로 셰익스피어 연극 중 사랑이야기 5편을 잇달아 공연하는 '셰익스피어 러브 페스티벌'이 10월 29일부터 시작되어 11월 24일까지 국립극장 별오름극장과 달오름극장에서 열렸다.

1. 극단 숲(연출 임경식) 〈로미오와 줄리엣〉
   2002.10.29.~11.15.,국립극장 별오름극장
2. 극단 가변(연출 박재완) 〈십이야〉
   2002.11.7.~11.14., 국립극장 별오름극장
3. 극단 실험극장(연출 김성노) 〈트로일러스와 크레시다〉
   2002.11.13.~11.17.,국립극장 달오름극장
4. 극단 주변인들(연출 서충식) 〈말괄량이 길들이기〉
   2002.11.16.~11.24.,국립극장 별오름극장
5. 극단 지구연극연구소(연출 차태호) 〈오셀로 & 이아고〉
   2002.11.19.~11.24.,국립극장 달오름극장

▣ 지구연극연구소(연출 차태호) 〈오셀로 & 이아고〉
2002.11.19.~11.24., 국립극장 달오름극장

2000년 창단된 지구연극연구소는 일체의 미학적 편견을 지양하고, 인류역사에 축적된 연극적 성과물의 역사적, 현재적 의미를 연구하는 극단으로, 2001년 '4Comedy 4Why'의 안톤체홉 코메디 페스티벌에 이어, 2002년 '셰익스피어 러브 페스티벌'을 주최하는 단체이다. 그들이 기획하고 공연하는 작품에서 알 수 있듯이 그들의 행보는 대학로의 여느 연극단체와는 다른 면모를 보인다. 거창하게도 그들은 21세기에 필요한 새로운 연기 패러다임을 구축하고자 하는 것이다. 그들에게 묻는다. 왜 다른 팀들과 다르게 비극 〈오셀로〉를 택하였느냐고. 그들의 대답은 간략하다. "스타니슬랍스끼가 평생을 걸쳐 좋아했던 작품이 체홉의 갈매기와 오셀로에요. 새로운 연기 패러다임을 창조하겠다면서 어떻게 이 오셀로를 그냥 넘어갈 수 있겠어요? 당연히 스타니슬랍스끼가 왜 그랬을까를 같이 느껴봐야지요. 또 그 스타니슬랍스끼가 오랜 시간 갈구했던 만큼 우리 지구연극연구소도 정말 오랜 시간 이 작품을 갈망했구요."

[작품해설]
〈햄릿〉과 더불어 초연 이후 지금까지 셰익스피어의 주요 비극 중에서도 가장 빈번히 공연되고, 가장 풍성한 각종 기록으로 인구에 회자되며, 가장 꾸준한 인기를 누려온 이 작품은, 브래들리의 지적대로, "가장 위대한 비극은 아닐지라도, 가장 완성도가 높은 극"임에는 이견이 많지 않다. 물론 〈리어왕〉, 〈맥베스〉 그리고 〈앤토니와 클레오파트라〉 등 비슷한 시기에 완성된 셰익스피어의 위대한 비극들에 비하면 〈오셀로〉는 그 작품의 규모나 깊이, 그리고 주제의 심오함이나 등장인물의 신화적 영웅성 등에서 다소 밀리는 듯한 느낌이 들기도 하고, 또 그 주요 사건들의 전개가 단순하여 "가정비극"에 불과하다고 깎아내리는 비평가가 없는 것은 아니다. 그러나 고용된 이방인 장군 오셀로가 이아고의 흉계에 말려들면서, 피부색을 초월하여 사랑했던 자신이 순결한 아내, 데스데모나를 목 졸라 죽이고, 자신도 자결한다는 지극히 단순한 플롯은 오히려 다른 위대한 비극에서 찾아보기 어려운 감정의 긴박감과 고도의 심리전, 그리고 긴장완화나 '희극적 위안' 장면 없이 숨 막힐 정도의 빠른 속도로 치밀하게 계획된 종말로 치달음으로써 관객들을 사로잡는 탁월한 연극적 효과를 뿜어내는 것이다. 이는 〈오셀로〉가 갖는 독특한 미적 극치로, 시간과 공간을 뛰어넘어 관객에게 연민과 공포를 불러일으키기에 부족함이 없는 것이며, "숭고한 인간의 사랑을 그린 속세의 시의 극치"(G.R. Elliott)이다.

2003year Othello

■ 극단 후암(번역 신정옥, 연출 차현석) <오셀로>
2003.3.26.~4.6., 아트홀 스타시티

셰익스피어작 <오셀로>는 비극이다. 왕권도 아니고 정권도 아니고 전쟁이나 그 후유증도 아닌 비극이다. 순박한 여인의 사랑과 무어인 장군의 우직한 사랑이 이아고의 간교한 놀음에 넘어가서 죽이고 죽는 사랑과 교활한 계략과의 대결에서 사랑이

완패하고 죽음으로 끝나는 비극이다. 데스데모나는 순박한 사랑의 천사다. 이아고의 간계는 가증스럽다. 오죽하면 사랑하는 아내를 죽이게 된 오셀로가 처량하다.

오셀로의 경우 그의 우직함을 동정해야할지 그의 우둔함을 증오해야할지 헷갈린다. 이 모순을 해결하는 길을 인도하는 것이 <오셀로>의 공연이다.

극단 후암은 2001년 1월에 창단되었고, 그 해 제3회 정기공연으로 셰익스피어作 <오셀로>를 공연하였다.

극단 후암은 희곡 <오셀로>의 내용과 동 작품 공연의 의지를 다음과 같이 설명하였으며, 관극에 도움이 될듯하여 전재한다.

37편에 이르는 셰익스피어의 희곡 중 <오셀로(othello)>는 작품의 구성이 단순하면서도 4대 비극 중에서 가장 사실적이고, 우리가 이해하기 쉬운 인간의 사랑과 질투, 그리고 분노를 아주 선명하고 강렬하게 묘사하고 있다.

이 극은 단순하고 용맹한 장군 오셀로가 교활한 여우같은 이아고의 계략에 빠져 파국으로 치닫는 사랑과 질투에 의한 비극이라고 할 수 있다. 독백에서 조차 앞뒤 말이 맞지 않는 거짓말을 하고 있는 이아고의 '무동기(無動機)의 악(motiveless malignity)'을 통해 셰익스피어의 4대 비극 중 최대의 악한을 만나볼 수 있다. 또한 사랑과 질투, 분노의 모습을 차례대로 보여주고 있는 오셀로는 결국 자신의 내면에 잠재되어 있는 열등감으로 사랑하는 사람조차도 신뢰하지 못하여 극의 결말이 비극이 되도록 돕고 있다. 서로에 대한 불신의 결과는 항상 파멸에 이르고 만다는 단순한 진리를 깨우치게 한다.

오셀로는 본래 정열적이고 강직한 정신을 가졌으며 용감한 인물이었다. 그런 그가 부하인 이아고의 간교한 속임수에 넘어가 질투와 복수심에 불타는 타락한 인간으로 변모해가는 과정과 그리고 그를 타락으로 떨어뜨리는 이아고의 간교함 등이 이 작품의 포인트라고 할 수 있다. 그러나 원전에서 보이고 있는 오셀로가 가지고 있는 기본적인 핸디캡, 흑인이라는 인종 차별적 열등감 대신에, 간교에 빠져 오해한 자신에 대한 분노, "악(惡)"에 대한 분노와 증오를 담아내는 것이 우리가 펼칠 수 있는 '오셀로'의 내용일 것이다.

이아고는 오셀로를 마음대로 희롱한다. 거기에는 가장 최소한의 기본적인 윤리의식에 대한 반항이 담겨져 있는 듯하다. "악(惡)" 그 자체를 즐기는 듯한 이아고와 그 앞에서 맥을 추지 못하는 오셀로가 결국 아내 데스데모나를 죽이는 장면은 사랑과 질투와 분노의 '극한(極限)'이 되어 관객을 압도하게 된다.

<오셀로>는 16세기 말에서 17세기 초 영국에서 유행하던 이른 바 '가정비극'의 한 형태이기도 하다. 아내를 의심하여 결국 파국으로 몰고 가는 이 극의 내용은 중세의 유럽이나 오늘의 우리에게도 일어나는 일등 중 하나이다.

그래서 의처증이나 의부증을 "오셀로 신드롬"이라고 부르기도 한다.

후암의 이번 <오셀로(Othello)>는 젊은 연출가와 탤런트, 연극인의 팀워크로 영상 세대에 맞도록 극의 흐름이나 배역을 구성한 것이 특징이다.

연희단거리패의 이윤택, 목화의 오태석, 여행자의 양정웅, 유시어터의 우리나라 2대 햄릿 유인촌, 극단 무천의 김아라, 극단 물리 <레이디 맥베스>의 한태숙은 셰익스피어 작품의 정통성과 민속화로 크게 호응을 받아왔다. 이제 이들을 이을 젊은 연극인 차현석이 뒤를 이어갈 수 있을지 기대 반 우려 반이다. 셰익스피어극의 전통성 확립을 이어온 차현석이 앞으로도 건승하여 필자가 바라는 셰익스피어 수용을 통한 문화의 대성에 기대가 어긋나지 않기를 바라고 있다.

■ 중앙대 연극학과(연출 심현규) <오셀로> 2003.5.30.~6.8., 중대극장

중앙대학교 연극학과는 전통이 있다. 우리나라에서 처음으로 생긴 연극영화학과다.
중앙대 연극학과는 셰익스피어의 작품을 2000년에 개강공연으로 <햄릿>(연출 김동연), 정기대공연으로 <맥베스>(연출 최치림)를 공연하였다. 이번 <오셀로> 공연으로 앞으로 <리어왕>을 공연한다면 셰익스피어 4대 비극을 모두 공연하는 기록을 세우게 될 것이다.

■ 서울시극단(번역 이태주, 각색/연출 권오일) <오셀로>
2003.11.6.~11.21., 세종문화회관 소극장

'오셀로 너 잘 만났다.' 연출가 권오일의 말이다. <오셀로>의 공연장소는 세종문화회관, 사장은 저명한 테너가수 김신환, 번역은 서울시극단장으로 셰익스피어를 연구한 영문학자 이태주, 그리고 연출가는 극단 성좌의 대표이고 상임연출가인 권오일이니, <오셀로> 공연은 이들의 이름만으로도 관극할만한 공연이었으며, 아마 오셀로도 셰익스피어도 이들을 잘 만났다고 할 것이다. 연출가 권오일은 계속 말한다.

<오셀로>는 <햄릿>처럼 심오한 사색의 심연도 없다. <맥베스>처럼 비장한 죽음의 철학도 없다. <리어왕>처럼 비정한 인생의 회한도 없다. 지극히 단조로운 가정비극을 다룬 통속극이다. 그러나 이 작품에 등장하는 인물들의 성격이 극적인 흥미를 일깨워준다. 직선적이고 단순하면서도 우직한 오셀로, 단아하고 순결하며 고귀한 데스데모나, 간교하고 비열하며 사악한 이아고, 이들이 지니고 있는 개성이 독특하여 흥미롭다.

서울시극단의 <오셀로> 공연에 붙여 필자는 <오셀로> 수용사를 기고하였는데,

그 일부를 전재한다.

1950년 여인소극장의 국내 초연 이후 〈오셀로〉의 한국공연은 현재까지 원작에 충실한 정통극 공연과 더불어 베르디가 작곡한 오페라, 여성국극단의 창무극, 국립무용단의 춤극 등 비교적 다양한 공연양식으로 소개되어 왔다.

〈오셀로〉의 국내공연은 여인소극장 이후 1950년대와 1960년대에는 극단 신협이 〈오셀로〉 공연의 주도적 역할을 했고, 1970년대에는 주로 서울대학교, 동국대학교, 중앙대학교 등에서 원어극 및 번역극으로 〈오셀로〉가 공연되었으며, 1980년대를 대표하는 공연이라면 중앙일보사가 후원한 정통극으로 번안한 〈오셀로〉와 국립오페라단의 오페라 공연이었다. 실험극단의 고 이해랑 추모공연과 차범석이 한국 정통극으로 번안한 국립무용단의 춤극이 1990년대를 대표하는 공연이라 하겠다. 〈오셀로〉의 중심인물은 물론 오셀로, 데스데모나, 그리로 이아고 세 사람일 것이다. 그러나 공연 성과 면에서 볼 때 흔히 오셀로와 데스데모나의 비극적 사랑의 묘사 외에도 이아고의 성격묘사를 어떻게 소화해내느냐가 공연의 성패를 좌우할 수 있다는 것은 익히 알려진 사실이다. 국내공연에서 이러한 이아고 역을 훌륭히 소화해 낸 배우라면 단연 이해랑을 꼽아야 될 것 같다. 이해랑이야말로 연출가이면서 음흉한 이아고 역을 해내어 그의 뛰어난 연기력을 과시했다. 지금까지 이해랑과, 허장강, 오현경, 홍순기, 장용, 송영창 등의 역량 있는 배우들이 이아고역을 열연했다.

◉고독한 영웅의 살인

〈오셀로〉는 〈리어왕〉이나 〈앤토니와 클레오파트라〉와는 다르며, 〈햄릿〉이나 〈맥베스〉처럼 옥내극이며 과도한 것은 적으며, 장면을 재미있게 하는 전투나 의식도 없다. 또 마녀들이나 유령 등의 초자연작 힘의 존재를 느끼게 하는 것도 없고, 그 우주도, 그의 세계도 우리들의 마음을 환기시키지 않는다. 그의 무대는 우리들의 주변의 난로이며, 그의 주제는 인간의 혼이다. 그러나 그 주제에 관해서는 반드시 일치하지 않는다. 캠벨(L.B. Cambell)은 〈오셀로〉의 주제를 '질투'라 하고 윌슨 나이트(Wilson Knight)는 '정사의 이야기'라 하였으며 로젠버그(M. Rosenberg)는 '배신', 얀 코트(Jan Kott)는 '타락'이라고 했다. 서양의 〈오셀로〉 공연의 경우에서도 오셀로 역과 이아고 역에 초점이 맞추어 졌다. 그 중에서 19세기 영국의 명배우 에드먼드 킨(Edmond Keen)은 그의 천재성을 〈오셀로〉를 통해 유감없이 발휘했다.

국립극장 전속으로 있던 신협이 6·25 전쟁이 발발하자 피난지인 대구, 부산 등지에서 몇 작품을 무대에 올림으로써 연극운동의 맥을 이어나갔다. 1951년 9월과 10월에 한로단역, 이해랑 연출의 〈햄릿〉을 대구와 부산에서 공연하여 셰익스피어의 붐을 일으킨 신협은 1952년 3월 15일부터 유치진 연출로 〈오셀로〉를 부산극장에서 공연하여 성공을 거둔다. 당시 주요 배역을 살펴보면 오셀로에 김동원, 데스데모나에 최은희, 이아고에 이해랑이 열연했다.

실제로 이아고 역을 맡은 이해랑이 악인의 역을 얼마나 잘 소화해냈는지 한 어린아이가 공연 중에 너무도 음흉한 이아고의 연기에 화가 치밀어 새총으로 그의 얼굴에 돌을 맞힌 적이 있었다. 돌벼락을 맞은 이해랑은 어찌나 볼이 아픈지 대사가 나오지 않았지만 연극의 장인정신을 살려 끝까지 인내하여 이아고 역을 다했다고 한다. 콜리지(Coleridge)는 이아고를 "악마적 성격을 가진 동기 없는 악의를 가진 악당"이라고 하지 않았던가. 이는 너무도 유명한 말이 되었다. 반면에 로버트 스페이트(Robert Speaight)는 "이아고의 악은 콜리지가 상상한 것 같은 동기 없는 것이 아니라, 그의 동기는 눈에 보이지 않는 곳에 숨어있다. 극의 대부분에서 판단하여 그는 그 자신이 깨닫지 못하는 악마주의자다."라고 판단하여 이아고의 동기가 보이지 않는 곳에 숨어있다는 것이다.

서울이 수복된 후 피난을 떠났던 많은 사람들이 다시 서울로 돌아와 부산에서 공연되었던 〈오셀로〉를 1953년 11월28일부터 동양극장에서 재공연하였다.

부산대학교는 셰익스피어의 작품을 여러편 다뤘는데, 1958년 이해랑 연출로 〈오셀로〉를 무대에 올린 바 있다. 여인소극장이 초연한 아래로 사람들에게 친숙해져 있던 〈오셀로〉가 급기야 영화로 상영되기에 이른다. 오손 웰즈가 제작, 감독, 주연을 맡았던 영화 〈오셀로〉가 시네마 코리아에서 1959년 2월 13일부터 상영되었던 것이다. 그리고 그 다음 해인 1960년 12월 9일부터 15일까지 시공관에서 〈오셀로〉가 오페라로서는 처음으로 상연되었다. 한국오페라단이 주축이 되어서 오랫동안 일본에서 음악·오페라·무용 등을 연구하고 돌아온 박용구의 연출로 그 화려한 막을 올렸다. 베르디가 만년에 작곡했다는 오페라 〈오셀로〉에는 당시 인기 있던 성악가 이인범, 김자경, 황병덕 등이 출연했다.

1961년 〈오셀로〉는 한국외국어대학교에서도 공연되었다. 〈오셀로〉는 셰익스피어의 다른 작품들과 달리 직업 극단에서 먼저 공연된 후 대학생극으로 탄생하게 된 것이다.

1964년은 우리나라 셰익스피어 작품 공연사상 일대전환기가 되는데, 이는 이미 전술한 바대로 셰익스피어 탄생 400주년이 되는 해이기도 하여 이 시기는 전세계적으로도 그의 업적을 기리고, 작품들을 무대에 올리는 행사들이 기획되었다. 우리나라도 예외는 아니어서 '셱스피어 축전'이라는 제명으로 다채로운 행사들을 가졌는데, 국립극단, 신협, 민중, 실험, 동인, 산하 등 6개 극단들이 4월 22일부터 5월 23일까지 한달간 국립극장에서 셰익스피어의 작품을 공연하였다. 특히 극단 신협은 오화섭 역, 한로단 연출의 〈오셀로〉를 4월 28일부터 5월 3일까지 선보였는데, 11년전 시공간에서 공연되어 큰 인기를 끌었던 신협은 이번에는 김동원과 장민호가 오셀로를, 태현실과 오현주가 데스데모나를, 예전의 멋진 연기를 선보였던 이해랑이 이아고로 캐스팅되었다.

신극 60년제가 열렸던 1968년에 최은희가 단장으로 있는 배우극단이 〈오셀로〉를 공연하였다. 당시 유명배우로 구성된 배우극단의 창단공연으로 1월 1일부터 7일까지 국립극장에서 있었던 이 공연에서 한로단 번역으로 이해랑이 연출을 맡고 오셀로에는 박노식, 데스데모나에는 신협에서 여러 번 이 배역을 맡았던 최은희, 그리고 이아고는 허장강이 맡았다.

1970년대로 넘어와 1972년 3월 15일부터 21일까지 실험극장이 오화섭 번역의 〈오셀로〉를 국립극장에서 공연하였다. 이는 1971년에 공연된 〈햄릿〉에 이어 고전극의 한국적인 정착화를 위한 일련의 작업으로 주요 배역에는 오셀로 역에 이낙훈, 데스데모나 역에 김영희, 이아고 역에 오현경 등이 열연했다.

1974년 서울대학교에서 한태숙 연출로 원어극이 공연된 데 이어, 1975년에는 동국대학교 영어영문학과가 11월 29일, 30일 양일간 연극인회관에서 〈The Tragedy of Othello〉라는 제목으로 원어극을 공여한 바 있다.

중앙대학교 연극영화학과에서는 1978년 11월 4일, 5일 양일간 김재남 역, 강용태 연출로 중앙대학교 루이스홀에서 〈오셀로〉를 상연하였는데, 1970년대 전반에 걸쳐 대학극이 상당히 활성화된 듯한 인상을 준다. 1983년에는 광주에서 시립극단이 창단되면서 그 창단기념 공연으로 〈오셀로〉를 선정, 남도 예술문화회관에서 4월 21일부터 23일까지, 6월 10일부터 12일까지 두차례 공연하였다.

그리고 1960년 오페라 〈오셀로〉가 우리나라에 초연된 후 국립오페라단에 의해 1985년 국립극장 대극장(4.18~23)무대에 올려졌다. 주요 배역이 더블 캐스팅된 이 공연에서 오셀로 역에는 박성원과 정광이 맡고, 데스데모나 역에 이규도와 송광선, 이아고 역에 박수길과 김성길이 열창하였다. 연출을 했던 미국인 제임스 E. 루카스는 "오셀로의 자기 파멸에 이르는 과정을 통해 위대한 인간미를 구현시켜 보겠습니다."라는 연출의 변을 남겼다. 1985년에는 중앙일보사가 문화사업의 장으로 활용해 오던 호암아트홀에서 〈오셀로〉(신정옥 역, 박용기 연출)를 무대에 올렸다. 10월 16일부터 22일까지 있었던 이 공연은 김성원, 금보라, 장용 등 호화배역으로도 관심을 끌었다.

1985년 공연 이후 좀처럼 〈오셀로〉를 무대에서 접할 기회가 없다가 1991년 '연극영화의 해'에 가서야 실험극장이 오랜만에 〈오셀로〉를 이해랑 추모공연의 형태로 공연하게 되었다. 12월 12일부터 19일까지 문예회관 대극장에서 공연된 이 공연엔 실험극장의 첫 〈오셀로〉 공연때 연출을 맡았던 김동훈이 다시 연출을 맡아 원작에 충실한 정통 셰익스피어극을 선보이겠다는 의욕을 불태운 무대였고, 여기에는 데스데모나 역에 이휘향, 이아고 역에 송영창 등이 캐스팅 되었다.

1997년 5월 19일부터 9월 7일까지 단국대학교 연극영화학과는 현대화한 〈오셀로〉(이태주 역, 박준용 연출)로 젊은연극제와 세계대학축제에 참가했다.

2004year Othello

■ 극단 시온(번역 김미예, 연출 양흥렬) <오셀로>
　　2004.9.4.~9.12., 동덕여자대학교 예술센터 대극장

극단 '시온'은 셰익스피어 원작 <오셀로>를 보면서 듣는 연극으로 무대화하였다. 극단 '시온'의 <오셀로> 공연은 셰익스피어 언어의 중요성, 가족 개념의 깊은 파악, 그리고 오셀로와 그의 가정을 파괴하는 이아고의 천정적인 교활함이 극명하여 오셀로 못지않은 주연으로 부각되니 관객의 흥미를 돋울 수 있는 작품이다.

◆ OTR 공연포털 사이트 '[리뷰]오셀로'

셰익스피어의 4대 비극은 각각의 다른 소재와 다루는 방법의 차이가 크다고 생각할지 모르나 이들은 광범위하게 '가족'이라는 타이틀을 내재하고 있으며 결말로 오는 과정에서 진실을 그려내기까지 따르는 엄청난 희생과 인간의 비극적 세계를 죽음에 결부시켜 인간의 가치를 탐구하고 있는 비슷한 면을 가지고 있다. 이 중 <오셀로>라는 작품은 1604년 무렵의 작품으로 이탈리아 소설에서 취재하였으며 <베니스의 무어인 오셀로의 비극>이란 정식 제명을 가지고 있다. 가족이란 공동체에서 비롯된 이해, 갈등구조와 한 남자의 지독한 사랑에서 가져온 질투란 악마로부터 시작된 외적·내적인 심리상태를 잘 표현한 작품이다. <오셀로>는 전쟁터에서 잔뼈가 굵은 용맹스럽고 사나이다운 기백을 지녔지만 질투란 악마에 휩싸여 사리분별의 능력을 상실한 채 의처증과 허망한 상상으로 무너져가는 오셀로(전진기분), 너무나 매력적인 자태를 가졌으며 한 사람만 바라보고 숭고한 사랑과 정조를 생명으로 여기는 여인이지만 사랑하는 사람으로부터 죽음을 맞는 불운의 여인 데스데모나(이정인분), 탐욕에 눈이 멀어 인간의 추악함의 결정체를 보여주며 오셀로에게 복수를 품는 과정에 있어 극의 전반적 흐름에 중추적인 역할을 하는 이아고(손종환분)와 그의 복수의 도구로 사용된 그의 처 이밀리어(김덕주분), 오셀로의 부관이었던 캐시오(채용병분), 데스데모나를 흠모하던 로더리고(서윤선분)가 극의 흐름에 주된 인물이라 할 수 있다. 중심 내용면에서 6명으로 압축됐다고는 하나 심리적 갈등의 괴리를 보여주는 인물과 이를 유발시키고 부추기는 인물 둘이서 전체적인 극의 흐름을 이끌어나가고 이것이 가장 핵심으로 보여주고자 하는 부분이기 때문에 더 크게 본다면 2명(오셀로, 이아고)으로 볼 수 있다.

■ 극단 가변(각색 조현아, 연출 송형종) <오셀로 니그레도>(Othello Nigredo)
　　2004.11.3.~12.12. 대학로 연극실험실 혜화동 1번지

<오셀로 니그레도>는 셰익스피어의 오셀로에서 따온 이름이고 이야기이나 해석

방법은 하나의 창작이라고 할 만큼 독창적이다. 이 작품은 2014년에도 공연되며 '2014년 셰익스피어 어워즈'에서 대상을 차지하게 된다.

유치진의 마의태자도 자명고도 셰익스피어 작품의 변형이라고 불렀는데, 원명을 그대로 쓰면 부속어가 달린 셰익스피어 작품이 되는 것이 허다하다. 그 중의 하나가 <오셀로 니그레도>이다. 극단 측의 해명으로는 이 극의 연출을 맡은 송형종 교수의 <오셀로 니그레도>는 "생각(허구)이 현실(실재)을 지배한다는 것과 의심으로부터 시작된 심리적인 고통은 강박적인 반복을 통해 영혼을 잠식하려는 두 가지 생각을 바탕으로 쓴 작품이다"라고 하였으며, 송 교수는 "다양한 시각으로 인간의 본성을 표현했다"고 하였다.

공연을 알리는 포스터도 무대장치도 유별나다. 포스터에는 검은 색 바탕의 한 남자를 끌어안고 있는 여자의 모습, 그러나 그 모습은 조각조각 깨져 있다. 이 이야기가 단순한 사랑이야기가 아니라 사랑과 갈등과 질투가 깨진 이야기여서 그런 포스터가 아닌가 싶다. 무대는 파격적이다. 단순한 평면성에서 탈피 'V'자 형태의 무대로 연출하여 상호대칭적인 모습을 보여준다. 무대 위에는 무대 중앙에 철창살들과 탁자 그리고 의자 몇 개가 전부다. 이 작품에는 2가지 세계가 공존하고 있다. 극중 현실과 '오셀로'가 만들어낸 상상의 세계, 2가지 무대가 필요했고 무대 공간에서의 연출 방식은 작품과 잘 맞아 떨어진다.

이 작품은 <오셀로>를 갈등과 질투에 맞춰 재해석했다. 순박한 아내와 모함꾼 부하 심지어 자신마저 파멸로 이끄는 오셀로의 격렬한 질투를 자신에 대한 절대적 신념에서 데스데모나와 모든 파국을 꾸민 장본인 이아고 역시 자신에 대한 절대적 믿음으로 행동하는 인물들로 묘사했다.

그래서 '니그레도(Nigfedo)'는 사람이나 공격성 등이 외부로 투사된 고통스럽고 혼란스런 심리상태를 일컫는다는 것이다.

연출가 송형종은 청주대학교 예술대학 연극영화과와 동 대학원을 졸업하고 동국대학교 연극학과 박사과정을 수료하였으며, 연극협회와 국제극예술협회 이사이며 셰익스피어학회 회원이다. 연극을 전공한 연극인이고, 연출가이며, 극단 가변의 대표이니 앞으로 그의 활약과 셰익스피어 수용에 도움이 되기를 기대한다.

작품의 내용은 2013년 편을 참조하기 바란다.

2005year Othello

■ **극단 그룹 動·시대(재창작 강은경·오유경, 연출 오유경) <오셀로, 오셀로>**
   2005.12.6.~12.11., 국립극장 별오름극장

작품 <오셀로, 오셀로>의 공연은 영어로 <Othello, that Night> 라고 하였다.
오유경은 현재 극단 그룹 動·시대의 상임연출가로 연구실험실 혜화동 1번지의 3기
동인이며 2004년 올해의 예술상 독립예술부문 우수상을 수상한 연극인이다.

[줄거리]

데스데모나와 에밀리아, 이들은 파국으로 치닫는 밤의 시작을 연다. 그리고 침실 밖의
오셀로는 아내의 부정에 괴로워하고, 이아고는 오셀로의 결심에 불을 붙인다.

시점은 과거로 돌아간다. 사이프러스에 도착. 폭풍으로 헤어진 데스데모나와 오셀로는 사
이프러스에서 기쁜 해후를 맞는다. 그러나 이아고는 자신의 아내인 에밀리아와 오셀로가
간통했다는 의심에 괴로워한다. 숨겨진 이아고의 흉계가 조심스럽게 고개를 들고, 이 행복
한 시간의 파국을 예고한다.

시점은 현재. 침실로 돌아온 오셀로는 데스데모나가 기도하는 동안 마음의 갈등을 겪는다.
과거와 현재, 계속 엇갈리는 진행 속에서 시점은 다시 과거로 돌아간다. 캐시오의 관직
박탈을 계기로 이아고는 데스데모나와 캐시오가 부정을 저질렀다는 거짓계략을 생각해낸
다. 이로써 이아고는 오셀로의 의심을 불러일으키고 이 계략에 넘어간 오셀로는 타오르는
질투와 의심으로 괴로워하며 캐시오가 데스데모나를 탐하는 환상까지 보게 된다. 그의
격렬한 고통은 마음 속 질투와 불꽃의 처절한 싸움을 벌이지만 그의 결심은 멈추지 않는다.
한편, 에밀리아는 이아고와의 사랑을 되찾기 위해 안타까운 노력을 한다. 하지만 이들의
사이는 이미 너무 멀리 와버렸다. 에밀리아의 사랑은 수포로 돌아가버린다. 이아고는 캐시
오의 시해를 강행하고, 이에 힘입은 오셀로는 데스데모나의 종말로 한발 크게 다가간다.
데스데모나를 무섭게 몰아붙이는 오셀로, 우연히 이아고의 흉계를 알게 되는 에밀리아는
허망한 의심에 일그러진 이아고의 모습을 가슴 아파한다. 그리고 이아고의 칼에 찔려 죽음
을 맞이한다. 데스데모나의 목을 조르는 오셀로는 문득 자신의 모습을 깨닫게 되고 조르던
손을 멈추며 의심과 질투로 범벅이 된 추악한 자신의 모습에 괴로워한다.

2006 year Othello

■ 동국대학극장(번역 김재남, 연출 서민희) <오셀로> 부제: '춤추는 운명의 사랑', '나비처럼 날아드는 질투의 미소'
2006.2.10.~2.15., 동국대학교 문화관 예술극장

◆ OTR 공연 포털사이트
본 공연에서는 작품에서 벌어지는 사건-인간의 사랑과 질투-에 대한 근원적인 출발점을 각 인간들의 성격적 결함에 두고 인간들 간의 관계를 중심으로 분명하고 시적인 이미지들을 장면화하여 작품을 선보일 예정이다. 따라서 본 공연에서는 작품 속 등장인물들의 성격적 결함을 명확하고 재빠르게 찾아내어 그것을 악용하기까지 하는 이아고란 인물을 중심으로 인간들의 갈등을 극대화하여 시공간을 뛰어넘는 시적인 이미지를 무대화하는데 초점을 두었다.
〈오셀로〉는 셰익스피어 4대 비극 중 두 번째 작품으로 1604년경의 작품이다. 이 작품은 이탈리아의 소설에서 취재한 것으로, 정식 제목은 〈베니스의 무어인 오셀로의 비극〉이다. 〈오셀로〉는 〈햄릿〉, 〈리어왕〉, 〈맥베스〉와 더불어 4대 비극의 하나이나, 다른 비극에 비하여 사실적이며 왕권을 다룬 것이 아닌 가정비극이다. 또한 인간의 사랑과 질투를 선명하고 강렬하게 묘사하고 있으며, 콜리지가 '무동기(無動機)의 악'이라고 부르는 이아고의 악의 추구는 무시무시하다.

■ '2006 셰익스피어 난장' 초청작품, 독일 만하임 국립극단(연출 옌츠 다니엘 헤르초크) <오셀로, 베니스의 무어인> 2006.5.24.~5.26., 국립극장 달오름극장
'셰익스피어 난상'은 2004년 시작된 셰익스피어 페스티벌이며, 3년째가 되는 2006년에는 다수의 우수한 극단이 참가하였다. '세계인의 언어, 셰익스피어'라는 주제로 열린 이 행사에 국내작 4편과 해외초청작 1편 등 5편이 선보였다. 국내 초청작품은 목화레퍼토리 컴퍼니의 <로미오와 줄리엣>(오태석 연출), 극단 앙상블의 <익스트림 로미오와 줄리엣>(김진만 연출), 극단 76단 <리어왕>(기국서 연출), 극단 드림플레이 <유령을 기다리며>(김재엽 연출)이다. 교수극단 셰익스피어의 아해들은 <한여름 밤의 꿈>을 공연하였다.
해외 초청작품은 독일 만하임극장의 <오셀로, 베니스의 무어인>(옌스 다니엘 헤르초크 연출)으로 이 작품은 비극 <오셀로>를 현대적으로 해석한 작품으로 다국적

회사인 베니스 오일정유공장에서 발생한 살인사건을 중심으로 시기와 질투, 관능의 인간상을 그렸다.

작품의 배경은 사이프러스에 위치한 베니스의 정유회사라는 다국적기업이다. 현대적인 감각으로 각색된 이 작품에는 베니스 정유회사의 간부인 흑인 오셀로와 그의 아름다운 아내이자 고위직 상원위원의 딸인 데스데모나 그리고 오셀로의 부하직원이지만 인정을 받지 못하자 간계를 꾸미는 이아고, 데스데모나와의 사이를 오셀로에게서 의심받는 캐시오 등이 등장한다. 한 흑인이 백인이 지배하는 사회에서 높은 지위에 올라가 출세를 한다. 그의 출세는 에로틱한 욕망과 성적인 질투심을 일깨운다. 그는 간계의 희생자가 되고, 능력과 성공에 따라 남과의 경쟁에서 이기느냐 지느냐가 관건인 경쟁사회에서 완벽하게 적응했던 대가를 치르게 된다. <오셀로, 베니스의 무어인)은 끝까지 동화하지 못하는 것에 대한 작품이다. 선입견으로부터 끝내 자유롭지 못하고 자기 함정에 빠져버리는 현대인들의 불행을 그려낸 연극이다.

◆ 라인팔츠(Die Rheinpfalz)
"옌츠 다니엘 헤르초크가 연출한 <오셀로>의 배경은 현대이다. 그래서 사건의 배경도 베니스의 거리가 아니라. '베니스 정유'라는 국제적인 기업이다. 셰익스피어의 작품 2막에서는 터키 군이 진격해오는 베니스가 배경이다. 그러나 이 공연의 배경은 과거 소비에트 연방 중의 하나였던 산유국으로 그 나라 사람들은 러시아어를 쓰고 보드카를 병째로 들고 마신다. 미하엘 바흐스만의 새로운 각색에서는 사건이 물 흐르듯이 매끈하게 진행되고 있다… 오셀로 역을 맡은 올리버 베슬러는 큰 체격과 어린이다운 감성을 가진 오셀로를 잘 보여줬다. 데스데모나 역을 맡은 한나 폰 파이빈스는 사랑하는 여인의 부드러운 모습을 끝까지 잃지 않고 있다.

■ LG 아트센터 제작(연출 한태숙) <이아고와 오셀로>
　　2006.9.12.~9.17., LG 아트센터
셰익스피어의 <오셀로>가 한태숙의 <이아고와 오셀로>가 되었다. 한태숙은 <레이디 맥베스>와 <꼽추, 리처드 3세>로 셰익스피어의 두 작품을 그녀다운 해석으로 독창적인 셰익스피어 희곡을 해석하는 무대를 선보인 바가 있다. 한태숙은 원작의 대사와 에피소드는 그대로 유지하나 초현실적인 등장인물을 설정하거나, 음악과 움직임. 오브제 등의 다양한 방식으로 고전을 새롭게 해석한다. 이번에 또 한 번 셰익스피어 작품 <오셀로>를 무너뜨렸다.

<오셀로>의 주인공은 극명대로 오셀로이다. 그러나 연극을 보고 있으면 오셀로가

주인공인지 이아고가 주인공인지 헷갈리게 마련이다. 한태숙은 <이아고와 오셀로>로 이 문제를 해결하였다.

김아라와 한태숙은 누구나 존경하고 아끼는 우리나라의 여성 연출가이다. 한태숙은 세 번째의 셰익스피어 작품공연 셰익스피어 수용사에도 기록되어야 할 인물이다.

이 공연을 연출한 한태숙의 말이다.

"전쟁 중, 임무를 수행하기 위해 도착한 한 섬에서 무슨 일이 있었나? 고결하고 낭만적인 군부의 수장 오셀로는 주변의 편견과 장애를 뛰어넘고 맞이한 아내 데스데모나를 자기 손으로 목 졸라 죽이고, 지혜롭고 의지가 강한 부인은 맥없이 불행에 휩쓸린다. 아주 특별하고 비밀스런 불안감이 깃든 싸이프러스 섬에서의 나흘, 모든 인간들 사이에 존재하는 세력들이 불균형하게 기울어지면서 극단의 사태로 치달은 살인 사건의 제주는 단연 이아고다. 연극을 보면서 그의 심리를 추적하는 재미가 만만치 않다. 그의 위협이 느껴진다. 이아고의 망령이 되살아날 것 같기 때문이다."

◆ 한국일보(2006.8.24.) 장병욱 기자
• **이아고, 그의 미친 뇌가 궁금하다**
한태숙은 "이아고의 뇌를 해부해 보고 싶다. 그의 미친 뇌가 궁금하다"고 했다. 무대는 바로 이아고의 미친 뇌 안이다. 현대적 이미지가 그 두뇌 속을 아로새긴다.
◆ 국민일보(2006.8.25.) 장지영 기자

- **"당찬 오셀로 아내 기대해 보세요"**

올가을 한태숙이 연출하는 연극 〈이아고와 오셀로〉에 김소희(36)가 데스데모나 역으로 출연한다고 했을 때 대학로에선 고개를 갸우뚱하는 사람이 많았다. 연기 잘하는 배우로 손꼽히지만 그는 연출가 이윤택의 페르소나로서 다른 연출가의 작품에 출연한 적이 없기 때문이다…

한태숙과 이윤택의 연극 스타일은 정반대라고 해도 좋을만큼 다르다. 둘다 뛰어난 극작 능력을 가졌지만 한태숙의 연출이 스타일리시하고 입체적인 반면 이윤택은 대중 지향적이면서 빠른 드라마 전개를 강조한다.

'결정적인 순간에 데스데모나가 맥없이 죽지는 않을 것'이라는 한태숙의 힌트는 새로운 데스데모나를 기대하게 만드는 동시에 왜 김소희를 캐스팅했는지 짐작케 한다. "그동안 셰익스피어의 여러 여주인공을 해봤지만 데스데모나는 처음이에요. 원작보다 훨씬 적극적이고 의지가 있는 인물로 그려질 것 같네요."

연세대 극회 출신으로 우리극연구소 1기인 그는 올해로 13년째 배우 생활을 하고 있다. 1998년 서울국제연극제 신인상을 받은 김소희는 8년의 세월을 건너 올해 다시 동아연극상 신인상을 받아 주변을 놀라게 했다.

■ **극단 통(通)(번안/구성 최재오·이강임·강철홍·이지수, 연출 최재오) 〈이아고〉 2006.9.12.~10.1., 대학로극장**

극단 통(通)은 관객과 통하는 연극을 만든다는 뜻입니다. '극단 통은 형식과 틀에 얽매이지 않는 자유로운 창작활동을 해나갈 것이며, 참된 자유로움이란 창작의 책임 의식을 동반해야함을 잊지 않겠습니다.' 라고 자기소개를 하였다. 극단 통은 창단공연으로 〈이아고〉를 대학로극장에서 2006년 9월 12일부터 10월 1일까지 공연하였다.

이아고는 셰익스피어 작 〈오셀로〉의 악역 이아고를 말하는 것이다. 이 작품은 셰익스피어 원작 〈오셀로〉를 최재오가 번안·연출하였으며, 극의 내용은 〈오셀로〉의 이야기와 봉필의 이야기로 구성된 번안물이다.

번안·연출한 최재오는 현 호서대학교 예술학부 연극학과 교수이며, 피츠버그(Pittsburgh)대와 중앙대 강사를 역임한 바 있으며, 한미문화학술단체 이사 또는 회원으로 활약하며, 피츠버그 레퍼토리 극장의 연출도 3회나 하였다. 앞으로도 연극 발전에 크게 기여할 수 있는 학자이고 연극인이다.

[줄거리]
- **현대를 살아가는 이아고와 오셀로 !!!**

이 연극은 다음과 같은 두 개의 사건이 하나의 이야기로 교차 배열되어 전개된다.

1. 데스데모나는 오셀로에게 캐시오의 선처를 부탁한다. 하지만 이아고는 오셀로에게 캐시오와 데스데모나의 불륜관계를 잘 살피라고 충고한다. 질투심에 사로잡힌 오셀로는 괴로워하며 데스데모나를 힐책한다. 이아고는 캐시오를 이용하여 오셀로를 걷잡을 수 없는 불신의 늪에 빠트린다. 데스데모나에 대한 불신으로 분별력을 잃게 된 오셀로는 데스데모나를 목 졸라 죽인다.

2. 봉필은 연인인 현지에게 손수건을 선물한다. 그러던 어느 날 봉필은 현지의 손수건을 시우가 가지고 있는 것을 알게 된다. 시우는 봉필에게 현지와 자신이 오래된 연인관계였음을 밝힌다. 그들의 오래된 관계에 충격을 받은 봉필은 현지에게 의혹의 눈길을 보낸다. 봉필은 결국 현지에 대한 불신으로 괴로워한다. "오셀로"연습을 진행 하던 중 봉필은 동만과 싸움을 일으키고 깽판을 낸다. 봉필은 '현지'가 자신의 전부라고 울며 괴로워한다. 현지는 자신의 말을 전혀 믿어주지 못하는 봉필에게 자신은 절대 결백하다고 눈물로 호소한다.

2008year Othello

■ 극단 미학(역 신정옥, 연출 정일성) <오셀로>
2008.4.11.~4.20., 동덕여대예술센터 대극장

극단 미학의 창단공연이고 셰익스피어 4대 비극 시리즈 제1탄이 <햄릿>이었고, 제2탄이 <맥베스> 그리고 제3탄이 <오셀로>이며 이들은 모두 필자의 번역이었고 정일성이 연출하였다. 극단 미학의 대표인 정일성의 집념어린 연극인생 40년, 극단 미학을 이끌어온 10년의 결실이었다.

셰익스피어 작품이 변용·변형된 것은 허다하다. 근자에는 대부분의 셰익스피어극 공연이 그러하다. 이들도 셰익스피어극 공연의 발전이라고 할 수 있을 것이다. 그러나 아쉬운 것은 셰익스피어 작품이라고 하는 예술적 고전미가 돋보이는 원전에 충실한 공연이 6·25 당시 이해랑이 연출한 <햄릿>, <맥베스>를 이어가는 경우가 희소하다는 것이다. 이런 마당에 극단 미학의 셰익스피어 4대 비극 시리즈는 원전에 가장 충실하게 공연하고 있으니, 셰익스피어 수용사에 하나의 주류가 될 수 있을 것이다. 그 극단이 극단 미학이고 이들 공연의 연출가가 극단대표인 정일성이다.

<오셀로>공연에 필자는 번역자로서 "햄릿의 죽느냐, 사느냐, 그것이 문제로다"의

어구를 빌려 작품소개를 하였기에 전문을 게재한다.

- **데스데모나는 오셀로가 죽였는가, 이아고가 죽였는가?**

비극의 여주인공은 아름답다. 아름다워야 비극성이 고양되는 모양이다. 〈햄릿〉의 오필리아가 그렇고, 〈리어왕〉의 코델리아가 그렇고, 〈오셀로〉의 데스데모나가 그렇다. 데스데모나는 아버지가 반대하고 부녀지간의 인연도 끊어버리는 마당에 오직 사랑을 위해 검둥이인 무어인장군 오셀로의 처가 되었는데, 그 남편인 오셀로에게 살해되는 애절함과 비통함을 어찌 말로 다 표현할 수 있으랴? 과연 비극의 정점으로 이끌어가는 여주인공이다.

그런데 데스데모나의 죽음만이 오셀로의 비극성의 표징(表徵)인가? 여기에는 두 가지 요소와 합쳐질 때 하나의 위대한 비극으로서 만인의 심금을 울리게 하는 것이 있다. 그 하나는 살인자 오셀로도 불쌍하다는 것이다. 살인은 본디 극악한 짓이다. 더욱이나 자기를 사랑하는 아내를 죽인다는 것은 최고로 극악한 일이다. 그런데 오셀로는 아내를 끔찍이 사랑한다. 사랑의 도가 강할수록 믿음과 질투의 상극은 극열해진다. 오셀로는 우직한 장군이다. 그래서인가, 사랑과 불신의 융합은 결국 아내 데스데모나의 죽음으로 귀착된다. 그리고 자기가 아내를 살인한 것이 완전히 이아고의 모함 때문이라는 자기 혐오가 당당히 자기 살생으로 이 비극의 종언(終焉)을 고하게 된다. 존경의 대상인 오셀로가 아내 살인으로 가는 역정은 인간품성의 양면성을 한 인간이 연기하는 것인데 과연 오셀로역인 김명수가 얼마나 중후하게 표현할 수 있느냐, 이것이 문제로다.

비극 〈오셀로〉의 무대에서의 연출자는 이아고이다. 결국 오셀로나 데스데모나는 아아고의 연출에 놀아난 남녀주인공들이다. 이아고는 머리가 좋다. 두뇌의 회전도 치밀하고 민첩하다. 악인동료도 잘 이용한다. 그 성격의 악랄함은 가히 천하일품이다. 간사스럽고 악독함은 간접살인에서 직접살인으로 비약한다. 악함의 특징은 모두 갖추고 있으며 그 표현방식의 강도에 따라서 오셀로는 우직에서 불신과 질투로 그리고 아내살인으로 몰려가니, 이아고는 오셀로를 불쌍한 살인자로 만들고 만다. 이아고의 악의적 장난에 놀아난 오셀로는 이아고의 악의성과 본인의 우직한 사랑이 정비례하는 가련함의 비례치가 된다.

그런데 아아고는 한 가지 실수를 한다. 자기 아내를 잘못 판단한 것이다. 실상을 알게 된 아내 에밀리아는 사실을 폭로하는데 '아차'한 이아고는 칼을 쓰고, 아내는 오셀로에게 흉계를 고백하고 죽는다. 이아고의 실수라기보다는 에밀리아는 참다운 인간성의 보유자인 것이다. 무대에서의 극의 연출자 이아고의 연기는 극 전체의 다양성과 비극성의 면모를 보여야 한다. 이아고(강경덕분)의 연기는 과연 이해랑과 필적할 수 있는가, 이것이 문제로다.

이해랑은 유치진과 함께 6·25 사변 후 피난지 부산에서 김동원, 최은희 등과 같이 우리나라에서 처음으로 셰익스피어의 비극 〈햄릿〉, 〈맥베스〉, 〈오셀로〉 세 편을 공연한 셰익스피어 연극의 연기와 연출을 맡은, 셰익스피어 연극사의 빛나는 주인공이다. 내용을 많이 바꾸거나 줄이고 또 파괴적인 셰익스피어의 극공연이 대량생산되며, 록 음악으로까지 변질되는 현대의 무대에서 정통적인 수법으로 가장 셰익스피어 연극의 진상에 근접하는 정통 연기요 정통 연출가다.

오늘날 이해랑의 정통파를 이어가는 연출가는 필자의 판단에는 정일성이 거의 유일한 존재다. 그는 셰익스피어의 비극들, 그리고 많은 작품을 공연하여 왔다. 1998년 국립극장에서 공연한 〈햄릿〉에서 망령 역인 장민호의 연기는 그것이 연기자의 연기능력이든, 연출자의 솜씨거나, 필자에게 지금도 가슴 벅찬 감동을 안겨주고 있다.

셰익스피어 작품을 연구하고 그 수용사를 저술하고 있는 필자는 정일성의 셰익스피어 공연과 그 정통적 연출에 깊은 감사와 칭송을 드리고 싶다. 과연 오늘의 공연에서 그의 정통성은 얼마나 구현될 것인가—이것 역시 문제로다.

…〈오셀로〉는 비극 중에서도 유별나다. 개막을 하면 바로 망령이 나오고(Hamlet), 마녀군이 나오고(Macbeth), 악마 못지 않은 딸과 사위들이 나타난다(king Lear). 공포 분위기가 극의 비극화를 예고한다. 비극의 주제는 왕권이다. 나라 전체가 들먹거릴 수 있는 국가적 변사다. 그러나 오셀로는 이아고의 악마 같은 혀와 최악을 넘나드는 간지가 사랑과 질투·불신으로 몰고 가니 비극의 주체치고는 다른 비극과 유별나게 다르다. 따라서 〈오셀로〉의 비극은 이아고가 열쇠를 쥐고 있는 셈이다. 사랑하는 아내를 죽이게 되는 오셀로의 고민하는 모습이 이 비극의 진수라고 한다면 이아고는 그 진수의 면목을 창출하는 태반인 것이니 왕권과 사랑의 비극이 과연 비극성의 인식을 얼마나 다르게 관객에게 안겨줄 것인지, 이것이 역시 문제로다.

■ **극단 美(역 신정옥, 연출 고영기) 〈오셀로〉 2008.5.13.~5.18., 아트씨어터 문**

극단 美는 창단공연으로 〈오셀로〉를 택하였다. 극단 대표는 김경미였다. 김경미는 〈오셀로〉 공연에서 데스데모나 역을 맡았다.

원로배우 최은희씨는 '새로운 시작을 위한 오셀로'라는 제목으로 격려의 글을 보냈다. 6·25 피난시절, 대구와 부산 등에서 극단 신협의 공연에서 오셀로의 데스데모나 역을 한 최은희씨의 건강한 모습의 사진과 글월을 볼 때 필자뿐 아니라 많은 연극·영화의 동호인들이 감격하였을 것이다. 그녀의 글이다.

벌써 56년 전의 일이네요.

전쟁 후 어지러운 시기에 극단 신협의 이해랑씨의 제안으로 김동원씨와 함께 부산, 대구 등지에서 〈오셀로〉를 비롯한 셰익스피어의 비극들을 국내에서 초연을 했었죠.

연극은 인간을 이해하는 가장 위대한 철학이라는 이야기가 있고, 그런 의미에서 〈오셀로〉는 인간의 깊숙한 내면이 직접적이고도 심도 있게 표현되어져 있다고 할 수 있죠. 따라서 연극을 만들고 연기를 하는 사람들에게는 어려운 작품으로 느낄 수 있겠죠. 하지만 그만큼 인간을 이해하고 인간에 대해서 더 많은 것을 배울 수 있는 기회이기도 할 것입니다. 나 역시 〈오셀로〉를 통해서 인간에 대하여 새롭게 느끼고 배웠으며, 배우로서의 기반을 다질 수 있는 계기가 되었었죠. 이번에 창단하는 '극단 美'의 야심찬 고영기 감독에게도 〈오셀로〉라는 작품을 통해 인간을 좀 더 깊이 이해하며 자신의 위치에서 기반을 다질 수 있는 기회가 되길 바랍니다.

그동안 여러 셰익스피어 작품들이 국내에서 제작, 공연되었고, 수많은 관객들이 배우들을 보고 듣고 느꼈을 것입니다. 같은 작품이라 하더라도 각기 다른 연출법과 각기 다른 배우들이 모여 새로운 색깔과 형태로 해석되어 재창조 되는 것입니다.

고영기 감독이 〈오셀로〉를 통해서 그동안 연구해온 연기훈련 방법을 어떻게 적용하여 보여줄지 많은 기대를 해봅니다.

극단 美를 창단한 김경미, 〈오셀로〉의 리얼리티 연기의 새로운 접근을 하는 고영기, 필자는 극단 美의 〈오셀로〉 공연에 "새로운 시도(試圖)-〈오셀로〉의 비극"이라고 하며 격려의 글을 보냈다.

• 새로운 시도(試圖) – 〈오셀로〉의 비극

…이 비극의 주인공은 데스데모나다. 원로원 의원의 아름다운 딸이다. 아버지의 사랑을 물리치고 무어인 흑인장군 오셀로를 사랑하여 그의 아내가 된다. 오셀로는 이아고의 농간으로 부관 캐시오와 데스데모나 사이를 의심하고 있는데도, 그의 사랑을 믿으며 데스데모나는 캐시오의 복직을 조르고 있으니 그 순진무구한 그녀의 애절함은 관중의 마음도 애절하고 답답하고 처량한 심정이 생긴다. 오셀로는 데스데모나를 사랑한다. 야성적 장군의 성품은 사랑이냐, 죽음이냐의 단순하고 명쾌한 결론으로 간다. 이 극의 5막 2장에서 오셀로가 사랑하는 아내 데스데모나를 죽이려고 촛불을 들고 발소리를 죽여가며 그녀 가까이 간다. 얼마나 사랑하며 얼마나 질투하는가. 아내를 죽이려는 오셀로의 처참한 심정은 모든 비극의 요소를 다 합쳐 놓아도 모자랄만큼 인간이 당할 수 있는 최고의 고민과 고통의 표징이다. 이 연기는 바로 이 비극의 정점이다. 죽이고도 입을 맞춰야하는 오셀로는, 독을 마시고 자살한 로미오의 입술에서 그 독을 찾아 마시려는 줄리엣의 사랑의 심정과 대비할 만하다.

데스데모나와 오셀로를 죽음으로 몰고 가는 이아고의 천재적인 간지와 간계는 우리 관중도 그의 언사를 따라가보면 자신도 비극으로 몰려가는 주인공의 심리가 될 것이다. 비극은 슬프다. 이 비극을 산출한 태반은 이아고다. 전승장군 오셀로도 이아고의 솜씨에 놀아나서 사랑하는 아내—순진무구한 데스데모나를 죽이고 만다. 그러나 비극의 반사적 작용이 이아고에 돌아온다. 바로 그의 아내 에밀리아의 고백이다. 이아고는 아내를 믿었다. 아니 잘못 보았다. 결국 정의감에 불탄 에밀리아는 오셀로에게 이아고의 못된 장난의 내용을 밝히고 자기도 죽음을 맞이한다. 이들 네 명이 어떻게 연기를 하며 어떻게 조화되느냐에 따라서 <오셀로>란 비극은 아름답게 결정(結晶)되고 아니면 혐오하게 전락될 것이다.

■ 극단 후암(역 신정옥, 각색/연출 차현석) <오셀로>
2008.8.21.~8.23., 스타시티 3관

필자가 연극을 전공하면서 점찍은 인물 중의 하나가 대학로 스타시티 대표이자 극단 후암의 대표이며, 상임연출가인 차현석이다.

차현석은 2001년, 2003년에 이어 5년만인 2008년 <오셀로>를 무대에 올렸다. 원전에 충실한 공연이었다.

[연출의 글]
… <오셀로>는 유독 저희 후암이 집착하고 애착을 가지고 계속 공연하고 있는 작품입니다. 셰익스피어를 처음으로 접하게 해주었던 작품이기도 하지만 이 작품을 통해 연극에 제대로 입문했다는 생각이 이제는 우리 후암 식구 모두에게 각인되었습니다. 또 어려서부터 신정옥 교수님의 셰익스피어 번역집을 읽고 자란 제게 교수님과 인연을 맺어준 작품이라는 생각 역시 이 작품에 중요한 의미를 두는 이유이기도 합니다.

필자는 극단 후암의 <오셀로> 공연에 기쁜 마음으로 축하하였다.

… 이번 공연하게 될 <오셀로>는 차현석 연출이다. 대학로 학전그린 소극장에서 그의 작품을 처음 접한 후 지도해주고 때론 격려해주던 인연도 어느 새 8년이 되었다. 그의 작품을 보면 그가 아직 젊다는 것을 알 수 있다. 더 찾아내고 완성시켜 나가야 할 부분도 보이지만 기존에는 볼 수 없었던 과감하고 파격적인 장면을 무대 위에 선보이기 때문이다. 우리의 인생에서 삶을 완성시키는 것처럼 그 또한 무대 위에서 작품을 완성해나가려 한다. 하지만 분명한 것은 그도 극단 후암도 진정으로 연극을 사랑하고 아울러 셰익스피어의 작품을 좀 더 오늘날 한국관객들의 정서에 맞게 만들기 위해 현장에서 노력하는 연극학도들이다. 특히 상업 뮤지컬과 코미디 연극이 주류를 이루는 대학로에서 이번 극단 후암의 셰익스피어 <오셀로> 공연에 아낌없는 격려와 박수를 보내고 싶다.

■ '2008 서울국제공연예술제' 참가작, 뮌헨 캄마슈필레(The Münchner Kammerspiele)(연출 루크 퍼시발) <오셀로>
2008.10.10.~10.11., 예술의전당 토월극장

'2008년 서울국제공연예술제'의 이사장은 김정옥이고 예술감독은 김철리였다. '2008 서울국제공연예술제'에 참가한 독일의 뮌헨 캄마슈필레(The Munchner Kammerspiele)가 <오셀로>를 공연하였다.

벨기에 출신의 연출가 루크 퍼시발은 배우이자 연출가이다. 1998년 벨기에에 자신이 창단했던 'Het Toneelhuis'의 예술감독이었으며 베를린 사우뷔네 극단의 상주 연출가이기도 하였다. 2007년 <세일즈맨의 죽음>으로 서울국제공연예술제를 열광시켰던 루크 퍼시발은 파격적이고 독창적인 작품해석으로 현재 유럽에서 가장 뛰어난 연출가 중의 한 명으로 인정받고 있다.

독일판 루크 퍼시발이 연출한 <오셀로>를 공연한 뮌헨 캄마슈필레는 1911년 설립되었다. 이 극단은 현재 예술감독 프랑크 바움바우어의 지휘 하에, 동시대적으로 명망있는 연출가들인 요씨 빌러, 요한 시몬스, 토마스 오스터마이어, 루크 퍼시발의 노력으로 특유의 스타일을 만들어냈다.

연극평론가 이경미가 '2008 서울국제공연예술제' 합평회에 기고한 관람평이다.

…루크 퍼시발의 오셀로는 전혀 검지도, 최소한 검게 분장하지도 않았다. 그럼에도 공연내내 데스데모나는 그를 '초콜릿'이라 부르고, 오셀로 역시 자신이 흑인임을 스스로 밝히고 있다. 그렇다면 오셀로를 상징하는 흑색은 그의 피부를 떠나 어디로 갔는가. 재미있게도 오셀로의 흑색은 이아고를 비롯한 다른 인물들에게 상징적으로 전이된다. 결말 부분에서 아내 데스데모나에 대한 배반감이 턱까지 차오르기 직전까지 오셀로는 검정색 바지에 흰색 셔츠차림으로 등장한다. 그런 그와 흰색 원피스 차림의 데스데모나를 제외하면 이아고를 비롯한 공연의 나머지 인물들은 한결같이 검정색 의상을 입고 있다. 게다가 무대의 조명은 이들의 얼굴에 진한 그림자를 만들어 내내 어둡게 처리한다. 그 어둠의 중심에는 오셀로가 아니라 이아고가 있다.

루크 퍼시발은 이처럼 원작이 오셀로에게 부여한 흑색을 오셀로로부터 걷어내어 그의 주변 인물, 특히 이아고에게 배분하면서, 오셀로의 흑색이 야기한 배반과 질투심까지 그에게 넘겨 버린다. 오셀로를 향해 쏟아 붓는 이아고의 저주에는 '보잘것없는 흑인 놈' 때문에 자신이 부관으로 임명되지 못한 것에 대한 분노와 야심, 데스데모나를 향한 은밀한 연정을 넘어서서, 정숙하지 못한 자신의 아내 에밀리아에 대한 분노와 배반감이 더 크게 작동하고 있다. 곡선미가 드러나는 검정색 원피스에 높은 하이힐을 신은 에밀리아는 헐렁한 흰색 원피스 차림에 스니커즈를 신은 데스데모나와 시각적으로 대비되며, 그 자체로도 농염한 성적매력을 발산한다. 남자들 사이를 천천히 배회하다가 카시오와 함께 사라지는 에밀리아는 정작 남편 이아고 앞에서는 스스로 자신의 성적 매력을 잘라내버린다. 경멸하듯 데스데모나의 손수건을 발치에 던져주고 돌아서는 그녀는 원작의 그녀와 너무 다르다. 그리고 그런 그녀에게 성교를 요구하며 뒤쫓는 이아고에게서는 자신을 배반한 아내에 대한 참을 수 없는 분노와 굴욕감이 묻어난다. 오셀로와 데스데모나는 아내 에밀리아에 대한 질투로 이글거리는 이아고가 선택한 희생양이다. 오셀로를 향한 저주가 성교 또는 성기와 관련지어 입에도 담지 못할 칠갑이 되는 것도, 이아고가 에밀리아의 외도에 대한 분노를 풀어내는 방식이다.

하지만 에밀리아에 대한 분노로 이아고가 함부로 왜곡시킨 오셀로와 데스데모나의 사랑은 어린 아이들의 장난처럼 더없이 순수하고 아름답다. 이런 두 사람의 천진스러움은 이아고의 내면에 끓어오르는 분노와 굴욕을 더욱 부채질하고, 그럴수록 자신이 희생양으로 지목한 두 사람에 대한 질투와 분노 역시 덩달아 커진다. 그 과정에서 이아고가 새로 선택한 전략은 늙음과 젊음의 대비이다. 그는 오셀로에게 데스데모나의 젊음을 한 없이 부각시키면서, 오셀로의 늙음을 더욱 도드라지게 강조한다. 결국 오셀로가 걸려드는 것은 데스데모나의 부정에 대한 분노와 질투가 아니라, 싱그럽게 팔딱이는 데스데모나의 젊음 앞에서 더욱 사그라드는 자신의 늙음에 대한 절망이다.

2009year Othello

■ 극단 MJ 배우마을(각색/연출 성천모) <오셀로 콤플렉스 이아고>
　2009.2.5.~3.1., 대학로 성균소극장

MJ 배우마을은 MJ 컴퍼니 소속으로 2002년 사당동에 프로듀서 최무열을 중심으로 만들어진 M&J가 그 모체이다. 그 후, '마리아 마리아'의 제작사 조아뮤지컬 컴퍼니의 탄생으로 M&J의 활동이 없다가 2008년 최무열이 MJ컴퍼니를 설립하고 2009년 창단공연으로 <오셀로 콤플렉스 이아고>를 2월 5일부터 3월 1일까지 연출자 성천모가 2인극으로 새롭게 각색하여 대학로 성균소극장에서 공연하였다.

[줄거리]
베니스의 장군 오셀로는 엄청난 폭풍 덕에 싸이프러스 섬을 적의 공격에서 지켜내고 그 섬의 통치권을 얻어낸 후 사우나에서 그 동안의 피로를 푼다. 또한 이 전쟁은 그가 그토록 열망하던 데스데모나와의 관계가 완성되는 순간이기도 했다. 그는 데스데모나와 그녀의 아버지 몰래 결혼을 했는데 이제 비로소 공식적인 부부가 되었기 때문이었다. 그래서 그는 더할 수 없는 만족감과 행복감을 느끼고 있다.

장군 오셀로는 사우나를 즐겨 찾았는데 그 사우나에서 오셀로의 기수 이아고가 주로 오셀로의 시중을 들었다. 이아고는 얼마 전 부관 승진에서 캐시오에게 밀려 기수로 머물게 된 인물이다. 하지만 부관으로 승진한 캐시오는 어젯밤 술주정으로 소동을 일으켜 부관에서 파면되고 말았다.

이 날도 여느 날처럼 이아고가 오셀로의 시중을 들었고 오셀로는 더할 나위 없는 만족감에 가득차 있었다. 사우나를 마무리 하던 중 데스데모나로부터 한통의 전화가 걸려오고 데스데모나는 어제 파면된 캐시오의 복직을 간절하게 부탁한다. 오셀로가 데스데모나와 통화 중 캐시오의 이름을 거론하자 이아고는 깊은 한숨을 쉬고 오셀로는 그 한숨의 이유에 대히 집요하게 파고든다. 이아고는 오셀로의 집요한 질문에 데스데모나와 캐시오와 관계에 대해 의문을 제기하고 오셀로는 그토록 사랑하던 데스데모나가 자신 모르게 바람을 피웠다는 사실을 강하게 부정하면서도 상상과 의심이란 기차에 몸을 싣고 출발하게 된다.

■ 극단 표현과 상상(작 앤 마리 맥도널드, 연출 노승희)
　　<굿나잇 데스데모나 굿모닝 줄리엣> 2009.5.8.~5.30., 대학로극장

1997년 창단된 극단 표현과 상상은 제9회 정기공연으로 캐나다의 대표적인 여성 작가 앤 마리 맥도널드(Ann-Marie macdonald) 作 <굿나잇 데스데모나 굿모닝 줄리엣>을 극단의 대표인 노승희 연출로 2009년 5월 8일부터 30일까지 대학로극장에서 국내에서는 처음으로 공연하였다.

작가인 앤 마리 맥도널드는 캐나다 출신 극작가이자 소설가, 배우, 방송기자이다. 콜롬버스 극단에서 <십이야>의 마리아로, 캐나다 무대극단에서는 <뜻대로 하세요>의 로잘린드 역으로 인정을 받았으며, 영화에도 출연하였고, TV에서 프로그램의 사회를 맡기도 하였다. 1988년 그녀의 첫 번째 희곡이 <굿나잇 데스데모나(굿모닝 줄리엣) Goodnight Desdemona(Good Morning Juliet)>으로 이 연극은 '셰익스피어 비극에 대한 독창적인 여성주의적 패러디'라는 평가를 받고 있으며, 90년대 캐나다에서 여러 상을 받았으며, 미국과 캐나다에서 20년 가까이 50회가 넘게 공연되고 있다.

이 공연의 특이한 점은 남자 배우들이 여성의 역할을 한다. 새로운 여성 인물의 이미지를 창조해내기 위해서다. 관객들이 여성 인물들에 지니고 있는 고정관념을 깨고자 하는 시도이기도 하다.

[연출의 글]
데스데모나는 오셀로와 결혼하기 전에는 무척 용기 넘치는 여자였는데, 어째서 그토록 수동적인 희생양이 된 것일까? 10대의 발랄하고 생기 넘치는 줄리엣은 어째서 로미오와 사랑을 하면서 그토록 가녀린 소녀가 된 것일까? 이런 의문에 대해 이 작품은 용기 있고 당찬 데스데모나와 사랑의 표현에 스스럼없고 솔직한 줄리엣을 등장시킴으로써 고전 속의 고리타분한 인물이 아니라 오늘날의 살아있는 친숙한 인물로 거듭나도록 합니다.…
더 이상 여성은 수동적이고 희생적이기만 한 겁많고 용기없는 나약한 존재가 아니며, 자신의 감정을 숨기고 소리없이 삭히는 답답한 존재도 아닙니다. 이것을 데스데모나와 줄리엣을 통해서, 그리고 그 두 인물을 내면에 담고 있는 콘스탄스라는 인물을 통해서 드러내고 싶었습니다. 이를 위해 콘스탄스, 데스데모나와 줄리엣 세 여성 인물들을 남자배우를 통해서 형상화하기로 했습니다.

[줄거리]
퀸스대학 조교수인 콘스탄스는 셰익스피어가 비극을 쓸 때 도용했다고 알려진 작자미상의 두 희극의 원본으로 추정되는 필사본을 연구하고 있다. 이러한 연구는 학계에서 무시당하고 있지만 그녀의 학문적인 호기심은 열정적이다. 이를 이용하여 나이트 교수는 수년간 그녀에게 자신의 논문을 대필하게 시키고, 교수를 사랑하는 콘스탄스는 묵묵히 그 일을 해왔다. 그러나 나이트 교수는 종신교수가 되어 그녀의 도움을 빌지 않게 되자 젊은 여학생과 옥스퍼드로 떠나버린다. 콘스탄스는 충격 속에서도 〈오셀로〉와 〈로미오와 줄리엣〉에 광대가 등장했다면 이 작품들이 비극이 되지 않았을지 모른다는 추정을 하면서 자신이 연구하는 필사본의 작가가 바로 광대일 것이라고 생각한다.
그 순간 콘스탄스는 필사본에 적힌 글을 해독하면서 오셀로의 성으로 이동하게 된다. 필사본 속으로 들어가게 된 콘스탄스는 필사본 속 인물 오셀로, 데스데모나를 만나고 이어서 로미오와 줄리엣을 만나게 된다. 콘스탄스가 만난 데스데모나는 수동적인 여인으로 죽음을 맞이하게 되는 데스데모나가 아닌, 알고 보니 전쟁광으로 전쟁터에서 잘린 사람의 머리를 들고 다니며 기뻐하는 죽임을 즐기고 계속 죽이러 가자는 데스데모나이고, 지고지순한 사랑의 줄리엣이 아닌 끓는 십대의 열정을 주체하지 못해 다른 이를 먼저 유혹하는 과감한 여인으로, 영원한 사랑은 죽음밖에 없다고 생각하고 무조건 죽자고만 하는 줄리엣으로, 그래서 희극적인 여성들인데, 이들이 비극에 캐스팅되면서 본래의 성격과는 달리, 그것도 잘못된 정보들로 인해 희생될 현실을 맞이한 것이다.

콘스탄스는 현실과 과거 무대를 넘나들며 셰익스피어 작품 속 상황무대에 직접 들어가서 데스데모나를 죽이려는 오셀로에게 이아고의 나쁜 간계를 밝혀 오셀로의 오해를 막고 이아고를 혼내주고, 비극적 사랑의 주인공 로미오와 줄리엣의 죽음을 막아 둘을 결혼시킨다. 극의 마지막에 데스데모나와 줄리엣을 만나게 하고 다시 현실세계로 둘을 데리고 들어오면서 앞으로 살아가야 할 날들에 대해 축복의 인사를 건네는 것으로 연극은 마무리 된다. 굿나잇 데스데모나 굿모닝 줄리엣을 마지막 말로..

■ 고양문화재단·대전문화예술의전당 공동제작(역 신정옥, 연출 심재찬) <오셀로>
　　1. 2009.4.22.~4.26., 대전문화예술의전당 앙상블홀
　　2. 2009.5.16.~5.24., 고양아람누리 새라새극장

연출을 맡은 심재찬은 현재 대표적인 중견 연극연출가이며, 임영웅, 손진책. 이윤택, 오태석 등과 함께 우리나라 연극계를 이끄는 연출가이다. 1991년 극단 '전망'을 창단하여 자신만의 연출색을 드러내며 백상예술대상, 신인연출상 등 주요상을 수상하였으며, 이번 <오셀로> 연출로 셰익스피어 원전 연출의 진면목을 발휘하였다.

이 행사의 프로그램에 필자는 번역의 글을 게재하였는데, 작품의 내용과 해설이 포함되었기에 일부를 전재한다.

⊙ 저주의 손수건이 비극의 씨앗이다.
오셀로가 사랑하는 데스데모나에게 준 최초의 선물은 손수건이다. 그의 모친이 유증한 마법의 손수건이다. 데스데모나는 본의 아니게 떨어뜨렸다. 이 손수건은 마법사인 집시가 오셀로의 모친께 준 것이며 이것을 잘 간직하면 남편의 사랑을 받으나, 잃어버리거나 남에게 주면 남편의 증오를 받는다고 하는 마법에 엮어있다. 이 손수건을 잃어버리면 큰 화근을 자초한다고 데스데모나에게 타일렀다.

… 문제는 마법의 손수건이 이아고의 손에 들어간 것이다. 이아고는 만인에게 선인이다. 오셀로를 아껴주며, 캐시오 부관에게는 친근한 동료이며, 후덕한 인간성을 과신한다. 그러나 초막 모두에서 어수룩한 베니스의 신사이자 장사꾼인 로더리고와의 대화에서 "내가 무어를 받들고 있지만, 실은 나 자신을 위해서일세. 절대로 사랑과 의무를 다하기 위한 것이 아니거든… 내 속은 겉과 다르단 말씀이야." 라고 그에게만은 정체를 밝힌다…
꿈결의 이야기나 허황된 잠자리의 가설 등의 교묘한 요설로 오셀로의 의구심과 질투는

마음에 불기둥같이 타오른다. 그래서 마지막으로 증거를 요구하는데, 유일한 물적 증거가 이 마법의 손수건이 죽음을 부르는 저주의 손수건이 되고 만다. 데스데모나와 손수건에는 죄가 없다. 그러나 이아고의 각본과 연출로 손수건은 죽음의 사자가 되고 만다. 사랑하는 자에게 자기 사랑을 바치는 아름다운 죽음으로 승화하는 〈로미오와 줄리엣〉과 사랑과 질투로 죽이고 죽는 〈오셀로〉의 죽음은 유별나게 다른 점이 있다.

질투도 사랑에 의한 표징이다. 사랑의 뒷면이라고도 한다. 사랑은 아름다운 핑크색이나, 질투는 무서운 진홍이다. 성격상의 대결이 비극의 근본이 되는 〈오셀로〉는 성격의 비극이라고 한다. 그리고 친숙한 비극이라고 한다. 셰익스피어의 비극에서는 많은 죽음이 있다. 그것도 왕권을 다투는 것이 원인이다. 그러나 〈오셀로〉에서는 왕이나 궁전은 그림자도 없다. 한 가정의 사랑과 질투가 죽음을 부르는 비극이다. 우리도 느끼는 감정이다. 대사도 솔직 간명하다. 그래서 〈오셀로〉를 친근한 비극이요, 친근한 작품이라고 한다. 권력에 대한 혐오증이 생길만한 때는 더욱이나 관중의 호감을 받을만하다..

■ 2009 '제3회 세계국립극장 페스티벌'- 셰익스피어 원어연극제 참가작,
교수극단 셰익스피어의 아해들(연출 박정근) 〈오셀로〉
2009.9.5.~9.6., 국립극장 하늘극장

2009 '제3회 세계국립극장 페스티벌'에는 10개국 26개 작품이 공연되었다. 이 중에서 셰익스피어 작품은 해외초청작품으로 대만 당대전기극장의 〈태풍〉과 국내 초청작품으로 극단 죽죽의 〈맥베스〉가 있었으며, 특별행사인 국립극장과 한국셰익스피어학회가 공동주최하는 '셰익스피어 원어연극제'에서 2009 교수극단 셰익스피어의 아해들이 〈오셀로〉(연출 대진대학교 교수 박정근)를 9월 5일과 6일 국립극장 하늘극장에서 공연하였다.

교수극단을 '셰익스피어 아해들(Korea Shakespeare Kids)'이라고 하며 대표는 이혜경 강릉 원주대학교 교수이다. '셰익스피어의 아해들'은 2003년에 창단되어 〈햄릿〉을 공연하였고, 그 후 해마다 열리는 셰익스피어 페스티벌에서 <King Lear>, <Tempest>, <A Midsummer Night's Dream>, <Macbeth>를 공연하였으며 2009년에는 <Othello>를 공연하기로 하였다. 다행한 일은 '셰익스피어 아해들' 대표인 이혜경 교수나 연출을 맡은 박정근 교수는 셰익스피어 학자로서 동 학회 회장을 역임하였고, 셰익스피어 작품인 희곡과 그리고 그 연극에 관하여 깊은 조예와 경험을 가지고 있다는 것이다.

셰익스피어의 원어공연은 영미인에게는 맞을지언정, 한문과 한자로 자란 동양인, 우리들에게는 쉬운 과제가 아니다. 그래서 셰익스피어를 강의하는 대학교수들의 원

어 공연은 크게 환영받아야 할 것이다. 특히 '셰익스피어 원어연극제'에서는 대학생을 상대로 셰익스피어 원어연극 경연대회도 운영하고 있으니 교수들의 원어극 공연은 좋은 시범이 될 수 있을 것이다. 이들이 연구와 학업에 바쁘면서도 수개월간이나 시간이 나는 대로 원어공연을 준비하느라고 열중하는 자세도 배울만한 일이고, 그 성과는 셰익스피어 작품의 보급에 힘이 될 것이다.

<오셀로> 공연의 배역진은 각 대학의 영문학, 셰익스피어 과목을 담당한 교수들로서, 이 중에서도 이아고를 맡은 김미예 동덕여자대학교 교수는 연기, 연출, 드라마트루기, 번역, 그리고 <햄릿Q1>을 제작까지 한, 셰익스피어 연구와 공연에서 다방면으로 공헌한 학자이다.

2010year Othello

■ 극단 후암(번역 신정옥, 연출 차현석) <오셀로>
2010.7.9.~7.11., 국립극장 달오름극장

극단 후암은 새로운 경지(境地)를 개척하고자 연구하고 연구하는 연극인들의 모임이다. 후암은 2010년 7월 9일부터 11일까지 국립극장 달오름극장에서 <오셀로(Othello)> (번역 신정옥, 각색/연출 차현석)를 공연하였다. 부제는 '오케스트라와 함께하는 감동의 무대'라고 하였다. 후암은 이 작품을 2001년, 2003년, 2008년 무대에 올린 적이 있다.

인생과 연극에 대한 차현석 연출가의 의지가 돋보인다. 그는 대학교수이며 연구하고 가르치고 연극을 기획, 제작, 각색, 연출하고 있다. 셰익스피어의 희곡을 공연하는 무대에 오케스트라까지 함께 하는 것도 그가 제작·연출하는 방식이리라.

2011year Othello

■ **포항시립극단(번역 신정옥, 연출 김삼일) <오셀로>**
   2011.3.3.~3.19., 포항시립중앙아트홀

　포항시립연극단과 김삼일 연출가는 제144회 정기공연을 맞이한 가장 오랫동안 가장 많은 명작공연을 해온 극단이고 연출가이다. 포항시립연극단은 셰익스피어 4대 비극 전 작품 공연에 나섰다. 4대 비극 전부를 공연한 극단으로는 극단 미학이 있고 연출가는 정일성이다. 인천시립극단은 2013년에 가서야 <리어왕>을 공연함으로서 4대 비극 전 작품 공연을 마감하게 된다. 말하기는 쉽다. 셰익스피어의 4대 비극을 책으로 보는 것은 어려운 일이 아니다. 그러나 공연의 경우는 전혀 다르다. 우리나라 최고의 극단 신협마저도 6·25 사변 후 피난지에서 셰익스피어의 비극 <햄릿>, <맥베스> 그리고 <오셀로>를 공연하여 문화의 꽃밭을 자랑스럽게 키웠지만 <리어왕>은 빠졌다.

　포항시립극단은 2010년 11월에 <햄릿>을 공연하였고, 2011년 4대 비극 전 작품 공연을 목표로 삼고, 2011년 3월 3일부터 19일까지 포항시민중앙아트홀에서 <오셀로>를 공연하였고 신정옥 번역, 김삼일 연출이었다.

　포항시립연극단의 <오셀로>는 '시기'와 '질투'에 초점을 맞춘 전통적인 시각에서 작품을 풀어나갔다. 장소와 변화를 표현한 베니스의 건물이나 하늘을 그린 배경을 바탕으로 경사진 무대에서 격정을 보여준 이 작품을 통해 관객들은 '시기'와 '질투'로 인한 셰익스피어의 비극성을 감상하였다. <햄릿> 공연 때와 마찬가지로 작품은 빠르게 전개되었고 배우들은 열정적으로 연기에 몰입하여 관객들의 좋은 반응을 이끌어내었다. 오셀로의 심리와 이아고의 간계, 데스데모나의 고귀함과 순수함을 표현하는데 사용된 부분조명은 극의 집중도를 높이는데 효과적이었다. 일부 대사와 장면을 삭제하거나 바꾸기도 한다. 그래도 원전의 내용을 그대로 따른다. 공연을 빠르게 진행함으로서 지루한 면을 덜어 주는 효과가 있다. 셰익스피어의 비극을 빠르고 흥미롭게 전개하면서 관객의 호응을 받는 것이 김삼일의 연출이다.

■ **MJ 컴퍼니(연출 성천모) <오셀로와 이아고>**
   2011.3.8.~3.12., 예술의전당 자유소극장

MJ 컴퍼니는 2008년에 창단되어, 2009년 <오셀로 콤플렉스 이아고>, 2010년 <오셀로와 이아고>를 공연한데 이어 2011년 3월 8일부터 12일까지 예술의전당 자유소극장에서 <오셀로와 이아고>를 공연하였다. 세 작품 모두 2인극으로 극단 대표인 최무열 프로듀서, 성천모 연출로 출연배우는 김성겸과 김형균이었다.

공연은 무대 중앙에 자리잡은 사우나 탕속에 장군 오셀로가 이아고의 시중을 받으며 목욕하는 장면으로부터 시작된다. 극은 속이는 자 이아고와 알려고 하는 자 오셀로만을 등장시켜 거짓에 파멸해가는 인간을 단순하게 표현하였다. 극중극 형식이 자주 사용되는데 두 인물은 시간과 공간을 뛰어 넘어 주변 인물들을 연기하게 되는데 특히 이아고는 데스데모나를 연기함으로써 오셀로의 의심에 확신을 부여하게 되고, 이 점은 마지막 장면에서 오셀로가 데스데모나와 이아고를 동일시하여 이아고를 죽이는 장면의 동기가 되기도 한다. 이 방식은 이아고의 치밀한 계략과 관계없이 스스로 무너져가는 오셀로의 비극성을 잘 보여주고 있다. 이아고의 거짓에 속아 자신의 목숨보다 더 사랑하던 데스데모나를 살해한 오셀로가 스스로 목숨을 끊기 전 다음과 같은 대사를 외친다.

"우직스럽기는 했지만 아내를 너무도 깊이 사랑한 사나이였고, 쉽사리 질투심에 눈이 머는 사람은 아니지만 속임수에 휘말려들면 한 치 앞을 내다볼 줄 모르는 사람이요… 눈물 한 방울 흘려보지 못한 사람이 이번만은 슬픔에 못이겨 아라비아의 고목나무가 수액을 흘리듯이 눈물을 한없이 흘렸다고 말씀해주십시오."

■ 극단 후암(번역 신정옥, 각색/연출 차현석) <오셀로>
2011.6.8.~6.19., 국립극장 달오름극장

젊은 극단 후암도 어느 덧 창단 10주년을 맞이하였다. 창단 10주년 기념 앵콜공연으로 셰익스피어 작 <오셀로>(Othello)를 준비하였다. 오케스트라와 함께하는 감동의 무대라고 하였다. 작품에 대한 설명은 2001년, 2003년, 2008년, 2010년편을 참조하기 바란다.

예술감독 임경식은 연출가이고, 극단 金의 예술감독이기도 하고 서경대학교 예술대학장이다. 그는 예술감독의 글에서 <오셀로>의 연출자 차현석에 대해서 그의 특이성을 강조하였다.

차현석 연출의 <오셀로> 공연은 첫 무대가 아니다. 이미 10년 전에 대학로 학전 그린극장에서 초연을 했고, 이후로도 대학로 스타시티 공연을 비롯하여 국립극장에서 다시 무대에 올린 적이 있다. 차현석 연출이 〈오셀로〉에 집착(?)하는 이유는 〈오셀로〉라는 작품이 지닌 매력 때문이기도 하지만 그의 셰익스피어에 대한 사랑 때문이다.

극작을 공부한 적이 있고 극작으로 상을 받은 적도 있으며 연기전공으로 대학을 다닌 적도 있는 그는 극단 후암을 창단했고 그의 작은 소망이던 소극장도 만들어 창작활동에 매진하고 있다. 다른 사람들 같으면 극작을 전공했으니까 자기가 쓴 희곡을 무대에 올리는 것이 통상적이라고 하겠으나 그는 자기가 쓴 것 외에도 외국의 훌륭한 극작가들의 작품을 연출하는데 노력을 다하고 있다.

이는 자신의 극작 능력의 부재라기보다는 뛰어난 선배 극작가들에 대한 존경과 겸허함에서 비롯된 것으로 이 점이 차현석이라는 극단 대표이자 연출가의 장점이라고 하겠다. 그는 특히 셰익스피어에 대한 애정이 남다르다. 그래서 우리나라 셰익스피어 문학의 대가이신 신정옥 선생님과의 관계도 특별나다. 그의 꿈은 훌륭한 셰익스피어 페스티벌을 만드는 것이다. 하긴 세계 어디를 가도 항시 공연되고 있는 작가가 셰익스피어다. 그만큼 셰익스피어 희곡문화의 우수성은 연극에서는 필연의 관계다.

그의 셰익스피어 페스티벌이 하루 빨리 가시화되기를 기원하며 이번 오케스트라와 함께하는 연극 〈오셀로〉 공연이 그의 꿈을 이루는 초석이 되기를 기원하는 바이며 극단 후암의 창단 10주년을 다시 한 번 축하하며 앞으로 건승하기를 바란다.

■ Festival '셰익스피어와 광대들', 대학로 우석레퍼토리 극장

Festival '셰익스피어와 광대들' 행사에서 세 가지 셰익스피어 작품들이 대학로 우석레퍼토리 극장에서 공연되었다.

   1. 7월 12~17일, 예술집단 페테 〈어폰 오셀로〉

   2. 7월 19~ 4일, 창작공동체 아르케 〈햄릿 스캔들〉

   3. 7월 26~31일, 극단 아츠플레이 본(本) 〈맥베스, 1시간 27분〉

▣ 예술집단 Fete(각색/연출 백훈기) 〈어폰 오셀로〉
   2011.7.12.~7.17. 우석레퍼토리극장

[연출의 글]

… 〈어폰 오셀로〉는 셰익스피어의 원작이 지닌 힘을 최대한 살리는 동시에 브리콜라주(bricolage) 발상을 활용하여 '거친 연극'으로 형상화하고자 했다. 다른 지역 출신이며 다른 피부색을 지닌 오셀로 장군에 대한 사람들의 질시와 오셀로의 콤플렉스, 그리고 천재

적 악행의 실천자 이아고의 계략이 아우러지는 과정을 자유로운 발상의 표현 등을 이용하여 형상화하고자 했다.

낭만적 세계의 영웅인 오셀로가 현실 세계의 힘 앞에 점차 무력화되는 과정이 서서히 심해지는 누수(漏水)처럼 형상화되면서 사랑과 질투, 배신감, 콤플렉스의 잠식, 그리고 악의 침투력 등의 진폭을 드러내기도 하였다. 원작 오셀로에서 이아고가 잡혀가고 오셀로가 자결하는 것과 달리 〈어폰 오셀로〉에서 이아고는 잡히지 않고, 오셀로의 자결은 성공하지 못한다. 그는 커다란 고무 대야에 갇힌다.

⊙ 브리콜라주 bricolage : 프랑스의 인류학자 레비-스트로스가 언급한 후 학술적으로 관심을 끌게 된 개념이다. 이는 구성이 잡다하며 광범위하고, 그러면서도 한정된 재료로 스스로를 표현한다는 특징을 지닌다.

[줄거리]

원로원 의원의 외동딸 데스데모나는 주변의 갖은 악의적인 시선에도 불구하고 다른 인종 피부색을 지닌 무어인 오셀로와 결혼한다. 베니스의 원로원은 식민지인 키프러스섬에 터키인들이 침략하려 하자 오셀로 장군을 긴급하게 필요로 하게 되고, 그의 결혼을 공식 인정한다. 무어인 오셀로에 깊은 증오심을 가지고 있는 기수 이아고는 자신이 아닌 캐시오가 부관에 임명된 것에 다시 한 번 불만을 품고 오셀로와 캐시오에 대한 앙심을 복수심으로 키워간다. 오셀로 일행은 전투를 위해 키프러스로 향하나 터키인은 심한 폭풍우에 모두 물러가고 오셀로는 섬에서 데스데모나와 환희의 재회를 한다.

한편 오셀로의 신임을 받고 있는 이아고는 교묘한 방법으로 데스데모나가 캐시오와 불륜을 저질렀다는 믿음을 그에게 심어가기 시작한다. 다른 인종이라는 오셀로의 콤플렉스와 그의 질투심을 교묘하게 이용하는 이아고의 계략에 의해 오셀로는 점차 광기에 빠져간다. 오셀로가 아내에 대한 의심과 배신감에 점차 빠져가는 동안 베니스에서는 오셀로를 다른 지역으로 보내고 캐시오를 키프러스의 지휘관으로 임명하는 통지를 한다. 이아고는 로더리고를 이용하여 캐시오를 암살하는 계획을 진행하면서 오셀로로 하여금 데스데모나를 죽이도록 충동한다. 캐시오를 죽이려는 계획은 실패하지만 오셀로는 아내 데스데모나를 그들이 첫날을 보낸 침실에서 압사시킨다. 이 후 자신이 음모에 의해 무고한 아내를 죽인 것을 알게 된 오셀로는 스스로 목숨을 끊으려 하나 이루지 못하고, 갇힌 신세가 된다.

2012 year Othello

■ 인천시립극단(역 신정옥, 각색 국민성, 연출 이종훈) <오셀로>
　　2012.11.23.~12.2., 인천종합문화예술회관 소공연장
　오셀로가 영화감독이 되었고, 데스데모나는 영화배우가 되었다. 인천시립극단이
공연한 사랑의 교향곡 <오셀로>의 이야기다.

[각색된 줄거리]

⊙ 프롤로그 : 한적한 식당 안, 천재성을 인정받는 오십대 중반의 영화감독 오셀로와 무비
　퀸이라 불리는 미모의 젊은 영화배우 데스데모나의 비밀결혼식이 진행된다. 한편 드림
　폭스 영화사에서는 칸 영화제와 관련된 긴급회의가 열린다.

⊙ 제1막 1장 : 영화 촬영이 끝난 오셀로는 데스데모나와 함께 급히 사라진다. 데스데모나
　를 짝사랑하는 로더리고는 이를 보고 분노하는데 이아고는 그를 이용하여 자신을 세컨
　드 조감독에 임명한 오셀로에게 복수할 것을 다짐한다. 두 사람은 데스데모나의 아버지
　인 브러벤쇼에게 딸이 오셀로와 몰래 결혼한 사실을 알린다. 격분한 브러벤쇼는 오셀로
　를 처단하기 위해 나선다.

⊙ 제1막 2장 : 드림폭스 영화사 회의실에서는 오셀로에게 칸영화제 출품작을 의뢰하지만
　브러벤쇼는 강력하게 반발하며 자신의 딸을 훔쳐간 오셀로를 궁지에 몰아넣는다. 이때
　데스데모나가 나타나 오셀로와의 진실된 사랑을 말하며 위기를 모면한다. 오셀로는
　칸 영화제 감독에 임명되고 데스데모나는 은퇴를 전격 발표한다. 격분한 브러벤쇼가
　퇴장하고, 이아고 역시 자신의 작품을 칸에서 제외시킨 오셀로에게 앙심을 품게 된다.

⊙ 제2막 1장 : <백설공주를 사랑한 난장이> 영화가 촬영되는 현장, 오셀로와 데스데모나
　는 신혼의 기쁨을 만끽하며 즐거운 시간을 보낸다. 변장을 하고 나타난 로더리고는
　이아고화 함께 새로운 음모를 모의한다.

⊙ 제2막 2장 : 결혼 축하연이 펼쳐지고 분위기가 고조되자 오셀로는 데스데모나와 함께
　신혼의 기쁨을 누리려 일찍 퇴장한다. 캐시오가 술에 약하다는 것을 아는 이아고는
　이미 주량만큼 마신 캐시오에게 술을 더 먹임으로서 그를 만취하게 한다. 술에 취한
　캐시오는 이아고의 꼬임에 넘어가 큰 실수를 하게 되고 이에 화가 난 오셀로는 그의
　조감독 자리를 박탈시킨다. 명예를 잃은 자괴감에 빠진 캐시오에게 이아고는 데스데모
　나에게 간청하는 것만이 유일한 방법이라 말한다.

⊙ 제3막 1장 : 캐시오는 데스데모나와 에밀리어를 만나 복직을 부탁한다. 그러던 중 오셀
　로와 이아고가 도착하고 캐시오는 사라진다. 이를 본 이아고는 오셀로에게 매우 조심스

럽게 다가가 캐시오와 데스데모나 사이를 의심하라 이른다. 한편 이아고의 아내 에밀리어는 데스데모나의 결혼반지를 훔쳐 이아고에게 건넨다. 오셀로는 이아고의 성실함과 성품을 믿으며 데스데모나를 서서히 의심하기 시작한다. 오셀로는 데스데모나의 정절을 믿으려 하지만 자꾸 의심하게 되고 간통에 대한 확실한 물증을 잡으려 한다. 그때 이아고는 반지에 대해 거짓을 고함으로 오셀로는 부인의 간통을 사실로 믿게 된다.

◉ 제3막 2장 : 잃어버린 반지를 찾는 데스데모나에게 오셀로가 들어와 반지가 어디 있는지 묻는다. 데스데모나는 그것을 잠시 잃어버렸다고 말하지만 오셀로는 자신에게 거짓말을 한다고 생각한다. 한편 평소 캐시오를 사랑하던 조역배우 비앙커가 등장해서 자신을 만나주지 않는다고 투정부린다. 캐시오는 방에서 주운 데스데모나의 반지를 비앙커에게 준다.

◉ 제4막 1장 : 이아고는 오셀로에게 캐시오가 데스데모나와 잤다고 자백을 했다고 거짓말을 한다. 분노가 폭발한 오셀로가 몰래 들을 수 있는 곳에서 이아고는 캐시오와 비앙커에 대한 이야기를 한다. 그러나 오셀로는 그것이 비앙커가 아닌 데스데모나에 관한 이야기로 오해를 하고 더욱 격분한다. 그리고 그 둘을 죽일 것을 다짐한다.

◉ 제4막 2장 : 영화홍보 차 베니스에 잠시 갔다 올 수 있다는 소식을 듣고 기뻐하는 데스데모나에게 오셀로는 참지 못하고 그녀를 때리며 욕을 퍼붓는다. 놀란 에밀리어에게 오셀로는 데스데모나의 간통에 관해 묻는다. 에밀리어는 데스데모나가 정숙한 여인이라고 말하지만 오셀로는 믿지 않고 오히려 창녀 취급한다. 이아고는 비통에 잠긴 데스데모나를 위로한다.

◉ 제4막 3장 : 로더리고는 이아고에게 그동안 데스데모나를 위해서 쓴 돈과 보석을 돌려줄 것을 부탁하지만 이아고는 이제 곧 기회가 올 것이라며 캐시오를 죽이라고 유혹한다. 멍청한 로더리고는 이아고에게 또 속는다.

◉ 제4막 4장 : 태풍으로 인해 영화사 사람들의 도착이 늦어지고 오셀로 역시 귀가가 늦어질 것이라고 전화가 온다. 데스데모나는 에밀리어에게 자신에게 폭력을 휘두른 오셀로를 사랑한다 말한다. 그러나 데스데모나는 자신의 불행한 운명을 예감한 듯 애절한 노래를 부른다.

◉ 제5막 1장 : 로더리고는 캐시오를 죽이기 위해 기다리지만 그것은 실패로 돌아간다. 로더리고는 캐시오의 다리를 찌르지만, 오히려 캐시오가 칼을 뽑아 로더리고의 가슴을 찌른다. 비앙커가 달려 나와 사람들에게 구원을 청하자 그레이쉬아노와 로더비코가 들어와 이 광경을 목격한다.

◉ 제5막 2장 : 오셀로는 마지막까지 자신을 사랑한다 말하는 데스데모나를 목 졸라 죽인다. 데스데모나의 죽음을 목격한 에밀리어는 절규하며 이아고의 음모와 사건의 전모를 오셀로에게 전한다. 모든 것이 이아고의 속임수였다는 것을 알게 된 오셀로는 괴로움에 자살한다.

이 작품을 번역한 필자는 역자의 글에서 <오셀로>의 주역들을 역설적으로 풀이하며 이 공연을 축하하였다.

- **오셀로는 광대인가?**

오셀로는 광대다. 검둥이 광대다. 검둥이가 나쁘다는 건 아니다. 이아고의 묘수에 말려들어 용감한 장군이 때로는 점잖게 때로는 미쳐서 졸도하고 그렇게도 사랑하던 아내를 죽이니 아내에 대한 배신자요, 여성에 대한 배신자요, 광대놀이 한판 하고나서 전투에서 써야할 명검으로 자기를 공격하고 죽여버리니, 사랑과 인정을 포기한 자다. 그러나 광대도 약은 광대가 아니라, 한심한 광대가 됐으니, 용맹한 천하의 장군이 바보치고도 머저리 광대다. 이 말은 셰익스피어 4대 비극 중에서 정권욕이 아니라 유일하게 낭만적인 명작의 주인공 오셀로에 대한 역설이다. 역설은 또 하나 있다. 이아고의 천재적 사기꾼의 두뇌이다. 아마도 지금 살아있다면 정권의 한 자리나 재벌의 말단이라도 차지했을 것이다. 국민을 속이는 권력자이거나 국민의 지갑을 털어먹는 장사꾼이 될 것은 분명하다. 그러나 이 꾀돌이의 두뇌도 시행착오가 있다. 정직한 아내가 있다는 것을 몰랐으니 결국은 아내를 죽이고 고문이나 호되게 받을 죄인이 돼버리는 거다. 데스데모나는 광대도 모사꾼도 아니다. 오히려 동양적 사고방식에 젖은 정숙하고 낭만적인 여성이다. 그래서 위의 역설을 무시하고 <오셀로>를 비극으로, 셰익스피어의 명작으로 이끈 주인공이다. 데스데모나는 칭찬이외에는 나무랄 것이 없다. 남편에게 충직한 이아고도 믿었으니 순박하기도 너무나 순박하다.

이 극의 번역자인 필자는 평생을 걸어 셰익스피어 희곡 39편과 장시 3편의 번역을 완료하였다. 셰익스피어의 작품을 통해서 많은 것을 생각하게 되었다. <오셀로>는 데스데모나가 있으니까 <로미오와 줄리엣> 못지않게 낭만파 비극이 되었다고 생각한다. 오셀로가 용감무쌍한 장군이라는 것은 누구에게나 기정사실로 각인(刻印) 되어 있다. 이런 전제 때문에 <오셀로>의 실제 주인공은 이아고이고 세계의 연극인들은 오셀로보다 이아고의 역을 맡으려 하였다. 이 극에 이아고가 있으며, 그 자에 대한 증오가 없었다면 비극이 될 수 없었고 관객의 흥미도 사라질 것이다. 이해랑은 연극계의 큰 별이다. 6·25 사변 때 남하하였을 때 그 와중에서도 <햄릿>, <맥베스>, <오셀로>를 연출하여 국민에게 위로를 주었고 문화사에도 기록할 수 있는 공로자이다. 그가 이아고 역도 맡았는데 어찌나 이아고의 본성을 잘 표현했는지 흥분한 관객(아동)이 새총으로 그를 쏘아 얼굴에 부상을 입으면서도 그 역을 열연했다고 하니 과연 이아고는 제명 못지않은 주인공이다. 실질적인 주인공 이아고는 우리가 사는 옳은 길을 가르쳐 줄 수 있을 것이다. 이아고가 그 자리를 빼앗으려는 부관, 캐시오는 바람기는 있으나 착한 사람이다. 복직을 위해서 정성껏 데스데모나에게 호소하고 사정한다. 그 바람에 이아고에게 모함의 꺼리를 주고, 오셀로의 질투에 사로잡힌다. 오셀로는 아름다운 마음씨의 용장이다. 지금의 물의 도시 베니스는 한나라의 상업도시였고 아름다운 풍치가 있다. 그 곳에서 아름답기로 소문난 귀족의 딸 데스데모나와 아름다운 사랑을 한다. 결혼초야도 치루기 전에 싸움 때문에 헤어졌던 이들은 키프로스에서 재회한다.

오셀로 :	아아 어여쁜 나의 병사!
데스데모나 :	그리운 오셀로님.
오셀로 :	나는 지금 죽어도 한이 없을 것 같아.
데스데모나 :	저희의 사랑과 기쁨이 날이 거듭할수록 더욱 두터워지도록 해주소서

오셀로와 데스에모나의 사랑은 아름다웠다. 이아고가 아니었으면, 손수건 사건만 없었다면, 이러한 사랑은 더욱 아름다웠을 것이다. 이들의 사랑은 우리의 마음을 흡족하게 하고, 이들의 죽음은 우리의 인정이 한없이 슬퍼할 것이다. 이아고의 꾀에 넘어 가서 밑천을 다 바치다가 이아고에게 치명적 부상까지 당한 베니스의 신사 로더리고는 데스데모나를 사랑하다가 당한 재난이다. 참 좋은 사람이다. 사랑하는 딸 데스데모나를 잃은 아버지 브러벤쇼의 노여움도 아버지의 따스한 정이 있으니까 이해가 된다. 이아고의 아내 에밀리어는 잘못 처신한 남편의 보상으로 정직한 데스데모나를 모시다가 이아고의 칼로 죽게 되는지도 모르겠다. 〈오셀로〉는 비극이다. 번역을 한 필자도 둘의 죽음은 슬프다. 이아고는 고약하다. 그렇게 살면 안 될 것이다. 그러나 비극의 등장인물들은 대부분 선량하고 관객은 호감을 가질 것이다. 셰익스피어의 작품은 희곡도 시라고 부른다. 어구에 시정이 넘치는 탓이다. 데스데모나의 죽음을 앞두고 부르는 노래.

가련한 처녀는 무화과나무 그늘에서 한숨 지며 푸른 버들잎 노래 부르네. 가슴에 손을 얹고 무릎에 머리 묻고 버들잎 버들잎 노래 부르네

아름다운 천사의 버들잎 노래는 햄릿의 오필리아의 죽음의 시 못지않게 아름답다. 이것이 비극의 아름다움이리라. 이러한 선과 악, 사랑과 증오, 정의와 모험 등 이중성이 〈오셀로〉 공연의 핵심이다. 〈오셀로〉 공연은 사랑의 비극이다. 아마도 등장인물은 관객의 흥미보다는 맡은 역의 소화에 골몰해야 할 것이다. 기획과 연출, 고민과 고통의 결과로 관객의 호응을 얻게될 것이다.

인천시립극단은 모험을 좋아한다. 우리나라에서 처음으로 셰익스피어의 작품으로 새로이 인정된 〈두 귀족 친척〉을 초연한 극단이다.

오셀로가 광대냐? 용장이냐? 사랑의 파괴자냐? 그리고 데스데모나가 순진한 바보인가? 사랑의 희생자냐? 또 이아고는 이해랑이 될 것인가? 어수룩한 모험꾼이 될 것인가? 이종훈 연출에서 그 답변을 기대해보자. 그래서 인천시립극단의 〈오셀로〉 공연을 축하하며, 그 공연을 꼭 보고 싶은 것이다.

■ 극단 후암(번역 신정옥, 연출 차현석) <오셀로>
  2012.12.21.~12.30., 대학로 예술극장 대극장

　암흑이다. 한줄기 빛이 비치더니 무대가 보인다. 은근히 음악이 연주된다. 관객의
시정(詩情)을 자극한다. 한 등장인물이 나타난다. 프롤로그의 서사(序詞)를 로더비
코가 여쭌다. 개막은 베니스 왕의 중신들이 나열하고 있다. 무대장치는 전막의 기본
이 같다. 상석이 있고 계단이 있고 평지가 있다. 간결한 장치가 쓸모 있게 활용된다.
놀라운 것은 등장인물들의 의상이다. 대극장의 사용도 요즘에는 흔하지 않으며, 그
림이 변하는 커다란 두 벽면의 배경에는 흔하지 않은데, 그림이 변하는 커다란 두
벽면의 배경을 다 채우고, 의상은 쉽게 말하면 비용을 아끼지 않고 셰익스피어의
본래의 극의 의상을 갖춘 것이다. 그래도 흥행인데, 제작의 의도가 흥행을 넘어섰다.
왕은 위엄있는 동작에 의상이 거창하게 왕답다. 중신들도 귀족풍이다. 브러벤쇼는
지팡이를 짚고 데스데모나의 아버지다운 행보를 하고 오셀로를 고발한다. 오셀로는
장군다운 체모로 사정을 아뢴다. 체구도 당당하고 장군의 의상도 장군답고 머리도
대머리로 위장하여 위풍을 풍긴다. 데스데모나는 상냥하나 아버지와 오셀로를 사랑
하며 오셀로와의 사랑을 축복해달라고 당당히 요구하니 브러벤쇼는 딸을 포기한다.
그리고 오셀로는 싸움을 위해 출진하기로 한다. 극의 제1막인 셈이다. 한 가지 아쉬
운 점은 왕의 회의실답게 왕의 옥좌를 옥좌답게 갖췄으면 좋았을 것이다.

　1980년 10월 3일자 조선일보는 "이탈리아 소설가 지랄디의 고담백화(古談百話)
에서 소재를 얻은 이 극은 한 마디로 말해서 사자처럼 강직한 무인 오셀로와 여우처
럼 교활한 이아고, 즉 사자와 여우의 비극이다. 이아고의 예술적이라고 할 만한 악의
천재, 무서울 정도의 냉철, 정밀한 악역의 성격을 뛰어나게 창조해낸 점에 이 비극의
핵심이 있다."그리고 이아고의 명배우로는 우리도 잘 아는 로렌스 올리비에 그리고
프랭크 핀레이, 마이클 브라이언트, 데이비드 개릭 등이 유명하고 우리나라에서는
이해랑의 명연기, 그리고 오현경이 이아고 역으로 크게 각광 받은 바 있다.

　<오셀로>의 연극은 원작대로 진행이 된다. 로더리고는 두발을 기른 풍채로 사람
이 좋고 너스레하게 이아고에 이용당하고 돈을 뜯기고 이아고 칼에 맞고 죽을 고비를
넘기는 상사병자이다. 그러면서도 용감하게 캐시오에게 칼로 맞선다. 이 연극의 신
통한 멋은 칼부림과 활쏘기다. 증오와 무용(武勇)은 활쏘기로 하고 고비마다 싸움은
펜싱을 하고 경우마다 칼을 뺐다껐다 휘두르며 감정표시를 하는 것이 극의 진미를
맛보게 한다. 대부분의 배우들은 젊다. 그들의 언행이나 칼 다툼은 활기가 있고 배우
된 분위기를 강렬하게 한다.

이 비극에 환경변화가 생겼다. 오셀로의 전승기념 파티는 춤과 노래와 술잔과 함성으로 관객들을 신나게 해준다. 음악과 춤과 의상의 효과는 여기서 진가가 드러난다. 싸이의 말춤이라도 추었으면 더 좋았을 것이다. 파티가 끝나면 다시 암흑이 되고 비극이 계속된다. 데스데모나는 손수건을 놓고 자리를 떠나고 에밀리아가 손수건을 줍고 남편 이아고에게 빼앗기고 손수건은 부관 캐시오에게, 비앙카에게, 캐시오에게, 그리고 그 관장은 이아고의 꾀로 오셀로가 목격하면서 울화통이 터져 데스데모나를 죽음으로 이끈다. 데스데모나는 계단에서 죽음을 맞이한다. 이 연극의 특징의 하나는 무대장치이며 계단이다. 계단이 좌우로 오락가락하면서 왕궁의 회의실이 되고 사랑하는 장소가 되고 증오의 화풀이감이 되고 칼싸움의 활극장이 되고 데스데모나의 죽음의 장소로 극의 장면마다 무대장치마다 무대장치의 역할을 다양하게 장치해준다.

데스데모나의 죽음은 너무나 슬프다. 번역을 한 필자도 그 장면은 보고 싶지 않다. 더욱이나 계단에서 오셀로가 교살을 하고 그녀의 몸이 거꾸로 계단에 늘어지니 더욱이나 참혹하다. 셰익스피어의 죽음에는 아름다움이 있다. 햄릿은 아버지의 죽음에 대한 복수를 하고 죽으면서 호레이쇼에게 유언을 한다. 로미오나 줄리엣의 죽음은 아름다운 사랑의 죽음이다. 맥베스는 마녀의 말대로 맥더프의 앙갚음을 당하며 인생은 연극이라고 하면서 죽는다. 데스데모나는 순결한 여성이고 오셀로에게는 충절한 부인인데, 오셀로에게 목매여져 죽게 된다. 너무나 비참하다. 그러나 죽음에 아름다움이 뒤섞인다. 에밀리아의 정성이다. 남편 이아고의 못된 행실을 공표하고 이아고의 칼에 찔려 죽는다. 그리고 데스데모나의 침상에 가서 죽는다. 데스데모나는 그녀가 자기를 죽였다고 한다. 셰익스피어의 죽음의 미학이다. 이 극에서 그녀의 거꾸로 늘어진 죽음은 비참하나 죽음의 아름다움은 음악이 맡는다. 바이올린 5명과 첼로 2명, 콘트라바스 1명, 피아노 등의 합주하는 죽음의 음악은 죽음의 미학을 그려주는 연주다. 오케스트라라고 극단이 자랑하였지만 필자가 보기에는 그들의 음악이 그중에도 죽음의 음악이 자랑스러운 셰익스피어 비극의 주요한 밑천이다.

이아고의 교활한 모함이 드러나고, 데스데모나와 오셀로, 그리고 에밀리아를 죽음으로 몰아넣은 죽음은 이 극으로서는 막다른 크라이막스가 될 수 있다. 여기에 이아고의 처리가 뒤따라야 관객은 죽음의 찬미자가 될 수 있다.

이 극에서 이아고는 몸은 묶인 채로 드러누워 마냥 신나는 듯 미친 듯이 웃고 웃고 또 웃어젖힌다. 오셀로 내외와 자기 아내를 죽인 죄를 즐기는 건지, 교활한 지모꾼도 미쳐버린 건지 식별은 할 수 없다. 그러나 병사들이 이아고에게 칼들을 들이대면서 암흑이 되며 종막이 된다.

에필로그에서 로도비코는 말한다. "이아고는 가장 무서운 극형으로 처형당했습니다."

이아고의 광(狂)적 웃음, 그리고 가장 무서운 처형, 이 극으로서는 오셀로 죽음 못지않게 이아고의 말로가 관객의 울분을 식혀주는 처방이 될 것이다. 연출 중에서 가장 돋보이는 종막의 종장(終章)이다.

필자는 모처럼 셰익스피어의 원작을 전통 극으로 보는 마당에 감격을 하였는지, 이 극에도 결함이 있을 것인데 보이지 않는다. 번역자이지 비평가가 아니어서 그런지도 모르겠다.

이 전통의 극을 제작하고 각색하고 연출한 차현석은 흔히 말하는 세계적인-우리나라도 그 중의 하나지만-불황 속에서 셰익스피어의 원작을 전통극으로 공연하였으니 가상하다고 하지 않을 수 없다.

우선 각색이다. 무대장치와 어울리게 첫 막에서 이아고와 드라고가 브러벤쇼에게 데스데모나가 오셀로에게 당한다고 소동 부리는 장면을 생략하고 간결화하였으나 전통성을 그대로 살린 각색이며, 많은 등장배우를 동원하여 셰익스피어의 연기진을 증폭하였으며, 고전적인 의상의 실현과 관현악단을 극의 처음부터 끝까지 무대를 지키며, 경우마다 다른 음색으로 연주하는 등 그의 각색 그리고 그에 맞는 연출솜씨를 크게 칭찬해주고 싶다.

2013year Othello

■ '제25회 거창국제연극제' 해외초청작품
이탈리아 아반티 극단 <오셀로> 2013.8.9.~8.10.

거창국제연극제는 이제 해마다 연극 200여 편이 공연되고 국내외에서 15만~20만 명이 찾는 축제의 장이 되었다. 공연 횟수가 1천개가 넘는 프랑스 아비뇽 페스티벌에는 못미치지만 '우리는 아비뇽을 꿈꾼다'는 주최측의 말이 꿈만은 아닌 것 같이 느껴진다. 거창국제연극제는 아비뇽, 에든버러 페스티벌과 비슷한 시기인 7~8월에 열리는데다 야외에서 축제라는 점에서 비슷한 성격을 지닌다.

제25회 거창국제연극제에 해외공식초청작 6편이 공연되었으며, 이탈리아 아반티 극단은 <오셀로>를 8월 9일부터 10일까지 공연하였다. 이 작품은 셰익스피어 4대 비극 중 하나인 <오셀로>를 이탈리아 출신의 배우이자, 작가, 연출가인 루기 씨리 (Luigi Cerri)의 1인극으로 재구성한 것으로 원전에 충실하되 이탈리아 특유의 느낌을 흥미롭게 살려 인간의 사랑과 질투를 선명하고 강렬하게 묘사한다.

■ 극단 그린피그(원작 폴라 보겔, 번역/연출 박상현)
  <데스데모나-웬 손수건에 관한 연극>
  2013.9.6.~9.29., 연극실험실 혜화동1번지

작가인 폴라 보겔은 1998년 <운전 배우기(How I Learned To Drive)>라는 희곡으로 퓰리처상을 수상한 것을 비롯하여 수많은 작품들을 썼다. 커밍아웃한 동성애자인 그녀는 그녀의 작품 속에 여성주의적 의식을 드러내는데, 주로 에이즈나 가정폭력, 여성의 가난의 고착화 등 현 사회의 뜨거운 쟁점들을 작품에 반영한다. 그녀의 작업은 항상 관객의 기대를 뒤집고 전통적인 연극의 개념을 바꿔 놓는 것으로 잘 알려져 있다.

2006년 공동창작을 추구하면서 창단된 극단 그린피그는 혜화동 1번지 5기 동인인 윤한솔이 대표이다. 2006년 <자객열전>(박상현 작/연출)을 초연한 이래 만 7년동안 극단 그린피그는 2012년 대한민국연극대상 작품상을 수상한 연극 <두뇌수술>, '국가보안법'이라는 주제로 진행된 혜화동 1번지 5기동인 봄 페스티벌에 <빨갱이 갱생을 위한 연구>, 안톤 체홉의 <공포>, <데스데모나> 등 총 21편의 작품을 공연하였다.

폴라 베겔의 <데스데모나-웬 손수건에 관한 연극>은 셰익스피어 원작의 <오셀로>에서 극의 중심이 되는 원작속의 남성들을 발정난 수컷으로 전락시키면서 극에서 빼고, 원작에서 정숙하고 오셀로만을 사랑하는 데스데모나가 아닌 럭비공처럼 어디로 튈지 모르는 천방지축의 세속적인 데스데모나, 그런 그녀를 꼬드겨 사창가로 끌어들이고 레즈비언 플레이를 즐기는 비앙카, 그리고 그 옆에서 주님을 찾으며 묵주기도를 올리는 이아고의 순진한 아내 에밀리아 3명의 여자배우만을 등장시킨 공연이었다. 보겔은 또 에밀리아를 아일랜드 인으로, 비앙카를 런던여자로 재구성하여, 그들의 계급과 국적을 명백히 묘사하였다.

이 작품은 셰익스피어의 <오셀로> 사건들이 오프스테이지에서 벌어지는 동안,

궁전 뒷방에서 데스데모나, 에밀리아, 비앙카 세 여성들에 의해 벌어지는 숨겨진 계략에 관한 이야기다. 보겔은 셰익스피어 여자들이 더 이상 남성의 '결백한 희생자들'이 아니라는 것을 제안한다. 그리고 셰익스피어의 원작에서는 기껏해야 부수적인 요소였던 여성들은 각자의 운명에 있어서 '행동하는 사람이자 파괴자들'로 나타난다.

그러나 이 작품에서 비록 남자들은 등장하지 않지만 '웬 손수건에 대한 연극'이라는 부제처럼 한낱 손수건 하나만으로 오셀로로 대표되는 남성성은 여성들을 무릎 꿇리고 그들의 삶을 쥐락펴락 한다. 결국 극의 마무리는 활달하게 살아 움직이는 데스데모나, 에밀리아 비앙카가 아니라 비극의 주인공인 오셀로와 그를 숙명적 죽음으로 내모는 손수건 한 장이다. 이런 맥락에서 극단 그린피그는 "셰익스피어와 보겔이 모두 데스데모나의 운명을 같은 결말로 몰아가고 있다."고 해설하였다.

⊙ 데스데모나
손수건도 흘리고, 눈웃음도 흘리고, 결국 눈물도 흘리고… 예배당 신도석에서 총각한테 손으로 서비스 해주고, "세상은 넓고 알바는 표가 안난데이"가 지론이며, '돌아온 탕녀가 돼보려는' 오셀로의 정숙한 부인
⊙ 에밀리아
'베스트 프렌드'가 뭔 뜻인지도 모르면서 '베스트 프라이드'로 승급되었다고 좋아하는 세탁녀. 남의 물건 훔쳐놓고 결국 뒷감당은 혼자 다 한다.
⊙ 비앙카
은장도파 중에 짱. 철사이빨이라서 튀어나온 물건은 다 끊어 먹는다. 한번에 20번 거시기 한만큼의 돈을 버는 창녀. 술집 창녀가 출장 나와서 데스데모나에게 에로틱 테크닉을 가르쳐준다.

[시놉시스]
연극은 데스데모나를 5살 때부터 뒤치다꺼리 해온 에밀리아가 손수건을 찾느라 세탁실을 다 헤집어놓을 정도로 손수건에 집착하는 오셀로와 데스데모나를 비웃으면서 시작된다. 에밀리아는 손수건을 남편 이아고에게 넘겨줘놓고 딴청을 피운다.
데스데모나는 다른 세상을 갈망하며 검정피부 오셀로와 결혼하고, 처녀성을 위조하려고 첫날밤을 보낼 때에 침대 시트에 암탉의 피를 바르도록 지시한다. 사촌 로드비코와는 과거 지사일 뿐이라고 말은 하지만 유부녀가 되어서도 뇌물을 써서 대사로 온 그를 느끼는 색녀 데스데모나는 에밀리아를 꼬드겨 도망치자고 한다. 이아고의 농간에 캐시오와의 부정을 의심받지만 그녀에게 캐시오는 남성적인 매력을 전혀 느낄 수 없는 내시일 뿐이다.

데스데모나는 아직도 정신 못 차리고 화요일 밤마다 사창굴로 들어가는데… 에밀리아에게 또 혼나지만 이 고삐풀린 망아지인 마님 데스데모나는 교우관계를 직접 결성하셔서 캐시오의 애인이자 자신의 몸과 삶을 주체적으로 운영하는 비앙카를 부러워하고 심지어 집에까지 부른다.

데스데모나의 성적 모험은 사창굴에서 그치지 않고, 비앙카와 최고급-에밀리아가 갖다 주는 싸구려-와인을 마시며 레즈비언적 관계를 통하여 쾌락을 배우는 단계로 발전해간다. 에밀리아도 해봐야 한다며… 이쯤되면 이아고의 모함과 오셀로의 질투와 의심이 근거가 없는 건 아닌 것 같다.

■ MJ 컴퍼니(연출 성천모) <오셀로 투맨>
2013.9.18.~9.29., 대학로 상상아트홀 화이트씨어터

영국 '에든버러 프린지 페스티벌'은 제2차 세계대전 종전 후 전쟁으로 얼룩진 유럽을 문화예술로 재통합하자는 기치를 내걸고 시작된 '에든버러 인터내셔널 페스티벌(Edinburgh International Festival)'을 모태로 탄생했다. 1947년 인터내셔널 페스티벌이 처음 열렸을 때 공식 초청받지 못한 8개 공연단체가 축제가 벌어지는 주변부의 소규모 공간을 극장으로 개조해 공연했던 것이 프린지(언저리, 주변이라는 뜻) 페스티벌의 시초다.

인터내셔널 페스티벌이 시 정부의 전폭적인 지원 아래 연극·클래식·무용·오페라 등 고급 취향의 공연 참가작을 엄선하는 것과 달리, 프린지협회에 약간의 참가비만 내면 원하는 사람은 누구나 축제에서 공연할 수 있다. 현재 '에든버러 국제페스티벌'에서 프린지 부문은 에든버러 페스티벌의 중심이 됐으며 '에든버러 프린지'는 세계 각지에서 몰려든 1,000여 개의 공연단체들이 200개에 이르는 공연장에서 다양한 공연물을 선보이는 세계 최대의 축제로 발전하였다.

한편, 1999년 한국의 넌버벌 퍼포먼스 <난타>가 처음 에든버러에 입성한 후 2005년 예감의 <점프>, 극단 여행자의 <한여름 밤의 꿈> 등 한국 작품들도 꾸준히 페스티벌에 참가하고 있다. 최무열이 이끄는 MJ 컴퍼니는 2009년 <오셀로 콤플렉스 이아고>, 2010년 <오셀로와 이아고>, 2011년, 2012년 <오셀로와 이아고>로 극의 제명을 바꿔 <오셀로>를 재해석한 2인극을 공연해왔다. 이때까지는 사우나 안에서의 오셀로와 이아고의 2인극이었다. MJ 컴퍼니가 2013년 여름 영국 에든버러 프린지 페스티벌 초정작으로 참가하였던 <오셀로 투맨> 공연은 영국 에든버러 프린지 페스티벌에 참가하기 위하여 공연시간을 1시간에 맞추었고, 처음으로 무대를 사우나안이 아닌 터키 감옥 안으로 설정하였다.

<오셀로 투맨>은 속는 자 오셀로와 속이는 자 이아고의 2인극으로 진행된다. 무대가 시작되기 전 이번 공연에서 싱어를 담당한 뮤지컬 배우 원성준씨가 "단언컨대, 오셀로는 세상에서 제일 재미있는 비극입니다."라는 인사말과 함께 원작과는 다르게 오셀로와 이아고가 적의 포로가 되어 터키의 감옥에 갇히게 된 상황에서 극은 시작된다. 그리고 데스데모나는 캐시오의 보호 아래 남겨져 있는 것으로 설정되었다. 전쟁영웅 오셀로가 포로가 된 것 자체도 오셀로에게는 견딜 수 없는 굴욕이지만, 이보다 더 참지 못하는 것은 자신의 사랑하는 아내 데스데모나가 젊고 혈기 왕성한 캐시오 곁에 있다는 것이다. "나는 소문을 들어도 의심하지 않는다. 만약 신중히 생각했을 때 의심이 가시지 않으면 소문이 거짓임을 밝혀내던지 아니면 소문 자체를 생각지도 않는다."고 하였던 오셀로의 아내에 대한 절대적인 믿음은 곧 불안으로 그리고 의심으로 변하게 된다. 이아고는 처음에는 오셀로가 괴로워하는 것을 보고 오셀로를 걱정하여 캐시오과 데스데모나가 안전하게 잘 있을 것이라고 오셀로를 안심시키려 한다. 그러나 오셀로에게 해묵은 감정이 있는 이아고는 오셀로의 의심을 이용해 거짓말로 데스데모나의 과거 행실을 트집 잡고 캐시오와 데스데모나가 불륜 사이임을 폭로하는 거짓말을 하고, 이아고가 꾸며낸 이야기는 오셀로의 상상과 합쳐져 걷잡을 수 없는 곳을 향해 치닫기 시작한다. 극의 마지막은 오셀로가 데스데모나를 살해하는 것으로 끝나지만 터키에 있는 오셀로가 데스데모나를 죽일 수는 없는 법, 오셀로의 증오가 그만큼 아내를 살해할 정도로 극에 치달았다는 것을 보여 주고자 하는 것인지, 오셀로가 상상 속에서 살인을 한 것인지, 아니면 이아고를 데스데모나로 착각하고 죽인 것이지 관객에게 마지막을 남겨둔 공연이었다.

■ 대한민국 연극 네트워크 사업단(각색 박근형, 연출 임장혁)
　　<오셀로-피는 나지만 죽지 않는다>
　　1. 인천공연 2013.10.10.~10.12., 문학시어터
　　2. 서울공연 2013.10.14.~10.27., 예술공간 서울
　　3. 청주공연 2013.11.1.~11.3., 청주 씨어터제이
　　4. 춘천공연 2013.11.14.~11.18., 춘천 봄내극장
　　<오셀로-피는 나지만 죽지 않는다>는 1998년 창단된 극단 동숭무대(대표 임정혁)에 의하여 1998년 창단공연과 앵콜공연으로 두 차례, 2002년, 2004년, 2009년 모두 다섯 차례 임정혁 연출, 박근형 재구성으로 공연되었다. 대한민국 연극 네트워크 사업단이 주최하는 2013년 이번 공연 역시 초연부터 함께 작업해온 극단 동숭무대의

임정혁과 박근형의 작품이다. 예술감독은 서울연극협회 회장인 박장렬 연출가이었다.

<오셀로-피는 나지만 죽지 않는다> 다른 연극과는 다르게 연극속의 연극이라는 '액자식 구성' 방식으로 구성된 것이 특징이다.

[줄거리]

순수하고 고지식한 한 사람이 있다. 그는 15년 한결같이 외길 연극만 해왔다. 당연히 그는 한 단체에서 꽤 인정받는 중견배우가 되었다. 그에게는 사랑하는 여인이 있다.

그녀는 대학을 갓 나온 사회 초년생이지만 연극에 대한 열정은 누구 못지않았다. 또한 청순하고 총명한 그녀의 모습은 많은 사람들로부터 사랑을 받았다. 그녀는 그를 사랑하기에, 아버지 나이와도 비슷한 그와의 나이 차, 환경, 그 밖의 모든 것을 감수하면서 당연한 집안의 반대를 무릅쓰고 그 둘은 결혼계획을 발표한다.

그러던 어느 날, 극단에서 새로운 레퍼토리를 가지고 연극 공연을 하기로 한다. 연극 제목은 <오셀로>. 그와 그녀는 오디션을 통하여 그는 흑인 장군 오셀로 역을 맡고 그의 아내 역시 성격에 걸맞게 데스데모나 역할을 하게 되었다. 큰 역할을 맡게 된 그녀는 물불 가리지 않고 연습에 열심이고 그 역시 오셀로 역할에 매료되어 작품에 몰입하고 있다.

다시 어느 날, 이아고 역의 배우는 남편의 친구이자 경쟁자이다. 오셀로의 긴 독백 연습을 하던 그는 이아고와 데스데모나가 차를 마시며 웃는 모습에 슬며시 부아가 치밀어오른다. 하필이면 자신의 경쟁자와… 둘은 연습을 끝내고 잠시 선후배의 태도로 작품에 대해 얘기하고 있었던 것이다. 이때 이 모습을 보고 있던 그의 선배가 그에게 아내의 연기를 칭찬하는 얘기를 해준다. 그녀가 자신과 절친한 이아고와 상당히 호흡이 잘 맞는 배우라고… 다음 작품으로 그 둘만의 무대를 준비 중이라는…

그리고 오셀로 역을 맡은 남자를 시기하는 캐시오 역과 로드리고 역을 맡은 후배 남자 둘은 역할에 대한 질투인지 여자에 대한 질투인지 행복한 커플을 갈라놓을 계획을 모략하게 된다. 원작과는 다르게 캐시오와 이아고의 역할이 뒤바뀌어 있다.

그는 작품 속의 오셀로의 성격과 자신 본래의 감정 속에서 점차 절제를 잃고 아내와 친구에 대해 질투심과 복수심에 견딜 수가 없어 아내에게 점차 혹독해지고 잔인한 말과 행동으로 그녀를 학대하기 시작한다. 그의 변해지는 성격을 염려하는 연출자와 단원들은 그에게 조심스레 충고해주고 조언하지만, 그는 역할을 위해 더욱 자신을 매질하는데… 나이차와 부모의 반대를 무릅쓰고 사랑을 선택한 데스데모나 역을 맡은 여자에게 비극이 덮친다. 연습 막바지 리허설에서 데스데모나와 침실 장면을 연기하던 남자는 아내를 목 졸라 죽이게 되면서 극은 마무리된다.

■ '제21회 젊은 연극제 참가작'
 한국영상대학 연기과(연출 박찬현) <오셀로 니그레도>
 2013.7.5.~7.6., 청운예술극장

한국영상대학 연기과 교수들인 송형종 교수, 윤종수 교수, 류지미 교수, 정인숙 교수들이 지도하고, 학생 박찬현이 연출하고, 학생들이 배우와 스텝으로 참여한 <오셀로 니그레도>는 '제21회 젊은 연극제' 참가작으로 2013년 7월 5일과 6일 청운예술극장에 공연하였다.

젊은 연극제는 미래의 한국 문화예술계를 책임질 연극영화학과 학생들과 기성 예술인이 함께하는 국내 최대의 '젊은공연예술축제'로 1993년부터 시작되어 2013년에는 50개교의 대학이 참여하고 있는 국내 유일의 전국대학연합축제이다.

■ 극단 가변(작 조현아, 연출 송형종) <오셀로 니그레도>
 2013.11.20.~12.8., 예술공간 서울

한국영상대학 연기과 송형종 교수가 대표로 있는 극단 가변은 2004년 <오셀로 니그레도>를 대학로 연극실험실 혜화동 1번지에서 초연한 이후 두 번째로 송형종 연출, 조현아 작으로 2013년 11월 20일부터 12월 8일까지 예술공간 서울에서 공연하였다. 이 작품으로 극단 가변의 송형종 연출가는 2014년 6월 29일 대한민국 셰익스피어 어워즈 조직위원회와 공연기획사 이지컨텐츠 그룹이 주최하고, 한국연극협회와 서울연극협회가 후원하고, 필자가 공동 위원장으로 참여한 '제3회 대한민국 셰익스피어 어워즈'(국립극장 하늘극장)에서 대상을 차지하게 된다.

심사위원으로 참가하였던 연극 평론가 박정기는 "<오셀로 니그레도(Othello-Nigredo)>는 데스데모나의 평범한 일상적 행동을 마치 옹녀의 행동처럼 편집한 영상으로, 무어인 오셀로의 이성을 마비시켜, 비극적 결말을 만든 이아고의 행동과, 마치 한 방송사의 편집조작으로 걸출한 인물이 여론의 질타를 당하고, 총리 후보에서 낙마한 작금의 현실이 비교가 되어, 그 탁월한 재구성과 철학적이고 심리적으로 연극을 이끌어 간 송형종 연출에게 대상의 영예가 안겨졌다."고 평하였다.

극단에 따르면 '니그레도'는 연금술사가 금을 제조할 때 금이 완성되기 이전의 부화기 동안 유황과 수은이 싸워 결국 서로가 서로를 죽여버리면서 만들어내는 검은색의 부패물, "검은색들 중의 검은색"을 뜻하며 심리적으로는 사랑이나 공격성 등이 외부로 투사된 고통스럽고 혼돈스런 심리상태를 일컫는다고 하였다.

<오셀로 니그레도>는 '니그레도'라는 용어에서 느껴지듯 오셀로의 고통스런 심리

상태를 그려낸 작품으로 원작에 충실하기보다는 오셀로의 심리상태에 초점을 맞추었고, 무대에는 그를 혼돈시키는 이아고, 데스데모나, 캐시오만이 등장한다.

<오셀로 니그레도>는 생각(허구)이 현실(실제)를 지배한다는 것과 의심으로부터 시작된 심리적인 고통을 강박적인 반복을 통해 영혼을 잠식한다는 두 가지 생각을 바탕으로 쓴 작품이다. 등장인물 모두 자신의 생각을 맹신한다. 그러나 세상 모든 것에는 상대성이 있는 법. 오셀로는 데스데모나의 사랑을 절대적으로 믿고, 데스데모나는 자신의 도덕적 양심을 절대적으로 믿고, 이아고는 자신의 생각대로 세상이 움직일 것이라고 믿는다. 현실의 변화와 상대성의 세계를 인지하는 사람은 캐시오 뿐이지만 그 역시 절대주의가 판을 치는 세상에서 무력하게 내몰리는 인물일 뿐이다.

이 공연의 특징은 상당히 어두운 상태에서 공연이 진행되었다는 것이다. 배우들도 검은 색의 옷을 입고 어두운 조명아래서 공연하였다. 공연은 대체로 무거운 분위기였지만, 연출자의 핸드폰, 빗소리, 최근 유행하는 김종국의 '한 남자'라는 가요의 삽입 등의 현대적인 요소들의 활용으로 관객들에게 무거운 것들을 전혀 무겁지 않게 느껴지지 않도록 하였다.

이번 공연에서는 캐시오의 역할이 부각되었는데 캐시오는 감성적인 성격의 인물로 꽃미남 스타일로 그려져 오셀로가 상대적으로 자신이 가지지 못한 부분에 대한 불안감으로 이아고의 부추김에 더 쉽게 빠지게 되었던 것이다. 이아고의 데스데모나를 향한 사랑도 원전과는 다른 점이다. 원전에서는 이아고가 승진에 불만을 품고 캐시오를 모함하는 것으로 그려지지만, <오셀로 니그레도>에서는 데스데모나에 대한 연민과 욕정으로 데스데모나가 캐시오를 연인처럼 가까이 대하는 것에 질투심을 유발되어 사랑의 경쟁자인 캐시오를 모함하여 제거하려 한다. 핸드폰 동영상으로 촬영한 데스데모나와 캐시오의 일상생활을 열정적 사랑의 행위라고 조작하여 오셀로에게 증거자료로 주고, 오셀로는 데스데모나와 캐시오의 정사장면을 연상하고 고뇌에 빠진다. 여기서 데스데모나와 캐시오의 격렬한 정사장면은 격정적인 탱고음악과 어우러져 전혀 외설스럽지 않게 관객들에게 다가왔다. 마지막 장면에서도 원작과는 다르게 오셀로는 자신의 머리에 총구를 겨누고 자살한다.

2014year Othello

■ 두산아트 창작자 육성프로그램, 극단 양손프로젝트 (번역/연출 박지혜) <오셀로>
   2014.1.10.~1.11., 두산아트센터 Space 111

두산아트랩은 키워드를 '실험'에 두고 젊은 예술가들의 새로운 시도를 지원하기 위하여 2010년 시작된 이래 2014년 상반기까지 36편의 작품을 선보였으며, 두산아트센터의 창작자육성 및 두산 빅보이 어워드를 통해 선정된 창작자들의 초기 제작단계의 작품을 발표하는 통로로도 활용되고 있다.

양손프로젝트는 한명의 연출가와 세 명의 배우가 긴밀한 공동창작을 통해 작품을 만드는 팀이다. 일반적으로 연출가가 작품을 고르고, 그 중심으로 스탭이 꾸려지고 배우가 캐스팅되는 것과 달리, 양손프로젝트는 연출가와 배우가 함께 작품을 골라 방향을 결정한다. 두산아트센터는 양손프로젝트의 연출가와 배우가 긴밀하게 공동창작하는 모습이 주목을 끌었다고 하였다. 2013년 창작자육성 프로그램에 선발되었다.

2014년은 셰익스피어 탄생 450주년이 되는 해로, 많은 셰익스피어 작품들이 공연될 예정이다. 신인을 관계자에게 널리 알린다는 특별공연을 의미하는 쇼케이스 형식의 2014년 두산아트랩의 첫 번째 작품도 <오셀로>로 연출가 박지혜와 손상규, 양조아, 양종욱 등 세 명의 배우로 구성돼 있는 극단 양손프로젝트의 작품이다. 극의 줄거리는 원작과 크게 다르지 않으나, 4면이 관객석이어서 마치 권투링의 한 복판에서 공연되고 있는 느낌을 준다. 그리고 가운데에 빈 무대, 무대 장치는 없고, 의자 몇 개, 구석에 놓인 박스 그리고 마이크 하나 이것이 전부이다. 바닥에는 마름모꼴을 나타내도록 마방진 모양의 테이프가 붙여져 있다. 각 꼭짓점을 연결하여 교차되게 하여 4개의 분할된 구획에서 서로 마주보며, 또 직선을 따라 움직이면서 배우들은 연기하였다. 그리고 10명이 넘는 등장인물을 2명의 남자배우와 1명의 여자배우가 연기한다. 1인 다역을 할 수밖에 없으므로 가발, 지팡이, 외투, 모자, 안경, 스카프 등의 소품을 사용하였다.

원작의 <오셀로>는 총 5막이지만 이번 공연은 3막까지만 있다. 오셀로가 미친 듯이 내적 갈등을 하는 4막과 5막은 삭제하고, 이야기의 중심이 이아고에서 오셀로로 넘어가는 포인트가 3막이어서 3막까지만 공연한 것 같다. 이야기를 중심으로 불필요한 장면은 배우가 직접 이런 이야기가 있다고 설명하거나 혹은 아무런 설명없이 삭제하였다. 셰익스피어 작품은 긴 분량의 대사들이 많은데 대폭 줄여서 공연하였고, 대사도 연극적이지 않고 실제 사용되는 말로 표현하여 현실감이 있었다.

제목은 <오셀로>이지만 이번 공연의 중심은 이아고로 보이고, 이아고를 연기하는 배우는 남자가 아닌 유일한 여자배우 양조아가 연기하였다. <오셀로>는 질투와 의심이 가져오는 파국으로, 마치 이브에게 선악과를 먹으라고 온갖 감언이설로 꼬시던 뱀처럼 간교한 이아고의 역할을 남장을 하고 있는 여자배우가 담당한 것이다. 그렇다고 이아고를 여성으로 해석한 것은 아니었다. 양조아는 머리를 짧게 자르고 건들거리는 남성처럼 행동하였다. 그렇지만 남자답지 못한 이아고가 만들어진 것은 사실이다. 1인 다역을 하는 남자배우와는 다르게 이아고만 1인 1역을 하였다. 다만 대사로서만 전달되기 때문에 여자인 데스데모나는 이번 공연에 등장하지 않는다.

■ 극단 MJ 컴퍼니(각색/연출 성천모) <오셀로 투맨>
2014.3.8.~3.9., 대학로 스타시티

초연부터 2012년까지는 무대 배경이 사우나 안에서의 오셀로와 이아고의 2인극이었는데 제목을 <오셀로 투맨>으로 바꾼 2013년과 2014년 공연은 무대배경이 터키의 철창 속에서 오셀로와 이아고의 2인극으로 바뀌었다.

감옥에 갇혔다는 설정을 확실하게 하기 위하여 이아고가 감방에서 밥 먹을 때 사용하는 국그릇을 모자대신 머리에 얹어 데스데모나의 아버지 브러벤쇼가 되고, 숄 같은 것을 엉덩이에 둘러서 오셀로의 연인 데스데모나가 되는 것은 연출자의 재치있는 발상이었다.

사랑하는 여인을 의심하게 되고 결국에는 죽이고 마는 비극으로 끝나는… 감옥안에서 두 배우, 속이는 자 이아고와 속는 자 오셀로의 모습을 보면서 인간이라는 것은 얼마나 미약한 존재인가를 느끼게 해주는 <오셀로 투맨>의 공연이었다.

2014년 공연이 이때까지의 공연과 다른 점은 극단 대표인 최무열이 초연부터 2013년 공연까지는 프로듀서를 하고 싱어는 다른 사람이 맡았는데 2014년 공연에서는 최무열이 프로듀서와 싱어를 모두 담당하였다는 것과 초연부터 2013년 공연까지는 오셀로 김형균, 이아고 김성겸의 2인극이었는데 2014년 공연에서는 이아고의 역을 김태영이 맡아서 공연하였다는 점이다. 김성균이 이아고와 데스데모나의 역할을 하였을 때는 그 경계가 명확하지 않아서 이아고인지 데스데모나인지, 데스데모나인지 이아고인지… 오셀로가 이아고와 싸우는 건지, 데스데모나와 싸우는 건지…

마지막에 죽은 자가 이아고인지 데스데모나인지 관객들이 헷갈렸으나, 연출의 의도가 바뀐 것인지 배우가 달라 해석이 달리 되었는지 모르겠지만 김태영은 확실하게 이아고였다. 마지막에 죽은 자는 확실히 이아고였다고 관객들이 단정지을 수 있는 연기를 하였다.

■ **극단 동숭무대 (재구성 박근형, 연출 임정혁) <오셀로-피는 나지만 죽지 않는다>**
2014.8.20.~9.7., 나온씨어터

극단 동숭무대(대표 임정혁)는 <오셀로-피는 나지만 죽지 않는다>를 1998년 창단공연으로 초연한 이래 2002년, 2004년, 2009년 그리고 대한민국 연극 네트워크 사업단이 주최하는 2013년 서울, 인천, 청주, 춘천지역투어에 이어 2014년 8월 20일부터 9월 7일까지 나온씨어터에서 공연하였다. 2014년 공연 역시 초연부터 함께 작업하여 임정혁 연출과 박근형이 재구성한 작품이다.

[줄거리]
<오셀로>라는 작품으로 공연을 올리게 되는 한 극단이 등장을 하는데, 단원들 사이에서 <오셀로>의 내용과 같은 일들이 벌어지게 된다. 이 극단 안에는 50대의 남자와 30대의 여자가 사랑을 하게 되고, 아이가 생기게 되어, 아버지의 반대를 무릅쓰고 결혼을 계획하게 된다. 도중에 극단 내에서는 연극 오셀로의 캐스팅이 공개가 되고, 남자는 오셀로 역으로, 여자는 데스데모나 역으로 호흡을 맞추게 된다. 남자는 오셀로의 연출자와 함께 극의 구분에 대해 이야기 하다가 자신도 사랑하는 사람을 죽이게 될 수 있을까에 대해 의문을 갖게 된다. 단원들도 이들의 결혼소식을 접하게 되고, 여자를 사랑하는 두 남자 캐시오 역의 성호와 로드리고 역의 권섭은 남자에게 여자와 이아고 역의 남자 후배가 간통을 하고 있다는 모함을 하여 둘의 사이를 방해하게 되고, 결국 남자는 여자의 간통을 의심하게 된다. 남자의 의심은 날이 갈수록 더 심해지고, 연극장면 연습 도중에 데스데모나를 죽이는 장면에서 감정에 북받쳐 정말로 여자를 죽이게 된다. 남자는 여자를 죽이고 난 뒤에야 성오(캐

시오 역)와 권섭(로드리고 역) 두 남자의 모함을 알게 되고 이제 더 이상 사랑을 보지 못하고 현실과 극의 구분을 보지 못하는 자신을 원망하며 두 눈을 찌르고 만다.

■ 국립오페라단(지휘 그래엄 젠킨스, 연출 스티븐 로리스) 오페라 <오텔로>
    2014.11.6.~11.9., 예술의전당 오페라하우스
    오페라 <오텔로>는 베르디가 6년의 장고 끝에 완성한 대작으로 1887년 이탈리아라 스칼라 극장에서 초연됐으며 베르디 작품 가운데 가장 드라마틱한 오페라로 손꼽히고 있다. 주인공 오텔로는 인종 차별 분위기에서도 뛰어난 능력으로 총독 자리에 오른 흑인 장군이고 귀족인 데스데모나와 결혼하지만 결국 계략에 빠져 파멸하고 마는 내용을 담고 있다.
    <오텔로>의 지휘봉은 20여 년 미국 달라스 오페라 음악감독을 역임한 세계적인 오페라 지휘자 그래엄 젠킨스가 맡았고, 연출은 세계적인 영국 연출가 스티븐 로리스가 맡았다.

2015year Othello

■ 2015.9.11. 한국경제 Wow TV 장소윤 기자
    오셀로 증후군에 대해 다룬 TV 보도가 있어 소개하고자 한다.

◉ 장롱 시신 사건, 의처증이 원인…'오셀로 증후군' 뭐길래?
셰익스피어 4대 비극 중 하나인 〈오셀로〉에 등장하는 용맹한 장군 오셀로. 그는 젊고 아름다운 데스데모나와 지고지순한 사랑 끝에 부모의 반대를 무릅쓰고 결혼했다. 하지만 극의 마지막에 오셀로는 아내를 죽이고 자살한다. 이 완벽해 보이던 부부를 파국으로 치닫게 한 것은 작은 틈 사이로 파고든 병적인 질투와 의심이었다.
이처럼 '오셀로 증후군'은 사랑한다는 이유로 근거 없이 배우자의 불륜을 의심하고 집착하는 의처·의부증을 뜻하는 말이 됐다.
장롱 시신 사건 또한 의처증이 원인인 것으로 밝혀졌다. 이에 의처증, 의부증의 증상과 원인에 대한 관심도 높아지고 있는 것.
의처증, 의부증은 망상장애의 대표적인 유형이다. 배우자에 대한 의심이 논리적으로 체계

화돼 있기 때문에 합리적인 증거나 이유도 수긍하지 않고 의심을 버리지 않는다. 망상 이외에 다른 사고체계나 인격은 멀쩡해 정상인과 구분하기도 쉽지 않다.

의처증이나 의부증이 생기면 상대방이 바람을 피우지 않았다는 증거를 들이밀어도 전혀 믿지 않는다. 오히려 바람을 피웠다는 증거를 찾고 싶어 한다. 왜곡된 사랑에서 싹트는 일반적인 질투와는 달리 질투망상은 상습적으로 배우자의 불륜 증거(?)를 찾아 압박하거나 지독한 의심과 폭력적인 행동을 한다.

의처증, 의부증의 원인에 대해서는 논란이 많다. 임상학적으로는 뇌 속에 신경전달물질인 도파민이 과도하게 활성화되는게 원인이다. 도파민이 과하면 작은 일도 확대 해석하거나 망상으로 이어지는 경향이 있다. 의심의 밑바닥에 열등감이 깔려 있는 것도 원인으로 꼽힌다.

열등감에 시달리는 사람이 자존심에 상처를 받으면 질투 망상이 생기기 쉽다. 열등감의 원인을 배우자로 돌리기 때문이다.

의처증, 의부증 환자들은 치료가 굉장히 어렵다. 자신이 병에 걸려있다는 사실 자체를 인정하지 않기 때문이다. 의심이 많고 치료에 냉담해 긴 시간과 치료자의 인내가 필요하다

◆ 2015.9.18. 매일경제 이지용 기자

100년 전통의 뉴욕 메트로폴리탄 오페라극장(MET)이 '오셀로' 공연에서 흑인 분장을 하지 않기로 했다. 셰익스피어 원작에서 주인공은 흑인이지만 실제 백인이 대다수 오페라 가수들은 흑인으로 분장한 뒤 공연을 해왔다. 하지만 최근 찰스턴 흑인교회 난사사건 이후 흑백 인종차별 비난 여론이 커지자 원작을 파괴하기로 한 것이다.

MET '오셀로' 공연은 1891년 시작된 후 124년간 성황을 이루면서 뉴욕의 대표 볼거리로 자리잡아 왔다.

MET에 앞서 미국 발레극장을 비롯해 다른 '오셀로' 공연에서도 이미 인종 모욕, 피부색 차별 등 논란이 일자 흑인 분장을 포기했다. 그러나 MET는 지금까지 "최대한 원작 콘셉을 유지해야 한다"며 이런 여론을 무시해왔다.

공연하는 배우들은 내심 반기는 분위기다. 예전에 흑인 분장을 하거나 지우는 데만 한시간 넘게 시간을 소비했기 때문이다. 반면 전통 오페라 공연과 셰익스피어 원작 훼손을 우려하는 목소리도 만만치 않다. MET 페이스북엔 "관객들이 원작을 대부분 알고 보는데, 오셀로는 원작대로 흑인 얼굴이어야 한다"는 글이 빗발치고 있다.

■ 극단 가변(각색 조현아, 연출 송형종) <오셀로 니그레도>
2015.11.11.~11.29., 동숭교회 엘림홀

송형종(1965~)은 극단 가변의 대표이자 한국영상대학교 연기과 교수, 공주영상대학 연기과 교수, 동아방송대학 영화예술계열 교수, 서일대학 연극과 교수, 한국문화

예술교육진흥원 중앙교육위원, 국제극예술협회 이사, 한국연극협회 이사, ITI 사무국장 이사, 한일연극교류협의회 위원 등을 역임한 한국연극을 발전적인 방향으로 이끌어가는 연출가다.

　<오셀로 니그레도(Othello-Nigredo)>는 오셀로, 데스데모나, 캐시오, 그리고 이아고 등 4인의 등장인물만으로 연극을 이끌어간다. 작품에 대한 설명은 2014년 편을 참조하기 바란다.

2016year Othello

■ 극단 성북동비둘기(연출 김현탁) <오셀로 Oh The Yellow>
　　1. 2016.5.14.~5.25., 문래예술공장 박스씨어터
　　2. 2016.6.14.~6.30., 유시어터

　극단 성북동비둘기는 셰익스피어의 4대 비극 중 하나인 <오셀로>를 재구성하여 감각적이고 도발적인 시선으로 우리사회의 인종차별 문제를 정면에서 다룬 <오셀로 Oh The Yellow>를 공연하였다.

원작 <오셀로>의 비극은 무어인 오셀로를 혐오한 이아고의 시기에서 비롯된 것이며, 이때 오셀로가 흑인이었다는 사실이 결정적이라고 본다. 이번 공연에서는 오셀로 배역을 실제 흑인인 외국인 배우가 맡았다.

원작 오셀로의 비극은 질투에 눈이 멀어버린 그의 연약함으로부터 비롯되기 이전에, 오셀로를 혐오한 이아고의 시기에서 비롯된 것이다. 그리고 이때 오셀로가 흑인이었다는 사실이 감각의 측면에 있어서는 가장 결정적이다. 가령, 끝내주게 예쁘고 늘씬한 여자를 대동하고 나타난 베트남 노동자를 떠올려보라. 나도 모르는 사이 그를 향해 보내게 되는 의혹과 불쾌의 시선이 지금 여기에서 오셀로의 비극을 낳는 씨앗이 될 수 있다. 오셀로 배역은 실제 외국인이 맡는다. 그의 능숙하지 못한 한국어의 어눌함이 또 한국어로 소통이 안 될 때 쓰는 그의 자국어가 셰익스피어의 문장들을 생경하게, 의미보다는 감각 자체로서 전달시키게 될 것이다. 크고 작은 혐오감을 불러일으키면서 쉼 없이 우리의 감각을 건드릴 때, 관객은 자신도 모르는 사이 어느덧 흑인을 대하는 백인들의 차별적 시선과 일치되고 있을 것이다. 그리고 이때 관객은 머리로 따라간 연극이 아닌 몸으로 따라간 연극의 끝에서 '나는 누구인가, Oh The Yellow는 누구인가, 이 시대에 비극은 어디에 있는가'라는 질문을 던지게 될 것이다.

이번 연극의 연출은 언제나 파격 혹은 전위란 수식어가 따라다니는 연출가 김현탁이 맡았다.

◆ 연극평론가 김옥란

문래예술공장, 낯선 공연장이지만 찾아가는 재미가 있었다. 공장지대에 극장이 위치해 있는 것도 좋았고 문래예술공장.. 극장 이름에 공장이 들어가 있는 것도 주변 지역의 특성과 함께 뭔가 건설적인 연극이 가능할 듯 싶어 첫인상도 좋았다.

공연은 아카데미 시상식 진행과정을 패러디, 아이디어도 좋았다. 각종 영화의 장면들을 에피소드별로 보여주면서 <오셀로> 원작의 이야기를 진행시키는 식이다. 기존의 극단 성북동비둘기 공연들에서 익숙하게 보아온 장면들이다.

우주복을 입은 미래 영화를 패러디하며 우주 작업복을 입고 전쟁이 일어났음을 알리는 장면이나, 사이프러스 섬에서 오셀로 장군 일행을 기다리는 하녀들이 부채를 부치며 태풍이 일어나 배가 위태로운 장면을 표현하는 장면도 재치있었으나, 실제 흑인(동남아계) 배우가 등장하고 있기 때문에 단순히 한국배우들만 등장하는 공연과 달리 그야말로 인종적인 의미들이 새로 생성되면서 아슬아슬하다.

<록키> 장면을 패러디하면서 흑인 오셀로 배우와 이아고 역할의 배우가 링 위의 권투씬을

보여주면서 원작의 대사들을 진행하고 한쪽 의자에 앉은 남녀 두 명의 해설자가 논평도 하고, 금발머리 가발을 쓴 여배우가 권투경기 중간 쉬는 시간에 상대편 선수의 눈도 붙여주고 안마도 해주는 장면을 오셀로가 오해하는 장면으로 보여주면서 데스데모나의 손수건은 아프리카의 국기인가를 링 위에 던지는 식으로 표현하는 데까지는 의도적으로 장면과 대사가 이질적으로 진행하고 있어 원작을 모르는 일반 관객들이 이 공연을 따라갈 수 있을까 살짝 걱정될 뿐이었는데…

셰익스피어 원작, 아카데미 시상식장의 논란, 이번 공연에서 재현되고 있는 〈미녀와 야수〉, 〈록키〉 등등의 장면들이 모두 그야말로 백인 중심의 인종담론을 담고 있다는 사실에 당황하게 되기까지, 애초에 공연에서 의도했다고 하는 아카데미 시상식장의 아시아 배우 이병헌, '옐로우'의 문제의식은 없었다. 바로 그걸 보러 갔는데 여전히 재생산되고 있는 흑백담론, 그걸 아무 거리낌없이 즐기고 있는 흑백 인종담론만을 보게 되었다. 이건 왜지? 인종담론은 이제 우리에게도 민감한 주제, 특히 문래동 공장지대는 인근의 대림과 신도림동 등과 함께 그 특성상 외국인 노동자들도 많은 곳. 그렇기에 더더욱 이 공연을 그저 순수한 셰익스피어 공연으로 볼 수 없게 됨. 낯선 공연장을 찾아가던 흥분과 기대는 모두 깨지고. 급 우울.

King Lear

리어왕

1997year KingLear

■ 극단 무대에서 바라본 세상(각색 김철홍·문상훈, 연출 김달중)
　〈거꾸로 가는 리어〉(아부지) 1997.4.10.~5.11., 하늘땅소극장 1관

◆ 문화일보(1997.4.15)
셰익스피어의 비극 '리어왕'을 패러디해 우리 사회의 父權(부권)상실과 노인성 치매의 비
극을 그린 연극이 공연되고 있다. 극단 '무대에서 바라본 세상'이 지난 10일 서울 대학로
하늘땅소극장 1관 무대에 올린 〈거꾸로 가는 리어〉가 그것이다.
주인공 민국은 딸들의 장래문제와 결혼문제로 고민한다. 어느 날 한 광대가 나타나 그림을
주며 이 그림이 큰 돈이 될 것이라고 말한다. 민국은 그림을 팔아 큰 돈을 마련, 딸들에게
재산을 분배한다. 그러나 셋째 딸 삼순은 감언이설을 하지 못해 한 푼도 받지 못하고 쫓겨난
다. 세월이 흘러 딸들이 자신의 남은 재산을 차지하기 위해 음모를 꾸미는 것을 알고 민국은
가출해 부랑자들과 어울리며 실성기를 보인다. 삼순은 버림받은 아버지를 찾지만 민국은
치매에 걸려 자신을 리어로, 삼순을 코델리아로 혼동하여 공허한 분노 만을 터뜨린다.

연출가 김달중씨는 "유아시절, 우리는 아버지란 존재가 슈퍼맨이 아니라는 것을 깨닫게 돼도 아버지들은 슈퍼맨 행세를 해야 된다. 셰익스피어의 '리어왕'이 갖고 있는 '슈퍼맨'이 되고 싶은 성격적 결함'으로 재해석, 아버지들의 비애를 그렸다."고 말했다.

1998year KingLear

■ 극단 무천(연출 김아라) <인간 리어>
1998.10.16.~10.25., 안산군 죽산면 용설리 M 캠프 야외극장

극단 무천은 김아라가 창설하였다. 그녀는 상임연출가이며 M 캠프 야외극장은 그녀가 연출하는 작품의 무대다.

무대와 객석이 따로 없다. 배우와 관객이 구별되지 않는다. 예술을 통해 인간과 자연이 하나가 된다. 원시적 의미의 축제를 추구하는 무대이다.

<인간 리어> 공연에서 맏딸과 둘째딸의 감언이설에 속아 효성 지극한 셋째 딸을 내쫓은 리어왕이 결국 두 딸의 배신으로 비참하게 죽어가는 원작을 음모와 배신, 불신과 야욕으로 가득찬 현대인의 모습으로 옮겼다. 기계문명 속에서 단절된 인간과 인간 간의 관계를 극명하게 묘사하면서 비극의 원천이 되는 욕망을 달래 화해를 이루어내는 대단원으로 마무리된다. 원작의 기본 구도는 남아있지만 셰익스피어적인 대사는 모두 삭제되고 대신 '김아라식'의 소리언어와 신체언어가 삽입됐다. 강렬한 눈빛과 진한 비애를 간직한 남명렬이 깊어가는 가을을 배회하며 고뇌하는 인간 리어를 그렸다.

1999year KingLear

■ 그룹 여행자(연출 양정웅) <리어왕>

1999.5.17.~5.30., '99 셰익스피어 상설무대' 참가작 여해문화공간

극단 그룹 여행자는 1998년 <여행자>(양정웅 작/연출)로 공연을 시작으로 결성되었으며, '98 셰익스피어 상설무대'에서 <로미모와 줄리엣>(연출 양정웅)으로 주목을 받은 바 있다.

[연출의도]

배신과 이기, 욕망이 뒤엉켜 공포를 불러일으키는 이 불후의 비극은 세기말 현대를 살아가는 우리들에게 인간으로서의 숙명적 자기분열과 모순의 참담한 모습을 각인시킨다. "인간으로 태어난 것'의 비극적 존재성에 대한 극명한 성찰과 고통은 이 극을 이끌어가는 일관된 테마이다. 어리석은 판단이 치러야 할 값비싼 대가, 미쳐버린 리어, 미친 인간으로 가장한 에드가, 미친 상태가 정상인 어릿광대, 욕망에 미친 듯이 달려드는 에드먼드, 거너릴과 리이건 등은 미친 상태가 더 이상 가야 함이 아닌 갈등과 고난, 절망에 허덕이는 보편적 인간의 모습으로 전면에 부각된다.

■ 부산시립극단(번안 김경익, 연출 이윤택) <리어왕>
1999.6.4.~6.13., 예술의전당 토월극장

연출가 이윤택은 게릴라다. 게릴라는 돌연변이(突然變異)를 해야 싸움을 할 수 있을 것이다. 그래서 연극도 게릴라가 되면 돌변(突變)해야겠지. 그래서 관객을 놀라게 한다. 그런데 이윤택의 의리는 그의 연극과는 다르다. 한결같다. 의리가 있다는 이야기다.

부산 MBC에서 성우와 아나운서를 거쳐 편성 PD로 근무한 전성환은 35년간 부산 연극을 지킨 자갈치 배우다. 그는 중학교 때 뮤지컬, 영화에 미쳐 연극을 시작했다. 63년 부산에서 극단 '전위무대'를 창단, 150여편에 출연했고, 50여편을 연출했다. 그리고 67년 부산 MBC에 성우로 입사한 것이었다. 그는 1999년 12월 정년퇴임하게 되었다. 연출가 이윤택과는 지난 70년대부터 알고 지냈으며, 몇 년 전부터 전성환에게 "형님 은퇴공연은 제가 합니다."라고 말버릇처럼 해오던 이윤택이 지난 해 10월쯤 "혹시 하고 싶은 작품이 있느냐?"고 불쑥 묻기에 전성환이"리어왕 한번 해보고 싶다."고 무심코 대답했더니 "나도 그 생각을 하고 있었다"며 무릎을 탁 쳤다는 것이다. 전성환의 MBC 퇴직을 기념하여 후배들이 헌정한 작품이 이윤택이 연출한 <리어왕>이며 전성환이 주역인 '리어왕'으로 출연하였다. 이 시대의 리어왕, 노배우 전성환이 된 셈이다. <리어왕> 부산공연에서 보여준 카리스마적인 감정절제와 분출의 멋은 관객들을 흥분의 도가니 속으로 몰아갔고, 평론가들의 극찬이 이어졌다.

■ 인천시민의 날 및 전국체전 경축공연
　인천시립극단(공동연출 임기원·손경희) <King Lear>
　1999.10.20.~10.24., 인천종합문화예술회관
　영국의 비평가 사무엘 존슨은 "<리어왕>의 결말은 두 번 다시 읽을 용기가 없다."
또 찰스 램(Charles Lamb)은 "리어를 무대에 재현(再現)하는 것은 본질적으로 불가
능하다."라고 하였다. 그만큼 비극성이 강하다는 뜻이다.

[작품해설]
<리어왕>은 셰익스피어의 작품 중 여러 가지 의미에서 최상급의 작품이며, 위대한 작품이
자 또한 가장 통렬하여 가장 비통한 작품이기도 하다.
이 <리어왕>에 대해 세계 여러 나라의 비평가와 작가, 그리고 시민들은 저마다 찬사를
아끼지 않고 있다. 리어왕이 세 딸에게 영토를 나눠주려고 했을 때, 말솜씨가 능란하고
간교한 두 딸의 말 만을 믿고 그만 판단력을 잃게 되어 솔직하고 심성이 고운 막내딸
코델리아의 심지 깊은 마음을 읽지 못하여 그녀를 추방했고 리어왕 자신도 딸들의 사악한
계약에 걸려 끝내는 비극적인 최후를 맞이하게 되는 이야기는 고대 영국의 전설이지만
문화권이 다른 우리들에게는 "문화적 현실성"을 지닌다고 보여진다.
리어왕의 처절한 비극은 한마디로 말해서 명철함의 결여 때문에 일어났다고 볼 수 있다.
더구나 한 나라의 국왕에게는 특별히 지혜와 명철함이 요구되는데 외양과 내심, 가식과
진실을 즉 밝고 어두움을, 옥과 돌을 정확하게 헤아리는 명철함이 없었다. 여기에 비극의
원인이 있다.

2001year KingLear

■ 국립극장(대본/연출 김명곤) <우루왕>
　2001.7.13.~7.22., 국립극장 해오름극장
　<바리데기>는 옛날이야기다. 삼국시대 이전부터 전해 내려온 설화이다. 세상으로
부터 버림받은 사람이 세상을 구원하게 된다는 아름답고 숭고한 이야기다 '바리데
기'란 '버려진 아이'라는 뜻으로, 죽은 사람의 영혼을 저승으로 인도해 주는 여신을
일컫는다

<우루왕> 공연은 우리나라 예술계를 총 동원한 듯한 지상 최대의 뮤지컬 공연이 었다. 대본·총감독 그리고 연출은 김명곤이 담당하였다. 그는 국립극장장이다.

◆ 주간조선
내용면으로 보면 셰익스피어의 <리어왕>과 불교설화 <바리데기>를 섞어 <우루왕>으로 만들었고, 형식면으로 보면 뮤지컬과 국악을 섞어 국악 뮤지컬을 만들어냈다.
물론 무게 중심은 전통에 있다. 국악의 무거운 느낌을 덜기 위해 경쾌한 리듬과 비트, 빠른 장면 전환을 사용한 것이다. 전통을 살리면서 관객의 입맛에 맞추기 위해 국립극단, 국립창극단, 국립무용단, 국립국악관현악단이 합심했다. 출연진만 해도 100명이 넘는다. '국립'이 아니고서는 도저히 해낼 수 없는 대형프로젝트 공연인 것이다.
극의 내용은 앞서 밝힌 대로 <리어왕>과 <바리데기>의 퓨전이다. 시공간적인 배경은 아득한 상고시대(上古時代)의 한 왕국. 이 나라의 '대통령 우루왕(김성기, 왕기석과 더블 캐스팅)에게는 세 딸이 있었다. 첫째는 가화, 둘째는 연화, 셋째는 바리(이선희, 박애리 더블 캐스팅) 공주다.
오랜기간 평화롭게 지낸 우루왕은 왕위와 땅을 세 딸에게 나누어 주고 남은여생을 즐기려 한다. 가화와 연화는 조금이라도 더 얻어내기 위해 아첨을 하고, 막내 딸 바리공주는 직언(直言)을 하며 양위(讓位)를 반대한다. 직언과 교언(巧言)을 가르는 판단력이 없었던지 바리의 말에 화가 난 우루왕은 바리를 쫓아내고 가화와 연화에게 국토를 나누어 준다. 실속을 모두 차린 가화와 연화는 아버지 우루왕을 쫓아내고, 두 딸의 배신에 격노(激怒)한 우루왕은 미치광이가 되어 광야를 헤맨다. 쫓겨난 바리는 죽은 어머니 길대 부인(안숙선)의 혼령을 만나 아버지 우루왕이 미친 것을 알게 되고 치료제인 '천지수'를 찾아 나선다. 천지수를 지키는 수호신을 만난 바리는 마지막 시험을 받게 된다. 아버지와 나라를 위해 바리는 천지수에 몸을 던지게 되고 이 시험을 이겨 결국엔 천지수를 얻어낸다.
충신 고흘 승지 역을 맡은 장민호씨는 77세의 나이에도 감동적인 열연을 하고, 길대 부인 역을 맡은 안숙선(국립창극단 예술감독)씨는 국악계의 '프리마돈나'임을 가감없이 보여준다.

■ 부산시립극단(재구성/연출 이윤택) <리어왕>
　　2001.8.16.~8.19., 부산 문화회관 중강당
이 지역에서 대표적인 보도기관 부산일보는 이 공연에 대하여 자세하게 공연내용을 보도하였으며, 그 중 일부를 소개한다.

셰익스피어의 4대 비극 중 가장 규모가 장대하고 격렬한 비극의 감정이 고조된 작품으로 평가받는 '리어왕'은 간교한 두 딸의 아첨에 눈멀어 진실한 막내 딸 코델리아를 저버린 후 두 딸의 배신과 박대에 미쳐버린 리어왕과 서자인 에드먼드의 거짓에 속아 장남인 애드거를 불행 속으로 내몰고 결국엔 자신마저 두 눈을 뽑히고 마는 글로스터 백작의 비극이 함께 전개되는 이중적인 구조로 되어 있습니다.

이러한 리어왕의 비극을 통해 각박한 현실 속에서 실직과 소외의 시대를 살아가는 현대인의 아픈 현실을 담고자 한 이번 작품은 또한 배신과 모반의 혼돈 속에 뛰어든 정의의 기사 켄트, 촌철살인적인 비판력으로 세상을 희롱하는 바보광대, 마음 속의 진실을 표현하지 못해 쫓겨난 막내 딸 등을 통해 우리의 바리데기 설화처럼 자신에게 주어진 운명에 절망하고 저항하는 인간상을 제시할 것입니다.

특히 주연을 맡아 열연을 펼쳤던 전성환(현 부산시립극단 예술감독 & 수석연출가)의 '제11회 이해랑연극상' 수상을 기념하는 무대이기도 한 이번 공연은 전성환(노배우)의 전 직장이었던 방송국 스튜디오를 실내공간으로, 그가 즐겨 다녔던 광복동 입구 포장마차 거리가 황야로 설정됩니다.

■ 동국대학교 영어영문학과, 영어연극(각색/연출 문영동) <리어왕>
2001.11.1.~11.3., 동국대학교 학술문화관 예술극장

동국대학교의 연극공연은 이미 정평이 나있다. 동국대학교가 2001년에 영어연극을 하였다. 그것도 <리어왕>이다. 연극학과가 아닌 영어영문학과의 제17기 정기공연으로 영어연극 30주년기념 선후배합동공연이었으니 해볼 만한 <리어왕>의 공연이었으며 다음은 인사말이다.

과거 유신과 군사정권 독재에 항거하던 학원가를 뒤덮던 최루탄의 매운 연기와 역사의 소용돌이 속에서도, 영어연극 정기공연을 계속해 왔던 30여년의 영문학도들로서의 우직함은 순전히 순수한 열정의 소이어서 아름다운지 모른다. 그 열정으로 인해, 가난한 재정과 자체의 조명등 하나, 연습공간 한 평도 없는 여건 속에서도, 희랍극을 위시하여 한 번도 국내에 상연이 시도되지 않았던 셰익스피어극들과 중세극을 원어로 올릴 수 있었던 것이 대학극만이 가질 수 있는 가능성임을 회고하며, 부족함을 메워주시던 관객의 사랑에 감사드린다.

2003year KingLear

■ **극단 후암(차현석 각색·연출), <리어왕>**

2003.3.6.~3.16., 아트홀 스타시티 예술극장

극단 대표 차현석은 기획력과 연출력을 갖추고 있으며 학구적이고, 극단은 젊은 스탭, 배우들, 젊은 연극인의 모임이기 때문에 <오셀로>와 <리어왕>의 공연에 뒤이은 작품의 공연을 기대할 수 있다. 더욱이나 후암 엔터테인먼트 자체 사무실과 소극장을 소유하고 있으며, 연극계로서는 재정적 규모가 우수하니, 극단으로서도 앞으로의 활동, 셰익스피어의 수용에도 도움이 될 것으로 기대하고 있다.

필자는 극단 후암의 <리어왕> 공연을 격려하였으며 다음과 같이 끝맺음을 하였다.

극의 현대성은 시간과 공간을 넘어 오늘의 사회가 갖고 있는 문제의식을 생생하게 제기하는데 있다. 세계 각처에서 독재자의 횡포나 지역간 분쟁이 그치지 않는 불행을 초래하는 비극성의 현실화와 고령화 사회의 문제점을 묻게 된다. 우리나라의 정치적 침체기라 할 1970년대와 1980년대에 〈리어왕〉은 실험적 차원에서 번안극이 공연되었다. 그것은 일종의 절대 권력에 대한 풍자로 나타난 것이라 볼 수 있다. 1990년대 이후에는 현대 사회에서 부각되는 노인들의 고독과 소외를 리어라는 인물로 부각시킨 공연들이 뒤따랐다. 이번에 공연된 〈리어왕〉은 차현석 연출로 연기진들의 정열이 엿보인다. 연극의 이념이 꽃을 피워 우리들 관객 앞에 신선한 충격을 주리라고 기대해마지 않는다.

■ **'제2회 의정부 국제 음악극 축제' 초청작품**

대만의 당대전기극장(當代傳奇劇場)(각색/연출 우 싱 꾸오), <리어왕>

2003.5.1.~5.2. 의정부 예술의전당 대극장

동양과 서양의 예술적 충돌 : 셰익스피어를 경극(京劇)으로 만나다. 대만 당대전기극장(當代傳奇劇場)의 <리어왕> 공연을 이르는 말이다.

당대전기극장의 <리어왕>은 셰익스피어의 텍스트를 중국 경극에 담은 공연으로 스태프는 각색·연출 우 싱 꾸오, 제작 린시우웨이, 의상 팀입, 무대미술 장하오진, 조명 왕즈치안, 음악 리이칭이었으며, 출연은 오직 한명 우 싱 꾸오이며 1인 10역의 기록을 세우며 현란한 연기로 1인극의 묘미를 선사하였다. 우 싱 꾸오는 대만 최고의 명배우이고 연출가이며, 셰익스피어 작 <맥베스>를 번안한 경극 <욕망의 제국(원제

慾望盛國)> 공연으로 우리나라에서는 물론, 세계에서도 명성을 얻은 바 있다.

◆ 한국연극(2003년 6월호) 연극 비평가 이미원
올해로 두 돌을 맞는 '의정부 국제 음악극 축제'(2003년 5월 1일~25일)의 개막공연으로
타이완 당대전기극장의 <리어왕>이 올랐다.
주인공 우 싱 꾸오(吳興國)는 일인극이라고 믿을 수 없을 만큼 무대를 꽉 채우며 역할의
변신이 능했고, 그 번안 역시 압축적으로 <리어왕>의 핵심을 찔렀다.
일인 다역이 그토록 신뢰가 갔던 것은 아무래도 경극의 관습에 의거하여 연기했기 때문이다.
생(짙은 화장을 하지 않는 남자역), 정(짙은 분장을 하는 남자역), 축(소시민이나 광대역),
말(단역) 등 인물타입에 따라 움직임의 관습이 전혀 다른 경극의 관습을 자유자재로 활용
하여, 리어, 광대, 딸들, 글로스터와 두 아들 등의 인물을 나타낸다. 가령 리어를 정의
인물타입에 따라 연기한 것은 남성적 비장미를 극대화시켜서, 위대한 리어의 어리석음의
후회를 표현하는데 아주 적절하였다. 경극의 창(소리), 주(무용적 동작), 염(대사), 타(무
예적 동작)를 다양한 인물에 따라 막힘없이 적절하게 구사했던 우 싱 꾸오의 연기력에
실로 감탄이 갔다.
그러나 감탄스러운 것은 번안이다. 우 싱 꾸오는 리어의 배신감을 '자아 찾기'로 해석했다.

■ 2003 '제11회 젊은 연극제' 참가작, 우석대학교(연출 박경률) <LEAR>
　1. 2003.6.20., 우석대학교 연극영화관
　2. 2003.7.6., 문예진흥원 예술극장 대극장
　2003년도에 세 번째로 공연된 <리어왕>은 대학극이었다. 우석대학교 연극영화학
부 연극전공생들의 '제11회 젊은 연극제' 참가작이다. 우석대학교 연극학부의 공연
중 셰익스피어 작은 <맥베스>와 <한여름 밤의 꿈>, 그리고 2003년 <LEAR>로 세
번째의 공연이 되는 셈이다. 리어를 어머니로, 세 딸을 아들로 바꾼 것이 이 번안의
특징이라고 할 수 있다.

[작품내용]
1608년 출판된 리어왕의 비극은 리어의 성격적 결함에 기인한다. 통찰력 결여, 고집,
노망으로 인한 질서의 파괴로 인해 비극으로 막을 내리게 되는 것이다. 리어는 세 아들에게
자신에 대한 애정을 묻고 그 척도에 따라 나라를 나눠주고 여생을 편히 지내기로 마음먹는
다. 그 결과 두 아들은 아첨을 늘어놓아 어머니의 마음을 만족시키지만 막내아들은 마음
속에만 담아둔 채 아첨하기를 거부하고 리어의 노여움을 사고 의절까지 당한다. 두 아들은
실질적인 권한이 없는 어머니를 학대한 끝에 내쫓고 리어는 모진 고생 끝에 진정으로 자신

을 사랑하는 사람은 막내아들이라는 것을 깨닫는다. 그 어느 학교도 젊은 연극제를 준비하면서 순탄하지만은 않았을 것이라고 생각한다. 힘들고 고독한 시련을 넘어선 우리는 이제 그 응축되어 있던 에너지를 무한 발사할 것이다.

■ 극단 가변(작 오유경, 연출 송형종) <패밀리 리어>
2003.8.27.~9.7., 극장 아람누리

극단 가변(可變)은 '고정불편한 것이 아니고 변경하거나 변화할 수 있음'이라고 하였다. 시대에 맞춰 새롭게 도전하는 극단 '가변'은 셰익스피어의 <십이야>를 감각적이고 유쾌하게 그려낸 <트랜스 십이야>로 국립극장 셰익스피어 페스티벌에 참가하여 호평을 받은 여세로, 역시 셰익스피어의 원본을 기초로 한 <On Air Hamlet>과 <Family Lear>로 <햄릿>과 <리어왕>에게 새로운 옷을 입혔다.

작가 오유경은 혜화동 1번지 3기 동인이며, '그룹動시대'의 상임연출가이다. 연출을 한 송형종도 혜화동 1번지 3기 동인으로, 서일대학교 연극영화학과 교수이며 '극단 가변'의 대표이다. <패밀리 리어>에서 주연 리어를 맡은 이영란은 송형종의 스승이다. 스승을 모시고 연출을 하는 셈이다. '제14회 동아연극상 여자연기상'과 '제41회 아시아 태평양 영화제' 최우수 여우조연상도 수상한 이력이 있는 배우이기도 하다. 이들이 엮어내는 연극 <패밀리 리어>는 누구나 관극을 하고 싶은 동기를 두게 될 것이다

[작품설명]
원작 리어의 내용에서 많은 부분의 각색이 있었다. 한 나라의 왕으로서가 아닌 세 딸의 아버지 리어. 여기에는 노인1과 노인2가 등장한다. 노인1은 원작의 리어, 노인2는 원작에서 모든 것을 겪고 공허함과 모든 것을 탈피한 리어이다. 노인1은 반 식물인간 상태이고 죽어가고 있다. 노인1과 간병인의 공간과 노인2와 드라마가 시작되는 공간 두 개의 공간이다. 드라마가 시작되면서 노인1과 노인2는 이 두 공간을 자유롭게 이동한다. 노인은 딸들에게 모든 것을 다 주었다. 자신의 재산과 권력을 사탕발림으로 얻어낸 거너릴과 리건. 노인은 진실의 눈을 뜨지 못하고… 한편 글로스터의 적자 에드거를 모함하고 아버지의 재산을 모두 차지한 서자 에드먼드. 치밀한 계획과 악마적인 근성에 힘입어 결국 자신이 원하는 모든 것을 얻으려고 하였으나 신이 있다는 증거로써 끝내는 형에게 죽음을 맞이하고…

필자는 극단 가변의 <On Air Hamlet>과 <Family Lear> 공연을 셰익스피어 수용에 기록하여야 한다는 신념으로 다음과 같이 격려사를 보냈다.

모든 예술혼을 차지하려는 욕심쟁이가 있습니다. 그런데 그는 자기의 예술을 모든 자에게 나누어주려는 독지가이기도 합니다. 이 사회에는 분열이나 나누어짐이 없습니다. 하나같이 똘똘 뭉친 연극꾼들입니다. 그 한 예가 송형종 교수입니다. 그가 이끄는 극단 가변입니다. 자랑스러운 존재입니다. 귀중합니다. 정열이 있습니다. 그 정열이 식지 않습니다. 하나가 아니면 둘이요, 둘이 아니면 셋이요, 넷이요 하고 계속합니다. 그들의 연극이. 기록이 그렇다는 것입니다. 하나의 희곡이 있습니다. 그 희곡의 진수를 찾는 길이 허다하게 많습니다. 연출자마다 그 길이 다릅니다. 연출할 때마다 새로운 시도가 있고 모험이 있습니다. 셰익스피어는 아버지입니다. 그 밑에 갈라선 후대는 한없이 많습니다. 그를 원천으로 하여 많은 인물이 생기고 또 생기고 합니다. 그 번안물도 또 다시 연출의 길이 다르고 달라집니다. 이번에 〈온 에어 햄릿〉과 〈패밀리 리어〉를 상연합니다. 셰익스피어의 비극 1등이 우리나라에서는 〈햄릿〉입니다. 그리고 서구세계에서는 〈리어 왕〉입니다. 가히 1등끼리 맞부딪쳐서 해보겠다는 욕심입니다. 가상타고 할 일입니다.

햄릿은 미남일까요? 그럴지 모릅니다. 그런데 용감한 왕자일까요? 무술실력은 대단합니다. 그러나 나약하다고도 합니다. 생각에만 잠긴다고도 합니다. 복수심에 불탄다고도 합니다. 오필리아를 사랑했을까요? 미친 듯 사랑한다고 합니다. 둘 다 미치고 미친 척 합니다. 어떻게 종잡아야 할 지 모를 햄릿입니다. 그리고 그와 오필리아 전 집안은 햄릿의 복수 결과까지에 온 집안이 죽고 맙니다. 막상 햄릿왕자의 왕위계승권은 노르웨이의 포틴브러스 왕자가 차지합니다.

리어 왕은 불쌍합니다. 폭풍이 몰아치고 폭우가 쏟아지는 황야 속을 리어 왕이 미친 듯 헤맵니다. 두 딸에게 영토와 왕권을 물려준 늙은 왕입니다. 사랑하는 막내딸은 말로 지껄이는 효도시합에서 효심의 말 한마디 할 줄 모른다고 내쫓아버리고 결국 자기가 몰려나는 겁니다. 리어 왕은 나이 들었다고 영토와 왕권을 양도하면서 자식을 거느려온 아버지로서의 판단이 흐려지고 양위 후에도 왕 같은 생활을 하려다가 무일푼 거지꼴로 쫓겨납니다. 권위 높은 왕으로는 성공했는지 몰라도 아버지로서는 점수 미달입니다. 낙제점입니다. 왕을 그만두면 왕이 아니죠. 조촐하게 늙어가면서 남은 인생이나 즐겨야죠. 그런데 사랑하던 막내딸을 내쫓다니요? 그리고 입심 좋은 큰 두 딸에게 넘어가다니 말입니다. 요즘 세태라면 누구의 처신술이 옳은지 문제꺼리가 될 일입니다. 결국 리어 왕은 자업자득의 불행한 늙은이가 된 것입니다. 리어 왕을 동정만 할 것인지 점수미달의 아버지라고 나무라야 할런지 궁금합니다. 그러나 이번 극단 가변의 공연은 송형종 교수의 연출이 무엇을 어떻게, 가변의 공연이 얼마나 깊이 있게 진실하게 무대화될지 궁금하고 기대가 됩니다. 어떤 〈햄릿〉으로 어떤 〈리어 왕〉으로 그려질는지 말입니다.

2004year KingLear

■ '2004 셰익스피어 난장' 참가작
연희단거리패(역 이태주, 극본/연출 이윤택) <리어왕>
2004.5.19.~5.26., 하늘극장

2004년 '셰익스피어 난장'의 마지막 작품은 연희단거리패의 <리어왕>이었다. 연희단거리패는 1986년 부산에서 창단되어, 부산 거제동 가마골 소극장을 중심으로 실험극단으로 성장하였고 1988년부터 서울 공연을 하며 지금은 한국 현대 연극의 중심극단이 되었으며, 해외공연도 활발히 하고 있다. 이윤택은 <리어왕>을 지난 1999년, 2001년 부산 시립극단 객원 연출로 여러 차례 앙코르 공연을 하여 화제가 되었으며, 이번에 연출한 연희단거래패의 <리어왕>은 원작에 충실하게 만들어 주옥 같은 대사는 바꾸지 않고 상황을 재구성하였다.

영국의 노왕 리어는 국사를 위임하고자 결심하고 세 딸들에게 자신을 얼마나 사랑하는지 묻는다. 그러나 그는 막내딸 코델리아의 진심어린 마음을 이해하지 못하고 미사여구를 동원해 아버지에 대한 사랑을 털어 놓은 첫째, 둘째 딸에게 국토를 나누어준다. 결국 두 딸의 거짓 사랑과 코델리아의 진심을 깨닫지만 왕국에서 내몰려 폭풍속의 황야에서 미친 듯 소리치는 신세가 된다. 그리고 울부짖는다. "우리들은 세상에 태어날 때, 이 거대한 바보들의 무대에 나온 것이 슬퍼 우는 거야."

<리어왕>은 셰익스피어의 비극 중에서도 가장 통렬하고 비통한 작품이다. 리어왕은 이 비극의 주인공이다. 이 비극의 부차적인 비극은 서자 에드먼드에게 배반당하여 두 눈이 빼어지고 장님이 된 글로스터이다. 이 극을 가정 통렬하고 비통한 작품으로 한 비극은 거짓말도 못하는 효녀 코델리아가 아버지 리어왕의 팔에 안겨 죽은 것이다. 코델리아가 아버지를 구하기 위해 싸움터에서 정신이 나가 쓰러진 리어왕을 찾게 되어 간호하며 묻는다. '저를 아시겠습니까?' 리어는 '너는 망령이지? 언제 죽었나?' 잠시 후 리어는 다시 '어젯밤 나는 어디에서 잠을 잤는지도 모르고 있을 정도라오. 나를 비웃지 마오. 내가 살아 있는 것이 확실하다면, 이 부인은 내 딸 코델리아라고 생각되는데.' 코델리아는 '그렇습니다. 확실히 그렇습니다.' 이때 코델리아는 깨어난 아버지 모습에 얼마나 감격했을 것인가. 생각해 보면, 효녀인 그녀의 죽음은 너무도 비참하다.

이 공연에서 비극을 맞는 자는 모두 가면을 썼다. 글로스터, 켄트, 에드거, 신사 그리고 광대이다. 비극을 저지른 자들은 하얗게 칠을 한 인면상(人面相)이다. 이들은 두 딸 거너릴과 리이건, 에드먼드, 그리고 오스왈드다. 리어왕과 코델리아만이 사람다운 면모이다. 이러한 분장법도 이윤택 연출의 한 특징이다.

리어왕은 전성환이며, 코델리어 역의 김소희는 연희단거리패 우리극 연구소 1기 이고 동국대 연극영화과 석사이며 현재 성균관대 연기예술학과 연기지도와 동국대 연극영화과에 출강하고 있다. 서울연극제 신인연기상을 수상한 바도 있다.

■ 극단 유(각색/연출 김관) <리어>
    2004.9.10.~10.19., 봉평 야외극장

봉평에 <리어왕>이 떴다. 달빛극장은 4년전 문 닫은 초등학교의 후신이며, 야외 극장으로 다시 태어났다. 유시어터는 평창군으로부터 5년간 이곳 사용권을 인정받 았으며, 유인촌은 자금을 모집 마련하고 평창군도 상·하수도 보수 등 적극적으로 도움을 주어 야외극장이 탄생된 것이다. 이러한 문화시설을 창립한 평창군과 유인촌 과 그 공로자들은 크게 칭찬받아 마땅하다고 생각한다. 오늘날 주요 도시마다 문화 의 전당, 예술의전당 등이 생기고 있으며, 이는 환영할만한 일이다.

<리어> 공연의 제작은 극단 유, 주최 유시어터이며, 대표는 유인촌이다. 유인촌은 국무위원으로 정치에도 참여한 원로 연극인이지만, 그 무렵 2004년에는 단단한 중 견배우로서, 필자는 우리나라에서 김동원을 이어가는 햄릿 2세로 치부하고 있다. 유인촌은 벼슬에서 물러났다. 그의 본태는 연극인이다. 극단 유가 있고 유시어터가 있다. 모리스 슈발리에의 예를 들고 싶다. 나이 들어도 얼마나 멋진 신사이고, 얼마나 멋진 배우이더냐? 유인촌도 이제는 후배를 격려하는 것은 좋은 일이나, 신구, 이순 재, 박근형이 그렇게도 활발하게 활동하고 있으니, 다시 연극계의 연극인으로 돌아 와주기를 필자는 간곡히 바라고 있다.

[줄거리]
한반도의 고대시대…큰 전쟁을 치루면서 부족국가들의 통합이 이루어지고 재정일치의 절 대 권력을 이룬 리어라는 왕이 지배하던 고대의 한반도…
그 신화적인 시간!
리어는 끝없는 정복전쟁으로 모든 부족들을 통일하고 절대왕권을 거머쥔 후, 더 이상의 전쟁과 살육이 필요 없음을 알고 신탁을 받지 않은 상태에서 자신의 영토와 권력을 세 딸들에게 나누어준다. 그러나 자신이 가장 아끼는 막내딸 아사는 왕의 영토 분할이 왕의 오만함에서 나온 것임을 깨닫고 반대한다. 또한 신당지기인 청부루의 적자이자 충신인 바람 역시 아사의 편을 들어 영토 분할의 부당함을 말하자 진노한 왕은 두 사람을 추방한다. 그러면서 야망을 가진 청부루의 사생아 구름에게 적자의 권한을 주고 나머지 두 딸(아라, 아솔) 부부에게 영토와 권력을 나누어준다.

쫓겨난 바람과 아사는 변방족을 규합하여 아사의 세력을 키우고, 바람은 아사의 명을 받아 변장을 한 채 리어의 곁에 머물기 위해 다시 돌아온다. 그러나 두 언니는 왕의 세력을 완전히 잠재우기 위해 구름을 이용한 계략을 세우고 왕의 군대들을 해체시키는데… 바람은 변장을 한 채 왕의 곁에 있다가 왕이 두 딸들에게 배신당하고 미쳐가는 과정을 지켜본다. 광야에서 분노로 목을 축인 왕은 바람과 청부루의 도움으로 아사진영으로 피신하고 변방의 아사로부터 받은 신당지기인 청부루는 왕을 도와 다시 왕권을 일으키려 하지만, 믿었던 서자 구름의 배신으로 둘째 딸 아솔과 그의 남편 대모수리에게 눈알이 뽑힌 채 자살을 하기 위해 절벽을 찾는다. 거기서 청부루는 첫 딸 아라의 심복인 모도리에게 죽임을 당한다. 한편 두 딸들의 음모와 구름의 음모는 계속되고, 막내딸인 아사는 변방족을 이끌고 마지막 결전을 위해 아버지의 땅으로 향하는 가운데 복수와 애욕, 야망과 배신의 전운이 감돌기 시작한다.

2006year KingLear

■ **극단 76단(번역 이태주, 각색 김나연, 연출 기국서) <리어왕>**
  1. 2006.5.12.~5.15., '서울 연극제' 공식초청작 아르코 예술극장 대극장
  2. 2006.5.23.~5.28., '국립극장 셰익스피어 난장' 참가작 국립극장 하늘극장
  3. 2006.6.2.~6.18., 사다리 아트센터 네모극장

극단 76단은 1976년에 출발하여 신촌 문화형성의 교두보 역할을 했던 70년대 전위연극의 산실이다.

극단 76단의 <리어왕>은 세 가지 행사에 참여하여 세 극장에서 공연되었다. 2006년 '서울 연극제' 공식초청작으로 5월 12일부터 15일까지 아르코 예술극장 대극장에서, 2006년 '국립극장 셰익스피어 난장' 참가작으로 5월 23일부터 28일까지 국립극장 하늘극장에서, 창립 30주년 기념공연으로 6월 2일부터 18일까지 사다리 아트센터 네모극장에서 공연되었다.

◆ 2006년 2월 22일 한겨레신문 이지성 기자

80년대의 대표적인 작품은 〈햄릿 시리즈〉 같은 정치극이었다. "전두환 정권이라는 쇼크"를 은유적으로 표현한 것이다. 90년대 들어 군부독재가 청산된 뒤에는, 가난하고 소외된 이들에게 시선을 돌렸다. '가난과 저항의 미학'이라는 극단의 성격을 굳혔다. 76단은 유서 깊은 극단이면서도 스스로 권력이 되지 않고 연극계의 언더그라운드로 일관해왔다. 이는 그들의 무정부주의적 태도와도 관련이 있다. 연극평론가 안치운은 〈기국서론: 차가운 대지, 뜨거운 욕망〉에서 "연출가 기국서는 일종의 평등주의 내지 무정부주의적 집단의 수장"이라며 76단의 작업이 "반체제, 반문화, 반기성적이라는 정의(〈한국 소극장 운동, 70년대 이후의 맥〉)에 동의한다"고 평한 바 있다.

[작품소개]

• "공감적인 무대! 파격적 총체극의 세계를 선보인다. 배신이 방자한 안무, 쾌락의 팬터마임, 뻔뻔스럽고 노골적인 방백"

극단 76단의 〈리어왕〉은 시대와 장소의 구분이 명확하지 않은 상태에서 출발한다. 현대도 되고 중세도 되는 것이다. 셰익스피어 시대의 의상을 입은 배우와 검정양복에 스킨헤드를 한 인물을 한 공간에서 만날 수 있는 것이다.

자연이 뛰어 놀고, 흙으로 덮여진 무대, 이끼가 끼어 폐허가 된 극장을 표현한다. 몇 백 년 간 비어 있어 폐허가 된 극장에 이끼가 끼어 있고 군데군데 무너져버린다. 어디선가 흙이 밀려와 무대에 쌓인다. 또한 영화적 기법을 활용, 한밤중의 공동묘지를 찍어 무대에 투사하고 곳곳에 영상물이 클로즈업되어 무대에 극적 긴장감을 더해줄 것이다.

셰익스피어의 권태로운 장황함은 날카로운 스피커의 해설에 의해 압축 생략되고, 무대는 새로운 젊은 권력자들의 음모와 혈육과 측근의 무자비한 배신이 방자한 안무, 쾌락의 팬터마임, 뻔뻔스럽고 노골적인 방백을 통해 객석을 점령한다. 복잡한 줄거리 연결 구조는 해설로 처리된다. 때론 우스꽝스럽고 때론 횡설수설하고, 때론 을씨년스럽고 생경하고, 때론 텔레비전 쇼 프로그램 같이…

• "그대 이름은 광대! 격렬하게 춤추어라, 몰래 스며들어라. 운명의 비극을 눈치채지 못하도록!!"

이번 〈리어왕〉에서 주목할 만한 것은 바로 광대 역할의 두 배우다. 원작에서는 등장하지 않는 광대가 이번 작품에서는 주연 이상으로 주요한 역할을 담당하여 리어의 비극과 광기를 극대화시켜줄 것이다. '국내 1세대 마임니스트이자, 꾸준한 묵극을 만들어온 김성구가 광대(저승사자)로 분해 리어의 흥망을 지켜보는 관조적인 인물로 고독하지만, 고급스런 느낌으로 무대를 채워나간다. 광대2는 셰익스피어의 광대 장면을 현대적, 풍자적 언어로 바꿔놓는다. 그는 〈리어왕〉에서 뮤지컬, 개그맨, 엔터테이너처럼 연기하는 새로운 광대를 표현한다.

• "비천한 죽음, 그것은 축제다. 무대는 놀이터로, 예측불허의 움직임은 새로운 생명으로!"
추락하던 두 노인네(리어와 글로스터)는 인생의 밑바닥으로 내려와 이 사회의 정신병동을 발견한다. 거기에는 꼽추, 절름발이, 에이즈, 암 말기, 발기발기 찢어진 군상들의 축제가 펼쳐진다.

살인자는 사람들 사이를 누비면서 골라서 죽인다. 골목골목에서 칼부림이 벌어진다. 리어는 쓰레기통 옆의 벤치에서 비를 맞은 채 고개 숙여 죽는다. 빗속에서 광대 둘이 신발 벗어서 튀기며 논다. 리어가 뒤를 보면서 저승문의 문턱에 들어선다. 리어가 떨어지는 빗물 앞에 선다. 코델리아가 아버지를 찾아 헤맨다. 켄트 역시 찾아 헤맨다. 그들이 리어를 발견한다. 코델리아가 울다가 죽는다. 리어가 코델리아를 안고 방황하다가 놓는다. 이윽고 죽음 앞에 선다. 딸은 높은 곳에서 내려다본다. 사형대에서 죽어가다가 딸과 시선이 마주친다. 여전히 광대들은 논다. 트럼펫 소리가 울리고 리어, 조용히 쓰러진다.

■ '젊은 연극제' 참가작, 호남대 뮤지컬(연출 나유진) <왕, 그의 이름은 …>
  1. 2006.5.31~6.6., 광주 서구 호남대 쌍촌 캠퍼스 소극장
  2. 2006.6.20~6.21., 아르코예술극장 대극장

5월에 또 하나의 <리어왕>이 공연되었다. 뮤지컬이다. 호남대 팀의 공연은 대사를 되도록 줄이고 노래로 대치하였으며, 새로 작곡한 음악 34곡을 선보였다. 이들 음악은 학생연주팀원들이 기타, 키보드, 드럼, 베이스로 연주하였다. 작품 내용의 줄거리는 원작과 다름없다.

2008year KingLear

■ '2008 아시아연극연출가 워크숍' 참가작
  연극집단 反(연출 박장렬) <리어-흐르는 강물에 손을 씻고>
  1. 2008.4.3.~4.5., 아르코예술극장 소극장
  2. 2008.12.10.~12.28., 대학로 상명아트홀1관

아시아 연극인들의 교류의 장인 "2008 아시아연극연출가 워크숍"에서 아시아 3인 연출가가 독특하고 이국적인 셰익스피어의 세계를 선보이게 되었다. 세 가지 작품이 공연되었다.

1. 한국 박장렬 연출, 〈리어-흐르는 강물에 손을 씻고〉 4.3~4.5.
2. 일본 타다 준노스케 연출 〈로미오와 줄리엣〉 4.7~4.9.
3. 인도 줄레이카 차우다리 연출 〈맥베스〉 4.11~4.13.

이 작품은 2008년 '제5회 고마나루연극제'에 서울대표로 참가하여 작품상 은상 및 우수남자 연기상을 수상하였다.

'사람다운 사람과 연극다운 연극이면 된다.'는 연극집단 反은 1997년에 창단되었다. 그로부터 10년이 지났다. 박장렬이 연출한 <리어-흐르는 강물에 손을 씻고>는 새로움과 도전적 실험정신의 무대미학으로 죽은 자들의 영혼과 산 자들의 슬픔이 공존하는 리어의 사회세계를 표현하였다. 연출가 박장렬은 연극집단 반(反) 대표 및 상임연출가이며 연극실험실 혜화동1번지 3기 동인이다. 박장렬은 연출의 소신을 밝혔다.

'아버지는 살아서도 아버지이고 죽어서도 아버지이다.'라는 생각으로 이 작품을 재구성했다. 〈리어-흐르는 강물에 손을 씻고〉에서 난 내가 생각하는 아버지를 이야기하고자 했다. 보편적인 정서 속에서 아버지는 자식을 끝없이 사랑한다. 언제나 뒤에서 바라보고 있는 다정다감과는 거리가 먼 무기력한 존재로 말이다.
이 시대의 아버지는 잃어버린 원시성이고 잃어버린 휴머니즘이고 잃어버린 사랑이라고 생각한다.
리어와 아버지 그리고 죄악과 용서 이 두 가지 축으로 셰익스피어의 〈리어왕〉을 풀어보려고 했다. 나는 셰익스피어의 〈로미오와 줄리엣〉을 〈바라해라〉(1997)로 〈한여름 밤의 꿈〉을 〈보틈의 한여름밤의 꿈〉(1999)으로 〈햄릿〉을 〈몽중몽(夢中夢) 햄릿(2000)〉으로, 내 시각으로 각색하고 재구성해왔다.
이번이 셰익스피어의 〈리어왕〉을 〈리어-흐르는 강물에 손을 씻고〉로 네 번째 만남이다. 내 연극을 보고 집으로 가 손을 씻자. 그리고 용서를 빌자. 그리고 화해하고 밤새도록 달님과 함께 마시고 이야기하길 바란다. 나의 연극동지들, 그리고 우리의 연극동지들도 말이다.

[줄거리]
삼도천(불교에서 사람이 죽어 저승으로 가는 도중에 있다는 냇가)이 흐르는 강가…
리어의 두 딸 거너릴과 리건, 억울하게 교살당한 막내 딸 코델리아는 죽은 후 저승을 가지 못하고 망자의 강이라 불리는 삼도천을 떠돈다.
코델리아의 용서를 받아 비가 내려 강물이 흐르지 않으면 삼도천을 건널 수 없다는 것을 안 두 딸, 거너릴과 리건은 아버지 리어와 함께 코델리아의 영혼을 찾아 헤맨다.
리어는 삼도천의 주변을 떠돌며 과거에 대한 회상과 환각 그로 인한 죄의식으로 괴로워하며 흐르는 강물에 손을 씻어 속죄하려 하지만 씻어도 씻어도 더러운 손은 깨끗해지지 않는다.
거너릴과 리건, 그리고 아버지 리어는 코델리아의 영혼을 찾아 삼도천을 건널 수 있을까?

◆ 연극평론가 조만수
딸들로부터 버림받은 리어가 강물에 몸을 던져 죽은 지 3년이다. 그 사이 리어의 딸들, 리건과 거너릴 또한 죽었으나 이들 모두 삼도천 건너 극락을 향하지 못하고 구천을 떠돌고 있다. 한편 아버지로부터 내쳐진 코델리아는 벌판을 떠돈다. 한편에서는 구천을, 그리고 한편에서는 속세의 벌판을 떠돌고 있는 이 시간에 비는 내리지 않는다. 비가 내리지 않으면, 핏자국이 씻겨지지 않을 것이다.

■ 극단 미추(극본 배삼식, 연출 이병훈) <리어왕>
  1. 2008.9.4.~9.10., 예술의전당 토월극장
  2. 2009.3.13.~3.22., 대학로 아르코 예술극장
  3. 2009.7.24.~7.25., '밀양 여름공연 예술축제', 숲의 극장
  4. 2010.6.12.~6.20., 명동 예술극장 극장장 초청공연
  5. 2010.7월 '베세토 연극제'(도쿄 신국립극장) 초청공연
  세익스피어의 <리어왕>은 극단 미추의 대표작이라고 할만하다. '올해의 연극 베스트3'에 선정되었고 2008년 '대한민국연극대상'을 수상한 화제작이었다. 극단 미추의 대표는 손진책이며, 우리나라에선 이름난 명연출자이다.

◆ 2009.3.19. 동아일보 권재현 기자
• 마당놀이 보는듯한 중세비극
극단 미추의 '리어왕'은 20폭 병풍으로 시작해 병풍으로 끝난다.
병풍이 열리면 조선 경복궁의 경회루가 연상되는 목조건물 무대에서 잉글랜드 왕실 풍경이 펼쳐진다. 그런데 묘하다. 동서양 양식이 섞인 갑옷과 복장을 갖춘 인물들이 부모와 자식의 도리를 놓고 다툰다. 여기서 병풍이 다시 등장한다. 리어왕이 세 딸에게 나눠줄 영토를 그린 지도를 텅 빈 6폭 병풍이 대신한다. 리어왕의 광기가 폭발하는 폭풍우 치는 황무지 장면에서도 비바람을 피할 수 있는 오두막으로 화폭이 갈가리 찢긴 6폭 병풍이 나온다.
◆ 2009.3.20. OSEN 박희진 기자
작품에서 한 가지 주목할 만한 것은 '광대'의 비중이다. 무대는 광대로 시작해 광대가

마무리를 짓는다. 단순히 리어왕과 동행하며 웃음만을 선사하는 바보스런 '광대'가 아니다. 광대는 극의 맥을 잇고 흥을 돋구는 역할을 하는 동시에 배반과 증오, 질투와 이기심, 권력에 치인 리어왕의 비극을 속 시원히 풀어내는 역할을 맡고 있다. 덕분에 광대가 쉬지 않고 내뱉어내는 대사들은 관객들의 가려운 곳을 긁어주는 꼴이다. 작품은 이미 알려져 있는 '리어왕'의 스토리를 윤색하고 '광대'라는 인물을 추가하는가 하면 표현하지 않은 무대공간을 조성해 관객이 상상력을 최대한 발휘할 수 있도록 했다.

■ 극단 루트 21(작 에드워드 본드, 역 김미량, 연출 박재완) <리어(Lear)> 2008.10.29.~11.6., 원더 스페이스 세모극장

셰익스피어의 나라 영국에서 폭정을 폭로하는 작가 에드워드 본드(Edward Bond)가 <리어(Lear)>를 창작하였다. 에드워드 본드는, 요즘 일익 공연빈도가 높아지는 셰익스피어 작품을 원전대로 번한한 것, 변형한 무대, 내용을 차용한 창작물 <리어(Lear)>로 우리나라에서 선을 보였다.

극단 '루트 21'은 국내초연으로 수원과학대학 연기영상과 교수이고 극단 '루트 21'의 대표인 박재완의 연출로 <베니스의 상인>과 <뮤지컬 십이야>를 연출한 바 있다.

[Synopsis]
⊙ 1막
"이건 왕의 명령이다! 성벽을 쌓아! 저들이 나를 우습게 알고 있어."
"아버지는 미쳤어"
성벽이 백성들을 자유롭게 해줄 것이라고 굳게 믿는 리어.
리어의 성벽 건설을 못마땅하게 여기는 리어의 딸 보디스와 폰타넬. 그녀들은 리어의 적 노스공작과 콘월공작과 결혼하여 그들 모두를 죽이고 각자 권력을 장악하려는 음모를 꾸민다. 결국 아비와 딸들의 대립은 치열한 전쟁으로 치닫게 되고, 전쟁에서 패배한 리어는 쫓기는 신세가 된다. 보디스와 폰타넬은 리어의 신하 워링턴에게 모진 고문을 행하고 입막음을 위해 혀를 뽑아 버린다. 성에서 겨우 탈출한 워링턴은 숨어 있던 리어를 찾아 주시하는데, 그의 손에는 칼이 쥐어져 있고 …
⊙ 2막
"아니야, 아니야, 저건 왕이 아니야"
"광인은 자신의 모습을 두려워하지"
재판장. 보디스와 폰타넬은 남편들을 잡아들이고 리어왕에게 사형 선고를 내린다. 보디스가 리어에게 거울을 쥐어주자, 비로소 자신의 내면의 모습을 본 리어는 눈물을 흘리며 괴로워한다. 사형 집행을 위해 죄수들과 함께 호송 중이던 리어는, 다시 코델리아의 반란군에 의해 본부로 끌려온다. 반란군은 이미 잡혀있는 폰타넬과 보디스를 차례로 사살하고 딸들의 죽음을 눈앞에서 본 리어는 미쳐가는데 …

⦿ 3막

"짐승들의 자비에 우리의 운명을 맡길 순 없어요"

"성벽이 너희를 전몰시킬 거야"

"한 삽만 더"

리어는 유령(청년)의 옛 집에서, 많은 이방인들을 상대로 자신의 정의로움을 강변하며 또 다른 울타리를 만들어 살아간다. 그러던 어느 날, 코델리아가 리어를 찾아온다. 리어는 과거의 자신의 과오를 들먹거리며 성벽을 허물어야 한다고 권면하지만, 코델리아는 새로운 삶을 창조하고자 성벽을 쌓아야만 한다고 주장한다. 그녀는 모든 집회를 금지시켜버리고, 리어는 또 다시 홀로 남게 된다.

2009year KingLear

■ 극단 미학(역 신정옥, 연출 정일성) <리어왕>
2009.3.9.~3·15 ., 동덕여자대학교 공연예술센터

필자인 신정옥 번역의 셰익스피어 <리어왕>이 2009년 3월과 4월, 두 극단에 의해 공연되었다. 하나는 극단 미학이고 또 하나는 극단 길이다.

정일성은 가식이 없다. 셰익스피어의 원저에 가장 진지하게 도전하고 셰익스피어의 작품을 셰익스피어의 작품답게 연출하고 공연하는 연극인이다. 이미 공연을 한 <햄릿>, <맥베스>, <오셀로>에서도 같은 원칙을 지켜왔다. 변형이나 변용을 하지 않으니, 아마도 저승의 셰익스피어도 만족한 웃음을 지을 것이다. 연극비평가 유민영 교수는 극단 미학을 지성과 열정으로 연극의 정도를 되찾겠다는 극단이라고 하였다.

<리어왕>을 번역한 필자는 작품소개에서 "두 가지 축제-극단 미학의 <리어왕> 공연"이라는 제목으로 이 공연의 의의를 설명하였으니 그 내용을 전재한다.

극단 미학의 <리어왕> 공연을 축하한다.

이유는 두 가지다. 첫째는 〈리어왕〉 공연이
고, 둘째도 〈리어왕〉 공연이다.

첫 번째의 축하는 미학이 셰익스피어 4대
비극을 마무리하는 업적이다.

미학은 1998년 4월에 〈햄릿〉, 2005년 11
월에 〈맥베스〉, 2008년에 4월에 〈오셀로〉,
그리고 2009년 3월에 〈리어왕〉의 공연으
로 4대 비극의 공연을 완결하게 되니 어찌
축하를 하지 않을 수 있겠는가.

두 번째 축하도 〈리어왕〉 공연이다. 〈리어
왕〉은 가장 웅대하고 참혹한 비극의 극치에
도달한 작품이다. 참다운 〈리어왕〉을 공연
하고, 관극하는 것은 어려운 일이다. 그래서
인가? 셰익스피어의 작품 중에서 최상의 명

작이라고 한다. 영국의 비평가 사무엘 존슨(Samuel Johnson)은 〈리어왕〉의 결말은 두
번 다시 읽을 용기가 없다"고 하였으며, 로망파의 비평가 찰스 램(Charles Lamb)은
내용의 격렬함을 이유로 "리어를 무대에 재현하는 것은 본질적으로 불가능하다"고 하였다.
다시 말하면 연극이 될 수 없다는 뜻이다. 이러한 작품을 극단 미학이 무대화한 것이다.
그것도 4대 비극의 네 번째로서 말이다. 어찌 축하하지 않을 수 있겠는가?"

리어는 왕위에서 물러나려고 세 딸에게 효녀맹세를 시킨다. 왕의 권위가 돋보인다. 첫째,
둘째 딸은 거짓과 아첨으로 통과하고, 셋째인 코델리아는 진심을 말하면서도 불합격이
되어 내쫓기게 되고 프랑스의 왕이 왕비로 맞이한다. 그러나 그 후에도 재위시의 권위를
지키려던 리어는 두 딸이 합작한 불효와 추방으로 리어는 벌거숭이 알거지가 되어 폭풍우
가 몰아치는 광야에서 광란의 방황을 한다.

리어왕　속 시원히 우르릉대라! 불을 뿜어라! 비를 토해라!
　　　　비도 바람도 천둥도 번개도 내 딸이 아니다.
　　　　너희들을 불효자라고 책망하지 않는다.
　　　　왕국도 주지 않았다. 자식이라고 부르지도 않았다.
　　　　복종할 의무가 없다. 멋대로 행패를 부려라.

딱할 손! 자업자득에 대한 자학성의 대사다. 그리고 모진 고투와 고심 후에 코델리아는
리어왕을 모시게 된다.

리어왕 　제발 날 놀리지 마라.

　　　　난 매우 못나고 어리석은 늙은이다. 에누리 없이 여든살이 넘었어

　　　　…어젯밤은 어디서 잤는지도 알 수가 없다. 날 비웃지 마라.

　　　　나이드신 이분은 내 딸 코델리아 같이 생각되는구나.

코델리아 　그렇습니다. 코델리아에요.

　　　　(코델리아. 침상에 매달리며 흐느껴 운다)

리어왕 　눈물을 흘리고 있니? 정말 그렇군. 제발 울지 마라.

셰익스피어의 한국수용사를 전공하는 필자로서는 수용사에 기록할 수 있는 셰익스피어의 진지한 공연을, 4대 비극 공연을 마감하는 극단 미학에 찬사를 보내지 않을 수 없다.

■ 극단 길(역 신정옥, 연출 김유신) <Lear, Lear, Lear>
2009.4.3.~4.12., 국립극장 달오름극장

극단 길은 고전의 현대적 재구성으로 보다 친밀하게 관객에게 다가설 수 있는 방법을 모색한다고 하였으니 진주 같은 셰익스피어의 작품을 공연할만한 극단이다.

이번 작품의 번역은 필자인 신정옥이고, 연출은 극단대표인 김유신이었다. 김유신은 "연출의 넋두리"를 실토하였다.

<Lear Lear Lear>는 결론을 내리고 하지 않는다.

<리어왕>이 씌어진 르네상스 시대는 인본주의의 시대이다. 인본주의는 사고하고 행동하는 사람만이 인간다운 인간임을 강조한다. 그 인간은 악으로 행하는 자, 선으로 행하는 자, 선택하지 않는 자로 세 분류로 나뉘며 <Lear Lear Lear>의 모든 인물들은 세 분류에 포함되어 있다. 선으로 행하는 자만이 인간답고 옳은 것이 아니라 악으로 행하는 자 역시 사고하고 행동한다는 것으로 인간다움을 인정하려 한다.

악으로 행하는 것이 어떠한 주변 상황에 의한 것이 아니라 인물 본인의 선택이고 그것들이 당당하길 바란다. 끊임없이 행복해지고 싶어 하는 리어가 딸들이 변해서 자신에게 상처를 주었다고 그 딸들에게 예전처럼 있으라고 하는 것은 옳은 것일까? 또 악으로 행하는 자 거너릴과 선으로 행하는 자 에드거는 똑같이 친족살해를 저지른다. 누구의 행동에 비난하고 비난하지 않을 것인가? 배우들이 각자의 인물에 대한 태도를 연기하도록 했다. 그래서 인물들의 지위 따위가 중요한 게 아니라 한사람이 바라보고 가지는 태도가 중요하다. 심도 깊은 관찰자가 되어서 어떤 관점으로 봤는지를 이야기 해주는 것이다. 그 이야기들이 모두 정당성을 갖길 바라고 모든 인물들이 스스로의 행동에 반성하지 않길 바란다. 실제 우리들은 선하게 사는 것만이 최선이 아니라는 것과 여러 형태의 크고 작은 악행들이 때로는 이익을 가져다준다는 것을 안다. 어떤 것이 옳다고 결론을 내지 않는 이 공연의 마지막에

모든 인물이 용서받기를 바란다.

■ '2009 아시아연극연출가워크숍-셰익스피어 인 아시아Ⅱ'
인도 라비 차우라베디 연출 〈리어〉(부제 : 배반당한 관계)
2009.4.19.~4.21., 아르코예술극장 소극장

이 행사는 아시아의 대표 연출가를 초청해 개성 있는 공연을 보여주는 행사이다. '아시아연극연출가워크숍'은 2008년부터 참가작을 국제적인 경쟁력을 갖춘 문화상품으로 콘텐츠화하기 위해 먼저 일반에게 잘 알려진 셰익스피어 작품을 아시아 각국의 전통과 풍습으로 새롭게 해석하는 작업을 시작했다. 2009년 행사에는 세 편이 무대에 올랐다. 한국 작품은 조선시대가 배경으로 펼쳐지며, 인도와 중국도 각기 그들만의 문화를 바탕으로 각색했다.

1. 한국, 김성노 연출 〈사랑의 헛수고〉, 2009.4.14~16.
2. 인도, 라비 차우라베디 연출 〈리어〉 2009.4.19.~21.
3. 중국, 장광티엔 연출 〈햄릿〉 2009.4.24.~26.

차우라베디는 인도연극의 거장으로 지난해 중앙대 초빙교수를 역임하는 등 한국과 깊은 관련을 맺고 있다. 인도는 오랜기간 영국의 식민 지배를 받아서인지 셰익스피어의 존재감은 아시아에서 가장 오래되고, 복합적이다.

이번 공연은 셰익스피어를 인도 문화로 번안하고 이를 다시 한국적으로 재해석한 독특한 실험극으로 배반당한 관계를 중심으로 〈리어왕〉을 재해석하였다.

[줄거리]
고령이 된 란비왕은 세 딸들에게 자신의 재산을 물려주기 위하여 자신을 얼마나 사랑하는지를 묻는다. 아버지 란비왕에게 입에 발린 말로 사랑을 표현한 첫째 딸 라트나와 둘째 딸 미라와는 다르게 아버지 란비왕의 잘못을 제대로 이야기할 줄 아는 카비타는 쫓겨난다. 그리고 란비왕은 라트나와 미라에게 자신의 재산을 모두 나누어준다.
란비왕의 신하 바람데프의 첫째 아들이나 첩의 아들로 태어난 우다이라지는 둘째인 시브라지보다 적은 재산을 물려받는 것에 불만을 품어 시브라지가 아버지 바람데프를 죽일 것이라는 거짓 편지로 둘째 시브라지를 내쫓고 모든 재산을 물려받게 된다.
한편 란비왕은 자신의 재산을 물려받은 두 딸의 집에 한 달씩 돌아가며 지내나, 두 딸들부터 쫓겨난다. 이에 분노한 란비왕은 두 딸들에게 저주를 퍼부으며 딸들의 집에서 나와 거지꼴로 정신이상자가 된다.

란비왕을 불쌍히 여긴 바람데프는 우다이라지를 시켜 셋째 딸 카비타에게 도움을 청하게 하지만, 이미 아버지에게 거짓말을 하여 동생을 쫓아낸 우다이라지는 아버지를 배신하고, 두 공주에게 아버지를 밀고하여 아버지 바람데프는 첫째 딸 라트나의 손에 죽고 만다. 아버지에게 무일푼으로 쫓겨난 셋째 딸 카비타는 아버지를 원망하지 않고 미쳐버린 아버지를 받아주고 돌본다.

우다이라지는 양다리를 걸치고 있는데 두 공주는 우다이라지가 자신만을 사랑하는 줄 안다. 시민들이 란비왕과 카비타 공주를 풀어주라고 하자, 우다이라지는 라트나에겐 란비왕과 카비타를 죽이고 미라에게 누명을 씌우라고 하고, 미라에겐 라트나가 미라를 죽이려 한다고 먼저 죽이라고 이간질을 한다.

라트나의 자객들이 란비왕을 데리고 가고, 카비타는 자객에게 맞아 쓰러진다. 라트나는 쓰러져 있는 카비타를 죽이려고 하나 실패한다. 정신을 차린 카비타는 아버지 란비왕이 없는 것을 발견하나 일단 몸을 숨긴다.

라트나는 카비타를 다시 죽이려고 자고 있는 카비타를 칼로 찌르나 칼에 찔린 사람은 카비타가 아니고 미라였다. 이 때 우다이라지가 나타나자 칼에 찔린 미라가 모든 것이 우다이라지에게 속은 것을 알게 되고, 우다이라지는 라트나를 죽이고, 미라는 우다이라지를 죽이고 결국 모두가 죽게 된다.

자객들에게 잡혀간 란비왕은 살아있고, 간신들은 모두 죽고, 끝까지 힘이 되어준 충신들 앞에서 란비왕은 카비타에게 자신의 어리석음을 사죄하고 자신의 왕위를 물려준다.

2010year KingLear

■ 극단 미추(연출 이병훈) <리어왕>
    2010.6.12.~6.20., 명동예술극장

2008년 9월 4일부터 10일까지 예술의전당 토월극장에서 초연되어 같은 해 '대한민국연극대상'에서 대상과 기자단상을 받았고, 2009년 앵콜공연, 2009년 '제9회 밀양여름공연예술축제'-'세익스피어 난장' 페스티벌에 참가하여 7월 24일 밀양 숲의 극장에서 공연하였던 극단 미추(이병훈 연출)의 <리어왕>이 명동예술극장이 근래 연극계에서 가장 주목받은 공연 중 한 작품을 선정해 올리는 무대에 선정되어 2010년 6월 12일부터 20일까지 명동예술극장에서 공연되었다.

극단 미추의 <리어왕>은 극단 골목길의 <너무 놀라지 마라>와 함께 7월 일본에서 열리는 '제17회 베세토연극제'에 한국대표작으로 초청됐다.

극단 미추의 <리어왕>은 동양과 서양을 접목시킨 무대로 다른 공연과 차별화를 꾀하였다. 대금, 가야금, 타악 등의 국악기와 정가를 사용해 원작의 이야기를 담으면서 색다른 느낌을 주었다.

◆ 2010.10.16. 세계일보 신영주 기자

병풍 안에 펼쳐진 비극적 세상이라고나 할까. 극단 미추의 〈리어왕〉은 무대 위 병풍이 열리면서 모습을 드러낸 광대의 피리소리와 함께 시작한다. 극은 리어왕과 그의 세 딸이 모두 죽고, 시신이 널려진 무대에 다시 등장한 병풍이 닫히면서 끝난다.

병풍이 열리며 펼쳐진 곳은 중세 잉글랜드 왕실이다. 장녀와 차녀는 온갖 사탕발림으로 리어왕에게 사랑을 표현하지만, 리어왕이 평소 가장 아끼던 막내딸은 순진하고 정직한 탓에 "아버지에 대한 딸의 사랑은 너무나 당연한 것 아니냐"며 "더 이상 할 말이 없다"고 한다.

격노한 리어왕은 코델리아를 무일푼으로 추방하고 장녀와 차녀에게 코델리아 몫까지 나눠 준다. 여기서 또 등장하는 것이 병풍이다. 6폭 병풍은 리어왕이 세 딸에게 균분하려한 토지와 재산의 다른 표현이다.

그러나 사람의 마음은 간사한 것이어서 리어왕은 장녀와 차녀에게 버림받고 폭풍우 속에 황야를 방랑하는 신세가 된다. 그리고 깨닫는다. 자신이 우매했다는 것을. 이때도 병풍이 등장한다. 폭풍우에 찢어진 병풍은 서자 에드먼드(정나진)의 모략으로 결국 두 눈이 뽑힌 글로스터백작(김현웅)의 처량한 신세를 반영한다. 글로스터백작과 리어왕이 갈가리 찢긴 병풍을 두고 나누는 대화는 어리석은 판단의 결과는 모두 스스로 짊어질 수밖에 없다는 메시지를 전한다.

엔딩 부분에서 리어왕과 그의 세 딸, 리어왕의 충직한 부하 켄트백작, 리어왕의 장·차녀와 동시 불륜을 저지른 모략가 에드먼드 모두 죽는다. 그리고 극 초반 등장했던 광대의 모습과 함께 병풍이 닫힌다.

'리어왕'은 제삿날 등장하는 한국의 병풍을 셰익스피어의 비극에 접목시켰다. 병풍은 무대 전체에 겹겹이 쳐진 반투명의 대형 발과 함께 한국적 설정에 힘을 보탠다. 천둥·번개 소리와 함께 출렁이는 거대한 발은 거의 미치광이가 돼 폭풍우 치는 황야에서 절규하는 리어왕의 고통스런 내면의 표현이자 극의 백미로 꼽힌다.

2011year KingLear

■ **포항시립극단(역 신정옥, 연출 김삼일) <리어왕>**
   2011.6.1. ~6.26., 포항시립중앙아트홀

2010년 11월에 <햄릿>, 2011년 3월에 <오셀로> 공연을 연출한 김삼일 교수는 셰익스피어의 4대 비극의 세 번째로 <리어왕>을 연출하게 되는 셈이다. 김삼일 교수는 연출의도를 다음과 같이 밝혔다.

비바람과 폭풍우를 동반한 경사무대에서 배우들의 행동선을 통해 갈등 구조를 선명하게 드러나게 하면서 그 속에서 에너지가 지속적으로 피어올라 숭고미를 창출하도록 했으며 리어왕의 죽음은 통해 한시대가 마감되고 새 시대가 도래하는 순환성을 강조, 관객들에게 비감과 기대감을 갖도록 역점을 두었다.

비극 <리어왕>은 리어왕 만의 비극이 아니다. 리어왕과 글로스터 백작의 이야기가 비극으로 이중으로 구성된(Doulbe-plot)된 비극이다. 미친 방랑자와 장님, 둘 다 자식에게 배반당한 피해자이지만, 누가 더 불행하냐하는 것은 가름하기가 힘들다. 그러나 극 막판에 코델리아도 죽고 리어왕도 죽으나, 글로스터의 적자인 큰 아들은 승리하는 개선자가 되니 집안사정으로는 리어왕가가 훨씬 비참한 비극을 맞이하였다고 할 수 있다.

리어왕의 두 큰 딸의 행태는 숨겨진 인간의 본성의 발로이며, 영토와 왕권을 받기 위해서는 감언이설을 다하나, 차지하고 나면 참혹하고 잔인한 내성이 드러나는 인간과 사회의 배은의 한 측면이다.

리어왕과 글로스터는 고통 속에서 깨달음과 자기반성에 이르는 인간의 모습을 보여준다. 악(惡)이 있으면 선(善)이 있기 마련이다. 거너릴과 리건이 악이라면 코델리아는 선이다. 에드먼드가 악이라면 에드거는 선이다. 선한 자가 있으니까 깨달음이 있고 자기반성도 있다.

포항시립극단은 등장인물을 통해 이 양면성을 장엄하게 무대화하였다. 주구성(main plot)은 리어왕과 세 딸 거너릴·리건과 코델리아의 이야기이고 부구성(sub plot)은 글로스터 백작과 그 아들들 적·서자의 이야기다. 리어왕과 글로스터 백작은 관록있는 연기를 보여주었다. 자식의 효심을 시험하는 오만함, 진실과 위선을 구별하지 못하는 통찰력의 결핍-막내 딸의 효심과 글로스터 백작의 충직함을 인식 못하는-권위적인 독선과 제어할 줄 모르는 분노 등은 자신을 비극으로 몰아넣고 있다. 죽은 코델리아를 부여안고 천둥소리와 함께 울부짖는 마지막 장면은 하나 뿐인 효심 있는 딸을 잃은 인간 리어의 비참한 면목을 보여주었다.

코델리아는 어떤 등장인물보다 더 강하고 선한 죽음을 무릅쓰고 행동하는 효심과 비극적인 운명으로 치닫는 성격을 무리없이 표현하였다. 에드먼드는 서자라는 신분을 뛰어 넘어 새로운 악역을 창출하는 듯 행동하였다. 광대는 즐거운 비극을 만드는 데 크게 도움을 주는 역할을 하는데 포항시립극단의 <리어왕>에는 광대가 등장하지 않는 것이 섭섭한 일이었다.

■ 극단 숲(역 신정옥, 연출 임경식) <리어왕>
1. 2011.10.4.~10.6., 대학로 예술극장대극장
2. 2012.6.9.~6.10., 국립극장 해오름극장

극단 숲의 <리어왕>은 신정옥 역, 임경식 연출이었으며, 연출가 임경식은 극단 숲의 예술감독이며 서경대학교 예술대학장이다.

리어왕을 번역한 필자는 '희곡의 목적은 연극이다 '라는 신념으로 번역하였고, 극단 숲은 그 번역본으로 원작이 가지고 있는 묘미를 최대한 살려, 베테랑 연출가 임경식의 깊이 있는 연출로 작품의 완성도를 높였다고 자신하였다. 필자는 번역자로서 축사를 보냈다.

축하하는 것도 즐겁고 받는 것도 즐겁습니다. <리어왕>은 셰익스피어의 가장 비극적이고

웅장한 작품이며, 우리의 문화적 욕구를 충족시켜줄 것입니다.

셰익스피어의 대표작의 하나인 〈햄릿〉에서 햄릿과 부주인공들이, 〈오셀로〉에서는 가련한 데스데모나를 죽인 오셀로가, 〈맥베스〉에서는 부인이 죽고 맥베스도, 〈로미오와 줄리엣〉에서도 두 청춘이 죽습니다. 〈리어왕〉에서는 리어왕과 세 딸 그리고 부주인공들이 죽습니다. 그래서 비극의 종점은 죽음으로 가는 길이며, 죽음이라는 동기의 극적 효과와 진지함이 비극을 감지하는 품성에 감동을 안겨줍니다.

〈리어왕〉은 또 하나의 감격을 안겨줍니다. 살아있는 코델리아가 황야의 폭풍우 속을 광기로 방랑하던 리어왕을 탐색하여 모시게 되고 광기에서 깨어나는 왕을 효성의 감동으로 우는 모습입니다.

리어왕 : 이 부인은 내 딸 코델리아와 같이 생각되는구려.
코델리아 : 아 그래요. 코델리아에요, 코델리아라구요! (코델리아 침상에 매달리며 흐느껴 운다.)

평범한 이 대사 한 마디가 그 많은 죽음에 못지않은 감동을 잉태한 명언입니다.

연극 평론가 박정기 씨는 "제2회 셰익스피어 어워즈" 심사평에서 현 정치질서를 이 연극과 비교하였다.

〈리어왕〉의 비극적 결함인 통찰력의 결핍, 고집과 노망은 아첨을 거부한 코델리아와 코델리아를 옹호하는 켄트를 추방함으로써 그가 진실을 직시하지 못한 대가로, 광인이 되어 누더기를 걸치고 폭풍우 속을 헤맨 후에야 그 사실을 인식하고 죽음에 이르기까지, 바로 이러한 현상은 앞으로 우리의 정치지도자들이 받아들여야 할 하나의 경고라고도 보여지는 연극이다.

코델리아가 공지사가 없는 자신의 신심을 이야기함으로써 허위와 아첨을 거부하는 모습은 장하고 아름답지만, 그 결과로 모든 것을 빼앗긴 채 영국을 떠나 타국인 불란서 왕에게로 가 결혼하고, 후에 아버지 리어왕과 통곡으로 재회하지만, 융통성 없는 일순의 대화가 아버지와 나라를 절망과 파멸로 이끈 결과를 셰익스피어는 무덤에서 뭐라 변명할 것인가도 필자에게는 하나의 의문점으로 떠오른다.

덧붙여 국가의 중대 결정사항마다 침묵 위주로 일관하는 어느 여성정치지도자의 그간의 자세도 이 연극에 비교되어 언짢아지는 심정이다.

2012year KingLear

■ '제6회 페스티벌 봄' 참가작,
  독일 극단 쉬쉬팝(She She Pop) <유서(Testament)>
  2012.4.13.~4.14., 서강대 메리홀 대극장

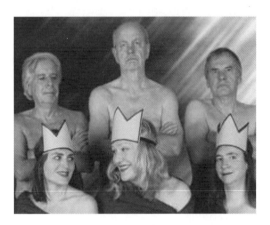

다원예술을 다루는 국제적인 축제 '페스티벌 봄'은 매년 세계에서 모이는 작가들의 다원예술을 볼 수 있는 자리이다. 다원예술이란 시각예술과 공연이 함께 하는 종합예술로 무대에서 벌어지는 전시, 전시장에서 열리는 연극, 문학과 합쳐진 영화, 영화를 바탕으로 벌어지는 연극 등 다양한 문화의 장르가 혼합된 새로운 예술로 최근 사람들에게 점차 주목을 받고 있는 예술의 형태이다.

포스트드라마 2세대라고 불리는 독일의 쉬쉬팝 극단이 연극 <유서>를 가지고 '페스티벌 봄'에 참가하여 2012년 4월 13일과 14일 서강대학교 메리홀에서 공연하였다. 이 작품은 2001년 독일에서 초연되었던 작품이다. 쉬쉬팝 극단은 전문배우가 아닌 일반인들을 무대에 올리는 것으로 잘 알려져 있는 극단이다.

연극 <유서>는 극의 남자배우와 여자배우가 자신의 아버지를 관객들에게 소개하며 시작된다. 리어왕이 비참한 신분으로 떨어지는 과정의 원작과 동일하게 총 5막으로 구성되어 있다. 여배우 3명과 동성애 남자 배우 1명과 그녀들의 실제 아버지 3명 총 7명이 무대에 등장하는 '다큐멘터리 연극'이다.

<유서>는 연극 <리어왕>을 무대에 옮기면서 벌어지는 아버지와 자식 간의 논쟁과 화해를 보여준다. 셰익스피어의 리어왕과 그의 딸들이 그러했던 것처럼 <유서>에서도 아버지의 노후와 그의 재산을 두고 많은 갈등이 일어난다. <리어왕>의 해석을 이전의 정치와 권력이 아니라, 늙음과 외로움, 상속과 세대교체의 관점에서 다루었다.

세대 교체의 모습을 아버지의 옷을 벗겨 아버지들은 반나체로 무대 위에 서있도록 하고, 아버지의 옷을 뒤죽박죽 걸쳐 입고 아버지의 얼굴 사진을 가면처럼 얼굴에 쓰고, 종이왕관을 만들어 쓰고, 아버지의 의자에 거만하게 앉아 소형 카메라를 바라보는 장면으로 표현하였다.

리어왕이 큰딸과 둘째딸의 집을 전전하며 호위병 100명, 50명의 존재를 현재적 관점에서 대학 명예교수인 아버지의 장서의 권수로 계산하는 딸의 빡빡한 계산법에 대해 아버지는 말한다. "얘야. 걱정하지 말아라. 내가 너의 집으로 들어갈 때에는 책도 가구도 가져가지 않으마. 리어왕의 호위병이 현재 우리에게 말해주는 것은 그런 것이 아니라 그가 늙어서도 걸쳐야만 하는 존엄이라는 외투의 비유이다. 다만 내가 바라는 것은 그런 존엄이다."

늙은 상태에서 자식들에게 버림받지 않고 존엄을 유지하며 늙을 수 있는 상황을 보장받길 원하는 아버지와, 병든 아버지를 위해 밤중에 두 시간마다 깨어 몸의 위치를 바꿔드리고, 아버지의 음식을 따로 갈아 만들면서도 아버지가 서운해 하지 않도록 배려하면서 자연스럽게 제공하고, 등등의 딸의 독백이 병치되면서, 현대의 우리의 삶이 얼마나 외롭고 쓸쓸한 것인지 보여준다.

마지막 장면의 상자곽 관 속에 한 아버지가 눕고 마지막 말을 유서의 형식으로 남기고, 마지막 장면의 엔딩 음악 "아이 러브 유~"의 반복되는 노래 속에서 아버지와 딸의 모습. 이들 세 아버지의 직업은 건축가, 대학 교수 등 말하자면 안정된 직업의 상류계급. 딸이 연극공부를 시작한 것은 좋으나 연극을 업으로 삼을지는 몰랐다고 불평하는 아버지 세대.

◆ 연극평론가 김옥란
〈리어왕〉의 해석을 이전의 정치과 권력이 아니라, 늙음과 외로움, 상속과 세대교체의 관점에서 다룸…
늙은 상태에서 자식들에게 버림받지 않고 존엄을 유지하며 늙을 수 있는 상황을 보장받길 원하는 아버지와, 병든 아버지를 위해 밤중에 두 시간마다 깨어 몸의 위치를 바꿔드리고, 아버지의 음식을 따로 갈아만들면서도 아버지가 서운해 하지 않도록 배려하면서 자연스럽게 제공하고, 등등의 딸의 독백이 병치되면서, 현대의 우리의 삶이 얼마나 외롭고 쓸쓸한 것인지 보여준다.
마지막 장면의 상자 속 관 속에 한 아버지가 눕고 마지막 말을 유서의 형식으로 남기고, 마지막 장면의 엔딩 음악 "아이 러브 유~"의 반복되는 노래 속에서 아버지와 딸의 모습.
아버지의 유산 상속 분배 이전에 아버지의 재산 가치를 부동산과 현금 뿐 아니라 아버지가 손녀와 놀아주거나 함께 여행을 가는 문화적 자산을 아버지의 연금수당과 함께 계산하는 방법 등 기술적으로 계산가능한 일상의 자본주의적 삶의 영역에서.

그래도 다시 <리어왕>을 읽고 <리어왕>을 통해서 아버지와 딸들의 두 세대가 한 무대에서 함께 토론을 진행하는 방식.

이전과는 달라진 관점에서 자본주의를 생각해야 한다는 동기를 부여해줌.

■ LG 아트센터·극단 마방진(각색/연출 고선웅) <리어외전>
2012.12.12.~12.28., LG 아트센터

<칼로막베스>를 통해 셰익스피어의 <맥베스>를 연극적 놀이성이 극대화된 작품으로 변모시킨 극단 마방진의 고선웅 연출이 LG 아트센터와 손을 잡고 셰익스피어의 또다른 비극 <리어왕>을 자신만의 스타일로 재해석한 연극 <리어외전>을 2012년 12월 12일부터 28일까지 LG아트센터에서 공연하였다.

[줄거리]

리어는 거너릴, 리건, 코델리아, 이렇게 세 딸을 두었다. 리어왕을 모시는 귀족 글로스터는 에드가라는 큰 아들과 에드먼드라는 사생아, 작은 아들을 두었다. 리어왕은 왕권과 재산을 딸들에게 양도하며 효성의 말로써 평가를 한다. 거너릴과 리건은 아버지를 찬양하여 자기 몫을 챙긴다. 믿었던 코델리아는 말을 지나치게 아껴서 리어왕의 분노를 산다. 리어는 자존심에 상처를 입고 코델리아와 의절한다. 프랑스 왕도 코델리아에게 실망하여 청혼을 철회한다. 이 광경을 본 에드먼드는 에드가를 내몰고 자기 혼자 글로스터의 재산을 모두 차지하기 위해 편지 조작극을 벌인다.

거너릴을 찾아간 리어. 제왕적으로 군림하는 리어와 그게 못마땅한 거너릴. 마침내 거너릴은 집사인 오스왈드에게 리어를 홀대하라고 시킨다. 모멸감을 느낀 리어는 리어카를 타고 리건에게 떠난다.

에드먼드는 콘월과 리건에게 중용된다. 리건이 칼에 베인 에드먼드의 상처를 치유해주며 눈이 맞아 로맨스가 싹튼다. 리건은 더 고단수의 꼼수를 써서 리어를 궁지로 내몬다. 거너릴 보다 더 교활하고 집요하고 사악하다. 둘째 사위인 콘월마저 광기에 사로잡혀 장인을 함부로 대한다. 리어는 리어카를 끌고 또 다시 눈보라 속으로 떠난다. 글로스터가 리어왕을 두둔하다가 콘월에게 밉보인다. 콘월은 여전히 분이 안 풀리는지 리어를 잡다가 유기노인 수용소에 처넣어버리라고 오스왈드와 자객들을 보낸다.

코델리아는 미싱질을 하며 살아가고 에드가와 만난다. 두 사람은 서로에게 동병상련을 느껴 사랑이 싹튼다.

리어왕을 두둔했다는 이유로 주택마저 콘월에게 빼앗긴 글로스터는 리어왕의 명예회복을 꾀하는 편지를 써서 에드먼드에게 심부름을 시킨다. 이웃나라인 갈리아로 보내는 편지다. 에드먼드는 그 편지를 곧장 콘윌에게 일러바친다. 콘윌은 글로스터의 눈알을 뽑는다. 우여곡절 끝에 치킨하우스(유기노인 수용소)에서 재회한 리어왕과 글로스터. 리어는 마침내 예의 없는 자식들을 향한, 마지막 일격을 준비한다. 셋째 딸을 뺀 모든 딸들을 권총으로 사살하며 이렇게 당하고 말년을 죽음으로 내몰릴 수 없다는 리어의 응징으로 막은 내린다.

◆ 연극평론가 김옥란
아무래도 대선정국인지라⋯
리어와 글로스터의 아버지 세대와 딸들과 사위들이 자식 세대의 대결구도가 흡사 돌아온 독재자의 딸이 정당화하고자 하는 강한 아버지의 기성세대와 지금 세대와의 대결구도로 읽히는 면이 있다.
그런 맥락에서 마지막 장면에서 유기노인센터인 치킨하우스에 버려져 막노동에 시달리던 (일종의 고려장의 현대판) 리어가 갑자기 굽어진 등을 펴고 확신에 찬 목소리로 "이제 늙은 척 그만하겠다. 다시 내가 나서겠다!" 외치며 두 딸과 사위를 장총으로 살해하는 장면에서 갑자기 근혜 공주님을 위해 열혈 청년으로 돌변해서(애국청년단) 가스통을 들고 앞장서던 해병대 할아버지들이 떠올랐다. 유독 선거국면에서 맹활약을 하시며 갑자기 젊어지는 해병대 할아버지들, 좌빨 운운하며 젊은 세대들 저렇게 맘에 안들어하고 다 쏴버리고 싶겠지, 하는 상상이, 어쩔 수 없이 겹쳐졌다.
⋯아무리 미워도, 징벌이 필요하다 해도 아들 딸 마구 쏴죽이는 리어에게서 우리가 무엇을 볼 수 있단 말인가?
끝내 리어의 분노에 동감할 수 없어서, 그렇다고 내가 늙는 게 서럽다고, 유산상속에만 눈먼 자식들이 고약하다고 해서 그들을 다 쏴 죽여버리고 제일 말 잘 들을 것 같은 꼭두각시 막내딸 코델리아를 남겨두는 행위. 지금 모든 권력과 권리를 움켜쥐고 내놓고 있지 않은 기성세대의 이기심과 무엇이 다를까? 그들의 탐욕을 그들의 늙음에 대한 가련한 연민과 동정의 마음으로 가려줘야 할까? 너무나 난감한 지점이다.
고선웅도 알고, 극단 마방진도 알고, 엘지아트센터도 잘 알고 있지만, 그럼에도 불구하고 영 정리되지 않고 혼란스러운 상태로 있을 수밖에 없는 공연이었다.
◆ 11월 29일 동아일보 권재현 기자
고선웅? 고선웅이 누구지? 불혹의 나이에 자기 스타일을 구축한 연극쟁이. 동갑내기 연극쟁이 장진 스타일에 필적할 자기 스타일을 구축한 '싸나이'. 그럼 고선웅 스타일은 또 뭔가. 숨막히게 많은 대사, 속사포처럼 쏘아대고 심장마비 걱정될 정도로 배우들 땀범벅 만드는 스타일.
"400년 전 텍스트를 그대로 쓰면 저라도 지루해서 못견디죠. 그래서 처음부터 3가지가 없는 리어왕으로 정했죠. 광야에서 미쳐 소리치는 리어가 없는 리어, 관객이 즉석에서

이해하기 어려운 어릿광대의 선문답이 없는 리어, 지루하게 자식들이 차례로 죽어가는
것을 지켜보기보다는 자기 손으로 한꺼번에 쓸어버리는 리어."

'세 가지가 없는 리어'라 그럼 새로운 것은 도대체 뭐지? 정신 줄을 놓진 않지만 자식들
때문에 유기노인 수용소에 버려진 뒤 복수를 위해 '몸짱'으로 변신하는 리어, 아버지 리어
에게 밉보여 프랑스 왕에게 파혼당한 뒤 리어의 충신 글로스터 백작의 착한 아들 에드거랑
결혼하는 적극적인 코델리아, 맏딸 거너릴의 우유부단한 남편에서 티베트의 성자로 변신하
는 알바니, 리어를 수행하는 수다쟁이 어릿광대 대신 침묵 속에 리어 내면의 거울 역할을
하는 '거북이' 그리고 극의 진행 중간 중간 미주알고주알 논평을 내놓는 9명의 코러스라네.
아니 그걸 셰익스피어의 리어라고 할 수 있을까? 걱정 마시게. 고선웅은 2010년 셰익스피
어의 맥베스를 미래 범죄도시 조직폭력배 간의 권력다툼으로 뒤튼 '칼로 막베스'로 '동아연
극상' 작품상과 연출상을 받은 뒤 요즘 가장 잘나가는 연극쟁이가 됐으니까.

2013year KingLear

■ **창작집단 36.5°(작/연출 박상훈) <제목이 긴 공연>(부제: 햄릿의 꿈속에 나타난**
   베니스에 사는 줄리엣의 아버지는 리어왕)
   1. 2013.1.4.~2.17., 서울 문예대 대학로 극장
   2. 2013.7.5.~9.30., 레몬아트홀(구 아츠플레이 씨어터 2관)

이 연극은 긴 제목에 리어왕이라는 글자가 있을 뿐 셰익스피어의 원작 <리어왕>
과는 어떻게 보면 아무런 상관이 없는 연극이다. 그러나 세상에서 가장 긴 제목의
연극이고, 셰익스피어의 네 개의 작품의 이름이 연극제목에 올라가 있으므로 독자들
이 재미있게 봐주기를 희망하면서 글을 적었다.

사람의 체온에 가까운 36.5도. 창작집단 36.5가 만들어낸 연극 <제목이 긴 공연>
은 인생에서 가장 행복했던 시간으로 떠나는 추억 여행이다.

[줄거리]
등장인물은 네 명이다.
고교시절 연극반으로 SES FOREVER 삼총사들.
간암말기라는 시한부 삶을 사는 택배기사인 김선용,

꿈도 비전도 없는 삶을 살고 있는 텔레마케터인 유재학,

가난하지만 예쁜 아내와 행복하게 포장마차를 하는 이상훈,

그리고 이상훈의 아내 김민희.

〈제목이 긴 공연〉이라는 제목의 배경은 위 네 사람이 공연하고픈 셰익스피어의 작품들인 햄릿, 베니스의 상인, 로미오와 줄리엣, 리어왕을 모두 함께 섞어 하면서 붙여진 이름이다. 공연의 이야기의 시작은 한 남자가 농약을 먹고 자살을 하려고 하다가 전화 한통을 받게 되면서 시작된다. 전화를 받은 남자는 암으로 6개월 시한선고를 받은 남자인 택배기사인 선용이며 전화를 건 남자는 통신사 텔레마케터로 근무하고 있는 재학이다. 둘은 서로 통화를 하게 되면서 왠지 익숙한 느낌을 받게 된다. 통화가 길어지면서 둘은 고등학교 동창이었다는 사실을 알게 되고 결국 두 사람은 단짝 세 친구였던 상훈의 포장마차에서 함께 만나게 되고 그동안 못 나누었던 학창시절의 이야기로 술 한잔과 함께 회포를 풀게 된다. 연극반 시절, SES처럼 팀을 이루면서 장차 훌륭한 공연을 만들자고 약속했던 그들이 11년 후 다시 만났을 때는 모든 게 너무나 달라져 있었다. 그때의 기대와는 달리 다들 너무도 초라한 모습일 뿐이다.

상훈의 제안으로 학창시절 공연을 했던 멤버가 모두 모여서 함께 연극 공연을 할 것을 제안하게 된다. 마음만큼은 그때처럼 열정으로 불타오르는 그들… 늦었지만, 아니 늦지 않았다. 지금이라도 공연을 만들어보자고 의기투합하게 된다.

자신들이 하고 싶은 연극을 고르다 보니 뺄 것이 없어 모두 집어넣어 만든 제목이 〈햄릿의 꿈속에 나타난 베니스에 사는 줄리엣의 아버지는 리어왕〉이다. 그리하여 결정된 것이 〈제목이 긴 공연〉이다. 고민하던 세 남자는 결국 공연으로 하나가 되어 뭉치게 되고 공연연습 장까지 마련하게 되면서 적극적으로 공연연습을 하게 된다.

공연 연습을 하는 도중 여자배우가 필요했던 장면들이 있어서 상훈의 부인인 민희도 함께 공연에 참여하게 되면서 공연은 더더욱 활기를 띤다.

그러던 어느 날 공연연습을 하던 도중 선용이 쓰러지게 되고 친구들은 선용에게 병(病)이 있다는 사실을 알게 된다. 선용은 그들에게 결국 자신이 시한부 인생을 살고 있다고 이야기하게 되고 마지막 인생을 자신의 꿈과 열정이 담긴 공연으로 마무리 하고자 하는 의지를 친구들에게 이야기한다.

드디어 공연이 시작되고 이 세상 가장 제목이 긴 공연인 〈햄릿의 꿈속에 나타난 베니스에 사는 줄리엣의 아버지는 리어왕〉이라는 셰익스피어의 작품을 친구 세 명이 모두 함께 공연을 성공리에 마치게 된다.

하지만 공연이 끝나고 쓰러지게 되는 선용. 시간이 흐른 후 포장마차에 함께 모인 재학과 상훈. 둘은 자신의 못다한 꿈을 공연을 통해서 조금이나마 이루고 아름다운 인생을 마감한 선용을 떠올리며 더더욱 인생을 가치 있고 즐겁게 살아갈 것을 다짐하게 되면서 공연은 끝을 맺게 된다.

■ 극단 툇마루(작/연출 조금희) <우리 집엔 리어왕이 산다>, 부제: 기억, 환상 그리
고 실제 2013.8.30.~9.4., 부산문화회관 소극장

셰익스피어의 <리어왕>과 사무엘 베케트의 <엔드게임>의 몇 부분을 차용해 극단
툇마루의 조금희 대표가 직접 희곡을 쓰고 연출을 맡은 <우리 집엔 리어왕이 산다>
가 2014년 8월 30일부터 9월 4일까지 부산문화회관 소극장에서 공연되었다.

[줄거리]

정신분열증을 앓고 있는 아버지(Lear)는 중단되지 않은 과거 기억과 환상 속에서 현실을
오가며 그에 반응하면서 고통 속에서 삶을 살아가고 있다. 특히 비논리적이고 예측할 수
없는 연상이 때로는 추상적이고 논리적인 단편적 사고와 뒤섞여 현실의 삶과 충돌을 일으
킨다.

그 속에서도 끝없이 자아를 찾으려는 아버지의 몸부림, 옆에서 이 모든 것을 지켜보는
딸의 고통과 허무감, 때로는 대, 소변조차 가리지 못하는 아버지를 돌보고, 때론 성희롱까
지 감내하며 참고 견디는 딸의 모습 속에서 한계를 초월한 인내 뒤에 따르는 또 하나의
딸의 심리적인 혼란 상태를 통해 우리시대의 비극을 비극적인 생활감정, 비극적 의식,
내던져져 있는 실존 속에서 해결 할 수 없는 대립과 불가결한 존재의 분열, 이율배반적인
구조를 지각하는 것에 대한 인간의 예민하고 영적이며 정신적인 고뇌를 보이며 또한 딸의
정신적 몰락 와중에서도 드러나는 딸의 미덕으로 인간적인 품위의 이상(理想)과 숭고한
상(像)을 보여준다.

<우리 집에 리어왕이 산다>는 인간의 가장 원초적인 면은 어떤 것인가? 라는 의문을 던져
준다.

"나는 누구인가?" 이 무대는 고통스럽지만 진실이다. 코델리아의 대사에서는 허무주의가
느껴진다. 특히 리어의 대사 "그녀는 내게 더 이상 오지 않을 거야. 절대로, 절대로, 절대로"
에서도 느껴질 수 있다.

무대는 다름 아닌 공허하고 피를 흘리는 현실의 땅이다. 마치 폭풍이 땅을 휩쓸고 지나가
듯 연극전반에 걸쳐 왕과 장님, 그리고 미친 남자가 그들의 산만한 대사를 극을 통하여
표현하고 있다.

사무엘 베케트의 <엔드게임>에서 클로브와 햄처럼 대화의 발화 방식을 통해 언어가 소통을
매개한다는 평자의 맹신에 균열을 일으킨다. 이들의 대화에서는 일번적인 대화의 조건을
충족시키지 못하는 독특한 양상이 발견된다.

<우리 집에 리어왕이 산다>의 대화는 사건의 전개를 위해 구성요소가 아니라 "의사소통의
수단으로 적합한 확신을 위한 표현형식으로서, 사고과정의 매개체로서 언어의 불완전함을
증명한다. 대사 중에 주로 나오는 대사인 "아니다, 싫어"를 통하여 절제된 언어를 사용하여
인생의 허무주의를 표현하고 있다. <고도를 기다리며>의 럭키의 장황설처럼 리어의 장황설

또한 허무주의를 발화하고 있으며 인간 존재의 본질적인 문제점인 '나' 나는 누구인가? 에 대한 질문을 끊임없이 하고는 있지만 이성적이고 합리적 해답은 절대로 제시되지 않는다. 답은 관객인 '나'의 몫이다.

■ '2013 서울국제공연예술제' 참가작
도가 스즈키 컴퍼니(Suzuki Company of Toga)(연출 스즈키 다다시) <리어 왕>
2013.10.8.~10.9., 아르코예술극장 대극장

스즈키 다다시, 일본 이름이다. 일본의 연극인이다. 이제는 우리나라에서도 잘 알려진 연출가이다. 일본 연극의 살아있고 전설이라고 한다.

고전에 대한 현대적 시점과 독자적인 배우훈련법인 '스즈키 메소드'를 창안하여 세계 연극계에 지대한 영향을 끼친 거장 스즈키 다다시, 그는 도가 스즈키 컴퍼니의 대표이며, 전통을 재창조하는 진보적인 연출가로, 1994년 '제1회 베세토 연극제'에서 공연된 <리어왕>을 20년을 기념하여 새로운 버전으로 한국을 찾아온 것이다.

<리어왕>은 스즈키 다다시의 대표작으로, 미국의 4개 극단 합동공연을 비롯하여 모스쿠바 예술극장의 장기공연으로 공연된 바 있으며, 이 후 독일, 한국, 일본배우가 출연하여 4개 국어로 공연하는 등 다양한 방식의 국제공동작품으로 꾸준히 공개되어 왔다. 이번 무대는 2008년 <엘렉트라> 이후 5년 만에 선보이는 한·일 합작공연으로, 서울에서 SPAF 무대, 그리고 일본의 도가와 도쿄에서 공연한다.

스즈키 다다시는 한·중·일 3개국 공동연극제인 '베세토 연극제'의 창설자 중 한 명이고, 연극인의 국제조직인 '시어터올림픽' 일본 국제위원으로 활동하고 있다.

공연단체인 도가 스즈키 컴퍼니(SCOT, Suzuki Compoany of Toga)는 1986년 스즈키 다다시를 중심으로 도쿄와 와세다에 설립되었으며, 1976년 도야마현 도가무라를 거점으로 활동무대를 옮기면서 갓쇼즈쿠리의 민가를 개조하여 만든 극장 도가 신방과 그리스식의 야외극장에서 <리어왕>, <디오니소스>, <엘렉트라> 등을 스즈키 다다시 연출로 공연하여, 국내외의 높은 평가를 받았다. 도가무라에서 1982년 일본 최초로 국제공연예술제인 '도가 페스티벌'을 매년 개최하여 현재까지 이어지고 있으며, 연극의 성지로서 세계연극인의 주목을 받고 있다. SCOT는 세계 각국의 초청을 받으면서 일본을 대표하는 현대극단이다. 지금까지 31개국 874개 도시에서 공연한 바 있다.

스즈키 다다시(鈴木忠志)가 연출한 <리어왕> 공연의 제작 의도는 다음과 같다. 스즈키 다다시의 글이다.

• 세계는 정신병원이다.

세상 혹은 지구상은 병원이며 인간은 그 속에서 살고 있는 것은 아닐까. 나는 그런 시점(視點)에서 수많은 무대를 창조해왔다. 나는 수많은 희곡작가는 모든 인간이 병자(病者)라는 시점으로 인간을 관찰하고 이해하며 그것을 희곡이라는 형식 안에서 표현해온 것이라고 본다… 그런 이유에서 최근 몇 년간의 나의 연출작은 무대상의 시츄에이션이 대부분 병원이었다. 그것도 그냥 병원이 아니라 정신병원인 것이다.

이 셰익스피어의 <리어왕>을 소재로 하여 연출한 무대도 예외는 아니다. 주인공은 가족의 연이 붕괴되고 병원 속에서 고독에 잠겨 있다가 죽음을 맞이할 수밖에 없는 노인이다. 그 노인이 어떠한 과거를 살아왔는지. 그 노인의 회상과 환상이라는 형식을 빌어 셰익스피어의 <리어왕>을 무대화한 것이 이 작품이다. 무대의 진행 혹은 스토리의 전개를 이러한 형식으로 한 데에는 이유가 있다. 셰익스피어가 그려낸 작품인 <리어왕> 속에서 노인의 고독감과, 그로 인해 정신적인 평형 혹은 평정을 잃어버린 인간의 나약함, 비참함에 초점을 맞추어, 그것이 시대나 민족의 생활습관을 넘어선 보편적인 사실이라는 것을 강하게 주장하기 위함이다.

다시 말해, 잉글랜드의 왕 리어라는, 시대와 공간에 있어서 특수하게 규정되었던 사람이 혹독한 고독과 광기를 살다 간 것이 아니라, 노인이란 존재는 어느 시대에도, 어느 나라에서도, 리어왕과 다름없는 고독과 광기의 인생을 살아갈 가능성이 있다는 것을 보여주려한 것이 내 연출적 작전인 것이다. 그러므로 셰익스피어 원작의 일면 만이 극도로 강조되어 나만의 스타일로 편집되어 있다.

… 세계 혹은 지구 전체가 곧 병원이라고 한 이상, 쾌유의 희망은 없을지도 모른다. 하지만 인간이 도대체 어떠한 정신상의 병에 걸려 있는가를 해명하는 것은, 그것이 결국 허무한 노력이 될지라도, 역시나 예술가(창조자)로서 현대를 살아가는 인간에게 주어진 책무(責務)라고 믿는 바이다.

■ 인천시립극단(역 신정옥, 연출 김철리) <리어왕>
　　2013.11.22.~12.1., 인천종합문화예술회관

1990년 창단되어 춘향전을 창단공연 한 인천시립극단은 셰익스피어 작품으로 1993년 <말괄량이 길들이기>, 1994년 <실수연발>, 2007년 <한여름 밤의 꿈>을 공연한 바 있다. 인천시립극단의 이종훈 예술감독은 셰익스피어의 4대 비극을 모두 공연하기로 하고, 그가 연출하여 2008년 <맥베스>, 2011년 <햄릿>, 2012년 <오셀로>를 성공리에 무대화하였다. 번역은 필자의 담당이었다. 이 예술감독은 임기를 마치게 되어, 2013년 11월 22일부터 12월 1일까지 인천종합문화회관 소극장에서 공연되었던 <리어왕>은 전국립극단 예술감독을 지낸 김철리가 객원연출하였다. 인천시립극단은 셰익스피어의 4대 비극을 모두 공연하게 된 것이다. 김철리는 국립극단 예술감독시절 셰익스피어의 참혹극이라고 하는 <타이터스 앤드러니커스> 초연을 연출한 바 있으며, '대한민국 연극대상' 특별상 수상자이다.

　중절모가 왕관이 된다. 중절모 쓰고 넥타이 맨 점잖은 신사가 리어왕이다. 가슴을 제친 모습이 절대권자의 위엄성을 강조한다. 오만한 자세도 과연 두 딸에게 내몰리며 황야에서, 폭풍우 속에서 소리 지르는 거지꼴의 미친 역을 할 수 있을까, 걱정이다. 몰락하는 과정을 그래도 당당함을 유지하고 있으나 황야에서는 거지꼴이다. 연기도 거지꼴 그대로 한다. 리어왕의 양면성을 대조적으로 잘 드러내고 있다. 거만한 왕의 몰락은 불쌍하게 느껴지는데 막내 딸 코델리아를 만났을 때 관객의 마음이 풀릴 수 있게 된다. 그래도 효녀인 딸도 리어왕도 죽어버리니 비극치고도 너무나 비참하다.

　아버지의 실수는 리어왕뿐이 아니다. 글로스터 백작도 매한가지다. 리어왕은 미친 방황자가 되었고, 글로스터는 두 눈이 도려내져 추방당한 눈먼 자가 된다. <오셀

로>의 이아고를 닮아가는 에드먼드는 얼굴은 호남형인데 약은 꾀로 잘 버텨나가다가 마지막에는 형인 에드가의 심판을 받는다. 멀쩡한 정신인데도 미친 척 해야하는 학자형 미치광이 에드거는 온 몸을 드러내놓고 미친 척 한다. 신체동작이 크다. 그래서 연기의 효과가 돋보인다.

칼싸움은 단검으로 한다. 단검에 찔려서 콘월공작은 죽음에 이르고 리건의 단검으로 콘월의 자객이 된 하녀도 죽게 된다. <리어왕>은 코델리아와의 만남이 이 극의 클라이막스이나. 둘 다 죽어버리니 <리어왕>은 슬픈 비극이 될 수밖에! 비극 중의 비극이다.

<리어왕>의 공연으로 셰익스피어의 4대 비극 공연을 마친 인천시립극단은 다음에 셰익스피어의 어느 작품을 고를 것인지 궁금하다. 셰익스피어의 작품으로 새롭게 인정된 두 작품, <두 귀족 친척(The Two Noble Kinsmen)>과 <에드워드 3세(Edward III) 중 <두 귀족 친척>을 이미 초연하였으니 다음에는 희극이나 역사극이 아니겠느냐 싶다.

2014year KingLear

■ 극단 유목민(작 김수미, 연출 손정우) <유목민 리어>
　 2014.4.5.~4.27., 설치극장 정미소
'2013 서울연극제'에서 <끝나지 않는 연극>으로 대상 및 연출상 등 4관왕을 수상한 바 있는 손정우 교수가 이끌고 있는 극단 유목민은 김수미 작 <유목민 리어>를 손정우 연출로 설치극장 정미소에서 4월 5일부터 27일까지 공연하였다. 손 연출은 이 작품으로 2014년 '제3회 대한민국 셰익스피어 어워즈' 연출상을 수상하게 된다. 이 연극에는 리어와 광대 2인 만이 출연한다.

◆ 연극평론가 박정기
무대에는 잘게 썬 건초더미를 오랜 기간 거둬들이지 않고 색이 하얗게 바래도록 그 자리에 놓아둔 것으로 보이는 건초더미가 몇 개 있다… 연극은 도입에 등짐을 지고 나무막대를 지팡이 삼은 광대가 등장한다. 훤칠한 모습에 탄탄한 몸매가 배우임에 틀림없어 보인다.

곧이어 리어가 뒤따라 모습을 드러낸다. 주황색 두툼한 옷에 왕관을 쓰고 긴 칼을 손에 들었는데, 어딘지 모르게 노숙자 같은 분위기가 풍긴다. 자세히 보니, 리어는 이목구비가 뚜렷하고, 무척 잘생긴 얼굴인데다가 온화하고 인자스러워 뵈는 노인이다.

리어와 광대의 대화에서, 리어의 세 딸 중, 두 딸에게 전 재산을 나누어주었으나, 아버지를 냉대하고 푸대접하기에, 이에 실망한 리어는 황량한 벌판을 방황하며, 자신의 운명을 슬퍼하고, 두 딸에 대한 증오심과, 아비로써 막내 코델리아를 박대한 것에 대한 미안함과 후회로, 터져버릴 듯싶은 심장을 가라앉히려고 애쓰는 모습을 보게 된다.

당연히 리어는 광대에게 애꿎은 화풀이를 하거나, 농지거리를 던지기도 하면서, 두 사람은 상명하복 관계가 아닌 동료나 친구로 전달되기도 한다. 칼과 지팡이를 서로 바꿔 들고, 대결의 모습을 연출하고, 잃어버린 칼과 빈 칼집을 덜렁거리며, 과거에 리어가 과연 영화와 영광을 누리던 임금의 풍모를 지닌 적이 있었을까 하는 의구심까지 품게될 정도로 나약하고, 늙고, 정신까지 피폐해진 노인으로 묘사되면서 일부 관객은 비감한 생각까지 품게 된다.

400년 전 벌판을 방황하는 노년의 리어의 세대나, 도시의 숲속을 방황하는 현대 노인들의 모습이 다르지 않다.

대단원에서 리어는 가마니로 된 들것에, 사랑하는 코델리아의 시신이 아닌 영혼을 싣고, 주황색 윗도리까지 벗은 채 기진맥진해 등장한다. 그리고 건초더미에서 듬뿍 건초를 집어 들것 가마니에 얹어 놓는다. 그리고는 사랑하는 막내 코델리아의 이름을 하염없이 외치며, 광대가 눈물로 지켜보는 가운데 리어는 운명을 한다.

■ 셰익스피어 450주년, '제2회 셰익스피어 문화축제' 참가작
   연희단거리패(작 토마스 베른하르트, 번역 류은희, 연출 이윤택)
   <리어를 연기하는 배우, 미네티>
   2014.7.12.~7.19., 충무아트홀 중극장 블랙

'제2회 셰익스피어 문화축제'는 젊은 극작 연출가들이 다시 쓴 셰익스피어를 만날 수 있는 '셰익스피어의 자식들'과 기국서, 이윤택, 양정웅, 박근형 등 한국 중견

연출가들이 참여한 '셰익스피어와 동시대
연극'으로 나뉘어 진행되었다.

이 작품은 토마스 베른하르트의 "잘츠
부르흐 희곡집"에 실린 <미네티, 어느 늙
은 예술가의 초상>이다. 사회에서 배척당
한 예술가를 그린 낭만적인 동화이며, 대
서양 바닷가로 떠난 그의 겨울여행이 죽음
으로 끝나는 극이다. <미네티>는 세계적인
작가 토마스 베른하르트가 연극배우 베른
하르트 미네티에게 헌정한 작품으로 실존
배우가 문학작품이란 영속적인 매체 속에
불후의 인물로서 형상화된 경우이다.

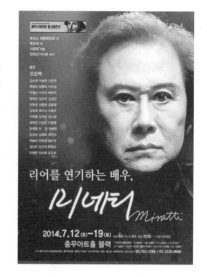

오순택 교수는 한국계 미국인배우이다. 그는 <쿵후>와 <Magnum, P.I> <007
황금의 총을 가진 사나이>를 비롯하여 수많은 영화와 텔레비전 쇼에 진출하였다.
1970년대에는 오태석 연출의 <로미오와 줄리엣>에서 윤정희와 함께 주인공 역을
했다.

한국에 돌아와서는 한국예술종합학교 연극원, 서울예대 등에서 연기를 가르쳤고
국립극단에서 마스터클래스를 진행하기도 하며 "경이로운 스승"으로서 후학들에게
깊은 영향을 끼쳐왔다.

본 공연은 오순택의 서울예대 첫 제자인 이윤택이 연출을 맡고, 오순택이 제자들
과 함께 출연하며, 역시 제자인 연희단거리패 대표 김소희가 가세하여, 노배우와
스승에 대한 존경의 마음으로 바치는 헌정공연이기도 하다.

[줄거리]
한 해의 마지막 날 밤, 한 노인이 작은 도시의 호텔에 들어선다. 발목까지 내려오는 낡은
외투를 입고, 검정색 에나멜 구두를 신고, 왼쪽 팔에 우산을 걸친 노인은 자신을 연극배우
미네티라고 소개한다. 그리고 셰익스피어의 '리어왕'에 주연으로 출연하기로 되어 있다며,
시립극단 단장과 약속이 있다고 한다. 미네티는 호텔 로비에 자리를 잡고 단장을 기다린다.
기다리는 동안 미네티는 술 취한 사람, 애인을 기다리는 사람 등을 만나며 사회에서 배척당
해온 자신의 생애를 이야기한다.
이야기는 길게 이어지지만 결국 단장은 모습을 나타내지 않고, 미네티는 호텔에서 쫓겨난
다. 호텔을 나온 미네티는 겨울 바닷가를 찾아 인생의 마지막 연기를 펼치며 사라진다.

◆ 2014.7.10. 뉴시스

올해 제자들이 뜻을 모아 그에게 헌정한 '칼을 쥔 노배우'가 출간되기도 했다

이윤택 예술감독은 오순택의 서울연극학교 첫 제자다. 그는 "1972년, 그러니까 42년 전 서울연극학교 1학년 1학기에 오순택 선생님의 '발성법'과 '일반연기론' 두 강좌를 들었다" 면서 "'연기한다는 것은 제 본성대로 존재한다는 것' 오순택 선생은 그렇게 말씀하셨다. 우리가 할 일은 무대에서 그 모습을 보는 일"이라고 밝혔다.

오순택과 이 예술감독은 2005년 국립극단 '떼도적'에서 호흡을 맞춘 바 있다. 이번 무대로 9년 만에 다시 만나게 됐다.

연희단거리패는 "실제 참여하려는 제자들이 많아 미네티를 제외한 모든 배역은 더블이나 트리플 캐스팅"이라면서 "극장은 나이듦, 세대간의 소통 등에 대한 다양한 사유를 하게 되는 공간으로 거듭날 것"이라고 기대했다.

2015year KingLear

■ 교육극단 푸른 숲(대본/연출 이지향) <리어는>
2015.2.7.~2.15., 대학로 연우 소극장

푸른 숲은 현직 교사들로 이루어진 극단이다. 이들은 바쁜 교육현장에서 짬짬이 시간을 내어 연극을 준비하였다. 그 이유는 연극이야말로 학생들은 물론 선생님들에게도 치유의 수단이 될 수 있다는 신념으로 연극이야말로 가장 훌륭한 교육의 장이 될 수 있다고 생각했기 때문이다. 이러한 훌륭한 생각을 가진 선생님들이 제15회 공연으로 성암여중 이지향 선생님이 대본을 쓰고 연출을 한 <리어는>을 2월 7일부터 15일까지 대학로 연우 소극장에서 공연되었다.

작품 내용은 어느 극단의 작업실, 신문기사를 읽던 작가는 문득 조선조 최장 재위 왕인 영조를 생각하다가 셰익스피어의 리어를 떠올린다. 리어는 왜 권좌를 내놓았을까?

필자는 애석하게도 이 극을 관람하지 못하였고, 이 극을 관람한 시우라는 블로그의 글을 참조하고자 한다.

… 극의 내용은 권력을 유지하기 위하여 자신의 아들을 뒤주에 가두어 죽인 조선시대 영조

에서 이야기를 시작하여 스스로 자녀들에게 왕위를 이양한 셰익스피어의 리어왕(김광)이야기로 넘어간다. 이후 이야기는 우리가 잘 알고 있는 리어왕이 가장 사랑했던 코델리아(문은지·홍혜미)의 왕에 대한 충언과 이에 대한 왕의 분노 그리고 딸의 추방, 왕의 맏딸거너릴(최현정·류선옥)과 둘째 리건(서은지·김주희)의 배신, 리어왕의 후회와 방황 등의이야기로 전개된다.

… 특히 광야에서 실성상태로 부르짖을 때 공교롭게도 조선시대의 영조까지 접신하여 1인 3역으로 변신한다… 한편 광야에서 코델리아가 캔디로 변해 왕을 만나는 장면도 매우 독특하고 재미있었다. 게다가 캔디가 인형극 놀이를 하면서 왕의 어리석음을 깨우쳐주는 모습이 자못 그럴듯했다. 무대장치의 한 가운데 뒤주가 있고 그 위에 거울이 있어… 뒤주역시 마지막 장면에서 사도세자처럼 거너릴을 처형하는 도구가 되지만 평소에는 왕의 권위를 세워주는 옥좌구실도 하고 리어왕이 스스로를 올려놓고 심판하는 제단 역할도 했다. 이 같은 작품을 통해 작가는 권력의 본질과 그것의 향배를 묻는 것 같다. 오만하고 무책임하면서도 스스로 역사의 주재자인 것처럼 행동하는 리어왕과 이상과 명분에 사로잡힌 코델리아 일파, 반체제적인 개혁주의자이면서 자기 확신에 사로잡힌 에드먼드, 무기력하고 낭만적인 연애지상주의자 리건 그리고 가장 중요한 거너릴이 있다. 권력을 위해서라면 어떤 탈도 쓸 수 있으며 온갖 술수와 음모를 서슴지 않는 거너릴, 하지만 작가는 체제유지에 방점을 두는 온건한 보수주의자 에드가의 최후 승리를 말한다. 하지만 이 같은 성격의 인물들이 전개하는 스토리가 너무 축약되고 서두른 감이 들어 제대로 공급하기에는 조금 미흡한 감이 들었다. 또한 등장인물들의 대사가 하나같이 셰익스피어류의 명대사 같은 것이 옥에 티였다.

■ 국립극단(번역/연출 윤광진) <리어왕> 2015.4.16.~5.10., 명동 예술극장

1954년생인 윤광진은 캘리포니아대학교 산타바버라 대학원 출신이고, 우리극 연구소 소장, 용인대학교 예술대학장이며, 1994년 '동아연극상' 연출상과 작품상, 2007년 '서울연극제 작품상', 2013년 '한국연극대상'을 수상한 연출가이다.

박정기씨가 연극 이외에 영화, TV 등으로 만들어진 <리어왕>에 대한 설명을 하였기에 이를 소개하고자 한다.

<리어왕>은 무대는 물론, 수많은 영화로도 제작되었다. 앤드루 맥컬로우(Andrew McCullough)가 연출하고 오손 웰스(Orson Wells)가 주연한 1953년 영화 <리어왕>, 코진체프(Grigory Kozintsev)가 연출하고 유리 야벳(Yuri Jarvet)이 주연을 맡은 1970년 러시아판 <리어왕>, 구로사와 아키라(Kurosawa Akira) 연출, 일본풍으로 각색된 1985년 <란>(Ran), 장 뤽 고다르(Jan-Luc Gordard)가 연출 버지스 메레디스(Burges

Meredith)가 주연을 맡은 1987년 〈리어왕〉등은 작품성을 인정받고 있는 역작들이다.

그 외에도 〈리어왕〉은 텔레비전 방송용으로 제작되기도 했는데, 조나단 밀러(Jonathan Miller)가 연출하고 마이클 호던(Michael Hordern)이 주연한 1982년 BBC TV 〈리어왕〉, 마이클 엘리엇(Michael Elliot) 연출로 로렌스 올리비에(Laurence Olivier)가 주연을 맡은 TV 〈리어왕〉이 대표작이다.

그 중 특히 주목할 영상 텍스트는 피터 브룩이 연출한 1971년도 영화 〈리어왕〉이다. 여타 영화는 대체로 원작에 대한 전통적인 해석에 입각하여 시각적 가능성들을 실험했으나, 피터 브룩의 1971년 〈리어왕〉은 전통적 해석을 넘어선 새로운 창작의 시도로, 원작을 발전적인 방향으로 한 단계 뛰어넘는 연출을 했다.

◆ 연극평론가 김옥란

… 거너릴과 리건의 분열의 원인을 중간에 낀 음모꾼 에드먼드라는 남자의 존재로 표현하고 있는 것 또한 셰익스피어의 여성관이 어떤 것이었는지 새삼 다시 보여준다. 셰익스피어에게 여성은 잠재적 불륜녀인 듯.(그런 때문인지, 남성인물들은 리어와 글로스터 백작, 하다못해 광대까지도 그 캐릭터가 세밀하게 살아있는 반면 여성인물들은 너무 전형적이고 뻔하게 표현된 것은 아쉬움…)

잔혹한 세상에 대한 냉혹한 평가. 셰익스피어가 동시대의 작가인 듯 가깝게 느껴진다. 모두 대본에 거듭 공을 들인 윤광진의 번역과 연출의 공으로 보인다…

다른 한편, 최근 대극장 무대에서 이태섭의 존재감이 뚜렷하다. 이 공연에서 맘먹고 무대를 만든 듯한 흔적이 곳곳에서 눈에 띈다. 그러나 대극장 시스템에서 무대기술이 때로는 과할 정도로 과시되고 있는 모습은 앞으로는 점점 우려되는 상황. 대극장 공연이 무대의 스케일로 밀고나가는 방식은 이전에 익숙하게 보아왔던 모습. 오히려 이제 이런 극장에서는 드라마와 인간이 더 살아나야 하는 것이 아닌가 하는 생각.

2016year KingLear

■ **극단 경험과 상상·극단 행(재창작/연출 류성) <리어 누아르>**
　2016.3.3.~3.12., 대학로 아트홀 마리카3관
　2016.7.14.~7.23., 대학로 아트홀 마리카3관

　셰익스피어 서거 400주년을 맞이하여 셰익스피어의 4대 비극의 하나인 <리어>를 누아르적 감각으로 새롭게 해석함으로써 커다란 호평을 받았던 융복합 연극 <리어 누아르>가 3월 3일부터 12일까지, 그리고 앙코르 공연으로 7월 14일에서 23일까지 두 공연 모두 아트홀 마리카 3관에서 공연되었다.
　'누아르'란 어둡다, 검다는 뜻을 지닌 프랑스어로, 폭력과 범죄, 도덕적 모호함, 성적 욕망에 대해 다룬 장르를 지칭한다. <리어 누아르>는 누아르 스타일을 적용하여 "리어왕"을 해체하고 재구성함으로써 현시대의 근원적 문제인 '폭력'에 대해 고찰해 보는 작품이다. 등장인물들은 모두 도덕적 모호함, 선과 악의 뒤엉킴, 성적 욕망에 충실하게 지배받는 인물로 묘사되며, 트라우마에 의해 움직이는 인물로 해석되어 재창조되었다.
　극단 관계자에 따르면 "여배우의 노출 장면은 없지만, 미성년자 관람불가로 정했다"며 "셰익스피어 원작에서 도덕적 모호함과 성적 동기 등을 강조하다 보니 부모와 자식이 서로에게 저주를 퍼붓는 비윤리적인 내용을 담고 있기 때문"이라고 말했다. 그는 이어 "일반적인 연극연출 문법을 벗어나 영상 등을 포함한 융복합 콘텐츠로 발전시키려는 실험적인 성격이 강하다"고 덧붙였다.

■ **극단 76단(작/연출 기국서) <리어의 역(役)>**
　1. 2016.4.20.~5.8., 혜화동 선돌극장
　2. 2016.6.1.~6.5., 대학로 게릴라 극장

　기국서 연출의 신작 <리어의 역>은 평생 '리어왕' 역할을 하다 은퇴한 노배우의 삶을 통해 연극과 예술, 세상의 이야기를 동시에 풀어낸다. 연극 <리어의 역>은 셰익스피어 오리지널 연극에서 보여주는 고색창연한 왕국과 칼과 창이 부딪치는 전쟁은 없다. 셰익스피어의 원작 속 리어왕과 같이 연극 <리어의 역>의 극 중 노배우에게도 세 명의 딸과 40년을 함께한 광대 역의 배우가 곁을 지키고 있다.
　<미친 리어>, <햄릿> 시리즈 등을 만들어 온 기국서 연출은 "연극을 오래하다

보니까 '나이 든 배우의 감회는 어떨까' 궁금해졌다"며 작품을 집필하게 된 계기를 밝혔다. 기 감독은 당초 노배우의 1인극이나 노배우와 광대의 2인극으로 구성하려 했으나 "너무 관념적으로 끝날 것 같다"는 이유로 <리어왕>처럼 세 딸을 등장시켰다고 하였다.

◆ 연극평론가 박정기

<리어의 역(役)>은 평생 셰익스피어의 리어왕 역을 해 온 명배우가 자신의 전용극장을 건립하고, 그 리어왕 역을 계속한다. 노년에 이르자 기억력 저하와 치매증세가 나타나, 리어왕 역을 다른 배우에게 연기하도록 하고, 자신은 극장 지하의 1실에서 기거를 하며, 과거 리어왕을 열연하던 때의 명대사를 읊어보기도 하고, 치매환자에게서 흔히 볼 수 있는 혼자 지껄이기를 계속한다. 이러한 치매 증세가 차츰 심하게 나타나니, 명배우는 극장 지하에서 떠나지를 못하고, 유폐된 것 같은 생활을 하게 된다. 과거 연극 리어왕에서 광대로 출연했던 배우가 자주 들러 이 명배우의 동태를 살피고 그의 화려했던 과거를 떠올리도록 만든다. 리어는 광대 역의 배우를 통해 가끔 과거를 떠올리기도 한다. 그러면서 위층 극장에서 공연되는 리어왕의 도입부터 대단원까지를 음향을 통해 감지하며 반응을 일으키기도 한다.

이 명배우에게는 3인의 여식이 있는 것으로 설정된다. 세 자매 모두 결혼을 했고, 막내는 이 극장에서 리어왕의 막내 딸 코델리아 역으로 출연을 하는 여배우다. 장면이 바뀌면 큰딸과 둘째 딸이 아버지인 명배우를 찾아온다. 찾아온 목적은 노년의 부친이 치매증세가 심해져 기억력을 완전히 상실하기 전에, 재산 분배를 해달라고 찾아온 것으로 설정된다.

큰 딸은 중년여인다운 체구와 미모로 나이든 남성관객의 시선을 집중시키고, 둘째 딸은 젊음이 살짝 지나간 것 같은 모습이지만 여전히 미모와 매력을 발산하기에 젊은 남성의 시선을 일신에 집중시킨다. 동서양을 막론하고, 아버지의 재산을 물려받으려는 자매들의 암투는 극 속에 주요 장면으로 부각되고 이 연극에서도 관객의 흥미를 끌어들인다. 공연이 끝나게 되고 커튼콜만 남게 되었을 때, 지하에서 두 자매의 거친 다툼소리가 크게 들리니, 놀란 막내가 함께 출연한 남편과 지하로 내려온다. 막내의 등장에 일시 바른 정신이 되돌아온 명배우는 세 여식에게 골고루 재산을 분할해주기로 약속한다. 그리고 자신은 요양원으로 들어가겠노라 하며 선언을 하듯 외친 후 다시 기억상실 상태로 돌아간 듯 중얼거리며 왼쪽 벽 붉은 휘장을 친 통로로 들어가는 장면에서 연극은 마무리가 된다.

◆ 연극평론가 김옥란
극단 76 다운 풍자도 여전하다. 공연 중반 블랙아웃의 암전상태에서 배우들의 심드렁한 목소리가 들려온다. "지금 대통령은 누구야?", "이건 완전히 공포영화야", "박정희의 큰 딸", 목소리에 힘 잔뜩 준 풍자가 아니라 힘 확 빼고, 불도 확 꺼버린 상태에서 이루어지는 허를 찌르는 풍자다.
〈리어의 역〉의 현실 속의 리어 또한 결말에서 죽음을 준비한다. 40년 동안 무대에서 살아왔지만 더 이상 무대에 서지 못하고, 극장 또한 운영난으로 팔릴 위기이다. 고령화 시대의 리어는 갈 곳이 없다. 리어는 목을 맬 밧줄을 준비한다. 그런데 올가미를 손에 들고 있는 리어에게 광대는 지나친 비관도 아닌 낙관도 아닌 웃음 한마디로 응대한다. "뭐야 씨팔 쪽팔리게." 리어는 밧줄을 들고 말한다. "좀 상투적이지, 나가자." 착한 사람도 지독한 악당도 모두 죽는 셰익스피어의 염세적 결말이 상투적으로 느껴질만큼 상투적이지 않는 가뿐한 결말이다. 작가 기국서의 현재가 읽힌다.

■ 인천극단 아토(각색 고기혁·용선중, 총연출 용선중, 공동연출 이화정)
　〈리퍼블릭. 리어〉
　1. 2016.10.20.~10.23., 인천 문학경기장 내 문학시어터
　2. 2016.11.1.~11.6., '단단 페스티벌' 개막작 소극장 혜화당
　셰익스피어의 비극 〈리어왕〉은 로마 침략 이전 영국을 배경으로 한 레어 왕 전설을 바탕으로 1605년에 셰익스피어가 만든 것으로 추정된다.
　'단막극을 통해 서로 함께 단단해지자'는 의미로 기획된 '단단 페스티벌(부제: 소극장 혜화당 50분 단편 듀엣전)'이 11월 1일부터 12월 25일까지 소극장 혜화당에서 개최되었다. 짧다는 의미의 단(短)과 대장장이가 쇠를 불리고 연마하는 과정을 의미하는 쇠 두드릴 단(鍛)의 의미를 결합(단短+단鍛)했다.

개막작인 극단 아토의 <리퍼블릭. 리어>는 셰익스피어의 리어왕을 원작으로, 이 야기 중심의 연극에서 다소 벗어난 새로운 형식으로 재구성됐다. 원작인 <리어왕>의 경우 왕권시대를 배경으로 하지만 극단 아토의 이번 <리퍼블릭. 리어>는 이를 공화 국으로 옮겨 권력자들의 공약들이 물거품이 되는 모양새로 인해 배신을 느끼고 그로 인한 시대적 혼란 문제를 다루고 있다. <리퍼블릭. 리어>는 주권의 주체가 누구에게 있느냐 하는 것이 원작과 다를 뿐 시민이 사회의 모든 책임을 감수하는 모양새는 같다.

　이번 작품의 총 연출을 맡은 용선중 연출은 "우리가 살고 있는 사회는 정당정치가 과거의 왕권을 대신하고 있다"며 "각각의 정당들은 자신들이 진실에 가까운 정치를 펼치고 있다고 하지만 과연 정말로 진실의 정치를 하고 있는 정당이 존재하는지에 대한 물음을 던지고 싶었다"고 말했다.

[줄거리]
리어가 세 딸에게 재산을 분배하기로 하면서 왕정을 폐지하고 공화정으로 체재를 바꾼다. 두 딸은 아버지 앞에서 새 공화정이 들어서면, 집권을 위한 정치공약을 발표한다. 물론 표심을 얻으려는 공약이지만 리어는 두 딸의 공약에 공감을 하고, 막내 코델리아가 표심잡 기 공약발표를 거부하자 분노하고, 두 딸에게만 재산을 분배한다. 예나 지금이나, 정당한 정책이라도 반대당은 반드시 트집을 잡고 물고 늘어지기는 마찬가지라 리퍼블릭 리어 시대 에도 정당한 정책과 정견발표를 개그 코미디처럼 묘사해 흠을 잡는 모습으로 연출된다. 결국 왕정이나 독재체재가 아닌 공화정, 리퍼블릭을 선언했지만, 애국보다는 끼리끼리의 정권야욕을 위한 끝없는 투쟁을 바라보며 리어는 막내 코델리아를 끌어안고 역사의 뒤안길 로 사라져가는 장면에서 연극은 끝이 난다.

Macbeth

맥베스

<맥베스>는 셰익스피어의 4대 비극 중 하나이다. 셰익스피어의 대표작이라고 할 만한 작품은 흔히 <햄릿>으로 치부하고 있다. 사색하는 인간에서 막판에 용감하게 복수하고 죽어가는 햄릿은 왕자이다. 맥베스는 왕위를 찬탈하고 비열하게 죽어가는 전승장군이다. <햄릿>의 명언으로는 "죽을 것이냐, 살 것이냐, 그것이 문제로다"를 첫째로 꼽고 있으나, <맥베스>에서도 그에 못지않은 명언들이 풍부하다.

5막에서 맥베스의 야심은 눈사람처럼 커지다가 파멸로 낙하한다. 그 사이 그의 의식은 파괴의 진실성과 허구성의 틈새에서 떤다. 그가 살아온 과거 전체의 방향의 여정(旅程)이 저녁 경치처럼 회상된다.

맥베스 : 나도 이만하면 오래 살았다. 내 인생도 이미 누런 잎이요, 조락하는 가을이 아닌가. 더구나 노년에 따라야 하는 명예와 애정과, 순종과 많은 친구들과는 인연이 없는 것 같다. (5막 3장)

내일이 오고, 내일이 지나가고, 또 내일이 와서 또 지나가고. 시간은 하루하루를 한 발 한 발 거닐면서 역사의 마지막 한순간까지도 당도한다. 어제라는 날들은 모든 우매한 인간에게 티끌로 돌아가는 죽음의 길을 횃불처럼 밝혀준다. 꺼져라 꺼져. 짧은 불이여! 인생이란 걸어가는 그림자에 지나지 않는다. 잠시 동안 무대 위에서 흥이 나서 덩실거리지만 얼마 안가서 잊혀지는 처량한 배우일 뿐이다. 바보천치들의 이야기에 불과해 떠들썩하고 분노가 대단하지만 알맹이가 없는 소

리야(5막 5장)

문장으로는 길게 느껴지지만, 맥베스에게는 한 세월이 지난 후 깨닫게 되는 그의 인생철학이다. 누구나 되새겨 볼만한 내용이다.

맥베스는 긴장이 풀려 그의 부인의 죽음이 그의 몸에 스며들어 내일을 생각하면 국왕암살사건, 현재의 전쟁에 대한 희망도, 계획도, 단지 몽환(夢幻)에 불과하지만, 한(恨)이 서린다. 인생의 권태를 통렬히 느낀다. 이러저러한 생각에 그는 대사를 한 음절씩 몸을 흔들며 토해낸다. 맥베스의 파국의 멋진 표현이다.

마녀들의 무대출현은 시간이 길지 않다. 그러나 연출가는 그 장면에 많은 공을 기울인다. 마녀들의 말로는 이해가 될 수 없다. "Fair is foul, and foul is fair"(아름다운 것은 더럽다. 더러운 것은 아름답다.) 이 세상의 환상인지, 맥베스의 팔자인지, 알아보기 어려우나 <맥베스>의 명언의 하나이다. 수수께끼 같은 대사이다. 극의 테마의 요약인가.

맥베스는 마녀들의 표면상 좋은 예언을 믿고 파멸한다. 레이디 맥베스는 맥베스보다 먼저 악에 들어선다. 남편을 준동하다가 찬탈의 주역이 된다. 왕위에의 야심에 불을 지르게 한 마녀들은 레이디 맥베스를 악의 길로 유도한다.

셰익스피어는 진짜 마녀와 인간 마녀를 배치, 인간이 악의 유혹에 약한 인간의 약점을 이용한 듯하다.

2000year Macbeth

■ 극단 물리(재구성/연출 한태숙) <레이디 맥베스>
2000.5.20.~6.18. '예술의전당' 제작기획 공연

우리나라의 독보적인 여성연출가 한태숙이 이끌고 있는 극단 물리는 1998년 1월 15일서부터 28일까지 대학로 문예회관 소극장 창단작품 <레이디 맥베스>를 초연한 이래, 1999년 10월 2일부터 15일까지 서울연극제 초청작품으로 문예회관 소극장에서 재공연하였고, 2000년 5월 20일부터 6월 24일까지 예술의전당 제작기획 공연으로 예술의전당 자유소극장에서 세 번째 공연을 가지게 되었다.

[줄거리]

던컨왕을 죽이고 등극한 맥베스와 그의 아내의 범죄행위는 레이디 맥베스의 이상한 증세를 관찰하는 과정에서 전의(궁중의사)와 시종들에 의해 밝혀진다. 극의 흐름은 전의가 몽유증세가 있는 병을 고치기 위해 그녀의 기억을 더듬어 끌어내는 과정을 축으로 과거와 현재를 오고 가는 구성으로 되어있다. 물체극을 위한 공연대본으로 쓰여진 이 작품에는 오브제와 연극, 음악의 특별한 만남이 연극적 미학을 이루고 있다.

레이디 맥베스의 과거 속으로의 여행을 위해서 사용되는 오브제, 즉 밀가루는 어느 한 순간 뱀이 되어 레이디 맥베스의 몸을 휘감아 옥죈다. 그녀의 몸을 감고 있던 뱀은 서서히 그녀가 지은 죄의 무게로 변해간다. 레이디 맥베스가 전의의 최면에 걸려 허공에 뜨는가 하면 진흙덩이가 살해당한 던컨왕이 되고, 바닥에 깔린 천들이 마치 맨홀로 빠지듯이 사라지기도 하고, 연회장면에서 파리넬리를 연상시키는 배우 김영민의 노래, 전통을 잇는 신세대 작가 원일의 아름다운 구음, 피라, 북 연주 등이 한데 어우러진다.

레이디 맥베스는 이미 모든 일이 기억 속에 묻혀있는, 그러나 남편을 시켜 저질렀던 범죄이기는 하지만 죄를 지을 당시를 재현하게 되면서 형벌과도 같은 죄의식의 고통을 경험하기 시작한다. 전의가 최면으로 레이디 맥베스의 기억을 하나하나 실타래를 풀듯이 풀어내기 시작하자, 레이디 맥베스는 모든 인간이 가지고 있는 죄의 속성인 은폐하려는 욕구를 드러내고 이들은 갈등으로 나타난다.

그녀는 살인행위에 대한 기억을 떠올리게 되자 마침내 여태까지 자신을 그토록 고통스럽게 하고 두려움에 떨게 했던 것들이 비로소 자신의 양심이었다는 것을 알게 된다. 레이디 맥베스는 자신의 죄를 깨닫고 속죄를 갈구하며 마지막 생을 다한다.

■ 극단 무천(김아라 연출), 안성시 죽산 야외무대 무천캠프
　　<맥베스 21> 2000.8.10.~8.13.

우리나라 연극계의 남성거목들, 이윤택, 오태석, 양정웅, 이병훈, 정일성, 김삼일, 차현석 등과 당당히 맞설 여성연출가들이 있다. 대표적인 인물은 <레이디 맥베스>의 한태숙, 그리고 유인촌을 주연으로 한 <햄릿>을 연출한 김아라이다. 유인촌과 김아라의 이 공연은 6·25 사변 중 피난지 대구·부산에서 셰익스피어 작품공연으로 연극계와 국민에게 희망을 안겨준 이해랑, 김동원 콤비의 <햄릿>에 못지않다. 유인촌의 명연기는 김동원을 이어갈만한 제2세로 치부되고 있다.

김아라는 97년부터 매년 경기도 안성시 죽산 야외무대를 자신의 보금자리로 하여 관객을 초빙하고 있다. 김아라의 축제극단 '무천'(대표·상임연출 김아라)은 2000년에도 셰익스피어극으로 손님을 맞이한다. 공연 제목은 97년도에 <오이디푸스>, 98년에 <인간 리어>, 99년 <햄릿 프로젝트> 공연에 이어 2000년도에 선보일 김아라의

4번째 죽산 야외 프로젝트는 <맥베스 21>과 <한여름 밤의 꿈>이었다.

◆ 서울신문(2000.8.3.)
10~13일 공연되는 '맥베스 21'은 살의와 쟁취, 불신과 먹이사슬 관계로 얽힌 현대 정치사의 한 단면을 극대화한 작품. 소문난 스타일리스트답게 인간의 숙명인 선악의 갈등, 욕망의 세계를 피아노와 타악, 구음, 판소리, 정가 등 우리 소리를 활용해 주술적으로 풀어낸다. 지난해 '햄릿 프로젝트'에서 카리스마 넘치는 왕비 거트루드 역으로 주목받았던 현대무용가 김현옥이 레이디 맥베스로 변신해 또한번 수중무대에서 열정의 춤을 선보인다.

■ 극단 작은신화(구성/연출 김동현) <맥베스, The Show>
　　2000.11.16.~12.3., 소극장 학전그린
　　1986년 창단된 극단 작은신화는 2000년 제14회 정기공연으로 셰익스피어 작 <맥베스>를 <맥베스, The Show>라는 제목으로 11월 16일부터 12월 3일까지 소극장 학전그린에서 공연하게 되었다.
　　이 극단은 작은신화의 기획공연 프로그램의 하나인 '고전 넘나들기' 첫 번째로 1997년 11월 19일부터 12월 6일까지 연해문화극장에서 셰익스피어 원작 <맥베스>를 김동현 연출로, <햄릿>을 박무성 연출로 공연한 바 있다. 줄거리는 원전과 같다.

◆ 2000.11.13. 스포츠조선
〈맥베스, The Show〉는 다양한 방법으로 원작의 재구성을 시도했다. 일단 공간적으로 배우가 무대와 객석을 오가며 연기를 펼치는 열린 무대를 지향한다. 여기에 무대감독이라는 원작에는 없는 역할이 등장해 각 장의 소개를 하기도 하고, 극 속에 뛰어들기도 한다. 일종의 '낯설게 하기'다.
극의 구성은 총 다섯 마당의 연회로 이루어지며, 우리가 익히 아는 '맥베스'의 스토리를 따라 진행한다. 하지만 이런 사건들을 이끌어가는데 중추역할을 하는 것은 다름 아닌 소리다. 쇤베르크의 전위음악부터 사이렌과 무전기, 타악기, 마이크 등을 통해 다양한 증폭과 변주를 만들어낸다. 서주희 주연의 '레이디 맥베스'가 찰흙을 이용했던 것처럼 이 작품에서 소리는 불안과 초조, 환희, 정신분열, 환청 등을 표현하는 중심 오브제다.
소리는 또한 주제를 전달하는 중요한 역할을 하고 있는데 그것은 소리를 내는 매체들이 우리 주위에서 흔히 볼 수 있는 현대적인 물건이라는 사실과 관계가 있다.

■ 우석대학교 연극영화과 1기 졸업공연(역 신정옥, 연출 민성림(97)) <Macbeth>
　　2000.12.1.~12.2., 우석대학교 연극영화학과 소극장

우석대학교는 1997년에 연극영화학과를 창설하였다. 2012년 10월 고인이 된 중견배우 조경환씨가 1997년 학과장으로 취임하였으며, 2000년에는 제1기 졸업공연을 하게 되었다. 공연작품으로는 셰익스피어 작 <Macbeth>가 선정되었으며, 번역은 신정옥, 연출은 민성림이었으며, 지도교수는 셰익스피어 작품에서 주연을 한 바있는 명배우 김성옥 교수였다.

이 졸업공연에 오경숙, 신명희, 김정수, 고금만 등 많은 교수들이 격려의 글을 보내고 지도를 하였다. 연극영화학과의 교수들, 학생들이 성의껏 참여한 셈이다. 이 공연을 연출한 민성림(97)의 연출의 변이다.

연극은 요괴스러운 것들의 악몽과 같은 주문으로부터 시작된다.
'아름다운 것은 더러운 것, 더러운 것은 아름다운 것. 안개와 더불어 더러운 공기 속으로 날아가자.'
무엇이 아름답고 무엇이 더러운 것일까? 맥베스는 첫 등장에서 이런 말을 내뱉는다. '이렇게 침침하면서도 아름다운 날은 처음 보는군'
무엇이 옳고 그르며 어떤 것이 아름답고 어떤 것이 과연 더러운 것일까. 인간의 심성 안에 잠들어 있는 욕구, 욕망은 가장 사악하고도 아름답지 않을까!
살육을 거듭하는 맥베스를 보며 그에 대해 추악함을 느끼기보다는 살육 앞에 찾아오는 그의 번뇌와 살육 뒤에 오는 그의 자학이 내 안에 욕구와 맞물려 동조감을 끌어낸다. 맥베스 …
21세기를 앞두고 오염된 공기 속에 살아가는 우리들에게 400년 전에 지어진 맥베스는 많은 것을 보여주고 있다. 시대에 따른 욕망의 성취 방법은 다를지라도 그 근본은 인간 안에 잠재되어 있기에 나는. 맥베스… 그를 미워할 수 없다.

■ 중앙대학교 예술대학 연극학과(각색 최지은, 연출 최치림)
<맥베스> 부제: '피의 권좌' 2000.12.6.~12.10., 중앙대학교 아트센터 대극장
중앙대학교 연극영화학과는 1959년에 창설되었다. 이 학과는 당시 4년제 대학으로 처음으로 설립되어 41년의 역사와 함께 2000여명의 동문을 배출했다. 당시 문리과대학에 속해 출범한 연극영화과는 1974년 서라벌 예술대학교와 병합하며 예술대학의 편제로 편입되었고 1980년에는 전공의 전문화를 위하여 영화학과와 연극학과로 분리되었다.

우리나라에서 최고의 역사와 동문수를 자랑하는 중앙대학교 연극학과는 최치림, 유인촌 등 저명인사가 교수로 봉직하고 있으며 최고의 연극학과가 되려고 노력하고 있다. 셰익스피어의 작품으로는 1959년에 <베니스의 상인>을 시작으로 많은 작품을 공연하고 있다.

최치림 교수의 연출의 글 일부를 전재한다.

…이번 공연에서의 마녀들의 존재는 레이디 맥베스의 마음속의 욕망, 즉 분신들이라는 의미를 내포하고 있습니다. 따라서 원작 맥베스에 등장하는 마녀들과는 달리 이번 공연에서의 레이디 맥베스의 분신들은 레이디 맥베스의 미모만큼이나 아름답고 선정적인 존재들로 표현되고 있습니다.

마녀들에 대한 새로운 해석에 의해, 관련된 많은 장면들이 삭제, 수정, 보완되었습니다. 마녀였던 욕망들의 존재는 레이디 맥베스의 욕망으로 전환되기 이전과 이후로 나뉘어져 일반적인 '욕망들'과 '레이디 맥베스의 분신들'로 이분화 되었으며, 원작에서 마녀들에 의해 자손이 왕이 될 것이라는 예언을 받은 뱅쿠오는 맥베스의 오랜 친구이며 그와는 승패를 가룰 수 없는, 맥베스에게 있어서 가장 무서운 라이벌로 그 입장이 더욱 강조가 되었습니다. 또한 원작에는 없었던 맥베스의 침실장면을 첨가하여 "맥베스는 잠을 죽였다."라는 환청으로 암시되는 맥베스의 악몽과 그 불안으로 야기되는 부부관계를 더욱 선정적으로 표현하고자 하였습니다.

중앙대학교 연극학과가 발표한 '〈맥베스〉 공연의 현황과 역사적 진실'의 일부를 소개한다.

〈맥베스〉는 실제 스코틀랜드에서 1040년에 왕으로 즉위했던 맥베스라는 인물의 이야기다. 1040년 8월 14일 엘진 근처에서 벌어진 전투에서 사촌인 왕 던컨 1세를 죽이고 왕위를 차지했던 맥베스, 던컨과 맥베스는 모두 모계를 통해 자신에게 왕위 계승권이 있다고 주장한다. 1046년 노섬브리아 백작 시워드는 맥베스를 왕좌에서 몰아내고 던컨 1세의 맏아들을 왕으로 추대하려다가 실패한다. 맥베스는 1945년 던켈드(이 근처에 원작에서 언급한 버남의 숲이 있다.)에서 반란군을 무찌른다. 그러나 1054년 시워드의 강압에 못 이겨 스코틀랜드 남부의 일부분을 맬콤에게 내주게 된다. 3년 뒤 그는 영국의 지원을 받은 맬콤과의 전투에서 죽음을 맞고 이오나 성에 묻히게 된다. 〈맥베스〉는 셰익스피어가 그의 전설적인 생애를 토대로 500여년 후 1605~6년에 희곡화한 것이다…

본 공연은 원작의 5막 27장을 프롤로그(Prologue)와 에필로그(Epilogue) 그리고 23장으로 된 이야기 구성으로 맥베스와 레이디 맥베스의 욕망을 실천하는 과정들이 보여진다. 원작의 복잡한 스토리 전개에서 피의 장면과 에로틱한 장면만이 증폭되어 시청각적으로 이미지화 된다. 인간의 욕망이 파멸로 이르는 과정에서 보여지는 수많은 살인과 광기 …… 맥베스의 마음속 밑바닥에 웅크린 권력의 욕망 덩어리가 부인의 부추김으로 꺼내어져 성취시키려 한다. 여기에 레이디 맥베스의 폭발적인 욕망이 더해진다. 레이디 맥베스는 두 개의 채널로 해석된다.

하나는 권력욕과 성욕이 비례한 섹시하면서 야망이 가득찬 여인, 또 하나는 남자의 피가 흐를 것만 같은 강렬하면서도 차디찬 권력의 화신으로 표현된다.

마녀들은 이중의 역할을 한다. 맥베스와 레이디 맥베스의 분신이 되기도 하고 때론 예언을 통해 인간의 운명을 장난질하는 원작의 마녀로 그려진다.

2001year Macbeth

■ 목화(木花)레퍼토리컴퍼니(작 시미즈 쿠오니, 각색/연출 오태석) <분장실>
2001.2.8.~3.25., 극장 아롱구지

1976년 創作家 시미즈 쿠오니(淸水邦夫)에 의해 창단된 극단 모쿠토샤(木冬社)의 두 번째 작품으로 1977년에 일본을 대표하는 시부야 쟌쟌 소극장에서 초연하였다.

<분장실>의 작가 시미즈 쿠오니(淸水邦夫)는 일본 현대극작가 중 대표적인 작가로 극단 모토쿠샤(木冬社)의 대표 및 일본 극작가 협회 대표이다. 그의 작품들은 과거의 기억들, 환상의 어둠에서 사회현실을 떠오르게 하며, 현대 사회 속에 살아가는 인간의 現 모습을 잘 이끌어내는 특징을 갖는 작가로 작품의 문학성이 높게 평가받고 있다. 시미즈 쿠오니(淸水邦夫)의 연극활동은 1960년대 일본 신극(新劇)단 靑俳(seihai)에서 시작, 그 후 같은 극단원이었던 니니가와 유키오(川幸夫)와 함께 現代人劇場(gendaiijin-gekijo), 사쿠라샤(樓社)를 창단, 신주쿠(新宿)를 거점으로 사회성 짙은 문학작품을 공연하였다.

1984년에 창단된 극단 목화레퍼토리컴퍼니의 대표이자 연출가인 오태석은 시미즈 쿠오니 작 <분장실>을 각색하여 2001년 2월 8일서부터 3월 25일까지 극장 아롱구지에서 공연하였다.

[줄거리]

안톤체홉의 <갈매기> 공연이 올려지고 있는 어느 극장의 분장실. 여배우C는 니나역을 맡은 배우로 무대에 오르기 전, 분장을 하고 대사를 연습하여 긴장을 풀고 있다. 태평양 전쟁

이전과 이후에 죽어 분장실에 머물고 있는 귀신 여배우A와 B는 때로는 관객이 되고 때로는 프롬프터가 되어 웃지 못할 촌극을 만들어낸다. 그들은 〈갈매기〉의 니나역이나 〈맥베스〉의 맥베스 부인역 등 주연은 못하고 귀족A, 전령2, 문지기3 등 조연만 하다 죽어서도 분장실에 머물며 꿈꿔왔던 주연들의 대사를 줄줄 외고 곧 무대에 오를 것처럼 분장하며 한을 달래고 있다. 여배우D는 〈갈매기〉에서 무대 뒤에서 주인공의 대사를 불러주는 프롬프터였으나 역할을 해보지도 못하고 병원에 입원하였다가 분장실에 나타난다. C가 맡고 있는 니나역을 하고 싶어 하는 D는 C에게 배역을 내놓을 것을 요구한다. 니나역을 제대로 소화해내지 못해 화가 나서 분장실에 들어온 C는 D의 억지에 아연실색하여 D의 머리를 맥주병으로 후려친다. C 또한 남들이 원하는 배역을 얻었지만 만족할 만큼 배역을 소화해내지 못하고 있는 형편이다. 결국 D도 죽어 귀신이 되어 나타나고 여배우 A,B,D는 영원히 오지 않을 등장을 기다리며 체홉의 〈세자매〉를 연습한다. 무대 주역이 되고픈 D의 꿈은 죽어서야 비로소 이루어진다. 슬픈 듯 사랑스런 모습으로 그들이 못다한 배역들을 연습하고 분장실은 긴 밤 속에 묻힌다.

◆ 주간조선(2001.3.22.)
분장실은 연극에서의 역할을 둘러싼 배우들의 이야기를 빌려 인생을 말한다. 이 작품은 '연극속의 연극'이라는 형식을 통해 '당신이 맡고 싶은 배역은 무엇인가'라는 질문을 던지고 있다.
흰 옷을 입은 사람들이 촛불을 하나씩 손에 들고 분장실로 들어온다. 몽환적인 무대 위로 오르는 연기자들은 관객을 한참동안 어리둥절하게 한다. 분장도 예사롭지 않고 대사도 그러하다. 알고 보니 그들은 안톤 체홉의 〈세자매〉나 〈갈매기〉 또는 셰익스피어의 〈맥베스〉에서 주연을 맡고 싶어했던 유령들이다.
평생 주연 근처에 가지도 못하고 기껏해야 주연배우들이 대사를 잊을까봐 뒤에서 조그만 소리로 대사를 읽어주는 프롬프터. 이들은 죽어서도 다른 곳으로 가지 못하고 주연배우의 대사를 읊조리며 분장실을 떠다니고 있다.
두 유령의 틈바구니로 한 프롬프터가 끼어든다. 체홉의 〈갈매기〉 주역 '니나'를 연기하고 싶어 애를 태우는 프롬프터이다. 그녀는 〈갈매기〉의 무대에서 주인공 니나 역을 하고 분장실로 내려온 배우에게 "베개를 줄테니 배역을 달라"고 생떼를 쓴다. 결국 그녀는 주역을 달라는 황당한 요구를 하다가 화가 난 '니나'에게 맥주병으로 얻어맞아 역시 유령신세가 된다.
태평양 전쟁을 전후로 앞서거니 뒤서거니 죽은 유령들이 〈맥베스〉의 맥베스부인 역을 서로 다른 시대 분위기로 연기할 때, 또는 유령들이 체홉의 〈세자매〉의 니나 대사를 서로 뒤질세라 외우고 있을 때 객석엔 웃음이 번진다. 그 웃음엔 다음과 같은 '물음표'가 붙어 있다. "그래, 내가 하고 싶은 배역은 뭐였던가?"

■ 공연기획 PAMA(각색/연출 김태린) <맥베스 인 블랙>
　2001.8.1.~8.16., 동숭아트센터 소극장

　공연기획 PAMA는 2001년 2월에 창단되었으며, 공연의 메카 대학로에 위치해 있으며, 창작 공연을 전문으로 제작/기획/공연하는 창작 공연 전문 집단이다. 이 작품은 공연기획 PAMA의 창단 공연작이다.

[줄거리]
◉ 1 광야 : 던컨의 전사들과 반대세력의 전투가 벌어진다.
　　　　　　　맥베스가 승리하지만 부상으로 쓰러진다.
◉ 2 던컨의 성 : 맥베스의 승리를 던컨일행이 축하한다.
◉ 2-1 : 베로나, 맥더프의 무사귀환을 기뻐한다.
◉ 3 : 맥베스와 그의 부인, 은밀한 대화를 나눈다.
◉ 4 던컨의 살인 : 뱅쿠오, 베로나는 불길한 기운을 느끼고, 맥베스는 흥취에 젖은 던컨을
　　　　　　　　　살해한다.
◉ 5 던컨의 장례식 : 던컨의 일을 눈치 챈 뱅쿠오, 맥베스와 결투를 하다 자결한다.
◉ 6 : 참을 수 없는 가책으로 괴로워하는 맥베스와 그의 부인
◉ 6-1 : 시턴, 앵거스, 시워드는 서로의 생각을 얘기한다.
◉ 7 : 맥더프, 베로나와 떠날 것을 요구하지만 맥베스가 제지한다.
◉ 8 : 맥베스, 부인과 베로나를 살해한다.
◉ 9 : 맥베스는 케이스니스에게 죽음을 당하고 전사들은 그를 침대에 옮긴다.
◉ 10 던컨의 성 : 맥베스 소스라치듯 깨어나면 던컨일행이 승리를 축하한다.

　이 연극은 맥베스를 처음 접하는 사람들도 아주 쉽게 이해가 되도록 만들어졌으며 이 공연의 특징은 다른 연극에서는 볼 수 없는 화려한 액션이다. 맥베스가 던컨의 부하들과 함께 반대세력과 벌이는 전투장면은 마치 홍콩 액션영화를 보는 듯한 느낌이었다. 그리고 이 공연에서는 원작과는 다르게 세 마녀는 등장하지 않고, 그 대신 맥베스 부인의 간계와 잔인함이 부각된다. 그리고 맥베스는 원작의 맥더프에 의해 죽는 대신, 던컨왕의 충신인 케이스니스에게 죽는다. 이 극에는 12명이 나오는데 케이스니스만 빼고 나머지 11명이 다 죽는다. 그리고 이 모든 것이 다 꿈이었다. 그리고 2002년 맥베스가 꿈에서 깨어난 이후의 내용으로 Part II가 공연된다.

2002year Macbeth

■ PAMA 프로덕션(각색/연출 김태린) <던컨의 전사들>(맥베스 인 블랙 Part Ⅱ)
  2002.3.2.~3.17., 국립극장 별오름극장

PAMA 프로덕션이 2001년 8월 창단극으로 공연하였던 <맥베스 인 블랙>의 Part
Ⅱ를 2002년 3월 2일서부터 17일까지 국립극장 별오름극장에서 공연하였다. Part
Ⅱ는 맥베스가 꿈에서 깨어나서부터의 일이다.

정통 <맥베스> 공연에서는 맥베스 한 사람에게 초점을 맞추어 공연되었지만, <던
컨의 전사들>에서는 제목에서 표현되어 있듯이 맥베스와 함께 전쟁에 참여하여 공
을 세웠던 전사들의 비중이 연극에 골고루 배분되어 있다고 할 수 있다. 그리고
극의 줄거리는 원작과 비슷하지만 끝마무리는 완전히 다르다.

원작에서는 마녀의 예언이 "맥베스가 왕이 되고, 버남의 숲이 움직이지 않는 한,
여자의 몸에서 나온 자에게는 맥베스가 패배하지 않는다."라고 하였지만, 이 공연에
서는 세 마녀는 나오지 않고 예언도 없다. 세 마녀의 예언은 맥베스의 꿈으로 대신
표현된다. 원작에서는 맥베스 부인은 양심의 가책을 느껴 자결하지만 이 공연에서는
공허한 말들을 내뱉으면서 괴로워하는 맥베스 부인을 편안한 안식처로 보내주겠다
는 듯 맥베스가 목을 졸라 죽인다. 그리고 마지막 장면에서 원작에서의 맥베스가
죽는 장면 대신, 맥베스가 목을 졸라 죽인 베로나를 애타게 찾으며 맥베스의 이름을
부르면서 절규하는 맥더프를 보면서 극은 마무리 된다.

[줄거리]
꿈에서 깨어난 맥베스는 꿈 속에서 환영들이 나타나 "코더의 영주, 왕이 되실 분 …"이라고
한 말 중에 코더의 영주가 되어 있다. 남은 건 왕이 되는 것, 오늘 밤 던컨왕이 온다.
맥베스 부인은 〈맥베스〉의 그 유명한 대사 "난 아이에게 젖을 먹여본 적이 있어. 그래서
젖빠는 아이가 얼마나 귀여운지도 알아. 하지만 당신이 시킨다면 그 부드러운 잇몸에서
젖꼭지를 잡아 빼고 그대로 내동이쳐서 머리통을 박살낼 수 있어." 라고 하면서 맥베스에게
왕이 될 것을 부추긴다.
맥베스는 던컨왕을 죽이고 왕이 된다. 그 죄책감에 맥베스 부인은 미친다. 맥베스와 맥베스
의 충신 로스는 맥베스가 던컨왕을 죽인 것을 아는 뱅쿠오를 죽이려고 하지만 뱅쿠오는
맥베스 손에 죽을 수 없다고 하면서 자결한다. 이 때 등장하는 뱅쿠오의 아들 플리언스와

시워드. 맥베스는 뱅쿠오가 자살하였다고 하지만 이들은 그 말을 믿지 않는다.

던컨왕의 딸 베로나는 아버지를 위해 기도하고 이 때 등장한 맥베스는 베로나를 겁탈하려고 하나 케이스니스와 맥더프가 등장해서 베로나를 보호하고 맥더프는 자신과 함께 성을 떠나자고 한다.

앵거스, 시턴, 시워드가 등장해서 맥베스가 던컨왕을 죽인 것을 모른 척하고 있는 자신들을 원망하면서, 용감하게 이에 대항하여 자결한 뱅쿠오를 애도한다.

맥베스 부인은 자신의 손에 피가 묻어 있다고 하면서 플리언스에게 자신을 가지라고 한다. 복수하라고. 이를 본 플리언스는 "이 여자는 벌을 받고 있군요. 뱅쿠오!"라고 하면서 퇴장한다. 그리고 맥베스가 등장해서 맥베스 부인의 목을 조른다. 맥베스는 죽은 부인을 안는다. 그리고 "베로나"를 외친다. 베로나와 케이스니스는 맥베스에게 쫓긴다. 케이스니스는 크게 상처를 입고 맥베스는 베로나를 죽인다. 맥베스가 퇴장하고 맥더프와 플리언스가 등장하고 맥더프는 자신의 사랑하는 신부 베로나의 죽음에 울부짖는다. 이 때 던컨과 뱅쿠오의 혼이 등장해 케이스니스와 베로나를 데리고 나가고 맥더프는 "맥베스 … !!"를 외치며 절규하면서 막이 내린다.

■ 극단 물리(재창작/연출 한태숙) <레이디 맥베스 2002>
　1. 2002.5.27.~5.28., '콘탁 연극페스티벌' 공식초청작 폴란드 토룬극장
　2. 2002.6.8.~6.23., '예술의전당 초청공연'

동유럽 실험연극축제인 폴란드 콘탁 페스티벌(Kontakt International Theater Fesrival)에 아시아권에서는 유일하게 경쟁부문 공식초청작으로 선정되어 5월 28일과 29일 공연된 <레이디 맥베스>. 셰익스피어 원전의 창조적인 재해석, 파격적인 오브제의 활용, 한국적 음악에 뿌리를 둔 타악그룹 공명의 퓨전 라이브 연주 등으로 화제를 모아 폴란드 그다니스크에서 매년 열리는 '셰익스피어 페스티벌'과 덴마크 오딘 극단의 '아시아 페스티벌'에 추가로 초청제의를 받았던 극단 물리(한대숙 연출)의 <레이디 맥베스 2002>가 6월 8일부터 23일까지 예술의전당 자유소극장에서 공연되었다.

폴란드 '콘탁 페스티벌'은 윌리엄 호르자이카에 의해 1991년부터 시작된 동유럽의 권위 있는 세계 연극 페스티벌이다. 이 축제에서 무대에 올려진 작품들은 그동안 한국무대에서도 선보인 바 있다. 1997년 수상작이었던 리투아니아 출신의 리마스 투미나스가 연출한 <가면무도회>와 1999년 국내 무대에 선보인 <햄릿> 공연으로 우리에게 잘 알려진 리투아니아 출신의 세계적인 연출가 에이문타스 네크로슈스의 <맥베스> 등이다.

왕을 살해한 후 왕위를 찬탈하고 스스로 파멸해가는 맥베스 왕보다 오히려 왕위찬탈 과정의 막후 조정자로 나서 남편을 부추겨 범죄를 짓게 하는 맥베스 부인에 초점을 맞춘 <레이디 맥베스 2002>에서는 이전 공연에서 얼음, 진흙, 밀가루 등의 오브제 형식 대신에 퓨전국악그룹 공명과 무용수 이영일의 움직임으로 씻김의 갈망과 죽음을 상징하는 오브제를 등장시키는 '무브먼트 연극'을 선보였다. 이번 공연에는 재와 점력이 강한 풀, 물과 만났을 때 성질이 변하는 해초류 등의 재료가 새롭게 등장하며, 미술행위를 보다 강조하고 모든 관절을 꺾는 기형적인 동작과 연회장면에서 보여주는 공연 속 공연, 장례의식의 하나인 '염 의식' 등도 새롭게 추가되었다.

이번 공연에는 다섯 명의 배우가 등장한다. 서주희는 <레이디 맥베스> 초연 때부터 레이디 맥베스 역을 맡아 '맥베스 부인이 막 책에서 걸어 나왔다.'는 평가처럼 맥베스 부인의 섬세함과 광기를 완벽하게 표현하였다. 궁중전의가 맥베스 부인을 최면에 걸었을 때, 최면에 걸린 맥베스 부인 앞에서 맥베스의 1인 2역을 맡은 정동환은 1999년부터 <레이디 맥베스>에 가세한, 대한민국 국민이라면 누구나 아는 연기파 배우이다. 시종역의 김영민 역시 1999년부터 <레이디 맥베스>에 가세해 미소년 같은 마스크와 유연한 몸놀림으로 <레이디 맥베스>의 몽환적인 심리상태를 신비스럽게 표현하였으며, 궁중전의와 더불어 맥베스 부인의 죄의식을 이끌어내는데 중심 역할을 하였다. 필자가 번역한 <에쿠우스>에서 여자 주인공 질 역할로 연기력을 인정받은 송희정이 시종 역으로 이번 공연에 가세하였다. 또 한 명의 시종 역의 이영일은 한국무용협회 신인무용 콩쿠르 특상을 수상한 춤꾼으로 이번 공연이 연극 무대와는 첫 번째 만남으로 새롭게 추가한 장례의식인 '염 의식'을 담당하였다. 또 퓨전 타악그룹 '공명'은 라이브 연주로 '눈을 감고도 느끼는 연극'을 표방하며 소리의 연극성을 성공적으로 선보이기도 하였다.

[연출의 글]
셰익스피어가 객석에 앉아서 <레이디 맥베스>를 본다면 어떤 반응을 보일까. 우선 그는 '무슨 연극을 이렇게 요란하게 하나?'라는 표정으로 손사래를 치면서 귀를 막을 것이다. 그 다음은 정색을 하고 작가의 입장에서 따질 것이다. 어쩌면 그는 <레이디 맥베스>가 자신을 너무 의식하지 않았다거나 자신의 작품 <맥베스>에서 모티브만 건져 올린 작품이라고 생각하고 실망할 지도 모른다. 반대로 자신도 작품 전체에 맥베스 부인의 시각을 염두에 두고 싶었다고 말할지 모른다. 이런 상상을 하는 것은 내 식으로 풀어낸 셰익스피어의 작품이라는 의식 때문이다…

◆ 2002 6.5, 중앙일보

… 이번 폴란드 공연은 LG 아트센터의 김의준 대표가 맨 먼저 다리를 놓았다. 여러 차례 이 축제를 본 김씨가 이 작품의 출품을 예술의전당에 의뢰했고, 예술의전당은 이를 흔쾌히 받아들여 국내외 공연의 제작사가 된 것이다… 〈레이디 맥베스〉는 1만 달러의 출연료와 항공, 체재비를 제공받는 조건으로 이번 축제에 참가했다.

◆ 2002 6.6, 매일경제

… "남자는 권력쟁취 과정에 집착하지만 여자는 그 남자가 이룩한 권력 자체를 즐긴다." 레이디 맥베스도 마찬가지다… 조금 아쉬운 것은 그 동안 다양한 물체를 이용해 작품의 중요한 형식적 틀인 '물체극'을 이끌었던 이영란이 이번 공연에서 빠졌다는 점이다. 진흙에 벽을 던져 던컨왕의 형상을 만들고, 밀가루 반죽을 길게 늘어뜨려 뱀으로 변신시켜 레이디 맥베스를 위협하는 등 색다른 경험을 주었던 이영란의 솜씨가 어떤 것으로 대체될지 한태숙의 연출법이 새삼 궁금하다.

■ 2002년 '제10회 젊은연극제' 2002.6.22.~7.1.

첫 해인 1993년에는 참가학교가 6개이었지만, 10년째를 맞는 2002년에는 '실험과 창조'를 주제로 32개 학교가 참가하였고, 참가작도 셰익스피어, 베케트, 이오네스코, 히라타, 오리자 등 외국 작가의 작품, 기국서, 오태석, 장두이 등 국내작가의 작품, 그리고 대학생들의 창작 작품과 대학생-교수의 공동 창작품 등 그 범주가 다양해졌다.

'제10회 젊은 연극제'에 셰익스피어 작품은 다음과 같이 공연되었다.

6.24, 공주영상정보대학, 〈햄릿〉, 문예진흥원 학전블루
6.26, 세종대학교, 〈맥베스〉, 문예진흥원 예술극장 대극장
6.26, 동신대학교, 〈믹베트〉, 아롱구지 소극장
6.27, 전주대학교, 〈오브제 햄릿〉, 문예진흥원 예술극장 대극장
6.28, 동아방송대학, 〈패밀리 리어〉, 문예진흥원 학전블루
6.30, 우석대학교, 〈한여름 밤의 꿈〉, 문예진흥원 학전블루
6.30, 중앙대학교, 〈로미오와 줄리엣.com〉, 동덕여대 공연예술센터 대극장

▣ 세종대영화예술학과(지도교수 김태훈, 연출 변재영(98)) 〈맥베스〉
  1. 2002.6.21.~6.22., 세종대 무방관 아트홀 '혼'
  2. 2002.6.26., 문예진흥원 예술극장 대극장

세종대 영화예술학과는 만들어진지 5년째가 되었다. 이 당시 졸업생들은 아니지

만 향후 세종대 영화예술학과를 졸업할 연예인들로는 '공블리' 별명의 배우 공효진, 한지혜, 이다희, 심지호, 축구선수 정조국의 아내로 유명한 탤런트 김성은, 백윤식의 며느리 정시아, 뮤지컬배우로 활동하고 있는 판유걸, 그룹 모닝 출신 장민경, <드림하이>에 출연할 윤지유, <올드보이>의 유지태의 아역으로 데뷔하고 <응답하라 1994>에서 야구선수 칠봉이 역할을 맡게 될 유연석, 야인시대의 탤런트 이세은 등이다. 2014년에는 아이돌 스타인 레인보우의 오승아가 세종대 영화예술학과에 합격하게 된다. 이외에도 탤런트 송혜교, 김흥수가 세종대 영화예술학과를 중퇴하게 된다.

[연출의도]
<맥베스>라는 작품을 형상화하는데 있어서 우리를 사로잡고 있었던 질문이 하나 있었다. '만약 내가 권력을 얻을 수 있다면?' 올해 말 우리에게는 대선이 다가와 있다. 늘 있어왔던, 그리고 어디서든 존재하는 권력다툼. 그 속에서 저질러지는 무수한 악행. 그것에 대해 반박을 할 수 있는 작품으로 나는 <맥베스>가 좋겠다는 생각이 들었다. 나는 작품을 또 다른 권력다툼을 보여주기보다 정의가 승리한다는 일차원적인 결론을 보여주기로 했다. 그러기에 맥베스라는 인물의 악행을 그저 '나쁜 것'에만 치우치지 않게 맥베스가 왕이 되는 과정에 충실했다. 그 과정에서 사건의 중심은 맥베스보다는 맥베스 부인에게 있었다고 생각한다. 그녀는 그녀 자신이 권력을 얻는 것보다 권력을 얻는 과정을 오히려 즐겼다. 하지만 권력을 얻은 뒤 그녀는 미쳐서 자살하게 된다.
나는 맥베스가 권력을 얻기 위해 보이는 갈등과 고민의 표현을 위해 코러스들이 그의 심리를 대변해주도록 장치를 마련하였고 또 '실험극'이라는 포괄적인 주제에 충실하기 위한 노력보다 그저 작품자체를 만들어내기 위한 재현적 노력에 충실했다.

▣ **동신대학교 연극영화TV 전공(작 외젠 이오네스코, 지도교수 오순환, 연출 박지연(98))**
   〈막베트〉 2002.6.26., 대학로 아룽구지 소극장
　동신대학교는 1995년 생활과학대학 연극영화학과를 신설하였고, 2000년에 예체능대학 예술학부 연극영화TV 전공으로 학과명칭을 개칭하였다. 셰익스피어 작품으로는 1997년 동신대 10주년 기념공연으로 <한여름 밤의 꿈>을 무대에 올린 적이 있다. 향후 이 대학 출신 유명 연예인으로는 아이돌 스타인 비스트의 이기광, 윤두준, 용준형, 장현승이 있게 된다.
　저자인 외젠 이오네스코는 1909년생으로 루마니아에서 태어나 '의자', '코뿔소' 등을 발표하며 베케트, 아다모프, 주네와 더불어 부조리극의 대표작가로 자리매김했다. 20여 편의 희곡을 통해 원숙기에 다다른 이오네스코는 1970년 아카데미 프랑세스 회원으로 선출되었으며, 1973년 예루살렘상, 1976년 막스 라인하르트 메달, 1985년 T.S. 엘리엇상을 받았다. 말년에는 인권 운동에 적극적으로 참여했고 루마니아의 정치체제를 공개적으로 비판하는 성명서를 발표하기도 했다. 1994년 3월 파리의 자택에서 사망했다. <막베트>는 프랑스의 대표적인 부조리극 작가로, 전통극의 타파를 부르짖던 이오네스코가 셰익스피어의 비극 <맥베스>를 다시쓰기 한 작품이다. 폴란드 비평가 얀 코트는, <맥베스>에서 20세기 초 동구권을 휩쓴 스탈린 독재의 자취를 읽어냈는데, 그는 <맥베스>가 절대 권력이 필연적으로 부패해 갈 수밖에 없음을 보여주는 작품이라고 해석했다. 이런 관점에 영감을 얻은 이오네스코는 권력의 속성에 초점을 맞춰 풍자와 조롱을 통해 셰익스피어의 작품을 다시 읽고자 했다. 한편으로는 대작가에 대한 숭배로부터, 다른 한편으로는 동시대 정치적 현실에 대한 인식으로부터 출발한 이오네스코의 셰익스피어 다시 쓰기는 작품에 대한 패러디인 동시에 셰익스피어에 대한 오마주라고 할 수 있다.

[줄거리]
막베트는 자신의 영주인 덩깡을 위해 반역자들과 전쟁을 한다. 그러나 마녀들이 나타나 영주가 될 것이라고 막베트의 운명을 알려준다. 막베트는 이제 욕심에 눈이 멀어버린 사람이 된다. 그는 마녀가 변신한 덩깡 부인과 자신의 절친한 친구 방꼬와 함께 덩깡영주를 죽인다. 그는 영주가 되나 모든 일은 원하는 대로 되는 것은 아니다. 실제로 일어나는 일이란 우리가 일어났으면 하고 바라는 것의 정반대이기가 일쑤인 것이다. 마녀들이 방꼬에게 앞으로 왕들의 선조가 되리라고 예언했다는 것을 알고 방꼬를 죽인다. 방꼬는 후손이 없으니까. 그리고는 마녀가 변신한 덩깡 부인과 결혼하여 막베트 부인으로 만들려고 한다. 하지만, 마녀들은 그를 버렸고, 진짜 덩깡부인이 나타난다. 하지만 예언은 살아있다. 여자에게서 나온 이는 막베트를 죽일 수 없고, 숲이 공격해오기전까지는 그는 안전하다. 그러나 막베트는 결국 몰려오는 숲을 이겨낼 수가 없었으며, 방꼬의 후손이며 여자에서 나오지 않은 마꼴에게 공격을 당해 죽임을 당한다. 마꼴은 덩깡이나 막베트보다 더 큰 욕심에 휩싸이게 되고, 마녀들은 임무를 내린 그분에게 자랑스러워한다.

■ 경기도립극단(예술감독 문석봉, 연출 장용휘) <맥베스>
   2002.7.10.~7.14., 경기도 문화의전당 아늑한 소극장
   1990년 창단한 경기도립극단은 2001년 문석봉 예술감독 취임 이후 그 동안 국내 작가들의 창작물이나 초연 위주의 공연을 하여 온 것에서 벗어나 '세계명작시리즈'를 도입하기로 하고, 그 첫 번째 작품으로 <맥베스>를 7월 10일서부터 14일까지

경기도 문화의전당 아늑한 소극장에서 공연하였다. 경기도립극단의 제42회 정기공연이었다.

문석봉 예술감독은 "왕위 찬탈이라는 강렬한 스토리 때문에 우리나라에서는 한때 공연되지 못한 시절이 있었지만 어떤 연출자도 욕심을 낼 수 있는 최고의 선택중의 하나가 되었다."고 감회를 표현했고, "이번 공연은 어떠한 번안도 따로 쓰지 않아 셰익스피어의 원본에 가장 가까운 연극이 되도록 하였다. 의상과 소품 또한 원본에 충실하게 재현할 것"이라고 하였다. 문감독은 "맥베스는 권력찬탈이라는 영원한 주제를 다룬다."며 끝을 모르고 달리는 현대정치와는 달리 2시간 이내에 이들의 운명이 어떤 결과를 맞게 되는지 관객들에게 보여주는 것이 이번 공연의 연출 의도로 맥베스의 살인 전후 장면이나 고민에 빠지는 장면 등 하나하나를 생생하게 표현하는데 주안점을 두었다고 하였다.

■ 극단 청년 '셰익스피어 벗기기' 페스티벌 참가작

2002.9.17.~12.8., 대학로 열린소극장

1. 각색/연출 김민호 <미친 햄릿> 화, 목, 토
2. 각색/연출 김민호 <웃고랑 맥베스> 수, 금, 일
3. 각색 김민호, 연출 배종근·허회진·김민호·윤용근·김도현 <한줄짜리 연극>, 월

▣ 웃고랑 맥베스

이 작품은 러시아 정부 배우자격 심사 때 '작 김민호'라 붙이라는 권유를 들었을 정도로 김민호가 완전히 새로운 <맥베스>를 창조했다. 웃고랑 맥베스는 단어 그대로 '웃자', 웃는 맥베스란 의미에 '~랑'이라는 접미사에 느껴지는 경쾌함과 밝음, 놀이를 뜻한다.

특히 원작의 배경무대인 유럽이 아닌 우리나라의 정서에 맞도록 유교, 불교 샤머니즘을 이용해 한국적 리듬과 소리로 새롭게 표한한 작품이다. 그 중 굿이라는 도구를 사용해 극 전체에 중요한 분위기를 이끌어 굿이 갖는 축제적인 분위기와 우리나라 정서의 흥겨움이 만나 맥베스의 내면을 깊게 밝게 표현한다.

원작에서는 맥베스가 운명 속에 갇혀 살해당하지만 <웃고랑 맥베스>에서는 맥베스가 자살한다.

▣ 한 줄짜리 연극

셰익스피어의 여러 작품을 모아서 하나로 만든 두 가지 공연이 있었다. 하나는 <한줄짜기 연극>이고 또 다른 하나는 <셰익스피어의 모든 것>이다. <한줄짜기 연극>에서는 널리 알려진 셰익스피어 작품의 현란한 가면을 모조리 걷어내고 대사 없이 배우의 움직임으로 연극을 풀어가며 압축된 알맹이 대사 한 줄로써 주제를 표현하는 상상도 못한 색다른 실험이 시도된다.

작품명	연 출	출 연
리어왕의 절규	배종근	유승호
어느 배우의 연습	허회진	김선국
로미오와 줄리엣-이 녀석들의 외침	윤용근	김기순
오셀로-데스데모나 그 여자의 항변	배종근	이진영
말괄량이 길들이기	김도현	김상천
레이디 맥베스-고통 없는 고통	허회진	김미숙
햄릿- 어미의 눈물	김민호	한 미
베니스의 상인	윤용근	송새벽
햄릿-오필리아의 마지막 말	김도현	안정민

■ 극단 청년(작 Adam Long · Daniel Singer · Jess Winfield, 각색/연출 김민호) <셰익스피어의 모든 것>(The Complete Works of William Shakespere (abridged)) 2002.10.31.~11.9., 대학로 아리랑극장

이 작품의 작가는 Adam Long, Daneil Singer, Jess Winfield 이고 각색/연출은 김민호였다.

셰익스피어가 남긴 총 37편의 희곡 및 소네트를 한 공연에서 모두 보여주겠다는 기발한 발상으로 만들어진 연극으로 셰익스피어 작품 37개 모두를 만날 수 있으므로 작품 제목이 <셰익스피어의 모든 것>이라는 게 이해가 간다. <로미오와 줄리엣>, <오셀로>, <리어왕>, <맥베스>, <한여름 밤의 꿈> 같은 익히 알려진 작품은 물론, <타이터스 앤드러니커스>, <아테네의 타이먼>, <코리올라누스> 같은 잘 알려지지 않은 비극물이나 소네트 <우리가 쓰지 않은 시>, 희극 <사랑의 헛수고>, <실수연발> 등 셰익스피어 작품이 통째로 이 90분짜리 연극 한 편에서 뒤섞인다. 해외에선 "지루함을 쏙 뺀, 배꼽 빠지게 재미있는 작품"으로 호평 받으며 런던 웨스트엔드 최장기 흥행 코미디라는 기록도 가지고 있는 작품이다.

이 연극에 대한 자세한 내용은 2008년 런던 웨스트 앤드 코미디 <셰익스피어의

모든 것>(The Complete Works of William Shakespeare (Abridged)) 편을 참조
하기 바란다.

2003year Macbeth

■ '勸力有感-9·3·6 展' 극단 여행자(각색/연출 양정웅) <환(幻)>
　　2003.4.17.~4.27., 연극실험실 혜화동1번지
　극단 여행자는 97년 <여행자>(양정웅 작/연출) 공연을 시작으로 결성되었으며,
특히 신체와 이미지를 강조하는 이미지극을 모토로 한국적 연희와 표현법을 추구하
여 '제1회 밀양 공연예술제', '서울공연 예술제', 남양주 '세계야외축제', 일본 동경
'피지컬시어터 페스티벌', '오키나와 페스티벌' 등 국내외 페스티벌에 단골손님으로
초청받아 참가하고 있으며 2003년에는 폴란드의 '밀타 페스티벌'과 콜롬비아 '마니
살레스 연극페스티벌'에 초청받았다. 2002년 세계적인 실험연극제인 이집트 '카이
로 국제실험연극제'에서 인간의 네 가지 제의(祭衣)를 무대화한 <연(緣)-카르마>로
대상을 수상하였고, 2002년 '밀양여름공연예술제' 대상, 2003년 '올해의 연극 베스
트 7'(연극협회) 등을 받았다
　이번에는 '권력'에 대해 이야기하려고 권력유감이라고 하였다. 고전과 현대극을
넘나드는 다양한 작품을 통해서, 시끄러운 궐기가 아닌 조용하지만 힘이 있는 참여
를 하고자 '권력'에 대한 현대적인 시점으로 고찰하려 한다는 것이다. 이 페스티벌은
혜화동 1번지 3기 동인과 공연과 이론을 위한 모임이 주최하였으며 극단 여행자(대
표 양정웅)는 셰익스피어의 원작 <맥베스>를 한국화한 작품<환(幻)>을 양정웅 각본/
연출로 4월 17일부터 27일까지 공연하였다.
　이 공연을 연출한 양정웅은 서울예대 문예창작과를 졸업하고 다국적 극단
Lasenkan International Theatre 단원으로 스페인, 일본, 인도 등에서 활동하였
고, 1989년부터는 많은 작품에 참여하였으며 셰익스피어 작품을 각색·연출한 것으
로는 <로미오와 줄리엣>, <리어왕>, <한여름 밤의 꿈>과 이번에 <맥베스>를 <환
(幻)>으로 공연한 작품이 있다.

극단 여행자의 <환(幻)>은 "천하장군 진장군, 대장군이 되었으니 식객들도 무병장수하시오." 라고 배우들이 객석까지 나와 막걸리를 권하는 떠들썩한 장면으로 공연이 시작된다. '맥베스'는 왕이 될 것이라는 마녀의 예언에 휘말려 왕을 시해한 후 불안감 때문에 학살을 일삼다 파멸해가는 인간을 다룬 작품이다. <환(幻)>에서는 왕을 살해하는 맥베스는 진장군, 그의 왕위찬탈을 부추기는 부인은 묘부인, 시해될 운명의 던컨왕은 해왕으로 사촌을 사랑하는 여장남자인 동성연애자이고, 맥베스의 오른팔 뱅쿠오는 술장군이다. 문지기는 제1대 품바인 정규수가 맡아 비극을 난장판으로 만들고, 세 마녀는 세 무녀로 설정돼 예언자적 역할뿐 아니라 관객들과 어우러져서 한판 굿을 벌이는 놀이꾼 역할까지 해낸다. 그러나 <환(幻)>에서는 원작과는 달리 진장군과 묘부인은 권력을 탐하는 맥베스와 악녀 부인이라는 전형을 탈피, 사랑하고 번민하는 인물로 재탄생되었다. 그리고 여배우 장영남이 더 이상 왕위를 수행할 수 없는 여장남자 해왕(던컨 왕)을 연기하는 것도 색다른 점이다. 마지막 해왕과 진장군이 목욕탕 안에서 마약과 술을 마시다가 살해당하는 장면은 일종의 엄숙한 제의처럼 보이지만 동시에 관객들에게는 에로틱함을 느끼게 해주는 장면이었다.

연출가 양정웅은 "'환(幻)'이란 꿈, 허상(illusion), 판타지, 허무 등을 뜻한다. 권력이나 인생이나 사랑이 욕망이나 온 몸을 다해서 붙잡는 순간 사라지고, 그리워지는 환상임을 보여주고 싶었다."고 하였다. <환(幻)>은 <맥베스>의 유려한 언어를 최대한 지워버리고 강렬한 이미지로 가득 채운 이미지 연극으로 셰익스피어 특유의 스펙터클을 연출가 양정웅씨 특유의 15컷 미장센으로 그려냈다. "요즈음 작가영화에서 많이 쓰이는 용어이지만 '미장센'은 본래 17세기 프랑스 연극용어"라면서 "이야기보다는 배우의 연기와 음악, 무대조명, 의상 등 연극적 표현들의 앙상블로 만들어낸 장면들을 뜻한다."고 하였다.

■ 호남씨어터(각색/연출 최영희) <맥베스> 2003.11.25.~12.2., 호남대학교 소극장

2000년 호남대 미디어영상공연학과 교수들과 졸업생을 중심으로 창단된 레퍼터리 극단 '호남씨어터'의 창단곡연작 <맥베스>는 코러스극이다. 코러스를 통해 주변 상황과 주변인물들 간의 역학구도가 설계된다.

[줄거리]
공연의 시작은 검정 천으로 둘러싸인 무대 속에서 희미한 촛불이 보이고, 그 옆에서 붉은

천으로 온 몸이 감싸인 짓눌린 여자의 신음소리가 들리면서 시작된다. 그리고 맥베스 역의 배우가 여자의 옆에서 음유시를 읊조린다. 강한 짓눌림 속에서 억눌림과 한을 품은 채 죽어가는 여인의 비명소리는 더 거칠어진다. 그럼에도 불구하고 맥베스는 아무런 대꾸를 하지 않는다. 그리고 이런 대사(음유시)를 읊조린다.

"내일이 오고 내일이 지나가고 또 내일이 와서 또 지나가고 시간은 하루하루를 한 발한 발 거닐면서 역사의 마지막 순간까지 당도한다."
"어제라는 날들은 모두 우매한 인간에게 티끌로 돌아가는 죽음의 길을 횃불처럼 밝혀준다."
"꺼져라 꺼져. 짧은 촛불이여! 인생이란 걸어가는 그림자에 지나지 않는다. 잠시 동안 무대 위에서 흥이 나서 덩실거리지만 얼마 안 가서 잊혀지는 처량한 배우일 뿐이다."

코러스 역의 배우들은 군무를 추면서 바람이 되기도 하고, 마녀가 되기도 하고, 수많은 군중이 되기도 한다.

던컨왕이 자신의 집에 유숙한다는 전갈을 받은 맥베스. 마녀들의 예언, 왕이 되고픈 욕망, 아내의 부추김. 절호의 기회와 인간다운 삶을 살고픈 비전 사이에서 맥베스의 번민은 계속된다.

남자(맥베스)의 우유부단함과 여자(맥베스 부인)의 대담함이 강렬한 대조를 이룬다. 맥베스는 거구에 검정색 의상을 입고 있다. 맥베스 부인은 단호함과 냉혹함을 상징하듯 삭발을 하고 흰색 의상을 입고 있다. 맥베스 부부의 갈등은 두 사람의 육체적 결합을 통해 극복된다. 젖가슴을 거의 다 드러낸 맥베스의 아내, 맥베스의 머리가 아내의 가슴과 하체로 그리고 치마 속으로 들어간다. 이는 단지 사랑행위만을 의미하는 것일까? 아니다 이들의 육체적 접합을 통해 부인의 정치적 야망이 맥베스에게 전이된 것이고 맥베스는 이제 파멸의 길로 들어선 것이다. 맥베스 부부의 살인행위의 잔혹성을 보고 그 충격을 감당 못하는 배우들의 반응은 그림으로 변용된다.

맥베스의 왕위 즉위를 축하하는 연회석. 그러나 맥베스 왕은 자신의 죄를 은폐하기 위하여 계속해서 살인행위를 한다. 살인행위는 무대 뒷면 실루엣과 살상 이후의 충격을 감추지 못하는 반응그림으로 표현된다. 그리고 죽은 던컨왕의 유령은 유독 맥베스에게만 나타난다. 그리고 맥베스 왕은 자신의 죄상과 초조감을 감추려 하고 결국 실성해버려 땅바닥에 나뒹굴게 되면서 모두에게 웃음거리가 된다. 그러나 맥베스 부인과 주변사람들에게는 죽은 던컨왕의 유령이 나타나지 않는다. 맥베스 부인은 초조감을 감추려 하고 문제를 은폐하려 의연함을 가장한 가면 연기를 한다. 이는 반응과 무반응, 정상과 실성, 진실과 가면, 감추기와 드러내기의 대조를 상징하는 것이다. 죽은 자의 유령은 렌턴불빛에 비추어져 투사되는 탈과 무대 뒤의 배우들의 소리가 무대 좌측에서 무대 우측으로 전환되면서 멋진 탈유희극이 펼쳐진다.

축하객들 역시 가면 유희를 벌인다. 눈길이 맥베스를 향할 때에는 비아냥, 조롱과 조소를 보이다가 맥베스 부인과 눈길이 마주쳤을 때에는 태연자약한 가면연기를 보인다.

죄를 은폐하기 위해 또 다른 살인이 자행된다. 이미 백성들은 맥베스에게 등을 돌렸다. 맥베스 부인은 목매단 채 숨겨있다. 마녀들의 예언을 과신한 맥베스 역시 처절하게 무너지기 시작한다. 이제 남은 것은 맥더프가 이끄는 군대와의 최후 결전. 코러스 역의 배우들이 무대중앙을 가로지르는 행진으로 버남의 숲이 요동치면서 노도처럼 밀려오는 맥더프 군대의 이미지를 멋지게 보여준다. 부딪힘은 현장 타악소리로 표현되면서 마지막에 몸부림치다 싸늘하게 식어버린 맥베스의 시신이 보여진다. 극의 마지막은 반투명 망사 스크린에 음유시어의 문자가 투사된다. 촛불의 타오름과 함께 시작된 <맥베스> 공연은 촛불의 소멸과 더불어 마무리가 된다. 마치 삶이란 촛불처럼 켜지면서 인생무대를 밝히다가 다 타버리면 바람처럼 사라져 간다는 것을 암시하듯.

■ **극단 빛누리(각색/연출 신태영) <하나의 점속에서 맥베스>**
　2003.12.21.~12.31., 국립극장 달오름극장

원전의 내용을 축으로 하여 절제된 대사와 몸짓과 소리로 현재의 우리시대를 표현하는 퍼포먼스로 극은 진행이 되었고, 권력을 향한 헛된 욕망으로 전쟁, 살육, 도탄을 불러일으키는 인간들을 절제하려는 논리로 형상화한 작품이며, 인류의 유구한 역사도 우주적 관점에서 원작명에 <하나의 점속에서>라는 문구를 추가해서 <하나의 점속에서 맥베스>라고 하였다.

2004year Macbeth

■ LG아트센터 '오늘의 젊은 연극인 시리즈의 무대' 초청공연
  극단 여행자(각색/연출 양정웅) 〈환(幻)〉
  2004.3.19.~3.26., LG 아트센터

이 작품은 2003년 4월 혜화동1
번지 3기 동인들이 주최하였던
'勸力有感-9·3·6 展' 참가작이다.
극단 여행자의 이 작품은 2004년
에는 LG 아트센터가 2004년 연
극부문 기획공연으로 마련한 '오
늘의 젊은 연극인 시리즈의 무대'
에 초청받았다. 양정웅은 극단 여
행자의 대표이고 상임 연출가이
며, 이윤택이 '한국연극의 믿음직
한 힘'이라고 칭찬한, 독자적인
연극성을 창조하고 있는 젊은 연
출가이다. 작품에 대한 설명은
2003년 편을 참조하기 바란다.

◆ 파이낸셜 뉴스(2004. 2. 26)
여행자의 〈환〉은 한국판 〈맥베스〉라고 해야 할 작품이나, 전혀 새로운 세계를 창조한 한국
판이다. 가신신앙(家神信仰) 이라는 한국적인 소재와 밀도 높은 시적 은유, 폭소를 자아내
는 해학적인 캐릭터, 경상도 사투리의 독특하고 맛깔스러운 리듬 등을 통해서 '한국연극의
희망'을 쏘아 올렸다는 평가를 얻었다.

2005year Macbeth

■ '제9회 수원화성국제연극제' 해외초청작-폐막작

　　프랑스 Friches Theatre Urbain <맥베스> 2005.8.27.~8.28., 수원 장안공원

　　제9회 수원 화성 국제연극제에 해외 작품 중 셰익스피어의 작품은 리투아니아 국립청년극단(Lithuania State Youth Theatre)의 <말괄량이 길들이기>와 프랑스 Friches Theatre Urbain의 <맥베스>였다.

　　<맥베스>를 공연한 프랑스의 Friches Theatre Urbain은 1984년 창단되었고, 파리에 근거를 둔 국제적인 공연팀으로 서로 다른 국적과 문화를 가진 예술가들로 구성되어 있다. 이 극단은 큰 야외나 실내 무대공간을 위주로 그들의 작품 활동을 해왔다. 그들은 주변의 자연환경과 함께 공연하는 것을 좋아하기 때문에 주로 거리에서 작품 활동을 한다. 거리는 그들이 창조해내는 순간의 연극적인 형태를 재정의할 수 있도록 하는 훌륭한 무대가 된다. 야외에서 펼쳐지는 공연들은 누구에게나 열려있다. 사람들이 존재하고 사람들이 가는 어느 곳에서도 공연할 준비가 되어 있다.

　　이번 행사의 폐막작으로 공연된 이 작품은 Friches Theatre Urbain이 셰익스피어 희곡 <맥베스>를 행진이 있는 5개의 장면으로 새롭게 구성하여 거리 퍼레이드로 펼쳐낸 이색작품이다. 이 작품은 성벽이 특히 아름다운 장안공원에 딱 맞는 작품으로 장소를 이동하면서 퍼레이드를 병행하는 웅장한 행진, 관객의 주변에서 화려한 불꽃을 사용한 조명, 록과 테크노가 가미된 음악 등이 볼만하였으며 수원화성의 성곽을 배경으로 펼쳐졌다.

　　이 작품은 2004 프랑스 살롱 거리축제에서 대호평을 받고 에든버러, 파리, 런던 등지를 거쳐 아시아에서는 초연되는 작품이다.

　　장면 1 : 전쟁,　　　　　　　행진 1 : 용기 있는 자들
　　장면 2 : 예언,　　　　　　　행진 2 : 인버네스로의 항해
　　장면 3 : 성,　　　　　　　　행진 3 : 대관식
　　장면 4 : 뱅쿠오의 살해와 대학살,　행진 4 : 진격
　　장면 5 : 대단원

■ '제2회 셰익스피어 난장' 해외 초청작

　일본 쿠나우카 극단(연출 미야기 사토시) <맥베스>

　2005.9.16.~9.18., 국립극장 달오름극장

셰익스피어 난장은 2005년 두 번째를 맞이하였다. 셰익스피어 난장의 해외 초청작으로 일본 쿠나우카 극단이 <맥베스>를 9월 16일서부터 18일까지 국립극장 달오름극장에서 공연하였다.

쿠나우카 극단은 말(言語)의 마력과 남자에게 미치는 여자의 힘에 대하여 셰익스피어 작품을 대담하게 해석하였다.

맥베스를 파멸로 이끈 마녀들이 비유하는 것은 무엇인가? 맥베스는 무엇으로부터 복수당하는 것인가? 2001년 초연된 후 일본 '도가 페스티벌'에 2년 연속 상연되면서 충격적인 아름다움을 선사한 극단 쿠나우카의 꿈의 걸작 <맥베스>. 셰익스피어 비극 중 긴밀한 구성과 빠른 전개를 보이는 <맥베스>를 쿠나우카식 대담한 해석으로 신이 없는 시대로 <맥베스>를 새로 탄생시켰다.

맥베스 이외의 모든 배역을 여성 배우들이 맡는 '크로스 젠더' 캐스팅으로, 말하는 자(Speaker)와 움직이는 자(Mover)로 나누어 연기하는 독특한 연기양식을 선보인다. 극단 쿠나우카는 연출가 미야기 사토시를 중심으로 1990년대 결성된 단체로, 일본 국내외에서 높이 평가받고 있다.

■ 극단 미학(역 신정옥, 연출 정일성) <맥베스>

　2005.11.24.~ 12.4., 국립극장 달오름극장

셰익스피어 작품에 가장 자국을 남긴 공연은 6·25 동란 당시 피난지 대구, 부산 등에서 극단 신협이 <맥베스>, <햄릿>, <오셀로> 를 공연한 것이며 연출은 이해랑, 주인공은 김동원 등이었다. 다음에 큰 자국은 셰익스피어 4대 비극 공연의 연출이다. 이러한 도전에 성공한 연출가로는 서울 극단 미학의 정일성, 인천시립극단의 이종훈, 포항시립극단의 김삼일이 있다.

정일성은 1997년 창단된 극단 미학의 대표이고 셰익스피어 4대 비극에 도전한다. 2005년 11월 24일부터 12월 4일까지 국립극장 달오름극장에서 <맥베스>를 공연하였다.

극단 미학이 공연한 <맥베스>를 번역한 필자는 셰익스피어와 <맥베스>라는 작품 내용을 정리하여 설명한 번역의 글을 기고하였기에 전문을 게재한다.

• 아름다운 것은 더러운 것, 더러운 것은 아름다운 것

셰익스피어가 〈맥베스〉를 집필한 년도는 1606년으로 추정되고 있으나 우리나라에서 대중들이 셰익스피어의 작품을 처음 대한 것은 〈맥베스〉이며 1917년 7월에 영화로 상영된 것이다. 비록 영화이긴 하지만 셰익스피어가 그리고 세계적 명작으로 치부되고 4대 비극의 하나이며 대표작인 〈맥베스〉가 우리에게 탄생한 것이다.

그 〈맥베스〉가 정일성 연출로 다시 공연된다고 하니 이는 우리나라가 〈맥베스〉의 미수(米壽)잔치에 벌이는 경사다.

또 하나 경축할 일이 있다. 셰익스피어의 작품이 개작되고 번안되고 어떤 경우에는 작품의 예술성이나 멋이 손상되는 경우가 허다한데 셰익스피어의 정통(正統)적인 작품공연이 이루어진다는 것이다. 정일성 연출가는 이미 국립극장에서만도 〈햄릿〉과 〈줄리어스 시저〉, 셰익스피어의 작품을 교과서대로 연출한 바 있다. 그리고 이번에 세 번째로 셰익스피어의 정통성에 도전(挑戰)하는 것이니 그 열성과 성과에 기대와 칭송을 더해드리고 싶다.

셰익스피어의 비극은 각각 다 주제가 있다. 〈햄릿〉의 경우 망령의 증언으로 고인 사색의 연속선의 끝이 애인의 죽음과 복수의 살인극으로 맺어진다. 햄릿은 고민과 사색을 하고 독자나 관중도 많은 것을 생각하게 된다. 〈오셀로〉는 우직한 장군이 간교의 극치인 이아고의 작계(作計)와 모함으로 천사같이 아름다운 아내를 죽이고 자기의 죽음으로 이어진다. 만용과 간계의 대결의 비통한 결과이다. 〈리어왕〉은 연로한 왕의 우둔한 결정과 두 딸의 불효한 배신으로 생긴 리어왕과 진실한 효녀인 막내딸의 너무나 무참한 죽음의 비극이다. 지나친 환상적 비현실적 비극이라는 세평이 뒤따른다.

〈맥베스〉는 이들 세 작품 다음에 집필한 것이며, 셰익스피어가 가장 숙련된 구상과 필치를 발휘한 작품이다. 이 무렵 셰익스피어는 극작가로서의 지위가 확고해지고 극작술이 원숙해지고 역사의 투시, 현실의 인식, 그리고 인간 심성의 통찰력 등, 대성 작가의 면모가 보인다. 〈맥베스〉는 셰익스피어의 비극 중에서 가장 짧다. 〈햄릿〉이 3833행인데 비하여 〈맥베스〉는 2분의 1 정도인 2108행이며 이보다 짧은 것은 〈실수연발〉과 〈태풍〉이며 둘 다 희극이다.

〈맥베스〉는 짧은 작품이기는 하나 다른 비극에서 찾기 어려운 고도의 기교, 즉 희곡적 구성의 긴밀성과 플롯의 압축성 그리고 개막에서부터 비극의 핵심으로 사건이 신속하게 진행하는 기축(基軸)이 가히 비극의 대작임을 증명하고도 남는다. 이 작품은 셰익스피어의 많은 역사들과 〈리어왕〉이 그렇듯, 홀린셰드의 〈연대기〉가 자료가 되었으며 그 가운데 스코틀랜드 편에 있는 〈맥베스의 전기〉 즉 맥베스가 던컨왕을 시역하며 왕위를 찬탈하는 1040년대에서부터 1057년에 이르는 17년간 나라를 다스리다가 전왕의 아들에게 살해당하는 국면과 돈월드와 그의 아내가 공모하는 〈더프 왕 살해〉에서 소재를 얻어 이 비극을 완성하였다. 셰익스피어의 〈맥베스〉와 〈연대기〉에 있는 〈맥베스의 전기〉에는 동질성과 이질성이 있다. 맥베스가 개선하고 오는 길에 세 마녀를 만나는 것, 그가 국왕을 시역하여

왕위를 찬탈하려는 야심을 품게 되는 것, 맥베스가 왕위에 오르자 뱅쿠오를 살해하는 것, 뱅쿠오의 아들 플리언스가 피비린내나는 난을 피하는 것, 뱅쿠오의 망령, 그리고 맥더프의 처와 자식들을 모조리 학살하는 것 등은 같지만 〈연대기〉의 맥베스는 뱅쿠오를 위시하여 몇몇 동지들과 함께 던컨 왕을 살해하는 반면 셰익스피어의 〈맥베스〉에서는 뱅쿠오는 살해에 가담하지 않는다. 홀린셰드가 묘사한 던컨 왕은 젊고 권모 술수가이나, 셰익스피어의 〈맥베스〉에서는 왕은 후덕하며 노왕이어서 맥베스가 던컨 왕과 친척이며 신하이고 자기 집을 방문해 온 왕을 주인인 자기가 살해했으니 더욱 잔인함이 부각되니 원전과는 두드러지게 다른 점이다.

〈맥베스〉는 천둥과 번개 속에 나타나는 세 마녀가 문을 연다. 마녀는 "아름다운 것은 더러운 것, 더러운 것은 아름다운 것"이라고 한다. 맥베스는 개선해서 오는 길에 "이렇게 침침하면서 아름다운 날"이라는데 안개속의 마녀가 보인다. 마녀는 맥베스에게 영주가 되면 왕이 된다는 무서운 예언을 한다. 이 예언은 맥베스와 그 아내의 가슴에 야심의 불꽃을 지펴주고 시역의 대죄를 범하고 왕이 된다. "더러운 것이 아름다운 것이 된 것이다." 그러나 이 극은 살인에서 시작하여 살인으로 끝나며 피가 피를 부르고 무대 한 쪽이 피바다를 이룬다. 얀 코트는 "〈맥베스〉를 실제로 상연해서 세계가 피의 바다로 되어있는 느낌이 없다면 이 공연은 실패작"이라고 했다. A.C. 브래들리도 "마치 시인 이야기의 전편을 피로 물든 안개를 통해 조망하는 것 같다."고 했다. 암흑에서 암흑으로 가는 비극의 끝은 맥베스의 절규다. "나는 이만하면 장수했다. 내 생애도 이미 누런 잎이요, 조락한 가을이 아닌가. 더구나 노년에 따라야하는 명예와 애정과 순종과 많은 친구들과는 인연이 없다." 그러니까 맥베스는 스스로 암흑과 피와 저주와 밤과 불면과 광기, 그리고 고독의 지옥을 택하게 되었으니 달빛도 볼 수 없다. 침침하고 음험하고 공포와 절망이 소용돌이치는 흉측스럽고 간교한 어둠이 죽음처럼 괸 것이 〈맥베스〉의 색조이며 작품세계인 것이다. 그 암흑 속에는 신의 음성이 아니라 악의 목소리가 있었으니 이 암흑은 극적 분위기를 구성하였고 악이 패하여 지나갈 때 선의 얼굴이 나타나 비로소 암흑은 사라지니 맥베스에게는 아름다운 것이 더러운 것이 된 것이다.

햄릿은 지성의 과잉으로 실행이 상실되고 있었고, 맥베스는 격정적인 야심과 환상의 과잉 때문에 그 실행력이 걸림돌에 부딪쳐 쓰러진다.

그리고 이 극에서 주요한 요소의 하나는 그의 부인이다. 그녀는 의지의 실천적 화신이다. 맥베스로 하여금 국왕살해의 대죄를 범하게 한 것도 그녀의 과단성과 실행력이다. 그러나 그녀도 시인적 상상력이 결핍되어 있다. 그래서 국왕 시역에는 급급했지만 그 결과가 얼마나 무섭고 비참한 결과를 초래할 수 있다는 것을 헤아리지 못한다. 맥베스는 미래의 불안이 두렵다고 고민하였고 그녀는 지난날의 악행에 대한 불안에 시달려 끝내 몽유병자가 되어 비참한 생의 종말을 맞게 된다.

죄악에 대한 형벌의 기록 같은 이 작품에서 맥베스의 성격 창조는 주요한 초점거리다.

셰익스피어는 잔인한 죄과를 저지르는 맥베스를 흉악한 살인귀로만 그치지 않고 작품 밑바닥에 인간적인 취약점, 온화한 휴머니즘, 그리고 고고한 성품을 은밀하게 깔아놓았다. 아마도 원전에서 맥베스가 치정하는 17년간 대과없이 지낸 왕이었다는 사실이 잠재한 것과 주인공 맥베스에 대한 독자나 관객들의 혐오감을 줄이고 극적 공감을 얻으려는 그의 극작술이 아닌가 싶다. 그로인해 맥베스는 우리에게 한 가닥 빛을 던져주고 있으니 더러운 것이 아름다운 것인가?

2006year Macbeth

■ 극단 작은신화(구성/연출 김동현) <맥베스, The Show>
2006.4.28.~5.7., 예술의전당 토월극장

1986년에 창단된 극단 작은신화는 창립 20주년을 자축하기 위하여 셰익스피어작 <맥베스>를 <맥베스, The Show>로 공연하였다.

◆ 해롤드 경제(2006.4.27.)
'이미지 서사극'으로 명명된 이 작품은 2000년 학전 그린에서 처음 선보여 화제를 불러모았다. 이번엔 당시의 무대와 의상을 한 단계 업그레이드시켰다. 무대는 삶과 죽음의 경계, 회전무대를 통해 극장 무대의 시각적 은유는 극대화된다. 살인과 피는 화려한 옷으로 표현되고, 몸과 분리된 옷은 파멸되는 욕망을 그린다. 시청각으로 형성된 이미지는 원본 '맥베스'의 주술과 환상을 현대적으로 바꿔냈다. 배우는 원맨쇼를 하듯이 마이크 앞에서 대사를 내뱉고, 무용, 아코디언과 트럼펫, 타악연주 등으로 쇼적인 측면이 강화됐다.

비극 <맥베스>를 화사하게 무대화하였으나, 극의 줄거리는 셰익스피어 원작과 다름이 없다. <맥베스, The Show> 프로그램에서 맥베스의 이해를 위한 몇 가지를 설명하였다.

1. 맥베스가 씌어진 시대적 상황

맥베스는 1605년 또는 1606년에 쓰여져 1606년 8월에 제임스 1세와 영국을 방문 중인 덴마크의 왕 앞에서 공연되었다고 전해진다.

실제로 궁전에서 공연되었는지 아니면 다른 그의 작품들과 마찬가지로 지구극장(The Global Theater)에서 공연되었는지는 모르지만, 셰익스피어 극단의 적극적인 후원자인 제임스 1세를 상당히 배려했음이 희곡 곳곳에서 드러난다.

그 대표적인 예로 뱅쿠오라는 캐릭터를 들 수 있다. 존 레슬리(John Leslie)가 출판한 〈스코틀랜드의 기원, 죽음 및 복된 일들(De Origine, Moribus et Rebus Gestis Scotorum)이란 책(1578)에 따르면 제임스 1세의 조상인 스튜어트 왕가는 뱅쿠오로 거슬러 올라간다. 셰익스피어는 그의 희곡 곳곳에서 뱅쿠오를 상당히 우호적인 필치로 그려내고 있다.

또한 던컨왕의 적수가 역사에서는 덴마크의 왕이지만 그의 희곡에서는 노르웨이 왕으로 바뀐 것도 특기할 만한 것으로, 당시의 공연 상황을 반영한 것임을 추측할 수 있다.

2. 역사극이 아닌 비극으로서의 맥베스

희곡 〈맥베스〉는 홀린셰드(Rophael Holinshed)의 역사시인 〈잉글랜드, 스코틀랜드. 아일랜드 연대기(Chronicles of England, Scotland, Ireland), 1587〉를 참고로 해서 창작되었다. 하지만 〈맥베스〉가 역사극이 아닌 비극으로 분류되는 이유로는 여러 가지를 들 수 있다.

먼저 역사적인 사실 외에 많은 픽션이 가미되어 쓰였다는 것이다. 홀린셰드의 저서에 의하면 맥베스는 독재적인 군주로서 던컨 왕을 살해한 후 꽤 오랫동안 훌륭하게 스코틀랜드를 통치했었고 반면에 던컨 왕은 젊고 유약한 왕이었고 통치자로서의 오점이 많았다고 한다. 하지만 셰익스피어는 그의 주제에 맞게 인물의 성격을 다시 재창조하였다.

다른 이유로는 셰익스피어가 역사적인 사실을 넘어서 왕권을 탈취한 한 인물의 심리변화를 구체적으로 다룸으로써 주제를 보편적으로 확장시켰다는 것이다. 〈맥베스〉에서 셰익스피어는 부인을 제외한 살인의 공범자를 모두 빼버림으로써 주인공이 갖는 욕망과 죄의식을 강조하였다. 이를 통해 단순한 역사극이 아닌 욕망과 죄의식에 관한 강하고 치밀한 성격비극을 만들어내었다.

2007year Macbeth

■ 木花레퍼터리컴퍼니(재구성/연출 오태석) 〈맥베스〉
  1. 2007.1.10.~10.17., 아르코예술극장 대극장

2. 2007.10.17.~10.21., 남산드라마센터

오태석의 <맥베스>는 셰익스피어 작품에 도전하는 두 번째 공연이다. 첫 번째는 <로미오와 줄리엣>이었다.1984년에 창단된 목화(木花)레퍼터리컴퍼니 대표 오태석이 재구성·연출하면 셰익스피어의 <맥베스>도 오태석의 <맥베스>가 된다.

<맥베스>에는 <햄릿>의 '죽느냐 사느냐, 그것이 문제로다'에 못지않은 미사여구가 쌓여 있다. <맥베스>에서는 죽느냐 사느냐가 아니고 죽느냐 사느냐가 공존한다. 세 마녀는 처음 예언에서 '아름다운 것은 더러운 것, 더러운 것은 아름다운 것'이라고 한다. 마녀 1의 뱅쿠오에 대한 예언은 '맥베스만은 못하나 더 위대하도다.' 그러나 위대하다고 한 뱅쿠오는 죽임을 당한다. 맥베스는 왕비의 사망소식을 듣고 체념의 말을 한다. '인생이란 걸어가는 그림자에 지나지 않는다. 잠시 농안 무대 위에서 흥이 나서 덩실거리지만 얼마 안가서 잊혀지는 처량한 배우일 뿐이다.'라고 한다.

맥베스의 대사는 미사여구이나, 다른 비극에 비하여 훨씬 행수가 적다. <햄릿>이 3,833행, <오셀로>는 3,529행, <리어왕>은 3,398행이며, <맥베스>는 2,108행에 불과하다. 행수는 적으나 곡 필요한 대사를 알맞게, 간결하게 표현한 것이라고 보면 될 것이다. 오태석의 <맥베스>는 대사와 극의 환경 조성이 관객에게 감명 깊게 선명하게 다가선다.

기존의 <맥베스>가 권력 때문에 왕을 살해한 뒤 권좌에 올랐으나 죄책감에 시달리다 비극적인 최후를 맞는 타락한 영웅이었으나, 오태석의 <맥베스>는 자기 운명과 벌이는 한판 게임에서 지지 않으려고 발버둥치는 나약한 인물이다. 오태석의 맥베스는 마녀의 말 한마디에 끌려가는 나약한 존재이면서 동시에 자신의 운명을 바꾸기 위해 끝까지 오기로 버티는 우리 자신의 모습과 무척 닮은 인물로 묘사된다. 권력과 야망에 눈이 먼 타락한 영웅의 모습이 아니다.

한국일보는(2007.1.30) 이 연극을 시작하는 마녀와의 만남 등 몇 장면을 실감나게 보도하였으며, 냉정한 비판도 하였다.

마녀들이 입은 선지빛 망토와 맥베스의 왕관을 대체한 우각모(牛角帽), 맥베스 부인이 맥베스와 함께 추는 플라멩코 춤사위 등은 연출 의도를 강하게 드러낸다. 맥베스가 최후에 보는 환영 장면에서 여덟 명의 선왕들이 하얗게 욕탈한 쇠머리를 쓰고 무대에 포진하기도 한다. 운명의 투우장으로 내몰린 맥베스는 결국 지나친 욕망의 말로를 대변하는 희생양이 되어 쓰러진다.

연극 〈맥베스〉가 단연코 마녀와 만나는 장면을 기대하게 되는데, 마녀들은 이번 연극에서 애니메이션 속 꼬마 마녀처럼 빗자루를 타고 등장한다. 그래서 맥베스의 귀에 욕망의 독을 들이붓는 마녀의 위협적인 존재감은 약화하고, 맥베스의 내면을 가압하는 공포감은 그만큼 묽어졌다. 마녀의 솥단지는 붉은 천의 율동적인 움직임을 이용해 표현되는데 선지국솥에서 두꺼비 얼굴 형상이 솟고, 다시 거대한 음부가 되어 맥베스의 운명을 예언하는 아기를 낳는 장면에서는 오태석 특유의 유희성이 돌출한다.

오태석이 가장 공을 들인 우리말의 운율과 예스러움을 살린 대사의 조탁은 맥베스의 서사를 부드럽게 길들이지 못하고 겉돈다. 그 간 정겹게 들렸던 목화식 어법이 다소 이물스럽게 느껴지는 데는 말이 아직 배우의 몸에 충분히 스며들지 못했기 때문일 것이다. 대가의 손길에도, 숙련된 배우의 솜씨 있는 스텝진의 뒷받침에도 불구하고 연극은 아무래도 충분한 연습만이 극장 안의 연금술을 일으키는 비결이라는 듯 삐걱거린다.

■ 국립오페라단(작곡 주제페 베르디, 연출 울리세 산티키) 〈맥베스〉
2007.10.4.~10.8., 예술의전당 오페라극장

셰익스피어의 대표작이라고 하면 흔히 〈햄릿〉을 꼽는다. 오페라에서 베르디의 대표작이라고 하면 아마도 〈椿姬〉(La Traviata)를 꼽을 것이다. 문화인치고 〈춘희〉의 '축배의 노래'를 불러보지 못한 자는 없을 것이다.

우리나라에서 처음으로 오페라가 공연된 것은 8.15 해방후 1948년 시공관에서 공연된 쥬제페 베르디(Jiuseppe Verdi) 작곡 〈椿姬〉(La Traviata)였으며 김자경(金慈境)이 주인공 역을 하였다.

베르디는 작곡가들 중에서 셰익스피어의 작품을 가장 많이 작곡하였으며 제목으로 <맥베스>(Macbeth), <오셀로>(Othello), <폴스타프>(Falstaff) 등이다. 샤를 프랑소아 구노(Charles Francois Gounod)는 <로미오와 줄리엣>(Romeo & Juliet), 그리고 벤자민 브리튼(Benjamin Britten)은 <한여름 밤의 꿈>(A Midsummer Night's Dream) 등을 오페라로 작곡한 바 있다.

왕좌에 대한 권력욕이 빚어낸 비극을 가장 잘 그려낸 사건과 감정의 기복이 심한, 결국 자기 멸망의 길로 접어드는 이 비극을 베르디가 스펙터클한 오페라로 작곡하였다.

오페라로서 오페라 <맥베스>는 두 번째 공연이다. 10년 전의 지난 1997년 서울시오페라단의 첫 번째 공연에서 레디 맥베스 역을 맡은 정윤자가 예술감독이고, 이탈리아 연출가 울리세 산티키가 연출하였다.

이 작품은 전체 4막 10장에 이르는 복잡한 극적 구성 때문에 연출가가 어떻게 긴장감을 잃지 않고 문제전환을 하는가. 이것이 연출의 포인트다. 맥베스 역의 알렉산드루 아가셰와 유동직은 바리톤이다. 바리톤의 은은한 목소리가 비극의 주인공역에 알맞은 듯하다. 베르디가 최초의 셰익스피어 작품으로서 <맥베스>를 오페라화하면서 그 주역을 바리톤 가수로 하였는데 초연에서 맥베스 역을 맡은 바리톤 휘지체 바렌은 "무리하게 연극하려고 생각하지 않아도 음악 자체가 충분히 그것을 표현하고 있다."고 하였다.

참고로 이 공연이 초연되었을 때 작곡가가 커튼콜에 불려 나오고 종연 후에도 호텔 앞에 운집한 자들에게 한밤중까지 발코니에서 갈채에 응하였다고 한다.

■ 교수극단 셰익스피어의 아해들(연출 김미예 교수) <맥베스>
2007.10.20.~10.21., 국립극장 달오름극장

셰익스피어 학회의 회원으로 셰익스피어를 전공하고 대학에서 가르치는 교수들로 구성된 '셰익스피어의 아해들'(Korea Shakespeare's Kids)은 2003년에 구성되었다. 교수극단은 우리나라에서 유일하게 원어극을 공연하는 극단으로 매년 학자, 학생, 전문연극인은 물론 일반 관객에게 한국을 대표하는 수준 높은 셰익스피어 극을 무료로 정기적으로 공연하는 비영리단체이다. 국내대학에서 셰익스피어를 전공하거나 학회에 가입하여 활동하는 회원들은 400명가량 되지만, 학술적인 지식을 실제로 공연과 연결시키는 학자들은 그리 많지 않다. 국내에서 공연되는 우수한 셰익스피어 극들은 주로 외국극단에 의해 올려져왔고, 국내 배우들이 만드는 셰익스피어 원어극은 기대할 수조차 없었다. 국내의 기성극단들이 종종 번역극을 공연하지만 셰익스피어 극에 대한 전문적인 지식이 약하기 때문에 극을 잘못 이해하여 공연하는 사례가 적지 않았다. 기성극단의 공연에 번역이나 드라마투르기를 맡아주던 셰익스피어 전공교수들은 수준 높은 공연을 활성화하고 효율적 효과를 높이기 위하여 직접 공연에 참여하여 매년 한 작품씩 정기공연을 하고 있다. 다음은 셰익스피어의 아해들의 원어극 정기공연 연보이다.

> 2004년 4월 23일, 〈리어왕〉(연출 : 김미예 교수), 국립극장 달오름극장
> 2005년 9월 22일~23일, 〈태풍〉(연출 : 김미예교수), 국립극장 별오름극장 및 달오름극장
> 2006년 5월 12일~13일, 〈한여름 밤의 꿈〉(연출 : 김준삼 교수) 국립극장 달오름극장
> 2007년 10월 20일~21일, 〈맥베스〉(연출 : 김미예 교수) 국립극장 달오름극장

교수극단 '셰익스피어의 아해들'은 10월 20일과 21일 국립극장 달오름극장에서 원어연극 〈맥베스〉를 공연하였다. 김미예 동덕여대 교수가 연출하였고 출연교수는 맥베스 역에 임성근 숙명여대 교수, 맥베스 부인 역에 이혜경 강릉대 교수 외 박정근(대진대), 안병대(한양여대), 황요식(충북대), 신겸수(경기대), 오수진(동덕여대), 조영학(경기대), 김용태(명지대), 남장현(인하공전), 김희라(덕성여대), 김현주(숙명여대), 황지영·박혜경(동덕여대), 윤영란(강릉대), 김소정(경복대) 등 총 16명의 교수가 배우로 나와 연기하였고 10명의 교수들이 스태프로 참여하였다.

2008year Macbeth

■ 예술의전당 개관 20주년 기념공연,
  극단 물리(재창작/연출 한태숙) 〈레이디 맥베스〉
  2008.3.21.~4.13., 예술의전당 토월극장

한태숙은 우리나라가 자랑할 만한 여성 연극인이고 연출가이다. 그리고 1998년에 창단된 극단 물리의 대표이기도 하다. 극단 물리의 〈레이디 맥베스〉는 1998년에 초연되었고, 1999년 '서울연극제'에 국내초청작으로 공연되었으며, 2000년과 2002년에 예술의전당 자유소극장에서 공연된 작품이다. 〈레이디 맥베스〉는 1998년 초연

후 설문조사를 한 바, 예술의전당 20년 역사를 대표하는 최고의 작품으로 뽑혀, 예술의전당 개관 20주년 기념공연으로 예술의전당 토월극장에서 3월 21일부터 4월 13일까지 공연되었다.

한태숙은 1976년 연극 <터치맨> 연출로 연극계에 데뷔하였으며 2012년 '이해랑 연극상', 2010년 '제3회 대한민국 연극대상' 연출상, 2006년 '제1회 한국여성연극인상' 등 수상경력이 다양하다.

300석의 좁은 공연장 예술의전당 자유소극장에서 공연하던 <레이디 맥베스>는 객석 650석인 예술의전당 토월극장에서 공연되며 무대에 객석 300석을 마련하였다. 무대 위의 무대 밖 어두운 공간까지 이야기 속으로 끌어안은 것이다. 런닝타임 60분 내 굳게 닫혀 있던 막이 열리면 죄의식으로 고통스러운 레이디 맥베스가 객석을 향해 걸어가는 장면으로 연극은 끝을 맺는다. 그제야 관객은 무대 위에 앉아 있음을 깨닫게 되고 레이디 맥베스는 '당신들 역시 부조리한 인간의 본성에서 자유로울 수 없다'고 말하는 듯 무대 위 관객을 처연한 눈빛으로 돌아본다.

작품에 대한 설명은 2000년과 2002년 편을 참조하기 바란다.

■ 인도 줄레이카 차우다리 연출 <맥베스>
2008.4.11.~4.13., 아르코예술극장 소극장

한국연극연출가협회가 주최하는 '2008 아시아 연극연출가워크숍'에는 박장렬(한국)의 <리어>, 타다 준노스케(일본)의 <로미오와 줄리엣>, 줄레이카 차우다리(인도)의 <맥베스> 등 세 명의 동양 연출가들이 셰익스피어의 4대 비극 중 세 작품을 무대에 선보였다. 박장렬의 <리어>나 일본 타다 준노스케의 <로미오와 줄리엣>의 경우 불교 사상을 접목시켰고, 인도의 젊은 여성 연출가 줄레이카 차우다리의 <맥베스>도 불교 사상과 직접적인 관련은 없지만 불교의 원류지인 인도의 연출가가 기획한 연극이라는 점이 특징이었다.

줄레이카 치우다리는 미국의 버먼트 베닝턴 대학에서 연극 연출과 조명 디자인을 공부하고 인도 델리의 국립 드라마스쿨(National Drama School)과 연극예술디자인 아카데미(Dramatic Art and Design Academy)의 객원 강사였다. 2007년 서울공연예술제 초청작 <아리비안 나이트>로 아르코 예술극장 소극장에서 공연한 바 있다. 2008년 이번 공연에서도 강렬한 조명과 무대로, 절제된 움직임으로 인도 예술의 미학을 선보였다. 그리고 작품 세계의 큰 특징 중 하나인 뛰어난 텍스트 재해석 능력은 <맥베스> 공연에서도 유감없이 발휘되었다.

이 공연을 연출한 줄레이카 차우다리의 연출의 글의 후반에서 극작의 방향을 언급하였으며, 인도식 연출의 의미를 설명하였다.

자신의 그릇된 선택으로 인하여 욕망의 늪 속으로 서서히 침잠되어가는 맥베스… 그는 자신의 파멸을 스스로 이행토록 자극하는 여러 인물들과 상황에 노출되어 있다. 하지만 이야기의 초점은 그가 맞이하는 파국의 과정 그 자체보다는, 그 속으로 치닫고 있는 맥베스 자신에 대한 응시, 그리고 이를 스스로 자행하고 있음을 인지하는 그의 시선에 맞추어져 있다.

맥베스 부인도 마찬가지다. 이 작품에서 그녀를 파국 행위로 이끄는 출발점은 그녀의 '권력욕'이 아니라 남편에 대한 사랑과 배려에서였다. 하지만 그녀는 그 속에서 자신의 '어두운 자아'를 발견하게 되고, 던컨왕을 살해한 다음에는 자신의 의지로는 주체할 수 없는 '양심'의 힘의 광기의 형상으로 그녀 자신 속에서 폭발하는 것을 목격한다.

그럼으로써 이 작품은 관객들에게 "과연 나는 내 자신 속에 존재할 수도 있는 '맥베스'를 응시할 수 있는가?"라는 질문을 던진다. 이처럼 욕망이라는 잠재된 어두운 본능이 침거하는 '인간'의 내적 공간을 만들기 위하여 스토리텔링 기법, 다양한 양식적 움직임들 및 소리들이 접목되었다. 그 과정에서 인도의 전통 공연 예술 양식들인 카타칼리와 쿠티야탐 등에서 비롯된 신체 언어들, 그리고 배우들과 연출 자신이 펼친 다양한 심리·신체적 표현 및 아이디어들이 함께 만났다. 그리하여 전통과 현재, 자국과 타국의 문화, 나와 타자가 새로운 모습과 방식으로 만날 수 있는 축제의 장이 펼쳐졌다.

■ 극단 죽죽(연출 김낙형) <맥베스> 2008.6.6.~8.3., 76 스튜디오

이 공연은 극단 죽죽의 여덟 번째 작품이며, <지상의 모든 별들>, <나의 교실> 등 작품으로 주목받은 김낙형이 첫 번째로 연출한 번역극이다. 그동안 성매매 여성, 학교 집단 따돌림 등 사회의 고민과 현대인의 치부를 특유의 비감성적 어조로 이야기해온 김낙형이 인간의 죄의식을 <맥베스>를 통해 표현하려고 하였다.

◆ 한겨레신문

김낙형과 극단 죽죽의 <맥베스>는 소극장에서 단 8명의 배우로 진행된 소품이고, 극의 전개 역시 맥베스의 내면에 맞추어 재배치하며 장광설의 대사를 압축한 편의적인 전략을 구사하였다. 그러나 그 간략함에도 불구하고 풍요로운 연극성과 원작의 본질을 파고드는 집요함은 맥베스를 비껴나지 않는다. 아직 정제되지 않은 거친 무대였지만, <맥베스>의 실현 가능성을 드디어 만난 느낌.

무대는 최소한의 조명 아래 일렁거리는 촛불로 제의적 정서를 제공하면서 빛과 어둠, 양심과 욕망, 인간의 유한한 운명을 환기시킨다. 그 어두운 무대에서 김낙형은 야망을 통해 돌진하는 인간의 비극을 밀도 있는 연극성으로 채워넣는다. 전투에 가까운 배우들의 격렬한 움직임, 바닥을 긁는 불안한 소리, 놋쇠대야에서 흩뿌려지는 죽음의 잿가루, 권력(자리)을 탐하는 인간을 상징하는 최소한의 오브제인 의자와 책상의 활용, 때로 그 오브제는 인간을 막아서는 벽이 되었다가 돌진하는 칼이 되기도 하면서 배우와 한 몸이 되어 종횡무진 극을 진행한다.

■ 인천시립극단(역 신정옥, 연출 이종훈) <맥베스>
2008.11.29.~12.7., 인천종합문화예술회관 소공연장

인천시립극단은 1990년 창단된 이후, 2006년 봄부터 시즌 레퍼토리를 지향하여 왔으며 계절별로 명작무대를 선보여왔다. 2008년 가을 명작극 레퍼토리로 셰익스피어작 <맥베스>를 공연하였다.

<맥베스>를 연출한 이종훈 예술감독은 이미 서울예술단 상임연출, 서울시뮤지컬단 단장, 서울공연예술제 예술감독 등을 역임하였으며, 93 한국연극평론가상, 95 서울연극제 대상, 95 한국뮤지컬 대상 및 연출상, 98 한국 뮤지컬 대상 및 연출상을 수상하였고, 셰익스피어 작품도 <한여름 밤의 꿈>을 번안한 서울시뮤지컬단의 <신라의 달밤>을 연출하였다. 인천시립극단은 이번 공연인 2008년 <맥베스>(연출 이종훈)에 이어, 2011년 <햄릿>(연출 이종훈), 2012년 <오셀로>(연출 이종훈), 2013년 <리어왕>(예술감독 이종훈, 연출 김철리)을 공연함으로서 셰익스피어의 4대 비극을 모두 공연하게 되는 위대한 업적을 남기게 되는 극단이 된다.

이 작품을 번역한 필자의 작품해설이 프로그램에 '역자 신정옥의 작품해설에서의 요약'으로 게재되어 있다. 그 전문을 게재한다.

이 작품의 집필연대는 1806년경으로 추정되고 있다. 즉 〈맥베스〉는 〈햄릿〉, 〈오셀로〉, 그리고 〈리어왕〉 등 대작들을 이미 발표한 후에 쓴 것으로 짐작되며, 4대 비극 가운데 맨 마지막 작품이다.

스코틀랜드의 역사에서 맥베스가 던컨왕을 시역하여 보위를 찬탈하는 1040년에서 1057년에 이르기까지 17년간 나라를 다스리다가 전왕의 아들에게 살해당하는 국면과 돈월드와 그의 아내가 공모하는 〈다프왕 살해〉에서 소재를 얻어 이 비극을 완성하였다.

• 긴밀한 구성과 신속한 극적 진행

이 작품에서 간과하지 말아야 할 사실은 〈맥베스〉는 거의 같은 어둠 속에서 극이 펼쳐져 나간다는 사실이다. 은가루를 뿌리는 듯한 달빛은 볼 수 없다. 음험하고 공포와 절망이 소용돌이치는 흉측스럽고 간교한 어둠이 죽음처럼 괸 것이 〈맥베스〉의 작품 세계이며 색조가 아니겠는가? 그 암흑 속에는 신의 음성이 아니라 악의 목소리가 활개를 치고 있다. 이 암흑은 더 단적으로 말해 극적 배경의 구실을 한다기보다는 극적 분위기의 구실을 한다고 봄이 옳다.

• 〈햄릿〉과 〈맥베스〉
두말할 나위 없이 '햄릿'과 '맥베스'의 성격은 현저하게 대조적이지만, 그 주인공들의 극적 행위의 도화선은 뭐니 뭐니 해도 초자연의 힘, 즉 망령과 마녀와의 만남에서 비롯되는 것이 공통적이다.
… 맥베스가 주인공이긴 하지만 햄릿과 같은 의미로서의 주인공은 못된다. 햄릿의 세계는 늘상 외부를 향해 열려있지만 맥베스의 세계는 시종일관 자기폐쇄적이다.

• 레이디 맥베스와 맥베스
… 여기서 밝혀두어야 할 것은 맥베스와 상치된 성격을 지니고 있는 그의 부인이다. 그녀는 의지의 실천력의 화신이다. 맥베스로 하여금 국왕살인범의 대죄를 범하게 한 것도 그의 부인이다. 그녀의 실행력과 결단력이 그의 살인을 부른 것이다.
그런데 눈여겨보아야 할 것은 그녀에게는 맥베스와 같은 시인적 상상력이 결핍되어 있다는 바로 그런 사실이다. 그렇기 때문에 국왕 시역에만 급급했지 그 결과가 얼마나 무섭고 비참한 멸망을 가져오리라는 것을 헤아리지는 못한다. 맥베스가 미래의 불안에 대하여 두려워하고 번민하는 것과는 달리 그녀는 지난날의 악행에 대한 불안에 시달려 끝내는 몽유병자가 되어 비참한 생의 종말을 맞게 된다.

필자는 번역자의 글에서 이 공연을 축하하였다.

• 셰익스피어의 〈맥베스〉 인천시립극단의 명작무대…
마녀가 나온다. 무서운 예언을 합니다. 맥베스는 왕이 된다고 합니다. 뱅쿠오는 자손이 왕이 된다고 하니, 앞으로의 비극이 점쳐집니다. 이 공연 장소는 인천종합문화예술회관입니다. 마녀와 피가 피를 부르는 비극의 군상들은 인천시립극단의 단원들입니다. 이 무대를 구성하고 마녀의 예언부터 왕위를 찬탈한 맥베스, 그리고 그와 그의 부인이 죽음까지 인도하는 이는 필요한 말만을 뚝심 있게 말하는 연극계의 이종훈 연출가입니다. 문화의 번영을 꿈에서 현실로 구현하는 인천광역시의 문화사에, 연극사에 한 페이지를 장식할 햇불입니다.
… 셰익스피어의 작품에는 망령과 마녀, 그리고 요정 등의 초현실적 세계가 무대화됩니다. 〈햄릿〉에서 부왕의 망령이 햄릿의 오랜 사고와 살인극으로 맺어지며, 〈한여름 밤의 꿈〉에서는 요정들이 보름을 아름다운 환상의 세계에 도취시키며 주인공들의 결혼에 천상 최대의

축복을 연출합니다. 〈맥베스〉에서는 마녀와 뱅쿠오의 망령이 나옵니다. 숲이 움직이면 죽음의 길로 간다고 마녀가 예언하였으며, 결국 숲이 움직여서 맥베스는 최후를 맞이하게 됩니다. 무섭고도 비현실이 현실화돼가는 비극의 압권입니다.

이 모든 것을 인천시립극단이 무대화합니다. 단원들은 연극에, 예술에 몸을 던진 연극인입니다. 그런데도 언어능력의 권위자인 오현경 배우를 모셔다가 셰익스피어 극의 발성법 등을 같이 연구하였고, 셰익스피어와 〈맥베스〉에 관한 작가와 희곡의 분석과 가치를 강의를 통해서 터득하는 노력을 보였습니다. 아는 것에 더 알게 되는 것은 분명히 힘입니다. 최고의 〈맥베스〉 공연을 기대해 마지않습니다.

■ 木花 레퍼토리 컴퍼니(재구성/연출 오태석) 〈맥베스〉
    2008.12.23~12.28, 국립극장 하늘극장

목화 레퍼토리 컴퍼니는 모든 단원이 극단에 대한 권리와 의무를 동시에 가지는 동인제극단으로서, 우리나라에서 동인제극단은 1960년대 실험극장을 시초로 하여 민중극장, 산하, 가교, 광장, 자유극장, 여인극장, 드라마센터, 에저또, 산울림 등이 있다.

2005년부터 매년 공연되어오고 있는 오태석의 〈맥베스〉는 셰익스피어 원전에 한국전통의 동작과 언어, 색채를 결합해 신명나게 꾸몄으며, 만화영화에서나 볼 수 있는 발랄한 초현실적인 마녀들의 연출과 해커드의 등장 및 주막집 주모와도 같은 맥베스 부인의 다소 엽기적인 포즈 등으로 관객들에게 큰 웃음을 선사하는 등 연출가의 번뜩이는 재치와 빛나는 상상력이 잘 발휘되었다. 많은 사람들이 목화의 〈맥베스〉에 대해 목화 특유의 유희성과 놀이성이 여전히 살아 있는 작품이라고 평가한다. 특히 빨강 망토를 입은 마녀들의 등장은 목화만의 재치와 익살스러운 발상과 만화적인 상상력이 매우 뛰어난 것으로 관객들이 뽑은 가장 재미있는 장면이라고 한다. 빨강 망토를 입은 마녀, 부글부글 끓어오르는 마법단지가 생생하면서도 재미있다.

[줄거리]
맥베스는 뱅쿠오와 개선 도중 자신이 왕이 될 것이라는 허재비들의 예언에 부인과 공모하여 자신의 성을 방문한 국왕 던컨을 살해하고 왕위에 오른다. 그리고 뱅쿠오 자손이 왕이 될 것이라는 예언이 두려워 뱅쿠오를 암살하지만 뱅쿠오의 아들 플리언스는 자객의 칼을 피하여 도망간다. 이 후 뱅쿠오의 망령에 시달리던 맥베스는 버남의 숲이 움직이지 않는 한 안전하고 여자 뱃속에서 태어난 자는 결코 그를 패망시킬 수 없다는 예언을 허재비로부터 듣게 되고 앞날에 대한 근심을 지워버린다.

그러나 버남의 숲은 나무로 위장하고 진군해 오는 영국군이 되고 맥베스는 어머니 배를 절개하고 세상에 나온 맥더프의 칼을 맞고 쓰러진다.

2009year Macbeth

■ **극단 신작로(연출 이영석) <맥베스> 2009.1.8.~1.11., 아르코 예술극장 대극장**
대학로 아르코 예술극장이 젊은 예술가들에게 무대를 제공하고자 마련된 2009년의 새로운 기획프로그램 '챌린지'의 첫 작품으로 극단 신작로의 <맥베스>가 무대에 올랐다.

2007년에 창단된 젊은 극단 신작로는 2008년 경기문화재단 우수작품에 선정되어 고양 아람누리 새라새 극장에서 사뮤엘 베케트의 <고도를 기다리며>를 필두로 고전 제2탄으로 셰익스피어의 <맥베스>를 공연하였다.

[작품 소개]
• **보헤미안으로 변신한 "마녀들"**
극단 신작로의 〈맥베스〉에는 마녀들이 등장하지 않는다.
단지 권력을 탐하는 남성적 세계에서 한발 떨어져 있는 보헤미안들이 있을 뿐이다. 이들은 예언을 하지만, 인물들의 마음속에 도사리고 있는 욕망들을 읽어 그것을 말의 형태로 되돌려 줄 뿐이며, 권력의 세계에서 일어나는 일에는 관심이 없다. 오히려 그러한 세계에 대한 방관적 관찰자이며 노래하는 음유시인들이다. 이들은 서로를 속고 속이는 〈맥베스〉의 세계를 비춰주는 하나의 거울인 셈이다.

이 공연을 관람한 관객이 자신의 블로그에 올려놓은 공연평이 재미있어서 게재하고자 한다.

부둣가를 연상시키는 무대는 이미 폐허가 되어버린 듯한 느낌을 주기도 했고 무언가 사건이 벌어지기 전의 한적함을 나타내는 듯도 했다. 무대가 간결했기에 장면 이동에 있어서도 용이했던 것 같고 무엇보다도 장소에 대한 상상을 마음껏 할 수 있어서 좋았다. 이런 면은 아쉬웠다!!!

배우들은 왜 뛰는가. 어찌보면 너무 지지부진한 생각이라고 할 수도 있지만 어느 정도의 배역은 품위를 지켜야 하지 않을까란 생각이 들었다. 이 연극에선 참 많은 사람들이 뛰어다 닌다. 심지어 던컨왕도 뛰어 들어온다. 왠지 경망(?)스럽다는 생각이 들었다. 왕은 왤케 뛰어다니는데. 패기 있고 저돌적인 느낌을 주려고 해서 그런건지. 무대가 넓어져서 그런건지 는 모르겠지만 아무튼 왠지 어색했던 건 어쩔 수 없었다. 모든 배우가 같은 속도로 뛰어다니 니… 배역의 색깔에 맞춰서 들어오는 속도 등도 달랐으면 좋았을 듯싶다는 생각이 들었다는….

마녀는 없다. 그러나 보헤미안 집시들은 있다. 선전에선 마녀가 없다란 것에 강조점을 준듯했지만 역시나 마녀가 빠지고 집시가 들어왔다고 해서 극의 느낌이 달라지진 않았다. 마녀에서 보헤미안 집시로 바뀌면서 달라진 것이 무엇일까? 내 입장에선 히죽거리면서 돌아다니는 집시들이 마녀같이 보였다. 예언을 하는 것이 아니라 그저 그들이 원하는 바를 읊조려준다고 했지만 그건 마녀도 마찬가지 아닌가란 생각이 들었다.

■ 극단 나무와물(대본/연출 김성수) <차가운 피>
2009.2.13.~3·15., 대학로 바다씨어터

2001년 창단된 극단 나무와물은 2009년 셰익스피어의 <맥베스>를 모티브로 한 <차가운 피>를 무대에 올렸다. 이 작품은 돈에 대한 욕망에 눈이 멀어 친구를 배신한 소시민의 이야기로, 극단측은 "왕위에 대한 욕망은 '돈'으로 치환되고, 그 무대가 된 왕궁은 소시민의 작은 아파트로 거실로. 욕망에 불을 지피는 불씨가 된 마녀의 예언은 친구의 콩팥으로 바뀐다."고 설명했다.

이 공연에 관하여 한 가지 재미있는 사실은 극중 부부가 다투는 장면에서 남편이 아내의 따귀를 인정사정없이 때리는데 눈에서 불꽃이 튈 정도라서 매회가 끝날 때마 다 주연 여자배우의 한 쪽 뺨이 벌겋게 달아오르기 때문에 공연이 끝나고 포토타임을 갖지 못하였나고 한다.

[시놉시스]
어렸을 때부터 절친한 친구로 지내온 배덕과 용철. 둘은 비 오는 늦은 저녁 배덕의 집에서 술자리를 가지고 있다. 소시민으로 큰 난관 없이 인생을 살아 온 배덕과 달리 용철은 언제나 배덕에게 의지하고 살아온 인생의 낙오자다. 배덕의 아내는 술시중을 거들고 있는 듯 하지 만 기회만 되면 배덕을 다그친다. 회장의 제안대로 용철을 속이라는 것이다. 배덕의 아내는 5억 원을 탐내고, 배덕은 우정과 돈에 대한 욕망 사이에서 이러지도 저러지도 못하면서 갈등한다.
용철은 자기가 모시던 모 기업의 회장으로부터 콩팥을 팔게 되면 5억 원을 주겠다는 제안을 받았으나 거절한 터. 회장은 희귀 혈액형을 가진 자신의 아들을 살리기 위해 무슨 일이 있어도 용철로부터 콩팥을 떼어받길 원한다.

자신의 콩팥을 노린 회장에게 분개하는 용철은 배덕을 철석처럼 믿고 있지만, 사실 배덕은 안정된 기반에 대한 열망으로 회장과 이미 협상을 마친 상태였는데…

극은 비극으로 끝을 맺고, '용철'은 신장을 빼앗기게 된다.

■ '제8회 의정부국제음악극축제' 해외초청작
   폴란드 극단 비우로 포드로지(Biuro Podróży)
   <맥베스-피로 물든 남자>(Macbeth-Who's that Blooded Man)
   2009.5.15.~5.16., 의정부시청 앞 야외광장

한국-폴란드 수교 20주년을 기념하여 '의정부국제음악축제' 해외초청작인 폴란드 대표극단 비우로 포드로지(Biuro Podróży)의 <맥베스-피로 물든 남자>(Macbeth-Who's that Blooded Man)가 5월 15일과 16일 이틀간 축제의 폐막작으로 의정부 시청 앞 잔디광장에서 공연되었다. 이 작품은 2005년 아일랜드 코크시가 유럽문화수도로 지정되면서, 폴란드 극단 비우로 포드로지에 특별 위촉하여 제작된 것으로, 2007년 영국 '에든버러 프린지 페스티벌' 전회 매진과 2008년 '부카레스트 셰익스피어 연극제'에 초청되고, 2008년 '테헤란 연극제'에서 최고 연출상을 수상한 야외극이다.

[작품설명]
"저 피투성이 남자는 누구인가? (What Bloody Man is that?)"-이것은 <맥베스-피로 물든 남자>에 마치 독일군 나치 장교 군복과 같은 옷을 입고 나타난 던컨왕의 첫 대사이다. 인간의 세계에서는 전쟁이 한참일 때, 뇌성이 요란하고 번개가 번쩍이는 황야에 세 명의 마녀가 나타나, "아름다운 것은 추한 것, 추한 것은 아름다운 것"이라는 역설의 수수께끼를 내뱉고는 사라진다. 그 뒤를 이어, 인간으로서는 극의 첫 등장인물인 던컨이 나타나 이렇게

말하는 것이다. "저 피투성이 남자는 누구인가?" 그리고 폴란드 극단 비우로 포드로지가 만든 〈맥베스〉는 바로 이 대사를 부제로 삼는다. 부제에서 느낄 수 있듯이 피-죽음-폭력은 이 극을 이끌어 가는 중요한 모티브이다. 이 무거운 모티브에 더해 극단은 더불어 어둠을 배경으로 삼는다.

그 캄캄한 어둠 속에서 알 수 없는 존재들이 부자연스럽게 움직이며 우리 시야를 조금씩 밝힌다. 들고 있는 이글거리는 횃불, 어둠 속에서 더 과장되고 기괴해 보이는 높이로 인하여 그들은 더욱 그로테스크해 보인다. 이제 인간의 운명은 그들의 손에 있다. 켜놓은 횃불 기둥들은 극의 인물이 죽어가면서 하나씩 마녀들에 의하여 바닥으로 불꽃이 꺼지고 급기야 지상에서 사라질 것이기 때문이다. 불을 켜는 것도 그것을 끄는 것도 가지고 노는 것도 모두 그들에 의해서 예정된 것이다. 던컨을 죽이는 칼 역시 마녀들에 의해서 맥베스 앞에 놓여진다. 그녀들이 나무기둥에 꽂아 놓은 칼을 보며 맥베스는 2막의 그 유명한 독백, "내 앞에 보이는 것이 단검인가? 칼자루는 내 손을 향해 있군. 그러나 눈에는 아직도 보이는데 치명적인 환영이여…"를 읊는다. 마녀들은 모두 맥베스의 모든 움직임마다 그의 곁에 그림자처럼 머무르며 행동을 주시한다.

첫 장면부터 굉음을 내며 등장하여 관객을 사로잡는 오토바이들의 소음, 흙먼지, 연기와 냄새는 공연을 보는 관객들에게 물리적 폭력을 실제로 느끼게 한다. 사방에 거누어지고 화약 냄새와 함께 터지는 총성들은 관객의 눈앞에서 휘둘려지고 이윽고 뱅쿠오를 죽음에 이를 때까지 린치하는데 사용되는 횃불과 함께 그대로 죽음과 살육을 표현한다. 또 대관식 후의 연회에서 '피투성이 머리'에 대한 환영으로 인하여 괴로워하는 맥베스의 죄책감과 공포는, 이 극에서는 장대를 탄 채 자신의 잘린 목을 말없이 맥베스에게 가져다주는 뱅쿠오 와 그 목을 들고 오래도록 번민하다 심지어는 뱅쿠오의 어린 아들의 환영까지 보는 맥베스 를 보여줌으로써, 그의 깊은 심리적 번뇌를 함축적으로 표현한다. 이 뱅쿠오의 목은, 뒤이 어 마녀들이 굴리며 들어오는 거대한 쳇바퀴 안에서 요란하게 튀어 다니는 십여 개의 목이 되어 불면의 맥베스를 더욱 압박한다.

극은 맥베스의 찬탈과 파멸만을 그리지 않는다. 2차 세계내전 중의 독일군을 연상시키는 던컨왕의 군대는 부정한 방법으로 맥베스가 권력을 빼앗기 전부터 전쟁의 폭력성과 맹목 성, 권력자가 휘두르는 폭압과 독재로 인하여 세계가 이미 충분히 피로 물들어 있음을 보여주는 은유이다. 이 작품에는 왕으로 합당했던 자애롭고 현명한 던컨왕 따위는 없다. 끊임없이 전쟁을 이어간 피의 포군 던컨이 있었고 그 자리를 또다시 피로 차지한 맥베스 가 있을 뿐이다. 그 둘 모두 피와 죽음과 폭력을 이어간다는 점에서 사실 다를 것은 없다. 누가 왕좌에 있던 이 어둠은 여전히 끝나지 않을 것이기 때문이다.

그리고 보니 마녀들은 인간을 초월적 힘으로 조정하고 있는 것이 아니다. 인간의 끝없는 전쟁과 도발의 퍼레이드가 이 마녀들로 하여금 끝없는 죽음과 피의 세리머니를 수행하도록 만드는 것이다. 맥베스의 죽음 후 소년(뱅쿠오의 아들)은 고철덩이 링에 불과한 왕관으로 굴렁쇠 굴리기를 한다. 그게 굴러 누구의 손에 들어가든 우리는 "저 피투성이 남자는 누구인가?"라는 질문을 반복하게 할 것이다. 지구상에 전쟁이 끝나는 날이 오지 않는 한, 비우로 포드로지의 〈맥베스〉는 바로 그 오늘의 비극에 대한 작품이다.

◆ 한국연극 제26호, 2009년 4월호 '해외수작 미리보기' 김슬기 기자
'피를 뒤집어 쓴 저 사람은 누구인가?'라는 질문은 현실 세계의 참상을 고스란히 옮겨준다. 체첸과 아프가니스탄, 이라크의 전쟁은 그들에게 무엇을 가르쳤을까? 전쟁의 잔혹함을 경험한 이들은 편안히 잠들 수 있었을까? 상처받고 좌절한 영혼들이 집으로 가는 길에 피로 물든 사람들을 만나면 무슨 일이 벌어질까? 질문에 대답하는 일은 쉽지 않다. 유사 이래 지구상에 전쟁이 없었던 평화로운 날들은 고작 296년에 불과하다는 이야기가 나올 정도로 세상은 언제나 이전투구의 각축장이었다. 공연은 자연의 이치가 죽음의 논리로 대체된 혼돈의 세계를 그린다.
1988년 연출가 파베우 쉬코탁이 창단한 극단 비우로 포드로지… 〈맥베스-피로 물든 남자〉는 셰익스피어의 원작을 넘어, 인간의 욕망이 불러일으킨 피비린내나는 전쟁을 은유한다. 공연이 초연되었을 당시, 이 작품은 많은 관객들에게 이라크전을 떠올리게 했다고 한다.

■ 극단 퍼포먼스 온(각색/연출 남상식) 〈맥베스 2009〉
　　2009.5.22.~6.14., 선돌극장
　경기대학교 동문극단인 퍼포먼스 온은 그 첫 번째 작품으로 2008년 안톤 체홉의 〈갈매기〉를 경기대학교 남상식 교수의 연출로 공연한 적이 있다. 그리고 2009년 두 번째 작품으로 셰익스피어의 〈맥베스〉를 역시 남상식 교수가 전면 해체, 재구성하고 연출하여 〈맥베스 2009〉를 탄생시켰다.
　이 공연의 대본은 〈맥베스〉이다. 각색과 연출을 맡은 남상식 교수는 알프레드 쟈리의 〈우부왕〉을 모티브로 접목해서 욕망과 폭력의 광기를 그로테스크하게 드러내고자 하였다. 유례없는 새 해석과 역동적인 동작과 음악(소리)이 만드는 스펙터클한 무대는 관객에게 전혀 새로운 〈맥베스〉를 체험하게 할 것이라고 극단은 기대하였다. 그래서 〈맥베스 2009〉를 퍼포먼스 온(Performance On)이라고 하였는지 모른다.
　공연 프로그램에 소개된 글이다.

이 공연에서 맥베스는 다시 태어난 맥베스이다. 흡사 꿈속에서 나타난 모양이다. 다시 태어난 맥베스는 괴물 같지만, 그가 움직이는 장면은 꿈속의 장면이고 그래서 환상적이다. 괴물과 어울리지 않는 환상적 무대, 세계의 혼재는 그러나 어색하지 않다. 다 꿈이다.

무대 위 장면들은 하나씩 다른 상황들을 늘어놓는다. 그것은 각각 움직일 뿐, 그림이다. 상황들은 상세한 내러티브를 갖지 않는다. 그것들이 모두 꿈이기 때문이다.

■ 공연창작극단 뛰다(연출 엘라이 사이먼, 협력연출 배요섭)
　광대극 <클라운 맥베스> 2009.7.18., 의정부 부용천 수변무대

　연기교육에 광대연기를 끌어들인 미국 어바인 캘리포니아주립대 연극학 과장 엘라이 사이먼은 2005년 클라운질라라는 광대극단을 창단한 뒤, 세계 곳곳의 배우들과 즉흥광대극을 제작하고 있다. 클라운질라(Clownzilla)는 'clown(광대)'과 'gozilla(고질라)'의 합성어이다.

　공연창작극단 뛰다는 세계적인 광대극 전문가 엘라이 사이먼을 초청해 국제워크숍 및 즉흥극 공연으로 광대극 <클라운 맥베스>를 2009년 7월 18일 의정부 부용천 수변무대에서 전석 무료로 공연하였다.

　극단 뛰다는 '열린 연극', '자연친화적인 연극', '움직이는 연극'의 세 가지 이념으로 2001년에 창단되었다. 극단 대표인 1970년생인 배요섭은 포항공과대학교 물리학과 학사출신으로 2004년 '제1회 한국아시티지' 연극상, '2004년 서울어린이공연 연극제' 최우수 작품상, 연기상, 극본상, 미술상 등을 수상하였으며 극단의 상임연출가이다.

　엘라이 사이먼 교수는 2009년 7월 16일 동아일보와의 인터뷰에서 "<맥베스>는 죽음과 배신, 복수 등 광대의 세계와 대척점에 놓인 작품이다. 이 작품의 열 가지

비극적 요소(세 마녀, 권력의 이동, 근친상간, 복수, 살인을 부추기는 아내, 죽음과 파멸, 불타는 숲, 배신, 칼싸움과 죽음)를 추출한 뒤 즉흥적 광대극으로 펼쳐내는 것이다. 뛰다의 상임연출가 배요섭 씨가 제안한 것인데 극단적 세계를 넘나든다는 점에서 광대의 본질과 맞닿아 있는 작품이다. 우리는 작품의 대략적 개요만 갖고 3~5일간 광대 역을 맡을 배우들을 관찰한 뒤 배역과 움직임을 창조해낸다. 뛰다의 배우들은 지금까지 우리가 공동 작업한 배우 중 최고로 훈련이 잘 돼있어 훌륭한 작품이 나올 것으로 기대한다.”고 하였다.

■ 극단 竹竹(연출 김낙형) <맥베스>
1. 2009.9.17.~9.30., 국립극장 별오름극장
2. 2009.11.4.~11.29., 대학로 76스튜디오

2001년에 창단된 극단 竹竹의 김낙형이 2008년에 연출한 실험극 <맥베스>는 2008년 '대한민국연극대상' 작품상, 같은 해 '한국연극협회선정 연극부문공연 베스트7'을 수상하는 등 최고의 연극으로 격찬을 받았으며, 2009년에는 '국립극장 페스티벌' 국내우수작으로 선정되었고, 이집트에서 열린 '제21회 카이로 국제실험극연극제'에서도 대상을 수상하였다.

2009년 <맥베스>에서 눈길을 끄는 것은 소품, 의자의 사용이다. 작은 의자는 때로는 투구이기도 하고 때로는 맥베스의 눈을 도려내는 칼이기도 하였다. 차곡차곡 높게 쌓인 의자는 맥베스의 죄책감과 두려움의 높이를 상징하기도 하였고, 천장에 주렁주렁 매달려 있던 의자는 손을 뻗으면 닿을 수 있는 권력을 상징하기도 하였고, 숲 속에 있는 나무들을 상징하기도 하였다. 던컨 왕을 죽이는 장면에서 책상들을 연결하여 런웨이 같이 만들어 그 위를 걸어가는 맥베스가 맥베스 부인에게서 창을 건네받아 벽을 찌르는 것으로 던컨 왕을 죽이는 장면을 나타냈다. 찌른 벽을 치우고 나면 그 속에 죽어있는 던컨왕의 모습이 보인다. 촛불은 맥베스와 뱅쿠오의 삶의 시간을 표현한다. 일이 있을 때마다 하나씩 꺼지는 촛불들은 어떤 때는 맥베스 부인의 불안한 심리를 표현하기도 하였다. 대사보다는 의자와 촛불과 같은 오브제와 배우들의 표정, 몸짓으로 맥베스라는 인물의 내면을 보여주려 하였다.

◆ 2010.2.18. 뉴스테이지 이영경 기자
신은 사랑하는 자에게 잠을 선물로 준다고 했다. 하루의 고단함이 무거운 외투를 벗고 쉬는 곳이 잠의 세계다. 해결되지 않은 피로가 옷을 껴입고 굳어가는 불면의 밤. 맥베스는 외친다. "나에게 잠을 다오!" 신이 그를 버린 것일까, 아니면 죄의식이 맥베스 스스로를 외면한 것일까. 극이 시작되면 누군가에게 끌려나오는, 잠을 자지 못하는 맥베스를 만날 수 있다…

■ 극단 우투리(대본/연출 김선애) <맥베스, 악(樂)으로 놀다>
2009.9.22.~9.27., 대학로 나온씨어터

<맥베스, 악(樂)으로 놀다>. <맥베스>에 음악이 깃들었으니 신이 날 것이다. 이데일리는 2009년 9월 23일에 '우리말과 운율로 환생한 셰익스피어… ', '셰익스피어 언어를 고유의 장단으로 신명나는 놀이판으로 만들어'라고 입력하여 설명하였다. <맥베스 악(樂)으로 놀다>는 셰익스피어의 고전희곡 <맥베스>를 우리나라의 전통 연희를 바탕으로 실험적으로 표현한 연극이다. 2002년 창단된 극단 우투리는 한국 전통연희를 현대적으로 양식화하는 공연예술집단으로 정부 예술의전당 상주단체이다.

◆ 2009.9.24. 동아일보 조이영 기자

극단 '우투리'의 연극 '맥베스, 악(樂)으로 놀다'는 셰익스피어의 희곡 '맥베스'를 우리네 놀이판에 던져 놓은 작품이다. 이 연극은 서양 고전과 한국의 장단이 만나는 흥미로운 지점에 서있다.

코더의 영주가 된 맥베스를 칭송할 때는 '만세'라는 단어를 '쿵덕쿵덕쿵' 리듬으로 '만세 만세 만세'라고 반복적으로 읊었다. 대사 중간에 나머지 배우가 "얼씨구", "그렇지" 하며 추임새를 넣었다. 맥베스와 맥더프가 마주치는 마지막 장면은 판소리 못지않다. "미친개를 잡는 데는 칼바람이 제 맛이렷다!" "네 놈의 예리한 칼날을 허공에 수천 번 휘둘러댄들, 내 피 맛을 보기는 가히 어렵것다. 이 몸은 여자가 낳은 놈에게는 절대 질 수 없는 생명의 마법을 갖고 있다." "하, 그놈 두꺼비가 직립 보행하는 소리 하고 자빠졌네." 익숙한 리듬이라 귀에 잘 붙었다.

6명의 배우는 모두 '2009년의 평상복'을 입고 있다. 옛날이야기를 '여기, 이곳'에 불러왔다는 뜻이다. 맥베스와 맥베스 부인은 한지 의상으로 구별한다. 권력을 탐해 살인에 가담한 맥베스 부인은 끊임없이 손을 씻으며 정신착란 증세를 보이다 죽는다. 뚝뚝 물이 떨어지는, 부인의 젖은 옷에 스포트라이트가 비친 채 어둠 속에서 무반주로 들려오는 노래 '내일 그리고 또 내일'은 이 극의 메시지를 알려준다.

2010year Macbeth

■ **극단 죽죽(연출 김낙형) <맥베스> 2010.2.5.~2.21., 남산예술센터**

2006년 7월부터 2009년 6월까지 대학로 공연에서 호평을 받은 작품 중 심사를 거쳐 선정된 연극 네 편이 대학로 우수 소극장 연극의 발굴 및 육성을 위한 '대학로 우수작품 인큐베이팅 프로젝트'를 통해서 남산예술센터에서 1월 8일부터 3월 7일까지 공연되었다. 이들 극단은 서울문화재단으로부터 예산, 공연장, 배우, 교육, 홍보 및 마케팅 등을 지원받아 중극장 무대에서 공연을 선보이게 된 것이다.

극단 죽죽의 <맥베스>는 김낙형 연출로 셰익스피어의 고전을 한국적 정서로 표현한 작품으로 2008년 '대한민국연극대상 작품상'과 '연극부문 공연 베스트7', 연말 연극평론가와 언론사, 전문가가 뽑은 베스트 5 등에 선정되었고, 2009년 '세계국립극장 페스티벌' 국내우수작 선정, 9월 국립극장' 별오름극장 공연전회매진 및 2009년 10월 제21회 카이로 '국제실험연극제에서 관객들의 기립박수를 받으며 대상을 받은 작품이다. 2008년 초연당시 76스튜디오의 70석 규모의 소극장에서 시작된 극단 죽죽의 <맥베스>는 이제 300석이 넘는 남산예술센터와 같은 중극장에서의 공연은 물론, 600석이 넘는 해외극장에서 세계연극인들의 기립박수를 받는 공연이 된 것이다.

야심에 불타는 악역 맥베스에 그치지 않고 "나에게 잠을 다오"라고 외치는, 신이 그를 버린 것인지 아니면 죄의식에 스스로를 외면한 것인지, 극이 시작되면 누군가에게 끌려 나오는 잠을 자지 못하는 맥베스의 어두운 내면을 2시간 동안 만나게 된다. 공연 관계자는 "연출가 김낙형은 책상과 의자라는 오브제를 통해 새로운 차원의 의미를 부여한다. 무대 위에 놓이고 배우의 손에 들려진 책상과 의자는 연극 <맥베스>의 필수 구성요소다. 비수가 되어 꽂히고 투구가 되어 얼굴을 조여 온다. 관객의 상상력까지도 공연의 일부로 만들어버린다."고 전했다.

■ **국립오페라단(작곡 쥬세페 베르디, 연출 이호연) 오페라 <맥베스>**
   2010.3.12.~3.18., 예술의전당 오페라극장

짐승들이 생존을 위해 살생을 한다면 인간은 자신의 욕망을 실현하기 위해 살인을 저지른다. 국립오페라단은 인간의 욕망의 가장 극악적 표현인 "살인"을 코드로, 우리에게 너무나 익숙한 <맥베스>와 <람메르무어의 루치아>, 그리고 그 누구도 국내 공연이 가능할 것이라 생각지 못했던 20세기 화제작 <룰루>를 선정하였다.

짐승들이 생존을 위해 살생을 한다면 인간은 자신의 욕망을 실현하기 위해 살인을 저지른다. 국립오페라단은 인간의 욕망의 가장 극악적 표현인 "살인"을 코드로, 우리에게 너무나 익숙한 <맥베스>와 <람메르무어의 루치아>, 그리고 그 누구도 국내 공연이 가능할 것이라 생각지 못했던 20세기 화제작 <룰루>를 선정하였다.

권력을 좇는 거침없는 욕망의 실현을 위해 … 〈맥베스〉
사랑의 욕망이 낳은 광란으로 치닫는 비극 … 〈람메르무어의 루치아〉
원초적 생존의 관능적 욕망을 누리기 위해 … 〈룰루〉

국립오페라단의 오페라 <맥베스>는 전 4막으로 구성되어 있으며 이탈리아인 쥬세페 베르디가 작곡하고 프란체스코 마리아 피아베가 대본을 쓴 베르디 오페라의 10번째 작품으로, 1847년 3월 14일 피렌체에서 초연되었던 작품이다. 이번 공연에서는 1847년 피렌체 초연판이 아니라 1865년 파리에서 재초연한 개정판을 사용했는데, 일반적으로 개정판에서 빠지게 되는 맥베스 최후의 아리아를 삽입해 더욱 감동의 수위를 높였다. 국내에서는 2007년 국립오페라단이 울리세 산티키 연출로 초연된 적이 있으며, 이번 작품은 산타키 연출의 <맥베스> 원안을 토대로 연출가 이호현이 살을 붙이고 수정한 재연출작이었다.

■ 2010년 '제9회 의정부국제 음악극축제' 국내초청작
　극단 우투리(대본/연출 김선애) <맥베스, 樂으로 놀다>
　2010.5.15.~5.16., 의정부 예술의전당 대극장
　'의정부 국제음악극축제'는 2002년 제1회를 개최 이래로 매년 5월 의정부에서 펼쳐지는 국제공연예술축제이다. 음악극(Music Theatre)이란, 연극, 신체극, 오페라, 뮤지컬, 멀티미디어 공연, 한국형 창작극 등 다양한 형태의 공연에서 음악 또는 사운드가 극 전개와 이해상, 필수불가결한 창작 요소.
　이 공연은 2009년에 초연된 작품으로 자세한 설명은 2009년 편을 참조하기 바란다.

■ 2010년 '제31회 서울연극제' 「미래야 솟아라」 국내초청작
　극단 원형무대(연출 홍인표) <세 마녀 이야기>
　2010.5.21, 아르코예술극장 소극장
　극단 원형무대가 2000년 창단 이래 일관적으로 추구해왔던 "고전의 현대화"라는 모토의 연장이자 새로운 도전으로 <세 마녀 이야기>를 '제31회 서울연극제' 「미래야 솟아라」 국내 초청작으로 2010년 5월 21일 아르코예술극장 소극장에서 공연하였다.
　<세 마녀 이야기>는 원작의 등장인물은 로마의 전사와 같은 의상을 입고 등장하는 맥베스와 세 마녀 그렇게 딱 4명이다.

[줄거리]
마녀들은 자신들이 창조한 무대에서 마음껏 반역과 왕위 찬탈이라는 살인 유희를 즐긴다. 그들이 자신들끼리의 놀이에 지칠 무렵 반역을 진압하여 왕권에 가까워진 맥베스를 선택하고 자신들의 연극놀이에 참여시킨다. 맥베스는 살인자의 필연적 운명을 인식하고 두려움을 느끼기에 살인자가 되지 않으려 발버둥치지만 야심과 마녀들의 예언, 그리고 유혹에 굴복하여 던컨 왕을 살해하고 마녀들의 무대에 들어서게 된다. 이후 악몽과 망령 때문에 잠을 자지 못하는 맥베스는 악몽에서 벗어나기 위해 발버둥치고 정해진 미래를 바꾸기 위해 자신을 죽이기로 되어있는 뱅쿠오를 먼저 죽임으로서 운명에 저항하려 한다. 그러나 여전히 던컨과 뱅쿠오의 망령들은 나타나고 맥베스의 공포는 더욱 커진다. 결국 그는 무대에서 벗어나는 것을 포기한 채 자신을 위협하는 모든 인간들을 살해함으로써 생존하고자 몸부림친다. 그의 예기치 못한 행동에 당황한 마녀들은 스스로 파멸하게 하기 위하여 그가 방심할

수 있는 새로운 예언을 하고 맥베스는 마침내 파멸하게 된다. 그의 죽음과 함께 연극놀이는 끝나고 마녀들은 새로운 연극놀이를 준비한다.

◆ 연극평론가 박정기
공연이 시작되면 명화 보티첼리의 비너스의 탄생을 재현한 듯한 세 명의 아름다운 미녀 연기자가 바로 보티첼리 그림과 똑 같은 의상을 입고, 커다란 조개 대신 꽃송이 앞에 요염한 모습으로 등장함으로써 관객을 환상의 세계로 빠져들게 한다.
대단원에 이르기까지 마녀가 아닌 미녀군단의 노래와 연기는 관객을 극 속으로 끌어들였고 … 관객은 시종일관 움직이는 그림, 다시 말해서 움직이는 명화를 감상하는 것 같은 한 편의 연극을 감상할 수 있었다.

■ 극단 초인(각색/연출 박정의) <궁극의 절정, 그 전율 맥베스>
2010.6.4.~6.13., 국립극장 별오름극장

인생(人生)의 반을 반생(半生)을 산다고 한다. 그것의 반을 셰익스피어의 <맥베스>에 건 사나이가 있다. 극단 초인의 대표이자 상임연출을 맡은 박정의를 두고 하는 말이다. 박정의는 1996년 동국대학교 영어영문학과를 졸업하면서 바로 연극계에 몸을 담아 왔으며 2003년 1월에 극단 초인을 창단하였다. 박정의는 희곡을 쓰는 작가이기도 하고, 각색도 하고, 공연을 기획도 하고 연출도 한다. 새로움에의 도전으로 만들어내는 초인의 무대라고 하는 공연의 레퍼토리는 여섯 가지이며, 그 중 두 가지는 <맥베스>이다. 하나는 <궁극의 절정, 그 전율 맥베스>이고 또 하나는 <독고다이 원맨쇼 맥베스>이다.

극단 초인은 <궁극의 절정, 그 전율 맥베스>를 2010년 6월 4일부터 13일까지 국립극장 별오름극장에서 공연하였고, <독고다이 원맨쇼 맥베스>를 2011년 5월 7일부터 6월 19일까지 대학로 예술극장에서 공연하였다.

극의 흐름으로 보았을 때 초인의 <맥베스>도 셰익스피어극의 한국적 민속화의 공연이다. 20세기 말에 연희단거리패, 극단 목화, 극단 여행자 등이 앞장선 민속화 작업에 21세기 초에 새로이 활을 쏘는 궁사(弓師)로서 극단 초인이 나선 것이다.

[연출의도]
작품의 줄거리 자체는 원작과 크게 다르지 않으나, 원작에서 맥베스를 제외한 나머지 권력자들이 모두 정의로운 인간으로 표현되었던 지점에서 획이 달라진다. 또한 원전에서 레이디 맥베스의 죽음은 자살을 연상케 하지만, 이 작품 속에서 레이디 맥베스는 맥베스에

의해 살해된다. 맥베스는 자신의 내면에 존재하는 끝을 모르는 욕망을 마지막 순간까지 환기시키는 부인을 직접 죽임으로서, 스스로 만들어낸 파멸의 잔해를 스스로 수거한다. 현대의 권력자들에게서 좀처럼 찾아볼 수 없는 죄의식 및 자기반성의 의미를 맥베스를 통해 되짚어 보고자 한다.

◆ [공연리뷰] 문화저널 21 김미성 기자

… 박정의 연출은 권력다툼으로 고통 받는 민초들의 분노와 무력감을 서정적인 표현법과 은유적인 시적 언어를 통해 드러내고 있다. 더불어 각기 다른 이유로 전쟁터에 끌려 나간 병사들의 내면의 독백, 욕망에 사로잡힌 맥베스를 보고 분노하는 백성들의 외침 등 다채로운 코드로 무대 위 인물들은 현시대 민중의 모습을 부각시킨다.

"강한 왕을 내려주소서" 하늘을 향한 민중들의 기도이다. 이는 고통 받는 민초들의 분노와 무력감을 표현한다. 그리고 시대를 아우르는 민중들의 바람 또한 담고 있다. 작품은 전쟁을 치르는 병사들의 간절한 기도로 시작하고 끝맺는다. 특히 '아름다운 것은 더러운 것, 더러운 것은 아름다운 것'이라는 극중의 대사가 여운이 길다. 이는 권력의 소용돌이와 잔혹한 피의 전쟁 속에서 인간적 양심, 자아를 상실해 가는 민초들의 정신적 상태를 은유적으로 표현하고 있다. 이에 반해 권력을 상징하는 등장인물들은 모두 권력의 속성을 적나라하게 드러낸다. 그들은 권력의 전쟁 속에서 살아남고자 끊임없이 고단한 삶을 치열하게 살아간다. 그들의 잔혹함은 맥베스가 레이디 맥베스를 살해함으로서 최고로 극대화된다. 이는 원작과 다른 결말로 이를 통해 위정자들의 죄의식과 자기반성의 의미를 되짚어 보게 한다.

■ 극단 물리(재창작/연출 한태숙) <레이디 맥베스>
　　2010.6.10.~6.20., 아르코예술극장

작품에 대한 설명은 2000년, 2002년, 2008년 편을 참조하기 바라며 참고로 이 작품의 공연연보는 아래와 같다.

1998. 문예회관 소극장(극단 물리 창단 준비극)
1999. 10.2~15, 문예회관 소극장(서울연극제 초청공연)
2000. 5.20~6.18, 예술의전당 자유소극장(예술의전당 제작기획 공연)
2002. 6.8~23, 예술의전당 자유소극장
2002. 5.27~28, 폴란드 토룬극장(콘탁 연극페스티벌 공식초청공연)
2008. 3.21~4.13, 예술의전당 토월극장(예술의전당 개관20주년 기념 최고의 연극시리즈1)
2008. 7.11~13, 중국 동방선봉극장(베이징 올림픽 문화축전 초청)
2010. 5.29~30, 싱가포르 에스플러네이드 대극장(제33회 싱가포르 예술축제-컨벌스아시안)

2010. 6.10~20, 아르코예술극장 소극장

◆ 2010.6.30. 매경 이코노미 고희경의 컬쳐프리즘

… 98년 초연 이래 수백 회의 공연을 거듭해오면서 서주희와 정동환은 맥베스 부부로 한결같이 12년 역사를 호흡해왔다…

던컨 왕을 죽이고 왕좌를 차지하는 일을 주저하는 맥베스 장군에게 레이디 맥베스는 "난 젖을 먹어본 적이 있어요. 그래서 젖을 빠는 아기를 사랑하는 마음이 얼마나 애틋한지 알아요. 난 그것이 웃음 짓고 있을지라도, 이 없는 잇몸에서 젖꼭지를 확 뽑아내고 머리통을 박살냈을 겁니다. 내가 만일 맹세했었더라면"이라고 외치며 살인을 종용한다. 이렇게 자만하던 맥베스 부인이지만 살인 이후 그녀는 밤마다 죽은 자의 환영에 시달리고 뱀처럼 칭칭 조여 오는 밀가루 반죽의 고문에 숨을 헐떡이며 사라진다.

◆ 연극평론가 김미도 서울산업대 교수

오브제의 활용은 12년 동안 점점 더 섬세하고 강렬해졌다. 레이디 맥베스의 악몽에서 목을 휘감고 도는 밀가루 반죽의 커다란 뱀은 이제 그 스스로 레이디 맥베스의 목을 조르며 관객들의 숨통까지 조여온다. 허공에 매달린 커다란 두상에서 코가 잘려나가고 얼굴이 뭉개지고 밀가루가 터져나올 땐, 그 얼굴에 유혈이 낭자하고 뇌가 산산조각 나는 일루젼에 휩싸인다. 관객들마저 레이디 맥베스와 함께 몽유상태에 빠지고 그 잔혹한 고통을 거쳐 치유의 터널을 빠져나온다. 이 신성한 제의를 이끄는 궁중 전의는 신을 향해 모두의 마음에서 '양심'을 꺼내보이는 제사장이기도 한 셈이다.

■ '제6회 여성연출가전' 참가작, 극단 하늘을 꿈꾸는 광대, 비천(연출 염상애)
   <Macbeth, Object-ion!>(맥베스, 오브제-ㄱ션!)
   2010.6.18.~6.27., 키작은 소나무극장

2008년 창단된 극단 하늘을 꿈꾸는 광대, 비천은 여러 장르의 공연예술을 융화시키는 새로운 신체 표현방식을 기반으로 한 극예술을 추구하는 단체로, 연극 뿐 아니라 무용·마술·무술·음악 등 다양한 전문성을 바탕으로 다양한 신체언어를 구사하는 통합적 배우예술을 목표로 하고 있으며, 체계화된 교육과 훈련을 통해 DANCE Theatre, Poetic Magic-Martial Arts Theatre, Rythmic Theatre 등의 레퍼토리를 구축하고 있다.

올해로 여섯 번째를 맞는 여성연출가전은 매년 다른 하나의 주제로 만나는 연극축제이다. 제6회 여성연출가전은 '전쟁'이 주제다. 제6회 여성연출가전 네 번째 작품으로 극단 하늘을 꿈꾸는 광대, 비천이 신체극과 결합한 연극 <맥베스, 오브제-ㄱ션!>을 공연하였다. 이 공연은 여성연출가인 염상애 연출자의 섬세한 시각으로 셰익스피어의 비극 <맥베스>를 텍스트의 시적인 압축, 강력한 청각적 이미지인 발구름, 마술

과 마임, 무술과 곡예, 춤 등으로 보여주는 이 시대의 또 다른 전쟁이야기다. 권력욕과 살인, 예언과 마력 등으로 대변되는 원작에 신체극이라는 실험적 요소를 덧붙인 공연이었다.

극단 하늘을 꿈꾸는 광대, 비천의 대표이기도 한 연출가 염상애는 프랑스 파리3대학 연극과 및 신체표현실기를 수학하였다.

[작품해설]
〈맥베스〉의 이야기는 전쟁에서 시작해서 전쟁으로 마무리된다. 주인공 맥베스는 전쟁에서 큰 공을 세움으로써 영웅이 되고, 또 전쟁을 통해 최후를 맞게 된다. 이 작품은 전쟁 자체를 이야기하고 있지 않다. 그러면서도 우리에게 무엇이 전쟁을 일으키며 왜 종식되지 않는가? 전쟁이라는 것을 통해 얻는 것은 무엇이고, 또 잃는 것은 무엇인가? 등에 대해 많은 질문을 갖게 한다.

마녀들의 말을 듣고 자신이 왕좌를 가질 수 있다고 믿게 된 순간, 맥베스는 가져야만 한다는 강박을 느낀다. 그것을 위해 움직이는 순간부터 그는 더 이상 돌이킬 수 없다. 하지만 가져지지 않는다. 가졌지만 자신의 것이 아니다. 가장 높은 곳에 있지만, 그곳은 늘 위태롭다. 완벽을 기하기 위해 점점 더 많은 일을 하지만 결코 그 일은 완성되지 않는다.

그는 두렵다. 평생 피를 뒤집어쓰고 살았지만, 살인에 이골이 난 그지만 항상 두렵다. 자신을 부정하면서 숲처럼 밀려오는 그 힘 앞에서 그는 헛웃음을 웃지만, 그것은 자신에게 뭔가 또 해야만 한다고, 어차피 죽을 수조차 없다고 그를 떠미는 공포다.

그것은 아마 권력 그리고 정치의 모습일는지도 모른다. 늘 힘은 불균형 상태에 있어야만 세상은 안정된다. 누군가는 이기고 누군가는 져야한다. 누군가는 갖고 누군가는 잃어야 한다. 강한 자는 약한 자를 필요로 한다. 지배자는 피지배자를 필요로 한다. 그러나 그 구조는 온 사방으로 기우뚱거리는 원판 시소처럼 끊임없이 변화하려고 하고, 어느 한쪽엔가는 무게가 실려 바닥에 닿아야만 잠시든 오래든 안정되어 있을 수 있다.

■ '2010 서울연극올림픽' 공식초청작
▣ 극단 미추(작 정의신, 연출 손진책) 〈적도 아래의 맥베스〉
   2010.10.2.~ 10.14., 명동예술극장

연극올림픽의 시작은 1995년 그리스 델포이로 거슬러 올라간다. 초창기 그리스의 테오도로스 텔조폴로스, 미국의 로버트 윌슨, 나이지리아의 월레 소잉카, 일본의 스즈키 다다시 등 세계 연극계의 거장들이 모여 연극올림픽을 구상했고 헌장을 발표한 것. 이후 4년마다 한 번씩 열릴 것을 원칙으로 연극올림픽은 각기 다른 주제를 가지고 연극계에 숙제를 던졌다. 2010년 대한민국 서울연극올림픽은 '사랑과 인류애(LOVE and HUMANITY)'로 그 주제를 선정했다.

극단 미추는 2010 서울연극올림픽에 국내초청작으로 <적도 아래의 맥베스>를 10월 2일부터 14일까지 명동예술극장에서 공연하였다.

한국인 군속의 비극을 그린 연극 <적도 아래의 맥베스>는 한국 연극계를 대표할 만한 극단 미추의 대표이고 연출가인 손진책과 재일극작가 정의신이 합작해서 선보인 작품이다. 이 극의 연출가 손진책은 1947년생으로 서라벌예술대학 연극과 출신으로 1982~1986년 극단민예 대표를 지냈고, 1986년 극단 미추를 창단하였다. 1988년 제24회 한국백상예술대상 연출상 <지킴이>, 1989년 제25회 한국백상예술대상 연출상 <오장군의 발톱>, 1994년 제30회 한국백상예술대상 연출상 <남사당의 하늘>, 2002년 한일 월드컵 개막식 총연출, 2003년 제13회 이해랑 연극상, 2008년 제17대 대통령 취임식 총연출, 2010년 국민훈장 목련장 수훈, 2010~2013년 국립극단 예술감독 등의 이력과 수상경력에서 알 수 있듯이 대한민국 연극계에서는 가장 화려한 연극경력의 소유자이다.

작가 정의신은 일본에서 태어나 1983년 극단 쿠로텐트를 거쳐 1987년 신주쿠양산박(新宿梁山泊) 창립멤버로 참가하여 연극활동을 본격적으로 시작, 1990년에 <천년의 고독>으로 '제17회 테아토르상' 수상하는 등 많은 상을 수상하였고, 2008년에는 <야키니쿠 드래곤>으로 한국연극평론가협회 선정 '올해의 연극 베스트 3' 등을 수상하였다.

작가 정의신은 '이 작품을 역사 속에 잊혀진 이들을 위한 진혼곡'이라고 하였고, 연출가 손진책은 '외면했던 역사 안의 슬픈 존재들'이라고 하였다.

[줄거리]

2010년 여름, 태국 논프라덕역의 플랫폼에서 일본의 한 TV 프로그램 외주 제작사 스태프들이 다큐멘터리 프로그램을 촬영하고 있다. '죽음의 철로'라 불렸던 태국-버마간 태면철도를 배경으로 일본군 포로수용소의 감시원이었던 김춘길의 증언을 녹화하는 것이다. 1942년, 일본군에 의해 시작되어 1년 4개월 만에 완성된 철도는 연합군의 포로와 아시아계 노동자 수 만 명의 생명을 앗아간 피비린내나는 노동으로 건설되었다.

일본군에 징집되어 수용소 감시원이 될 수밖에 없었던 한국인 김춘길은 일본이 전쟁에 패한 직후 싱가포르 창기 형무소로 송환되어 다른 한국인들과 사형선고를 기다리다가 그 중 유일하게 살아남는다. 자신이 살아남은 이유는 한국인 전범들의 이야기를 이 세상에 전달하기 위한 것이라고 믿는 김춘길은 '한국인 전범이 포로를 죽게 내버려두었다'는 결론을 이끌어내려는 제작사 사장 무네타의 의도에도 불구하고 카메라 앞에 선다. 춘길의 비서 요시에는 연출가인 소다의 기획의도가 석연치 않다며 촬영하지 말 것을 제의하지만, 춘길은 동료들의 아픔을 대신 알리기 위해 성심껏 응하기로 한다.

1947년 여름, 김춘길은 전범으로 잡혀 싱가포르 창이 형무소에 수용된다. 이곳은 제2차 세계대전에서 패전한 일본인 전범들을 수용하고 있는 곳으로 춘길은 전범 재판에서 사형선고를 받았으나 가까스로 무죄 사면을 받고 풀려났다가 다시 잡혀 들어와 교수형을 선고받고 수감 중이다. 이곳에는 너덜너덜해진 맥베스 책을 늘 끼고 다니는 박남성과 대일협력자에 전범인 아들 때문에 괴로워할 고향 어머니를 그리워하여 부치지도 못할 편지를 쓰면서 마음의 위로를 삼는 이문평, 명령을 내린 자들은 면죄부를 얻고 그 명령에 따른 군인들만 재판받는 전범 재판에 불만이 가득찬 일본인 쿠로다, 그리고 포로감시소의 간부 야마가타가 함께 수용되어 있다.

춘길은 포로감시원 시절 야마가타 때문에 자신의 친구가 자살을 하게 되고 자신도 사형선고를 받게 되었다며 그를 죽이려 들지만 한국인으로 전범 재판을 받고 있는 자신의 처지를 한탄하며 눈물을 흘린다.

적도의 뜨거운 태양아래에서 그들의 하루하루는 힘겹게 흘러간다. 그러던 어느 날, 박남성과 야마가타에게 사형집행 통지서가 전달되고 박남성은 자신의 아버지가 자신을 구하기 위해 여기저기 탄원서를 내고 있다는 여동생의 편지를 보여주며 며칠만 말미를 달라고 애걸하지만 묵살당한다. 사형 집행 전날 밤, 박남성은 쿠로다와 함께 마지막으로 맥베스를 공연한다. 그냥 있어도 왕이 되었을 맥베스가 왕을 죽인 게 스스로의 선택으로 파멸의 길을 걸었듯이 자신이 사형집행을 받게된 것도 결국은 자신이 선택한 길이라고 생각한다. 쿠로다는 자신이 수많은 아시아인들을 죽였다며 일본 대본영이야말로 진짜 재판을 받아야 할 가장 큰 전범이라고 말한다. 그러자 야마가타는 성스러운 전쟁을 모욕한다며 쿠로다에게 대들지만 쿠로다는 오히려 박남성에게 일본인 대신 처형을 당하는 것이라며 사과한다. 이튿날 박남성과 야마가타의 사형이 집행되고, 남의 나라 전쟁에 자신이 활용된 것에 대해,

명령에 의해 수행한 일로 사형대에 서야 하는 것에 대해 분개하는 춘길에게, 사형선고를 받은 박남성은 이렇게 말한다.

"나도 내가 나를 사형대로 보내는 길을 선택한 거야… "

"선택한 게 아니야"

"선택했어."

"다른 길은 없었어."

"다른 길도 있었을 거야."

반딧불이 여기저기에서 많이 날고 있다.

죽어간 그들의 영혼처럼 저 편에서 춤추고 있다…

■ 미니 씨어터(슬로베니아)(작 하이네 뮐러, 연출 이바짜 뷸란)
　〈맥베스〉 2010.10.9.~10.11. 대학로 예술극장 소극장
서울연극올림픽 자원활동가 김가영 씨가 올린 글의 일부를 게재한다.

이 극은 셰익스피어의 맥베스를 새롭게 구성한 하이네 뮐러의 작품 〈Macbeth after Shakespeare〉를 연극화한 것이다. 개선장군 맥베스가 마녀들의 예언을 듣고 야욕을 키워 스스로 왕위에 오르지만 결국 끌어내려진다는 기본적인 줄거리는 같다. 그러나 이 작품은 6, 70년대 냉전이라는 시대적 상황에 기본을 두었기에 보다 파격적이고 보다 자극적이고 보다 강렬하다고 말할 수 있겠다.

이 작품에서 주목해야 할 것은 완급조절이다. 그들은 거친 야욕과 권력욕의 비참한 결말을 말하고자, 인간의 욕심이 인간을 얼마나 인간을 인간답지 못하게 하느냐를 강렬하게 보여주고자 과감한 묘사를 단행한다.

예를 들면 이 연극의 첫 장면은 전쟁에서 승리하고 돌아오는 맥베스와 뱅코우의 앞에 세 마녀가 등장하여 그들의 미래를 예언하는 장면인데, 여기서 연출은 젊은 남자배우를 등장시켜 그들의 섹스를 신랄하게 표현한다. 극화되고 미화된 섹스가 아니라 삼류 포르노에나 등장할 법한 체위들을 무대 위 한 가득 채워 놓아 관객의 얼굴을 일그러뜨리고 그들의 심장을 움켜쥔다. 그러나 그토록 자극적이고 강렬한 장면 뒤에는 관객들에게 간식거리를 나누어주고 시계를 풀어내리는 등 우스꽝스러운 장면이 기다리고 있다.

이렇듯 관객들을 극 사이사이에 참여시키고 그들과의 벽을 허물어뜨리는 것을 하나의 장면으로 연출함으로써 노린 효과는 무엇일까 "동화(同化)되기" 아니었을까 싶다. 문란한 섹스를 즐기는 그들과, 자신의 권력을 위해 충성을 바친 왕을 살해한 맥베스와, 그런 맥베스를 부추겨 살인을 저지르게 한 맥베스 부인과 그런 그들에게 충성을 맹세한 부하들과, 객석에서 그들을 나오는 무관한 얘기인 듯 바라보는 우리는 실상 똑같은 "인간"이라는 것, 당신도 맥베스가 될 수 있다는 것을 유쾌함 속에서 암시하고 있는 것이다.

이 연극에서 가장 기억에 남는 장면은 맥베스의 나체장면이다. 자신의 지위에 불안감을 느낀 맥베스는 다시 마녀들을 찾아가는데 마녀들은 그에게 예언을 해준 뒤 그의 옷을 모두 벗겨버린다. 위대한 장군이자, 야욕넘치는 왕이었던 맥베스는 실오라기 하나 걸치지 않은 몸으로 자신의 목숨과 자리를 위협하는 것들에 대한 불안감을 광기어린 몸짓을 담아 표현해낸다.

인간은 생리학적 욕구가 충족되면 초자아적 욕구를 꿈꾸기 마련이다. 장군으로서 최고의 지위에 오른 맥베스는 자신의 초자아적 욕구가 모두 실현되었다고 믿었던 그 순간 마녀들에 의해 더 높은 욕구에 눈을 뜨게 된다. 그리고 그를 실현함으로써 그의 생리학적 욕구가 결핍된다. 음식을 토해내고, 잠을 제대로 자지 못하고, 그의 아내를 안을 수 없게 된 것이다. 박스테이프로 만든 왕관을 얻기 위한 권력. 다 떨어진 모피 옷을 입기 위한 욕구. 화려해 보이지만 실상 하잘 것 없는 것이라는 오브제들이 우리 안의 맥베스에게 경고한다. 당신의 야욕이 스스로를 집어삼키고 있지 않느냐고. 어느새 당신의 실체는 없어지고 테이프 왕관과 피묻은 단검만이 남아있지는 않느냐고.

■ 극단 마방진(각색/연출 고선웅) 〈칼로 막베스〉
　　1. 2010.10.27.~10.29., '2010 서울국제공연예술제' 초청작 예술의전당 자유소극장
　　2. 2011.1.20.~2.6., 대학로 예술극장

극단 마방진은 2010년 '제10회 서울국제연극제' 공동제작 작품으로 2010년 10월 27일, 28일, 29일 3간간 예술의전당 자유소극장에서 〈칼로 막베스〉를 공연하였고, 이 작품으로 2011년 1월 '동아연극상' 대상과 연출상(고선웅)의 2관왕 수상의 영광을 누렸다. 고선웅이 각색하고 연출한 〈칼로 막베스〉는 셰익스피어의 비극 〈맥베스〉를 바탕으로 하였으나, 내용은 재창작이나 다름없는 작품이었다. 〈칼로 막베스〉는 과연 셰익스피어의 〈맥베스〉인가? 하는 의문은 있으나, 〈칼로 막베스〉 자체의 공연으로는 일단 성공한 작품공연이라고 할 수 있겠다.

[줄거리]
극이 전개되는 공간은 먼 미래, 구제불능의 악당들과 반동의 혈통을 영원히 격리시키기 위해 경찰 정부가 만든 거대한 수용소 '세렝게티베이'다. 먼 미래의 교도소 세렝게티베이는 강력범들과 무정부주의자들로 넘쳐난다. 세렝게티베이에서 칼은 힘이자 권력이다. 수용소 안에서도 죄수들은 권력 싸움에 혈안이 돼 있다. 왕 대신 보스가 있고, 동서남북 각 지역에는 구역장이 있다. 원작 속 세 명의 마녀 대신 한 명의 맹인술사가 '막베스가 보스가 될 것'이라고 예언한다. 이때부터 권력을 쟁취하기 위한 피비린내나는 싸움이 시작된다. 칼싸움도 현란하다. 15명의 배우 모두가 검객이고, 누구 하나 빠짐없이 온몸을 던져 액션

활극을 펼친다.

〈칼로 막베스〉는 동양적 색채가 강하다. 맹인술사 외에 스님이 등장해 목탁을 두드리며 반야심경을 외운다. 인간의 끝없는 욕망이 한낱 꿈과 같다는 것을 말하며 '색즉시공 공즉시 색(色即是空即是色)'을 외친다.

이 작품에서 욕망의 주체는 막베스와 그의 처다. 막베스의 마음엔 보스의 자리를 향한 야망이 있다. 스스로 살아남아야하는 세렝게티베이에서 보스의 여자라는 위치는 생명을 보장받으며 풍족한 삶을 누릴 수 있는 특권이다. 이 특권을 획득하기 위해 막베스 처는 막베스를 보스가 되도록 부추긴다. 보스와 친구 방커까지도 살해해 막베스는 자신의 힘을 안전하게 지키려한다. 막베스를 부추겨 보스를 살해하게 한 죄책감 때문에 미쳐가는 막베스 처 역은 배우 이명행이 여장을 하고 열연하였다. 정신이 나간 채 계단 위에서 기타를 치며 부르는 노래가 압권이었다. 막베스 역을 맡은 호산은 두 시간 동안 죽자고 칼을 휘둘렀다.

■ 극단 초인(각색/연출 박정의), 〈어느 배우의 슬픈 멜로드라마 맥베스〉 2010.11.12.~12.31., 동숭무대 소극장

극단 초인은 '이번엔 1인극 맥베스로 돌아오다!'라는 명제 아래 〈어느 배우의 슬픈 멜로드라마 맥베스〉를 극단의 대표인 박정의 연출가가 직접 대본을 쓰고 연출을 하여 11월 12일부터 12월 31일까지 동숭무대 소극장에서 공연하였다.

박정의 연출자는 필자가 개인적으로 가장 존경하는 연극인 중 한 분이다. 따라서 필자는 박정의 연출의 모든 연극을 관람하려고 노력한다.

극단 초인은 "올해 6월 국립극장 달오름극장에서 막을 올려 호평을 받은 〈궁극의 절정, 그 전율 맥베스〉가 권력의 그늘에 존재해온 민중의 모습을 한층 부각시키며 단체극으로서의 면모를 한껏 드러내보였다면, 이번에 초연되는 〈어느 배우의 슬픈 멜로드라마, 맥베스〉는 맥베스를 집중적으로 조명하는 1인 극으로서의 특징을 지닌다."고 작품설명을 하였다.

이 작품은 무명 신세를 벗어나지 못하는 여배우인 무명배우가 무대에 올라 자신이 동경하던 스코틀랜드의 영웅 맥베스와 맥베스 부인, 던컨 왕, 마녀 역할 등 1인 다역으로 맥베스 전막을 연기한다는 설정에 따라 극중극 방식으로 진행되었다.

[줄거리]

하늘을 날고 싶어 하는 한 사람이 있다. 그러나 아무리 달려도 그는 땅을 박차고 날아오를 수가 없었다. 그는 여행을 떠난다. 끝없이 펼쳐진 황야에서 그는 반란군을 제압하고 돌아오는 스코틀랜드의 영웅 맥베스와 만난다. 맥베스는 그렇게 무명배우의 가슴 속으로 파고든다.

그는 맥베스를 연기하면서 절실히 갈구하는 만큼 끝없는 좌절감을 맛본다. 그러나 비극적 결말을 내포하고 있는 원작 〈맥베스〉와 달리 이 작품의 마지막은 유래하다. 무명배우는 비로소 도시의 창공을 훨훨 나는 꿈을 꾸며 오랫동안 가슴 속에 품어왔던 맥베스를 끄집어 낸 기쁨에 잠긴다. 평생 동안 꿈꿨지만, 도달할 수 없었던 그의 생애에 있어 최고의 쇼를 펼치고 있기 때문이다.

무명배우는 현실적인 제약 때문에 마음 속 어딘가에 깊숙이 가두어 두었던 욕망의 실타래를 풀어내 한층 풍부하고 다채롭게 태어난 맥베스의 이야기를 새롭게 들려준다.

◆ 2010.12.14. 뉴스테이지 김문선
작품은 무명배우와 영웅의 첫 만남이라는 원작에 없던 설정으로 변해버린 맥베스와 그 부인을 부각하면서 무명배우의 순수함이 없어지는 과정을 적나라하게 보여준다. 무명배우의 사라진 순수함은 관객들에게 맥베스의 악함과 욕망을 더욱 무섭게 느끼도록 만든다. 더불어 무명배우는 결말에서 맥베스를 비극적 인물로 만드는 원작을 또 한 번 뒤튼다. 무명배우는 악마가 된 맥베스를 여전히 영웅으로 생각하며 그를 연기한 것으로 기쁨에 잠긴다.

◆ 2010.11.22. 서울신문
이번 작품은 철저히 군더더기를 버렸다. 다만, 무명 배우 얘기는 너무 짧다. 구구절절 설명할 필요는 없지만 그래도 무명 배우가 어떤 상황인지는 조금 더 던져줄 필요가 있지 않았을까.

지난 버전이 궁중비사와 무관한 민중의 울음을 그려냈다면, 이번 작품은 오히려 그 민중을 겨냥한다. 너도 날고 싶지 않니? 너도 잘 나가고 싶지 않니? 너도 권력을 쥐고 싶지 않니? 너도 맥베스가 되고 싶지 않니? 맥베스 연기를 성공적으로 마무리 지은 무명 배우가 마침내 극 막판에 선보이는 기괴한 웃음은, 지금 우리 시대의 일그러진 자화상이다.

■ 인천시립극단(역 신정옥, 연출 이종훈) 〈맥베스〉
　2010.12.3.~12.12., 인천종합문화예술회관 소극장
1990년 창단된 인천시립극단은 2008년 〈맥베스〉(연출 이종훈), 2011년 〈햄릿〉(연출 이종훈), 2012년 〈오셀로〉(연출 이종훈), 2013년 〈리어왕〉(예술감독 이종훈, 연출 김철리)을 공연함으로써 셰익스피어의 4대 비극을 모두 공연한 극단이다. 이 극을 연출한 극단 예술감독 이종훈은 연출 의도를 다음과 같이 밝혔다.

금년에 2008년에 공연하여 많은 관객들로부터 뜨거운 반응을 불러일으켰던 〈맥베스〉를 재공연한다. 좋은 공연에 대한 갈증을 다소나마 해소하기 위해서다. 2010년의 〈맥베스〉는 2008년보다 더 음험하고 공포와 절망이 소용돌이치는 흉측스럽고 간교한 어둠이 죽음처럼 된 것 같은 느낌을 주기 위한 극적 분위기를 살리는데 주력하였다. 따라서 색조와 음향에

보다 더 신경을 썼다. 아울러 맥베스와 맥베스 부인의 성격 살리기에도 더욱 충실하였음을 밝힌다.

허황된 꿈을 쫓는 사람들에게 주는 맥베스의 강력한 메시지는 우리에게 많은 것을 시사한다. 5막 5장에서 아내가 죽었다는 통보를 들은 맥베스는 "꺼져라 꺼져 짧은 촛불이여(중략) …"라며 삶의 무상함을 내뱉는다. 권력을 잃은 그는 자신이 시간과 자연으로부터 고립된 한낱 걷고 있는 그림자요, 가련한 배우일 뿐이라는 사실을 알고 있다. 결국 그는 모든 것을 잃고 파멸의 구렁텅이로 떨어진다. 인간의 역사가 존재하는 한 맥베스는 늘 우리 곁에 있는 것이다. 신이 우리를 시험하기 위해서…

2011year Macbeth

■ **연희단거리패(연출 알렉산더 젤딘) <맥베스>**
　　1. 2011.2.8.~3.6., '2011 해외연출가 교류전' 초청작품 게릴라극장
　　2. 2011.8.7., '밀양여름공연예술축제' 폐막작
　　3. 2011.8.13., '제23회 거창국제연극제' 폐막작

연희단거리패는 창단 25주년을 맞아 해외 우수 연출가를 초청하고, 바람직한 세계 각국의 연출법 수용과 새로운 연극제작 개발방식을 제시하고자 '2011년 해외연출가 교류전'을 기획하였고, 첫 번째 작품으로 영국 연출가 알렉산더 젤딘을 초청하여 셰익스피어의 <맥베스>를 공연하였다.

영국의 연출가 알렉산더 젤딘(Alexander Zeldin)은 영국 국립극장 스튜디오의 젊은 연출가 발굴작업에서 두각을 나타내고 러시아와 이태리 등 다양한 나라에서 연출가로 활동하고 있으며, 동시에 초청받은 아일랜드 출신의 사말 블랙(Samal Blak)은 무대와 의상 디자인을 담당하였다. 이들은 연희단거리패의 초청으로 내한하였다.

동아일보는 2011년 2월 17일 기사에서 '셰익스피어 4대 비극의 여주인공역을 모두 소화, 그랜드 슬램한 김소희를 맥베스 부인역에 가장 매력적'이라고 하며 다음과 같이 보도하였다.

셰익스피어는 연극배우에겐 언젠가 넘어야 할 큰 봉우리다. 그 중에서도 4대 비극은 히말라야 8,000m 이상 고봉에 비유할만해 배우로서 이 4개 좌(座)를 모두 섭렵하려면 기(技)와 운(運)이 다 맞아야 한다. 중견 여배우 김소희씨(41)가 이 그랜드 슬램 달성에 성공했다. '햄릿'의 어머니 거트루드(1996년)와 약혼녀 오필리아(2001년), '리어왕'의 막내딸 코델리아(2004년), '오셀로'의 아내 데스데모나(2006년)를 거쳤기 때문이다. 2009년 '베니스의 상인'의 여주인공 포샤까지 포함하면 5대 작품 여주인공을 연기한 셈이다. 한국 연기예술학회 회장을 맡고 있는 최정일 중앙대교수는 "국내뿐 아니라 해외에서도 드문 일"이라고 높이 평가하였다.

그렇다면 4대 비극 속의 여주인공들은 어떤 차이를 지닐까. "코델리아는 융통성 없이 고지식한 게 저를 닮아서 제일 편했어요. 거트루드는 여자와 어머니를 함께 담아내야 한다는 점에서 가장 어려웠고요. 오필리아는 가장 자연에 가까운 여성이고 데스데모나는 오히려 고난 속에 자기 정체성을 찾아가는 적극적 여성이죠. 맥베스 부인은 극의 비중도 가장 크고 현대적 여성에 가장 가깝다는 점에서 제일 매력적이죠."

◆ 연극평론가 김미도 서울과기대 교수

말콤의 역할은 어느 공연에서보다 확대되어 있다. 말콤은 맥베스에 의해 부왕의 시해자로 단정되고, 말콤이 맥더프를 시험하는 장면에서는 방탕한 폭군으로 가장하여 위협적인 카리스마를 뿜는다. 뱅코우의 아들과 맥더프의 아들을 아역배우로 등장시킨 점은 이들을 살해하려는 맥베스의 잔인함을 강화시키는 동시에 아이가 없는 맥베스 부부의 입장을 대비시킨다. 과묵하고 사무적인 젊은 여비서는 모든 하인역과 문지기 역할가지 아우른다…

뱅코우가 살해당한 채 한쪽에 누워있는 가운데 맥베스의 파티가 베풀어지면서 뱅코우는 피 묻은 비닐을 머리에 쓰고 바로 망령으로 등장한다. 복잡하게 세팅되었던 기다란 식탁은 맥베스의 난동에 의해 뒤집혀지고 무대는 식탁과 의자와 음식들이 나뒹굴며 온통 난장판이 된다. 그 폐허같은 무대는 곧장 맥베스의 집으로 전환되어 모자가 살해되고, 이어서 마지막에 전쟁터가 된다. 2층에서 목을 매고 자살한 레이디 맥베스의 시신이 그 폐허 위에 노출된다. 현대적 분위기의 작은 거실에서 출발한 이 무대는 관객들의 상상 속에 무대 밖의 다른 공간들을 창출하기도 하면서 끊임없이 새로운 이미지들을 생환했다.

■ 극단 코끼리만보(연출 이영석) <맥베스> 2011.2.11.~11.27., 설치극장 정미소

극단 코끼리만보는 '코끼리처럼 묵직하고 느리게. 그러다 어느 순간, 속도와 무게를 상상의 힘으로 털고, 나는 코끼리처럼'이라는 기치아래 2007년 창단된 공동창작집단이다.

극단 코끼리만보의 <맥베스>는 배우들이 무대 한쪽 벽면에 나란히 붙어 서서

극을 시작한다. 그리고 거꾸로 보기(reverse)라는 컨셉 하에 삶에서 죽음을, 죽음에서 삶을 거꾸로 보고, 무대와 객석을 거꾸로 배치함으로써 죽음으로 달려가는 비극의 주인공이 관객 자신임을 느낄 수 있게 했다. 맥베스의 죽음을 통해 우리의 삶을 돌아본다는 역발상을 드러낸 것이다. 그리고 배우들이 각자 과거형으로 내지르는 독백은 인물들이 저승세계에 있음을 암시한다.

코끼리만보는 몇몇 인물의 등장도 과감히 생략했다. 원작에서는 뱅쿠오의 아들과 맥더프의 아들이 등장한다. 코끼리만보는 뱅쿠오 자손의 출연을 생략하고, 맥더프의 아들은 맥더프 부인의 뱃속에 있는 것으로 대신한다.

■ 2011 '제29회 인천항구연극제' 출품작
극단 미추홀(극/연출 김범수) <맥베스 影(영)>
2011.3.24.~3.25., 인천종합문화예술회관

1981년 창단한 극단 미추홀은 30년 동안 60여 회의 정기공연을 비롯해 기획공연과 워크숍 공연을 정기적으로 무대에 올리며 인천 지역에서 왕성한 창작활동을 하고 있다.

극단 미추홀은 제62회 정기공연으로 다양한 퍼포먼스를 통해 인간의 권력에 대한 욕망과 집착, 그 이면에 숨겨진 허탈함과 무상함을 그린 작품 <맥베스 영>을 공연하였다.

[작품 의도]

셰익스피어의 <맥베스>(Macbeth)를 대하면 권력에 대한 야심과 그 허무함을 느끼게 된다. 이것을 맥락으로 맥베스의 影 그림자 작업이 시작된다.

이번 작업에서는 정통비극의 형식으로 작품 <맥베스>를 대한다기보다는 세상사는 우리들이 이야기 속에서 맥베스를 찾으려고 한다. 그래서 원작에는 없는 프롤로그와 에필로그를 통해 가진 것 없는 자들의 이야기를 즉흥과 놀이, 비언어적 상상을 통해 접근하였고 셰익스피어의 4대 비극 중에 가장 짧다는 작품 <맥베스>를 A4 용지 14페이지 분량의 대본으로 재구성하여 비극이라는 중압감에서 탈피했다.

때로는 수없이 많은 말보다 하나의 강한 이미지가 우리의 뇌를 자극하고 오래도록 기억되기도 한다. 이번 <맥베스>의 표현 양식은 무용과 마임, 다양한 오브제의 사용을 통해 보다 시각적이고 감각적으로 표현되는 장면이 많다.

전투장면에서는 바디퍼그션을 이용한 말발굽소리로 시작해서 다양한 퍼포먼스를 보이고 던컨왕의 살해 장면에선 맥베스 자신의 가슴을 찔러 자기 자신 속에 왕이 되고자 하는 욕망을 방해했던 이성을 제거해 심장을 꺼내보이기도 한다.

■ '제7회 여성연출가전' 「셰익스피어 여장(呂裝)하다」 2011.4.5.~5.5., 선돌극장

우리나라 연극계에 여성의 힘이 대단하다. 2011년 4월 5일부터 5월 15일까지 '제7회 여성연출가전' 행사로 셰익스피어 명작저의 큰 마당으로 선돌극장에서 6가지 작품의 공연을 하였다. 셰익스피어의 4대 비극 <햄릿>(박순원 연출), <리어왕>(황이선 연출), <투인 맥베스>(오승수 연출), 또 하나는 <로미오와 줄리엣>(유림 연출)이다. <오셀로>가 포함되었다면 5대 비극이 될 수 있었다. 그리고 <한여름 밤의 꿈>(홍은영 연출)과 소네트 <검은 여인의 노래>(서미영 연출)가 공연되었는데, 소네트는 좀처럼 공연되지 않은 것이었으니, 이 행사의 특이한 점이라고 할 수 있다. '

이들 작품은 셰익스피어의 작품들의 제목과 내용의 기틀은 유지하였으나, 그들을 차용하여 각색하고 연기하였으니 실질적으로는 창작과 다름없이 재구성한 것이었다. 그러나 6명의 여성연출가의 작품이 셰익스피어 여성연출가전으로 출품되었다는 것은 크게 의의가 있는 일이다.

■ 극단 옆집누나(각색/연출 오승수) <투인 맥베스> 5월 3일~8일

<투인 맥베스>는 맥베스라는 명제이기는 하나, 그 내용은 셰익스피어의 <맥베스>와 전혀 다른 극단 옆집누나의 창작극이다. 극단 '옆집누나'는 지난 2003년에 결성된 젊은 연극집단이다.

[줄거리]
던컨 대신 감옥에 가게 된 맥베스와 뱅쿠오, 길지 않을 거란 약속을 받고 들어갔지만 둘 다 30년형을 받는다. 이에 맥베스 들러리로 들어간 뱅쿠오는 던컨을 밀고한다. 설상가상으로 갇혀있는 교도소로 던컨과 맬콤이 들어온다. 행정상 실수로 한 달간 같은 교도소에서 생활하게 된 그들. 뱅쿠오는 밀고가 밝혀질까 봐 맥베스에게 죄를 뒤집어씌운다. 맥베스는 부인을 보겠다는 일념으로 살아남기 게임을 시작한다. 관연 승자는 누가 될 것인가!

◆ 연극평론가 박정기
오승수는 미모의 여성 연출가다.
…<투인 맥베스>의 폭력 장면과 대결 장면은 윌리엄 셰익스피어의 37개의 작품 전체를 통틀어도 이만한 결투 장면은 없을 정도로 치열하다.
우리나라 교도소 내의 일상처럼 감방의 좌장격인 살인범, 무기수가 다른 수인(囚人)들로부터 예우를 받듯이 맥베스도 장기복역수이기에 좌장행세를 하며, 하급수인에게는 가차 없이 폭력을 행사한다.

맥베스와 뱅쿠오가 한 감방에서 기거를 하고, 잠시 후 던컨과 맬콤까지 입장을 해, 폭력조직의 으뜸격인 던컨과 추종자들이 맥베스를 사지로 보낼 정도로 폭력을 구사하고, 뱅쿠오를 비롯한 감방동료들마저 맥베스에게 등을 돌리고, 던컨 편에 가세하여 맥베스에게 집단폭력도 마다하지 않는다. 다만 착한 인상의 수인 혼자만 헌신적으로 맥베스에게 동정을 베푼다.

끊임없는 폭력에 견디다 못한 맥베스가 던컨에게 도전하지만 중과부적(衆寡不敵)으로 참패한다.

대단원에서 생사초극(生死超克)의 의지로 맥베스는 던컨에게 결전을 벌이고, 맥베스는 승리를 거두지만, 결투 중 찔린 단검에 의해 맥베스도 목숨이 끊어진다.

■ 극단 초인(공동번역 신정옥·박정의, 각색/연출 박정의)
<독고다이 원맨쇼 맥베스> 2011.5.7.~6.19., 대학로 예술극장

이 작품은 필자인 신정옥과 극단 초인의 대표인 박정의가 공동번역 하였고 박정의가 각색하고 연출하였다. 이 작품은 2010년에 공연된 <어느 배우의 슬픈 멜로드라마 맥베스>와 내용이 동일하다.

필자는 무명배우 역의 이상희의 연기를 보았다. 그녀의 연기에 감탄했고 <독고다이 원맨쇼 맥베스>에 감탄하였다. 후일에 기억을 되살리기 위해 다음과 같이 관극한 소감을 적어두었다.

초인은 무명배우의 극단이다. 무명배우의 독무대다. 다만 광대가 몇 번 들락날락하면서 여러 사람의 역할을 연기하며 독무대를 돕는다. 배우 이상희가 주인공이다. 혼자서 셰익스피어의 <맥베스> 전체를 연기한다. 공연의 시작은 발짓으로 한다. 그리고 손짓으로 한다. 마임의 전주곡이다. 무대는 크고 흰 벽면과 네모난 받침대 다섯 개가 전부다. 소품은 굵은 밧줄, 손가락으로 놀아나는 손에 쌓인 인형주머니가 전부다. 아니, 또 하나가 있으니 광대다. 광대는 광대 화장만 진하게 했지, 무표정이다. 무표정이니까 한 사람이 아니고 누구든지 다 감당할 수 있다. 소품일 수도, 연기자일 수도, 무대장치가 될 수 있는 몇 가지 요소는 독무대를 다인(多人)극으로 만든다. 우선 주연자의 동작과 표정이다. 표정은 삼라만상(森羅萬象)으로 변하는데, 깊이가 있다. 표정은 얼굴과 몸짓의 합작품이다. 그런데 어찌하여 무명배우라고 하였을까? 필자는 겸손하려고 애쓰고 있다. 이 작품의 공역자로 되어 있으나 극에서는 몇 마디 대사가 있을 뿐, 마임의 극이다. 그 몇 마디를 필자의 번역에서 따왔으니 공동번역자라는 것도 무색하다. 그래서 초인의 대표이자 연출가인 박정의는 극히 겸손하다. 극단까지 겸손하게 운영한다. 그러니 그렇게 훌륭한 배우를 무명배우라고 연기시킨 것이다. 박정의는 필자와 같은 영여영문학과 출신이다. 프로그램에서 보면 영문학도의 기상과 진지함이 엿보인다. 영어로 병기된 프로그램 브로셔는 어느 외국인이 보아도 이 공연의 뜻을 이해하고 남을 것이다.

또 하나의 다인극으로 만드는 것이 있으니 영상이다. 흰 벽면에 비치는 영상화된 인물은 열 명이 될 수 도 있고, 백 명이 될 수도 있고, 천 명이 될 수도 있다. 즐거울 때는 영화 〈사랑은 비를 타고〉(Singin' in the Rain)의 진 켈리(Gene Kelly)가 비를 맞으며 춤추고 노래하는 장면으로 대신한다. 맥베스가 왕위를 찬탈하고 치국하는 장면은 서울시내의 영상이고 밤의 서울야경은 아마도 비, 눈물 안 가리는 암흑세계의 표시일 것이다. 희로애락(喜怒哀樂)의 순간은 다섯 개의 받침대에 뛰어오르고 뛰어내리는 것으로는 일인 무대를 크게 활성화하였다.

죽음은 죽이거나 죽거나 굵은 밧줄로 마감한다. 세상의 냉혹함을 알고 죽게 되는 맥베스도 비참하고 허망하다. 누구나 맥베스처럼 억지로 힘을 부리다 억지로 사라질 것이다.

셰익스피어극은 전통극이 있고, 변용이나 개작된 작품도 허다하다. 셰익스피어의 〈햄릿〉을 장 샤르망이 〈햄릿 다시 태어나다〉로, 〈오셀로〉가 송성한의 〈몇일 후 며칠 후〉로 개작되어, 죽은 후의 햄릿과 오셀로의 세계가 펼쳐진다. 〈맥베스〉는 박정의의 독고다이 원맨쇼가 되었다. 혼자서 〈맥베스〉극 전체를 펴나가는 것이니 변용치고도 창작이라 할 개작일 것이다. 그래도 셰익스피어의 〈맥베스〉 전통이 그대로 내포되어 있다.

이러한 변용이 〈맥베스〉 외에도 4대 비극인 〈햄릿〉, 〈오셀로〉, 〈리어 왕〉이 이와 같이 되는 것을 보고 싶다. 박정의의 개작과 연출은 분명 하나의 커다란 셰익스피어극 변용의 기록으로 남을 것이다.

■ 하늘을 꿈꾸는 광대, 비천(연출/안무 염상애) 〈맥베스 ; 魅惑(매혹)〉
2011.6.1.~6.5., 구로아트밸리 예술극장

2008년에 창단된 극단 비천은 몇 가지 특징이 있다. 우선 극단 이름을 '하늘을 꿈꾸는 광대, 비천'이라고 하였다. 광대는 어릿광대라고도 하며, 엉뚱한 짓을 하는 것이 광대이다. 광대 같지만 광대의 언행에는 광대다운 철학이 깔려 있다. 하늘을 꿈꾼다고 하였으니 엉뚱한 연극을 하려는 극단일 것이다. 비천은 연극을 하는 극단인데, 무용, 미술, 무술, 음악 등 다양한 전문성을 바탕으로 다원적인 신체언어를 구사하는 통합적 배우예술을 목표로 하고 있다. '비천'은 한문으로 '飛天'이다. 이 극단은 2008년에 〈치우비천기〉를 시연한 바 있는데, 이 작품은 전쟁의 신, 군신이자 배달국의 14대 천왕(B.C. 2707~B.C. 2598, 189년간)이었다고 전해지는 치우(자오지)천왕의 이야기와 비천도에 등장하는 비천선녀의 이야기를 크로스한 것이며, '비천'이라는 극단명의 근거를 짐작하게 한다.

　우리나라는 프랑스 유학파와 현지에서 활동하는 이가 많이 있으며, 특히 미술계
는 그들이 태반을 차지한다. 그러나 프랑스에서 학문을 하면서 현지에서 활약을
하였으며, 우리나라에 돌아와서 연극단체인 극단을 창단하고 대표로 있는 여성을
자못 찾아볼 수 없다. 극단 비천의 대표이고 연출과 안무를 하고 있는 염상애가
바로 그런 사람이다. 그녀는 Université de la Sorbonne Nouvelle(Paris Ⅲ 대학)
연극과 L3 과정을 수학하였고, 안무그룹과 현대무용축제 등에서 활동하였다.

　극단 비천이 2008년 7월 한양대 에리카 캠퍼스에서 염상애 안무/연출로 창단작
으로 초연하였던 <맥베스: 魅惑(매혹)>을 2011년 6월 1일부터 5일까지 구로 아트밸
리 예술극장에서 공연하였다. 비천은 2010년 '제6회 여성연출가전' 참가작으로
<Macbeth, Object-ion!>을 무대에 올린 적이 있다.

　<맥베스>는 전쟁으로 시작하고 전쟁으로 마감하고, 마녀의 예언이 극을 지배하
며, 죽음과 죽음의 피의 비극이다. 극단 비천은 권력욕과 살인, 예언과 마력 등으로
대변되어지는 셰익스피어의 비극 <Macbeth>에 '魅惑(매혹)'이라는 이질적일 수도
있는 단어를 붙였으며, 작품에 지배적으로 흐르는 피의 이미지에 그 빛깔을 닮은
양귀비를 얹어 놓았다.

　■ 아츠플레이 本(연출 박지연) <맥베스, 1시간 27분>
　　1. 2011.7.26.~7.31., '셰익스피어와 광대들' 페스티벌 참가작 우석레퍼토리극장

2. 2011.8.18~9.10., '아티스탄 신작개발 프로젝트' 선정작 대학로 아티스탄홀

'셰익스피어와 광대들' 페스티벌에 참가한 세 편의 셰익스피어 작품들이 7월 12일부터 31일까지 대학로 우석레퍼토리 극장에서 공연되었다.

1. 7월 12일~17일, 예술집단 페테 〈어폰 오셀로〉
2. 7월 19일~24일, 창작 공동체 아르케 〈햄릿 스캔들〉
3. 7월 26일~31일, 아츠플레이 本 〈맥베스, 1시간 27분〉

아츠플레이 본의 〈맥베스, 1시간 27분〉은 배우들이 극의 인물로 바뀌는 분장실을 노출하고 배우가 인물이 되는 역창조의 순간을 바라봄으로써 공연화되는 과정을 통해 배우와 역할간의 간극차를 좁히며 무대 위의 배우와 공연 안의 인물에 대한 고민을 던지는 작품으로 재구성되었다.

◆ 뉴스컬쳐 안주형 기자

깜깜한 무대, 무대에 오르기 전에 여섯 명의 배우가 호흡을 가다듬고 있다. 공연이 시작되자 그들이 중앙무대로 나온다. 중앙무대에서는 연극을 보여준다. 그 옆에 있는 공간은 분장실이다. 연극 〈맥베스, 1시간 27분〉은 독특한 무대 설정이 돋보인다.

배우들은 중앙무대에서만 벗어나면 거울이나 대본 보기, 소품 챙기기 등 각자가 할 일을 했다. 맥베스의 꿈에 나타난 마녀들의 외침, 동물들의 소리, 말발굽소리까지 작품 속에 등장하는 음향도 분장실에 있는 배우들의 몫이다. 실제로 분장실에서 옷을 갈아입기도 한다.

중앙무대 배경으로는 공연 후반에 나오는 맥베스 왕의 의자가 전부다. 텅 빈 무대 역시 전부 배우들의 몫이다. 그들은 다양한 색깔의 연기로 무대를 채워간다. 특히 맥베스가 자신의 사촌을 죽였다는 죄책감에 의해 미치광이로 변해 갈 때 그들의 연기도 절정을 이룬다.

이 작품은 끝까지 대담할 것이라고 생각했던 맥베스 부인이 마지막엔 손에서 피비린내가 씻기지 않는다며 환상을 보고 자살하는 장면을 통해 욕망의 최후를 보여준다. "심상치 않은 악행은 심상치 않은 고민을 낳는 것" 이들의 악행은 인간의 욕망에서 비롯된 것으로 결국 맥베스와 맥베스 부인은 비극의 죽음을 맞이한다.

연극 〈맥베스, 1시간 27분〉은 맥베스 속 인물로 분한 배우들의 모습을 담으려고 애썼다. 분장실을 무대 뒤가 아닌 앞에서 보여주고 모두 군인 복장을 하고 연기했다. 인물을 표현하기 위해서도 소품 만을 활용했다. 그러나 캐릭터의 성격을 모두 담아내기엔 좀 약했던 것 같다..

무대 역시 굉장히 독특했지만 무대 위의 배우들이 너무 노출되어 있어 산만하다는 느낌이 들어 아쉽다. 배우들을 작품의 인물이 아닌 배우 그 자체로 표현하려 했던 시도는 좋았으나 좀 더 타이트한 무대를 보여줬다면 스토리의 감동이 더욱 오래가지 않았을까.

■ 포항시립극단(역 신정옥, 연출 김삼일) <맥베스>
2011.8.24.~9.8., 포항시립중앙아트홀

1983년에 창단된 포항시립극단은 우리나라에서 가장 오래된 시립극단으로 김삼일 연출가는 2010년 <햄릿>, 2011년 <오셀로>와 <리어왕> 그리고 이번 <맥베스> 공연으로 셰익스피어 4대 비극 공연을 모두 연출한 연극인으로 기록될 것이다. 포항시립연극단의 공연은 원전에 충실하다.

<맥베스>에서 극의 주도자는 세 마녀이다. 이들의 예언이 맥베스를 왕권을 위해 던컨 왕을 시해하고 왕이 되고 고민과 살인을 계속하다가 결국 아내가 몽유병에 시달리다 죽고 자기도 세 마녀의 예언대로 버남의 숲이 다가오고, 여자가 낳지 않고 배를 가르고 나온 맥더프의 칼로 죽게 된다. 세 마녀가 없었다면, 그들의 예언이 없었다면 <맥베스>라는 비극도 없었을 것이다. 마녀가 극을 주도한 셈이다. 그러나 극의 내용은 맥베스와 그 부인이 던컨 왕을 죽인 후 왕좌를 차지하였으나 양심을 짓누른 욕망이 얼마나 괴로운 지, 연달아 사람을 죽이고 자기 비판에 골몰하고 고민하는 지를 보여주는 비극이 <맥베스>이다.

포항시립연극단의 공연에서 돋보이는 장면은 레이디 맥베스의 의상을 이용한 죄의식의 표현과 맥더프 장군과의 결투장면이다. <맥베스> 5막 1장에서 레이디 맥베스는 죄의식 때문에 몽유병에 시달리며 그녀의 손에 묻은 던컨 왕의 피가 사라지지 않는다며 괴로워한다. 레이디 맥베스가 입고 나온 붉은색 드레스는 무대 밖까지 이어진 매우 긴 붉은색 천으로 연결되어 있다. 레이디 맥베스는 대사를 하면서 이 붉은 천을 잡아당기고, 자신의 몸을 감싸기도 한다. 환영을 향해 휘두르기도 한다. 마치 과거로부터 이어져 끊임없이 그녀를 따라다니는 죄의식과 그녀의 무의식에 뿌리 깊이 자리 잡고 있는 던컨왕의 씻을 수 없는 피를 형상화한 듯한 탁월한 장면이다. 맥베스와 맥더프가 싸우는 <맥베스>의 마지막 장면에서는 마녀들의 두 번째 예언을 상기하며 "버남 숲이 던시네인까지 다가왔고 여자가 낳지 않은 네놈과 맞선다 해도 난 끝까지 싸우겠다."는 맥베스의 대사를 할 때, 지금까지 거의 비어있던 무대에 거대하고 육중한 버남 숲이 나타나고 점점 맥베스를 향해 다가온다. 맥베스는 맥더프와 이 숲에서 결투를 하고 결국 죽음을 당한다. 그것은 마녀가 맥베스

자신의 욕망의 투영물이건 혹은 모든 악행을 종용한 실체적 존재이든 상관없이 마녀들의 예언에 의해 욕망의 시발점이 되었고, 마녀들의 예언을 쫓아간 맥베스의 양심을 짓누른 욕망의 결과가 어떤 것인가를 보여준 상징적 의미를 더하였다.

■ '2011 서울국제공연예술제' 서울아트마켓 팸스 초이스 선정작
　극공작소 마방진(각색/연출 고선웅) <칼로 막베스>
　2011.10.12., 대학로 예술극장 소극장

　2010년 '제10회 서울국제공연예술제(SPAF)'와 극공작소 마방진이 공동 제작하여 2010년 10월 27일부터 29일까지 예술의전당 자유소극장에서 '제10회 서울국제공연예술제' 참가작으로 초연하여 '동아연극상' 대상과 연출상을 수상하였고, 창단 5주년 기념으로 2011년 1월 20일부터 2월 6일까지 대학로 예술극장 소극장에서 앵콜 공연하였던 <칼로 막베스>가 2011년 '제11회 서울국제공연예술제'에서 서울아트마켓의 팸스 초이스에 선정되어 SPAF-PSAM 협력공연으로 2011년 10월 12일 대학로 예술극장에서 공연되었다.
　권력쟁취 과정에서 방해된다면 누구라고 칼로 막 베어버린다고 해서 붙여진 연극 제목이 <칼로 막베스>이다. 극의 줄거리는 2010년 편에 소개된 내용을 참조하기 바라며 다음은 극단의 작품 설명이다.

◉ 무협액션극, 〈칼로 막베스〉

〈칼로 막베스〉는 셰익스피어의 〈맥베스〉를 원작으로 한 무협액션극이다. 마녀들은 맹인술사로 바꾸고 그녀에 대별되는 노승을 등장시켜 한국적 정서를 가미하였다. 끊임없이 유머와 슬랩스틱을 섞어 〈맥베스〉의 무거운 느낌을 상쇄하였지만 진지한 비극성은 그대로 유지시켰다. 에너지와 다이나믹한 역동성의 칼싸움이 〈칼로 막베스〉의 강점이다.

◉ 폭력의 충돌, 〈칼로 막베스〉

먼 미래. 범죄자들이 수용된 세렝게티베이에서는 칼을 들지 않고서는 살아갈 수가 없다. 위협에 대비하지 않는다면 당할 것이다. …〈칼로 막베스〉는 대부분의 폭력들을 재현하기로 했다. 연출가는 노르웨이(스웜프독)와의 전쟁, 코오다 영주의 처형, 잠든 던컨을 죽이는 행위나 자객을 보내 뱅쿠오를 죽이는 장면을 과장한다. 그래서 야생의 싸움판처럼 무력적으로 충돌하게 만들었다. 그를 통해 헤게모니를 쥐기 위해 끊임없이 달려가는 한 인간의 야심이 얼마나 천박하고 격조 없는가를 표현하고자 했다.

◉ 미래와 원시의 공존, 〈칼로 막베스〉

배경은 미래여도 원시성과 공존한다. 배경을 바꾸어 각색한 이유는 봉건영주 시대의 쿠데타를 소재로 한 기존의 맥베스가 이 시대의 담론으로 다소 진부한 감이 있고 시각적인 미장센을 만들 때 너무 이국적이어서 생경하며 동양적인 액션의 소재를 담아내기에 곤란했기 때문이다.

2012year Macbeth

■ 2012 '제33회 서울연극제' 자유참가작, 극단 후암(역 신정옥, 각색/연출 차현석)
    〈맥베스 미디어 콤플렉스〉 2012.4.18~4.27., 대학로 스타시티극장 TM스테이지

2001년 창단된 극단 후암이 2012년 '제33회 서울연극제' 자유참가작으로 셰익스피어작 〈맥베스〉를 〈맥베스 미디어 콤플렉스〉라는 명제로 공연하였다.

극단 후암의 대표인 차현석은 분명히 연극인이다. 그런데 아직 젊은이나 대학에서 연극을 가르치는 교수이고 작가적 재능이 있으며 고전을 신시대로, 무대를 오늘로 변모시킨다. 각색이 그러하고 연출도 그러하다. 공연장소 스타시티 TM스테이지도 극단 후암의 무대이다.

◆ 연극평론가 박정기

이 연극은 맥베스와 뱅쿠오를 스코틀랜드의 한 방송국의 특파원으로 설정하고, 중동지역의 한 국가의 내전을 취재하기 위해 들어가, 죽음을 불사하고 취재에 성공하자, 세계 각국의 방송이나 언론사에서 이를 대서특필하고, 맥베스를 영웅시한다. 그리고 각종 미디어 매체나 뉴스에서는 맥베스가 차기 귀국한 방송국의 사장이 될 것이라는 예언 같은 보도를 한다. 귀국한 맥베스와 뱅쿠오는 던컨사장의 환영과 함께 보도국장으로 임명된다. 그 자리에서 던컨은 자신의 아들 맬콤을 차기 사장으로 지명한다.

맥베스는 던컨의 뜻에 따르는 듯 싶지만, 미디어 매체의 예언대로라면 방송국의 사장자리에는 자신이 앉아야 한다는 생각을 하게 된다. 게다가 맥베스를 분신처럼 따라다니는 호모섹슈얼 게이(homosexual gay)의 설득으로 맥베스는 던컨을 처치하고 사장자리에 오르겠다는 결심을 한다. 환영 파티 날 저녁, 맥베스와 호모섹슈얼 게이는 휘발유통을 가져다 화장실에 뿌려놓는다. 드디어 던컨이 등장해 화장실로 들어가고, 게이의 강력한 부추김으로 맥베스는 화장실에 라이터를 켜서 집어던진다. 던컨은 "불이야!"하는 외침과 함께 화장실 출입문을 열라고 두드리지만, 한 번 닫힌 문이 어찌 열릴 리가 있겠는가?

곧바로 던컨의 죽음이 긴급 뉴스로 보도되고, 맥베스는 원하던 사장자리에 앉는다. 맬콤은 자신의 자리에 맥베스가 앉으니, 잠시 행방을 감춘다.

사장의 죽음에 의혹을 품은 장군 맥더프 만이 화재 원인규명에 힘을 써, 움켜쥔 사장의 손에서 라이터를 찾아낸다. 맥더프는 던컨의 죽음이 사고사나 자살이 아닌 타살로 간주하고, 맥베스를 의심하기 시작한다. 맬콤과 맥더프는 사막의 군대를 소집해 맥베스를 공격하겠다는 결심을 한다. 그러나 맥베스는 여자의 몸에서 태어난 자에게는 죽지 않는다는 예언을 신념처럼 떠받들고 느긋한 모습을 보인다.

대단원에서 맥더프는 자신은 태어나기 한 달 전에 어머니의 배를 가르고 나왔다며, 맥베스에게 제왕절개수술로 태어났음을 밝힌다. 사태가 그릇되었음을 깨달은 맥베스는 호모섹슈얼 게이와 엎치락뒤치락 하며 싸우던 뱅쿠오가 총에 맞아 절명하자, 호모섹슈얼 게이를 피스톨로 사살한다. 그리고 자신도 역시 머리에 총을 쏘아 자살로 생을 마감한다.

■ 극단 원형무대(각색/연출 홍인표) <맥베스, 그리고 세 마녀>

　1. 2012.6.22.~6.24., 꿈꾸는 공작소

　2. 2012.10.23.~10.28.,'제11회 오프 대학로연극제' 참가작 대학로 청운예술극장

2000년 동국대학교 연극영화과 대학원생들과 러시아 연극유학생들을 중심으로 창단된 극단 원형무대는 2010년 5월 '제31회 서울연극제'「미래야 솟아라」 공식참가작으로 아르코 예술극장에서 공연되었던 <세 마녀 이야기>를 2012년 <맥베스 그리고 세 마녀>라는 제목으로 공연하였다.

　연출자 홍인표는 1966년생으로 성균관대학교 금속공학과를 졸업하고 동국대학교 연극영화학과 대학원 연출과 졸업을 하였으며, 극단 원형무대 대표 겸 상임연출이다. 2000년 창단 공연으로 <리어왕>을 발표하며 극단 원형무대를 창단했고 2001년에는 삼선교에 원형무대 소극장을 개관하여 '러시아연기 워크샵', '비포장연극제', '오프대학로 연극제'등을 주최하고 참가하고 있다.

　작품에 대한 설명은 2010년 편을 참조하기 바란다.

■ 2012년 '제12회 밀양여름축제' 「젊은 연출가전」 출품작
　극단 해를 보는 마음(연출 김종식·황준형)
　<두드려라, 맥베스!> 2012.7.28.~7.29., 우리동네극장

　밀양연극촌은 1999년 개관해 2001년부터 '밀양여름공연예술축제'를 개최하여 2012년 12회째를 맞고 있으며 연극인 손숙씨가 이사장을 맡고 있으며 연희단거리패를 창단한 이윤택씨가 예술감독을 맡고 있다.

　특별기획주간 첫 번째는 이윤택 감독이 국립극장 예술감독시절 운영했던 '셰익스피어 작품극'으로 여기에는 2012년 콜롬비아 이베로 아메리카노 축제에서 전회 기립박수를 받은 연희단거리패의 <햄릿>, 2012년 동아 연극상 신인 연출상 수상작인 윤시중 연출의 <타이터스 앤드로니커스>, <로미오와 줄리엣>을 로맨틱 코미디로 각색한 뮤지컬 <로미오를 사랑한 줄리엣의 하녀>, 숲의 극장을 배경으로 한 <한여름

밤의 꿈> 등, 다양한 셰익스피어 작품들이 공연되었다.

젊은 연출가전에서는 셰익스피어의 <맥베스>를 우리 전통의 소리와 가락, 그리고 움직임으로 표현한 극단 해를 보는 마음의 <두드려라, 맥베스!>, 무대 공간의 영역을 외부로까지 확장하면서 신체 표현의 다양성과 극대화를 시도한 공연제작센터의 <한 여름 밤의 꿈>, 햄릿의 고뇌와 갈등, 그리고 오필리아의 죽음을 현대 자본주의와 미디어의 폭력으로 환유한 극단 창작공동체 아르케의 <햄릿 스캔들>, 계명대학교의 <뮤지컬 햄릿> 등이 공연되었다.

극단 해를 보는 마음은 극동대 연극과 졸업생들을 주축으로 2001년 결성되었으며, 그동안 워크숍과 연극제에서만 공연했다.

2012년 '제12회 밀양여름축제'에서는 유독 셰익스피어극 공연이 많았다. 따라서 이번 편에서는 '제12회 밀양여름축제'에 대하여 주로 글을 쓴 것이고, 극단 해를 보는 마음의 <두드려라 맥베스!> 공연내용에 대하여는 2013년 7월 24일부터 28일까지 대학로 알과핵 소극장에서 공연된 내용을 참조하기 바란다.

■ '2012 예술공간 서울 개관기획공연시리즈'
  극단 소금창고(연출 이자순) <샤우팅 맥베스>
  2012.10.18.~11.4., 예술공간 서울

서울연극협회는 협회가 직접 운영하는 극장으로 구 마방진 극단의 공간을 리모델링하여 탈 자본의 새거점 예술공간 서울을 만들었다. 협회가 직접 운영하는 또 다른 극장 정미소와는 달리 예술과 실험, 혹은 예술성을 주제로 표방하였다.

극단 소금창고는 2006년 6월에 창단되었으며, <샤우팅 맥베스!>는 2012년 6월 '마이크로 셰익스피어 전'에서 초연을 선보인 후 업그레이드 과정을 거쳐 2012년 가을 예술극장에서 다시 선보인 것이다.

<샤우팅 맥베스!(Shouting Macbeth!)>는 맥베스가 외친다는 뜻인데 그 속셈은 연극을 보는 사람만이 알 수 있다. 이 연극은 실제 클럽처럼 무대와 객석의 경계를 없애고 DJ의 음악에 맞춰 배우와 관객이 함께 춤추고 소리 지르면서, 미쳐가는 맥베스를 보며 마지막엔 '샤우팅' 시간이 마련돼 다 함께 소리 지르면서 막이 내리기 때문이다. 금·토·일을 '클럽 데이'로 지정하여 관객에게 맥주를 제공하는 이벤트를 벌이기도 하였다.

[줄거리]

심장을 두드리는 클럽의 밤으로 잠들지 못하는 인간들이 모인다. 그리고 신과 유혹과 운명을 건 게임을 시작한다. 탐욕의 유혹과 운명의 실험에 올라선 인간들은 누구나 흔들리기 시작한다.

영웅으로 추대되면서 실험대에 서는 맥베스를 중심으로, 사랑이라는 이름으로 운명의 회오리에 휘말리는 그녀, 권력에 대한 질투로 흔들리는 친구, 권력의 힘을 두려워함으로써 생존할 줄 아는 자, 권력이라는 칼날 위에 불안하게 서 있는 자 등 각기 다른 위치에서, 다른 입장으로 탐욕의 유혹과 운명에 실험에 임하면서 그들의 밤은 잠들지 못한다. 그리고 그들이 선택한 'Shouting!'은 자기 연민이 되고, 자기 분노가 되고, 두려움과 불안이 되어 신이 제안한 운명의 게임을 거부하고 그들 스스로를 위로하는 하나의 파티를 만들게 된다. 그들의 파티는 객석과 함께하는 'Shouting!'으로 더 이상의 비극을 막기 위한 축제의 장이 되어간다.

함께 소리 질러라! 분노하라!

인간의 비극적 운명을 거부하는 오늘의 한바탕 축제가 우리 스스로를.

■ **극단 초인(공동번역 신정옥·박정의, 각색/연출 박정의)**
  <독고다이 원맨쇼 맥베스> 2012.11.14.~12.2., 대학로 알과핵 소극장

이 작품은 2010년 <어느 배우의 슬픈 멜로드라마 맥베스>와 2011년 <독고다이 원맨쇼 맥베스>라는 제명으로 공연되었던 작품이다. 작품에 대한 내용은 2010년과 2011년 편을 참조하기 바란다.

◆ 연극평론가 박정기

독고다이(特攻隊)는 몸을 사리지 않고 적진으로 뛰어드는 용사를 의미한다. 가미가제(神風) 독고다이로 잘 알려져 있는데, 이차대전 말 일본이 일함 일침(一艦一沈)의 자살폭격비행대(自殺爆擊飛行隊)를 전쟁에 배치했는데, 나라를 위해 가미가제 독고다이에 자원입대하는 젊은이들이 부지기수였다. 요즘 이슬람 국가에서의 자폭테러단과 흡사하지만 〈가미가제 독고다이〉는 폭탄형태의 비행물체에 몸을 싣고 날아서 목표지점인 적의 전함에 도달해 장렬하게 자폭 전사하는 인간폭탄이었다.

2013year Macbeth

■ 세타가야 퍼블릭시어터(각색/연출 노무라 만사이) <맥베스>
　2013.3·15 .~3.17., 명동예술극장

©Jun ISHIKAWA, produced by Setagaya Public Theatre 2013

　　일본 공공극장인 세타가야 퍼블릭시어터와 이 극단의 예술감독겸 영화 '음양사
(陰陽師)'의 주인공으로 우리에게 잘 알려진 배우인 노무라 만사이가 셰익스피어의
<맥베스>에 일본 4대 전통 연희중의 하나인 노(能 : 신화나 설화를 소재로 하는
가무극으로 의식하된 의상과 가면을 사용한다.)와 교겐(狂言 : 일상생활의 사건을
대화와 몸짓으로 표현하여 희극성을 강화한다.)을 접목시켜 과감하게 각색하고 연출
한 일본 스타일의 <맥베스>가 2013년 3월 15일부터 17일까지 명동예술극장에서
공연되었다.

　　노무라 만사이가 각색하고 연출하고 주연인 맥베스를 맡아 열연하였던 <맥베스>
는 불교적인 색채가 강하다. 극은 맥베스가 등장하는 봄, 왕이 되는 여름, 죄의식으로
고통 받는 가을, 죽어서 무덤에 묻히는 겨울의 구조로 되어 있다. 즉, 봄·여름·가을·겨
울 4계절의 순환이미지를 입히면서 삶과 죽음의 순환을 중첩시킨다. 눈으로 상상되
는 흰색 바탕의 대형 천이 죽은 맥베스의 몸을 덮고 있는 가운데 마녀들이 천위에

꽃을 꼽는 장면에서 겨울이 지나면 다시 봄이 온다는 것을 암시한다는 것을 연상할 수 있다.

노무라 만사이의 <맥베스>는 문명비판적인 의미의 쓰레기와 인간쓰레기의 상을 담아냈다. 그런 이미지를 부가시키기 위하여 공연은 무대 천장과 양 옆에서 쓰레기를 담은 대형 검은 색 비닐봉지가 떨어지고 던져지고, 그 쓰레기 봉지를 뜯어내고 세 마녀가 등장하면서 시작된다. 노무라 만사이의 <맥베스>는 자연에 반하는 것은 모두 쓰레기라는 문명비판의식이 확실하게 깔린 작품으로, "나 맥더프는 죽은 여자의 배를 가르고 나온 자가 아니다. 죽은 여자는 인간이 아니다. 쓰레기다. 고로 난 쓰레기에서 태어났다."고 말하면서 인간쓰레기인 맥베스를 처치한다.

맥베스가 맥더프의 성을 치는 장면에서 노 무대를 상징했던 바닥천을 양 옆에서 막대에 걸고 맥베스의 수신호를 따라 걸어 올리면 그 천 뒷면이 펄럭이며 커다랗게 부풀어 오르는데 그 천 무늬가 진짜로 맥더프의 성에 화살비가 날아드는 것 같은 착각을 불러일으킬 정도로 실감나는 장면이 연출되었고 그 천이 무대 뒤로 사라지면 어느 새 맥베스의 손에는 맥더프의 아내와 아이의 머리가 들려있다.

왕좌가 되기도 하고, 성이 되기도 하던 무대 장치가 관이 되어 맥베스의 처를 안치하며 무대를 떠난다. 하염없이 슬퍼하며 늙어버린 맥베스에게 결코 일어나지 않을 것이라 생각했던 버남의 숲이 다가온다. 만사이는 여기서도 걸개천에 그려진 원근법을 적용한 나무 그림이 차례로 떠오르면서 정말로 숲이 다가오는 것처럼 느끼게 만든다. 그리고 그 천은 다시 눈보라와 만나서 맥베스의 최후를 덮어줄 거대한 덮개가 된다.

■ 2013 '제34회 서울연극제' 「미래야 솟아라」 작

서울연극제는 서울연극계의 모두가 참가하는 큰 행사이다. 2013 '제34회 서울연극제'에는 셰익스피어 작품으로 극단 후암의 <미디어 콤플렉스>와 극단 종이로 만든 배의 <락앤롤 맥베스> 두 편이 공연되었다.

▣ 극단 후암(역 신정옥, 작/연출 차현석) <미디어 콤플렉스>
2013.4.20.~4.21., 예술공간 서울

2001년 창단된 극단 후암은 2012년 4월 '제33회 서울연극제' 자유참가작으로 공연하였던 <맥베스 미디어 콤플렉스>를 2013년에는 '제34회 서울연극제'에 참가하여 「미래야 솟아라」작으로 4월 20일과 21일 예술공간 서울에서 <미디어 콤플렉

스>라는 제목으로 공연하였
다. 차현석은 이 작품으로
2013년 12월에 열린 '대한민
국연극대상'에선 신인연출상
을 수상한다. 작품에 대한 설
명은 2012년 편을 참조하기
바란다.

 ▣ 극단 종이로 만든 배(작 하
   일호, 연출 하일호·김형용)
   〈락앤롤 맥베스〉
   1. 2013.4.26.~4.28.,'2013 공연예술 창작 스튜디오'참가작 혜화동1번지
   2. 2013.5.4.~5.5., '제34회 서울연극제'「미래야 솟아라」참가작, 예술공간 서울
   3. 2013.7.23.~8.24., 세실극장
  종이로 만든 배는 극단 76단에서 활동하던 연출가 하일호가 2008년 창단한 극단
으로 '제34회 서울연극제'「미래야 솟아라」작으로 예술공간 서울에서 <락앤록 맥베
스>를 무대에 올렸다.

 ◆ 연극평론가 박정기
이 연극은 맥베스를 각색해 출연자들이 Rock & Roll의 음률에 따른 내용 전개와 마치
춤을 추듯 연기를 펼치도록 만들었다.
 … 연극은 시작 전부터 샹송가수 에디뜨 삐아프(Edith Piaf)의 〈사랑의 찬가(Hymne
A L'amour)〉가 계속 흘러나온다. 서커스단의 삐에로처럼 원형의 장식물을 코에 부착한
출연자가 신발 두 짝을 들고 무대를 서성이고, 다른 출연자 역시 만화영화 피터팬에 등장하
는 인물들의 복장이라, 친근감이 든다. 연극이 시작되면, 세 쌍의 팀이 출연하여 인체조각
을 하거나, 로봇을 만들듯 상대의 팔을 이리저리 이동시키거나 고정시키며, 인체조형물
작업에 몰두한다. 인간조형물은 아크로바트를 하거나 팬터마임을 하듯 동작이 이어지고,
경쾌한 음악에 맞춰 몸을 움직이니, 객석의 흥미가 진작되고, 관객을 연극에 몰입시키는
효과를 발휘한다. 삐에로 같은 등장인물들의 연극놀이가 시작되고, 마녀의 운명적 예언이
맥베스와 뱅쿠오에게 전해지면서, 맥베스가 왕좌를 차지하기 위해 던컨 왕을 암살하고,
뱅쿠오까지 죽음으로 몰아가면서 맬콤과 맥더프가 국외로 피신을 하는 장면은 그야말로
락앤롤의 박자에 따른 동선 창출로 보인다. 레이디 맥베스와 맥베스의 결단이 던컨 왕의
암살로 이어지면서 극은 원작의 플롯을 축약해 전개되지만, 출연자들이 무대를 누비고,

뛰고, 구르며, 춤까지 보이며 몸을 사리지 않는 열연은 객석의 분위기를 최고의 락앤롤 분위기로 상승시킨다. 중간 중간 우리의 정치현실을 빗댄 대사가 튀어나오기도 하고, 객석 중앙에 자리한 의자에 맥베스가 앉아 결단을 내리는 장면은, 마치 관객과의 공감대가 형성된 후에 던컨을 살해하는 듯 싶어 관객 모두가 맥베스와 공범자가 된 느낌이 들기도 한다. 레이디 맥베스가 양심의 가책에 못 이겨 자살로 생을 마감하고, 맥베스 역시 여자의 몸에서 태어난 자에게는 결코 패하지 않고, 버남의 숲이 움직이기 전에는 전투에서 패하지 않는다는 마녀들의 두 번째 예언마저 반전처럼 뒤집어지면서 맥베스는 맥더프의 손에 의해 쓰러지면서 음악은 비장 침울한 곡으로 바뀐다.

대단원에서 출연자 전원이 벽 가까이에 늘어앉아 손으로 입을 두드려 빈병 울리는 소리를 내며 락앤롤의 경쾌한 음률에 맞춰 춤을 추듯 퇴장하면 연극도 끝이 난다.

■ 유라시안 셰익스피어 극단(ESTC)(역/연출 남육현) <맥베스>
2013.5.8.~5.26., 설치극장 정미소

유라시아 셰익스피어 극단(Euraisa Shakespeare Theatre Company)은 2002년 창단 이래 셰익스피어 39편 전작 공연 프로젝트를 1차 목표로 정하고 우수한 작품들 특히 국내 초연작들을 집중적으로 공연해온 국내 유일의 셰익스피어 전문극단이다.

유라시안 셰익스피어 극단의 대표이자 연출가인 남육현은 영국 런던대학교에서 박사과정 후 한국으로 귀국함과 동시에 연극활동을 재개하여 셰익스피어 초연작들만 연달아 공연하였다. 직접 번역을 하고 각색, 연출을 하였다.

◆ 연극평론가 박정기
… 왕비의 죽음에 접한 맥베스는 "내일도, 그리고 내일도, 그리고 또 내일도, 기록된 시간의 미지막 순간까지. 이 보잘 것 없는 작은 걸음으로 하루하루 기어간다. 모든 우리들의 어제는 진토의 죽음으로 가는 바보들을 비추었을 뿐이다. 꺼라, 꺼라, 덧없는 촛불을 꺼버려라! 인생이란 단지 걸어가는 그림자일 뿐이다. 초라한 배우로. 무대 위에서 그의 등장 시간 동안만 뽐내며 걷거나 초조하게 안달하다가 사라져버리면 더 이상 아무 소리도 들리지 않는 것을. 삶이란 바보가 떠벌려준 이야기이다. 소음과 분노로 가득 찬, 의미하는 것은 아무 것도 없는." 이러한 명대사를 읊는다.

드디어 전투가 벌어지고, 맥베스는 병사에게서 버남 숲이 다가오고 있다는 소식을 듣는다. 그리고 맥더프와의 결전에서, 그가 만삭이 되기 전에 어미의 배를 가르고 태어났음을 알고, 전쟁에서 패해 죽음을 맞는다. 맬콤 왕자 역시 전사한다.

대단원에서 마녀들의 예언대로 뱅코우의 아들 맥더프는 왕좌에 오르게 되고, 마녀들의 요설(饒舌)과 함께 환상적인 춤이 계속되면서 연극은 마무리가 된다.

… 폴란드의 영화감독 로만 폴란스키가 1971년에 발표한 환상적인 마녀장면과 전라(全裸)의 마녀들이 등장하는 〈맥베스〉에 비견되는 걸작연극으로 창출시켰다

■ 극단 물리(재창작/연출 한태숙) 〈레이디 맥베스〉
  1. 2013.6.6.~6.16., 대학로 예술극장 소극장
  2. 2013.7.10.~7.14. 고양 아람누리 새리새극장

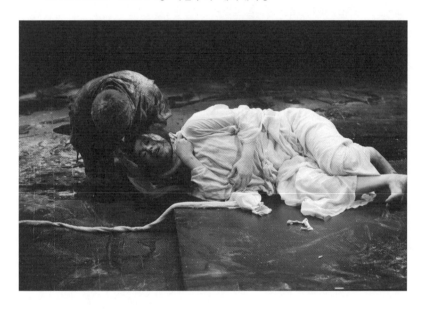

극단 물리는 우리나라 대표적 여성 연출가 한태숙의 이름을 연극계에 거장으로 만들어준 한태숙의 〈레이디 맥베스〉를 1998년 재구성하여 초연하였다.

〈레이디 맥베스〉는 1999년 '서울연극제' 작품상, 연출상, 연기상, 우수공연 베스트 5, 2002년 폴란드 '콘탁 국제 연극 페스티벌' 공식 초청, 2008년 '국제 아트마켓 일본 동경예술견본시(TPAM)' 초청, 2010년 '싱가폴 아트페스티벌' 공식 초청, 2013년 뉴질랜드와 호주의 공식 초청 등 국내외에서 작품성에 대해 두루 인정받은 바 있다.

작품에 대한 설명은 2000년, 2002년, 2008년 2010년 편을 참조하기 바란다.

■ 2013 '제13회 밀양여름공연예술축제' 셰익스피어주간 참가작
  극단 연희단거리패(연출 알렉산더 젤딘) 〈맥베스〉

2013.7.30., 밀양연극촌 성벽극장

셰익스피어극 주간에 공연된 <맥베스>는 2013년 7월 30일 밀양연극예술촌 성벽극장에서 공연되었다. 이 작품은 2011년 상반기 연극 베스트 7에 선정되고, '제1회 셰익스피어 각색상' 수상작에 선정되는 등 이미 작품성을 인정받은 작품으로, 영국 연출가와 한국 스태프, 배우들이 3개월 동안 밀양에 머물면서 호흡을 맞춘 작품으로 현대의 인물이 된 맥베스를 중심으로 펼쳐지는 이야기다. 작품 내용은 2011년 편을 참조하기 바란다.

■ 극단 해를 보는 마음(예술감독 한명구, 연출 김종식·황준형)
<두드려라, 맥베스> 2013.7.24.~7.28., 대학로 알과핵 소극장

극동대학교 연극연기학과 졸업생들이 주축이 되어 2011년 창단된 극단 해를 보는 마음의 첫 번째 창단공연작품으로 2012년 '제12회 밀양여름축제'「젊은 연출가전」출품작인 <두드려라, 맥베스>가 2013년 재공연되었다.

<두드려라, 맥베스>는 학과장 한명구 교수를 예술감독으로 하여 김종식과 황준형이 연출하였으며, 학과장 한명구 교수는 국내 최고 권위의 연극상인 2011년 '제21회 이해랑 연극상'을 비롯하여 2000년 '제1회 김동훈 연극상', 1997년 '제33회 동아연극상 남자연기상', 1987년'제11회 서울연극제 신인연기상', 1986년 '제10회 서울연극제 무대미술상' 등을 수상한 중견 연극배우이다.

<두드려라, 맥베스>는 셰익스피어의 고전 맥베스를 한국 타악과 접목시킨 작품으로 맥베스가 지닌 인간의 근원적인 욕망과 부정의 깊은 늪을, 심장을 요동케 하는 두드림을 통해 한국적 색채로 그려낸 작품이다.

◆ 연극평론가 박정기

연극은 도입에 마녀 대신 명장 백배두의 부인의 예언 같은 염원에서 출발한다. 장면이 바뀌면 출연자들이 대북 여섯 개를 무대로 들여와 굉음을 울리며 두드려대고, 전쟁에서 승리한 백배두와 방초우 두 장군이 모습을 드러낸다. 두 장군은 승리의 기쁨에 취해 하늘이라도 오를 기세이다. 각자 도총관 자리를 염두에 두지만 두 장군은 경쟁관계이면서도 전우이자 동지이기에 상대에 대한 친분을 나타내기도 한다. 한편 여장남성이지만 궁녀들에 둘러싸여 황음에 빠진 당검 왕의 모습이 질탕한 음악과 함께 소개가 되고, 백배두와 방초우가 알현을 하니, 두 장군을 각기 동서쪽의 도총관에 임명을 하고, 백배두 부인의 예언과 염원이 실현되는 기회이기도 하기에, 백배두 장군 부부는 당검 왕 암살계획을 실수 없이 진행해 성공하기에 이른다. 방초우 부자는 백배두의 흉심을 눈치 채고, 자리를 피하려

하지만 방초우는 백배두에게 살해되고, 아들 방우천만 도망해 당검 왕의 세자에게 합류한다. 백배두가 왕의 자리에 올라 축하연을 베푸는 날, 방초우의 망령과 비명횡사한 자들의 망령의 등장으로 백배두가 고함을 지르게 되고, 그러한 장면이 반복이 되니, 잔치는 파장을 맞는다. 한편 세자는 방우천의 심중을 떠보느라, 당검 왕처럼 주지육림에 빠져있는 듯한, 행동을 연출해보이고 이에 절망한 방우천이 자결하려하자, 세자의 곧고 바른 본색을 드러내고, 방우천을 동지로 맞는다. 세자와 방우천의 연합군은 백배두를 정벌하러 출진을 한다. 한편 궁정에서는 당검 왕의 피투성이 환상과, 왕을 시해한 양심의 가책에 못이겨, 백배두의 부인은 결국 소복차림으로 자살을 하고 만다. 백배두의 슬픔은 하늘을 찌른다. 그 때 연합군이 다가오고, 천하무적 백배두 군이 연합군과 일전을 벌이지만, 연합군의 바리가 태양광을 역광으로 투사하며 백배두 군을 무찌르는 장면이, 마치 영화 〈솔로몬과 시바〉에서 솔로몬 군이 잘 닦은 방패에 태양광을 투사해, 적병과 군마가 바로 앞에 천 길 낭떠러지가 있는 것을 모르고, 달려오다가 절벽 아래로 다 떨어져 죽어, 전쟁에 승리했던 것처럼, 백배두 군은 연합군에 대패하고 백배두 역시 전사하고 만다.

대단원에서 방우천은 세자와의 대결에서 승리해 예언대로 왕좌에 오른다.

2014 year Macbeth

■ 국립극단(역 김종환, 연출 이병훈) 〈맥베스〉 2014.3.8.~3.23., 명동예술극장

2014년은 셰익스피어 탄생 450주년을 맞는 해이다. 이를 기념하기 위해 국립극단은 '2014 국립극단 봄마당/450년만의 3색 만남'이라는 제목으로 3월부터 5월까지 매달 한편씩 셰익스피어 3개 작품을 무대에 올렸다.

〈맥베스〉	2014. 3. 8~23, 명동예술극장
〈노래하는 샤일록〉	2014. 4. 5~20, 국립극장 달오름극장
〈템페스트〉	2014. 5. 9~25, 국립극장 달오름극장

이번 공연 〈맥베스〉의 대사는 원작에 가까웠으나, 의상과 머리 모양 등은 고증보다는 현대화된 모양으로 공연되었다. 3월 8일부터 23일까지 명동 예술극장에서 공연되었으며, 전회 전석 매진이라는 기록을 세우게 되었다. 아마 셰익스피어의 〈맥베

스>라는 점과 그의 탄생 450주년이라는 점과, 국립극단의 공연이라는 점이 모두 작용한 것이라 생각된다.

2014년 봄 국립극단의 셰익스피어 축전으로 공연되는 3개 작품 중 첫 번째인 <맥베스>는 명동예술극장에서 공연하게 되었으며, 필자는 명동 예술극장과 국립극단의 위촉을 받아 <맥베스>가 수용된 경위부터, 비극으로서 가장 겁나는 비극인 <맥베스>의 작품 내용을 공연 소개지의 첫머리에 그 내용을 싣게 되었다. 많은 관객이 이 글의 내용을 지득하여서 <맥베스> 관극에 도움이 되기를 바라는 마음으로 전문을 전재한다.

◆ 인생이란 걸어가는 그림자, 처량한 배우일 뿐이다.
<맥베스>가 공연된 지 환갑을 넘었다. <맥베스>의 경우 1917년 7월 6일부터 3일간 서울의 유락관(有樂館)에서 처음으로 영화로 상연된 바 있다. 연극으로 처음 공연된 것은 6·25 사변 중 극단 신협이 대구·부산·마산 등지에서 <햄릿>, <오셀로>와 더불어 <맥베스>를 공연한 것이다. <햄릿>, <오셀로>와 같이 <맥베스>의 연출도 이해랑이 하였으며, 배역은 던컨 왕 역에 이해랑, 김동원이 맥베스, 오사랑이 뱅쿠오, 황정순이 맥베스 부인을 맡았었다. 국립극단의 <맥베스> 공연은 새로운 문제, 즉 정통성의 확보라는 중요한 의의를 갖고 있다. 국립극단의 <맥베스>를 감상하면서 셰익스피어의 정통성을, 작품의 예술성을 진지하게 검토해보자.
<맥베스>의 비극은 세 마녀가 시작한다. 그들의 예언이 현실이 되는 것이다. 비, 바람, 천둥이 몰아치는 황야에 마녀가 나타난다. 춤추며 노래한다.

마녀일동   좋은 것은 나쁘고, 나쁜 것은 좋은 것
                  안개와 더러운 공기 속을 날아다니자.
                  모두 퇴장(1막 1장)
                  좋은 것은 나쁘고, 나쁜 것은 좋은 것
                  (Fair is foul, foul is fair)

괴상한 노랫가락이다. 실은 마녀들의 주문이다. Fair와 Foul, 아름다운 것은 더러운 것, 미(美)와 추(醜)가 같다는 말인가? 선과 악도 같고, 정(正)과 사(邪)도 같고 도덕과 부도덕도 같다는 말인가? <맥베스>라는 비극의 요소가 점철(點綴)하는 미래를 주문한 것이리라. 뱅쿠오에 대한 예언은 더욱 놀라운 일이었다.

마녀 3   왕이 되지 못하지만, 왕들의 선조가 되실 분

그러니 모두 만세, 맥베스, 뱅쿠오!(1막 3장)

이 예언은 결국 뱅쿠오가 목숨을 빼앗기는 원인이 되었다. 맥베스는 던컨 왕을 죽이고 왕이 되지만 뱅쿠오의 자손이 왕이 된다는데 겁이 나서 뱅쿠오를 죽인 것이다. 마녀들의 예언은 〈맥베스〉 비극을 주도한 셈이다. 조역에는 악마의 가면을 쓴 인간, 맥베스 부인이 있었다. 그녀의 대사는 악마성을 드러낸다.

맥베스 부인   당신은 글래미스 영주이고, 코더의 영주까지 되셨으니, 그 다음 것도 되셔야죠. 하지만 당신의 성품이 걱정이에요. 당신에겐 인정이란 달콤한 젖이 흘러넘쳐, 가장 빠른 길을 찾지 못해요. 위대한 인물이 되길 바라고, 야망이 없는 것도 아니지만, 뜻을 이룰 만큼 독하지는 못해요. 높은 지위는 탐내고 있지만, 점잖게 얻으려 하고 나쁜 짓은 안하면서, 어떻게든 손에 넣으려 하죠(1막 5장)

맥베스 부인   어서 내게 오세요. 당신 귀에 강인한 기운을 불어 넣어드릴게요. 당신과 왕관 사이를 가로막은 모든 것들을 내 혀로 물리쳐드리겠어요.(1막 5장)

결국 맥베스는 "내 결심했소. 혼신의 힘을 내어 이 무서운 일을 해내고야 말겠소."라고 부인에게 약속한다. 맥베스는 마녀의 예언과 부인의 악마성에 지배되어 연이은 살인 뒤에 자기 목숨도 잃게 된다.
맥베스는 왕이 되었다. 맥베스 부인은 왕비가 되었다. 인생 최고의 영광을 차지한 것이다. 그러나 영광 뒤에 숨은 그림자는 이들에게 혹독하였다.
막상 일을 벌이고 나서 맥베스는 고통이 이만저만이 아니다.

맥베스   저지른 죄 생각하느니, 차라리 넋을 놓고 있는 것이 낫겠어.(문 두드리는 소리) 문을 두드려 던컨 왕을 깨워다오! 그렇게 할 수만 있다면.(퇴장)(2막 2장)

그러나 자기보호와 왕위 수호를 위하여 살인을 하고 살인을 한다.
맥베스는 던컨왕의 신임을 받은 충신이었다. 던컨 왕이 "오 용감한 친척! 과연 훌륭한 인물이다" 자기를 믿은 왕을 시해한 맥베스는 아무리 세 마녀의 예언을 들었다고 해도, 인간이 선과 악의 이면성이 있다고 해도 용서할 수 없는 일이니, 스스로 고민에 빠지는 것은 당연할 일일 것이다. 그러나 자기반성의 길이 바로 가느냐, 잘못 가느냐가 문제이다. 맥베스의 경우, 악업을 악업으로 갚으려고 시도, 살인과 살인으로 이어져 결국 자기 목숨도 잃게 된다.

악마의 가면을 쓴 맥베스 부인이 비록 왕비는 되었을지언정 그녀의 경우도 한심하다. 그녀는 5막 1장에서 촛불을 들고 등장한다. 몽유상태이다. 죄악의 흔적을 되씹는다.

맥베스 부인　　　온갖 향수를 다 뿌려도 이 손에 찌든 냄새를 지울 수가 없구나. 아!
　　　　　　　　아! 아! (5막 1장)

이때는 죄의식에 사로잡힌 한 여자에 불과하다. 맥베스 부인은 인간의 악마였으나 결국 양심의 가책으로 몽유병자로 속죄하는 고백을 하여 죽어버리니, 맥베스와는 정반대의 길로 인간이 되며 죽어버렸다. 왕이 믿은 용장에서 악마가 된 맥베스와 악마에서 인간으로 죽은 맥베스 부인은 어쩌면 정(正)과 반(反)의 길이 화합된 변증법인지도 모르겠다.

〈맥베스〉에는 맥베스를 마지막 길로 몰아세운 또 한 번의 예언이 있다.

4막 1장에서 맥베스는 동굴로 마녀들을 찾아간다. 첫 번째보다 훨씬 무시무시한 환경이다. 화염을 뿜는 구멍이 있고 그 위에 가마솥이 있고 무섭고 괴한한 오구잡탕을 넣어서 끓이고 있다. 맥베스가 세 마녀에게 앞으로의 예언을 말해달라고 부탁하자, 환영이 가마솥에서 나타나서 예언을 해주고 가마솥 속으로 사라진다. 맥베스는 마녀가 부른 환영들의 예언을 믿었다 그러나 그 믿음이 거꾸로 된 믿음이었다.

첫째, 맥더프를 조심하라.-맥베스는 맥더프를 죽이려고 하였다. 그는 이미 자기 성을 빠져나와 영국 에드워드 궁전에 가서 맬콤 왕자에게 응징의 검을 뽑아 조국을 구하자고 항전의 맹세를 하고 있는데, 맥베스는 그 맥더프의 성에 자객을 보내 죄 없는 맥더프의 처와 자식 둘을 죽이고 만다.

둘째, 버남의 무성한 숲이 던시네인의 높은 언덕가지를 공격해오지 않는 한 맥베스는 결코 멸망하지 않는다.-버남의 숲이 옮겨 질 리가 없다고 확신한다는 맥베스는 단호히 결전을 벌이는데 맬콤, 맥더프 등의 군대가 나뭇가지를 들고 위장하여 던시네인 성문을 쳐들어온다.

셋째, 여자가 낳은 자로 맥베스를 해치는 자는 없다.-맥더프는 달이 차기 전에 어머니의 배를 가르고 나왔다고 말한다. 오늘날의 제왕절개다. 맥베스는 경악, 체념, 결국 격전 끝에 맥더프에게 살해된다.

맥베스는 결국 종말적 파탄으로 자기 자신을 저승에 보내는 예언을 믿은 것이다.

셰익스피어의 작품 속에는 명구 명문이 허다하다. 가장 대표적인 것이 〈햄릿〉의 "죽느냐, 사느냐, 그것이 문제로다"이다 그런데 〈맥베스〉에서 왕비의 죽음으로 체념에 잠긴 맥베스가 내뱉은 인생철학은 허무감이다.

맥베스　　　　　인생이란 한낱 걸어 다니는 그림자에 지나지 않을 뿐.

무대 위에 있을 땐 잠시 동안 뽐내고 떠들어대지만
시간이 지나면 아무 말 없이 사라지는 가련한 배우에
불과할 뿐(5막 5장)

맥베스의 인생도 던시네인의 결전을 앞둔 마지막 불꽃을 태우고 있는데 버남의 숲이 움직인다. 숲의 나뭇가지들을 머리에 얹은 적군이 쳐들어오며, 여자가 낳은 것이 아니라 어머니의 배를 가르고 나온 팔삭둥이 맥더프에게 맥베스는 생명을 바치게 된다. 용감한 장군이었고 왕이 되었으나 맥베스는 처량한 배우로 살아온 한낱 배우일 뿐이다.

■ '셰익스피어의 자식들' 참가작품

2014년은 셰익스피어 탄생 450주년이 되는 해로써 전 세계 연극계가 셰익스피어 공연으로 들썩이고 있다. 이에 셰익스피어 학회 및 협회가 이윤택 공동추진위원장과 손을 잡고 대규모의 셰익스피어 문화축전을 마련했다. 이번 행사는 셰익스피어의 작품들을 '셰익스피어와 동시대 연극', '셰익스피어의 자식들'로 나누어 진행하였다.

'셰익스피어와 동시대 연극'은 한국의 중견 연출가들의 작품으로 <셰익스피어의 모든 것>(작 아담 롱·다니엘 싱어·제스 윈필드, 연출 알렉시스 부크>, <로미오와 줄리엣>(연출 양정웅>, <미친 리어>(작 기국서, 연출 이윤택>, <로미오와 줄리엣>(연출 박근형) 총 네 편이 서울 충무아트홀과 게릴라극장(박근형 작품)에서 공연되었다.

'셰익스피어의 자식들'은 젊은 연출가들의 작품으로 <로미오와 줄리엣 발코니 장면을 연습하다>(작 모리츠 링게, 연출 이채경)를 시작으로 <늙은 소년들의 왕국>(작/연출 오세혁), <길 잃어 헤매던 어느 저녁에 맥베스>(작/연출 백하룡), <레이디 맥베스>(작/연출 오카노 이타루) 총 네 작품이 공연되었다. 작품들은 각각 <로미오와 줄리엣>, <리어왕>, <맥베스>를 자기 식으로 수용·변형한 작품들이다.

▣ 우리극연구소(작/연출 백하룡) 〈길 잃어 헤매던 어느 저녁에 맥베스〉

1. 2014.5.1.~5.6., 부산 한결아트홀(구 가마골 소극장)
2. 2014.5.22.~6.10., '셰익스피어의 자식들' 참가작 게릴라극장
3. 2014.8.7.~8.8., 2014 '제14회 밀양여름공연축제'참가작 밀양 연극촌 우리동네극장
4. 2014.10.21.~10.23., 대전 소극장핫도그

우리극연구소는 1994년 '해외극의 우리극적 수용'과 '전통의 현대화'를 목표로 이윤택, 윤광진, 이병훈, 김광림 등 40대 연출가들이 중심이 되어 창단되었으며, 연희단거리패와 동숭 레퍼토리컴퍼니를 산하에 두고 있으며, 서울 게릴라극장, 부산

한결아트홀(구 가마골 소극장)을 전용극장으로 두고 있다.

서울예대 극작과 출신으로 극작가이면서 연출가인 백하룡은 2004년 서울연극제 희곡상 등 많은 희곡상을 수상한 연극계의 젊은 피다. 백하룡이 극을 쓰고 연출한 창작 초연작인 <길 잃어 헤매던 어느 저녁에 맥베스>는 <맥베스>의 구성을 따르면서도 철저하게 해체하였다. 평범한 샐러리맨에서 파병군인, 보험살인, 사기꾼에서 무기력한 가장으로서 여장 남자로 그리고 몇 번이고 살인을 행하는 맥베스, 한 인물, 한 작업 안에서 자연스럽게 펼쳐진다. 그리하여 작업은 맥베스를 증명하지 않고서도 또한 아이러니하게 맥베스를 충실히 재현하며 2014년 하늘 아래 시대의 맥베스를 재탄생시키고 있다.

[줄거리]
어느 저녁, 크로스드레싱(이성 옷 기호자)들의 Bar다. 퇴근하여 홀로 온 샐러리맨들이 정장을 벗고 넥타이를 풀고 가발을 쓰고 여자 옷으로 갈아입고 차가운 맥주 한잔이나 칵테일 한잔을 시켜 등 돌려 말없이 술을 마시며 스트레스를 달래는 이곳으로 오랜 출장에 지친 한 남자가 찾아온다. 집에 바로가기 위해 그저 맥주 한잔이나 할까 한 그 남자, 맥베스라 이름 불리는 그는 여성 옷으로 갈아입지 않고 자신의 옷차림 그대로 술을 청해 마신다. 옆 자리에 있던 배우는 삶은 전쟁터나 마찬가지라고 떠든다. 맥베스가 실제 전쟁에서 전투를 치르고 돌아 왔노라 하자 여장남자들은 원작의 마녀들처럼 지껄이며 맥베스는 영주가 되고 왕이 될 것이라고 하자 맥베스는 자신을 충성스런 군인이라고 쿠데타를 할 의사가 없다며, 이들을 모두 쏘아 죽인다. 맥베스의 살인은 원전과 같은 맥락이다. 배우가 그들 중 임산부도 있고 어린이도 있다며 총 쏘기를 말리지만 맥베스는 모두 쏘아 죽인다. 그리고 배우를 자신의 집으로 초대한다.
맥베스는 20년 만에 귀가를 하고 부인이 그를 반긴다. 그러나 맥베스는 전쟁영웅답지 않게 공처가다. 부인은 남성복차림이고 맥베스는 여장차림이다. 그리고 배우도 유모 노릇을 하며 부인에게 복종한다.
부인은 맥베스에게 잠자리를 원한다. 그 때 맥베스와 부인 앞에 여장남자들의 망령이 나타나 맥베스가 왕이 될 것이라는 예언을 한다. 그리고 배우의 아들이 종국에는 왕이 되리라는 예언도 함께 지껄이며 사라진다. 예언을 믿는 부인은 맥베스 대신 악역을 맡아서 배우를 죽이려고 하고 배우는 자신에게 어린 아들이 있다며 살려달라고 애원한 후 도망간다. 배우는 어린 자식과 만난다. 그리고 자식을 보호하기 위하여 설마 장님을 죽일까 하는 마음으로 자식의 두 눈을 뽑아 버린다. 그러나 맥베스 부부는 배우의 어린 자식을 데리고 간다.
맥베스는 자신의 행위로 인해 잠을 이루지 못하는 중증환자가 되고, 부인은 점쟁이를 찾아간다. 점쟁이는 여자의 몸에서 태어난 자는 맥베스를 헤칠 수 없다는 점괘를 알려준다. 맥베스는 장님인 배우의 아들을 18층 높이의 아파트의 난간으로 데리고 올라가고 맥베스의 살해의사를 알아차린 아들은 젓가락으로 자신의 두 귀를 찔러, 장님에 귀머거리가 무엇을 하겠냐며 살려달라고 애원하지만 맥베스는 아이를 난간에서 밀어버린다.

장면이 바뀌면 첫 장면의 주점이다. 맥베스가 배우와 이야기를 한다. 배우가 세상에 젊은 지도자가 나타났다며, 오랜 압제와 그늘진 세상이 지나가고 새벽이 다가오고 있다는 이야기를 들려준다. 맥베스는 그 말을 듣고 분노로 배우의 목을 부러뜨린다.

맥베스 부인도 자신이 부왕을 죽인 악행을 지워버리려 하지만, 몸의 피비린내가 가시지를 않으니, 반 정신이상자가 되어 18층 옥상에서 뛰어내린다.

민중봉기의 함성과 함께 배우의 아들이 폭약을 손에 들고 등장한다. 맥베스가 등장해 아이를 보고 놀란다. 18층에서 떨어졌는데 어떻게 살아있는가 하고 묻자 배우의 아들은 18층에서 떨어졌을 때 나뭇가지에 걸려 살았노라고 대답하면서 자신은 어머니에게 태어난 것이 아니라 인큐베이터에서 자라났다는 이야기를 맥베스에게 들려주고, 맥베스는 충격을 받아 자신의 머리에 총을 쏘아 자결한다.

배우의 아들이 퇴장을 하면, 눈 못 보고 귀 못 듣는 그의 뒤를 민중들이 함성을 지르며 따라간다.

▣ 일본극단 신체의 풍경(작/연출 오카노 이타루)
〈레이디 맥베스〉 2014.6.14.~6.18., 게릴라극장

극단 '신체의 풍경'(일본원명: 카라다노 케시키)은 배우 오카노 이타루(岡野暢)를 중심으로 2007년에 창립되었으며, 언제나 텍스트와 거리를 둔 「시간」과 「공간」을 이용하며, 배우의 잠재의식의 세계가 신체와 정신이 일치되어 어떻게 표현되는가를 끊임없이 노력해나가는 극단이다. 2012년 밀양여름공연예술제에서 <엘렉트라>로 연기상을 수상한 연기력과 연출력 모두 호평을 받는 극단이다.

[줄거리]

백색 실내복을 입은 젊은 여인이 맥베스에게서 온 편지를 읽는다. 잠시 후 가부키 연극의상과 가면을 쓴 남녀 2인이 등장한다. 남자는 맥베스 역을 하고 여자는 던컨 왕을 살해한 레이디 맥베스(노파)로 피투성이 손이, 한 노파의 잠재했던 기억 속에서 점차 현실로 재생되듯 되살아난다. 노파의 면전에 나타나기 시작한 망상의 세계는 셰익스피어가 그려낸 〈맥베스〉의 세계와 아주 비슷하다. 이윽고 노파의 망상 속 세계를 살아가는 한 배우가 마치 자율적인 의지를 지닌 것처럼, 극 속의 세계 속으로 끌려들어간다.

"이 쪽으로 와"

남자의 꾀임에 노파는 자신의 망상 속으로부터 천천히 발을 들여놓기 시작한다. 망상을 바라보는 입장에서, 망상을 살아가는 입장으로 이동해가는 노파. 노파의 망상은 점점 가속에 의해 뒤틀려간다. 「증오·폭력·상실」이 노파에게 덤벼들어 노파를 좀 먹는다. 미쳐가는 노파의 모습이, 이윽고 맥베스 부인의 모습과 겹쳐간다.

노파는 양손에 묻은 붉은 피를 계속 씻어간다. "이 피는 아직 사라지지 않네. 아리비아의 향료를 전부 뿌려도 사라지지 않아"

노파를 발광으로 몰아넣는 망상은 우리들 자체가 아닐까!

레이디 맥베스는 후회하고 고민한다. 결국 스스로 목숨을 끊는다. 이를 지켜보는 백색 실내복의 여인은, 마치 관객 모두의 시선과 감성을 대신해, 맥베스와 레이디맥베스 주위를 맴돌면서 무언으로 또는 율동으로 두 사람의 운명을 최후까지 관망하는 듯 보인다.

■ 이원국 발레단 <맥베스>

1. 2014.6.26.~6.27., 노원문화예술회관 대공연장
2. 2014.11.27.~11.28., 강동아트센터 대극장 한강

노원문화예술회관(관장 김영욱)이 개관 10주년을 맞았다. 노원문예회관은 서울의 기초 자치단체 단위로는 최초로, 노원구에서 전문 공연예술극장으로 오픈한 곳이다. 세계적인 디바 조수미와 신영옥, 지휘자 정명훈, 피아니스트 백건우, 뉴에이지 피아니스트 유키 구라모토 등을 비롯해 모스크바필하모닉, 체코 프라하방송교향악단, 빈소년합창단, 파리나무십자가, 시크릿가든 등 해외 유수 음악단체들이 이곳에서 공연을 가졌다. 또한 심수봉, 인순이, 안치환, 임동창 등 대중가수들과 안숙선 오정해, 장사익, 김덕수 등 국악인들까지 다양하게 이곳 무대를 거쳐 갔다.

이원국 발레단은 국립발레단과 유니버설발레단, 키로프발레단과 루마니아발레단 등 국내외 최고의 발레단에서 20여 년간 최정상의 자리를 지켜온 대한민국 국보급 발레리노 이원국 단장이 2004년에 창난한 순수 예술난제로서, '발레의 대중화와 저변 확대'를 목표로 연간 150회 이상을 공연하는 대한민국의 대표적인 '민간 직업 발레단'이다.

셰익스피어 탄생 450주년을 기념해 노원문예회관과 상주단체인 이원국 발레단은 자체 기획 제작한 창작드라마발레 <맥베스>를 6월 27일과 28일 양일간 강동아트센터에서 공연하였다. 이원국 단장은 "이번 공연은 고난도 발레 테크닉과 <맥베스> 스토리를 접목시켜 드라마발레로 재구성했다. 또한 멘델스존의 주옥같은 선율을 배경음악으로 사용해 비극으로 치닫는 인물들의 갈등과 고뇌에 대한 묘사를 극대화했다"고 소개했다.

2015year Macbeth

■ 극단 플레이박스시어터(각색/연출 김애자) <겨울 맥베스> 부제 '살인의 추억'
  2015.1.22.~2.1., 설치극장 정미소

　　원작 <맥베스>, 그리고 맥베스의 부인에 주목한 한태숙 연출의 <레이디 맥베스>
와 달리 맥베스 일행이 황야에서 조우했던 마녀에 포커스를 맞춘 플레이박스시어터
의 <겨울 맥베스>가 1월 22일부터 2월 1일까지 설치극장 정미소에서 공연되었다.
남편과 수많은 사람들을 살해한 악녀에 대한 이야기는 요즘에도 무성하다. 그 이야
기의 주인공 검은 옷의 겨울 마녀를 찾아 나선 세 소년은 황량한 광야에서 검은
옷을 입은 한 여인과 마주친다. 그 여인은 사랑과 살인의 기억 속에 겨울을 나는
'여자 맥베스'다. 한 순간의 욕망으로 돌이킬 수 없는 죄를 저지르게 된 남자 맥베스
와 여자 맥베스. 그들은 끊임없는 죄의식에 시달리며 밤마다 영겁의 지옥을 반복한
다. 마녀가 된 여자 맥베스. 그녀에게도 과연 봄이 올 수 있을까.

　　이야기는 스스로 겨울 마녀가 되어버린 과거의 여자 맥베스가 21세기 소년들을
만나면서 시작된다. 소년들은 신화가 되어버린 마녀, 여자 맥베스의 세계 속으로
들어가게 되고, 그녀의 과거들을 따라가게 된다. 소년들의 순수함과 용기는 돌이
되어버린 여자 맥베스의 마음을 녹여 움직이게 되고, 오랜 시간 묻혀 있던 진실

'살인의 비밀들'이 드러난다.

여자 맥베스 역은 러시아 기치스(러시아 국립 예술대학)에서 한국인 최초로 움직임 석사 학위를 받은 성균관대학교 연기예술학과 교수인 김현희가 맡는다. 이번 공연은 특히 김현희 교수를 비롯해 연출을 맡은 김애자, 움직임을 맡은 김선권, 화술 지도 김현아 모두가 러시아 유학파 출신들이다.

◆ 연극평론가 박정기

〈겨울 맥베스〉는 "살인의 추억"이라는 부제를 달았다. 레이디 맥베스가 던컨 왕 살해 후, 광야에서 '살인의 추억'에 잠기고, 첫사랑 시절에 맥베스와 펜싱을 겨루며 즐거워했던 모습, 그리고 맥베스가 전쟁터로 나갔다가 승리하고 돌아온 후, 자신들의 저택을 방문한 던컨 왕을 살해하고 왕좌에 오르고, 마녀들의 예언을 맥베스와 함께 들은 뱅코우까지 살해한 일 등을 회상한다. 그녀는 살인할 때 손에 묻은 피가 영원히 지워지지 않을 것 같은 정신적 고뇌에 쌓이게 되면서 황량한 벌판을 배회하게 된다. 그 때 그녀의 주위에서 뛰어놀던 3명의 소년과의 대면이 그녀를 결국 죽음의 세계로 인도하는 극적 구성이 된다… 연극은 음울한 분위기에서 검은색 의상을 착용한 레이디 맥베스의 등장이 원작의 마녀처럼 느껴지기도 하고, 그녀의 의상이 붉고 화려한 의상으로 바뀔 때에는 극적 분위기도 밝은 빛으로 변하는 듯싶지만, 제목의 〈겨울 맥베스〉처럼 어두운 분위기를 떨쳐버리지는 못한다. 맥베스는 훤칠한 미남에다가, 착해 보이는 인상에서 출발해, 마녀의 예언을 믿고 실천에 옮겨 왕을 시해하는 암살자로 변하지만, 마녀의 예언을 믿기에 제왕절개수술로 태어난 청년이라는 말 한마디에 칼 한번 제대로 휘두르지 못하고 패해 죽음을 당한다. 대단원은 레이디 맥베스가 3인의 소년들의 놀이대상처럼 되어 맥베스와 함께 영원히 사라져버리는 장면에서 연극은 끝이 난다.

■ 연극문화공동체 DIC(극본/연출 정문희) 〈맥베스, 그는 잠을 죽였다〉

1. 2015.5.2.~5.5., '제12회 부산국제연극제' 참가작 부산문화회관 소극장
2. 2015.5.9., '제11회 광주평화연극제' 참가작 광주문화예술회관 소극장
3. 2015.5.22.~6.6., 공연일번지 소극장

광주극단 연극문화공동체 DIC의 〈맥베스, 그는 잠을 죽였다〉는 자신의 운명을 스스로 결정하지 못하고 부인의 말에 인생의 방향을 결정하는 맥베스의 모습을 통해 인간의 갈등을 형상화한 작품이다. 자신의 머리가 장대에 매달려 처량하게 있는 모습을 보고 놀란 맥베스, 이야기는 여기에서부터 원작과 같은 내용이 시작된다. 그리고 던컨을 죽이고 난후 고민하고 두려워하는 맥베스와 그 부인의 모습들이 무대 위에 그려진다.

"이제부터는 잠을 이루지 못한다. 이제부터는 잠을 죽였다. 그 천진난만한 잠, 근심의 헝클어진 실타래를 풀어주는 잠, 하루의 생명이 끝나는 잠, 격심한 노고를 풀어주는 목욕, 상처 난 마음의 치유제, 대자연의 가장 좋은 성찬, 인생의 잔치에서 으뜸가는 잠을 죽였다"고 맥베스는 말한다.

■ 극단 해를 보는 마음(재구성 김종식, 연출 황준형) <두드려라, 맥베스>
   1. 2015.5.13., 춘천 MBC 야외무대
   2. 2015.8.26., 대구 수성못 수상무대

극단 해를 보는 마음의 <두드려라, 맥베스>는 권력을 향한 맥베스의 붉은 눈을 통해 현대인들의 끝없는 욕망과 어리석음을 표현한 작품으로, 이미 2014년 러시아 우즈베키스탄 정부의 공식 초청 공연을 한 바 있으며 당시 해외 팀으로는 최초로 전석 매진의 기염을 토한 수작이다.

<두드려라 맥베스>는 셰익스피어의 <맥베스>를 현대적 관점으로 재해석해 한국 화한 연극이다. 원작 스토리 위에 다양한 한국적 기예를 더해 풍성한 무대를 그려냈다. 중간 중간 난타 공연과 사자춤 등장도 굉장히 반응이 좋았으며, 공연 중간에 진짜 막걸리를 가지고 관객석으로 내려와 한잔씩 따라주던 것이 재미있고 특이한 공연이었다. 작품에 대한 설명은 2013년 편을 참조하기 바란다.

■ 극단 고도(연출 박정의) <궁극의 절정, 그 전율 맥베스>

2015.6.19.~6.21., 봉산문화회관 가온홀

2015년 대구문화재단 우수공연지원작으로 선정된 극단 고도의 <궁극의 절정, 그 전율 맥베스>가 6월 19일부터 21일까지 봉산문화회관 가온홀에서 신체연극의 1인자 극단 초인의 박정의 연출을 모셔와서 무대에 올랐다. 극단 초인의 박정의 연출은 이 작품을 2010년 국립극장 무대에 올린 경험이 있다.

극단 고도는 현 김종섭 대표에 의해 1995년 고도기획이라는 이름으로 창단된 극단으로 2015년 창단 20주년을 기념하여 이 무대를 준비한 것이다. 극단 고도는 피지컬연극, 즉 신체극으로 유명한 극단 초인의 박정의 대표와 손잡고 대사가 아닌 신체로 작품을 표현한 이번 공연을 준비한 것이다. 그래서 제목도 그냥 <맥베스>가 아니라 <궁극의 절정, 그 전율 맥베스>다. 그래도 연극의 주제는 원작과 동일하다. 극중 맥베스의 부인은 맥베스에게 이렇게 말한다. "세상을 속이려면 세상 사람들이 원하는 얼굴을 하라." 즉, 자기 이익을 추구하고 성공하려면 수단과 방법을 가리지 말아야 한다는 말이니 인간의 끝없는 욕망과 그 욕망의 부질없음을 보여주는, 인생에 대한 철학이자 서사시가 바로 맥베스다.

■ 극단 초인(재구성/연출 박정의) <어느 배우의 슬픈 멜로드라마, 맥베스>
  1. 2015.9.24.~10.11., 예술공간 서울
  2. 2015.11.14.~11.15., 'D. FESTA 소극장 축제' 참가작 드림시어터

이 작품은 2010년에 같은 제목으로, 2011년과 2012년에는 <독고다이 원맨쇼 맥베스>라는 제목으로 무대에 올랐다.

작품에 등장하는 주인공은 무명배우다. 무명배우는 맥베스를 연기한다. 그는 마치 거울 속의 자신을 보는 듯 맥베스와 혼연일체가 된다. 성대모사, 인형, 춤, 노래 등을 엮어 작품 속 인물과 화자의 위치를 오가며 맥베스 이야기를 실감나게 들려준다. 무명배우의 연기가 연기를 향한 뜨거운 열정인지, 아니면 실제와 연기 사이의 혼동인지 구분할 수 없는 지점에서 관객은 무명배우의 마지막 선택을 바라보게 된다. 작품에 대한 설명은 2010년과 2011년 편을 참조하기 바란다.

2016year Macbeth

■ 극단 죽죽(각색/연출 김낙형) <맥베스> 부제 '이것은 또 하나의 굿이다'
   1. 2016.4.28.~5.8., 아트시원씨어터 3관
   2. 2016.10.23.~10.26., '제16회 서울국제공연예술제' 선정작 대학로 예술극장 대
      극장

　2008년 초연된 후 2009년 2010년 무대에 올랐던 극단 죽죽의 연극 <맥베스> 부제 '이것은 또 하나의 굿이다'가 극단 76단 출신의 연출가이며 혜화동 1번지 동인인 김낙형 연출로 2016년 무대에 다시 올랐다.

　부제가 된 '이것은 또 하나의 굿이다'는 작품이 진행되는 동안 관객의 마음과 극장에 신성하면서도 각성의 상태가 되는 굿의 속성이 살아났으면 하는 의도에서 비롯됐다.

　2008년 초연 당시 '대한민국 연극대상' 작품상과 한국연극 선정 '연극부문 베스트 7'에 이어 2009년 '국립극장페스티벌' 국내 우수작 초청과 함께 '카이로 국제실험극 연극제'에서 대상을 수상하였고, 남산예술센터, 베이징 등에서 수차례 초청 공연되었다. 작품에 대한 설명은 2009년 편을 참조하기 바란다.

■ 크리에이티브 필(작곡 주세페 베르디, 재창작, 연출 이주아) 오페라 연극 <맥베스>
   1. 2016.6.30., 마리아칼라스홀
   2. 2016.7.8.~7.24., 동숭아트센터 꼭두소극장
   3. 2016.7.22.~7.23., 부산 을숙도문화회관 대공연장

　2014년 구로 아트밸리예술극장에서 초연을 선보이며 많은 관심을 받았으며 '제 13회 의정부 국제음악극축제'에서 우수작품상을 수상한 오페라연극 맥베스가 2년 만에 무대에 올랐다.

◆ 연극평론가 박정기

이탈리아의 오페라 작곡가 주세페 베르디(Giuseppe Fortunino Francesco Verdi 1813~1901)는 셰익스피어의 열렬한 팬이었다. 베개 맡에 늘 그의 희곡을 두고 틈나는 대로 읽었던 그는 1847년, 셰익스피어의 <맥베스>를 오페라로 만들었다. 셰익스피어의 원작 <맥베스>에는 여러 인물들이 나오지만 베르디는 이 중에서 맥베스, 맥베스 부인,

마녀들. 이렇게 세 캐릭터에만 집중했다. 극의 구조를 단순화시키고, 극적인 대비를 더욱 선명하게 하기 위해서이다. 이 중에서 물론 가장 중요한 인물은 주인공인 맥베스이다. 하지만 맥베스 부인 역시 극적으로 매우 중요한 비중을 차지한다. 오페라의 전반부에서는 오히려 남편을 능가하는 캐릭터를 보여준다. 이 두 사람은 탐욕의 덫에 걸려 결국 파멸로 치닫고 마는 비극적 인간상의 전형이다. 셰익스피어의 비극 가운데 "가장 심오하고 성숙된 악의 비전"을 다루는 〈맥베스〉는 밤의 어두움과 살인의 핏빛이 주조를 이루는 가장 어두운 작품이다. 동시에 그의 작품 중 가장 길이가 짧은 이 작품은 플롯의 간결함, 극적 행동의 압축성과 빠른 속도감, 음향과 색채의 화려한 상징성, 마녀와 유령과 환영 같은 초자연적인 존재의 등장, 주인공과 레이디 맥베스가 보여주는 욕망을 추구하는 강력한 힘, 난무하는 폭력, 그리고 영혼의 파멸이 가져오는 두려움과 공포로 인해 강한 흡입력을 지니고 있다. 오페라 〈맥베스〉는 베르디 오페라 10번째 작품으로, 초기 오페라에 속한다. 중후반부의 걸작들과 비교할 때, 이 시기 베르디의 작품들은 범작 혹은 졸작으로 평가받고 있다. 하지만 〈맥베스〉는 주인공의 심리상태를 그대로 드러내는 뛰어난 아리아와 중창이 넘쳐나며, 형식적인 면에서 벨칸토 오페라를 뛰어넘어 자신만의 스타일을 만들어낸 첫 번째 오페라로 평가받고 있다.

베르디는 이들의 캐릭터를 무거운 음악과 가벼운 음악으로 대비시켰다. 음악으로 원작이 지닌 극적인 요소를 효과적으로 표현한 것이다. 이 때문인지 오늘날 베르디는 '음악의 셰익스피어'로 불린다.

■ 연희단거리패(번역 이채경, 연출 알렉산더 젤딘) 〈맥베스〉
2016.7.29.~7.30., 밀양연극촌 성벽극장
2011년과 2013년에 공연되었던 이 작품에 대한 설명은 2011년 편을 참조하기 바란다.

■ 용인문화재단 '씨네오페라' 베르디의 〈맥베스〉 2016.11.12., 용인포은아트홀
용인문화재단은 2016년을 맞아 '씨네오페라'와 '마티네콘서트' 등 2개 상설 기획 공연을 준비하였다. '씨네오페라'는 총 7회, '마티네 콘서트'는 총 10회 공연되었다.

씨네오페라는 실제 공연이 아닌 파리 국립오페라 및 뉴욕 메트로폴리탄 오페라 등 세계 최정상 오페라를 HD 라이브로 녹화한 공연실황영상을 상영하는 공연이다. 2016년에는 첫 작품으로 파리 국립오페라극장 로시니의 〈세비야의 이발사〉를 시작으로 4월 바그너의 〈지그프리트〉, 5월 모차르트의 〈피가로의 결혼〉, 7월에는 바그너의 〈니벨룽겐의 반지〉의 마지막 여정을 장식할 〈신들의 황혼〉을 상영하였다. 〈니벨룽겐의 반지〉는 〈라인의 황금〉과 〈발퀴레〉, 〈지그프리트〉, 〈신들의 황혼〉 등 4부작으로 이루어져 있다. 10월 모차르트의 <코지 판 투테>, 11월 베르디의 <맥베스>, 마지막으로 12월에는 레하르의 <메리 위도우>를 상연하였다.

셰익스피어의 4대 비극을 베르디가 작곡한 오페라 <맥베스>는 11월 12일 용인포은아트홀에서 상영되었으며, 이 작품은 인간의 끝없는 욕망과 타락을 낯설고 기괴한 선율과 함축적인 묘사로 표현한 작품으로 총 4막으로 구성되며 1막 '편지 장면'의 맥베스 부부 이중창과 4막 맥베스 부인의 '몽유병 장면' 아리아가 특히 유명하다.

■ 서울시오페라단(연출 고선웅, 지휘 구자범) <맥베스>
　2016.11.24.~11.27., 세종문화회관 대극장

오페라 <맥베스>는 1997년 서울시오페라단의 초연 이후, 2008년 국립오페라단 등에서 공연한 바 있다. 성악가의 난이도 높은 음악적 기량과 연기력, 많은 무대 장면 전환, 대규모 편성의 합창과 오케스트라 등 다소 어려운 점이 따르는 작품으로 쉽게 무대에 올리지 못한다는 의미에서 20년 만에 서울시오페라단에서 다시 올리는 이번 프로덕션은 의미 있는, 주목할 만한 공연이었다.

신동아 2016년 12월호에 박근혜 대통령을 탄핵으로 몰고간 최순실 부부와 맥베스 부부의 비교를 포함한 기사가 있기에 독자들에게 소개한다.

온 나라가 최순실이라는 여인 때문에 들끓고 있다. 언론에 보도되는 그의 전횡과 국정농단 사연들로 민심은 실망을 넘어 절망의 공황상태. 2년 전 그의 남편 정윤회 씨가 검찰 포토라인에 선 이후 그간 의혹투성이로 남아 있던 퍼즐이 이제야 하나 둘씩 맞춰지는 느낌이다. 정씨의 뒤에 최씨가 있다는 소문이 상당 부분 사실로 드러난 것이다.

눈길을 끄는 것은, 이들 부부가 권력을 손에 넣기까지는 찰떡궁합이었지만 막상 권력을 손에 쥔 후에는 마음이 바뀌었다는 점이다. 남편조차 자신의 앞길에 걸림돌이라고 여겼을까. 최씨는 남편이 비선 실세로 의심을 받던 무렵 정씨와 이혼한다.

이들 부부 못지않게 권력욕이 강한 부부를 오페라에서도 볼 수 있다. 맥베스 부부다. 이들은 권력에 대한 탐욕의 불씨를 살리기 전까지만 해도 '금수저' 답게 우아하고 명예로운 인생을 살고 있었다.

셰익스피어 4대 비극의 주인공 중 한 명인 맥베스는 11세기 스코틀랜드에 실존한 인물이다. 던컨 왕의 사촌인 맥베스 장군은 위험에 빠진 조국의 최전방에서 용맹을 떨친 애국자다. 그런 그가 탐욕에 현혹돼 급기야 왕을 죽이고 스스로 왕좌에 앉아 18년간 스코틀랜드를 통치한다. 그러다 결국에는 자신에게 반기를 든 세력과의 전쟁에서 목숨을 잃고 권력도 잃는다. 역사엔 '반역자' '공포통치자'로 기록된다.

■ 유빈댄스 무용 <맥베스> 2016.12.3.~12.4., 국립극장 KB청소년 하늘극장

창단 11주년을 맞아 유빈댄스는 영화나 연극으로 그동안 널리 제작됐던 셰익스피어의 <맥베스>를 무용공연으로 공연하였다.

공연은 3장으로 구성된다.

◉ 제1장 'Whisper'. 맥베스의 욕망은 마녀들의 속삭임으로부터 시작되며 최후에 대한 두려움 또한 그들의 예언에서 시작된다. 마녀는 맥베스에게 새로운 길을 열어주는 인물들이자 잠들어 있던 욕망 자체이다. 두 명의 여자 무용수(오초롱, 전소희)와 한 명의 남자 무용수(홍성우)가 만들어내는 역동적인 3인무는 외부의 목소리가 내면의 동요를 일으키는 과정을 그려낸다.

◉ 제2장 '흔들리는 시선'. 레이디 맥베스는 악을 행동으로 옮기게 하는 원동력이다. 또한 사랑하는 아내이자 내면의 욕망을 일으키는 갈등의 씨앗이기도 하다. 하지만 그녀는 맥베스보다 먼저 죄책감에 시달리다 죽음에 이르는 이중적인 모습을 지닌 인물이기도 하다. 이러한 이중적인 레이디 맥베스의 모습을 두 명의 여자 무용수(최희재, 김수진)의 듀엣을 통해 그려낸다.

맥베스와의 남녀 듀엣은 욕망을 행동으로 옮기기까지의 갈등 관계를 보여준다. 남자 무용수(김윤규)를 휘감은 여자 무용수의 움직임은 악으로의 유혹을 형상화하고 이로부터 벗어나고자 하는 남자무용수의 몸부림을 통해 선과 악, 욕망과 도덕 앞에서의 갈등을 그려낸다.

◉ 3장 '무덤, 봉우리'. 혼령은 맥베스에게 죄책감의 고통을 안겨주는 인물이다. 그것은 악행에 대한 내면의 죄책감이자 두려움이며 상처의 흔적들이다. 혼령이 불러일으키는 혼돈과 맥베스의 나약한 시선은 일그러지게 비쳐지는 거울들 앞에서의 춤으로 그려진다. 혼령과 함께 희생자들이 만든 어둠의 무덤은 맥베스의 왕좌가 되어 높이 솟아있다.

맥베스 안의 두려움은 헤카테와 마녀들의 예언과 함께 그의 최후를 준비한다. 1장에서 마녀들의 예언을 담은 맥베스의 편지를 상징하는 하얀 바닥은 어느새 맥베스의 무덤이 되어 그를 덮고 있다.

■ 국립국악원·림에이엠씨(Lim AMC) 공동제작(연출 한태숙) <레이디 맥베스>
　 2016.12.21.~12.30., 국립국악원 우면당

국립국악원은 림에이엠씨(Lim AMC)와 공동 제작한 창극 <레이디 맥베스>를 12월 21일부터 30일까지 국립국악원 우면당에서 공연하였다. 국악의 다양한 매력을 국내외 관객에게 전하기 위해 기획한 공연으로 판소리, 정가 창법과 함축적인 음악 구성 등으로 한국적 정서를 담아 선보였다.

<레이디 맥베스>는 왕을 살해하고 왕위를 빼앗은 맥베스 왕에 초점을 맞춘 것이 아니라, 남편을 부추겨 범행을 저지르게 한 뒤 죄의식에 빠지는 맥베스 부인에 초점을 맞춘 작품이다. 이 작품은 한태숙의 연출로 1998년 초연해 서울연극제 작품상과 연출상, 연기상을 받았으며 외국 여러 공연 페스티벌에 공식 초청돼 호평받았던

작품이다.

월간 객석(2016년 12월호) 이정은 기자의 작품에 대한 설명이 내용을 잘 담고 있어 독자들에게 기사의 일부를 소개한다.

⊙ 연극에서 창극으로, 새 옷을 입은 레이디 맥베스의 '더욱 짙어진 비극의 소리'

연극 〈레이디 맥베스〉의 탄생은 1998년 1월로 거슬러 올라간다. 연출가 한태숙은 누구나 잘 알고 있는 셰익스피어 〈맥베스〉에서 맥베스 부인을 꺼내 올려 '여성주의적인 셰익스피어 비틀기'로 주목받았다. 극의 포커스는 온전히 레이디 맥베스를 향해 있다. 남편 맥베스에게 살인을 종용하여 그를 왕위에 올리지만, 그녀 자신은 죄의식에 허덕이며 몽유병을 앓는다. 그녀를 치료하는 궁중의사인 전의(典醫)는 레이디 맥베스에게 최면을 걸어 그녀의 환상 속에서 남편 맥베스 왕으로 나타나 그녀의 내면을 헤집는다.

당시 작품이 화제를 모은 것은 내러티브만은 아니었다. '물체극'이라는 이름을 단 〈레이디 맥베스〉는 장면 곳곳에 독특한 오브제를 사용해 극에 힘을 더했다. 밀가루, 흙, 물, 얼음 등 갖가지 요소를 활용하는 공연은 당시만 해도 대단히 생소하게 여겨졌다. 또한 월드뮤직 그룹 공명과 원일, 박재천은 구음과 타악기 연주 등을 통해 작품에 국악적 요소를 군데군데 심어놓았다. 오브제, 음악, 드라마가 격렬히 부딪치며 극의 긴장을 극대화한 이 작품은 지속적으로 재공연되며 많은 관객의 사랑을 받았다.

재연을 거듭하는 동안에도 계속해서 장르 안에서 다양한 실험을 해온 연극 〈레이디 맥베스〉는 버전마다 강렬한 이미지의 메시지를 전달해왔다. 끊임없는 시도를 거쳐 작품을 변화시킨 한태숙은 다시 한 번 새로운 도전에 임한다. 사람으로 치면 18세에 이른 연극 〈레이디 맥베스〉는 이제 새로운 옷을 입는다. 바로 창극이다.

"오브제 대신 창이 지닌 장악력이 무대를 채울 겁니다.:
창극의 옷을 입은 〈레이디 맥베스〉는 한태숙의 이 한마디로 설명될 수 있다.

Romeo and Juliet

로미오와 줄리엣

■ 극단 파파(PAPA) <로미오와 줄리엣>(번안 오유경·강은경·이희준, 연출 박중현)
  1. 1998.5.26.~5.31., 대학로 바탕골 소극장
  2. 1998.6.13.~6.14., 삼천 문화예술회관
  3. 1998.7.10.~7.12., 울산 현대예술관
  4. 1998.7.25.~7.26., 부산 경성대홀
  5. 1999.2.15.~3.14., 대학로 극장

　　파파(PAPA)는 공연예술기획단(Performing Art Planing Agency)의 이니셜이
다. 기본적인 줄거리는 원작과 다르지 않으나, 많은 부분이 삭제되었고, 블랙과 블루
의 로미오, 레드와 화이트의 줄리엣, 그리고 내레이터가 전 등장인물이다. 로미오
블랙과 줄리엣 화이트는 고전적 사랑을, 로미오 블루와 줄리엣 레드는 현대적 사랑
을 대비하였다. 선악의 구분은 아니지만 분리를 통해 사랑에 대한 두 가지 태도,
혹은 내면의 갈등을 제시하며, 사랑의 생성, 갈등, 소멸하는 과정의 두 가지 형태를
보여주려고 한 것이다. 셰익스피어의 <로미오와 줄리엣> 안에는 사랑에 대한 여러

가지 태도가 나온다. 사랑 이외에도 원한, 우정, 운명, 화해 등 사람과 사람의 다양한 문제들이 얽혀있다. 개작의 방향은 이 거대한 작품을 '사랑'이라는 한 가지 주제로 집중시키는 동시에 재미있고 쉽게 만들자는 것이라고 파파는 밝혔다. 탤런트 홍경인과 박상아가 타이틀롤을 맡았다.

공연공작소 무연방이 2013년 9월 대학로 예술마당에서 공연한 <로미오와 줄리엣 it's double>에서 두 명의 로미오와 줄리엣이 등장하였는데 이는 이 작품과 비슷한 설정이었다.

■ '98 셰익스피어 상설무대'

공연기획사 장이가 마련한 '98 셰익스피어 상설무대'는 북촌 창우극장에서 <맥베스>, <햄릿>, <한여름 밤의 꿈>, <페리클레스>, <로미오와 줄리엣>으로 이어졌다.

■ 극단 그룹 여행자(연출 양정웅) 〈로미오와 줄리엣〉 1998.8.14..~9.6., 북촌창우극장

그룹 여행자는 96년 <여행자>(양정웅 작·연출) 공연을 시작으로 결성되었다. <로미오와 줄리엣>의 연출가 양정웅은 원작과의 만남 속에서 진지한 부딪힘을 강조하면서, 원작은 연출가의 의도에 따라 변형을 거치면서 새로운 텍스트로 탄생한다고 하였다. 원작의 해체, 또는 실험이라는 말을 내세우지 않는다고 하면서 바로 해체하고 실험하는 연출가이다. 그리고 토속적이고 풍물을 즐겨찾는 듯하다.

양정웅은 지금은 기성연출가가 되었지만, 1998년에는 아직 젊은 신예(新銳)연극인이었으며, 셰익스피어 원작에 새롭게 도전하는 각색자요 연출가였다. <로미오와 줄리엣>도 그들 여행의 질문의 하나이며, 셰익스피어의 많은 대사들은 사건의 추이만 알 수 있게 최소한으로 줄이고 극의 분위기를 살리는 여흥이나 풍물장면으로 메꾸어진다. 검은 벽과 흰 바닥으로 이루어진 무대에서 연극이 진행되는 2시간여 동안 코러스는 거의 무대를 채우고 있다. 연극이라기보다는 제의적이다.

■ 호남대 영상영화과

호남대 영상영화과는 98년 남도예술회관에서 <한여름 밤의 로미오와 줄리엣>을 공연하였다. 셰익스피어의 원작 <로미오와 줄리엣>를 김균형이 각색하여 소지영이 연출하였다. 한여름 밤의 여정 네 명이 나오는 <한여름 밤의 로미오와 줄리엣>이었다. 로미오와 줄리엣은 줄리엣의 침실에서 생을 마감하고 원수지간 양가는 화합하는 모습을 안무로 장식하였다.

1999year Romeo and Juliet

■ '99 셰익스피어 상설무대' 참가작

▣ 연극집단 뮈토스(연출 오경숙) 〈로미오와 줄리엣〉 1999.8.30.~9.12., 여해문과공간

연극집단 뮈토스는 1990년 오경숙 대표를 중심으로 창단되어, 존 바톤/케네스 카벤더 각색 그리스 비극 'The Greeks'를 오경숙이 각색하고 연출하여 〈사람들〉이라는 제명으로 그 해 8월에 세종문화회관 소강당에서 공연한 이래 많은 작품들을 공연하여 왔으며, 1997년에는 제9회 공연으로 그리스 비극 'The Greeks'를 〈뮈토스의 사람들〉(그리스 비극 시리즈 1-이피게니아)의 제명으로 역시 오경숙이 각색하고 연출하여 공연하였다.

[연출의도]

1994년 연극집단 뮈토스는 셰익스피어의 〈로미오와 줄리엣〉과 인류 미래에 대한 가정적 미래소설 〈1984〉(원작 조지 오웰)를 접목시켜 락뮤지컬 형식으로 선보인 바 있다. 1999년 로미오와 줄리엣도 역시 문명의 비판적 요소를 갖고 있지만, 보다 여성주의적 시각으로 작품을 풀어나간다.

현대의 여성(인간)이 가공의 줄리엣을 만들어내지만, 문명(줄리엣)의 반란으로 관계가 전복되고, 오히려 현대의 여성(인간)이 복제되는 상황을 현대 음악의 형식에서 전개시킨다. 특히 이 공연은 여성 연기자만이 출연한다.

2000year Romeo and Juliet

■ 극단 디·캐츠 뮤지컬(작/연출 홍유진)

 〈Shakesperean Love-Method, 셰익스피어식 사랑 메소드〉

 2000.5.12.~5.14., 호암아트홀

극단 디·캐츠는 창단공연으로 뮤지컬 〈Shakesperean Love-Method, 셰익스피어식 사랑 메소드〉를 선보였다. 디·케츠는 동덕여대 교수인 홍유진을 대표로 하여

동덕여대 출신 연예인을 주축으로 하여 50여명으로 창단되었다. 5월 12일부터 14일까지 호암아트홀에서 공연하였는데 줄리엣은 이 공연의 5분의 1 이 되었다. 이 공연은 셰익스피어의 희곡에 나오는 여주인공들 다섯 명이 하늘에서 혼령이 되어 있었으나, 2000년 어느 날 환생하기 위한 검토를 하려고 이승으로 내려온다. 그들은 <로미오와 줄리엣>의 줄리엣 역에 박경림, <햄릿>의 오필리아 역 박진희, <말괄량이 길들이기>의 캐더린 역 김효진, <헛소동>의 베아트리트 역 정재연, <앤토니와 클레오파트라>의 클레오파트라 역 홍유진이며, 홍유진은 극단대표이고 <셰익스피어식 사랑 메소드>의 작가이고 연출가이다. 다섯 혼령이 환생을 두려워하여 500년 동안이나 영계에서 떠돌다가 환생을 검토하러온 것이다. 그들은 전생에 행했던 자신들의 사랑법을 돌아보기 위해서 자신들이 살았던 환경과 비슷한 곳을 찾다가, 결국 16세기 영국의 지구극장을 재현한 셰익스피어 전용을 택한다. 그곳에 셰익스피어극을 연습하는 남자들을 만나고 교감을 하게 된다.

  <Shakespere in Love> 에서는 <로미오와 줄리엣>이라는 비극을 쓰게 되는 영화이나 <셰익스피어식 사랑 메소드>는 셰익스피어의 다섯 작품을 동원하고 있으니, 홍유진의 작품은 욕심이 과한 듯하다. 그래도 그는 동덕여대의 동대학 방송연예과의 예능적 능력을 과시(誇示)하는 실세가 되었다.

2001year RomeoandJuliet

■ 한국페스티벌 앙상블(음악감독 박은희) <셰익스피어 인 뮤직>
2001.2.1.~2.2., 예술의전당 자유소극장

  이 페스티벌은 지난 400여 년 동안 유명 작곡가들이 셰익스피어의 작품을 각색한 곡들로 책 속의 캐릭터들이 음악에서 표현되는 방식으로 진행되었다.

  프랑스의 낭만파 작곡가 베를리오즈(Louis Hector Berlioz, 1803~1869)는 환상교향곡(Symphonie "Fantatique", OP))과 교향곡 <로미오와 줄리엣>을 작곡하였다. 베를리오즈는 24세 때 파리에 공연하러 왔던 영국 셰익스피어극단의 여배우 해리엣 스미드슨에게 반하여 열렬한 연애편지를 보냈으나, 답장은 없었다. 사랑에 고민하던 베를리오즈는 그 사랑을 음악으로 작곡한 것이 환상 교향곡이요 교향곡 <로미오와 줄리엣>이었다. 셰익스피어에 관한 교향곡으로는 유일한 것이다.

멘델스존 (Bartholody Felix Mendelssohn, 1809~1847)은 부유한 가정에서 자랐으며, 그의 나이 불과 17세 때, 베토벤이 죽기 1년 전인 1826년에 셰익스피어의 희곡 <한여름 밤의 꿈>에 대한 서곡을 작곡하였다. 그리고 17년 후, 프러시아의 국왕 명령으로 앞의 것에 계속된 <한여름 밤의 꿈>의 음악을 몇 개 더 작곡하여 극의 상연에 쓰도록 하였다. 그 중에서도 가벼운 리듬으로 속삭이는 듯 들리는 스케르쪼는 최고의 명작이라고 한다. 오늘날 예식장에서 연주되는 결혼행진곡도 바로 이 <한여름 밤의 꿈>의 일부이다. 트럼펫의 팡파르로 시작되는 이 행진곡은 서곡, 스케르쪼와 함께 멘델스존의 대표적 걸작이다.

저명한 가극으로 베르디(Giuseppe F.F.Verdi, 1813~1901)의 오셀로(Othello)와 폴스타프(Falstaff)가 있다. 연극에서도 그렇지만, 가극의 공연으로서도 대표급에 속하는 오페라라고 할 수 있다.

근자에는 뮤지컬이 대유행이다. 앤드루 로이드 웨버 (Andrew Lloyd Weber)가 <지저스 크라이스트 수퍼스타>에 이어 <에비타>, <캣츠>, <오페라의 유령> 등을 발표하여 세계적 뮤지컬계의 대가가 되었고 우리나라에서도 그의 뮤지컬은 거의 다 공연되었다. 아바(Abba)도 뮤지컬 흥행의 행운아가 되었고 웨버의 <레 미제러블> 도 최신작으로 대단한 인기몰이를 하고 있다. <셰익스피어의 여인들> 또는 <셰익스피어식 사랑 메소드>도 뮤지컬이 된 이유가 있으리라. 연극보다 뮤지컬이 흥행상으로도 크게 유리하다고 하며 연극인보다 뮤지컬 스타가 사회적인 대우를 받는 것이 좋다고 해야 할지, 아니라고 해야 할지, 혼돈스럽다.

그러나 전통음악에 길잡이가 있다. 찾아가는 음악회를 하는 서울시향의 정명훈, 해설하는 지휘자 금난새, 김대진이 고전음악의 대중화의 공로자들이다. 또 한사람 빠뜨릴 수 없는 사람이 피아니스트이고 사단법인 한국페스티벌 앙상블의 음악감독 박은희(朴恩熙)다. 그는 교향악단도 아니고 오페라단도 아니다. 그러나 아름답고 섬세한 앙상블로 고전음악의 대중화에 선도적 역할을 하고 있다. 그러한 공연을 계속하고 있는 성의와 열정이 있는 음악가다. 그러한 공연을 2001년 2월 1일과 2일에 예술의전당 자유소극장에서 한국페스티벌 앙상블(음악감독 박은희) <셰익스피어 인 뮤직>이라는 콘서트를 하였다.

■ 극단 목화(재구성/연출 오태석) <로미오와 줄리엣>

1. 2001.4.26.~4.29., 독일 '제2회 셰익스피어 페스티벌'Shakespeare & Companies2의 초청작 Theatre am Leibnizpiatz 극장
2. 2001.5.10.~7.1., 극장 아롱구지

오태석은 로미오맨이다. 그것도 토속적이고 현대적인 로미오맨이다.

1995년에도 호암아트홀 개관 10주년 기념공연으로 셰익스피어의 <로미오와 줄리엣>을 한국적으로 재창작하여 연출한 바 있는 오태석은 이번에 이 공연작을 전면 개편하였으며, 이 작품은 2001년 한국연극협회 '올해의 연극 베스트5'에 선정되기도 하였다. 극단 목화의 <로미오와 줄리엣>은 2002년에도 앵콜공연하였으니, 오태석은 로미오맨이라 할 만하다.

오태석은 "이번 무대는 독일 브레멘 셰익스피어 페스티벌 참가용으로 전면 개작한 것이다."라고 하면서, 이번 수출용은 "독일에 간다는 핑계로 마음껏 한번 뒤집어 볼 것이다."라고 자긍(自矜)하였다.

브레맨 국제 페스티벌 「셰익스피어 극단들」은 독일의 브레맨(Bremen) 셰익스피어 극단의 10주년을 기념하여 2000년에 처음 개최되었으며, 2회째인 2001년 행사에는 '동양의 셰익스피어 극단들'이라는 주제 아래 한국, 인도, 중국이 자국의 독특한 어법으로 셰익스피어 공연을 선보인 것이다.

극단 목화가 6년 전 1995년 호암 아트홀에서 초연 공연하였던 오태석 연출의 <로미오와 줄리엣>을 본 전 런던국립극장 대표 존 러셀 브라운(John Russel Brown)이 동 축제의 예술고문이 되면서 이를 초청작품으로 추천하여 초청되었으며, 4월 26일과 27일, 29일에 브레멘시 라입니쯔 광장의 극장에서 유럽의 셰익스피어 관계자 및 독일 사람들의 큰 관심을 받으며 공연했다. 독일의 언론들은 한국적인 것, 그리고 동양적인 것에 크게 환호하며 목화의 열정에 격려의 박수를 보냈다고 현지 예술대학에 재학중인 허윤희가 「한국연극」 2001년 6월호에 기사화하며 다음과 같이 말하였다.

좌석을 꽉 채우고도 모자라 계단에 방석을 이리저리 깔고 앉아서야 연극은 시작되었다. 자막처리 없이 순 한국말의 공연이 끝나자 박수갈채와 함께 푸른 눈의 독일 관객들은 하나둘 씩 일어나기 시작했다. 뜨거운 기립박수가 쳐지는 순간 나는 한국인이라는 자긍심으로 가슴이 뭉클했다.

[줄거리]
재너머家와 갈무리家는 오랜 세월 서로 반목 질시하는 명문가였다. 갈무리네집 잔치마당에

참석하게 된 재너머네집 아들 문희순은 우연히 숙적 갈무리네집 딸 구영남을 만나게 된다. 그리고 이들은 첫눈에 사랑하는 사이가 된다.

두 사람은 신부(神父)의 도움으로 비밀리에 결혼식을 올리지만, 양가 친족들 간에는 칼부림이 일어난다. 이 싸움으로 친구 한병춘이 구영남의 사촌오빠 구현식한테 살해되자 분을 참지 못한 문희순은 구현식을 살해하고 이 읍내에서 추방된다.

아버지의 명령으로 조판서댁 아들과 결혼하게 된 구영남은 신부(神父)가 준 약을 먹고 가사상태로 가묘(家廟)에 안치된다.

구영남이 죽었다는 기별을 받은 문희순은 가묘(家廟)로 달려와 영남이 정말 죽은 줄 알고 음독자살한다. 가사상태에서 깨어난 구영남은 문희순의 죽음을 보고 단검으로 자살한다. 문희순과 구영남의 죽음으로 두 가문은 불화와 갈등으로 보낸 세월을 크게 뉘우치고 화해하기에 이른다.

■ 2001.5.25. 중앙일보 이장직 음악전문기자

낭만파는 독일의 음악파벌이라고 하여도 과언이 아니다. 베토벤으로 시작하여 슈베르트, 슈만, 멘델스존에 이어 브람스, 바그너, 말러 등으로 전통화된 독일 낭만파이나, 프랑스에서는 이런 풍조를 찾을 수 없다. 베를리오즈의 일생은 파란만장, 괴물같은 존재가 되어, 가톨릭 정신과 왕조의 귀족주의에 빠진 프랑스 악단에서는 이단자일 수밖에 없다. 다음은 중앙일보의 기사이다.

프랑스 작곡가 베를리오즈는 24세 때 영국 셰익스피어 극단의 파리공연에 출연한 프리마돈나 해리엇 스미슨과 사랑에 빠졌다. '환상교향곡'(1830)과 '로미오와 줄리엣'(1839)은 스미슨과의 만남에서 탄생한 음악이다.

베를리오즈는 이탈리아 벨리니의 오페라 '캐플릿가와 몬테규가'를 접한 후 극도의 실망감에 빠졌다. 이 오페라에서는 셰익스피어 특유의 분위기가 결여돼 있다고 판단했다. 교향곡 '로미오와 줄리엣'에 착수한 것도 이 때문이다.

차이코프스키(환상적 서곡), 프로코피에프(발레음악), 구노, 벨리니(오페라), 번스타인 (뮤지컬) 등 수많은 작곡가들이 '로미오와 줄리엣'의 음악화에 도전했지만 교향곡은 베를리오즈의 작품이 유일하다.

1시간 40분짜리 7악장 규모로 메조소프라노, 테너, 베이스 독창과 혼성합창을 곁들인 이 곡은 콘서트 형식의 오페라를 방불케 한다. 교향곡에 성악을 곁들인 '합창교향곡'인 동시에 오페라와 교향곡의 요소를 결합시킨 '드라마틱 교향곡'이다.

■ 퍼포먼스 그룹 '나' 창단 공연 뮤지컬(작 찰스 조지(Charles George), 번역/연출

한규용), <셰익스피어의 여인들> 2001.6.22.~7.1., 대학로 학전 블루 소극장

셰익스피어의 희곡은 명작이다. 그 명작에는 여주인공들이 있다. 이들이 한 곳에 모인다. 이들은 비련의 주인공 <햄릿>의 오필리아, 돈 많고 현명한 <베니스의 상인>의 포오샤, <말괄량이 길들이기>의 캐서린, 질투와 시기로 희생된 <오셀로>의 데스데모나, 세상을 뒤흔든 <앤토니와 클레오파트라>의 클레오파트라 등 다섯 작품의 개성이 강한 여주인공들이다. 로미오와 줄리엣의 사랑이야기에 나머지 다섯 명의 여자가 동참하면서 이야기가 전개된다. 돈 많은 유한마담인 포오샤, 부부간의 질투로 파탄이 난 데스데모나, 남자에게 버림받은 오필리아, 남자를 즐기는 대상으로만 여기는 클레오파트라가 등장해 자신의 사랑 이야기를 소개하고 줄리엣에게 사랑에 관한 충고를 한다. 생각만 해도 재미로울 것 같으니 관중석은 대만원 야단법석이다. 아마도 셰익스피어의 여인들이 셰익스피어의 붐을 조성하는 듯하다. 동덕여대 출신들이 중심이 된 극단 디·캐츠의 <셰익스피어식 사랑 메소드>도, 이 작품 <셰익스피어의 여인들>이 셰익스피어의 인기몰이를 하고 있으니까.

뮤지컬 <셰익스피어의 여인들>은 전 상명대 학과장인 한규용 교수를 대표로 한 퍼포먼스 그룹 '나'의 창단 공연작이다. 작가는 영국의 찰스 조지(Charles George)이며, 이 극의 연출자인 한규용이 문예진흥원 자료실에서 과거 김재희씨가 번역하고 이해랑 선생이 연출한 작품대본을 우연히 발견, 새 옷을 입혔다. 일정한 플롯조차 없는 단막극에 <로미오와 줄리엣>의 사랑으로 기둥을 세우고 단조로움을 극복하기 위해 뮤지컬 형식을 취했다. 이야기는 <로미오와 줄리엣>의 발코니 장면에서 시작되며, 여섯 여주인공이 모였으니, 줄리엣의 인생을 바꾸기 위해서 나서니, 심각하게 흐를 수도 있는 대화지만 음악으로 경쾌하게 살렸으며, 해설자 역할로 한발 물러선 로미오가 미리 이들에 대한 정보를 간추려주니까, 관객은 부담 없이 사랑과 인생에 대한 연인들의 다양한 생각을 공유하면 된다.

■ 2001.7.5. City Life(438호) '왜 지금 셰익스피어인가?'

매일경제신문이 발간하는 정기간행물, City Life(시티라이프 438호, 2007 7. 5)에 '공연계에서 불어온 '셰익스피어' 바람, 왜 지금 셰익스피어인가?' 라는 제목의 기사가 게재되었다. 그 초본이다.

최근 몇 년 사이에 셰익스피어 원작을 다양한 각도로 조명한 작품들이 쏟아져 나오면서 문화 장르에 걸쳐 가히 셰익스피어 열풍이라고 할 만큼 큰 파장을 불러일으키고 있다.

그렇다면 왜 하필 셰익스피어인가? 그 이유를 알아본다.

2001년 한해만 해도 국내무대에선 셰익스피어의 작품은 이윤택 연출의 〈햄릿〉, 〈태풍〉, 서울시극단의 〈베니스의 상인〉, 오태석 연출의 〈로미오와 줄리엣〉, 극단 유의 〈한여름 밤의 꿈〉 등 벌써 열작품 이상 올려졌다. 그리고 지난 98년 35작품, 99년 50작품, 2000년 39작품이 무대화되었다. 이는 90년대 중반과 비교해 100% 이상의 성장을 의미하는 것이다. 그렇다면 왜 오늘 한국에 셰익스피어 열기가 이처럼 무르익은 것일까?

물론 이는 우리나라에만 국한되는 일은 아니다. '전 세계에서 단 하루도 셰익스피어 작품이 공연되지 않는 날은 없다'고 할 만큼 그는 시대와 국가와 민족을 뛰어 넘는 마력을 지닌 문호임에 틀림없다. 대다수의 사람들은 그의 작품이 이처럼 각광받는 이유를 화려한 미사여구가 돋보이는 수려한 문장력이나 독특한 개성을 지닌 각각의 인물에 대한 치밀한 탐구에 두곤한다. 그러나 그의 작품에 대한 가치는 단순히 문학적인 것 외에 정치적 역사적 사회적 효용성을 지니고 있다.

일례로 그가 만들어낸 작품은 분명 희곡과 서정시 정도에 그치지만 현 시대 그의 작품을 표현하고자 하는 방식은 연극은 물론, 영화, 뮤지컬, 무용, 음악, 도서까지 문화 전 장르는 물론 경제, 경영학, 인사관리, 윤리학 분야에까지 다방면에서 일어나고 있다. 이는 그의 작품들이 사랑, 욕망, 성, 정치권력 등 오늘날까지도 인간들 사이에 끊임없이 다루어지고 있는 삶에 관련된 질문을 던지고 있기 때문이다.

1910년대 셰익스피어가 처음 우리에게 소개된 이래 국내에 올려진 셰익스피어 작품은 총 515건, 그 중 90년대 작품 수는 무려 절반을 넘어서는 225건에 이른다고 한다. 특히 1999년 이후 셰익스피어 원작을 각색한 작품이 눈에 띄게 늘어나면서 급격한 발전을 거듭했다고 한다.

2002year RomeoandJuliet

■ 극단 목화(재구성/ 연출 오태석, 안무 최준명) <로미오와 줄리엣>
   1. 2002.3.29.~4.14., 예술의전당 토월극장
   2. 2002.4.18.~5.12., 전국 순회공연(5개 도시 순회)

1995년에도 호암아트홀 개관 10주년 기념공연으로 셰익스피어의 <로미오와 줄리엣>을 한국적으로 재창작하여 연출한 바 있는 오태석은 2001년 이 작품을 전면

개편한 공연으로 2001년 한국연극협회 선정 '올해의 연극 베스트5'에 뽑혔다.

◆ 연합뉴스(2002.3.20.)
지난해 독일 브레멘 셰익스피어 페스티벌 초청 공연에서 현지 언론으로부터 "연극예술, 무용, 움직임 등을 최고의 예술적 경지로 승화시켜 시각적 통일감으로 완성시켰다"는 평가를 받기도 했다.
셰익스피어 원작의 뼈대를 따라가면서도 한국의 해학적 정서 및 전통연희 양식과 조화롭게 접목시켜 번역극의 흔적을 없앴으며 무대와 의상을 통해 독특한 시각적 아름다움을 선사한다. 원수 사이인 두 가문에 속한 로미오와 줄리엣의 비극적 사랑 이야기를 연출자 오태석이 한국적 배경과 정서로 풀어내 돌담 너머로 사랑을 나누고 달밤엔 소쩍새의 울음소리가 들려오는 등 토속적인 요소가 등장한다. 또 대사를 과감히 압축하는 대신 배우들의 몸짓과 춤 등 비언어적 표현을 강화했다.

■ 모스크바 국립클래식 발레단 <로미오와 줄리엣>(음악 프로코피에프, 안무 바실료프 카사트키나 부부) 2002.5.18.~5.23., 국립극장 해오름극장

2002년에는 셰익스피어와 음악이 어울렸다. 발레와 뮤지컬이 판을 쳤다. 셰익스피어 작품에 대한 음악사의 명작만 해도 차이코프스키의 환상서곡, 베를리오즈의 교향곡, 구노와 벨리니의 오페라, 프로코피에프의 발레음악 등이 있다. 발레 <로미오와 줄리엣>은 대부분 프로코피에프의 음악으로 안무한 것이며 베를리오즈나 차이코프스키 음악을 쓴 것도 더러 있다. 프로코피에프 음악의 발레 <로미오와 줄리엣>은 1940년 키로프 발레단이 라브롭스키 안무로 초연한 것이 처음이다. 최신 버전으로는 90년대 후반 장 크리스토프 마이요, 나초 두아토가 발표한 것이 걸작으로 꼽힌다.

2002년 발레 무대에는 국내 양대 발레단인 국립발레단과 유니버설 발레단 외에 국립극장이 초청하는 모스크바 국립 클래식발레단의 세 편의 <로미오와 줄리엣>이 무대에 올랐다. 음악은 모두 프로코피에프의 것이지만 모스크바 국립클래식 발레단은 바실료프와 카스트키나 부부의 안무로, 국립발레단은 장-크리스토프 마이요 안무로, 유니버설 발레단은 예술감독 올레그 비노그라도프의 안무로 공연하였다.

러시아 발레의 양대 축은 볼쇼이와 키로프다. 그러나 다크호스가 등장, 양강 구도에 금이 가고 있다. 1966년 창단된 모스크바 국립클래식 발레단은 옥스퍼드 발레사전에도 올라 있는 유명한 무용가 부부 블라디미르 바실료프와 나탈리아 카사트키나가 77년부터 각각 예술감독과 수석안무가를 맡아 이끌고 있으며, 1978년에 <천지창

조><페트로프 작곡)와 1981년에 <로미오와 줄리엣>(프로코피에프 작곡)으로 호평을 받으며 일약 세계적인 단체로 떠올랐다. 현재 63명의 무용수가 단원으로 있는데 이들은 모스크바, 파리, USA(일명 잭슨)등 세계적 콩쿠르에서 17개의 금상을 수상하기도 했다.

이들이 선보일 작품은 세르게이 프로코피에프가 작곡한 <로미오와 줄리엣>이다. 두 부부의 공동 안무로 지난 1981년 초연된 정통 클래식 발레로, 이 발레단에게 처음으로 호평과 함께 성공을 안겨준 작품이다. 이 작품이 81년 두 사람의 안무로 초연됐을 때 "주역은 물론 군무까지 고난도의 테크닉을 일사불란하게 표현해냈고 이탈리아 르네상스 시기의 그림을 보는 듯한 무대와 의상이 인상적"이라는 평을 받았다. 당시 줄리엣 역으로는 볼쇼이 최고의 발레리나였던 예카테리나 막시모바가 객원출연, '14세의 완벽한 줄리엣'이라는 찬사를 받았다.

■ 중앙대학교 예술대학 연극학과(작 김선영) <로미오와 줄리엣.com>
1. 2002.6.5.~6.9., 중앙대학교 아트센터 대극장
2. '제10회 젊은 연극제(2002.6.22.~7.1.) 참가작

우리나라 대학에서 처음으로 연극학과가 생긴 중앙대학교가 새로운 <로미오와 줄리엣.com>의 무대를 선보였다. 중앙대학교는 1959년 연극영화과 창설기념으로 셰익스피어의 <베니스의 상인>(양광남 연출)을 공연하였고 1960년대에 셰익스피어 작품으로 <오셀로>, <줄리어스 시저>, <실수연발>, <햄릿>을 공연한 실적을 가지고 있다. 연극영화과는 창설 이래 해마다 창작극과 번역극을 공연하고 있으며, 가장 많이 공연한 해는 1970년으로 16작품을 공연하였으며, 박근형, 유인촌 등의 명배우들의 산실(産室)이 되었다.

2002년 6월 5일부터 9일까지 동교 아트센터 대극장에서 공연된 <로미오와 줄리엣.com>은 로미오와 줄리엣이라는 이름을 빌린 창작극으로 이 공연 후 33개 대학이 참가한 '제10회 젊은 연극제'에 참가하여 중앙대의 실력을 발휘하였다. 내용은 원작과는 거의 무관하다. 사이버 세상에서 벌어지는 현대의 사랑방식이라면… 진정한 사이버 세상의 주인공 아바타들이 눈을 뜨고 낯선 세계가 펼쳐진다. 작가인 동대학 문예창작과 출신의 김선영은 다음과 같이 작가의 창작 계기를 설명하였다.

만일 '로미오와 줄리엣'이 죽지 않았더라면 두 사람의 사랑은 어떻게 됐을까? 단순히 운명에 매달린 사랑이 영원불변의 사랑으로 자연스럽게 이어질 수 있을까? 우리가 만들어

놓은 사이버 공간속 또 하나의 나 자신, '아바타' 그들은 그들 나름대로 생을 살고 있는 것이 아닐까? 크게 질문을 내 자신에게 던지고 시작한 작업이었다.

■ 유니버설 발레단 <로미오와 줄리엣>(작곡 세르게이 프로코피에프, 안무 올레그비노 비노그라도프)
1. 2002.6.14.~6.17., 예술의전당 오페라극장
2. 2002.6.21.~6.22., 의정부 예술의전당,
3. 2002.6.28.~6.29., 군포시민회관.

예술감독 겸 안무자 올레그비노 비노그라도프는 23년간 러시아 키로프 발레단 예술감독을 지낸 세계적 안무가로, 1992년 <백조의 호수>로 유니버설과 인연을 맺은 뒤 1998년 이 발레단 예술감독에 취임하여 처음으로 이번 작품의 안무를 맡아 초연한 것이다.

발레 <로미오와 줄리엣>은 1940년 구 소련의 레닌그라드(현 상트 페테르부르크) 키로프(현 마린스키) 오페라 발레극장에서 초연된 작품으로 레오니드 라브로프스키가 안무하고 세르게이 프로코피에프가 작곡했다. 세르게이 프로코피에프 음악의 '로미오와 줄리엣'은 1940년 키로프 발레단이 라브로프스키 안무로 초연한 이래 수많은 발레 거장들이 재해석을 시도한 작품으로 이 작품을 유니버설 발레단의 예술감독 올레그비노 그라도프가 새로운 안무로 재구성한 것이다. 국내에서도 존 프랑코, 유리 그리가로비치, 장 크리스토프 마이요 등 여러 버전이 무대에 올랐다.

비노그라도프라는 거장의 역작이라는 사실만으로도 세계의 주목을 받게 될 한국판 발레 <로미오와 줄리엣>에서 안무자는 '영원히 반복되는 사랑'을 강조했다. 명성과 걸맞게 200여벌에 달하는 의상과 11t 트럭 5대분의 화려한 무대세트, 90명에 달하는 출연진 등 막대한 규모의 대작이었다.

비노그라도프 감독은 "지금까지의 <로미오와 줄리엣>이 선과 악의 대립에 초점을 맞췄다면 이번 작품은 죽음으로 인한 평화와 화해에 큰 비중을 두고 있다. 평화와 화해는 한국의 분단 상황에 던지는 메시지이기도 하다"라고 설명한다. 결말도 색다르다. 이 작품을 기획한 비노그라도프 감독은 "원작의 배경인 중세 르네상스 시대와 현실이 교차하는 것이 기존 작품과 차이점"이라며 "로미오와 줄리엣의 죽음 이후 두 가문이 극적으로 화해한 뒤 남녀 무용수가 그들의 동상 앞에서 촛불을 들고 객석 사이를 천천히 걸어나가는 것으로 로미오와 줄리엣의 숭고한 사랑을 기리면서 끝을 맺는다"고 말했다.

■ 서울예술단 뮤지컬 <로미오와 줄리엣>(작곡 데니악 바르탁, 안무 제임스 전, 연출 유희성) 2002.8.17.~8.25., 예술의전당 토월극장

발레공연에 이어 <로미오와 줄리엣>이 뮤지컬로 재탄생하였다. 우리나라에서 처음으로 뮤지컬로 공연된 것이다. 뮤지컬은 무대 공연의 큰 줄기가 되었다. 앤드류 로이드 웨버 (Andrew Lloyd Webber)의 <Jesus Christ Superstar>, <Evita>, <Cats>, <Phantom of the Opera> 등 오페라가 뮤지컬 바람을 일으켜 근자에는 <Abba>, <Rent>, <레미제라블> 등으로 인기몰이를 하고 있다. 그러나 가장 고상하고 고전적인 뮤지컬은 서울예술단의 뮤지컬 <로미오와 줄리엣>일 것이다.

셰익스피어의 초기작품인 낭만희곡 <로미오와 줄리엣>은 연극으로서의 공연이 정통이다. 그러나 <로미오와 줄리엣>은 오페라로, 무용으로, 영화로도 널리 알려졌으며 뮤지컬로서는 서울예술단의 공연이 우리나라에서 처음이다. 뮤지컬은 마당 놀이를 좋아하던 한국인의 체질에 맞는지라, 흥행성이 우월하다는 인식으로 많은 단체와 중소극장이 무대화하고 있다. 서울예술단은 흥행도 고려했겠지마는, 작품으로서의 성공에 심혈을 기울인 듯하다.

◆ 서울경제, 2002.8.14.
셰익스피어의 원작을 뮤지컬로 창작한 이 작품은 체코 작곡가 데니악 바르탁이 곡을 쓰고 서울 발레시어터(SBT)의 상임 안무가 제임스 전이 안무를 담당해 화제를 모았다. 〈로미오와 줄리엣〉은 수없이 무대에 오른 레퍼토리건만 뮤지컬로 국내공연 되는 예는 놀랍게도 이번이 처음이다.

■ 서울뮤지컬단 <West Side Story>(작곡 레오나드 번스타인, 역 신정옥, 연출 한익평) 뮤지컬 2002.8.23.~9.4., 세종문화회관 대극장

2000년대에 들어와서 셰익스피어는 음악으로 대변되고 있다. 오페라, 무용, 교향시곡 그리고 뮤지컬이 홍수가 되었다. 웨스트 사이드 스토리는 번스타인의 작곡으로 세계적인 명작이 되었으며, 영화는 이미 설명한 바 있다. 원래는 뮤지컬이다. 필자가 번역 소개한 뮤지컬은 판타스틱스, 사운드 오브 뮤직, 아마데우스, 웨스트 사이드 스토리이며 다행히 그 공연은 모두 히트작이 되었고 누차에 걸쳐 공연되었다.

◆ 스포츠 조선
〈웨스트 사이드 스토리〉는 셰익스피어의 〈로미오와 줄리엣〉을 패러디하여 현대적으로 각색한 작품이다. 세계적인 지휘자 레오나드 번스타인이 작곡한 음악과 현대무용의 거장

제롬 로빈슨의 파격적이고 감각적인 안무가 돋보이는 뮤지컬로 평가되고 있다.

세익스피어의 <로미오와 줄리엣>이 1950년대 미국 뉴욕의 뒷골목 웨스트사이드 거리로 배경을 삼았으나, 2002년에는 한국에서 호소하고 있는 것은 바로 그 비극적 사랑이다. 샤크파의 마리아와 제트파 토니의 사랑을 자신이 처한 콘텍스트를 벗어나지 못하고 결국 죽음을 통해서만 이루어지는 그 사랑이다. 레오나드 번스타인의 '마리아', '투나잇' 등 귀에 익은 음악은 서울 팝스의 반주와 더불어, 그 사랑을 마음 깊이 새기도록 해준다.

이 공연은 서울예술단의 뮤지컬 <로미오와 줄리엣>과 대비해서 두 공연은 꼭 보아야 할 작품이었다.

작품에 대한 설명은 2006년 미국 '선댄스 프로덕션'· 독일 '비비 프로모션' 공동제작으로 고양 어울림누리 극장에서의 공연 편을 참조하기 바란다.

■ 대구 온누리극단(각색/연출 이국희, 작곡 김영, 안무 김유경) 무협액션 <로미오와 줄리엣> 2002.9.6~9.8., 야외음악당 소공연장

2002년에 또 하나의 특이한 <로미오와 줄리엣> 공연이 있었다. 무협극이고 뮤지컬이다. 그래도 플롯은 원작과 같다. 거기에 무협과 노래와 춤이 더해진 동서양이 공존하는 볼만한 공연이었다. 온누리 극단은 1992년에 창단되었으며, 1996년에는 <마로윗츠 햄릿>을 공연한 바 있다.

◆ 대구 푸른신문(2002.9.6.)

온누리 극단은 세익스피어의 대표적 희곡 '로미오와 줄리엣'을 무협액션으로 재탄생시켰다. 시공간을 초월한 가공과 허구의 세계는 일상에 지친 현대인들에게 신선한 자극을 줄 것이다. 무림의 세계와 신천지에서 펼쳐지는 무공대결, 복수, 권력쟁탈의 예를 가미, 원숙하면서도 낯선 연극만의 묘미를 관객들에게 전달하겠다고 중국의 전통 무협소설과 유럽의 대표희곡이 만난 무협액션 '로미오와 줄리엣'은 두 연인의 사랑이야기와 함께 새로 작곡된 노래와 춤은 물론 무협액션 장면 등, 음악당을 찾은 관객들에게 흥미와 재미를 더해줄 전망이다.

■ 국립발레단(안무 장 크리스토프 마이요) <로미오와 줄리엣> 2002.10.25.~10.29., 예술의전당 오페라극장

1962년 창단된 국립발레단은 초대 임성남 단장에 이어 1993년 2대 단장인 김혜식 한국예술종합학교 무용원장을 거쳐, 1996년 3대 단장으로 최태지가 취임하였고, 2002년 4대 단장으로 김긍수씨가 취임하였다. 모두 발레계에서 내로라하는 인물들이다.

국립발레단이 모나코 왕립 몬테카를로 발레단 예술감독 장 크리스토프 마이요 (42)가 안무한 <로미오와 줄리엣>을 2002년 10월 25일부터 29일까지 서울 예술의 전당 오페라극장 무대에 올렸다. 2000년 국내 초연 때 현대적 감각의 안무와 독특한 무대장치 등으로 우레와 같은 박수갈채를 받았던 작품이다.

유니버설 발레단의 작품이 정통 클래식 발레라고 하면 국립발레단의 작품은 모던 발레다. 몬테카를로 발레단 예술감독인 마이요가 안무한 이 작품은 간결한 무대와 동서양의 상징성을 조화시킨 의상에 군더더기 없는 깔끔한 춤이 백미다.

이 작품에서 천재적인 음악 감각을 보여주고 있는 마이요는 "프로코피에프의 음악을 듣노라면 마치 영화를 보는 것 같다"고 하였다. 이 작품은 셰익스피어 원작의 <로미오와 줄리엣>을 재해석하여 줄리엣은 수줍고 가녀린 소녀가 아니라 로미오에게 먼저 키스를 퍼붓는 등 모든 상황을 주도해가는 강인한 여성으로, 로렌스 신부는 신성(神性)과 인성(人性)을 넘나드는 신비한 존재로, 줄리엣의 아버지는 등장하지 않고, 어머니 마담 캐플릿은 모성과 부성 그리고 여성성을 동시에 품은 양성(兩性)적인 인물로 그려졌다. 모두가 주인공이다. 원작에선 거칠고 공격적인 것 외에 별 다른 성격 부여를 받지 못했던 티볼트는 사촌 줄리엣에게 매력을 느끼고, 로미오를 질투하는 묘한 캐릭터로 변환됐다.

공연의 완성도를 위해 몬테카를로 발레단의 조 안무자인 조반나 로렌초니가 내한해 무용수들을 지도하는 한편, 이 발레단으로부터 장치, 의상, 스태프를 지원받았다.

로미오와 줄리엣 역에는 장운규-김주원, 이원국-배주연, 몬테카를로 발레단원인 크리스 롤랑- 베르니스 코피에터스터가 트리플 캐스팅 되었으며, 이원국, 김주원은 국립발레단 스타 무용수이고, 배주연은 볼쇼이 발레단원이고, 조주현은 전 워싱턴 발레단원이다.

■ '셰익스피어 러브 페스티벌'

셰익스피어와 함께 사랑 여행을 떠나자. 셰익스피어 연극 중 '사랑 이야기' 5편을 잇달아 공연하는 '셰익스피어 러브 페스티벌'이 2002년 10월 28일부터 11월 24일까지 5개 극단이 참여해 국립극장 별오름극장과 달오름극장에서 열렸으며, 개막작은 극단 숲의 <로미오와 줄리엣>이었다.

1. 극단 숲 〈로미오와 줄리엣〉(10월 29일~11월5일, 연출 임경식)
2. 극단 가변 〈십이야〉(11월 7~14일, 연출 박재완)
3. 극단 실험극장 〈트로일러스와 크레시타〉(11월 13~17일, 연출 김성노)
4. 극단 주변인들 〈말괄량이 길들이기〉(11월 16~24일, 연출 서충식)
5. 지구연극연구소 〈오셀로와 이아고〉(11월 19~23일, 연출 차태호)이었다.

■ 극단 숲 창단공연 (연출 임경식) 〈로미오와 줄리엣〉
　2002.10.29.~11.5., 국립극장
　극단 '숲'은 서경대 임경식 교수를 중심으로 젊은 연극패거리들이 모여 2002년
1월에 창설되었다.
　연출한 임경식은 다음과 같이 연출 의미를 밝혔다.

이 작품의 주된 주체를 사랑과 죽음뿐 아니라 '열정'(Passion)이라는 측면에서 리딩을
시작했다. 연습이 진행되고 보니 정말 로미오와 줄리엣의 사랑은 가히 맹목적이라 할 수
있다. 특히 줄리엣의 똘똘하고 당당하며 죽음마저 사랑의 연장선으로 보는 태도는 이 작품
에 나오는 모든 나이 어린 등장인물들의 '젊음'을 육화시킨 상징적 모습으로 보인다. 젊은
이는 감동할 것이다. 그러나 중년도 노년도 이들의 사랑과 죽음은 애절한 비련으로 마음에
각인될 것이다.

2003year RomeoandJuliet

■ 최청자 툇마루 무용단(대본/안무 김형남) 〈로미오와 줄리엣〉
　2003.4.7., 국립극장 달오름극장
　최청자 툇마루 무용단은 제23회 정기공연으로 각기 독특한 색을 지닌 3인의 남성
안무가 인간 만이 갖고 있는 내면의 미를 춤으로 펼쳐보았다. 2002 한·일 월드컵
때 안무지도를 맡은 안병순 안무의 <손-짓>(Hands: signals), 툇마루 무용단의 수
석 수용수인 김형남 안무의 <로미오와 줄리엣>, 전국 대학 무용대회에서 대상을
수상한 정연수 안무의 <나비의 날개짓 같은 변화>를 2004년 2월 7일 국립극장 달오
름극장에서 공연하였다.

김형남이 대본을 쓰고 안무를 맡은 <로미오와 줄리엣>은 셰익스피어의 <로미오와 줄리엣>을 현대물로 만들어 현대 젊은 남녀들에게 사랑에 대해 좀 더 깊이 생각해 보자는 취지로 만든 작품으로, 이 작품에서 로미오와 줄리엣의 역할은 사람이 아닌, 사람의 소유물인 '애완견'으로 등장시켰으며 작품에 끝까지 등장도 안하는 신부님의 역할은 날카로운 메스를 사용하는 동물병원의 원장으로 정했다. 우리 시대의 신은 어쩌면 하늘에 계신 분이 아니라, 우리와 똑같은 땅을 밟고 사는 생명을 복제하거나 성별까지도 바꿀 수 있는 능력자인 과학자나 의사가 아닐까? 하는 생각을 해보게 하는 작품이다.

■ 서울예술단 뮤지컬 <로미오와 줄리엣>(작곡 데니악 바르탁, 안무 제임스 전, 연출 유희성)
 1. 2003.5.16.~5.17., '제2회 의정부 국제음악극축제'초청작 의정부 예술의전당 대극장
 2. 2003년 8월, '2003 대구하계유니버시아드(U대회)' 사전 문화행사 참가작
 3. 2003. 9. 27~29, '제1회 베이징 국제 연극연출제'초청작
 4. 2003. 10. 24~25, 'Season Arts Performance'초청작 부천시민회관 대공연장
2003년 제9회 '한국 뮤지컬대상' 시상식에서 서울예술단의 <로미오와 줄리엣>은 최우수 작품상 등 5개 부문을 휩쓸었다. 스포츠 조선이 주최한 이 행사에서 최우수작품상 외에도 연출상(유희성), 음악상(데니악 바르탁), 남·여우 신인상(민영기·조정은)을 받았다.
2002년 8월 예술의전당 토월극장에서 초연됐던 창작 뮤지컬 '로미오와 줄리엣'은 체코의 데니악 바르탁의 음악과 제임스 전의 안무, 일본의 하다노 가쓰가 무대미술을 담당하였던 작품으로 2003년에 재공연된 것이다.
작품에 대한 내용은 2002년 편을 참조하기 바란다.

■ 명지대학교 영어영문학과 정기 영어공연 <Romeo & Juliet>
 2003.9.5.~9.6.. 명지대학교 학생회관 소강당
명지대학교 영어영문학과 정기 영어공연으로 <Romeo & Juliet> by William Shakespeare를 9월 5일. 6일 양일간 학생회관 소강당에서 공연하였다. 재학생들이 연출, 스텝, 배역을 모두 맡아서 원문으로 하나의 연극 공연을 한다는 것은 젊은이의 의욕과 정열과 연구심이 강하지 않고서는 할 수 없는 일이다. <Romeo & Juliet>

공연으로 구미작가들의 영어공연을 총 27회를 한 것이며 셰익스피어의 작품공연은 <Macbeth>, <A Midsummer Nigh's Dream>에 이어 세 번째의 공연이었다.

2004year Romeo and Juliet

■ **극단 인터 창립기념작(작 박수진, 연출 손대원) <줄리에게 박수를>**
  2004.3.25.~5.2., 예술극장 나무와 물 개관기념작

이 연극은 신설극단 인터의 창립기념작이자 대학로에 자리잡은 예술극장 나무와 물의 개관기념 작품으로 2004년 3월 25일부터 5월 2일까지 공연되었다. <로미오와 줄리엣>의 줄리라고 이름 부친 동 극단의 공연 설명은 '셰익스피어도 상상 못했던 햄릿과 줄리엣, 로미오와 오필리아의 사각관계라는' <줄리에게 박수를> 이라고 하였다.

극단 인터의 <줄리에게 박수를>은 전공까지 바꿔가며 연극을 선택한 젊은 배우 햄릿과 그녀의 극중극 파트너이자 짝사랑의 대상인 극단 선배 오필리아, 오필리아가 줄리엣 역을 할 때 만난 과거의 연인 로미오, 그리고 만년 조연으로 줄리엣 역의 대역이나 하는 줄리엣 등 4명의 배우를 등장시켜 안정된 직장이 없어 동창회에도 나가지 못하지만 열정 하나로 버텨가는 젊은 연극배우들의 삶과 사랑에 관한 이야기로 만들었다. 우유 배달을 하고 남은 우유를 전하는 것으로밖에 사랑을 표현할 수 없는 연극에 미쳐 늦깎이 배우가 된 햄릿과 시집가라는 엄마의 잔소리가 지겨운 오필리아가 주인공이다. 오필리아는 학교 선배이자 연극동료인 애인 로미오가 사고로 죽자 죽은 연인을 그리워하며 하루하루를 힘겹게 살아간다. 그러나 순수한 햄릿의 구애는 그녀의 마음을 서서히 열어간다. <햄릿> 과 <로미오와 줄리엣> 등 셰익스피어의 연극을 극중극 형식으로 만들었다.

■ **극단 가마골(작 박현철, 작곡 김승환, 연출 이윤주) <로미오를 사랑한 줄리엣의 하녀>**
  1. 2004.6.3.~6.27., 가마골 소극장
  2. 2004.7.30.~7.31., 밀양연극촌 스튜디오극장

순수무구, 청렴, 진실, 사랑의 지상이라는 로미오와 줄리엣의 사랑이 딴 곳으로

흘러가는 마구 가는 변용이다. 셰익스피어의 낭만성은 사라지고 로미오와 줄리엣의 사랑은 0°에서 180°로 바뀌는 역전의 사랑이다. 줄리엣은 오토바이를 몰고 다니는 왈가닥이다.

작가 박현철은 부산의 신진 극작가이며 가마골 소극장은 부산의 소극장이다.

극은 캐플릿가의 말괄량이 줄리엣 대신 하녀 주리가 몬테규가의 로미오와 사랑에 빠지는 내용이다. 그 배경과 상황은 현대적이고 풍자적인데 셰익스피어 원작의 두 앙숙 가문이 400년 후 뉴욕 쌍둥이빌딩 소유주로 그려지고, 줄리엣이 무덤지기 아들이자 무슬림인 하킴을 사랑한다는 설정이다. 파업을 주도했던 주리 아버지(빈 라덴을 닮은)가 몬테규가의 음모로 아내를 잃었다는 이유로 주리와 로미오의 결혼을 가로막고, 줄리엣의 사촌에게 무모하게 결투를 신청한 머큐쇼가 자신이 총에 맞자 양가의 해묵은 원한 관계를 탓한다. 결국 로미오가 줄리엣의 하녀 주리와 사랑하는 사람끼리 맺어지는 해피엔딩의 뮤지컬이다.

■ 극단 허리·경기지역문예회관협의회 공동제작(각색/연출 유준식, 작곡 이원조) 록 뮤지컬 <로미오와 줄리엣 of D.M.Z>
   1. 2004.12.2.~12.3., 의정부 예술의전당 대극장
   2. 2004.12.9.~12.10., 부천시민회관
   3. 2004.12.16.~12.17., 안산문화예술의전당
   4. 2004.12.22.~12.23., 안양문화회관
   5. 2004.12.28.~12.29., 고양어울림극장
   6. 2004.12.29..~12.30., 의정부 예술의전당 대극장

1990년 창단하여 통일극, 실험극 등을 통하여 한국연극의 정체성 확립을 추구하여 창단된 극단 허리가 창단 10주년으로 기념작으로 <로미오와 줄리엣 of D.M.Z.>를 공연하였다. 주역의 호칭은 로미오와 주리아이고 원수는 로장군과 주회장이며, 일국대사, 파주댁 등이 협연한다.

[줄거리]
원작의 16세기 이탈리아의 몬테규가와 캐플릿가의 비극적인 무대는 우리나라의 가까운 미래로 옮겨졌다. 작품 배경은 남북한이 통일되고 4년이 지난 1949년. 과도기 정부의 형태로 남은 자본주의, 북은 공산주의 체제이고, DMZ(비무장지대) 평화연방은 자유방임주의자들을 남북으로 모아서 이루어진 자치지구이다. DMZ(평화연방)은 단일체제 통합을 위한 5년 간의 모델링 개념으로 설치된 공간이지만 화합은커녕 이유 없는 반목이 계속된다.

DMZ 연방의 대표적인 유지이고 원수인 두 집안인, 남에서 대그룹 총수를 지냈던 주회장과 북에서 군 장성을 지냈던 로장군은 '남과 북'이라는 이유만으로 철천지 원수처럼 지내지만, 그런데 로장군의 외동아들과 주회장의 외동딸이 사랑에 빠지고, 두 집안의 화해가 되기를 기다리는 스님이 있으나. 가장 슬픈 사랑이 펼쳐진 것이다.

2005year RomeoandJuliet

■ **서울신문(2005.1.24.) 임병선 기자**

윌리엄 셰익스피어의 비극 로미오와 줄리엣과 비슷한 비극적인 사랑의 결말이 실제로 이탈리아에 일어났다고 BBC가 22일(현지시간) 보도했다.

이탈리아 북북 파두아시에 사는 전직 간호사 로산나(66)는 지난해 9월부터 4개월 동안 혼수상태에서 깨어나지 못하고 있었다. 남편 에토로(71)는 매일밤 병상을 지키는 지극한 정성을 기울이며 그녀가 깨어나기를 기다렸다. 어떤 날은 집과 병원을 네 차례나 오가며 간호하기도 했다.

그러나 아내가 깨어나기 어렵다고 판단한 에토로는 지난 19일 자신의 집 차고에서 자동차 배기가스를 틀어 놓고 마시는 방법으로 자살하고 말았다. 그러나 남편이 숨을 거둔지 12시간만에 로산나는 기적처럼 의식이 돌아왔고 그녀는 눈을 뜬 순간 남편을 간절히 찾았지만 다시는 사랑하는 남편을 볼 수 없었다. 그 같은 비극이 소설의 무대였던 베로나에서 60Km 밖에 안 떨어진 파두아에서 일어났다는 것도 흥미롭다.

■ **대구시립극단(각색/연출 이상원) <춘심 홍로킹 스토리>**
  2005.2.18.~2.19., 대구예술회관 대극장
  공연 프로그램표지의 문구도 희한스럽다.

미안하다! 아 섞었다!
춘향전, 심청전, 홍길동전, 로미오와 줄리엣, 킹 리어!
5개 고전의 합성연극!

동·서양 고전 명작의 아름다운 충돌!
길동이가 춘향이 아들?!
심청이가 변학도의 딸?!

이 작품의 성향이 잘 나타나 있다. 출연자도 이몽룡, 성춘향/뺑덕어미, 변학도, 사부/어부/사또, 방자, 길동, 심청 등이니 좀 혼란스럽다.

그러나 <로미오와 줄리엣> 등 다섯 고전의 혼용은 동서전의 분석이고 종합이어서 작품 구상의 한 예가 될 수 있을 것이다.

변용은 작품 내용의 번안이며 각색가와 연출가의 뜻대로 자유스럽게 성립된다. 원작의 예술성과 문학성에 충실한 전통극 공연은 비판의 대상으로서 크게 문젯거리가 되지만 각색물은 각색이라는 핑계로 방어가 가능하다. 그래서인가? 번안물, 병용된 셰익스피어의 극공연이 전통극보다 다수이고 다양하다. 변용된 것도 흥밋거리도 고전의 멋과 아름다움, 원작 예술의 전통성을 이어가야 할 것이다.

■ 쁘디 발레단·문현화 댄스아카데미 <재즈 로미오와 발레 줄리엣>
2005.4.12., 광주문화예술관 대극장

광주는 우리나라 전통 음악의 도시다. 광주의 비엔날레도 우리나라 문화의 큰 줄기가 되었다.

2005년 광주에서, 발레와 힙합, 무술이 만나는 이색무대 광주 <재즈 로미오와 발레 줄리엣>이 펼쳐졌다. 쁘띠 발레단과 문현화 댄스아카데미가 셰익스피어의 작품 <로미오와 줄리엣> 줄거리를 따라가며 재즈, 발레, 힙합, 무술 등으로 두 연인의 사랑과 갈등을 풀어간다. 작품의 완성도를 높이기 위해서 무술, 힙합을 하는 서울의 춤꾼 '밸리 코리아', '20th 센츄리'를 공연에 합류시켰다. 무대는 사랑, 무도회장, 성당, 갈등, 결투장, 새로운 삶, 대단원 등으로 나눠 진행되며, 루이 암스트롱의 다채로운 재즈음악과 베토벤의 '운명' 등 클래식이 분위기를 형성한다. 이 공연은 동서고금 500년의 역사를 종합한 것이 아니라 그 일부일부를 따서 묶은 것이다. 두 청순한 젊은이의 사랑이 좋은 결과를 맺으라고 조마조마한 불안과 애수심에 젖어야 할 관객이 분위기는 흥미롭고 비통한 결말이 안타깝지만, 셰익스피어 원작의 진가를 가늠하려고 초점을 맞추기가 쉬운 일이 아니다.

■ O.K. 시어터(연출 코르슈노바스) <로미오와 줄리아>

이태리는 관광의 나라이고 우리나라와 비슷한 반도국가이다.

수도 로마(Rome)는 그 자체가 오랜 역사의 박물관이나 다름없고 밀리노(Milano)는 오페라로 유명한 극장 스칼라 좌가 있고 이탈리아 모드의 본거지이다. 물의 도시 베니스(Venice)가 있고 로미오와 줄리아로 관광지가 된 베로나(Verona)가 있다. 또 하나는 자연이 아름다운 나폴리(Naples)가 있는데 이 곳은 마카로니(Macaroni), 스파게티(Spaghetti) 그리고 피자(Pizza)의 본바탕이다. 이러한 음식이 흥청거리면 밀가루의 세상이 된다.

한 마을의 두 피자가게에서 밀가루의 싸움이 벌어진다. 그런데 원수지간인 두 피자집에 로미오라는 외아들과 줄리아라는 외동딸이 있으며, 사랑을 하게 된다. 16세기 이탈리아의 몬태규와 캐플릿 가문의 오래된 비극의 무대는 라투아니아의 젊은 연출가 오스카라스 코르슈노바스(Oskaras Korsunovas)의 손에 의해 현대 이탈리아의 피자집으로 옮겨진다. 이 작품은 2003년에 초연된 신작이다. 그해 아비뇽 페스티벌 공식 초청작(페스티벌 자체가 무산돼 공연은 이루어지지 못했다)이었고, 베오그라드 국제 연극제에서 대상을 수상했다.

집안 대대로 원수처럼 지내왔으나 이제 힘과 칼이 아닌 피자빵 반죽과 밀가루를 가지고 경쟁을 하고 싸움을 하며, 피자빵 반죽을 자랑하며 경쟁하는 코믹한 장면들이 로미오와 줄리엣의 이루지 못할 사랑과 절묘하게 어울려져 이들의 사랑은 원작보다 더 낭만적이고 비극적으로 묘사된다.

코르슈노바스의 말에 의하면 "<로미오와 줄리엣>은 전통과 현대의 영원한 충돌을 다룬 작품이다."줄거리는 원작과 다르지 않지만 두 피자집의 양철주방을 그대로 노출하는 무대에는 칼과 창 대신 피자 반죽과 밀가루가 난무한다. 반죽을 휘두르는 장면은 볼거리도 되지만 리드미컬하다. 밀가루는 누군가가 죽었을 땐, 얼굴에 덮이기도 하지만, 로미오의 독약이 되고 줄리엣의 수면제로 쓰인다.

코르슈노바스는 빌니우스 예술대학에서 연극 연출을 전공하였으며, 1990년 21세의 젊은 나이로 라투아니아 국립드라마 시어터의 연출가로 데뷔, 첫 작품 <There is be here>로 에딘버러 페스티벌 '프린지 최고상'을 수상. 1993년 페테르부르크 연극 페스티벌에서 '최고 연출가상'을 수상. 2001년에는 유럽극장 연합이 수여하는 유럽연극상의 'New Theatrical Realities' 부문을, 잘츠부르크 국제 연극제에서는 '젊은 연출가상' 등 많은 연극상을 수상하였고, 지금은 에이문타스 네크로슈스, 리마스 투미나스와 함께 세계 연극계에 리투아니아 바람을 일으키고 있는 세계적인 연출가가 되었다. 1990년 자기 이름의 이니셜을 딴 O.K. 시어터를 창설하였다.

■ **서울예술단(작곡 데니악 바르탁, 안무 제임스 전, 연출 유희성) <로미오와 줄리엣>**
  1. 2005.5.17.~5.27., 예술의전당 토월극장
  2. 2005.6.4.~6.5., 성주문화예술회관
  3. 2005.6.10.~6.11., 동해문화예술회관
  4. 2005.6.18.~6.19., 부산시민회관

서울예술단은 2002년 뮤지컬 <로미오와 줄리엣>을 초연하여 한국뮤지컬대상에서 최우수작품상 등 5개 부문에서 상을 받았으며, 2003년에는 3월에 '제1회 베이징 국제공연예술제'에 초청되어 공연하였고, 국내에서는 '의정부국제음악극축제', '대구하계유니버시아드' 사전문화행사, 부천문화재단의 'Season Arts Performance' 행사에 초청되어 공연하였으며 2003년 한국뮤지컬대상에서 5개 부문을 수상하였으며, 2004년 11월에는 상하이에서 공연하여 큰 인기를 끈 바 있다.

셰익스피어 원작에 1999년 서울예술단의 창작뮤지컬 <태풍>의 곡을 썼던 체코 데니악 바르탁이 작곡을 하고, 서울발레시어터 상임안무를 맡고 있는 제임스 전이 안무를 남낭하였다. 배우 출신인 유희성의 첫 뮤지컬 언출작이기도 하다. 일본의 무대미술가 가즈에 하타노가 16세기 이탈리아를 옮겨놓은 듯한 무대장치를 만들었고, 조명 디자인은 민경수가 맡았다.

◆ 2005년 5월 29일 한경비지니스 김소연 기자
중간막(Drop)은 아직 올려지지 않은 채 요정 3명이 몽환적 분위기 속에서 춤을 추기 시작한다. 금발머리에 아름다운 의상을 갖춘 요정의 춤사위가 시작되면 '뮤지컬이 아니고 발레 공연인가' 하는 생각이 들 정도로 아름다운 장면이 연출된다.
중간막이 올라가며 본격적인 무대가 시작되면 캐플릿과 몬테규의 노래가 이어진다. 성악 발성의 클라식한 노래가 울려 퍼지면 이번에는 오페라인가 하는 착각에 빠지기도 한다.

뮤지컬 〈로미오와 줄리엣〉은 브로드웨이 뮤지컬 일변도에서 벗어나 클래식한 분위기의 뮤지컬을 접해보고 싶은 관객을 위한 무대다.

… 이 작품이 여타의 뮤지컬과 가장 차별화되는 부분은 역시 무용이다. 제임스 전 서울발레 시어터 상임안무가가 안무한 발레 동작은 전체적으로 잔잔한 분위기를 가진 극을 화려하게 만드는 몫을 톡톡히 한다. 뮤지컬대상 음악상 수상작품답게 클래식과 팝, 록이 절묘하게 어울려 진지하면서도 밝은 분위기가 만들어진다.

■ 로얄 오페라단(작곡 샤를 구노, 연출 이영기)
　〈로미오와 줄리엣〉 2005.6.23.~6·25 ., 대구 오페라하우스

2005년 대구에서는 또 하나의 변형된 공연이 있었다. 이번 무대는 대구 오페라하우스가 지역 오페라 발전을 위해 마련한 '향토 오페라 축제-오페라 속의 사랑 이야기'의 첫 번째 공연으로 6월 22일에서 25일까지 로얄 오페라단이 대구 오페라하우스에서 구노가 작곡한 오페라 〈로미오와 줄리엣〉을 초청 공연하였다.

구노(Charles Francois Gounod, 1818~1893)는 1858년 〈파우스트〉를 작곡하여 1859년 파리에서, 1864년에 〈로미오와 줄리엣〉을 작곡하여 1867년에 파리에서 초연되었으며 이들 두 작품의 대본은 쥘 바르비에(Jules Paul Barbier)와 미셸 카레(Michel Carré)의 합작품이며, 초연은 파리의 테아트르 릴리크에서였다.

셰익스피어의 원작에서는 로미오가 죽은 다음에 줄리엣이 깨어나, 구노의 오페라에서는 로미오가 음독 후에 죽지 않고 있을 때 줄리엣이 깨어나 오페라답게 둘의 이중창으로 종막이 된다. 19세기 프랑스 오페라 가운데 가장 품위 있는 작품으로 꼽히며, 프랑스 오페라 공연 레퍼토리에서 빠지지 않을 만큼 명성을 얻고 있다

■ 극단 앙상블(연출 김진만) 〈바퀴퍼포먼스-로미오와 줄리엣〉
　2005.7.22.~8.1., 국립극장 하늘극장

바퀴 퍼포먼스는 바퀴벌레의 행사가 아니다. 바퀴를 단 연장을 사용한다는 것이다. 바퀴를 타고 재빠르게 질주하는 〈로미오와 줄리엣〉 공연프로그램의 표지에는

"가장 빠른 무대 … 도로 위에 펼쳐지는 인간을 닮은 자동차들의 사랑과 전쟁, 바퀴 퍼포먼스 로미오와 줄리엣" 이라고 이 연극의 뜻을 설명하였다.

필자는 이 작품을 관극하였다. 무대에 대사가 없다. 겨우 몇 마디 소리가 있을 뿐이다. 나머지는 바퀴 퍼포먼스다. 현대 문명의 상징인 자동차가 달린다. 배우들의

팔은 자동차의 범퍼요, 배우의 신체는 자동차의 바디다. 원수인 두 집안의 충돌 장면도 칼싸움이 아니라 자동차의 충돌이다. 멋있게 보이는 것은 인라인 스케이트, 트라이 스키, 킥보드이다. 이 작품은 셰익스피어의 작품이 아니고 조민수의 작품이다. 셰익스피어의 낭만도, 셰익스피어의 시정(詩情)도 없다. 셰익스피어의 비극이 인라인 스케이트로 나를 수는 없다. <로미오와 줄리엣>이 아니고, 바퀴 퍼포먼스이다. 영국의 셰익스피어 극단의 공연이 아니고 앙상블의 바퀴 굴리기다. 필자는 이 연극을 셰익스피어 수용사에 포함시켜야 할 것인가 고민하였다. 그러나 이 작품은 셰익스피어의 <로미오와 줄리엣>을 <로미오와 줄리엣>이 아닐 만큼 파괴한 <로미오와 줄리엣>이다. 관객은 즐겁고 신이 난다. '빠르게 빠르게'를 좋아하는 우리나라 정감에 잘 어울린다. 그래서 이 작품을 <로미오와 줄리엣>이라고 명제 붙인 속도위반이니, <로미오와 줄리엣>의 수용에는 기록할만한 공연이다.

출처: 뉴시스

■ 데이빗 뮤지컬 컴퍼니 <셰익스피어의 여인들>(원작 찰스 조지, 각색 최명숙, 연출 송윤석) 2005.9.16.~10.30., 대학로 열린극장

셰익스피어의 연인들이 모였다. 큰 일이 날 듯하다. 그래서 이들을 무대에서 보아야 할 것 같다. 셰익스피어와 그의 작품들, 그것도 비교적 자주 공연되는 작품의 여주인공들을 한 무대에 모아 셰익스피어 여주인공들의 이름을 차용하여 찰스 조지가 창작한 뮤지컬이니 흥행성은 보증할 만하다.

이 작품은 2001년 6월 22일부터 7월 1일까지 학전 블루 소극장에서 초연되었으며 감성적인 소재로 자칫 어려울 수 있는 내용을 뮤지컬화하여 재미있고 쉽게 관람할 수 있다는 것을 보여준 공연이다.

셰익스피어의 예술과 작품의도를 느낄 수 있느냐 하는 것은 별개의 문제이며, 다만 한 여인의 한 면을 보게 될 것이다.

[줄거리]
아름답고 순수한 사랑의 전형으로 알려진 〈로미오와 줄리엣〉의 사랑, 하지만 그들이 아직 사랑에 눈멀었을 때 함께 죽음으로 생을 마감하지 않고 계속 살아있었다면 어땠을까? 서로에 대한 그들의 환상은 지속되었을까? 첫 눈에 반해버린 그 폭발적 열정은 오래갈 수 있었을까?

이 작품은 그러한 질문으로 시작된다. 줄리엣은 우연히 꿈속에서 본 일로 인해 로미오에 대한 자신의 사랑을 스스로 의심하기 시작한다. 때마침 〈햄릿〉의 오필리아가 나타나 로미오를 햄릿으로 착각하면서 자신의 연인이라고 주장한다. 로미오가 오필리아의 헌신적인 태도에 감동하여 그녀에게 마음을 뺏기자, 그런 로미오를 보면서 줄리엣은 실망한다. 실성한 오필리아 때문에 갈등은 더욱 심해지고 상황을 점점 꼬여만 가는데 …

이를 해결하기 위해 〈베니스의 상인〉의 명판사로 소문난 포오샤가 불려오고 〈오셀로〉의 데스데모나와 〈말괄량이 길들이기〉의 캐서린이 끼어들고, 〈앤토니와 클레오파트라〉의 클레오파트라까지 합세하면서, 결국은 '진정한 사랑'이 무엇이냐는 문제로 파고든다.

서로에 대한 환상이 깨져버린 로미오와 줄리엣은 과연 진정한 사랑을 다시 시작할 수 있을까?

여주인공들은 작품 속에서 개개인의 사랑과 인생관을 드러낸다. 인생의 온갖 역경을 헤쳐나간 그녀들의 이야기는 긴밀한 연결고리를 갖는다. 그녀들의 대화는 사랑의 순수함을 바탕으로 한 음악과 어우러져 아름다움을 더하며, 셰익스피어의 작품에 익숙하지 않은 관객에게 재미와 갈등으로 다가갈 수 있을 것이다. 조건과 능력 위주로 사랑의 잣대를 삼는 오늘날의 현대인들에게 진정한 사랑의 노래, 인생의 노래를 함께 나눌 수 있는 작품이다.

■ '한·일 셰익스피어 페스티벌'-
'셰익스피어 난장 2005'페스티벌 (2005.9.6.~10.9.)

국립극장은 2005년 9월 6일부터 10월 9일까지 '현대극으로서의 셰익스피어'라는 주제로 '셰익스피어 난장 2005'(예술감독 이윤택)를 마련하였다. 2005년 2회 째를 맞는 '셰익스피어 난장'은 공식 참가작 외에도 해외 초청작을 선보이는 '아시아가 바라본 셰익스피어', 유쾌한 '셰익스피어 비틀기'를 선보이는 프린지 페스티벌이 함께 열렸다.

⊙ 공식참가작(3편)
- 국립극단 〈베니스의 상인〉
- 연희단거리패 〈햄릿〉
- 극단 목화레퍼토리 〈로미오와 줄리엣〉
⊙ 아시아가 바라본 셰익스피어 (해외참가작 1편)
- 일본 쿠나우카 극단 〈맥베스〉
⊙ 프린지 페스티벌(3편)
- 동국대학극장 〈햄릿〉
- 공동창작집단 뛰다 〈노래하듯이 햄릿〉
- 극단 가마골 〈로미오를 사랑한 줄리엣의 하녀〉
⊙ 원어극
- '셰익스피어의 아해들(Korea Shakespeare's Kids)' 원어 연극 〈태풍〉

■ 극단 가마골(대본 박현철, 작곡 강중환, 연출 이윤주) 〈로미오를 사랑한 줄리엣의 하녀〉
　2005.10.1.~10.7., 동국대학교 예술극장
　이 작품은 2004년 7월 가마골소극장과 8월 밀양연극촌 스튜디오극장에서 공연된
적이 있다. 작품에 대한 설명은 2004년 편을 참조하기 바란다.

■ 목화 레퍼토리 컴퍼니(각색/연출 오태석) 〈로미오와 줄리엣〉
　1. 2005.9.12.~9.18., '아시아 연극제 in 상하이' 초청작
　2. 2005.10.3.~10.9., '셰익스피어 난장 2005' 페스티벌 공식참가작, 국립극장 하늘극장
　3. 2005.11.10.~12.9., 예술의전당 자유소극장
　1984년에 창단된 목화의 <로미오와 줄리엣>은 오태석 연출로 색다르게 한국식으
로 <로미오와 줄리엣>으로 창출하여 1991년 호암아트홀 개관 10주년 기념작으로,
2001년에는 독일 브레멘 셰익스피어 페스티벌에 아시아 대표 초청작으로 유럽에서
공연되어 극찬을 받았으며, 2001년 극장 아룽구지에서, 2002년 예술의전당 토월극
장에서, 그리고 2005년에 또 다시 무대에 올리는 것이다. 우리나라 셰익스피어의
수용에 있어서 유치진이나 이해랑을 이어가는 셰익스피어극 연출가 오태석이 되었
다고 하여도 무방할 것이다.

■ 극단 허리(작곡 이원조, 안무 김진숙, 연출 류진식) <로미오와 줄리엣 of D.M.Z.>
　2005.11.17.~12.11., 씨어터일(현 더굿씨어터)

2000년 창단 10주년 기념작으로 의정부체육관에서, 2004년 경기지역 문예회관 협의회 공동제작으로 경기지역 5개 도시에서 순회공연을 하였던, 극단 허리의 코리안 록 뮤지컬 <로미오와 줄리엣 of D.M.Z>이 2005년 재공연되었다.

이번 작품에 탈북자 두 명이 도움을 주었으며 극단 측에 의하면 로미오 집안사람들을 전부 북한배우들로 기용하려 했으나 통일부에서 불가능하다고 하였다고 한다. 탈북자 한 명은 로미오 집안의 한 명으로 출연하였고, 나머지 한 명은 북한의 발성법과 화술법, 성악법 등을 지도하였다.

[줄거리]

영원한 세계의 고전 명작「로미오와 줄리엣」을 우리나라의 현재로 재구성한 작품이다. 200X년, 우리나라가 통일된 지 4주년이 되는 날이다. 통일은 일단, 과도기 정부 형태로서 남, 북, 그리고 DMZ, 이렇게 세 개의 연방체제로 구성되었는데, 그 이유는, 급시에 단일체제로 국가를 이룰 때 야기될 대혼란을 피하기 위해서였다. 그리하여 南은 南대로 자본주의 체제 그대로며, 北은 그대로 사회주의 체제이나 DMZ(평화연방)은, 단일체제 통합을 위한 5년간의 모델링 개념으로, 초체제적인 자유주의자들을 남북으로부터 모아 설치한 것이다. 그러나 단일 체제로의 모델은커녕 매번 남·북 출신들의 이유 없는 반목이 계속된다. 특히 DMZ 연방의 대표적 유지인 두 사람-남에서 대그룹 총수를 지냈던 주회장과, 북에서 군 장성을 지냈던 로장군은 원인도 목적도 없는 철천지 원수이다. 이유는 북쪽, 남쪽이라는 것뿐!

그런데 이 무슨 운명의 장난인가.

로장군의 외동아들과 남측 주회장의 외동딸이 서로 사랑에 빠져버린 것이다! 그러나 이 둘의 사랑을 은근한 기대로 바라보는 스님이 있었으니, 그는 이것이 두 집안의 화합을 불러오는 씨앗이 되리라 여기고는……

■ 2005 경기지역 문예회관협의회 공동제작 뮤지컬
  극단 청우(작곡 김태근, 연출 김광보) <로미오와 줄리엣>
  1. 2005.11.25., 경기 과천 시민회관 대극장
  2. 2005.12.2.~12.3., 의정부 예술의전당
  3. 2005.12.9.~12.10., 부천 시민회관
  4. 2005.12.16.~12.17., 안산 문화예술의전당
  5. 2005.12.22.~12.23., 안양 문예회관,
  6. 2005.12.28.~12.29., 고양 어울림극장

셰익스피어의 <로미오와 줄리엣>은 낭만비극이다. 가장 순수한 사랑과 죽음이라

는 자기 희생으로 사랑의 화합을 추구하는 애틋한 사랑의 비극이다. 죽음을 맞이하기까지의 사랑은 고상하고 아름답다. 끝장은 비극이다. 그러나 비극으로 가기까지는 즐겁고 신명나게 하는 음악이, 무용이 무대 효과를 높인다. 그래서 오페라도 있고, 발레도 있고, 뮤지컬도 있다. 오페라는 규모가 큰 기획이다. 큰 무대, 화려한 의상 등 막중한 제작비용이 필요하다. 교향악단도 필수조건이다. 무용도 이에 버금간다. 그래서 뮤지컬 공연이 기획이나 공연에서 선수로 꼽는다. 관객도 음악과 무용이 즐겁다. 서울예술단의 뮤지컬 <로미오와 줄리엣>도, 또 극단 청우의 락 뮤지컬 <로미오와 줄리엣>도 그래서 환영을 받는다. 이러한 경향은 서울이나 지방이나 매한가지다.

연출가 김광보는 "로미오와 줄리엣을 옆에서 지켜보는 '머큐쇼'와 '티볼트'의 입장을 통해 드라마를 엮어갈 것"이라면서 "음악의 중심도 로미오와 줄리엣의 사랑의 테마가 아니라 해설자 격인 머큐쇼의 노래가 될 것"이라고 말하였다.

필자가 동양에서 가장 먼저 번역하여 우리나라에서 처음으로 장기 공연의 실적을 수립한 <에쿠우스>의 연출을 맡았던 김광보는 <에쿠우스> 공연 성공의 한 기둥이 되었던 연출가이다.

2006year RomeoandJuliet

■ 미국 '선댄스 프로덕션'· 독일 '비비 프로모션' 공동제작(작 제롬 로빈스, 작곡 레너드 번스타인 연출/안무 조이 맥널리) <웨스트 사이드 스토리>
2006.3.1.~3.12., 고양 어울림누리 극장

1957년 미국 브로드웨이 '윈터가든' 극장에서 초연된 뮤지컬 <웨스트사이드 스토리>는 아더 로렌츠의 대본을 바탕으로 레너드 번스타인이 작곡하고, 거장 안무가 조지 발란신의 후예인 제롬 로빈스가 연출과 안무를 맡았으며, 스테판 손드하임이 가사를 썼다. 원작자 제롬 로빈스(Jerome Robins)와 작곡가 레너드 번스타인 (Leonard Bernstein)이 인정한 전세계 3대 연출가 중 한 명이자 제롬 로빈스의 안무를 직접 배운 조이 맥널리가 연출과 안무를 맡았다. 10대 갱들이 체육관에서 벌이는 지르박, 맘보, 차차차 등의 춤 대결과 고속도로 아래의 난폭한 패싸움에서 보여준 현대 무용은 세계적인 안무가의 능력을 확실히 보여주었다. 레너드 번스타인은 뉴욕 필의 상임 지휘자로 유럽 독일의 베를린 필의 카라얀(Herbert von Karajan)과 양 대륙의 명지휘자로 알려진, 클래식과 뮤지컬을 넘나들던 20세기의 대음악가이다.

웨스트사이드 스토리는 셰익스피어의 낭만 희극 <로미오와 줄리엣>을 현대적으로 각색, 안무, 작곡한 뮤지컬이며, 뉴욕시 맨해턴의 웨스트사이드, 폴란드계의 불량 청소년 집단 제트파와 푸에르토리코계 시크파의 세력 다툼에서 토니와 마리아의 사랑과 갈등의 틈바구니에서 비극으로 끝나는 이야기다. 우리나라에서는 1961년 영화로 먼저 소개된 작품으로 많은 사람이 주제곡 마리아의 투나잇 노래를 기억하고 있으며, 뮤지컬로는 고 김상열 연출의 단골 메뉴였다.

웨스트사이드 스토리는 연극의 아카데미상이라는 토니상을 3개 부문 수상하고 4개 부문 최종후보에 오르며, 돌풍적인 인기를 끌었으며 734회 공연의 기록을 갖고 있다.

이번 고양 어울림누리에서의 공연은 독일, 이탈리아, 네덜란드 등 유럽투어를 거쳐 내한한 공연이다. 정통 브로드웨이의 연출과 브로드웨이 출신 배우들 중 극의 내용과 가장 가까운 배우들을 캐스팅했다는 평을 받고 있는 미국 '선댄스 프로덕션'과 '로빈스 라이트 트러스트'와 '번스타인 재단'의 엄격한 검증을 거쳐 라이선스를 얻은 작품을 독일 최고의 제작사인 'BB 프로모션'이 공동 제작하였다.

우리나라에서 뮤지컬 웨스트사이드 스토리는 1998년에 국내 캐스팅으로 첫 선을 보인 후 2002년 서울예술단의 공연을 포함하여 몇 차례 공연이 있었지만 브로드웨이 배우들과 무대 스텝이 모두 참여하는 정식 라이선스 공연으로는 국내 처음이다. 30명으로 구성된 오케스트라는 번스타인의 음악을 들려준다. 지휘는 웨스트사이드 스토리의 음악을 2000번 가까이 연주한 도날드 챈이고, 토니는 조시영, 마리아는 커스틴 로시, 리프는 칼월 등 브로드웨이에서 활동하는 배우들이며, 브로드웨이의 배우는 총 36명이 등장한다.

[줄거리]
1940년대 푸에르토리코를 보호령으로 한 미국에 자유로 들어오는 푸에르토리코의 빈민들이 뉴욕의 백인사회에 제2의 할렘을 만들어 말썽의 근원이 되었다. 이 때에 백인지구와 푸에르토리코 사람들의 지역과 인접한 뉴욕의 웨스트사이드에서 백인의 젊은이와 푸에르

토리코의 젊은이들이 텃세 싸움을 되풀이하고 있었다.

그들은 이탈리아계의 제트단과 푸에르토리코계의 샤크단으로, 서로 앙숙관계에 있는 불량 그룹이다. 샤크단의 리더 베르나르드에게는 아니타라는 애인이 있다. 주도권을 다투는 그들은 리프가 거느리는 제트단에 도전한다. 리프는 OB의 토니에게 같이 합세할 것을 요청한다. 제트단의 댄스 파티가 한참일 즈음, 샤크단의 도전장이 날아들어 체육관은 삽시간에 댄스 시험장으로 변해버린다. 두 갱의 그룹이 참가한 댄스파티는 살기가 등등했다. 그 가운데 한 쌍의 남녀가 서로를 뚫어지게 바라보고 있다. 토니와 베르나르드의 동생 마리아, 두 사람은 서로 한 눈에 반한다.

마리아는 그날 밤, 자신을 부르는 소리에 비상계단으로 나간다. 그 곳에는 토니가 와 있었다. 어둠 속에서 사랑의 말을 나누고 리듬에 맞추어 춤을 추면서 두 사람은 헤어진다. 어느 날, 고속도로 아래에서 리프와 베르나르드가 결투를 벌여 리프는 죽음을 당한다. 그러자 토니는 베르나르드를 죽인다. 오빠를 죽인 사람이 토니라는 것을 안 마리아는 토니를 힐책하지만 두 사람의 사랑은 변하지 않는다. 그러나 샤크단의 치노가 토니의 목숨을 노린다. 이것을 안 마리아가 토니를 찾아 나서고, 그를 발견한 순간 치노의 총탄이 토니의 가슴을 관통한다. 그때서야 자신들의 행동을 후회한 제트단과 샤크단은 함께 토니의 시체를 운반해간다. 원작의 줄리엣은 죽음을 택하지만 마리아는 자살 대신 화해와 평화의 메신저로 살아남아 희망을 상징한다.

■ 극단 목화레퍼토리컴퍼니(각색/연출 오태석) <로미오와 줄리엣>

　　1. 2006.1.8. , '제8회 국립극장 연극제' 초청작, 인도 델리 국립연극원내 극장
　　2. 2006.1.13.~2.19., 대학로 아롱구지 극장
　　3. 2006.4.4.~5.7., 남산 드라마센터
　　4. 2006.5.10.~5.19., '제3회 셰익스피어 난장' 참가작 국립극장 하늘극장
　　5. 2006년 7월, 일본공연
　　6. 2006년 8월, '2006 세계야외공연축제' 국내초청작 양평 리즈갤러리 강변무대
　　7. 2006년 9월, '김천가족연극제' 개막작품, 김천문예회관
　　8. 2006년 11월, 바비칸센터 3주 공연

2006년의 셰익스피어 난장은 시작부터 행사의 성공을 다짐할 수 있었다. 이혜경 셰익스피어 학회장의 적극성과 한국의 뮤지컬 <로미오와 줄리엣>을 창출한 서울예술단의 단장이었던 국립극장장 신선희, 그리고 한국판 민속극 <로미오와 줄리엣>의 대부 오태석이라는 총예술감독. 셰익스피어의 난장에 이 이상의 패거리를 찾기는 어려울 것이다. 이 행사의 연극판 두 가지는 <로미오와 줄리엣>이었으니, 하나는 목화레퍼토리컴퍼니의 제공인 오태석의 <로미오와 줄리엣>이었고, 또 하나는 바퀴

로 마구 달리는 극단 앙상블의 <익스트림 로미오와 줄리엣> 이었다. 여기에 셰익스피어의 또 다른 비극 등이 이 행사를 풍요롭게 하였다. <햄릿 (1)~(5)>의 기국서가 연출한 극단 76단의 <리어왕>, 엔스 다니엘 헤로초크(Jens Daniel Herzog)가 연출한 독일 반하임 국립극장의 <오셀로, 베니스의 무어인>에 셰익스피어학회의 교수들이 만든 셰익스피어 이해들의 원어연극(김준심 교수 연출)의 <한여름 밤의 꿈> 등이다.

2007year RomeoandJuliet

■ 프랑스 뮤지컬(작곡 제라드 프레스귀르빅, 안무/연출 레다) <로미오와 줄리엣>
　 2007.1.20.~2.27., 세종문화회관 대극장
2003.1.30. 문화일보 김학민 연출가의 글 일부를 전재한다.

프랑스 뮤지컬 '로미오와 줄리엣'은 '노트르담 드 파리' '십계'와 더불어 프랑스 뮤지컬의 삼두마차다. 이 뮤지컬의 초연은 1999년 파리의 팔레 데 콩그레 극장에서의 공연이다. 6개월 이상 표가 매진되고 앨범만 해도 200만장 이상 판매되는 등 최고의 인기를 모았다. '로미오와 줄리엣'은 홍해가 갈라지는 모습과 피라미드 등을 시각화하기 위해 최첨단 테크놀로지를 사용해서 관심을 모았던 '십계'나 커다란 수레들에 바퀴를 달아 이리저리 움직이게 하고 대형 벽면과 천장에 대형 종들을 매달아 놓고 그 아래 곡예를 하는 '노트르담 드 파리'와 비교할 때, 그렇게까지 무대가 화려하다고 할 순 없지만 현대적 감각을 고전과 조화시킨 참신한 아이디어가 돋보인다.
… 작곡가 제라르 프레스귀르빅은 부드러운 비트로 된 프랑스 대중가요 앨범을 히트시킨 사람답게, 달콤한 샹송 풍으로 두 남녀의 사랑을 예쁘고 감각적으로 노래한다.
… 그런데도 '로미오와 줄리엣'의 영국 공연은 영국 평론가들로부터 그다지 좋은 평을 받고 있지 않다. 영국 문화의 자존심인 셰익스피어를 가지고 만든 작품인데다, 그것도 프랑스어를 영어로 번역해서 만들었으니 이해가 가면서도 영국인들의 배타성을 엿볼 수 있는 흥미로운 단면이기도 하다.

◆ 2006년 12월 27일 세계일보
로미오와 줄리엣, 절반의 가능성=한국공연은 초연시 '로미오와 줄리엣'의 음악·대본을 맡

있던 제라드 프레스귀르빅이 직접 프로듀싱까지 맡아 선보이는 새로운 버전의 공연이라는 점에서 관심과 우려를 모은다. 초년 때 안무와 연출을 맡았던 레다가 참여하지만 무대와 의상이 바뀌며, 로미오(다미앙 샤르구)와 몇몇 조연을 제외한 출연진도 새로 구성됐다.

◆ 2007년 1월 15일 조선일보
전후좌우로 무대를 가로질러 뛰는 무용수들, 뮤지컬 〈로미오와 줄리엣〉은 시작부터 숨가쁘다. 넘어지고, 돌리고, 던지고, 성추행하고, 비명 지르고 … 반목하는 두 집안은 서로 으르렁거리며 몸을 부대낀다. 하지만 싸움도 사랑도 시각적으로 다 춤이다.
신경이 날카로워졌다는 연출가 겸 안무가 레다는 "체육관이라 음향이 불안정하니 양해바란다"고 말했다. 곧이어 시작을 알리는 큐(cue). 음향은 내내 거칠었다. 몇몇 배우들의 노래는 객석에 잘 안 들어오기도 했다. 그럼에도 불구하고 로미오는 '나는 두려워', 줄리엣과 함께 부르는 '사랑한다는 건' '사랑하고 싶어'에 이어 소문 이상의 가창력을 증명했다. 머큐쇼나 티볼트는 물론 줄리엣의 유모까지 드라마틱한 독창으로 존재감을 드러낸다. 청색과 적색 의상으로 구분된 두 집안 패거리들이 낮은 자세로 사냥개처럼 힘을 충돌시키는 2막 초반부 결투 대목도 인상적이었다. 가수들이 춤도 추는 '로미오 앤 줄리엣'의 전개는 몸에 에너지를 모았다 뿜어내는 현대무용으로 채워졌다. 가면무도회는 정지화면처럼 멈추며 로미오와 줄리엣을 강조했고, 장면과 장면 사이의 이음매도 부드러웠다.

■ 서울뮤지컬컴퍼니(작곡 레오나드 번스타인, 연출 이원종) 〈웨스트사이드 스토리〉 2007.5.26.~7.1., 충무아트홀 대극장

훌륭한 음악, 화사한 무용으로 장식된 〈웨스트사이드 스토리〉는 더욱 새롭고 화려한 무대로 관객을 맞이하였다. 젊은이의 감각에 맞도록 사랑과 갈등이 한층 예리하게, 무대·조명·의상 등도 더욱 화려하게 꾸며졌다.

뮤지컬 〈웨스트사이드 스토리(West Side Story)〉는 셰익스피어작 〈로미오와 줄리엣〉의 줄거리를 현대적 감각으로 패러디한 셰익스피어극의 변형 번용이다. 세상의 인기도 높으며 관객은 신난다. 내용은 슬픈 것인데도 노래와 춤이 신나게 한다.

〈로미오와 줄리엣〉이 1958년 뮤지컬 〈웨스트사이드 스토리〉로 브로드웨이의 인기절정의 자리를 차지하였고 2002년 국내에서도 초연되었으며, 2006년에는 해외극단이 맥널리의 안무로, 그리고 2007년에는 또 다른 새로운 모습으로 화려한 막을 올렸다.

영화 〈웨스트사이드 스토리〉는 나탈리 우드(Natalie Wood), 리차드 베이머(Richard Beymer) 주연으로 원작 아더 로렌츠(Arthur Laurents), 각색 어네스트 리만(Ernest Lehman), 그리고 작곡은 레너드 번스타인(Leonard Bernstein)이었

다. 이 영화는 대중의 환호도 대단하였고, 1961년 아카데미의 10개 부문상을 수상하
였다. '아메리카' '마리아' '투나잇' 등 노래는 청춘남녀의 친숙한 노래가 되었고 나
탈리 우드의 청순한 연기가 돋보였다.

작품에 대한 설명은 2006년 편을 참조하기 바란다.

■ 유니버설 발레단 <로미오와 줄리엣>(작곡 세르게이 프로코피에프, 안무 올레그 비노그라도프) 2007.10.20.~10.23., 예술의전당 오페라극장

유니버설 발레단은 국립극장 발레단과 대한민국 발레의 양대 산맥을 이루고 있다.
국립극장 발레단은 최태지가 예술감독으로 우리나라 발레문화를 선도하고 있다.

유니버설 발레단은 박보희 전 한국문화재단 이사장의 딸로 문선명의 아들과 영혼
결혼식을 치른 무용수 문훈숙이 단장이다.

유니버설 발레단이 <로미오와 줄리엣>을 2007년 10월 20일부터 23일까지 예술
의전당 오페라극장에서 발레로 공연하였다. 원작은 윌리엄 셰익스피어, 작곡 세르게
이 프로코피에프, 안무 올레그 비노그라도프, 무대 시몬 파스투크, 의상 갈리나 솔라
바에바, 연주 수원시립교향악단을 파벨 부베르니코프가 지휘하였다.

이 발레를 안무한 예술감독 비노그라도프는 "나는 이 작품을 2002년 초연하기에
앞서 5년간 구상하였다. 안무 노트를 보면 알 수 있겠지만 <로미오와 줄리엣>의
움직임 하나하나를 스케치해왔다… 가장 중요한 무용수, 그들이 먼저 가슴으로 이
작품을 느끼고 이해하고 표현하기를 원했다. 그것이 공연의 본질이다."라고 하였다.
비노그라도프는 세계 발레의 중심 러시아 키로프 발레단 예술감독으로 1977년부터
23년간 최전성 시대를 이끌었던 역사적 인물이며, 오늘날 세계 무대와 어깨를 겨루
며 당당히 인정받는 유니버설 발레단이 있기까지 한국발레의 새로운 지평을 열어준
'발레 선교사'이다. 1992년 유니버설 발레단 <백조의 호수> 안무를 시작으로 올해도
15년간 유니버설 발레단을 이끌어온 거장에게 헌사하는 특별한 공연이었으니, 그의
은퇴공연이었다.

◆ 조선일보(2007.10.2.)
• 유니버설 발레단 <로미오와 줄리엣>만의 매력
<로미오와 줄리엣> 발레 공연의 표본이라고 일컬어지는 라브로브스키-라돌로프 버전을
새롭게 표현해 낸 이가 올레그 비로그라도프다. 라브로브스키-라돌로프 버전이 셰익스피
어 원작의 스토리와 캐릭터를 그대로 살려냈다면, 올레그 비노그라도프 버전은 불필요한

마임을 삭제하고 춤의 비중을 높였다. 또한 순수함의 상징인 줄리엣을 강인한 여인으로, 유모를 등장시키지 않고 능동적으로 자신의 운명에 대처하는 두 연인의 캐릭터를 그려낸 것도 올레그 비노그라도프 버전의 특징이다. 현대인들에게 사랑과 화해의 메시지를 전하는 안무가의 독특한 해석이 가미된 에필로그도 돋보인다. 18세기 이탈리아 베로나 광장이 남기는 감동과 교훈의 의미를 촛불에 담아 21세기 현대인의 평상복을 입고 객석을 향해 걸어 나가는 특별한 결말은 2003년 프랑스 파리 공연에서 호평 받은 바 있다.

2008 year Romeo and Juliet

■ 연희단거리패(번역 송정언, 번안/대본/구성 이채경, 연출 하워드 블래닝 교수, 협력연출 김미숙) <해오라기와 솔뫼>
   1. 2008.2.23.~2.24., '해외연출가 프로젝트' 참가작 밀양연극촌 스튜디오극장
   2. 2008.2.29.~3.23., 대학로 게릴라극장
   3. 2008.7.31., '2008 밀양여름연극예술축제'참가작 밀양 우리동네 극장

밀양연극촌은 두 번째 '해외연출가 프로젝트'로 2007년 밀양연극촌을 찾았던 미국 마이애미대학 하워드 블래닝 연극학 교수와 연희단거리패 배우들이 함께 한 셰익스피어의 원작 <로미오와 줄리엣>을 한국판으로 풀어낸 <해오라기와 솔뫼>를 2008년 2월 23일과 24일 밀양연극촌 스튜디오극장에서 공연하였다.

연희단거리패가 공연한 <해오라기와 솔뫼>는 송정언 번역, 번안/대본/구성 이채경, 그리고 하워드 블래'닝(Howard Blanning)이 연출자이다. 하워드 블래'닝은 미국 옥스퍼드 마이애미 대학 연극과에서 25년간 교수로 재직 중이며, 전공은 극작과 구조적 드라마트루기, 셰익스피어와 희랍극이다. 지난 2년간 한국 예술종합학교에 정규직으로 방문하였고 지난 가을엔 교환교수로 활동 중이다. 한예종 작가들의 작품을 번역하기도 하였으며, 자칭 비빔밥 홀릭이라고 한다. 유머감도 있는 연출가이고 교수인 듯하다. 셰익스피어 작품으로는 <뜻대로 하세요>와 <한여름 밤의 꿈>을 연출한 바 있다.

[작품설명]

〈해오라기와 솔뫼〉는 셰익스피어 원작 〈로미오와 줄리엣〉을 한국적 정서로 번안한 극이다. 그러나 이 작품의 번안 텍스트가 된 원작은 400여년전 셰익스피어 대본의 원형을 그대로 취했다는 점에서 셰익스피어 극의 원형에 가까운 구성과 수사학을 보여준다. 전형적인 낭만 비극의 성격을 지니는 이 연극은, 비극적 정서를 화려한 언어의 수사학으로 펼치는 고전 셰익스피어극 로맨티시즘의 진수를 보여주면서도 다른 한편으로 한국적 리듬과 이미지로 표현된다는 점에서 번안극의 한 흥미로운 전형이 될 것이다.

[줄거리]
옛날 옛적 한 마을에 오랜 원한을 품은 두 가문이 있었는데 솔가문과 해가문이었다. 그리고 이들의 원한에 얽혀드는 또 다른 가문 이 세 가문의 비극적인 파멸의 이야기.
묵은 원한은 언제, 어떻게 시작했는지 아무도 모르는데 원한이란 단어만 남아 산 자들을 괴롭히는구나.
근원 모를 원한의 불씨에 휘말리며 젊은이들을 모조리 잃는 세 가문의 비극적 이야기. 그리고 러브스토리! 이 모든 것이 일어난 시간은 단 5일. 여러분, 증오가 무슨 짓을 저질렀는지 보이십니까?

■ 런던 웨스트 앤드 코미디(극본 Adam Long/Daniel Singer/Jess Winfield, 연출 존 선더스(John Saunders)) 〈셰익스피어의 모든 것〉(The Complete Works of William Shakespeare (Abridged))
2008.2.26.~3.16., 세종문화회관 M씨어터

〈셰익스피어의 모든 것〉이 두 번째 내한공연을 하였다. 원제목은 <The Complete Works of William shakespeare>라고 하였으니 대단히 큰 공연으로 짐작할 수 있다. 그러나 장르는 코미디인 엉뚱한 연극이다. 1996년부터 2005년까지 9년간 공연을 한 런던 크리테리온 극장무대에서 런던 웨스트 앤드 최장기 흥행을 한 코미디로, 1992년 에든버러 페스티벌에서도 최고 인기를 끌었으며, 올리버어워드 최고 신작 코미디 부분에까지 노미네이트 된 세계적인 코미디로, 이 극단은 2005년 이 작품으로 국내에서 1차 공연을 한 적이 있다. 2008년에 2차로 내한공연을 하게 된 것이다. 런닝타임 97분간 셰익스피어의 37개 전 희곡을 녹인 연극이라고 하였으니, 연극의 1막은 셰익스피어에 대한 소개와 함께 〈로미오와 줄리엣〉으로 시작, 장미전쟁, 리어왕이 그의 왕국을 나누는 신, 오셀로가 데스데모나를 질식시키는 장면, 랩으로 표현한 〈오셀로〉, 요리 쇼로 변신한 잔혹극 〈타이터스 앤드로니커스〉, 축구 중계처럼 즐기는 '역사극'이 자연스럽게 오버랩된다.

2막은 1막과 다르다. 〈햄릿〉 한 편으로만 진행되지만 객석 참여를 유도하는 부분이 많아 웃음 코드를 놓지 않는다. 이 공연은 관객들이 단순히 관람만 하는 구조가 아니라, 관객의 반응과 참여 정도에 따라 공연자체가 달라지는 인터액티브(Interactive) 연극이기 때문에 나라에 따라 구성도 달라지고, 객석 분위기에 따라 즉흥적 요소도 가미된다.

양말 인형극으로 선보이는 <햄릿>의 극중극도 볼거리다. 빨강, 노랑 색체의 타이즈를 신은 단 세 명의 배우만 출연하지만, 셰익스피어의 희극도 비극도 모두 코미디가 된다. 무대에는 별다른 소품 없이 두 개의 문이 마련되어 있으며, 배우들이 이 문을 통과할 때마다 다양한 캐릭터로 변신하게 된다.

극의 후반부 <햄릿> 공연이 끝나자 배우들은 <햄릿> 앙코르 공연을 보여주겠다고 한다. 그 자체가 코미디다. 노래나 연주도 아닌데. 앙코르 공연이 끝나자 막이 내리는 것이 아니라 배우들은 거꾸로 보여주겠다고 한다. 비디오 테이프를 뒤로 돌리는 방식 즉 Backward Rewind인 셈이다. 물 컵의 물을 얼굴에 뿌린 뒤 물에 빠진 연기를 했던 햄릿의 연인 오필리아가 물속에서 빠져나와 입에서 물을 뿜는 Backward Rewind 장면도 연출한 것이다. 그리고 이것이 끝이 아니라 마지막으로 아주 빠르게 앙코르 공연을 보여주겠다고 하면서, 칼을 빼들고 벌인 햄릿과 오필리아의 오빠 레어티즈가 죽는 장면을 단 10초에 보여준다. '완벽한 축약본(Complete Abridged Version)'인 것이다.

극에 등장한 셰익스피어 작품리스트는 다음과 같다.

◉ 비극
타이터스 앤드로니커스(Titus Andronicus)
로미오와 줄리엣(Romeo & Juliet)
줄리어스 시저(Julius Caesar)
트로일러스와 크레시다(Troilus and Cressida)
오셀로(Othello)
리어왕(King Lear)
맥베스(Macbeth)
앤토니와 클레오파트라(Anthony and Cleopatra)
아테네의 타이먼(Timon of Athens)
코리올라누스(Coriolanus)
햄릿(Hamlet)

◉ 희극

사랑의 헛수고(Love's Labours' Lost)

실수연발(Comedy of Errors)

베로나의 두 신사(The Two Gentlemen of Verona)

말괄량이 길들이기(The Taming of the Shrew)

윈저의 즐거운 아낙네들(The Merry Wives of Windsor)

헛소동(Much Ado About Nothing)

뜻대로 하세요(As you Like it)

십이야(Twelfth Night)

한 여름 밤의 꿈(A Midsummer Night's Dream)

끝이 좋으면 다 좋아(All's Well That Ends Well)

말은 말로 되는 되로(Measure for Measure)

페리클리스(Pericles)

심벨린(Cymbeline)

겨울 이야기(The Winter's Tale)

템페스트(Tempest)

◉ 〈역사극〉

존 왕(King John)

리처드 2세(King Richard Ⅱ)

헨리 4세 1부와 2부(King henry Ⅳ Part 1 & 2)

헨리 5세(King Henry Ⅴ)

리처드 3세(Kin Richard Ⅲ)

헨리 6세 1부, 2부, 3부(King Henry Ⅵ Part 1, 2 & 3)

헨리 8세(King Henry Ⅷ)

◉ 시집

소네트집(Sonnets)

우리가 쓰지 않은 시(Poems We Don't Do)

■ 두산아트센터 주최·주관(작 박수진, 연출 민복기) <줄리엣에게 박수를>
   2008.3.8.~5.5., 두산아트센터 스페이스 Ⅲ

셰익스피어는 변모한다. 그의 작품이 변형되고 변용된다는 뜻이다.

셰익스피어 본토인 영국서도 셰익스피어의 작품은 많이 변형되었음을 몇 차례 논의하였다. 우리나라에서의 병용은 한국화, 민속화, 역사물화, 현대화 등 그리고 영화, 오페라, 뮤지컬, 무용, 판토마임 등의 변형으로도 소개되어 왔다. 특이한 것은 전 작품이나 몇 작품의 내용 일부를 골라서 종합하는 것이며 <셰익스피어의 여인들>, <셰익스피어의 모든 것>을 예로 들 수 있다. 이제 두 가지 작품의 주인공들의 사랑이 오가고 번복되는 작품이 공연되니, 그 명제는 <줄리엣에게 박수를>이다. 박수진 작, 민복기 연출의 이 작품은 2004년 극단 인터의 창단기념작으로 <줄리엣에게 박수를>이라는 제명으로 초연 이래로 새롭게 만들어보려고 새로운 연출과 새로운 배우들이 모여 두 청춘 남녀들의 사랑 만들기에 춤과 노래로 장치하며, <로미오와 줄리엣>은 클래식하게, <햄릿>은 격정적인 락으로 다른 캐릭터를 표현하려고 하였다.

  젊은 연극배우들의 삶과 사랑을 셰익스피어의 <햄릿>과 <로미오와 줄리엣>의 주인공들의 이름을 빌려 재구성한 작품이다.

  주인공은 햄릿 역의 석동, 오필리아 역의 선정, 로미오 역의 민호, 줄리엣 역의 복순, 이 세대를 살아가는 젊은 남녀 네 명의 엇갈린 사랑 이야기가 극중의 <햄릿>, <로미오와 줄리엣>과 교차되면서 일이 펼쳐진다.

  연극배우 석동은 아침마다 우유배달 아르바이트로 생계를 유지한다. 그는 요즘 <햄릿>으로 살고 있다. 오래전부터 짝사랑해온 배우 선정이 햄릿의 연인 오필리아 역을 맡았다는 사실이 너무 즐겁다. 그런데 선정은 4년 전 자신이 맡았던 '줄리엣' 역에서 헤어나오지 못하고 있다. 당시 '로미오'를 맡았던 배우이자 연인이 세상을 떠나면서 한 발짝도 못나가고 있다. 햄릿과 오필리아가 아닌 햄릿과 줄리엣으로 만난 이들은 연습 내내 삐걱댄다. 햄릿과 줄리엣은 이루어질 수 없는 사랑이기 때문이다. 선정의 절친한 친구이자 만년 조연인 복순은 줄리엣 한번 못해보고 유모 역할만 내리

맡고 있다. 잡힐 듯 잡히지 않는 성공의 고달픔을 지닌 또 다른 청춘이다.

그러나 <줄리엣에게 박수를>은 <햄릿>과 <로미오와 줄리엣>의 반쪽짜리의 합작인 셈으로, 반과 반이 합쳐 하나가 되는 것은 수학적으로 하나가 되는 것인데 셰익스피어의 문학적 연극의 하나가 된다는 것은 전혀 다른 이야기다.

■ 국민일보(2008년 3월 10일) 장지영 기자
"셰익스피어는 '햄릿' '로미오와 줄리엣'만 있나"

영국 런던 웨스트앤드에서 코미디로 최장기 공연 기록을 세운 <셰익스피어의 모든 것>(3월 16일까지)이 세종문화회관 M씨어터에서 내한 공연되고 있다. 셰익스피어의 37개 전체 작품을 코미디로 정교하게 엮은 이 작품은 1996년부터 2005년까지 9년 동안 큰 인기를 끌었다. 그런데 한국 관객들에겐 철저하게 외면당하고 있다. 객석은 절반 이상 비어 있고 찾아온 관객들은 작품을 보고도 웃음을 터뜨리지 않는다. 그나마 웃는 것은 셰익스피어 원작을 패러디한 장면이 아니라 배우들의 슬랩스틱 코미디가 나올 때 정도.

이 작품이 한국에서 푸대접을 받는 이유는 무엇일까. 바로 한국 관객들이 셰익스피어 작품을 잘 모르기 때문이다. 우리나라 공연계에선 하루가 멀다 하고 셰익스피어 작품이 무대에 오른다. 하지만 공연되는 레퍼토리는 10개가 채 안되며, 그것도 유명한 레퍼토리 4~5개에 집중되어 있다.

현재 공연 중이거나 다음 달까지 공연이 예정된 셰익스피어의 작품은 모두 11개. 이 가운데 <햄릿>은 배우 김수용과 고영빈이 열연 중인 뮤지컬 <햄릿>(4월 5일까지). 씨어터와 갤러리의 만남을 표방한 실험연극 <nabis 햄릿>(4월 6일까지). 독일 연출가 헤어초크가 지난해 국립극단과 선보였던 <햄릿>(3월 14~23일) 등 3편이나 된다. 지난달엔 극작가 겸 연출가 박근형이 이끄는 극단 골목길도 젊은 배우들로 <햄릿>을 올렸다.

<로미오와 줄리엣>은 <햄릿>보다도 많은 4편. <로미오와 줄리엣>을 한국식으로 각색한 연희단거리패의 <해오라기와 솔뫼>(3월 23일까지). 안무가 박호빈이 이끄는 현대무용 컴퍼니 까두의 <로미오와 유령 줄리엣>(3월 11~12일). 유리 그리가로비치가 안무한 국립발레단의 <로미오와 줄리엣>(4월 16~19일). 일본 연출가 타다 쥰노스케가 아시아연출가 워크숍에서 한국 배우들과 선보이는 연극 <로미오와 줄리엣>(4월 7~9일)이 예정돼 있다. 민복기가 연출하는 <줄리에게 박수를>(5월 5일까지)는 <햄릿>과 <로미오와 줄리엣>에서 모티브를 따왔다.

두 작품이 전체 3분의 2를 차지한 가운데 <맥베스>가 2편 예정돼 있다. 연출가 한태숙이 맥베스 부인의 관점으로 재창작한 <레이디 맥베스>와 인도 연출가 줄레이카 차우다리가 아시아연출가 워크숍에서 공연하는 <맥베스>다. 이외엔 아시아연출가 워크숍에서 연출가 박장렬이 선보이는 <리어왕>이 있을 뿐이다.

우리 공연계가 셰익스피어의 작품을 너무 편식하는 것은 아닐까. 이젠 <햄릿>과 <로미오와 줄리엣> 외에 셰익스피어 작품을 보고 싶다.

■ '2008 아시아 연극연출가 워크숍'
'아시아 연극연출가 워크숍'은 아시아의 대표 연출가를 초청해 개성 있는 공연을 보여주는 행사이다. 2008년부터 참가작을 국제적인 경쟁력을 갖춘 문화상품으로 콘텐츠화하기 위해 먼저 일반에게 잘 알려진 셰익스피어 작품을 아시아 각국의 전통과 풍습으로 새롭게 해석하는 작업을 시작했다.

출품작은 세 편이다.
1. 한국, 박장렬 연출 <리어왕> 4.3~5.
2. 일본, 타다 준노스케 연출 <로미오와 줄리엣> 4.7~9.
3. 인도, 줄레이카 차우다리 연출 <맥베스> 4.11~13.

■ 일본 타다 준노스케 연출 (번역 명진숙) <로미오와 줄리엣>
　2008.4.7.~4.9., 대학로 아르코예술극장 소극장
<로미오와 줄리엣>의 연출자 타다 준노스케는 일본의 주목받는 젊은 연출가이며 한국에서는 초연작이며, 일본전통 장례식과 셰익스피어의 절묘한 조화를 기도하였다.

[줄거리]
다다미가 깔린 일본의 전통불교식 장례식장
꽃에 둘러 쌓여있는 영정사진들(로미오, 줄리엣, 티볼트, 머큐쇼, 패리스)
객석에 등을 보이며 정좌하고 있는 스님은 영정 사진을 향해 계속 불경을 외우고 있다.
로미오와 줄리엣의 만남은 무모한 인연의 비극의 시작이 된다.
로렌스 신부의 주례 하에 결혼을 하지만, 티볼트와 머큐쇼가 죽게 되자 로미오는 추방을 당한다. 그리고 줄리엣은 패리스와의 혼담으로 로렌스 신부에게 약을 받는데…

이 공연을 연출한 타다 준노스케의 연출 계획은 다음과 같다.

일본에서의 공연이 이번 한국에서의 작업을 거치면서 많은 부분이 변경되었음을 알려드립니다. 다다미도 등장하지 않고, 장례식 역시 불교 형식이 아닙니다. 장례식이란 것을 결국 '고인의 명복을 빈다'는 마음이 중요한 것이고, 형식은 중요치 않다는 생각에서, '그렇다면 불교 스타일이 아닌 연극 스타일로 해보자'고 마음먹게 되었습니다. 이 점 양해 부탁드립니다. 작품에 대해 말씀드리겠습니다. 이번 〈로미오와 줄리엣〉은 문어체를 사용하였습니다. 이것은 일본식 셰익스피어 공연 스타일로, 일본에서는 400년 이전에 쓰여진 희곡이라면 옛날 말이나 문어체를 사용하는 것이 당연시되고 있습니다. 구어체가 아닌 말을 어떻게 하면 현대라는 시공간에서 부활시킬 수 있을 것인가. 이 문제에 대해 답을 찾는 것이 연출가의 임무가 되는 것입니다. 저는 그 해답이 배우들의 신체가 주는 현실감에서 말(대사)을 싣는 것이라고 생각했습니다. 장례식을 모티브로 하고 있는 이유는, 〈로미오와 줄리엣〉은 사랑 이야기이자 죽음의 이야기이기 때문입니다. 사람들은 누구나 살고, 또 죽어가고 있습니다. 그 '죽음과 사랑'이 동시에 존재하는 것이 바로 장례식이며, 저는 이 작품을 로미오와 줄리엣의 장례식으로 생각하고 만들어갔습니다.

■ 국립발레단 발레(지휘 알렉산더 라브레뉴크, 안무 유리 그리가로비치
   〈로미오와 줄리엣〉
   1. 2008.4.16.~4.19., 국립극장 해오름극장
   2. 2008.5.8.~5.9., '제15회 비드고슈츠 오페라 페스티벌'

2000년대에는 〈로미오와 줄리엣〉은 뮤지컬극으로 한창이었다. 2008년에는 발레 〈로미오와 줄리엣〉이 등장한다. 국립발레단이 4월 16일부터 19일까지 국립중앙극장 해오름극장에서 121회 정기공연으로 〈로미오와 줄리엣〉을 무대에 올린다. 이 공연 후 국립발레단은 폴란드에서 열리는 '제15회 비드고슈츠 오페라 페스티벌'에 초청받아 〈로미오와 줄리엣〉을 5월 8일과 9일 비드고슈츠 시(市) 노바 오페라하우스에서 공연하였다. 국립발레단은 "지난해 '우쯔 국제 발레 페스티벌'에서 〈백조의 호수〉를 공연한데 이어 올해도 폴란드 무대에 서게 됐다"며 "이번 공연은 페스티벌 측이 8만 달러의 개런티와 체재비를 지원하는 등 최상의 예우를 갖춘 것이어서 국립발레단의 높아진 위상을 다시 한번 입증하는 것"이라고 말했다.

공연은 〈로미오와 줄리엣〉 원작을 충실하게 따른다. 대를 이어 원한이 쌓여온 베로나 두 가문의 갈등과 싸움, 원수지간인 두 가문 사이에서 싹트는 두 연인의 절망, 연인의 죽음으로 종지부를 찍는 두 집안의 원한, 이 가운데서도 역시 연인의 슬픈 사랑이 담긴 전설에 포커스를 맞춰 두 사람의 사랑 이야기를 주축으로 다양한 볼거리를 선사한다.

현존하는 최고의 안무자로 평가 받는 유리 그리가로비치 안무에 맞춘 모든 의상, 무대장치, 소품을 러시아 현지에서 직접 제작해 들여왔다. 그리가로비치는 1964년 37세의 젊은 나이에 볼쇼이발레단의 예술감독이 된 뒤 33년 간 발레단을 이끌면서 세계적 명성을 안겨줬다.

국립발레단 대표 발레리나 김주원과 네덜란드 국립발레단 수석 무용수 김지영의 '줄리엣' 연기대결도 주목할 대목이다. 두 사람은 2000년 <로미오와 줄리엣>에서 같은 배역을 맡아 기량을 겨룬 적이 있다. 비슷한 나이에 라이벌 구도를 형성하며 2000년대 초반 국립발레단의 '투 톱'으로 인기몰이를 했다. 현재 김주원은 국립발레단 수석무용수로 활동하고 있으며 2006년 세계 발레계에서 권위를 인정받는 '브누아 드 라 당스'의 최고 여성 무용수상을 받았다. 김지영은 2002년 네덜란드 국립발레단으로 진출해 2007년 수석무용수에 올랐다. 이번 공연에서 두 사람은 오프닝(김주원)과 클로징(김지영) 무대를 나란히 맡았다. 두 사람은 "서로 다른 캐릭터를 가지고 있기 때문에 각각의 공연이 서로 다른 매력을 선사할 것"이라고 말했다. 로미오 역에는 국립발레단의 스타로 꼽히는 김현웅(김주원)과 정주영(김지영)이 더블 캐스팅됐다.

이번 유리 그리가로비치 버전의 <로미오와 줄리엣>은 국내 초연작으로 다른 버전과 달리 남성 무용수를 많이 활용해 박력이 넘치고 드라마를 강조한 게 특징이다. 국립발레단은 그 동안 50명 안팎의 무용수로 구성한 <로미오와 줄리엣>을 30명 이상 늘렸다.

공연 레퍼토리에 얹혀 부인과 사별한 안무자 유리 그리기로비치의 애틋한 사연도 화젯거리다. 그는 이번 공연을 위해 6주간의 일정으로 방한해 국립무용단원들을 지도하던 중 서둘러 귀국했지만, 러시아 볼쇼이발레단에서 30여 년간 프리마 발레리나로 활약한 나탈리아 베스메르트노바 (Natalia Bessmertnova)의 임종을 지키지 못한 것으로 알려졌다.

■ 한국문화관광연구원 발간 '너울' 2008년 5월호(Vol. 202)
영원한 사랑의 성지_로미오와 줄리엣의 고향 이탈리아 베로나

• 문학과 오페라가 도시를 지탱한다.
셰익스피어의 희곡 <로미오와 줄리엣>의 서막엔 분명히 이탈리아의 베로나라는 지명이 등장한다. 영국인 극작가의 작품의 배경이 이탈리아의 작은 도시라는 데 의문을 제기하는

사람들도 있지만, 〈로미오와 줄리엣〉의 배경 도시가 베로나라는 것은 분명한 사실이다. 베로나는 12~13세기에는 롱고바르드(롬바르디아)의 지배 아래 번영했으며, 13~14세기에는 겔프 당(黨)과 기벨린 당 사이의 투쟁이 있었다. 바로 〈로미오와 줄리엣〉의 비극은 이 투쟁을 배경으로 한다.

오늘날 베로나를 지탱하는 중추 동력은 원형극장 아레나와 〈로미오와 줄리엣〉으로 대표되는 문화다.

• 영원한 사랑을 믿는다면, 베로나로 오세요.

〈로미오와 줄리엣〉은 베로나에서 벌어진 두 당파의 투쟁을 소재로 한다. 그 주인공 줄리엣이 살았다는 집이 바로 베로나 시내에 자리하고 있다. 카펠로가 21번지, '카사 디 줄리에타'(Casa di Giulietta, 줄리엣의 집)라는 팻말을 단 고풍스런 13세기 벽돌 저택이 바로 줄리엣의 집이다. 아니, 문학 속 허구의 인물에 불과한 줄리엣이 살았던 집이라니!

대문을 지나 자그마한 정원으로 들어서면 찾아온 손님을 환영하듯 따뜻한 미소를 띤 한 여인의 동상이 방문객을 맞이한다. 줄리엣이다. 유독 오른쪽 가슴을 반짝반짝 빛내며 황동 속살을 고스란히 드러내놓고 수줍은 듯 서있다. 언제 누가 지어낸 말인지 알 도리는 없지만, 그 가슴을 한 번 만지면 영원한 사랑을 얻게 된다는 오늘도 남녀노소 할 것 없이 줄줄이 서서는 줄리엣의 가슴을 탐하려(?) 지루한 기다림을 마다하지 않는다.

• 줄리엣의 집은 줄리엣의 집이 아니다.

이탈리아의 작은 도시, 베로나는 '영원한 사랑'을 믿는 사람들의 성지다. 베로나를 찾고 줄리엣의 집을 찾는 외국인 관광객은 연간 600만 명을 넘는다.

앞에서도 설명했듯이 베로나에 있는 줄리엣의 집은 줄리엣의 집이 아니다. 베로나가 문학 작품의 배경이 된 것은 틀림없지만 줄리엣은 문학 속 허구의 인물에 불과하기 때문이다. 하지만 사랑이라는 영원한 삶의 주제와 그리움의 노스탤지어를 간직한 관광객은 사랑이라는 향수를 품고 호기심에 줄리엣의 집을 찾는다. 줄리엣이 진짜로 살았는지 그렇지 않은지는 순례자들에게는 중요한 이유가 되지 않는다. 줄리엣이 살았으면 어떻고 또 살지 않았으면 어떤가. 사랑을 갈구하는 전 세계 남녀에게 베로나는 그들 스스로 로미오와 줄리엣이 된 양 발코니에서 서로 상대를 갈구하는 행동으로 감동과 행복과 충만감을 느끼게 하는 성소다.

■ 木花레퍼토리컴퍼니(대본/연출 오태석) 〈로미오와 줄리엣〉

1. 2008.10.26., '세계연극제' 참가작 ,중국 난징
2. 2008.10.31.~11.1., 베이징 아동예술학원
3. 2008.11.5., '베세토연극제' 참가작, 장자강
4. 2008.12.11.~11.20., 국립극장 하늘극장

이 작품은 오태석 연출가가 1995년 처음 시도했던 번역극이다. 셰익스피어 원작

에 한국적 춤사위와 노래, 그리고 해학적 정서를 접목시켜 만든 작품으로 2001년에
는 독일, 2006년에는 런던 바비칸센터 무대에 오르기도 했다. 2008년에는 오태석은
이 작품을 가지고 중국으로 가서 '베세토 연극제'에 참가했다.

[작품설명]
• 목화의 한국식 〈로미오와 줄리엣〉
컴컴한 무대 위, 청사초롱의 은은한 불빛으로 시작하는 공연은 오방색커튼이 바람에 휘날
리는 마지막 장면까지 '매 장면이 다 엽서의 한 장면 같다'는 평을 들을 만큼 시각적 충만함
이 감동을 자아내는 공연으로 셰익스피어 원전의 정수에 한국전통과 언어와 동작과 색채를
결합한 〈로미오와 줄리엣〉은 극단 목화의 색깔과 정체성을 분명히 드러내는 작품이다.
• 희극적으로 다가가는 〈로미오와 줄리엣〉
화려한 춤 솜씨를 발휘하는 잔칫집의 처자들과 젊은 패거리들. 단 몇 분 만에 결혼식을
끝내버리는 신부님. 우직하고 태평스러운 말을 해대며, 단번에 소주를 들이켜버리는 유모.
자꾸 닭살 돋는 표정으로 줄리엣을 유혹하는 지초시댁 아들, 알아들을 수 없는 ·기도문을
외는 작은 신부님. 못 짓는다더니 총각이 아니면 더 빨리 죽는 약을 만드는 약방할멈.
〈로미오와 줄리엣〉 속 생생한 인물들의 톡톡 튀는 대사들은 관객들을 하염없이 웃기고
시종일관 재기발랄한 움직임으로 볼거리를 선사한다.

2009year RomeoandJuliet

■ 프랑스 뮤지컬(작곡 제라르 프레스귀르빅, 안무/연출 레다)
  〈로미오 앤 줄리엣〉 2009.1.29.~2.27., 세종문화회관 대극장
2009년은 유난히도 많은 뮤지컬 대작들이 무대에 오른 한 해였다. 〈지킬 앤 하이
드〉, 〈버터플라이〉, 〈돈주앙〉, 〈노트르담 드 파리〉, 〈맘마미아〉, 〈오페라의 유령〉,
〈스프링 어웨이크닝〉, 〈금발이 너무해〉 등이 공연되었으며, 첫 테이프를 끊은 최고
화제작은 프랑스 오리지널 공연팀의 뮤지컬 〈로미오 앤 줄리엣〉이었다. 2007년 초
연 당시 한국 관객의 폭발적인 반응을 끌어냈고, 그 성공은 2009년 월드 투어의
첫 번째 국가로 한국이 선정되는 계기가 됐다.
그러나 이번 공연은 1월 30일 공연에서 출연료 지급문제를 둘러싸고 공연팀이

공연을 거부하고 공연장을 떠나는 바람에 공연 30분 전에 관객들에게 환불하는 소동을 빚는 있어서는 안될 커다란 오점을 남기기도 하였다.

2001년 프랑스 파리에서 초연된 <로미오 앤 줄리엣>은 그해 프랑스에서 대박이 터진 작품으로 프랑스 전 지역에서 450회, 전 세계 16개국, 유럽 400만 관객의 실적을 자랑하는 작품이다. 작품 삽입곡 '사랑한다는 것(Aimer)'과 '세상의 왕들(Les Rois du Monde)'은 2001년 프랑스 음악 차트 1위를 차지하기도 했다. 2009년 월드 투어 <로미오 앤 줄리엣>의 한국 무대는 2007년 공연보다 한층 더 새로워진 구성으로 4곡의 신곡을 세계 최초로 선보이며 새로운 버전으로 재편성됐다. 다미앙, 시릴, 존 트리오가 부르는 신곡 '스무 살이 된다는 것(Avoir 20 ans)'이 최초 공개되며 '시인의 노래(Le Pote)', '사람들이 수근대지(On dit dans la rue)' '권력(Le Pouvoir)' 등이 그것이다.

대사 없이 배우들의 노래로만 극을 이끌어가는 이 작품은 감미로운 프렌치 샹송을 기본으로, 강렬한 비트의 록 음악을 변주해 클래식하면서도 모던한 선율을 자랑하는 것이 특징이다. 안무와 연출은 1998년 프랑스 월드컵 개막식 연출을 담당한 레다(Redha)가 맡아 현대 무용부터 힙합, 브레이크 댄스, 아크로바틱 등 극적이고 역동적인 춤을 보여주었다.

◆ 2008년 1월 30일 아시아경제 박소연 기자는 문제점을 지적하였다.
• '아쉬운' 주연-'빛났던' 조연…뮤지컬 <로미오 앤 줄리엣>
솔직한 감상은 전반적으로 너무 심심하다는 것. 주인공들이 극을 이끌어가는 강렬한 힘이 부족했다는 것이 가장 큰 문제점이다.
조연들의 연기력과 뮤지컬 넘버들은 깜짝 놀랄만큼 아름다웠지만 음악의 감동을 폭발시킬 종합적인 뮤지컬의 다양한 장치들이 부족해 아쉬움을 남겼다.
로미오와 줄리엣의 순진한 음색은 둘이 앙상블을 이룰 때보다 각자 솔로로 노래할 때 더욱 돋보였으니 둘의 절절한 사랑에 몰입하기 힘든 상황이 벌어졌다. 로미오의 '허당'스러운 사랑 노래보다 티볼트의 숨겨진 짝사랑이 더욱 애절했으며 줄리엣이 아무리 노래해도 느껴지지 않았던 로미오에 대한 사랑이 줄리엣의 유모(이다 고르동)가 연기하자 눈물이 날 듯 와 닿았다.
특히 어릴 때부터 줄리엣을 지켜본 유모가 사랑에 빠진 줄리엣을 대견해하고 둘의 사랑을 축복해주며 부르는 노래 '그녀가 사랑에 빠졌네'(Et Volia Qu'elle Aime) 부분에서는 무대장치 하나 없이도 연기자의 역량이 빛났다.

아울러 이 뮤지컬에서 최고의 넘버로 꼽히는 '세상의 왕들'(Les Rois du Monde)
은 로미오, 벤볼리오, 머큐쇼와 코러스의 합창으로 역시나 관객들의 큰 박수를 이끌
어냈다.

■ 국립창극단 창극(작창 안숙선 명창, 음악 이용탁, 창극본/연출 박성환) <로미오와
   줄리엣>
   1. 2009.2.7.~2.15., 국립극장 달오름극장
   2. 2009.8.3.~8.4., 서울광장 무료공연
   3. 2009.10.14.~10.15., '2009 서울국제공연예술제' 참가작 대학로 아르코시티
      극장,
   4. 2009.12.5.~12.13., 국립극장 달오름극장

   1956년 임춘앵 여성국극단이 시공관에서 <청실홍실>을 공연하였다. 이 작품은 셰
익스피어의 <로미오와 줄리엣>을 번안한 것이며 창극이다. 2009년에 <로미오와 줄리
엣>의 창극에서 판소리를 듣게 되었다. 2009년 2월에 단 하나의 한국판 <로미오와
줄리엣>이 공연되었다. 경상도 로미오와 전라도 줄리엣의 비련을 창극으로 각색하여
국립창극단이 국립극장 달오름극장 무대에서 공연하였다. 이 작품은 젊은이들에게
친근한 번안극을 창극화한 첫 번째 시도로 '판소리 르네상스'를 열겠다는 의도였다.
   창극 <로미오와 줄리엣>은 주요 장면을 다양한 한국 전통 연희로 표현하는 것이
특징이다. 로묘와 주리가 처음 만나는 날 벌어지는 백중날 굿판, 최불립이 가문의
명과 복을 빌기 위해 동네 사람들을 초청해 마련한 굿판, 무녀의 제의식, 북청사자춤,

탈춤 등이며, 관객들도 기와밟기, 강강술래, 답교놀이 등으로 참여할 수 있었다.

배경은 고려시대, 로묘와 주리는 원수지간인 영남과 호남 집안의 자녀들이며, 두 집안의 반목을 경상도와 전라도의 사투리로 표현, 지역 감정문제도 교모하게 담아서 수많은 전통놀이가 종합적으로 재현되는 등 극을 흥미롭게 꾸몄다.

[줄거리]

장소는 중세 이태리의 베로나가 아니고, 전라도 남원과 경상도 함양이 맞닿아 있는 팔량치 고개가 배경이다. 주인공도 몬태규가의 로미오와 캐플릿가의 줄리엣이 아니고, 남원 토호며 귀족인 문태규 집안의 아들 '문로묘'와 함양의 귀족 최불립 집안의 딸 '최주리'이다. 호남과 영남을 대표하는 양대 가문은 몇대로 내려온 집안 간 원수이다. 두 지역 양대 터줏대감인 두 집안의 반목에서 사랑을 꽃피우는 로묘도령과 주리낭자의 사랑은 결국 비극으로 마감되는데, 이들이 처음 만난 곳은 백중날 놀이판이다. 최불립이 집안의 명과 복을 빌기 위해 근동 사람들을 초청해 풍물을 비롯하여 꼭두각시놀음, 버나 돌리기, 탈춤 등이 어우러지는 재수굿판을 벌인 것이다. 로묘도령과 주리낭자는 첫눈에 반하게 되고 북청 사자놀음에 끼어들어 함께 춤을 추며 사랑을 확인한다. 그러나 운명은 기구하다. 로묘는 주리 사촌을 죽여 유배를 당하고 주리네 집안은 주리에게 명문가와의 혼사를 추진한다. 주리는 혼사를 거절하기 위해 하루만 죽는 약을 먹고 자살한 모습이 되었다. 주리가 죽었다는 소식을 들은 로묘는 진짜 약을 먹고 죽는다. 다시 깨어난 주리는 로묘가 죽은 걸 확인하고 자살로 생을 마감한다. 두 연인의 죽음은 씻김굿으로 위로받는다.

■ 프랑스뮤지컬 한국어 공연(음악/제작/공동편곡 제라르 프레스귀르빅, 연출 조준희, 안무 김성일) <로미오와 줄리엣>

1. 2009.7.4.~8.2., 예술의전당 오페라극장
2. 2009.11.3.~12.13., 올림픽공원 우리금융아트홀(개관작)

2007년과 2009년 프랑스 오리지널 공연으로 호평을 받았던 뮤지컬 <로미오와 줄리엣>이 최초 한국어판 라이선스 공연으로 2009년 국내무대에 올랐다. 로미오 역에 임태경과 신성록이, 줄리엣 역에 김소현과 박소연이 더블캐스팅 됐다.

◆ 2009년 7월 5일 뉴시스 이민정 기자

라이선스 뮤지컬은 흥행이 검증된 공연에 한국어만 입힌다는 편리함도 있지만, 잘 입혀야 한다는 부담도 크다.

뮤지컬 무대에서 활발히 활동하는 팝페라가수 임태경(36), 뮤지컬배우 김소현(32)이 이러한 걱정을 날려버렸다. 폭발적인 가창력, 수려한 외모 등으로 여성 관객들의 사랑을

한 몸에 받은 프랑스 '로미오' 다미앙 사르그, '줄리엣' 조이 에스텔 못잖은 연기와 노래로 흡인력을 과시하고 있다…

전문 무용수들이 등장하는 원작 뮤지컬의 화려한 군무를 그대로 재현했다. 화려한 조명과 무대 등도 똑같다. 커튼콜에서도 마찬가지로 '사랑한다는 것', '세상의 왕들'을 앵코르 곡으로 부른다. 그러나 관객들의 호응도는 더 높다.

■ '2009 세계 국립극장 페스티벌'-'2009 셰익스피어원어 연극제(Shakespeare Festival)' 국립극장 KB청소년하늘극장

국립극장과 한국셰익스피어학회는 제3회 '2009 세계 국립극장 페스티벌' 행사의 일환으로 '셰익스피어 원어연극제(Shakespeare Festival)'를 공동 주최하여 전국 대학 셰익스피어 원어연극 경연대회와 교수 극단(Korea Shakespeare's Kids) 원어연극 공연을 개최하였다.

한국셰익스피어학회(The Shakespeare Association of Korea)는 1963년 4월 28일 셰익스피어 탄생 400주년을 앞두고 한국 영문학계의 중추 학자들이 주축이 되어 결성되었으며, '셰익스피어 원어연극제(Shakespeare Festival)'를 20여년 넘게 지속적으로 개최해오고 있다. 참가대학은 다음과 같다.

강릉대학교: 〈한여름 밤의 꿈 A Midsummer Night's Dream〉,
경기대학교: 〈맥베스 부인 Lady Macbeth〉,
광운대학교: 〈로미오와 줄리엣 The Spirit of Romeo & Juliet in Silver Age〉
대진대학교: 〈로미오와 줄리엣 Romeo & Juliet〉
동덕여자대학교: 〈한여름 밤의 꿈 A Midsummer Night's Dream〉
서울산업대학교: 〈말괄량이 길들이기 The Taming of the Shrew〉
성균관대학교: 〈베니스의 상인 The Merchant of Venice〉
수원대학교: 〈한여름 밤의 꿈 A Midsummer Night's Dream〉
순천향대학교: 〈맥베스 Macbeth〉
충북대학교: 〈맥베스 Macbeth〉
교수극단(Korea Shakespeare's Kids): 원어연극 〈오셀로〉

■ 열혈예술청년단, 거리연극 <Romeo+Juliet-FROST>(작/연출 윤서비, 안무 류재미, 음악 허영진) 2009.12.3.~12.6., 대학로 일대

1997년 창단한 열혈청년예술단은 2004년부터 특정공간연극 혹은 환경연극 등의 야외극을 창작하여 공연하고 있는 단체이다. 열혈예술청년단은 <로미오와 줄리엣>

을 해피엔딩 버전, 보헤미안 버전, 리추얼 버전, 그런지 버전으로 각색해서 2004년에 '헤이리 페스티벌 2004', 2005년에 '춘천국제연극제' 사전 개막행사 등에서 공연해 왔으며, 그 중 <로미오와 줄리엣-그런지>는 2004년부터 2006년까지 서울변방연극 제 공식참가작으로 낙산공원 일대에서 진행하였다. 3년 만에 대학로에서 재공연하게 되는 돌아온 <로미오와 줄리엣>시리즈는 겨울, 추위와 함께 <Romeo+Juliet-FROST> 로 각색하여 2009년 대학로 일대에서 약 두 시간 동안 공연하였다. 그동안 도보로만 이동했던 극에 버스 이동 동선을 추가하고 이화사거리~낙산공원에서 시작, 이화장 을 거쳐서 한국문화예술위원회 건물에서 마무리하였다.

프로스트(Frost)란 '추위, 혹한, 냉담함, 싸늘함' 등의 뜻이며 작품에 나오는 모든 인물들의 척박한 환경과 냉담을 들어내는 단어이다. 또한 추운 겨울에 공연하는 특별함을 강조하는 뜻이라고 극단측은 설명한다. 비록 겨울의 거리라는 한정된 무대 였으나 영상으로 배경을 삼아 연극내용과 접목시켜 극적효과도 크게 향상되었으며, 관객들에게도 색다른 즐거움을 주었다.

2010year RomeoandJuliet

■ 극발전소 301(작/연출 정범철) <로미오와 줄리엣은 살해당했다>
2010.1.28.~2.7., 대학로 우리극장

우리나라에서 2010년에 새로운 로미오와 줄리엣이 탄생하였다. 2007년 창단한 극발전소 301은 <로미오와 줄리엣은 살해당했다>(작·연출 정범철)를 공연하였다. 이 작품은 셰익스피어의 원작 <로미오와 줄리엣>을 각색한 것이며, 줄거리는 원작에 서 로미오와 줄리엣이 서로 사랑하고 두 가문의 세력다툼이 그들의 사랑을 가로 막는다는 정도가 반영되었으나, 완전히 새로운 연극으로 만들어졌기 때문에 창작극 이라고 할만하다.

이 연극은 <로미오와 줄리엣은 살해당했다>는 설정에서 출발한다. 로미오와 줄리 엣의 죽음이 세상에 알려진 후 로잘라인과 패리스는 기자회견을 열어 그들이 죽음을 택한 것이 아니라, 누군가에 의해 살해당한 것이라고 주장한다. 그리고 연극은 그

로미오와 줄리엣이 서로 만나게 되고 사랑하고 죽음에 이르는 과정을 로잘라인과 패리스의 독백과 과거회상 등을 통해 보여준다.

줄리엣을 만나기 위해 그녀의 창문 앞에 찾아온 패리스. 그러나 이미 그곳에서 사랑을 속삭이는 로미오와 줄리엣을 목격하고 괴로워한다. 십년 전, 패리스를 처음 만난 그때를 떠올리는 로잘라인. 줄리엣을 향한 패리스의 일편단심에 아파하며 신부님을 찾아가 의논을 한다. 로미오와 줄리엣의 결혼식이 한창 진행 중인 성당. 숨어서 지켜보는 패리스. 이때 티볼트 일당이 들이닥치고 결혼식은 난장판이 된다. 티볼트가 로미오에 의해 살해되고 로미오는 잠적한다. 줄리엣의 집 앞에서 잠복하던 패리스는 로미오 패거리들이 보이자 이성을 잃고 로미오를 체포하려 달려드는데…

[작품설명]
로미오가 줄리엣보다 먼저 사랑했던 여자, 로잘라인.
줄리엣에게 청혼까지 하였으나 끝내 버림받은 남자. 패리스
로미오와 줄리엣이 만나지 못했다면?
이 연극은 편집된 영화와 같은 분위기를 연출한다. 이런 연극의 설정은 극의 내용뿐만 아니라, 새로운 캐릭터를 만들어내고 있다. 우리가 생각하던 로미오와 줄리엣은 순진무구한 연인으로 사랑하던 비련의 주인공이었으나, 이 연극에서의 로미오는 바람둥이로, 줄리엣은 얼짱이자 싸움짱이라는 캐릭터를 통해서 순수한 사랑을 비틀어내고 있다. 원작과 전혀 다른 성품의 로미오이고 줄리엣이다. 그리고 10년이나 줄리엣을 사랑하는 패리스, 그런 패리스를 향한 로잘라인의 사랑을 통해 우리가 모르는 다른 면을 묘사하고 있다. 이 작품이 창작에 가깝다고 할 만한 이유이다.
'진실은 결국 밝혀진다.', 밝혀진 것이 진실이다.' 이 두 가지 대사는 이 연극의 주인공인 패리스의 입에서 나온다. 그리고 이 두 대사도 이 연극의 전반을 흐르고 있는 내용이다. 이 연극의 설정은 우리가 사랑하던 로미오와 줄리엣이 아니고 로잘라인과 패리스라는 인물에 집중하고 있으니, 기존의 로미오와 줄리엣의 캐릭터를 다르게 창출하며 문제의식을 던지고 있다. 햄릿이 다시 태어나듯, 로미오와 줄리엣도 다시 태어나고 죽는 것이다.

◆ 연극평론가 김옥란
2006 옥랑희곡상 자유소재 부문 최우수 작품상 수상작이나 공연되지 못하고 서울예대 지원금을 받아 뒤늦게 공연되는 작품…
대부분 서울예대 출신으로 보이는 배우들이 대거 출연, 15명.
아무리 대중적으로 익히 알려진 〈로미오와 줄리엣〉의 이야기에 기대어 있다 하더라도, 그 이야기를 뒤집은 서사 전략이 부족하고 대부분의 공연을 대사로서 처리하고 있는 부분은 너무 힘들었던 부분. 중간중간의 장면을 코믹한 반전으로 처리하고 있는 부분도 전체를 지탱하는 힘이 없이 반복되고 있기에 일종의 장난처럼 느껴지는 부문도 아쉬움.

또 한가지. 전체 스타일의 통일이 이루어지지 않은 점도 아쉬움. 공연이 시작되기 전 그 유명한 <로미오와 줄리엣> 영화가 흘러나온다. 올리비아 핫세 주연인 그 영화의 발코니 장면, 새삼 영화를 다시 보니 올리비아 핫세, 진자로 귀엽고 예뻤군 탄복하면서 연극이 시작되기를 기다렸으나.. 그 장면들이 정작 공연 자체와 어떤 관계인지 아리송, 오로지 <로미오와 줄리엣>의 익숙한 장면을 반복하고 있는 것 이외의 극적 효과를 잘 모르겠음. <로미오와 줄리엣>의 전사인 로미오의 연인 로잘라인, 줄리엣의 청혼자 패리스를 중심축으로 이야기를 끌어가다가 또 한 번의 반전으로 신부와 유모의 이야기로 반전시키는 논리의 극적 타당성이 느껴지지 않음. 반전에 반전을 거듭하는 기계적인 반전의 결과로만 보이고 로잘라인, 패리스 뿐만 아니라 신부와 유모의 정당성이 보여지지 않는다.

로잘라인과 패리스의 '소외된 사랑'을 위해서 굳이 로미오와 줄리엣은 '살해'당해야만 하는 것일까?? …

앞으로… 대사의 의존도를 줄이고 극 전체를 보는 안목과 극 전체를 지양하는 플롯 구조에 대한 보완이 좀더 필요하다는 생각.

■ 공연공작소(연출 최승태) <로미오와 줄리엣 Ver2.0>
  2010.3.13.~5.9., 대학로 셰익스피어극장(북촌창우극장)

'웃찾사'개그맨 김성규, 유기준, 권성호, 김성준, 이종규, 문세윤, 이수한, 이희진이 출연한 <로미오와 줄리엣 Ver2.0>는 아마 많은 관객들이 개그를 기대하고 연극을 관람하였을 것이다. 기대를 저버리지 않은 코믹극이었다. 그러나 관객들이 예상치 못하였던 또 하나가 있다. 마술대회가 열리는 동안 마술사로 분한 로미오가 줄리엣에게 사랑의 마법을 걸고, 명장면으로 꼽히는 줄리엣의 집 앞 세레나데 장면에서는 줄리엣의 마술도 펼쳐진다.

■ 서울예술단 (구성/연출 박석용) 미니전막 뮤지컬 <로미오와 줄리엣>
  2010.7.30.~7.31., 축제극장

서울예술단의 <로미오와 줄리엣>은 국내 최고의 야외연극축제 '제22회 거창국제연극제'에서 영광스러운 개막을 장식했다.

1990년 문화체육관광부가 설립한 서울예술단은 뮤지컬 <로미오와 줄리엣> 작품 하나로 2002년 초연 시 '보고 싶은 명작 1위'로 선정되었고, 2003년 제9회 한국뮤지컬대상, 연출상 등 5개 부문을 수상하였으며, 2008년에는 LG 아트센터에서 공연하였다.

서울예술단은 문화체육관광부에서 서울예술단, 국립국악원, 국립발레단 등 10개 국립예술단체들이 예술 공연을 쉽게 접하기 어려운 지역의 문예회관에 찾아가 다양한 공연을 선보이도록 하는 사업인 '방방곡곡 문화 공감'행사로 2003년에는 김천, 서산, 울산, 동해, 사천, 의정부, 거창, 대구, 부천, 포천에서, 2005년에는 포천, 성주, 동해, 부산에서, 2006년에는 창원, 장흥에서, 2010년에는 거창, 사천, 음성, 고흥에서 정말로 전국 방방곡곡에서 공연하였다.

■ 목화레퍼토리컴퍼니(각색/연출 오태석) <로미오와 줄리엣>
　　2010.9.21.~10.24., 남산 국악당

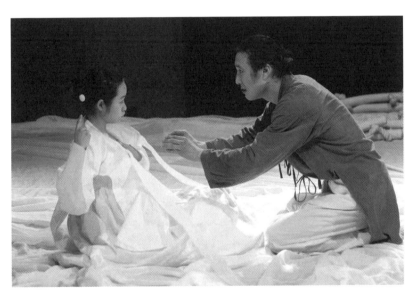

　극단 목화의 <로미오와 줄리엣>은 1995년 초연 이후 동아연극상, 2001년 한국연극협회 올해의 우수공연상, 2001년 한국연극평론가협회 올해의 베스트3에 선정되고, 국내에서의 활발한 공연은 물론 해외로까지 진출하여 2001년 독일 브레멘 '셰익스피어 페스티벌', 2006년 영국 바비칸센터, 2005년 인도 '국립극장 페스티벌', 2008년 중국 난징 '세계연극제', 일본 '도가 SCOT Summer Season 2009' 초청공연을 하였다.
　극단 목화는 서울 남산국악당과 손잡고 셰익스피어 원작 <로미오와 줄리엣>을 한국화 작업을 통한 재해석을 하여 2010년 9월 21일에서 10월 24일까지 남산국악당에서 공연하였다. 남산국악당은 전통 한옥과 현대 건축양식이 혼합된 공연장으로 남산골 한옥마을 내에 위치하고 있으며, 서울특별시로부터 세종문화회관이 위탁받아 운영하고 있다.

◆ 2010년 10월일 공연전문잡지 OTR 정다훈 기자

목화의 〈로미오와 줄리엣〉은 셰익스피어의 〈로미오와 줄리엣〉을 우리의 무대 언어-악(樂), 가(歌), 무(舞)-로 그려낸 마당놀이 형식의 공연이다. 원작의 로미오는 꽁지머리 총각으로 줄리엣은 갈머리집 처녀로 탄생했다.

연극은 두 집안의 반목을 상징하듯 두 집안의 의상을 확연히 달리해서 보여준다. 자줏빛의 갈머리 집, 녹색의 꽁지머리 집은 서로의 출신을 트집 잡으면서 갈등을 일으키고 상대를 죽음으로 몰고 간다. 더더군다나 연극 속 '싸움'이나 '죽음' 장면은 살기가 넘치는 긴장감 있는 무대가 아니다. 배우들은 춤을 추듯 느릿느릿 칼을 뽑고 쓰러진다. 생략과 비약 그 너머 상상을 연극 곳곳에서 느낄 수 있게 만들어 놓았다.

예전 공연에서 플라스틱 욕조에서 머큐쇼가 죽음을 맞이했다면, 이번 무대에선 조금 더 정교하게 만들어진 나무 욕조가 등장한다. 이 나무 욕조는 마을 광장의 샘터로 시작해 두 집안이 싸움을 벌이는 링이 되다 머큐쇼가 죽음을 맞이하는 관이 된다. 그 후 상여가 되어 구슬픈 음과 함께 무대 밖으로 내어진다. 자유자재로 변하는 무대 소품에 관객들의 상상력은 끊임없이 자극받게 된다.

〈로미오와 줄리엣〉의 무대에선 장면 전환시 암전을 이용하기보단 천을 이용해 무대를 잠시 보이지 않게 한다. 즉 극 중 죽어있는 배우들이 움직여야 할 시점에 와선 잠시 천으로 가려 그 흐름을 끊지 않는다. 죽었던 사람이 암전시 벌떡 일어나 '쑥' 무대 뒤로 사라지거나 하는 법 없이 자연스럽게 다음 장면으로 이어져 극 몰입에 도움을 준다.

많은 이들이 좋아하는 장면인 로미오와 줄리엣의 첫날 밤 장면은 아이의 눈으로 봐도 어른의 눈으로 봐도 기발한 장면이다. 실제 이 장면에선 관객으로 온 7세 내지 8세 아이들의 웃음소리가 간간히 들려 더 재미있었던 장면이기도 하다. 무대를 가득 뒤덮은 하얀 색 천 하나로 첫날밤의 아슬아슬한 장면을 표현해낸 점은 다시 봐도 신기하다. 숨바꼭질하듯 천 앞과 뒤를 전천후로 활용하며 청춘남녀 로미오와 줄리엣 뿐 아니라 관객들의 애간장을 녹였다.

■ 부천 필하모닉오케스트라·부천코러스(예술총감독 이헌정, 지휘 클라우스 아르프, 연출 이경재) 오페라 〈로미오와 줄리엣〉
　2010.10.26.~10.30., 부천시민회관 대공연장

부천 문화재단의 문화브랜드 '오페라 인 부천(Opera In Bucheon)'의 세 번째 작품 〈로미오와 줄리엣〉이 2010년 10월 26일부터 30일까지 부천시민회관 대공연장

에서 샤를 구노의 프랑스 오페라 <로미오와 줄리엣>으로 공연되었다. 이번 공연에는 부천 필하모닉오케스트라와 부천 필코러스가 참가하였다. 독일 함부르크 국립오페라 극장 부지휘자, 독일 라인필하모니 오페라하우스 수석지휘 등을 역임한 임헌정(부천시립예술단 예술감독)이 예술 총감독을 맡았으며, 지휘는 독일 만하임 국립음대 교수인 클라우스 아르프(Klaus Arp)가 내한하여 맡았다. 연출은 이경재, 음악 코치는 이소영이었다.

샤를 구노의 프랑스 오페라<로미오와 줄리엣>의 줄거리는 많은 사람들이 잘 알고 있는 세기의 사랑, 러브 스토리이다.

◆ 2010.8.30. 독서신문 서동민기자
〈로미오와 줄리엣〉이 오페라로 남아 있는 것이 무려 10작품이나 된다. 또한 오페라 뿐만아니라 우리에게 더 잘 알려진 연극, 영화, 발레, 만화, 동화 등이 있으며, 레너드 번스타인의 '웨스트사이드 스토리(west side story)' 역시 '로미오와 줄리엣'의 번안인 뮤지컬로 유명하다. 이는 많은 예술가들에게 엄청난 영향을 끼쳤음을 알 수 있다.
이 많은 '〈로미오와 줄리엣〉'들 가운데에서도 단연 정상의 자리에 있는 것이 바로 샤를 구노의 오페라로 가장 심금을 울리는 최고의 걸작이라고 할 수 있다. 특히 로미오가 죽은 것을 보고 낙담한 줄리엣이 자살하는 원작의 피날레와 달리 두 연인이 만나게 되는 대목은 이 오페라에서 빼놓을 수 없는 가장 감동적인 장면이며, 관객을 사로잡는 샤를 구노만의 새로운 재창조라 할 수 있다.

■ 동덕여자대학교 동덕여학단 창학 100주년 기념작(구성/연출 홍유진) <환생오디션> 2010.11.4.~11.7., 동덕여대 공연예술센터
동덕여학단 창학 100주년, 동덕여자대학교 개교 60주년 기념작으로 동덕여자대학교 방송연예과 교수진, 졸업생과 재학생들이 한데 뭉쳐서 '셰익스피어가 잉태한 작품 속 주인공들이 UFO를 타고 지구로 내려와 환생을 준비하는 다섯

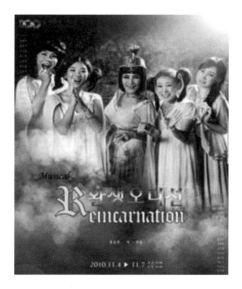

여인의 이야기'인 뮤지컬 <환생오디션>을 2010년 11월 4일부터 7일까지 동덕여자
대학교 공연예술센터에서 공연하였다.

⊙ 공연구성
제1장 프롤로그 : 환생오디션 - 혼령들 지구에 내려오다.
제2장 오필리아 : 못다 이룬 사랑 - 오필리아와 햄릿의 만남
제3장 줄리엣 : 사랑에 대한 환상 로미오 신드롬 - 줄리엣과 로미오의 만남
제4장 비앙카 : 헛소문이 엮어내는 사랑 - 비앙카에게 거는 요정의 묘책
제5장 캐더린 : 최수의 승자는? 기다림의 찬미 - 남자 중의 남자! 페트루키로
제6장 에필로그 : 사랑은 인간이 사는 최고의 이유 - 사랑의 기억을 먹고 사는 여자들
⊙ 공연내용(Synopsis)
다섯 명의 혼령들은 셰익스피어 작품 속 줄리엣, 오필리아, 캐더린과 비앙카, 클레오파트라
이다. 그들은 모두 전생에서 '사랑의 묘약'을 마시고 지독한 열병을 앓은 경험이 있는
여자들로서, 환생이 두려워 500년 동안이나 영계에서 떠돌다 20세기로 환생을 검토하러
온 것이다. 전생에 행했던 사랑법을 돌아보기 위해 그녀들은 자신이 살았던 환경과 비슷한
곳을 찾다가 16세기 영국의 지구극장(Global Theatre)을 재현한 공연장을 택한 것이다.
하늘거리는 흰색의 긴 드레스를 입은 여인들은 영계에서 혼령들이기에 사람들의 눈에 보이
지는 않으나, 속세의 의상을 입을 시에는 그들의 형상이 보이게 된다. 혼령들은 연극 연습
을 하고 있는 남성 연기자들을 만나 전생 체험을 하게 되고 그 행위는 결국 전생을 돌아보는
계기가 된다.

■ 국립창극단 <로미오와 줄리엣>(예술감독 유영대, 객원지휘 임상규, 창극본/연출
박성환)
  1. 2010년 7월, '방방곡곡 사업', 함안
  2. 2010년 8월 '제19회 국제비교문학대회' 개막초청작
  3. 2010.12.22.~12.29., 국립극장 달오름극장
'젊은 창극'은 지난 2005년부터 시작되어 동시대의 감각에 맞는 새로운 창극 레퍼
토리를 개발하고자 기획된 국립창극단의 특별공연이다. 2009년 2월 첫 공연 때,
<로미오와 줄리엣>은 창극에서 처음 시도되는 번안 작품으로 창극도 서양 고전 작품
을 소화할 수 있음을 보여주며 국악계는 물론 연극계의 주목을 받았다.
  작품에 대한 설명은 2009년 편을 참조하기 바란다.

2011year Romeo and Juliet

■ '제7회 여성연출가전'- '셰익스피어 여장하다'
   연출집단 여(女)go(연출 유림) <로미오와 줄리엣>
   2011.4.26.~5.1., 대학로 선돌극장

여성 연출가전은 2005년 '제1회 젊은 여성연출가전'이라는 타이틀로 시작해서 현재 '여성 연출가전'이라는 타이틀로 7년을 맞고 있다. 제7회에는 '셰익스피어 여장(呂裝)하다'라는 주제로 6주 동안 여성 연출가의 작품을 매주 1개 씩, 홍영은 연출 <한여름 밤의 꿈>, 백순원 연출 <햄릿>, 황이선 연출 <리어>, 유림 연출 <로미오와 줄리엣>, 오승수 연출 <투인 멕베스>, 서미영 연출 <소네트-검은 여인의 노래> 총 6개의 셰익스피어 작품을 공연하였다.

[줄거리]
비가 오는 어느 여름 밤.
로미오와 줄리엣은 서로 보내는 첫 날 밤이자 마지막 밤의 끝자락을 잡으며 이별을 준비하고 있다. 시간은 그들 앞에 멈춘 듯 고요하지만, 그들 속에서는 서서히 과거의 기억들이 소요를 일으키며 그들의 앞날을 내다보지 못하게 한다. 꿈 혹은 운명이라고 하기에는 너무나 많은 사건들이 그들의 만남을 통해 이루어졌다. 친구 머큐쇼와 인척 티볼트의 죽음, 사랑이라는 이름을 걸고 이루어진 내기와 결투, 사랑이라는 것을 알기 전 어슬프레 사랑에 대해 지껄였던 이제 철없던 과거들…
어디서부터 어긋난 것일까? 왜 시간은 그들의 편에 서지 않고 그들의 이별에 박차를 가하는 불가항력적인 힘을 발휘하는 것일까? 그들은 자신들을 같이 있게 한 과거의 어느 시작부터 서서히 자신들에 대한 기억들을 끄집어 본다.
그들의 만남을 가능케 하였던 이성을 향한 눈뜸, 그 후 격정처럼 그들을 모진 세파로 몰아넣은 사랑, 그리고 이로 인하여 일어난 뜻하지 않은 비극적 참상들… 이 모든 사건들을 '지금 이 시점'에서 하나하나씩 반추해본다. 그리고 과거의 "한때 그때"는 "현재"가 흘러가는 '지금-이 순간' 매번 새로운 의미로 부활하여 그들에게 영향을 미친다. 머지않아 이별이 그들을 찾아오고 이제 그들은 '되돌릴 수도 없고, 돌아오지도 않을' 과거를 잠시 놓아놓고 불확실한 미래에 자신들의 운명을 내건다. 어떠한 일이 그들에게 몰려오던 그들이 확신하는 것은 한 가지이다. 그들은 결코 다시 헤어질 수 없다는 것, 가혹한 운명이 그들에게 장난을 걸어 그들을 극단적인 선택의 기로에까지 내몰더라고 말이다. 어느 순간 그들은

셰익스피어 공연사 *Romeo and Juliet* 로미오와 줄리엣 • 471

자신들의 불확실한 미래에 대항하는 '전사'들로서 자신들의 "있음"을 영속적으로 지켜나가려고 한다.

혹자는 이를 '젊은 날 취기'에 지나치게 취한 젊은이들의 취기라고 명명지을 것이다. 그들의 죽음을 미화하려고 하는 의도도 없다. 결코 그러한 극단적인 선택은 어떠한 상황에서라도 용납될 수 없는 것이기에.. 다만 젊은 날 우리들의 인생을 송두리째 바꿔놓은 '섬광'과도 같은 순간을 다시금 상기하면서 지금 현재 우리의 모습을 반추할 수 있는 계기를 마련해보고자 한다.

어느 한 관객(문화중개인)의 재미있는 관람평을 소개한다.

전 솔직히 '로미오와 줄리엣'을 보면 볼수록, 이게 비극인지 희극인지, 해피엔딩인지 새드엔딩인지 분간하기 점점 어려워집니다. 왜냐구요?

통상적이지 않은 관점에서 이 작품을 바라보는 사람들은 말합니다. 만약 캐플릿가와 몬테규 가가 극적인 화해를 이루고 로미오와 줄리엣이 무사히 결혼에 성공해 백년해로 했다면, 그 철부지 젊은 부부는 얼마 지나지 않아 불같은 사랑이 급속도로 식어버린 뒤 서로 간의 결점과 흠결이 하나둘씩 눈에 들어오면서 잦은 가정불화를 겪다가 어느날 성격 차이를 이유로 이혼하게 될 거라고.

솔직히 일리 있는 말입니다. 그도 그럴 것이, 로미오란 작자는 로잘린이란 여인에게 빠져 세상 모든 여인은 로잘린을 위한 들러리라는 닭살 돋는 멘트를 날릴 때는 언제고 파티에서 우연히 마주친-요즘 같으면 나이트에서 신나게 놀다가 급만남 가진-줄리엣에게 한 눈에 뻑 가선 그대로 로잘린의 존재 자체를 잊어버리고 줄리엣에게 매달립니다.

게다가 주위의 반대에 부딪히니 그 사랑은 한껏 더 활활 불타올라서 결국 죽음까지도 불사하는 막장을 달리고야 말지요. 결국 그들은 반대했기 때문에 오히려 더 뜨거워졌고. 그들이 베로나에서 가정을 이루고 살았다면 유부남 로미오가 또 다시 첫 눈에 빠지는 여인을 만나 정신줄 놓고, 이를 알게 된 줄리엣이 열받아서 칼부림하게 될지..?

그럼 대체 제가 이 작품에서 기대한 건 뭐였을까요?

또 다른 로미오, 또 다른 줄리엣은 없는 겁니까? 그들은 원수 집안의 반대와 운명의 장난 속에서 비극적으로 생을 마감해야만 하는 그런 존재들일 수밖에 없나요?

■ '제11회 인천국제음악제' 초청작품, 중국 상하이발레단(음악 뉴필하모닉오케스트라) <The Butterfly Lovers> 2011.8.6.~8.77., 인천종합문화예술회관

중국판 <로미오와 줄리엣> 발레가 국내에 첫선을 보였다. 중국극이라고 하면 으레 경극(京劇)을 생각하게 된다. 그러나 이번 우리나라에서 공연한 중국판 로미오와 줄리

엣은 <The Butterfly Lovers>라는 발레이다.

1979년에 창단된 중국 정부가 운영하는 제1호 발레단인 상하이 발레단은 2006년 서울에서 열린 '제1회 아시아퍼시픽 발레 페스티벌'에 참가해 국내 발레팬들과도 만난 적이 있다.

한 쌍의 젊은 연인들이 저승의 나비로 환생해 이승에서 못다한 사랑을 이룬다는 양축전설(梁祝传说)은 백사전전설(白蛇传传说), 맹강녀전설(孟姜女传说), 우랑직녀전설(牛郎织女传说)과 함께 중국 4대 민간 전설의 하나이며 구두로 전승된 양산백(梁山伯)과 축영대(祝英台)의 비극적 사랑이야기로 2003년 UNESCO의 인류구전 및 무형유산 걸작으로 등재를 신청한바 있으며 2006년 제1차 민간문학 부문 국가급비물질문화유산으로 지정되었다. 이 설화는 중국판 <로미오와 줄리엣>으로 여겨지며 항저우 시호(西湖, 서호)의 장교(长桥)를 배경으로 하기 때문에 장교애련(长桥哀恋)이라고 한다.

[설화 양축전설(梁祝传说)의 줄거리]

동진(东晋) 시기에 저장 상우(上虞)의 축씨(祝氏) 집안의 축영대라는 아름답고 총명한 처녀가 남장을 하고 항저우에 유학하였는데 회계(会稽)에서 유학 온 양산백을 만나게 되었다. 이 두 사람은 3년간 함께 공부하며 우정을 나누었는데 양산백은 축영대가 여자라는 사실을 눈치 채지 못하였다. 3년이 지나 축영대가 사정으로 학업을 중단하고 고향으로 돌아갈 때 축영대를 배웅하며 비로소 3년간 동문수학하며 절친했던 친구가 남장 여인이라는 사실을 알게 되자 축씨 집안에 청혼을 하고자 하였다. 그러나 이미 축영대는 마문재(马文才)에게 시집가기로 되어있는 상태였다.

이후 양산백은 은당현(鄞当县)의 현령에 부임하였으나 과도한 우울증에 빠져 세상을 떠나게 되었다. 축영대가 시집가는 날 양산백의 무덤 근처를 지나갈 때 갑자기 광풍이 일어나며 신부의 행차가 나아가지 못하게 되자 축영대가 꽃가마에서 내려 양산백의 무덤 앞에 제를 지내고 절을 하자 갑자기 양산백의 무덤이 갈라지며 축영대가 그 속으로 빨려 들어갔다. 한참 후에 무덤에서 한 쌍의 나비가 솟아나와 함께 어디론가 날아가버렸다.

이 양축(梁祝) 설화는 수많은 중국 고대 서적에 기록되어 있으며 최초 기록으로는 당 초기

양재언(梁載言)의 '십도사번지(十道四蕃志)'이며 중국의 전통극인 가자희(歌仔戲), 월극(越劇), 천극(川劇) 등에서 상연되어왔고 최근에도 각종 영화, 드라마, 무대극, 애니메이션, 춤 등의 소재로 사용되고 있다. 국내에서도 조선시대에 양산백전이라는 제목으로 소설화되기도 하였으며 1962년에 이한상 감독의 양산백과 축영대라는 영화로 제작되어 국내에 소개되었고 1994년 서극(徐克) 감독의 '양축'이라는 제목으로 리메이크되기도 하였다.

■ 경기필하모닉오케스트라 <청소년커플을 위한 음악회 로미오와 줄리엣>
2011.8.11. 경기도 문화의 전당 행복한대극장

경기 필하모닉은 구자범 상임지휘자 취임 이후 첫 번째 정기 연주회에서 '만 18세 이상 입장' 방침을 내세워 화제가 됐었다. 말러와 바그너, 슈트라우스를 연주한 이날 프로그램은 어린이나 청소년 관객에게 적합하지 않다는 판단 때문이었다. 경기 필하모닉은 대신 어린이와 청소년을 위한 프로그램은 따로 마련하겠다고 밝혔었는데, 과연 이번에 '청소년만을 위한' 프로그램을 마련한 셈이다.

재미있는 것은 '커플'을 위한 음악회라고는 했지만, 반드시 이성 커플만을 의미하는 건 아니다. 단짝 동성 친구와 같이 봐도 된다. 단 19세 이상은 입장불가니, 성인은 들어갈 수 없다. 거꾸로 19금이랄까. 부모와 자녀가 같이 봐도 좋을 것 같은데, 10대들끼리만 볼 수 있게 했다.

⊙ 프로코피에프 〈로미오와 줄리엣〉 조곡 2번
프로코피에프는 1935년에 작곡한 발레 음악 〈로미오와 줄리엣〉을 간추려 조곡을 3곡 만들었다. 이번 연주회에서는 조곡 2번 가운데에서 발췌한 음악을 연주한다. 〈몬테규가와 캐플럿가〉악장이 가장 널리 알려졌으며, 강렬한 분위기 때문에'딥 퍼플' 등 록 음악가들이 이 곡을 연주하기도 했다. 또한 〈몬테규가와 캐플럿가〉는 영국 축구팀 '선덜랜드'가 입장할 때 배경음악으로 쓰기도 했으며, NFL 미식축구가 영국에서 방영될 때 주제 음악으로 쓰이기도 했다. 영화 〈칼리굴라〉에서도 이 곡이 쓰였다.
⊙ 구노 〈로미오와 줄리엣〉 vs 번스타인 〈웨스트사이드 스토리〉
구노 〈로미오와 줄리엣〉은 셰익스피어 원작에 충실한 오페라이고, 번스타인 〈웨스트사이드 스토리〉는 배경을 뉴욕 슬럼가로 옮긴 브로드웨이 뮤지컬이다.(〈웨스트사이드 스토리〉 대본을 쓴 극작가 아서 로렌츠는 올해 5월 5일 향년 93세로 타계했다.)
⊙ 차이콥스키 환상 서곡 〈로미오와 줄리엣〉
차이콥스키는 셰익스피어 작품을 바탕으로 한 음악을 7곡이나 썼으며, 그 가운데 〈로미오와 줄리엣〉이 가장 널리 알려졌다. '러시아 5인조' 가운데 한 사람인 발라키레프가 차이콥스키에게 〈로미오와 줄리엣〉을 소재로 작곡할 것을 제안했고, 차이콥스키는 1869년에 완성하여 발라키레프에게 헌정했다. 이듬해 3월 니콜라이 루빈시테인 지휘로 초연했다. 이 곡에 나오는 '사랑의 주제'는 TV 드라마 〈세서미 스트리트〉, 애니메이션 〈사우스 파크〉, 영화 〈재즈 싱어〉(1927) 등 TV와 영화에서 곧잘 쓰여서 널리 알려졌다. 영화평론가 '듀나'는 이 음악이 너무나 자주 쓰인 까닭에 빛이 바랜 느낌이 있다며, "두 코믹한 연인들이 사랑에 빠졌다는 사실을 보여주기 위해서는 그들의 눈에 핑크색 하트를 달아주고 〈로미오와 줄리엣〉을 틀면 됩니다"라고도 했다.

◆ 2011년 8월 11일 SBS 김수현 기자
이 공연 얘기를 처음에 듣고는 상당히 궁금했다. 기획 자체는 굉장히 신선하고 재미있는데, 과연 이성 친구와 같이 오는 10대 관객들이 얼마나 될까. 청소년 음악회는 보통 클래식 음악에 관심 있는 부모가 표를 사서 자녀를 보내는, 혹은 함께 가는 경우가 대부분인데, 아이들끼리만 들어갈 수 있는 공연표를, 더구나 '청소년 커플을 위한' 공연표를 사주는 부모가 얼마나 될까.
생각난 김에 딸에게 이 음악회 얘기를 해주고는 물었다.
"너 이 음악회 보러 가고 싶니?"
"헐~ 내가 그런 델 왜 가. 커플들이 바글바글한데."
"그래? 그럼 너도 남자친구 있으면 같이 보러갈 생각 있구나?"
"아니, 남자 친구 있으면 가까운 극장에서 영화나 보지."
"이게 영화 보는 돈보다 더 싼데?"
"그래? 그렇게 싸? 그러다가 망하면 어쩌려고?"
"청소년들 보는 거니까 싸게 해야지. 너는 이 음악회에 사람 많이 올 것 같아?"
"글쎄, 애들이 관심도 없고, 알려지지도 않았잖아."
딸은 그러면서 이 음악회에는 '예중 예고 언니들이 손잡고 갈 것 같다'고 했다.

■ 국립발레단 〈로미오와 줄리엣〉(음악감독 세르게이 프로고피에프, 안무 장 그리스 토프 마이요, 예술감독 최태지 국립발레단 단장, 지휘 정명훈, 연주자 서울시립교 향악단) 2011.10.27.~10.30., 예술의전당 오페라하우스
음악감독 세르게이 프로코피에프, 안무 장 크리스토프 마이요, 예술감독 최태지 국립발레단 단장, 지휘 정명훈, 연주자 서울시립교향악단. 정말 이름만 들어도 대단한 공연이라는 것을 알 수 있다. 작곡가 프로코피에프의 음악은 기존의 클래식 발레 음악에서 보여지던 스토리와 직접적인 연관이 없는 여흥적 요소를 배제한 드라마틱함을 강조한다. 21세기 최고의 안무가로 꼽히는 장 크리스토프 마이요는 모나코 하노버 왕녀의 전격적인 지원을 받는 '몬테카를로 발레단'을 이끄는 안무가이다.

세계 유수의 발레단이 안무했던 <로미오와 줄리엣>은 러시아 키로프 발레단에 의해 만들어진 고전 버전(1940)뿐 아니라 케네스 맥밀란(1965), 존 노이마이어 (1971), 루돌프 누레예프(1977), 유리 그리가로비치(1978), 앙줄랭 프렐조까쥬 (1990) 등 세계적인 안무가들에 의해 클래식 발레뿐 아니라 현대적인 안무로도 만들 어졌다.

이 가운데 몬테카를로 발레단의 상임 안무가 장-크리스토프 마이요가 21세기 감성으로 탄생시킨 <로미오와 줄리엣>이 2011년 10월 27일부터 30일까지 예술의전 당 오페라하우스에서 공연되었다. 국립발레단이 선보이는 <로미오와 줄리엣>은 그 의 대표작이다. 1996년 초연 당시 영화 같은 연출력과 완벽한 무대로 드라마 발레의 새로운 형식을 선보였다는 평가를 받았으며, 2002년에도 무대에 올린 적이 있다.

이번 <로미오와 줄리엣> 공연은 다른 공연보다 조금 더 특별하다. 이번 무대에는 30여명의 발레리나들을 '보는 즐거움'뿐 아니라, 마에스트로 '정명훈'과 '서울시립 교향악단'이 참여해 '듣는 즐거움'까지 선사한다. <로미오와 줄리엣>을 "정명훈 선 생을 모시기 위해 마련한 작품"이라고 소개한 최태지 예술감독은 기자 간담회 자리 에서 "4년 전, 정명훈 선생의 공연을 보고 무작정 대기실로 찾아가서 "해주세요"라 고 부탁드렸다. 당시에 스트라빈스키, 프로코피에프, 슈트라우스의 작품이면 하겠다 고 말씀하셔서 프로코피에프의 작품을 선택하게 됐다"는 에피소드를 전했다.

2012year Romeo and Juliet

■ '어린이 셰익스피어 시리즈 Ⅲ' 서울시극단 (각색/연출 양정웅) <로미오와 줄리엣>
2012.1.6.~1.29., 세종문화회관 M씨어터

이 작품은 서울시극단이 어린이 셰익스피어 시리즈 Ⅲ으로 2010년과 2011년에 <겨울이야기>와 <베니스의 상인>에 이어 3번째다. 이번에는 극단 여행자 양정웅이 가세했으니 한결 볼만하였고, 르네상스 시대의 화려한 의상과 신나는 음악, 그리고 펜싱, 무술과 같은 역동적인 움직임을 선보였다. 원작에서 로미오와 줄리엣이 10대 라는 점에 착안하여 공개 오디션을 통해 주역을 선발하였는데 계원여고 3학년생

김보람과 20대 남자배우 최영성을 발탁하였다.

출처 : 연합뉴스

◆ 2012.1.10. 동아일보 김성규 기자

양정웅 연출의 특징인 예쁜 미장센은 이번 〈로미오와 줄리엣〉 공연에서 한층 강화됐다. 메인 무대는 노란 색종이를 펼친 듯하고, 중간에 등장하는 발코니는 빨간 색종이를 접어 만든 느낌을 준다. 원색의 단순한 무대에 배우들의 화려한 의상과 소품들로 환상적인 이미지를 만드는 솜씨가 감탄을 자아낸다. 발코니 장면에서는 푸른색 훌라후프로 달을 형상화했다. 집중력이 부족하고 산만해지기 쉬운 아이들을 배려한 극적 구성도 돋보인다. 첫 장면을 베로나의 두 앙숙인 몬태규와 캐플릿 가의 집단 칼싸움 장면으로 시작한 것부터 그랬다. 20명이 넘는 배우들이 무대를 가득 채우며 칼을 휘두르는 역동적인 장면이 아이들의 시선을 단박에 사로잡았다. 배우들은 객석 통로를 지나 등장하고 퇴장한다. 로미오가 파티에서 한눈에 반한 줄리엣을 쫓아 무대 밖으로 사라진 뒤 그의 친구들이 객석 통로를 휘젓고 다니며 로미오를 찾는 장면에선 객석 여기저기에서 "여기 있어요" "저기 있어요" 하는 어린 '목격자'들의 '제보'가 터져나왔다.

로미오와 줄리엣의 결혼식은 수십 마리의 나비들이 축하한다. 두 사람이 첫날밤을 보내는 장면에선 무대를 다 덮을 만큼 큰 노란색 천이 등장한다. 줄리엣의 장례식 장면도 바닥과 공중에 수십 개의 촛불이 등장해 환상적인 분위기를 자아냈다.

■ 국립발레단 〈로미오와 줄리엣〉(음악감독 세르게이 프로코피에프, 안무 장 크리스 토프 마이요)

1. 2012.6.15., '제2회 대한민국발레축제' 개막작 예술의전당 오페라하우스

2. 2002.10.26.~10.27., 안산 문화예술의전당 해돋이극장

발레 관객의 저변확대와 창작 무대 제작지원을 위해 2011년 처음 시작된 '제2회 대한민국발레축제'의 개막작으로 2012년 6월 15일 장 크리스토프 마이요의 안무로 국립발레단이 <로미오와 줄리엣>을 예술의전당 오페라하우스에서 공연하였다. 제2회 대한민국발레축제에는 국립발레단·유니버설 발레단·서울발레시어터 등 국내 10개 단체 및 젊은 안무가 8명이 참여하였다.

이번 공연은 2011년 정명훈이 지휘하였던 오케스트라의 라이브 음악이 아닌 녹음된 음악이라는 점이 조금 아쉬웠다고 할까?

작품에 대한 설명은 2011년 편을 참조하기 바란다.

■ (주)애드벤치소리아트홀 코믹쇼 <로미오와 줄리엣 시즌2>
　2008.9.5.~2012.6.30., 대학로 소리아트홀1관

아무도 상상할 수 없는 아마 지구상에 처음 시도되는 아주 특이한 스타일의 연극이 있었다. 아래 작품설명을 읽은 독자들은 필자의 말이 무슨 뜻인지 알 수 있을 것이다.

[작품설명]
과연 오늘은 누가 로미오와 줄리엣으로 뽑힐 것인가?
사상 초유의 관객에 의한 당일 주인공 투표!!
주인공이 되기 위한 4명의 로미오와 4명의 줄리엣이 펼치는 불꽃 튀는 신경전!!.

◆ 2010년 9월 20일 뉴테이지 박수민 기자
• 로미오와 줄리엣이 꽃거지와 호박씨가 되어 돌아왔다.
매 공연 주인공이 바뀐다면 배우들이 갖는 심리적인 압박감은 어느 정도일까. 자칫하다가는 쫄쫄이를 입고서 소품만 나르다 극이 끝날 수도 있다. 주인공이 되려는 배우들의 몸짓은 눈물겹다. 주인공은 단 2명! 배우는 관객의 눈에 들기 위해 갖가지 개인기를 선보이며 자신을 주인공으로 뽑아달라고 애원한다.
• 탄탄한 스토리에 더해진 웃음
개성 만점의 로미오와 줄리엣이 등장한다. 꽃거지 로미오, 웨이터 로미오, 보디가드 로미오, 연하남 로미오와 호박씨 줄리엣, 팜므파탈 줄리엣, 무개념 줄리엣, 킬러 줄리엣 총 8명의 로미오와 줄리엣이 자신만의 스타일로 <로미오와 줄리엣>을 선보인다.
• 영원한 주인공은 없다

마음에 들었던 주인공의 연기가 시원찮다 싶으면 다시 바꿀 수도 있다. 지금 주인공이었다고 끝까지 주인공일 수 없는 것. 배우들은 주인공이 돼서도 좌불안석이다. 관객의 눈 밖에 난다면 쫄쫄이를 입고 무대에 서야 한다.

• 쫄쫄이와 무대의상의 차이

주인공이 바뀌면 의상도 바뀌는 것이 당연지사. 관객은 주인공이었던 로미오와 줄리엣이 쫄쫄이를 입은 모습에 폭소를 터뜨린다. 또한 쫄쫄이를 입고 소품을 옮기던 두 배우가 멀끔한 옷으로 환골탈태한 모습 역시 흥미롭다. 한순간에 주연과 조연이 바뀌는 이 연극은 배우들의 몰입도가 남다르다. 쫄쫄이를 벗어 던지는 동시에 로미오와 줄리엣으로 변신한다. 자신이 1막에서 주인공이었다고 해서 지금의 쫄쫄이 신세를 망각하지 않는다. 조연으로서 주연배우를 확실히 받쳐준다. 주인공이 탐나긴 해도 다른 배우를 깎아내리지 않는다.

■ 유니버설 발레단 〈로미오와 줄리엣〉(예술감독 문훈숙, 안무 케네스 맥밀란, 공동 연출 줄리 링컨·유리유치우미, 지휘 폴 네넬리, 연주 강남 관현악단) 2012.7.7.~7.14., 예술의전당 오페라극장

현재 우리나라 발레에 두 가지 큰 줄기가 있다. 하나는 유니버설 발레단이고 또 다른 하나는 국립발레단이다.

유니버설 발레단이 제2회 대한민국 발레축제에 참가하여 동 축제에 참가한 국립 발레단의 〈로미오와 줄리엣〉과 2002년에 이어 2012년 또 다시 쌍웅을 벌였다. 예술 감독이자 단장인 문훈숙은 2013년 '제2회 대한민국 셰익스피어 어워즈'에서 이 작품으로 특별상을 수상하게 된다.

[작품 설명]

케네스 맥밀란의 드라마틱하고 강렬한 무대와 한국발레단의 첫 만남!

죽음도 갈라놓지 못한 영원한 사랑의 감동이 2012년 7월 당신을 찾아간다!

뛰어난 무용수, 안무가, 예술감독인 케네스 맥밀란의 대표작 〈로미오와 줄리엣〉!

자연스러우면서 극적인 안무로 발레 애호가를 단숨에 사로잡은 세계적 작품이 드디어 한국 발레단에 의해 초연된다.

영국 버밍햄 로열 발레단(Birmingham Royal Ballet)의 화려한 의상과 조명, 웅장한 무대가 예술의전당 오페라극장에 펼쳐져 50여 년 전의 감동을 그대로 선사한다.

올레그 비노그라도프 버전으로 2002년 초연, 2007년 〈로미오와 줄리엣〉을 선보였던 유니버설 발레단의 이번 공연은 탄탄한 기본기를 가진 무용수들과 오랜 해외투어 경험으로 축적된 예술적 노하우가 발휘된 최고의 작품이 될 것이다.

◆ 연극평론가 박정기

현대음악의 작곡가 프로코피에프가 모더니즘에서 벗어나 고전적 스타일로 작곡에 손을 댄 대표적인 작품 중 하나인 발레곡 〈로미오와 줄리엣〉은 하브로프스키의 안무로 키로프극장에서 초연되었고, 눈부신 성공을 거두었다. 케네스 맥밀란은 한걸음 더 나아가 무용수들에게 음악과 일치된 감정 이입, 그리고 철두철미한 심리 표현은 물론 관능적인 요소까지 가미한 안무로 셰익스피어 탄생 400주년 기념으로 마련된 1965년의 런던 발레단의 〈로미오와 줄리엣〉 공연에서 대성공을 거두고, 우레와 같은 박수 속에서 40여회의 커트콜이라는 신화를 창조했다.

■ N.A.뮤지컬컴퍼니 초등학생을 위한 뮤지컬 〈로미오와 줄리엣〉
  1. 2012.7.26.~8.12. 마포아트센터 아트홀 맥
  2. 2012.8.18.~8.19., 울산문화예술회관
  3. 2012.8.25.~8.26., 창원 3·15 아트센터 대극장

N.A.뮤지컬컴퍼니는 2001년에 창단된 뮤지컬 전문제작사이다. 지난 6년간 〈레미제라블〉, 〈한여름 밤의 꿈〉 등 명작 뮤지컬 레퍼토리 공연으로 총 누적관객 100만 명(초·중·가족 대상)이라는 신화를 기록하였던 N.A.뮤지컬컴퍼니는 (재)마포문화재단과 (사)자녀보호운동본부 주최로 초등학생을 위한 명작뮤지컬로 셰익스피어의 〈로미오와 줄리엣〉과 빅토르 위고의 〈노틀담의 곱추〉를 마포아트센터 아트홀 맥에서 공연하였다.

■ 포항시립극단(역 신정옥, 연출 김삼일) 〈로미오와 줄리엣〉
  2012.10.3.~10.28., 포항시립중앙아트홀

포항에 시립극단이 있다. 1983년에 창단되었다. 셰익스피어의 4대 비극과 〈베니스의 상인〉 그리고 〈로미오와 줄리엣〉을 공연한 극단이고, 상임 연출가는 김삼일이다. 김삼일은 2013년 평생소원이던 김상일 극장을 마련하여 독립한 연극인이다.

셰익스피어의 4대 비극을 2010년과 2011년에 공연한 바 있는 포항시립극단이 161회 정기공연으로 2012년 10월 3일에서 28일까지 포항시립중앙아트홀(구 시민회관) 〈로미오와 줄리엣〉(신정옥 역, 김삼일 연출)을 공연함으로서 모름지기 이제 셰익스피어의 5대 비극을 모두 공연한 금자탑을 쌓은 것이다.

포항시립극단의 〈로미오와 줄리엣〉은 변형이 아니고, 변용도 아니고, 정통 셰익스피어극이었다. 2010년과 2011년에 김삼일이 연출한 〈햄릿〉, 〈오셀로〉, 〈리어왕〉, 〈맥베스〉도 모두 정통극이었다. 오랫동안 이 극단의 연출을 맡아온 김삼일은

이 극단의 실질적인 단장이며, 1983년에 한국연극예술상, 1985년과 1989년에 전국
연극제 대통령상, 연출상, 그리고 조선일보 제정 제14회 이해랑 연극상을 수상하였
으니 그 업적은 알만하다.

■ 국립극단(연출 중국국가희극원 티엔친신) <로미오와 줄리엣>
　2012.12.20.~12.29., 국립극장 해오름극장

　2012년 12월 20일서부터 29일까지 국립극장 해오름극장에서 해외연출가를 초
청, <로미오와 줄리엣>을 공연하였다. 연출을 맡은 해외 연출가는 중국출신의 유명
연극연출가 티엔친신으로, 우리나라의 ㈜국립극단이 중국을 대표하는 중국국가 희
극원(National Theatre Company)과의 협약을 통해 합작공연을 하게 된 것이다.

◆ 문화신문 〈뉴스컬처〉
중국의 연출가 티안친신은 1994년 '생사의 장(生死場)'으로 중국의 문화부 대상, 제6회
예술제 대상 등의 각종 상을 휩쓸었다. 2005년에는 한국연극연출가협회 주최로 열린
'2005 아시아연극연출가 워크숍'에 초청돼 처음으로 한국공연을 올려 연극계의 이목을
끌었다.
셰익스피어의 원작을 새롭게 각색한다. 배경을 중국의 문화대혁명시대(1966~1978년)로
옮겨왔다. 문화대혁명은 마오쩌둥 사상에 입각한 중국 젊은 10대들이 주축이 돼 일으킨
것으로 중국의 사회적 정치적 격동의 시기에 불을 지폈던 운동이다. 홍위병으로 일컬어지
는 이들은 사상에 반대되는 인물들을 향해 극단적인 행동을 취하기도 했다.

로미오는 홍위병 중 가장 극단적인 공련파 홍위병의 선봉장으로 그려진다. 반면 줄리엣은 이들에 대립하는 보수적인 전사파 가문의 딸이다. 티엔친신은 중국 사회의 비극과 두 남녀의 비극이 만나는 지점에 청춘의 사랑을 위치시켰다.

그러나 오늘의 서울연극 발행인 오세곤 씨는 2013년 1월호에 이 연극에 대한 혹평을 하였다.

… 국립에 어울리는 원숙미나 세련미도 찾을 수 없다. 마치 잘 맞지 않는 부속품을 모아 조립한 기계처럼 모든 것이 어정쩡하다. 극장은 너무 크고 장면은 허술하다. 무선마이크는 그 넓은 무대에서 도대체 누가 대사를 하는지 알 수 없게 한다. 크게 소리치거나 여럿이 하는 대사는 영락없이 무슨 말인지 알아들을 수 없다. 청년들의 격투기는 관객의 눈을 사로잡기에는 턱없이 부족하다. 한마디로 감당이 어려운 무리한 기획이다…
문화혁명은 우리에게 멀다고 하기에는 너무도 가까운 중국의 이야기이고, 잘 안다고 하기에는 실제 경험이 없어 막연할 수밖에 없다. 결국 완전한 중성화를 이룰 수도 없고 확실한 공감대를 형성할 수도 없다. 중국에서는 괜찮을지 몰라도 한국에서는 쉽지 않다. 무엇보다도 두 집안의 극단적 반목의 기운이 형성되지 않는다. 그래서 많은 것이 억지가 된다. 더구나 번역도 부적절한 것이 많다. '공련파'가 뭐고 '전사파'가 뭔지 영어 자막을 봐야 알 수 있다. 워낙 대사가 안 들리는 데다 익숙하지도 않은 단어들이기 때문이다…
와이어 액션을 사용해서라도 더 화려한 무술로 그 큰 무대를 채워야 했다. 또 무대가 크더라도 노래 말고는 무선마이크를 쓰지 말아야 했다. 정밀도는 더 높이고 스케일은 더 키우고 배우들의 에너지 분출은 더 직접 관객에게 전달되도록 하는 것이 옳았다. 우리 관객들이 긴 역사와 새로움이 결합한 국립극단에 대하여 기대하는 것은 분명 그런 모습이다.

2013year Romeo and Juliet

■ 국립발레단 (안무 장 크리스토프 마이요) <로미오와 줄리엣>
　　1. 2013.2.14.~2.17., 예술의전당 오페라극장
　　2. 2013.2.27.~2.28., 강동아트센터 대극장 한강
　2013년 국립발레단(단장, 예술감독 최태지)의 <로미오와 줄리엣>은 장 크리스토

프 마이요의 안무로 주인공들의 감성선을 함축적이고 근대적으로 표현한 것이 특징
이라고 할 수 있다.

국립발레단은 이 버전으로 2000년 초연과 2002년 재공연, 2011, 2012년월
공연에서 호평을 받은 바 있으며, 이번 5회 공연은 2012년 공연과 크게 달라진 것은
없으나 이번 공연에서는 모던함과 서정성 짙은 강렬한 인상의 <로미오와 줄리엣>을
선보이며 관객들의 환호를 받았다.

작품에 대한 설명은 2011년 편을 참조하기 바란다.

출처 : 연합뉴스

◆ 월간객석 2013년 3월호 무용컬럼니스트 한정호
국립발레단은 2000~2002, 2011년에 이어 2012년에 장 크리스토프 마이요 버전 <로미
오와 줄리엣>의 네 번째 전막 공연을 가졌다. 2000년 초연으로 관객의 눈높이를 한껏
끌어올리고 2년전 정명훈 지휘로 클래식 음악팬들까지 한데 모았던 화제작이다.
그러나 "무대 위 무용수를 날아다니게 해주겠다"는 2년전 정명훈의 서포트와는 달리, 코리
안심포니를 이끈 마르치오 콘티는 발레 지휘자의 미덕을 보여주지 않았다.

■ 아트피아컴퍼니 <로미오와 줄리엣-검들의 전쟁>(예술감독 차현석, 재구성 김강
　　민·이준, 연출 김강민) 2013.3.7.~3.17., 대학로 스타시티극장
아트피아는 ART + UTOPIA 즉 예술과 이상향의 만남을 의미하다. 2010년 SBS
스타킹에서 '무대 펜싱'을 선보인 적이 있는 아트피아(artPIA)는 2008년 러시아 예

술가 5인으로 처음 결성되었다. 아트피아가 공연하였던 셰익스피어 작품은 2011년 10월 <햄릿 프로젝트>(국립극장 달오름극장), 2012년 6월 셰익스피어 어워즈 축하 공연(국립극장 달오름극장), 11월 <햄릿 페스티벌>(스타시티 소극장), 12월 <오셀로>(대학로 예술극장 대극장)이다. 그리고 이번 2013년에 <로미오와 줄리엣-검들의 전쟁>이다.

◆ 연극평론가 박정기
이 연극은 <로미오와 줄리엣>의 펜싱 결투장면을 모아 극의 내용과 부합시켜, 원수지간인 두 가문의 젊은이들의 대립과 운명적인 사랑, 혈투, 살해, 자살 등에 무용과 음악을 가미함으로써 재구성한 작품이다.
셰익스피어의 <햄릿>에서도 숙부인 클로디어스가 레어티즈에게 칼에 독을 바르도록 하고 햄릿과 벌이는 대단원에서의 펜싱 장면은 명장면이다.
<로미오와 줄리엣>에서는 훨씬 많은 펜싱 장면이 극의 도입부터 시작된다. 숙적인 두 집안 젊은이들의 대결, 로미오의 가장 가까운 친구 머큐쇼를 줄리엣의 오라비 티볼트가 죽이니, 로미오가 티볼트를 살해하는 장면, 그리고 줄리엣의 약혼자 패리스와 무덤에서 벌이는 펜싱 장면은 극적이기도 하고 명장면으로 기억에 남는다.
이 연극에서는 <검들의 전쟁>이라는 부제를 달았듯이, 펜싱 장면이 다채롭다. 펜싱 장면 뿐 아니라, 로마시대의 검투사들의 혈투 장면에서 볼 수 있는 각종 무기와 방패를 가지고 목숨을 내놓고 벌이는 결투 장면도 연극의 도입에 잠시 소개된다. 펜싱 장면이 이어지면서 칼부림 속에서 운명적인 사랑의 꽃망울이 피어난다. 친구가 죽거나, 오라비의 죽음까지도 극복한 <로미오와 줄리엣>의 사랑은 줄리엣의 약혼자까지 죽도록 만들고, 연인끼리의 동반 자살로 이어지지만, 두 사람의 죽음까지 초월한 사랑은 결국 철전지 원수지간이던 두 가문의 화해를 이끌어낸다. 이 극에서는 두 가문의 화해까지는 보여주지를 않고 신부 겸 해설자가 연극을 이끌어가도록 만든 것도 독특하다. 거기에 아름다운 율동이 가미되고, 음악을 곁들여, 환상적인 조명과 함께 한 편의 조형예술로 재구성된다. 특히 천정에서 쏟아져 매달린 수많은 검이라든가, 교회의 웅장한 종소리, 그리고 올리비아 핫세 주연의 영화 <로미오와 줄리엣>에서 유진 월터(Eugene Walter) 작사, 니노 로타(Nino Rota) 작곡의 주제가 "A time for us"를 배경음악으로 흐르게 한 것도 이 연극에서 기억에 남는 명장면이다.

■ 2013 '제7회 페스티벌 봄'
현대무용과 연극, 음악 등 전 장르 간 상호 교류를 근간으로 세계 예술가들이 참여하는 국제다원예술축제전인 2013년 '제7회 페스티벌 봄'이 2013년 3월 22일부터 4월18일까지 국립극단 백성희장민호극장과 소극장 판, 송원아트센터, 서강대학교 메리홀 등 서울 각지에서 열렸다. 이번 행사에는 총 14개국 26개 예술작품이 공연되었다.

이번 행사에는 <로미오와 줄리엣>에 관한 두 작품이 공연되었다. 하나는 셰익스피어 원작 <로미오와 줄리엣>을 줄리엣 중심으로 재해석한 홍성민 연출의 <줄리엣>(Juliettttttt)이고 다른 하나는 공연제작센터가 공연한 <로미오와 줄리엣>이다.

■ '제7회 페스티벌 봄 출품작' 홍성민·비엔나 페스티벌 주간 공동제작(연출 홍성민) 펜싱극 <줄리엣>(Juliettttttt) 2013.3.30.~3.31., 서강대학교 메리홀

홍성민의 <줄리엣> 영문 제목에는 t가 7개이다. 이는 2010년 처음 공연 당시 등장하는 줄리엣이 5명이었을 때는 t가 5개이었을 것이고, 지금은 등장하는 줄리엣이 7명이니까 t가 7개인 것으로 짐작된다.

2010년의 <줄리엣>이 5명의 여배우를 5명의 대학로 연출가에게 보내서 각기 다른 줄리엣 연기를 훈련받은 후 한 무대에 올려졌다면 2013년 새로운 버전의 <Juliettttttt>은 기존에 한국에서 제작된 대표적 줄리엣을 섭외하였다. 이들이 주목한 국내 작품은 어떤 것들일까. 즉, 사실주의 줄리엣, 한국창작 줄리엣, 판소리 줄리엣, 뮤지컬 줄리엣 등 다양한 기존의 줄리엣들을 아카이빙하여 한국판 '줄리엣의 유형학'을 제시한 것이다.

저마다 다른 무대에서 다른 연출을 받아 각기 다른 역할을 연기해온 줄리엣들은 이 작품을 통해 작품과 연출에 의한 '배역'이 아닌, 여배우의 현존 그 자체로서의 생명을 얻는다. 서로 경쟁하듯 높고 낮은 목소리로 광기와 고요를 오가는 연기 속에서 시차와 여백이 파생되는가 하면, 때로는 온전한 싱크와 전이가 발생하기도 한다.

수백 년 전 이탈리아의 작은 도시 베로나에서 출발된 이야기는 머나먼 번역의 여정을 거쳐 <Juliettttttt>으로 공연된 후 2014년 다시 이 작품은 이야기가 시작되었던 유럽에서 공연될 예정이다.

■ 공연제작센터(예술감독 윤광진, 연출 양승희) <로미오와 줄리엣>
1. 2013.4.19.~4.28., '제7회 페스티벌 봄' 참가작   서강대학교 메리홀
2. 2013.7.28.~7.29., '제13회 밀양여름공연예술축제' 참가작,   밀양성벽극장

2013년 '제13회 김상열 연극상 수상자'인 공연제작센터의 대표이면서 이번 공연의 예술감독인 윤광진 용인대 교수와 같은 대학에서 후학을 양성하고 있는 양승희

교수가 연출한 <로미오와 줄리엣>(부제: '깃털처럼 가볍고 납덩이처럼 무거운 사랑)
은 2013년 '제7회 페스티벌 봄'에 참가하여, 그리고 '제13회 밀양여름공연축제'에
참가하여 공연하였다.

<로미오와 줄리엣>을 공연한 공연예술센트의 연출자 양승희 용인대 교수는 대학
을 졸업하고 유럽 공부길에 떠나 10여 년간 네덜란드와 그리스에서 연극수업을 하고
경험을 쌓은 뒤 귀국하여 연희단거리패 이윤택 선생의 작업에 참여한 적이 있으며,
셰익스피어 작품으로는 2010년 <햄릿>의 안무, 2011년 <햄릿 머신>과 2012년 <한
여름 밤의 꿈>을 연출한 적이 있다.

[작품설명]
⊙ 캐플릿가의 잔치와 무덤-극중에 벌어지는 파티는 축제의 장이면서 동시에 비극이 시작
되는 장소이다. 여기서 이번 작품은 축제와 무덤의 상반된 공간 속에서 음악적 해석으로
하나로 통합되며 축제와 죽음이라는 모순된 의미를 하나로 형상화하였다.
⊙ "만사를 정 반대로 바꾸어라"
결혼식과 장례식- 캐플릿가의 줄리엣 결혼식은 줄리엣의 부탁과 로렌스 신부의 선의적
도움으로 가사상태의 죽음으로 순식간에 장례식으로 돌변하며, 결혼 축제의 음악과 음식들
은 장송곡과 장례음식으로 바뀌어버린다. 여기서 우리는 모순된 상황들은 늘 함께 공존해
가며 본질과 가치를 상실하는 순간 만사는 정 반대로 바뀔 수 있음을 경고한다.
⊙ "사느냐 죽느냐 그것이 문제로다"
로미오는 햄릿의 명대사 "사느냐 죽느냐 그것이 문제로다"를 암송한다. 이것은 셰익스피어
가 그의 작품을 통틀어 말하고자했던 삶과 죽음이 결국 하나임을 의미하며 모순된 의미인
애증도 결국 하나임을 의미한다.
⊙ 결국 이 작품은 다섯 명의 젊은 생명을 죽음으로 내몰고서 막을 내린다. 그들은 이
시대를 책임지고 살아가야할 젊은 인재들이면서 어디서든 마주칠 수 있는 친근하고 어리석
은 평범한 소년 소녀들이었다. 그들의 죽음 뒤에 두 가문의 부모들이 남게 되고 그들에게
어떠한 미래가 있을 것인가? 라는 무거운 주제가 남게 된다. 여기서 우리는 현대 사회가
안고 있는 전쟁과 갈등의 불안과 그 말로의 의미가 무엇인지를 우리에게 반문할 것이다.

■ (주)애드벤치소리아트홀 코믹쇼 <로미오와 줄리엣 업그레이드>
　 2008.9.5.~2013.6.30., 대학로 소리아트홀 2관
2013년 공연이 2012년 공연과 다른 점은 2012년에는 각각 4명의 로미오와 줄리
엣이 등장하였는데, 2013년 공연에서는 3명씩의 로미오와 줄리엣이 등장한다. 그
성격도 폭주족 로미오(맹주형), 실장님 로미오(김형민), 시골 로미오(이승준)과 성냥

팔이 줄리엣(박서원), 마피아 줄리엣(박영아), 연습생 줄리엣(김한나)이다. 관객들이 각각의 로미오와 줄리엣을 선택할 수 있으므로 관객들은 3x3=9개의 버전 중의 하나를 관람할 수 있는 것이다.

이러한 세계 최초의 공연 양식을 관객들에게 소개하여 성공한 이 극단은 2013년 같은 형식의 '6명의 실장님'과 '6명의 그녀'를 관객들이 투표로 선택할 수 있는 <실장님을 부탁해>로 제명을 변경하여 무대에 올리게 된다.

작품에 대한 설명은 2012년 편을 참조하기 바란다.

■ 예술무대 산 인형극(연출 조현산) <로미오와 줄리엣>
1. 2013.8.2.~8.3., 양주문화예술회관
2. 2013. 9월, '제40회 홍콩 셰익스피어 축제' 개막식 초청작
3. 2013.11.9., 광화문 금호아시아나 사옥 로비

2001년에 설립된 인형극전문극단 예술무대 산은 셰익스피어 작품 공연으로는 아주 보기 힘든 인형극 <로미오와 줄리엣>을 공연하였다. 이 공연은 그림자와 인형, 오브제의 움직임으로 이루어진 비언어극이다. 영화감독 팀 버튼의 애니메이션 속 독특한 캐릭터를 연상시키는 독특한 인형의 모습이다.

■ 공연공작소 무연방(예술감독/각색 박중현, 연출 안광옥)
<로미오와 줄리엣 It's double> 2013.9.26.~10.13., 대학로 예술마당 4관
공연공작소 무연방은 첫 번째 프로젝트로 '고전다시읽기 시리즈 1'로 <로미오와

줄리엣 It's double>을 공연하였다. 수영장 형태의 무대로 땅과 물을 넘나드는 배우들은 로미오와 줄리엣의 사랑을 물과 연관시켜 더 애절하고 드라마틱하게 표현했다.

출처 : 이데일리

◆ 2013.9.12. 데이터뉴스 김민효 기자

〈로미오와 줄리엣 It's double〉 공연은 셰익스피어의 원작과 달리 두쌍의 커플 주인공들이 나온다. 한 자아는 윌리엄 셰익스피어의 대표적인 작품에서의 전형적인 사랑이 전부라고 생각하며 사랑이 내 인생의 전부라며 믿으며 사랑을 위해 목숨까지 바치는 로미오 블랙과 줄리엣 화이트. 그리고 또 다른 한 자아는 현실적이고 이지적인 인물로써 사랑 이외에도 많은 중요한 것들이 이 세상에는 존재하고 있다라고 믿으며, 경우에 따라 사랑을 버릴 수 있다라고 생각하지만 결국엔 사랑 앞에 무릎 꿇는 로미오 블루와 줄리엣 레드.

이렇게 한 사람 안에 두 마음을 캐릭터로 창출시키고, 무채색과 유채색의 대조되는 색으로 구분하여 한 무대에서 보여줌으로서 우리가 살고 있는 현 시점에서의 사랑과 항상 바라만 볼 수밖에 없는 사랑, 목숨까지 바치는 사랑에 대한 갈등과 선택을 제시하고 있다.

기본적인 줄거리는 원작과 크게 다르지 않으나 로미오와 줄리엣 외의 인물들이 생략되거나 삭제되었으며 극 전체에 포커스를 맞추는 것보다는 로미오와 줄리엣 각각의 두 마음의 갈등을 위주로 재조명하였다. 그리고 광대라는 메신저의 역할을 넣음으로써 서사의 구조를 띄기도 하며, 두 집안의 원수, 머큐쇼의 죽음 등과 같은 중요한 장면들을 상징적으로 표현해 주기도 한다.

■ 영국 로열발레단 <로미오와 줄리엣> 극장에서 본다.
2013.9.26, 메가박스 코엑스

국내 3대 멀티플렉스 중의 하나인 메가박스는 영국 로열 발레단의 세 편의 공연 실황과 뉴욕 메트로폴리탄 오페라 극장의 '메트오페라'를 개봉하였다. 프랑스 파리 오페라 발레단, 아메리칸 발레 시어터와 함께 세계 3대 발레단으로 꼽히는 영국 로열 발레단은 지난 2011년부터 뱅크오브아메리카의 후원으로 공연 실황을 HD영상에 담아 전세계에 배급하기 시작했다. 이번에 선보이는 공연 실황은 2012-2013시즌 영국 로얄 오페라 하우스에서 공연한 작품들로 구성됐다. <로미오와 줄리엣>은 2013년 9월 26일, <잠자는 숲속의 미녀>는 10월 17일, <고집쟁이 딸>은 11월 17일 개봉되었다.

<로미오와 줄리엣>은 케네스 맥밀란의 안무를 바탕으로 로열 발레단의 수석 무용수 로렌 컷버슨이 줄리엣을, 페데리코 보넬리가 로미오를 맡았다. 셰익스피어의 비극을 원작으로 삼은 고전 발레다.

■ 국립극단(연출 티엔친신) <로미오와 줄리엣>
1. 2013.11.10.~11.11., 중국 국가화극원 국화극장
2. 2013.11.15.~11.16., '상해국제공연예술제' 공식초청작 중국 상해 이하이 극장
해외 아티스트 교류를 통해 국내 연극계에 새로운 방향을 제시하고자 노력하는 (재)국립극단은 2012년 초 중국을 대표하는 국립극단인 중국 국가화극원 (National Theatre Company of China)과의 협약을 통해 합작공연을 올리기로 결정하고,

그 첫 작품으로 국가화극원의 상임연출가 티엔친신 연출의 <로미오와 줄리엣>을 2012년 12월 18일부터 29일까지 국립극장 해오름에서 올려, 국내 관객과 평단에 큰 관심과 호응을 얻은 바 있다.

2013년 국립극단은 <로미오와 줄리엣>을 11월 10일과 11일에는 북경의 중국 국가화극원 국화극장에서, 15일과 16일에는 상해의 이하이 극장에서 전체 한국배우로 구성된 공연을 무대에 올렸다. 상해에서의 공연은 '상해국제공연예술제(Shanghai International Arts Festival')의 공식초청작이었다.

연출은 2012년 국내공연과 마찬가지로 국가화극원 소속 상임 연출가 중 유일한 여성으로, 중국 연극계에서 주목되는 티엔친신이 맡았다.

작품은 2012년 국립극장 해오름극장에서의 공연과 유사하다. 작품에 대한 설명은 2012년 편을 참조하기 바란다.

2014year RomeoandJuliet

2014년은 영국이 낳은 세계 최고의 극작가인 윌리엄 셰익스피어의 탄생 450주년을 맞이하는 해로 모국인 영국을 비롯해 한국에서도 다양한 축제가 열리고 있다.

영국 런던의 셰익스피어 전문극장인 글로브에서는 셰익스피어 탄생 450주년을 기념한 <햄릿> 세계 순회공연을 준비하여 런던을 시작으로 2년 간 205개국을 돌며 진행될 예정이다. 로열 셰익스피어 컴퍼니 극장에서는 탄생 450주년을 기념하는 특별공연과 워크숍, 강연회 등이 열리고 있다. 또 런던 빅토리아 앤드 앨버트 박물관에서는 셰익스피어의 작품을 주제로 한 시 낭송회와 퍼포먼스가 펼쳐졌다. 이외에도 셰익스피어가 태어난 스트래퍼드어폰에이번에서는 셰익스피어 음악회가 열리는가하면 대규모 거리행진이 펼쳐졌다.

■ '제2회 한국 셰익스피어문화축제'

한국에서도 한국 셰익스피어학회 및 협회 주최로 세계적인 극작가 셰익스피어 탄생 450주년을 기념하는 '제2회 한국 셰익스피어문화축제'가 열렸다. 이번 축제는 '셰익스피어의 자식들'과 '셰익스피어와 동시대 연극'으로 구성된다.

'셰익스피어의 자식들'

신예 연출가가 나서는 '셰익스피어의 자식들' 공연작 4편은 게릴라극장에서 공연되었다.

1. 우리극연구소 <로미오와 줄리엣 발코니 장면을 연습하다>(4월 4~27일·작 모리츠 링케, 연출 이채경)
2. 정의로운 천하극단의 '리어와 돈키호테의 만남' <늙은 소년들의 왕국>(5월 1~18일·작/연출 오세혁)
3. 우리극언구소 <길 잃어 헤매던 어느 저녁에 맥베스>(5월22일~6월11일·작/연출 백하룡)
4. 일본극단 신체의 풍경 <레이디 맥베스>(6월 14~18일·작/연출 오카노 이타루).

'셰익스피어와 동시대 연극'

중견 연출가들이 힘을 모으는 '셰익스피어와 동시대 연극' 공연작 4편은 충무아트홀과 게릴라극장에서 공연되었다.

1. 셰익스피어 37편 작품을 한편으로 재구성한 연희단거리패의 <셰익스피어의

모든 것> (6월 20~28일, 작 제스 윈필드, 연출 알렉시스 부크, 충무아트홀)

2. 성별을 바꾼 설정, 극단 여행자의 <로미오와 줄리엣>(7월 1~8일, 작/연출 양정웅, 충무아트홀)

3. 극단 76단과 연희단거리패가 뭉친 <미친 리어 2>(7월 12~20일, 작 기국서, 연출 이윤택)

4. 극단 골목길이 동명 작품을 각색한 <로미오와 줄리엣>(7월 9~27일, 작, 연출 박근형, 게릴라극장)

▣ **우리극연구소(작 모리츠 링케, 연출 이채경) 〈로미오와 줄리엣 발코니 장면을 연습하다〉**
  1. 2014.4.4.~4.27., '셰익스피어의 자식들' 참가작 게릴라극장
  2. 2014.8.27.~8.28., '2014 밀양여름연극축제' 참가작 밀양연극촌 기마골소극장

'셰익스피어의 자식들' 페스티벌의 개막작 모리츠 링케 원작, 이채경 연출의 <로미오와 줄리엣 발코니 장면을 연습하다>이다. 원제는 '여자의 벗은 몸을 아직 못본 사나이'다. '2014 제14회 밀양여름연극축제' 참가작이기도 하다.

세상의 종말이 다가오는데 연출가는 연극 <로미오와 줄리엣> 발코니 장면에 매달린다. 소행성이 지구와 충돌해 도시가 무너지고 잿더미에 휩싸인다. 그런데도 지하 연습실은 연출가와 그의 여자 친구이자 줄리엣 역을 맡은 배우, 어디선가 나타난 낯선 남자가 연극 한 장면 때문에 갈등하고 감정을 폭발시킨다는 내용으로 2001년 뉴욕에서 9·11테러가 발생했을 당시에 인근 극장에서 공연됐던 작품이기도 하다.

[줄거리]
공연일정을 4일 앞둔 로미오와 줄리엣의 공연장. 지구가 사라질지도 모른다는 뉴스에 세상은 시끄럽고 혼란스러운데. 조연출 팰릭스는 혼자 텅빈 극장에서 배우들을 기다리고 있다. 그런데 배우 대신 알몸의 헬름 브레히트가 헬멧을 쓰고 나타나 2000년전 로마에서 왔다고 주장한다.
팰릭스의 연인이자 줄리엣 역할의 안나가 바깥세상의 혼돈을 뚫고 공연장에 뒤늦게 나타나고, 더 이상 시간을 지체할 수 없게 되자, 팰릭스는 헬름 브레히트에게 로미오 역할을 맡기고 연극을 완성시키려 한다. 팰릭스는 로미오와 줄리엣의 발코니 장면을 정말 중요하게 생각한다. 하필 안나와 브레히트가 발코니 장면을 연습하는데, 종말은 시작 된다. 굉음이 울리며 종말이 이들이 있는 지하세계로 침투하고 있을 때, 팰릭스와 안나는 겁에 질려 점점 불안정한 모습으로 변해간다. 팰릭스가 원하던 가장 인간적이고 아름다운 발코니 장면이 완성되었지만, 그의 연인이기도 했던 안나가 헬름 브레히트가 사랑에 빠지면서

팰릭스는 질투에 빠지고 전쟁이 점점 세상을 집어 삼키고 극장 안에선 굉음을 터뜨리며 계단에서 벽돌이 굴러떨어진다.

팰릭스는 이성을 잃고 헬름 브레히트를 냉장고에 가둔다. 꽁꽁 얼어붙어 마네킹처럼 변한 헬름 브레히트를, 팰릭스는 자기 마음대로 조종한다. 안나는 그 광경을 끔찍하게 바라본다. 그리고 헬름 브레히트는 이 모든 것을 용서하며, '돌'이라는 자연물을 붙잡고 조용히 눈물 흘린다. 안나는 그런 헬름 브레히트에게 사랑을 느끼게 되고, 자신을 맡긴다. 노랫소리를 듣고, 헬름 브레히트와 함께 석양 속으로 걸어간다. 팰릭스는 안나와 헬름 브레히트를 쫓아가지는 못하고 그저 바라보기만 한다.

그러나 모든 것은 꿈이었다. 일어나보니 종말을 단 하루 남겨두고 있는 상황. 배우들은 황급히 뛰어 들어오며 외친다. "생각보다 더 큰일인 것 같아요. 세상이 불타고 있어요!" 안타깝게도 종말은 꿈이 아니었다.

꿈속에서 그는 현실과 이상 사이에서 치열한 싸움을 벌인 것이다.

■ 극단 여행자(각색/연출 양정웅) 〈로미오와 줄리엣〉
  1. 2014.2.14.~2.23., 서강대학교 메리홀
  2. 2004.3·15 .~3.16., 대전 문화예술의전당 앙상블홀
  3. 2014.7.1.~7.8., '셰익스피어와 동시대 연극' 참가작 충무아트홀 블랙홀
  4. 2014.8.5.~8.6., '2014 밀양여름연극축제' 참가작 밀양연극촌 우리동네극장
  5. 2014.10.11.~10.12., '수성아트피아 연극축제' 참가작 대구 용지홀

과거 〈한여름 밤의 꿈〉. 〈십이야〉 등을 한국적으로 재해석하였던 극단 여행자는 이번에는 두 주인공의 성별을 바꾼 기발한 연극 〈로미오와 줄리엣〉으로 '제2회 한국

셰익스피어문화축제'의 '셰익스피어와 동시대 연극'행사에 참가하였다. '2014 밀양
여름연극축제' 참가작이기도 하다.

극단 여행자는 1997년 탄생하였으며, 30여 국가 100개 도시에서 공연을 하였다.
대학로에서 해외공연을 제일 많이 한 극단이라고 해도 과언이 아니다. 많은 수상도
하였다. 연극 <카르마>로 한국 최초로 '카이로 국제실험 연극제'에서 그랑프리를
받았고, 2006년에는 <한여름 밤의 꿈>으로 한국 최초로 바비칸 센터에서 공연을
했고, 2012년에는 런던올림픽 축하공연에 초청되어 런던의 셰익스피어 글로브 시어
터에서 한국 최초로 연극 <한여름 밤의 꿈>을 공연하였다.

양정웅의 <로미오와 줄리엣>에서는 남녀 주요 등장인물의 성별을 바꿔, 로미오를
여성으로, 줄리엣은 남성으로, 줄리엣의 약혼자 패리스는 여성으로, 캐플릿가의 영
주를 여성으로, 줄리엣의 유모를 삼촌인 남성으로 바꾸었고, 로렌스 신부는 스님으
로 바꾸었다. 주인공 이름은 같지만 성별이 뒤바뀌어 캐플릿가의 차남이 줄리엣이고
몬테규가의 장녀가 로미오이다. 공연에서 줄리엣은 사색적인 부잣집 도련님이고,
로미오는 씩씩한 캔디형 아가씨다. 남자인 줄리엣은 세심하고 소극적이지만 여자인
로미오는 적극적이고 활달하다. 시대적 배경도 450년 전이 아니라, 현대로 설정을
하고, 의상이나 음악도 젊은이들이 좋아하는 21세기 음악을 사용했다. 극의 줄거리
는 원전과 동일하다.

◆ 2014년 3월 9일 충청투데이 이형규 기자

기존의 '로미오와 줄리엣'은 지고지순한 사랑만을 주제로 하고 있다. 이들이 그린 사랑은
비극으로 막을 내리고 만다. 이번에 공연되는 연극은 원작이 가진 대사와 운명적 사랑은
그대로 놔둔 채 시대를 현대로 옮겨오고, 두 주인공의 성별을 바꿨다는 점이 특이하다.
이 해괴망측할 수 있는 연극이 무대에 올라가는 것은 어쩌면 현 시대 상황을 반영했기
때문이다.

'용감한 남자가 미인을 얻는다', '몸만 떠놓고 결혼해 단칸방에서 살았다' 등등의 어른들의
옛사랑 이야기는 끝난 지 오래 됐다. 결혼을 앞둔 예비부부의 양가는 예단, 예물로 싸우기
가 부지기수이고, 여성의 지위도 오래 전부터 향상돼 더 이상 수동적이지 않다.

연극은 결국 현대 여성의 남성화·사회화, 남성의 여성화를 비극적인 사랑에 대입해 현
세태를 꼬집어보고자 했다. 21세기를 살아가는 로미오는 더 이상 남성적이지 못하고, 줄리
엣 또한 여성스럽지 않다는 것이다.

■ 극단 골목길(각색/연출 박근형) <로미오와 줄리엣>

1. 2014.7.11.~7.27., '셰익스피어와 동시대연극' 참가작 대학로 게릴라극장
2. 2014.8.3.~8.4., '2014 밀양여름연극축제' 참가작 밀양연극촌 숲의 극장

출처 : Jung Culture

극단 골목길의 <로미오와 줄리엣>은 셰익스피어의 탄생 450주년을 기념해 연희단거리패와 셰익스피어협회, 충무아트홀이 함께 하는 '제2회 셰익스피어 문화축제'의 '셰익스피어와 동시대연극'과 '2014 밀양여름연극축제' 참가작이다.

이번 작품의 각색과 연출을 맡은 박근형은 <피리부는 사나이>, <청춘예찬>, <잠 못 드는 밤은 없다> 등 다양한 작품을 무대에 올리고, 동아연극상 작품상, 희곡상, 백상예술대상 희곡상 등을 수상한 국내 대표 연출가이다.

우리나라에서 제일 예쁘다고 하는 TV 탤런트 김태희가 아닌 연극평론가 김태희 씨가 오늘의 서울연극 2014년 8월호에 기고한 내용이다.

박근형의 작품에는 해설자가 자주 등장한다. <로미오와 줄리엣>에도 해설자이자 극중 영주 역할을 맡은 인물이 등장한다… 하지만 초반부 해설자의 해설 끝에 조금은 예상을 깨버리는 내사가 등장한다. 해설자는 두 가문의 반목을 설명하면서 "마치 남과 북처럼", 이라는 대사를 흘린다. 세련되지 못하고 직설적인데다가 극이 진행되면서 희미해지는 대사이긴 하지만, 동시에 이 작품이 현실과 어떻게 맞닿게 될 것인지를 강력하게 예고하는 대사다. 사실상 셰익스피어의 <로미오와 줄리엣>은 비극이긴 하지만, 결말 때문에 아름다운 동화와 같은 이야기로 느껴진다… 조금 과장된 상상력이긴 하지만, 이 작품에서 언급하고 있는 남과 북의 관계를 떠올려 봐도 오랜 반목을 거듭해온 두 집단의 화해는 쉽지 않은 일이다. 게다가 우린 한두 명이 죽어나가는 게 아니라 이미 수많은 목숨을 빼앗아간 전쟁을 거치지 않았는가. 오랜 시간 갈등을 일으킨 두 가문 사이의 화해란 역시 동화 같은 이야기일 뿐이다.

시종일관 원작의 서사를 무난하게 따라가던 극은 마지막 순간 반전을 선보인다. 사랑을

지키려다가 목숨을 잃은 젊은 연인을 위하여, 살아남은 두 가문의 사람들이 모인다. 원작처럼 두 가문은 서로의 잘못을 빌고 화해의 눈물을 흘리는데, 이를 흡족히 여긴 영주가 퇴장하자 기다렸다는 듯 끔찍한 살육이 시작된다. 무대 위에 있었던 일곱 명 남짓의 사람들이 순식간에 서로를 찌르고 고통스럽게 죽어간다. 여기까지가 현실적인 미움과 증오의 투사라면 그 다음 장면은 그 이후의 이야기다.

모두가 죽고 난 뒤 로미오와 줄리엣은 용암이 흐르는 강을 건넌다. 두 손을 꼭 잡은 젊은 연인은 다리가, 가슴이 뜨거운 마그마에 닿을 때까지 걷고 또 걷는다. 그들이 헤치고 가는 뜨거운 용암은 모든 미움과 증오의 부산물들을 휩쓸고 가버리고, 이제 남는 것은 자유를 얻은 젊은 영혼이다. 비록 재가 될지라도 말이다.

■ 2014년 '제14회 밀양여름예술축제'(2014.7.26.~8.10.)

2014년 '제14회 밀양여름공연예술축제'가 '연극, 소통하고 치유하라'는 주제로 7월 26일부터 8월 10일까지 밀양연극촌에서 열렸다.

특히 2014년 셰익스피어 450주년을 맞아 6편의 셰익스피어 작품이 공연되었고, 이 중 <로미오와 줄리엣>이 세 편이나 공연된 것이 특이한 점이었다. 그리고 공교롭게도 이 세 편이 모두 '제2회 셰익스피어 문화축제' 참가작이기도 하다.

1. 극단 연희단거리패, 아담 롱·다니엘 싱어·제스 윈필드 작, 알렉시스 부크 연출 <셰익스피어의 모든 것>
2. 극단 목화, 오태석 연출 <템페스트>
3. 극단 골목길, 박근형 각색/연출 <로미오와 줄리엣>
4. 극단 여행자, 양정웅 연출 <로미오와 줄리엣>
5. 우리극연구소, 백해룡 작/연출 <길 잃어 헤메던 어느 저녁에 맥베스>
6. 우리극연구소, 모리츠 링케 작, 이채경 연출 <로미오와 줄리엣 발코니 장면을 연습하다>

■ 예술무대 산 인형극 <로미오와 줄리엣>

1. 2014.8.22.~8.23., '별별예술마당 Run To U-<한여름 밤의 축제>' 특별공연 의정부 예술의전당 소극장
2. 2014.9.8.~9.13., '춘천인형극제 2014' 참가작

별별예술마당 Run To U-<한여름 밤의 축제>는 2014 문예회관과 함께하는 '방방곡곡 문화공감사업'으로 선정되어 복권위원회의 후원과 문화체육관광부, 한국문화

예술위원회, (재)의정부 예술의전당이 주최하고 한국문화예술회관연합회, (재)의정부 예술의전당이 주관한다.

'별별예술마당 Run To U-<한여름 밤의 축제>'의 2014년 특별공연으로 의정부 예술의전당 상주단체로 인형극을 전문으로 공연하는 예술무대 산은 인형극 <로미오와 줄리엣>을 공연하였다. 이 공연을 마치고 예술극단 산은 아시아 최대 규모를 자랑하는 인형극 공연예술축제 '춘천인형극제 2014(PUPPET FESTIVAL CHUNCHEON 2014)'에 참가하여 공연하였다.

예술극단 산의 <로미오와 줄리엣>은 사람 키보다 큰 인형들을 배우들이 손으로 직접 움직이며 관객들의 상상력을 자극하는 그림자와 인형, 오브제의 움직임으로 이루어진 비언어 이미지극이다. 이 작품은 2013년 8월 양주문화예술회관에서 초연 후, 2013년 9월 홍콩에서 열리는 '셰익스피어 축제'의 개막 축하공연작품으로 초청받아 공연한 적이 있다.

극단 관계자는 "로미오와 줄리엣에서는 항상 몬테규와 캐플릿이 왜 서로 증오하는지 명확하게 드러나지 않고 화해의 결말도 갈등의 원인이 해소돼서가 아니라 소중한 것을 잃은 후 스스로 어리석음을 깨달았다"며 "다름과 차이를 인정함으로써 아름다운 사랑을 발견한 로미오와 줄리엣의 아름다운 모습에 주목했다"고 연출 의도를 밝혔다.

예술무대 산은 창작인형극 <달래이야기>로 2009년 스페인 티티리자이 인형축제 최고작품상, 2012년 중국 세계 유니마총회 최고작품상, 2012년 제24회 춘천인형극제 금코코바우상 대상 등을 수상한 실력파 극단으로 2014년 경기문화재단 공연장 상주단체육성 지원사업을 통해 의정부 예술의전당과 파트너십을 구축하고 활발한 창작 활동을 이어나가고 있다.

■ **국립오페라단(작곡 샤를 구노, 지휘 줄리안 코바체프, 연출 엘라이저 모신스키)**
 <로미오와 줄리엣>
  1. 2014.10.2.~10.5., 예술의전당 오페라극장
  2. 2014.10.10.~10.11., '제12회 대구 국제오페라축제' 참가작 대구 오페라하우스
 국립오페라단이 <로미오와 줄리엣>을 공연하는 것은 1986년 이후 28년 만이다. 작품은 프랑스 작곡가 샤를 구노가 곡을 붙인 것으로 연출은 엘라이저 모신스키로 "오페라는 올리비아 핫세가 나온 영화 <로미오와 줄리엣>과는 다르다. 두 젊은이의 불멸의 사랑을 아름답고 시적인 분위기로 그려내고자 했다"는 연출 의도를 밝혔다.

대구 시립대구시립교향악단 상임지휘자 줄리안 코바체프가 지휘봉을 잡아 프라임 필하모닉 오케스트라를 지휘하였다.

◆ 2014년 10월 6일 조선일보 김기철 기자

국내에서 다시 이런 오페라를 만날 수 있을까 싶을 만큼 최고의 순간이었다. 국립오페라단의 〈로미오와 줄리엣〉은 남녀 주역과 연출, 무대, 지휘에 이르기까지 뛰어난 호흡을 보여준 걸작이었다.

셰익스피어의 비극을 오페라로 옮긴 프랑스 작곡가 구노의 〈로미오와 줄리엣〉(5막)은 남녀 주역의 이중창이 4번 이상 나오고, 아리아의 비중이 높아 주역의 역할이 절대적이다. 로미오 역 테너 프란체스코 데무로(Demuro·36)와 줄리엣 역 러시아 소프라노 이리나 룽구(Lungu·34)는 런던이나 밀라노 같은 유럽의 유명 오페라극장에서 볼 수 있는 주역들의 노래와 연기를 보여주었다.

특히 힘과 연기력을 고루 갖춘 룽구는 완벽한 줄리엣이었다. 1막의 왈츠 '꿈 속에 살고파'부터 로미오와의 재회를 다짐하며 약을 마시는 4막 종반까지, 룽구의 서정적이면서도 드라마틱한 목소리는 오페라에 활기를 불어넣는 원동력이었다. 로맨틱한 목소리의 데무로는 사랑의 열병을 앓는 로미오 그대로였다. 줄리엣과의 첫 만남부터 무덤에서 부르는 피날레까지 둘의 이중창은 관객들의 눈과 귀를 사로잡았다. 간혹 데무로의 목소리가 흔들린 점은 아쉬웠다.

영국 로열 오페라의 단골 연출가 엘라이저 모신스키와 뮤지컬 '라이온 킹' 무대 디자인을 맡았던 리처드 허드슨의 협업은 성공적이었다.

불가리아 출신 줄리안 코바체프(59)는 오페라에 뛰어난 지휘자임을 보여줬다. 그가 이끈 프라임 필하모닉 오케스트라는 격정적인 서주부터 서정적인 아리아까지 오페라를 자신있게 이끌어가는 주춧돌 역할을 했다. 지난 4월부터 대구시향 음악감독을 맡고 있는 코바체프는 앞으로 오페라 무대에서도 든든한 원군(援軍) 역할을 기대할 만하다.

2015year Romeo and Juliet

■ 2015 '제12회 부산국제연극제' 폐막작
이탈리아 Teatro Tascabile Di Bergamo 〈로미오와 줄리엣〉

2015.5.9.~5.10., 부산문화회관 대극장

6개국 스타일의 셰익스피어 향연이 2015년에 있었다. 2015년 '제12회 부산국제연극제'는 '웰컴, 셰익스피어'라는 콘셉트 아래 '해외 5작품, 국내 1작품의 6개의 셰익스피어 작품이 공연되었다.

개막작 <말괄량이 길들이기>(프랑스 디퓨전)는 셰익스피어 대표 희극을 각색한 작품이다. 국내에서 보기 힘든 '가면 희극'으로 색다른 소동극을 선보인다. 폐막작 <로미오와 줄리엣>(이탈리아 TTB)은 비극, 사랑, 광기, 죽음 등이 합쳐진 이탈리아식 희곡으로 5월 9일과 10일 부산문화회관 대극장에서 공연되었다. 이 밖에 유일하게 19세 관람등급 제한을 둔 연극 <맥베스>(러시아 발틱하우스), 동유럽을 대표하는 마리오네트 인형극으로 재해석한 <마리오네트 햄릿>(미국 캠트), 한국 연극계를 대표하는 오태석 연출가의 감각적인 <템페스트>(목화), 동유럽 특유의 감각적이고 현대적인 해석으로 광기의 주인공을 내세운 <햄릿>(체코 슈반도보극장) 등이 무대에 올랐다.

■ 인천시립극단(역 신영선, 연출 벨리코비치 발레리·주요철)
<로미오와 줄리엣> 2015.5.9.~5.17., 인천종합문화예술회관 대공연장

창단 25주년을 맞은 인천시립극단은 처음으로 러시아 중견 연출가인 벨라코비치 발레리 로만노비치에게 연출을 맡긴 <로미오와 줄리엣>을 5월 9일부터 17일까지 인천종합문화예술회관에서 공연하였다. 인천시립극단은 이번 공연에서 모스크바 예술극장의 무대 장치와 의상을 그대로 사용함으로써 러시아 작품의 특색을 고스란히 살렸다.

◆ 연극평론가 박정기
벨라코비치 발레리 로마노비치 (Belyakovich Valery Romanovich, 1950~)는 러시아의 공훈연출가이자

국민배우다. 교육 사립 대학교 언어학과 출신으로 국립 연극 예술원(GITIS)에서 연출학을 수학하고(지도교수- 민중예술가인 보리스 라벤스키) 모스크바 남서쪽에 연극 스튜디오 창립(유고자파드 극장의 전신), 모스크바 유고자파드 극장 예술감독 및 총책임자, 러시아 공훈예술가로 평화상을 수상하고, 연극잡지 〈연극인생〉 주관 예술제 우승, 모스크바 콤소몰상 수상, 모스크바 예술인 연합회상 수상, 세기의 경계선에 놓인 셰익스피어시리즈로 러시아 문화부상 수상, 그리고 현재 국립연극원 교수이고 국민배우다.

주요철은 인천시립극단 예술감독 및 상임연출가다. 〈영원한 제국〉, 〈투란도트〉, 〈불의 나라〉 등 대형 작품과 수원화성국제연극제·서울연극제·서울국제공연예술제 등의 무대를 연출한 우리나라 연극계에서 손꼽히는 중견 연출가이다. 1984년 '누가 버지니아 울프를 슬프게 하는가'로 동아예술상을 수상하며 화려하게 데뷔한 후 경기도립극단 예술감독을 지냈고, 극단 '반도'를 25째 운영해오고 있다. 이후 5년간 중국에 머물며 '재중국문화예술총연합회'에서 활동했다. 연출작은 〈누가 버지니아 울프를 두려워하라〉 〈투란도트〉 〈절대신호〉 〈영원한 제국〉 〈불의 나라〉 〈무덤 없는 주검〉 〈메디아 네이쳐〉 〈한여름 밤의 꿈〉 등 다수다.

■ N.A. 뮤지컬 컴퍼니(각색/연출 이주아) 〈로미오와 줄리엣〉
  1. 2015.5.12.~5.16., '한국해양청소년단 전남동부연맹 29주년기념 특별공연' 여수세계박람회장 엑스포홀
  2. 2015.10.1.~11.8., 성균관대학교 600주년 기념관 새천년홀
  3. 2016.4.5.~5.14., 성균관대학교 600주년 기념관 새천년홀

N.A. 뮤지컬 컴퍼니는 국내 최초 초등학생들을 위한 명작 뮤지컬 〈로미오와 줄리엣〉을 제작하여 2012년 초연 이후 매년 무대에 올리고 있다.

2012년 마포아트센터 공연을 아이와 함께 관람한 어머니의 관람평을 소개한다.

이미 알고 있는 스토리였습니다. 필독도서로, 상식으로, 그냥 저절로 알 수밖에 없는 로미오와 줄리엣.

초등 저학년이 쉽게 접해 보지 못하는 내용인지라 마포 아트센터에서 초등을 위한 뮤지컬로 〈로미오와 줄리엣〉 그리고 〈노틀담의 꼽추〉를 한다고 했을 때 주저하지 않고 공연관람을 위해 줄을 설수밖에 없었답니다….

얼마나 하겠어 ! 초등용인데 …

게다가 공연료 이만 원의 저렴한 공연인데 말이죠.

그런데… 기대와 다르게 이런이런 스케일이 남다릅니다. 커다란 무대의 멋지고 웅장한 세트 그리고 많은 배우들이 출연합니다.

몬테규가와 베로나 가문의 검투신도 예사롭지 않습니다. TV에 출연할 법한 범상치 않은 외모의 배우들에 쉴 새 없이 몰아치는 열정적인 무대, 안무, 배우들의 감미로운 노래까지….

사랑해! 언제.. 어디서나… 로미오
이 밤이 지나면 우리의 행복한 미래가 시작되겠죠. 오! 맹세해줘요.
저기 밤하늘에 수놓은 별들 속에 우리 사랑이 사라지지 않도록…

간지러운 주인공들의 대사들이 어쩌나 구구절절 내가 사랑에 빠진 사람처럼 들려오는지 이게 배우들의 힘인걸까요??
아이가 어떻게 보고 있는지 살펴볼 틈도 없이 완전 폭풍 몰입해서 보는 엄마 1인이었습니다. 나중에 일행 엄마들과 얘기해보니 다들 몰입해서 보았다고 ….. ㅋㅋ
실로 얼마만의 감정이입에 빠져서 공연에 몰두했는지 모르겠습니다.
게다가 초등용 뮤지컬에 말이죠 ㅋㅋ
여러모로 아이들과 할 이야기가 많았던 멋진 공연이었답니다.

■ 청소년극단 마루(연출 장지은) <로미오와 줄리엣>
   2015.8.13.~8.14., 서울 YMCA 1층 마루아트홀

　　청소년극단 마루는 8월 13일과 14일 서울 YMCA 1층에 위치한 자신들의 전용극장 마루아트홀에서 <로미오와 줄리엣>을 공연하였다. 극단 마루의 배우들은 모두

중학교 1학년부터 고등학교 2학년까지의 청소년들로 구성되어 있다. 극단 마루는 학생들에게 우선 공부와 학업을 추천하기 때문에 이들은 시험기간 동안에는 모이지 않고, 공연도 방학기간을 이용해 올리기 때문에 생기부 출결에 전혀 지장을 주지않고 있고, 마루에서 올린 공연은 학교 생기부에 기재될 수 있다고 한다.

◆ 연극평론가 박정기

장지은은 배우 겸 연출가로 극단 이수(理秀)와 서울 YWCA 청소년극단 마루의 대표다. 2014년 극단 이수 창단공연작 〈안티고네〉를 연출하고, 2015년 부산연극제에 같은 작품으로 참가한 발전적인 앞날이 기대되는 미모의 여성 연출가다. 현재 서초연극협회 사무국장을 역임하고 있다.

무대는 정면과 좌우 양쪽 끝에 의자를 놓고, 출연자들이 시종일관 착석해 등장순을 기다린다. 좌우에 북을 놓고 극 전개에 따라 효과음을 낸다. 음악은 해금과 거문고, 피아노 음으로 극적 분위기를 상승시킨다. 원작의 등장인물 수를 줄이고, 내용도 축소시켰으나, 주제나 작의는 제대로 전달된다. 칼 대신 짧은 원형의 봉을 사용하고, 의상도 흑색과 백색으로 설정하고, 도입과 대단원에 사용된 해금과 거문고, 그리고 피아노의 음률은 절묘한 극적 효과를 발휘한다. 10대 청소년들만으로 구성된 배역이지만 열정과 노력, 그리고 기량이 공연에 드러나 수준급 공연이 되었다. 캐플릿과 몬테규 가문의 분쟁보다 사랑 이야기에 중점을 둔 연출력이 감지되고 감동적인 마무리가 된다.

■ 한림예술단(연출 이현빈) 〈로미오와 줄리엣〉
2015.8.21.~8.30., 대학로 스타시티 TM스테이지

한림예술단은 한림연예예술고등학교의 재학생과 졸업생들이 주축이 되어 2015년 창단된 연극, 뮤지컬, 무용, 음악 등 여러 예술분야에서 활동하는 전문 예술단체이다. 한림예술단은 청소년예술단 창단기념작으로 이현빈 연출의 <로미오와 줄리엣>을 대학로 스타시티 TM관에서 8월 21일부터 30일까지 공연하였다.

극단측에 의하면 "지난 400년간 명작으로 남아있는 셰익스피어 작의 <로미오와 줄리엣>은 젊은이들의 사랑과 반복하는 어른들의 갈등을 소재로 한 작품이다. 이번에 창단하는 한림예술단은 2015년 현재를 살아가는 청소년들을 그 주인공으로 하여, 그들의 사랑의 모습을 가장 진솔하게 보여줄 예정이다. 또한 작품 속 배우들의 역동적인 움직임과 리드미컬한 대사의 활용은 무대를 더욱 열정적이게 만들어줄 것이다. 본 공연은 2015년 현재 청소년들의 사랑과 열정, 그리고 어른들과의 갈등에 대해 가장 솔직하게 이야기해보고자 기획된 작품이다."라고 하였다.

■ 프렌치 오리지널 팀, 뮤지컬 <로미오 앤 줄리엣>(작곡 제라르 프레스귀르빅, 안무 칼 포르탈) 2015.9.12.~10.11., 블루스퀘어 삼성전자홀

서구 뮤지컬 <로미오와 줄리엣>의 본 바탕인 프랑스 오리지널팀이 또 다시 내한공연하게 되었다. 2007년과 2009년 세종문화회관 공연 이후 만 6년만에 한국을 다시 한 번 방문하여 블루스퀘어 삼성전자홀에서 공연하였다.

◆ 뉴데일리(2015.9.16.) 신성아 기자
뮤지컬 <로미오 앤 줄리엣>은 전 세계 최고의 작곡가로 평가받는 제라르 프레스귀르빅이 뮤직 넘버 전체를 작사·작곡했다.
세계적인 안무가 레다에 의해 만들어진 뮤지컬 <로미오 앤 줄리엣>의 안무는 현대무용부터 힙합, 브레이크댄스, 아크로바틱 등 다양한 장르가 무대 위에서 화려하게 펼쳐진다. 군무로 표현하는 몬테규가와 캐플릿가의 대립 장면은 자유로우면서도 대립의 긴장감을 최고조로 끌어올리며 두 가문의 오랜 증오심을 느낄 수 있다.
이날 <로미오 앤 줄리엣> 오리지널 팀은 '베로나'(Verone), '세상의 왕들'(Les Rois du

Monde), '행복한 사랑'(Amour Hereux), '사랑한다는 것'(Aimer) 등 하이라이트 장면을 시연했다.

'베로나'는 몬테규 집안과 캐플릿 집안의 싸움으로 무너진 베로나의 평화를 지키기 위해 영주가 도시 안에서의 싸움을 금지하는 장면이고, '세상의 왕들'은 로미오, 벤볼리오, 머큐쇼가 부르는 곡으로 왕들의 인생을 빗대어 누구의 인생이 행복한지를 노래한다.

'행복한 사랑'은 로미오와 줄리엣이 무도회장에서 만나 첫 눈에 사랑에 빠지는 장면이며, '사랑한다는 것'은 로미오와 줄리엣의 결혼식이자 1막의 엔딩이다.

프랑스 뮤지컬의 자존심으로 불리는 〈로미오 앤 줄리엣〉은 초연 후 매년 상연하는 극장마다 프랑스어로 매진을 뜻하는 '콩플레(Complet)'가 가장 오랫동안 붙어 있었던 작품이다.

◆ 오마이뉴스(2015.10.21.) 곽우신 기자

뮤지컬 〈로미오 앤 줄리엣〉은 〈십계〉, 〈노트르담 드 파리〉와 함께 프랑스 3대 뮤지컬로 꼽힌다.

국내 관객과 오랜만의 만남, 그것도 내한이었기에 극장을 찾는 관객의 기대는 컸다. 그러나 2015 〈로미오 앤 줄리엣〉은 이러한 관객의 기대에 제대로 부응하지 못하면서 여러모로 좋은 점수를 주기는 어려웠다.

로미오 역의 주연 배우 씨릴 니꼴라이가 이번 내한 공연 회차를 다 소화하지 못한 채 프랑스로 귀국하고, 얼터너티브(Alternative) 배우 로만 푸르크투오소가 나머지 공연에서 연기하게 된 점은 두고두고 아쉬움으로 남는다. 싱크가 맞지 않는 자막, 잦은 음향 사고 등 완성도를 해치는 자잘한 흠들도 눈에 밟혔다.

• 사랑 타령 이면에 감춰진 역사적 배경

신성로마제국의 황제와 로마 교황이 이탈리아 북부의 실질적 지배력을 두고 다툴 때, 황제를 지지한 이들을 기벨린당, 교황을 지지한 이들을 겔프당으로 불렀다. 교회에 바칠 세금으로부터 자유롭고 싶었던 신흥 자본가 세력은 황제를 지지했고, 전통적으로 도시 내 기득권을 행사하던 귀족들은 교황을 밀었다.

이와 같은 신흥 상인과 전통 귀족 사이의 계급적 갈등에, 〈로미오 앤 줄리엣〉은 기성세대와 젊은 세대와의 다툼을 추가한다. 관습에 의한 결혼을 전통으로 여기는 기성세대와 이에 저항하며 자유로운 사랑을 추구하는 젊은 세대 사이의 싸움이다.

로미오와 줄리엣의 비극은, 거대한 다툼 속에 소외되고 버림받은 '인간'의 비극이자, 기득권에 의해 억압받은 당시 젊은 세대의 표상이다. 자유로운 사랑을 욕망한 이들의 정신은, 엄격한 기독교식 굴레에서 벗어나 인간의 본능을 긍정하고 낭만을 꿈꿨던 신사조의 탄생을 의미했다. 베로나의 젊은이들은 '세상의 왕들'이라는 노래를 부르며, 당당하게 쾌락을 추구하고 권력을 비웃었다.

• '소 잃고 외양간 고친' 베로나, '안 고치는' 대한민국

계층·지역·이념·세대 간의 갈등이 격화되는 때, 우리는 누군가의 피를 봐야만 이 뫼비우스의 띠처럼 반복되는 증오의 사슬을 끊을 것인가. 그나마 베로나가 대한민국보다 훨씬 나은 이유는, 피를 부른 후에라도 반성하고 더 나은 세상을 만들기 위해 기꺼이 화합하는 어른들의 태도에 있다. 아이들이 죽어도 서로 '네 탓' 공방만 하며 아무것도 바꾸지 않는 대한민국보다는, 〈로미오 앤 줄리엣〉 속 수백 년 전 이탈리아 베로나가 훨씬 열려 있는 공동체였다.

■ 극단 창파(재구성/연출 채승훈) 〈한여름 밤의 로미오와 줄리엣〉
2015.11.17.~11.22., 예술공간 오르다

세익스피어의 〈한여름 밤의 꿈〉, 〈로미오와 줄리엣〉, 〈햄릿〉 그리고 안톤 체홉의 〈갈매기〉, 브레히트의 〈코카서스의 하얀 동그라미 재판〉 등 다양한 세계명작들이 교직 구성을 통해 흥미롭게 어우러지는 연극무대가 펼쳐졌다. 극단 창파(대표 채승훈)가 대학로 '예술공간 오르다'에서 11월 17일부터 22일까지 〈한여름 밤의 로미오와 줄리엣〉을 공연한 것이다.

〈한여름 밤의 로미오와 줄리엣〉은 특이한 작품이다. 세익스피어, 체홉, 브레히트의 여러 작품들을 혼성 모방했다. 그리고 내용면에서는 현재 대학로에서 벌어지고 있는 건물주와 연극인(극장, 극단)들의 이야기를 로미오와 줄리엣의 두 가문을 빗대어 표현했다.

대학로는 연극인들을 중심으로 대표적인 문화예술 지역으로 발전했다. 크고 작은 공연 등 여러 문화예술이 이곳에서 탄생됐다. 사람들은 문화와 예술이 있는 곳으로 모여들었고 자연스럽게 상권이 형성되고 커졌다. 돈이 모여들어 대학로 지역에 건물과 땅값이 많이 상승했다. 하지만 아이러니하게도 대학로가 발전하게 됨에 따라 예전에 대학로 예술혼의 터전으로 삼았던 연극인들이 하나 둘 쫓겨나고 있다.

몬테규와 캐플릿, 두 가문의 싸움으로 그들은 자식을 잃어버리는 고통을 겪어야 했다. 대학로 건물주들과 연극인들의 사소한 갈등이 커지게 되면 우리도 비슷한 후회를 하게 되지 않을까.

이 작품은 브레히트의 서사적 방식을 기본으로 해 대학로 내의 갈등을 소재로 한다. 하지만 사실은 현대 사회의 여러 구성원들이 겪고 있는 상호 갈등을 궁극적으로 평화와 사랑, 화합의 정신으로 해결해보자는 염원을 좀 더 극대화해보려는 시도를 담았다

[줄거리]
대학로 연극인들과 건물주협회와의 토론회장. 그들의 의견은 좀처럼 좁혀지지 않는다. 난

상토론이 이루어지던 중 쉬어가는 시간으로 〈로미오와 줄리엣〉 공연을 관람한다.
베로나의 두 집안 캐플릿과 몬테규 그들은 예전부터 원수지간이다. 운명의 장난으로 그들의 자식 로미오와 줄리엣은 서로에게 매혹당해 사랑에 빠지고, 원수지간이라는 사실도 그들의 사랑을 갈라놓지 못한다. 줄리엣의 사촌 오빠 티볼트는 로미오의 친구 머큐쇼를 죽이고, 로미오 역시 티볼트를 죽이게 된다. 벌써 결혼식을 올린 로미오와 줄리엣은 신부님의 훗날을 기약하는 약속으로 잠시 떨어지게 된다. 줄리엣의 아빠는 귀족 패리스와 줄리엣을 결혼시키려한다. 줄리엣은 48시간 동안 죽은 사람과 같이 수면상태에 빠지는 약을 먹고 로미오가 자신을 데리러 오기만을 기다린다. 하지만 줄리엣의 계획을 전달받지 못한 로미오는 줄리엣의 무덤에서 줄리엣이 깨어나기 전 자결을 한다. 깨어난 줄리엣 역시 로미오를 따라 자결한다. 이 사실을 안 티볼트와 몬테규는 자식을 잃고서야 서로 화해를 한다. 이 연극을 관람하고 난 연극인들과 건물주들, 영원한 원수는 없고, 해결책이 없지 않음을 알고 서로 간의 입장에 대해 조금씩 이해하고자 한다.

2016year Romeo and Juliet

■ 극단 고춧가루부대(작/연출 안준영) <로미오와 줄리엣 지금의 이야기>
　 1. 2016.1.30.~1.31., 마산 3·15 아트센터 소극장
　 2. 2016.2.17.~2.28., 한결아트홀(구 가마골소극장)

연출자 안준영은 2012년 극단 고춧가루부대를 창단하며 '세상의 편견에 뿌리는 고춧가루 역할을 하겠다'는 포부를 밝혔다. 청소년 대상 '교육 연극'을 주로 해온 안 연출은 "입시경쟁에서 원치 않는 경쟁을 해야 하는 10대들의 삶을 곁에서 지켜보며 이 작품을 구상하게 됐다"고 밝혔다.

극단 고춧가루부대는 2013년 1월 창단공연작품으로 <로미오와 줄리엣 지금의 이야기>를 무대에 올렸다.

안준영의 고춧가루부대는 전문배우가 아닌 지역의 청소년과 일반인을 주축으로 공연을 한다.

이 작품은 사랑이 아닌 성장의 이야기다. 400년 전 10대였던 로미오와 줄리엣을 오늘날의 청소년으로 재해석했다. 몬테규와 캐플릿가의 대립을 노래 오디션, 학교폭력으로 풀어내는 식이다. 고전에서 로미오와 줄리엣이 만나는 가면무도회 역시

서울 홍대 클럽 분위기로 그렸다.

[줄거리]
최고의 대학진학률을 자랑하는 사립 베로나예술학교의 양대권력인 정치가의 아들 몬테규와 재벌가의 딸 캐플릿이 이끄는 두 클럽은 싸움으로 인해 축제 출연금지 명령을 받는다. 몬테규와 캐플릿은 이를 무마하기 위하여 축제기획사의 아들 패리스의 생일파티에 찾아간다. 하지만 그들의 뜻과는 다르게 두 동아리의 메인 보컬 로미오와 줄리엣은 첫눈에 사랑에 빠진다. 이를 저지하기 위한 사소한 다툼에 싸움꾼 머큐쇼는 티볼트를 죽이게 되고, 티볼트를 죽인게 로미오라고 생각한 로잘린때문에 로미오가 누명을 쓴다. 서로의 안타까움에 죽음을 결심하는 로미오와 줄리엣은 새로운 현실을 맞는데…

어린 청소년들이 배우로 나오는 이 작품에 대하여는 마찬가지로 동년배 학생의 관람평이 더 가치있는 것으로 생각되어 마산 제일여중 3학년 손승주 학생이 극단 고춧가루부대에 보내온 공연 후기를 소개하고자 한다.

연극을 보고난 후 지금 기억에 남는 것이 얼마 없다. 티볼트의 눈물, 내 감정 또한 최고조에 도달했을 때 티볼트의 눈물은 나에게 엄청 큰 의미로 다가왔다. 대부분의 배우들의 경상도와 부산지역의 사람들이라는 걸 알지만, 연기할 때 사투리는 그리 좋아 보이지 않는다. 로미오가 칼에 찔렸을 때 그렇게 많이 아파 보이진 않았다. 나뭇가지에 긁힌 정도로 밖에 보이지 않았다.
배우들의 노래가 반주에 묻히는 경우가 대부분이었다. 또한 불이 꺼졌을 때 이게 연출한 상황인지 사고였는지 모르겠지만, 불이 꺼짐과 동시에 관객의 집중력도 함께 꺼졌다. 배우들이 관객석 통로와 무대를 왔다 갔다 할 때는 시선을 어디에 둬야할지 모르겠다. 워크샵 개념의 뮤지컬이라 봤을 때 처음 연기하는 사람들이 무대 경험을 쌓기 위해, 나 이런 작품을 해 보았어요 라고 채워 넣기 위한 수단이 아닐까라는 생각을 갖게 되었다. 뮤지컬에 대한 팜플렛이 없다는 것이 아쉽다.
페이스북을 통한 사진홍보는 나름 호기심을 유발할 수 있어서 좋았다.
처음에 뮤지컬 시작하기 전에 나와서 이야기하시는 분의 말씀이 너무 길었다. 언제 시작하나 싶었다. 마지막 공연이 끝난 후에도 길었다.
〈로미오와 줄리엣 지금의 이야기〉를 보면서 난 내가 이 상황을 맞서는 척하면서 뒤로 물러나 피하고 있으면서 세상을 원망하고, 난 열심히 생활하는 척하며 규율에 어긋나는 행동을 하며, 누군가를 다치게 하고 지냈다. 너무 한 번에 일어나 엄청 커져버린 일. 내가 감당하기 어려운 일이라고 포장하여 옆에 두고 날 보았을 때, 이것 봐 엄청 큰일이지? 내가 잘못한 것 아니라니깐 라고 말하며 날 위로하는 내 자신이 잘못 되었음을 알게 되었다. 그리고 이 문제를 해결하기 위해 난 좀더 목소리를 높일 거고, 로미오와 줄리엣처럼 내가 징계를 받아야 할 일이 있을 때는 그 징계도 피하지 않고 받을 것이다.

내가 아쉬운 점을 털어 놓는 이유가, 난 작품에 대해 만족하지만 나 같은 경험없는 사람들도 이 사회의 문제를 인식하고 뮤지컬이 담고 있는 내용이 설마 현실에 있는 이야기일까 라고 생각하지 않고, 조금 문제의식을 가져줬으면 좋겠다는 생각이 든다.

학교의 명성을 위해 학생들이 희생당하지 않는 사회를 꿈꾸는 한 여학생이, '당연시 되는 세상의 편견에 고춧가루를 뿌린다.'라는 슬로건과 함께 좋은 작품을 제공해주신 고춧가루 부대에게 감히 쓰는 글입니다.

■ 예술무대 산 인형극 <로미오와 줄리엣>

1. 2016.4.23., 인천 중구문화회관
2. 2016.7.23., '한여름밤 가족극 한마당' 참가작 대전 서구 평송청소년문화센터 야외공연
3. 2016.9.10., 동탄문화복합센터 반석아트홀

2001년 창단하여 인형과 오브제를 통한 공연을 하고 있는 예술무대 산은 창작인형극 <달래이야기>로 2009년 스페인 '티티리자이 인형축제' 최고 작품상, 2012년 중국 '세계유니마총회' 최고 작품상, 2012년 '제24회 춘천인형극제 금코코바우상 대상' 등을 수상하였다.

양주문화예술회관의 상주단체인 예술무대 산은 창작인형극 <로미오와 줄리엣>을 2011년 양주문화예술회관에서, 2013년 서울문화재단의 '로비를 열고 예술을 채우다'란 주제로 진행되는 제2회 '서울메세나 아츠워크(Arts Walk)' 캠페인에 참여한 금호 아시아나 그룹의 본관 사옥에서, 같은 해 '홍콩 셰익스피어 4 ALL 페스티벌'에 초청되어, 2014년 제26회 '춘천인형극제'와 의정부 예술의전당이 개최한 '별별예술마당 Run To U-<한여름 밤의 축제>'에 참가하여 공연하였다. 2015년은 이천아트홀 소공연장과 거창국제연극제에 초청받아 호평을 받았다. 2016년에는 인천 중구문화회관과 공연장 상주 단체육성 지원사업에 선정된 마당극패 우금치와 무대예술산 두 단체의 창작작품 교류활성화의 기반을 다지기 위해 마련된 '한여름 밤 가족극 한마당' 행사에 참가하여 공연하였다.

수원대학교 연극영화학부와 산학협력 프로그램 일환으로 2013년 동탄복합문화센터에서 뮤지컬 <로미오와 줄리엣>을 무대에 올린 적이 있는 화성시 문화재단은 한국문화예술연합회가 주관하는 '문예회관과 함께 하는 방방곡곡 문화공감' 사업의

일환으로 예술무대 산의 대형인형극 <로미오와 줄리엣>을 2016년 9월 10일 동탄문화센터 반석아트홀 무대에 올렸다.

　이 작품은 그림자와 인형, 오브제의 움직임 만으로 이루어진 비언어극으로 제작되었으며, 독특한 인형의 모습은 영화감독 팀 버튼의 애니메이션 속 독특한 캐릭터를 연상시킨다.

[연출의도]
<로미오와 줄리엣>을 보면서 항상 드는 궁금증이 하나 있다.
몬테규가와 캐플릿가는 왜 그토록 서로를 증오할까?
두 가문의 오랜 다툼으로 죄없는 시민들이 수없이 희생되고 심지어 자식을 죽음에 이르게 하는 두 집안의 싸움의 원인은 원작 어디에도 나와있지 않다.
화해의 결말도 갈등이 해소되어서가 아니라 소중한 것을 잃은 후에야 자신들의 어리석음을 깨닫게 되는 것이다.
그렇다면 그들의 원한의 시작은 대단한 이유가 아니었을지도 모르겠다. 스스로 어리석게 느껴질만큼…
우린 서로 다른 인종, 종교, 언어, 문화, 지역부터 작은 생활습관이나 취향까지 매우 많은 다름과 차이를 가지고 있다.
그것을 아름다운 조화로 만들지 못하고 다르다는 것을 틀린 것으로, 차이를 차별로 만들며 크고 작은 갈등을 끊임없이 생산해내는 어리석음을 범하고 있는 것은 아닐까?
다름과 차이를 통해 서로의 사랑을 발견한 로미오와 줄리엣의 모습은 그래서 더욱 아름답다.

■ '제16회 밀양여름공연예술축제' 2016.7.27.~8.7.

　2016년 한국문화예술위원회에 의해 '지역대표공연예술제'로 선정된 '제16회 밀양여름공연예술축제' 는 연희단거리패 출신 배우 오달수를 홍보대사로 위촉하였으며 '연극 지역에 뿌리내리다'라는 주제로 진행되었다. 이번 축제에는 셰익스피어 서거 400주년을 기념하여 셰익스피어 주간에는 극단 목화의 <로미오와 줄리엣>, 영국 연출의 <맥베스>, 극단 서울 공장의 <햄릿 아바따>, 극단 가마골의 <로미오를 사랑한 줄리엣의 하녀>, 우리극연구소의 <하마터면 남자와 남자가 결혼할 뻔했어요>, 연희단거리패의 <햄릿>이 공연되었다.

▣ 극단 가마골(작 박현철, 작곡 강중환, 연출 김하영)

뮤지컬 〈로미오를 사랑한 줄리엣의 하녀〉
1. 2016.4.2., 우리동네극장
2. 2016.4.5., '아윤주 연극전' 첫 작품, 부산 거제동 한결아트홀
3. 2016.7.30.~7.31., '제16회 밀양여름공연축제' 초청작 밀양아리랑 아트센터

출처 : 뉴스컬쳐

　밀양연극촌에서는 (사)밀양연극촌 주관 및 밀양시 후원으로 2015년 3월부터 7월 16일까지 토요일 우리동네극장과 가마골소극장에서 주말공연을 하였다. 4월 2일에는 우리동네극장에서 세 번째 작품으로 셰익스피어 원작의 〈로미오와 줄리엣〉을 번안 창작한 작품으로 힙합풍의 춤과 랩, 빠른 스토리 전개, 거침없는 화술과 움직임이 돋보이는 뮤지컬 〈로미오를 사랑한 줄리엣의 하녀〉(박현철 작, 故이윤주 연출)를 공연하였다. 이 작품은 2004년 초연 이후 수차례 공연되고 있는 작품으로 2014년 '밀양여름공연축제' 참가작이다.

　2016년 4월 5일부터 6월 12일까지는 2015년 4월 14일 세상을 떠난 연희단거리패의 연출가이자 배우인 故이윤주 연출을 기리는 '이윤주 연극전'이 열렸다. 이윤주 연출의 대표작을 다섯 편으로 구성하여 두 달간에 걸쳐 부산 거제동 한결아트홀에서 선보인 것이다. 첫 작품으로 4월 5일 극단 가마골의 김하영이 재연 연출한 창작 뮤지컬 〈로미오를 사랑한 줄리엣의 하녀〉가 공연되었다. 그리고 7월말 한여름 셰익스피어 서거 400주년을 맞아 '제16회 밀양여름공연축제' 셰익스피전에 초청되었다.

　시간은 많이 흘렀지만 2004년 초연 당시 부산일보(2004.6.11.) 임갑실 기자의

관람평을 읽어보자.

걸가지가 무성한 줄기처럼 전개되는 사건들, 사회 권력과 부조리의 키치적 비틀기, 수많은 정보를 제한된 시간 내 전하려는 설명적인 대사, 대화를 끊고 끼어드는 농담, 배우의 몸과 말로 드러나는 야한 표현….

27일까지 가마골소극장에서 공연되는 극단 가마골의 창작뮤지컬 〈로미오를 사랑한 줄리엣의 하녀〉는 박현철표 연극의 특징을 그대로 보여준다.

때로 신파조의 사랑에 가슴이 저리다가 '더 이상 (키스)하다간 학생 단체 못 받아요' 등 기상천외한 수사에 요절복통하는 관객의 반응도 어김없다.

극은 캐플릿가의 말괄량이 줄리엣 대신 하녀 주리가 몬테규가의 로미오와 사랑에 빠지는 내용이다. 그 배경과 상황은 현대적이고 풍자적인데 셰익스피어 원작의 두 앙숙 가문이 400년 후 뉴욕 쌍둥이빌딩 소유주로 그려지고, 줄리엣이 무덤지기 아들이자 무슬림인 하킴을 사랑한다는 설정 등이 그렇다.

그러나 'B급 작가전'이란 겸손한 타이틀을 달았다 해도 극의 전개는 오프로드를 달리듯 지나치게 덜컹거린다.

파업을 주도했던 주리 아버지(빈 라덴을 닮은)가 몬테규가의 음모로 아내를 잃었다는 이유로 주리와 로미오의 결혼을 가로막고, 줄리엣의 사촌에게 무모하게 결투를 신청한 머큐쇼가 자신이 총에 맞자 양가의 해묵은 원한 관계를 탓하는 등 뮤지컬이란 장르를 감안할 때 군더더기 사건이 필요 이상으로 얽혔다. 그러다 보니 9·11사태를 사랑이 맺어지는 전환점으로 삼은 해피엔딩은 펼쳐 놓은 얘기들을 수습하기에 급급한 인상을 준다.

■ **극단 목화(역/연출 오태석)** 〈로미오와 줄리엣〉
 1. 2016.3.23.~3.27., 국립극장 달오름극장
 2. 2016.7.27.~7.28., '제16회 밀양여름공연축제' 셰익스피어전 초청작품, 밀양 성벽극장
 3. 2016.10.4., '2016 서울아트마켓' 개막식 축하작품 대학로 아르코예술극장

극단 목화의 오태석이 연출한 〈로미오와 줄리엣〉은 1995년 초연 이후 2001년 4월에는 독일 브레멘의 '제2회 셰익스피어 페스티벌'에서 독일 관객들로부터 열띤 환호를 받았으며, 2002년 예술의전당 토월극장에서 앙코르 공연 및 전국 5개 도시 순회공연, 2005년 9월 '아시아 연극제 in 상하이' 초청공연, 10월 '제5회 셰익스피어 난장', 2006년 1월 인도 국립연극원 초청으로 '제8회 국립극장 연극제' 초청공연, 5월 '제6회 셰익스피어 난장', 7월 일본공연, 8월 '2006 세계야외공연축제' 국내 초청작으로 양평 리즈갤러리 강변무대에서 공연, 11월에는 런던 바비칸센터에서 공연, 2007년 5월에는 '부산국제연극제' 개막작 그리고 '제25회 전국연극제' 개막

축하공연으로 거제 문화예술회관에서 공연, 2008년 10월 중국 난징에서 열리는 '세계연극제'에 참가하여 공연, '셰익스피어 페스티벌' 참가작으로 중국 베이징 아동예술극원에서 공연, 11월 중국 장자강에서 열리는 한중일 연극축제 '베세토 연극제'에 참가하여 공연, 12월 국립극장 KB 청소년 하늘극장에서 공연하였다. 2009년 8월 '포항바다국제연극제'에 폐막작품으로 포항 해맞이공원에서 공연, 10월 '극단열전 (熱戰) 2009' 행사 폐막작품으로 대구 수성 아트피아 용지홀에서 공연하였으며, 2014년 '예술공간 SM' 개관기념작으로 공연되었던 작품이다.

2016년 극단 목화의 <로미오와 줄리엣>은 3월 국립극장 달오름극장에서 다시 한 번 발동을 걸었고, 더운 한여름의 축제의 장인 밀양으로 갔다. 한 여름 7월 '제16회 밀양여름공연축제' 셰익스피어전에 참가하여 기라성 같은 극단들과 함께 겨루었다.

한국공연예술의 유일한 해외진출 플랫폼인 '2016 제12회 서울아트마켓(PAMS; Performing Arts Market in Seoul)'이 개막했다. 2005년부터 매년 10월 서울에서 개최하고 있으며 공연예술 관계자나 전문가들 외에도 공연예술에 관심이 있는 누구나 참여가 가능하다.

2016 팸스초이스 작품인 극단 목화의 <로미오와 줄리엣>이 이 행사의 축하 공연으로 선정되어 10월 4일 대학로 아르코 예술극장에서 공연되었다.

작품에 대한 설명은 2010년 편을 참조하기 바란다.

■ 연극집단 뮈토스(재구성/연출 오경숙) <로미오와 줄리엣@1984>
2016.9.21.~10.2., 예술공간 오르다

1994년 4.19 혁명 43주년을 기념하여 독재정권의 불의에 맞서 시민과 학생들이 항거한 4.19 혁명의 참뜻을 오늘에 되살리기 위한 취지로 4월 12일부터 17일까지 동숭동 바탕골 소극장에서 <로미오와 줄리엣>을 무대에 올린 적이 있는 연극집단 뮈토스가 셰익스피어 서거 400주년을 맞아 재창작한 <로미오와 줄리엣@1984>을 2016년 4월 19일부터 23일까지 예술의전당 오페라극장 무대에 올렸다.

◆ 문화저널 21 이영경 기자
연극의 배경은 전체주의 사회인 오세아니아. 진리부 기록국의 직원 윈스턴 스미스는 사랑이 허용되지 않는 세계지만 창작국에서 근무하는 줄리아를 만나 사랑에 빠진다. 그는 혼자의 힘으로 '다르게' 생각하려고 글 쓰는 행위를 시작하고, 셰익스피어의 '로미오와 줄리엣'이라는 언어 속에서 로미오(윈스턴)의 모습으로 줄리엣(줄리아)을 만난다.
<로미오와 줄리엣@1984>는 조지 오웰이 『1984』를 통해 경고한 인류의 비인간화, 현대

문명의 비관적 전망과 '로미오와 줄리엣'이 노래하는 절망적 희망을 결합하고 충돌시킨다. 연극집단 뮈토스는 "이 결합과 충돌을 통해 전체주의의 생리를 통찰하고 인간의 존엄성을 깊이 성찰해보고자 하는 공연"이라며 "굴복하는 인간, 열망하는 인간, 의문하는 인간, 절망하고 부서지는 인간을 통해 '인간은 대체 무엇일까?'라는 질문으로 인간의 본질을 헤아려보고자 한다"고 밝혔다.

이어 "2016년 우리들이 잃어버린 순수의 기억, 삶과 인간조건의 부조리와 모순 그리고 그에 따르는 자기 조롱을 통해 절대로 포기할 수 없는 완전한 삶을 향한 욕망을 절망의 미학으로 노래한다"고 설명했다.

◆ 연극평론가 박정기

〈로미오와 줄리엣@1984〉는 시대적 배경을 조지 오웰의 『1984』로 셰익스피어의 〈로미오와 줄리엣〉을 이끌어올렸다.

『1984년』(Nineteen Eighty-Four)은 1949년 출판된 조지 오웰의 디스토피아 소설이다. 이 소설 이후 사회 시스템에 의문을 제기하는 사람들을 '오웰족'(Orwellian)이라고 부르게될 정도로 파급력을 가졌다. 작품의 제목인 1984는 작가가 작품을 쓰기 시작한 1948년의 뒷자리 년도를 뒤집은 것이다.

전체주의는 모든 걸 통제하게 된다는 내용으로 도저히 불가능할 것 같았던 사람의 마음까지도 통제할 수 있게 된다는 것이다. 이것이 『1984』의 가장 강력한 메시지이자 조지 오웰이 소설 속에서 미래로 예견했던 전체주의의 가장 마지막 맥락이었다. 과거에 『1984』는 미래소설이었지만 지금은 과거소설이 되어버렸다.

〈로미오와 줄리엣@1984〉는 전체주의 사회에서 로미오와 줄리엣이 어떻게 생존하고 사랑할까를 함축적으로 그려낸 연극이다.

오경숙은 서울예술대학 연극과, 미국 뉴올린즈대학 연극학과, 미국 노스캐롤라이나 채플힐 대학원 연극학과를 졸업(MFA)했다. 현재 우석대학교 연극영화학과 교수이며 연극집단 뮈토스의 미모의 여류언출가이지 대표이다.

검은색 의상의 다섯 출연자들은 1968년판 프랑코 제피렐리(Franco Zeffirelli, 1923~) 감독의 〈로미오와 줄리엣〉의 레너드 위팅(Leonard Whiting, 1950~)과 올리비아 허시(Olivia Hussey, 1951~)가 주인공으로 출연한 영화의 주제가를 부르기도 하고, 극중 내용처럼 장검으로 결투를 하며, 원수로 지내는 캐플릿과 몬테규 집안이 아닌, 본래 사랑이 허용되지 않는 사회에서 남자 주인공 윈스턴은 줄리아라는 여성을 만나 모처럼 사랑에 빠지게 된다. 그리고 비밀 결혼식을 올린다. 1984년으로 옮겨 온 로미오는 캐플릿 가의 가면무도회에서 줄리엣과 만나 역시 비밀 결혼식을 올린다. 그러나 로미오가 결혼한 줄리엣은 바로 1984년의 줄리아 라는 설정이다. 결혼을 한 로미오는 본색인 사상결찰 오브라이언의 모습을 드러내고, 법규를 어기고 결혼한 윈스턴과 줄리아를 체포 구금시키고 고문까지 가한다. 결국 윈스턴과 줄리아 두 사람은 갈라서게 된다. 그리고 줄리아는 줄리엣의 모습으로 자살을 한다. 로미오는 줄리엣의 죽음을 보고 충격으로 그 옆에서 자살한다. 석방된 윈스턴과 줄리아는 결국 다시 대면을 하게 되지만, 사상과 사랑의 자유가 통제된 사회, 또는 의식이 기계적으로 구축된 사회를 보면서 마치 현재 모든 사람이 인터넷이나 스마트 폰만을 들여다보고 매달리는 기계적 현실과 비교하게 되고, 기계적으로 구축된 사회에서 자유스런 사상이나 사색 그리고 진정한 사랑이 존재할 수 있을까 하는 걱정을 하게 됨은 필자만의 우려일까?

■ PLAY 혜윰·(주)컬처마인(작 전예정·김승민, 연출 전예정) <로미오와 줄리엣>
2016.10.8.~2017.1.1., 대학로 올래홀

공연제작사 PLAY 혜윰과 공연기획사 컬처마인이 공동 제작한(작 전예정·김승민, 연출 전예정 연출) 셰익스피어의 명작을 한국식 로맨틱 코미디로 재해석한 <로미오와 줄리엣>이 2016년 10월 8일부터 2017년 1월 1일까지 대학로 올래홀에서 공연되었다. 극단 측은 "사극은 다소 지루할 것이라는 인식을 깨기 위해 춤과 음악을 더하여 한층 더 신나는 무대를 선보일 예정"이라고 밝혔다.

◆ 연극평론가 박정기
이 연극은 윌리엄 셰익스피어의 원작을 조선시대 노진사와 주진사의 자녀로 바꾸고 희극적으로 연출해 결말도 행복한 귀결로 만들었다.
주기방(朱妓房)과 노기방(虜妓房)이라는 간판이 기와집 골목 양쪽 문에 달려있다. 주진사와 노진사는 기방(妓房)을 운영하면서 서로 앙숙이 되고 원수처럼 생각한다. 노진사의 아들 노미오와 주진사의 딸 주리애는 주진사 댁 생일잔치에서 만나 첫눈에 반한다. 노미오는 식탐이 강해 맛난 음식을 먹으려고 비록 원수 같은 집이지만 친구를 대동하고 참석한다. 그러나 주리애의 오라비한테 들켜 잔치 당일에는 그냥 넘어가지만, 후에 앙갚음을 받게 된다. 잔칫날 노미오와 주리애는 상대에 대한 사랑을 고백하게 되고, 원수지간의 자녀인 것도 알게 되지만 두 사람의 사랑은 모든 것을 초월한다. 잔칫날 몰래 참석한 일로 노미오는 주리애의 오라비의 공격을 받게 되고, 노미오의 친구가 노미오 대신 주리애 오라비의 칼을 맞고 숨지는 일이 생긴다. 노미오는 분노로 주리애의 오라비를 칼로 찔러 죽인다. 비록 살해사건이 일어났으나, 노미오와 주리애의 사랑의 불길은 꺼질 줄을 모르고 두 남녀는 스님 앞에서 혼례까지 치른다. 그러나 주진사는 노미오에 대한 분노와 증오심으로 주리애를 다른 집안으로 시집을 보내기로 한다. 혼례식 당일 주리애는 스님에게 모든 사실을 털어놓고 스님의 계략에 따라 맹독성 꽃의 줄기를 씹어 먹고 죽은 듯 잠이 든다. 주리애의 죽음을 알고 달려온 노미오는 맹독성 꽃줄기를 씹어 먹고 주리에 옆에 쓰러진다. 그러자 주리에는 독성 잠복기간이 지나 몸을 일으킨다. 그리고 노미오가 죽은 듯 쓰러진 것을 발견하고 어쩔 줄 몰라 한다. 그 때 스님이 등장해 노미오의 독성도 풀릴 것이라며 관객에게 함께 5초, 4초, 3초를 복창하도록 권한다. 관객의 마지막 1초 복창이 끝나자 노미오가 벌떡 일어나게 되고, 노미오는 주리애와 함께 이 고장을 떠나는 장면에서 연극은 끝이 난다.

■ 유니버설발레단(안무 케네스 맥밀란, 작곡 세르게이 S 프로코피에프, 지휘/연주 폴 코넬리, 연출 줄리 링컨·유리 우치우미) <로미오와 줄리엣>
2016.10.22.~10.29., 예술의전당 오페라하우스

유니버설 발레단은 2002년, 2007년, 2012년 이 작품을 무대에 올린 적이 있다. 특히 2002년과 2012년에는 국립발레단과 쌍웅을 겨룬 해이기도 하다. 셰익스피어 서거 400주년을 맞아 이번 공연을 기획·제작한 유니버설 발레단(단장 문훈숙)은 영국 로열발레단의 정체성을 확립하고 세계적인 반열에 올렸다고 평가받는 '드라마 발레'의 거장 케네스 맥밀란(Kenneth MacMillan)의 안무로 발레 <로미오와 줄리엣>을 2016년 10월 22일부터 29일까지 예술의전당 오페라극장에서 무대에 올렸다.

유니버설 발레단이 존 프랑코의 <오네긴>에 이어 케네스 맥밀란의 <로미오와 줄리엣> 공연권을 한국 발레단 최초로 획득했다는 것은 유니버설 발레단뿐만 아니라, 한국 발레사 측면에서 매우 중요한 의미를 갖고 있다. 한국 발레의 높은 수준을 인정받았다는 의미도 있지만 무엇보다 케네스 맥밀란의 <로미오와 줄리엣>이 세계 발레사에서 갖는 존재감 때문이다.

이 작품은 우리가 알고 있는 고전적인 발레와는 확연히 다르다. 고전발레의 정형적인 틀과 양식 속에서 줄거리와 상관없이 볼거리만을 위해 행해지던 그랑 파르되, 코다 등의 춤동작은 없다. 사랑고백, 죽음, 결혼, 거절 등을 표현하기 위해 약속처럼 행해지던 판토마임도 없다. 마치 연극과도 같은 드라마 발레는 자연스레 이야기의 흐름을 따른다. 무용수는 기술적인 춤동작보다는 인물과 하나가 돼 그들의 감정과 정서를 표현하는 데 집중한다.

◆ 아시아경제(2016.10.21.) 조민서 기자
'21살의 첫사랑 53살의 끝사랑 그녀의 '줄리엣'
이탈리아의 발레리나 알레산드라 페리는 스물 한 살이던 1984년에 줄리엣이 됐다. 영국 로열발레단 최연소 수석 무용수였던 그는 이 무대로 세계적인 스타가 됐다. '줄리엣의 현신'이라는 찬사가 뒤따랐다. 2007년 은퇴 무대에서 마지막으로 줄리엣을 연기하면서 페리는 전설이 됐다. 마흔네 살 때의 일이다. 그리고 2013년 7년 만에 복귀한 페리는 2016년, 다시 줄리엣이 됐다. 올해 나이는 쉰세 살이다.

연극평론가 박정기 씨가 발레와 발레 <로미오와 줄리엣>의 역사에 대하여 설명한 글을 소개한다.

발레의 역사에 대해서는 르네상스 시대에 비롯되었다는 설과 그리스 시대에까지 소급된다는 주장이 제기된다. 그리스의 발레 전통이 그 문명의 소멸과 함께 일단 침몰되었다가 르네상스를 맞아 부활했다는 설이다. 하지만 자료에 의하면 1489년 밀라노 공 갈레아조와 이사벨라의 결혼식에서 베풀어진 막간극이 사실상 발레의 유래다.

그 후 르네상스의 진원지 피렌체의 메디치家를 중심으로 이탈리아에서 발레가 크게 융성했으나, 16세기 이후로는 그 무대가 프랑스로 옮겨진다.

발레가 프랑스에 최초로 도입된 것은 1552년 피렌체의 카트린느 드 메디치가 프랑스의 앙리 2세와 결혼할 때다. 이탈리아에서 크게 명성을 떨치던 음악가이자 안무가였던 베르지오 조소가 카트린느의 시종으로 프랑스에 가게 된 것이 프랑스에 발레가 뿌리내리게 된 계기가 된다. 남편 앙리2세가 일찍 세상을 떠나자 섭정을 맡은 카트린느는 아들 프랑스와 2세를 발레에 심취케 한 후 자신이 권력을 좌지우지할 셈으로 발레 진흥에 힘을 기울였다. 그리하여 1581년에는 세계 최초의 발레단 (Le Ballet Comique de Reine])을 창단해 발레가 융성할 수 있는 결정적인 계기가 되었다.

발레는 이탈리아에서 프랑스로 옮겨져 그 뿌리를 내리게 된다. 그것은 이탈리아어와 프랑스어의 합성어인 〈발레〉(Ballet)라는 용어를 통해서도 알 수가 있다.

카트린느 왕비 이후, 발레에 열광했던 루이 14세에 의해 1661년 〈음악. 무용 아카데미〉가 창립되면서 발레는 바야흐로 급물살을 타게 되었다.

스스로를 태양왕으로 자처했던 루이14세는 발레를 구경하는 데 만족치 않고, 몸소 춤을 추었고, 그에 힘입어 몰리에르 같은 당대의 문화계를 지배하던 인물들이 발레에 열광했던 탓으로 발레는 더욱 융성하게 되었다.

발레 〈로미오와 줄리엣〉은 1811년 빈센초 갈레오티(Vincenzo Galeotti 1737~1816)가 안무한 작품이 덴마크 왕립발레단에 의해 공연된 이후 본격적인 공연이 시작되었다. 그 가운데 세르게이 프로코피에프 음악을 처음으로 안무한 레오니드 라브로프스키(Leonide Lavrovsky 1905~1967)와 존 그랜코(1958년), 케네스 맥밀런(1965년) 등이 국제적인 평가를 받았다.

레오니드 라브로프스키의 안무는 클라식 발레에 러시아적 캐릭터에다가 풍부한 볼거리를 제공하고 팬터마임 적 요소 등을 가미해, 춤보다 마임과 검술 등이 많고, 거리의 장면은 자연스럽고 활기가 넘치도록 안무했다.

케네스 맥밀란은 한 술 더 떠서 〈로미오와 줄리엣〉을 드라마틱 발레로 창출해냈다. 작중 인물의 성격을 원작대로 부각시키고, 무용수에게 배우나 마임이스트를 뛰어넘는 감정 표현을 이끌어내도록 안무했다. 세부 동작은 물론, 손가락 하나에서부터 팔 다리의 펴고 오그리기, 눈동자와 방향과 고갯짓 하나까지, 거의 완벽에 가까운 감정 전달을 무대 위에 구현해냈다.

그의 안무에 날개를 달아준 것은 프로코피에프의 음악이다.

작곡가 프로코피에프에게 〈로미오와 줄리엣〉 무곡을 작곡해볼 것을 권유한 사람은 안무가 디아길레프였다.

현대음악 작곡가 프로코피에프가 모더니즘에서 벗어나 고전적 스타일로 작곡에 손을 댄

대표적인 작품 중의 하나인 발레곡 〈로미오와 줄리엣〉은 라브로프스키의 안무로 레닌그라드의 키로프 극장에서 초연되었고, 눈부신 성공을 거두었다.

케네스 맥밀란은 한 걸음 더 나아가, 무용수들에게 음악과 일치된 감정이입, 그리고 철두철미한 심리표현은 물론 관능적인 요소까지 가미한 안무로, 셰익스피어 탄생 400주년 기념으로 마련된 1965년의 런던 로열발레단의 〈로미오와 줄리엣〉 공연에서 대성공을 거두고, 우레와 같은 박수 속에 40여회의 커튼콜이라는 신화를 창조했다.

■ 서울시오페라단(연출 이경재) 오페라 마티네 〈로미오와 줄리엣〉
　2016.11.15., 세종문화회관 체임버홀

서울시오페라단은 2012년 좋은 창작 오페라 콘텐츠를 연구하고 개발하기 위해 '세종 카메라타'를 결성했다. 2013년 8월부터 실내악 전용극장인 세종 체임버홀에서 '오페라 마티네'를 선보이면서 오페라 〈바리〉, 〈당신 이야기〉, 〈로미오 대 줄리엣〉, 〈달이 물로 걸어오듯〉 등 네 편을 리딩 공연으로 올렸다. 2013년 11월 21일과 23일 "세종 카메라타 오페라 리딩 공연"에서 초연으로 무대에 올랐던 창작 오페라 〈로미오 대 줄리엣〉(신동일 작곡, 박춘근 작/작사)은 극중 오페라 〈로미오와 줄리엣〉에 함께 캐스팅된 위기의 오페라 가수 부부가 주인공으로 등장하여 작품을 연습하며 서로에 대한 애증을 연습을 통해 그대로 드러낸 작품이다. 서울시오페라단은 2014년 7월 1일부터 8일까지 〈로미오와 줄리엣〉을 충무아트홀 무대에 올렸다.

'마티네'란 낮에 펼쳐지는 공연으로 아침, 오전 중이라는 뜻의 프랑스어 마탱(matin)에서 유래하였다. 마티네에 대응해 야간 공연을 뜻하는 수아레(soirée)라는 말도 있지만 보통 공연은 저녁시간대에 시작하기 때문에 잘 사용되지 않는다. 마티네는 낮 시간이 자유롭거나 저녁시간을 내기 어려운 학생, 아동, 주부, 노인 등의 관객층을 타깃으로 하여 틈새시장을 공략하는 데 활용된다. 보통 일주일에 1~2회, 주말 낮 시간에 행해진다.

2016년에는 푸치니의 〈토스카〉(1.19), 모차르트의 〈마술피리〉(2.16)와 〈돈 조반니〉(3·15), 마스카니의 〈카발레리아 루스티카나〉(4.19), 베르디의 〈운명의 힘〉(5.17), 〈마농레스코〉(6.21), 도니제티의 〈사랑의 묘약〉(7.19), 치마로사의 〈비밀 결혼〉(8.16), 레온카발로의 〈팔리아치〉(9.20), 로시니의 〈세빌리아의 이발사〉(10.18), 구노의 〈로미오와 줄리엣〉(11.15), 〈돈 파스콸레〉(12.20) 등이 매월 셋째 주 화요일 오전 11시에 공연되었다.

국립오페라단은 셰익스피어 서거 400주년을 기념해 세기의 로맨스 <로미오와 줄리엣>을 12월 8일부터 11일까지 예술의전당 오페라극장 무대에 올렸다. 셰익스피어의 가장 아름다운 희곡으로 꼽히는 <로미오와 줄리엣>은 프랑스 작곡가 샤를 구노를 만나 영국인들도 인정한 19세기 최고의 오페라로 재탄생했다. 오페라 <로미오와 줄리엣>은 프랑스 특유의 섬세하고 우아한 음악과 문학이 결합해 셰익스피어가 언어로 표현한 희곡 작품보다 더욱 아름다운 수작이라는 평가를 받는다.

국립오페라단이 2년 만에 선보이는 <로미오와 줄리엣>은 경기필하모닉 오케스트라의 연주로 지휘는 서울대 교수로 재직 중이고 KBS 교향악단, 서울시립교향악단, 동경메트로폴리탄 오케스트라, 신세이교향악단, 데살로니카 국립교향악단 등 지휘 무대에 섰던 김덕기, 연출은 2014년 연출을 맡았던 엘라이저 모신스키가 맡았다. 영국 출신의 연출가 엘라이저 모신스키는 국립오페라단과는 2013년 <돈카를로>를 통해 처음 인연을 맺었다. 그는 1975년 런던 로열오페라하우스 전속 연출가로 발탁됐으며, 세 차례에 걸쳐 영국 로렌스올리비에 오페라 상을 수상한 바 있다.

◆ 오마이뉴스(2016.12.21.) 박순영 기자
1막 장중한 서곡, 관 두 개가 나란히 들어오는 장례식에 합창단이 양 집안의 적대관계를 노래한다. 노란빛 캐퓰렛가의 미뉴에트와 붉은색 몬테규 청년들의 모습이 흥겨운 가면무도회다. 이어 등장한 줄리엣(나탈리 만프리노 분)의 사랑스러운 '꿈속에 살고 싶어(Je veux vivre)'와 첫눈에 반한 로미오와의 이중창 '고귀한 천사여(Ange adorable)'로 브라보를 받았다.

2막 발코니, 열렬한 이중창이 이어진다. 테너 스티븐 코스텔로는 잘생긴 외모에 장면 따라 다양한 발성을 구사했는데, '사랑, 사랑, 나의 온 존재가 흔들린다(L'amour, l'amour, oui, son ardeur a trouble)'에서 폭발적인 가창력으로 브라보를 받았다. 연인의 아리아, 헤어짐을 못내 아쉬워하는 로미오의 아리아까지 발코니 장면은 사랑 그 자체다.

3막 비밀 결혼식, 로렌스 신부 역 베이스 김일훈의 차분한 저음이 좋다. 연인과 신부, 유모 거트루드(메조소프라노 김현지)가 감싸 안고 부르는 4중창 '당신 형상대로 남자를 창조하신 하느님(Dieu qui fit l'homme a ton image)'이 가슴 뭉클하다. 베로나 광장의 결투, 스테파노 역 메조소프라노 김정미가 긴 장면의 노래로 멋진 인상을 남긴다. 1막에서도 눈에 띄었던 테너 민현기(티볼트), 바리톤 김종표(머큐쇼)와 두 가문의 칼싸움이 실감 난다. 머큐쇼의 죽음에 복수하고 추방당하자, 로미오의 완벽한 '하이 C음' 절규에 관객들은 브라보를 보냈다.

4막 침실 장면, 침대에 앉아 끌어안고 노래하는 협화음의 조화에 녹아들 것만 같다. 파리스와의 결혼을 피하려 로렌스에게 얻은 약을 먹은 줄리엣의 '사랑이여, 용기를 주소서(Amour, ranime mon courage)'가 아름답다.

5막 어두운 무덤, 잠에서 깨어난 줄리엣이 옆에 쓰러진 로미오의 모습에 절망하고, 로미오의 손에 칼을 쥐어 감싸 자신의 배에 겨냥한다. 푸른 조명에 죽어가는 붉은 연인의 긴 아리아 '슬퍼하지 말아요, 가여운 연인이여'(Console-toi, pauvre ame)가 대단원의 비장감을 준다.

■ 오페라 로미오와 줄리엣의 해설-세실내과 홍관수 원장
다음카페 'spo friends'(2016.12.6.)

13년간 매월 서울영동교회에서 어렵고 지루하게만 느껴지는 오페라를 쉽고 재미있게 설명해 주는 의사가 있다. 세실내과 홍관수 원장이다. 홍원장은 오페라를 즐길 때 기본구조 즉, 원칙을 알고 들어야 쉽다고 말한다. 홍관수 원장이 서울필하모니오케스트라 동호인들의 카페인 다음카페 'spo friends'(2016.12.6.)에 오페라 로미오와 줄리엣의 해설을 하였는데 그 내용이 독자들이 읽기에 재미있고 참고가 될 것 같아서 그 전문을 게재한다.

• 오페라 로미오와 줄리엣의 해설(1)

1. 셰익스피어(1564-1616)는 어떤 사람인가?
   - 어느 한 시대의 사람이 아니라 모든 사람의 시대이다.(벤 존슨)
   - 삶을 그대로 비추어내는 거울이다.(새무엘 존슨)

2 셰익스피어가 살았던 영국의 르네상스 시대의 특징은?

    1) 권력과 위계질서에 근거한 전통주의(철저한 남성우월주의, 가부장적 사고방식)와 인본주의, 진보주의와 마찰이 일고 있었다.

    2) 종교의 영향 약화로 영생과 내세보다는 현실적 명예와 이익이 중요시되기 시작했다.

    3) 가족을 단위로 하는 상공업과 가내 수공업의 발달로 가문의 결속이 더욱 강화되었다.

3. 이 당시 가부장적 사고방식은 어느 정도이었나?

    - 여성에게 바람직한 미덕이란 수동적인 '침묵과 정숙'이었다.

    - 가장은 왕과 같은 존재

    - 자녀들은 신하 같은 존재요, 결혼 전의 여성은 부모의 소유물 같은 존재

4. 여성에게 결혼이란?

    - 사랑이라는 남녀 간의 개인적인 관계보다는 정치적, 재정적인 관계로 이해되었다.

5. 이런 결혼관계는 중·상류급 계급의 가문에서 일어났다. 셰익스피어 비극 중 하나인 로미오와 줄리엣의 문학적 이외에 사회적으로 큰 방향을 일으킨 이유는 무엇인가?

    - 이러한 철저하게 여성들에게 개인의 감정이나 개성이 존중되지 못하고 가문을 위하여 결혼하고 여성이 남성에게 종속되는 시기(결혼 전엔 아버지의 소유물, 결혼 후엔 남편의 소유물)에 이러한 가부정적 윤리나 가치를 넘어서 자신의 목적을 위해 독립적이고 자유롭게 행동하는 여성의 유형을 작품에 투영하였다는데 큰 의미가 있다.

6. 로미오와 줄리엣을 단순한 비극작품을 넘어선 신화로 자리매김하게 된 이유는 무엇인가?

    - 주인공에 초점을 둔 단순비극이 아니고 줄리엣의 희생양 역할과 당시로서는 여성의 영웅적 행위로 인류의 삶에 지대한 긍정적인 영향을 주었기 때문이다.

7. 셰익스피어 비극에 나오는 여성들의 특징은

    1) 극히 선량한데 피해자가 되는 경우((비극적인 착한 여성)-오셀로의 데스데모나 - 청초하고 순결한 미덕에도 남편에게 목졸려 살해당한다.

    2) 시악하고 괴물 같은 여성 - 맥베스의 레이디 맥베스 - 위협적이고 파괴적이고 불길한 세력으로 남성을 지배

8. 위의 두 극단적인 비극적 여성형과 전혀 다른 셰익스피어의 다른 유형의 여성은?

    - 로미오와 줄리엣의 주인공 줄리엣이다.-독립적 여성의 전형이다.

9. 당시 영국의 15세기 후반부터 강력하게 뿌리내리기 시작한 중앙집권적 국가관과 가부장제도가 이런 남성 우월적 관념이 팽배하였는데 당시 영국의 왕은 누구였는가?

    - 엘리자베스 여왕이다.

10. 로미오와 줄리엣에서 로미오는 어떤 유형의 남성이었나?

    - 로미오도 당시 사회가 부여하는 고정된 젠더의 역할에서 벗어나 남자인데도 불구하고 공격적이거나 정복적인 모습을 보이지 않았다.

- **오페라 로미오와 줄리엣의 해설(2)**

1. 작품배경은?
   - 불구대천 원수지간인 캐플릿가와 몬테규가문이다.

2. 두 가문은 어떤 사이인가?
   - 세도에 있어서 쌍벽을 이루는 가문인데 해묵은 원한으로 싸움이 종종 일어나서 폭발 직전에 있는 상태이다.

3. 당시 엘리자베스여왕 시대에는 여성은 결혼과 출산을 통해 재산을 재분배하는 매개체적 역할을 담당하는 비인격적 대우를 받는 사회 분위기에서 줄리엣이 죽음을 불사하고 자신의 의지로 경직된 결혼관을 깨고 신성한 결혼을 지킴으로서 희생양과 영웅성을 보여주었다. 이외에 이 작품이 걸작으로 남는 이유는 무엇인가? 쇼펜하우어의 말을 인용하여 설명하라.
   - 쇼펜하우어는 '베르테르의 슬픔'과 함께 '로미오와 줄리엣'을 남녀 간의 사랑에 관한 작품들 중에 가장 불후의 걸작으로 뽑았다.

4. 로미오와 줄리엣은 순수한 사랑의 인류사의 염원의 모델로서 연극 외에 다른 장르로도 공연이 많이 이루어졌다. 어떤 장르인가?
   - 80여건의 발레, 1830년 벨리니의 오페라 '캐플릿가와 몬테규가', 그리고 1867년 구노의 오페라 '로미오와 줄리엣'이 있다. 그 외 베를리오즈의 극적 교향곡 '로미오와 줄리엣'이 있고, 그의 영향을 받아 차이코프스키의 환상서곡 '로미오와 줄리엣'이 있다. 이 외에 '로미오와 줄리엣'의 재현작업으로 레오나드 번스타인의 뮤지컬 '웨스트사이드 스토리' 등 뮤지컬과 영화, 애니메이션 등에서도 활발하게 작품이 나왔다.

5. 로미오와 줄리엣은 르네상스의 중심지인 이탈리아를 배경으로 하지만 작가는 영국의 셰익스피어이다. 당시 줄리엣은 열네 살의 아름다운 소녀이다. 줄리엣의 생일은 7월 31일이다. 이 날자가 주는 의미가 있는가?
   - 영국의 오랜 전통의 의식인 수확 후 첫 축제인 라마스타이드의 전야이다. 이는 줄리엣의 순수함과 이제 막 시작된 여성성을 의미하며 아직 자립하지 못한 연약한 몸으로 그리고 순수함 몸으로 인류 번영체의 번영과 치유의 희생양이 되었다는 것을 상징한다.

6. 로미오와 줄리엣은 비극이다. 당시 중세시대의 비극관에 비해 셰익스피어가 나타내고자 했던 비극관의 차이를 설명하라.
   - 당시 비극이란 대개 점성술에 연관된 운명 비극이었다. 즉 타고난 운명의 풍파에 수동적으로 휘둘리어 끝내 불운한 최후를 맞이하는 구성이다. 그러나 셰익스피어는 그런 점성술적 차원의 운명적 비극이 아니고 인간관계에서 야기된 사회적 불행, 즉 사회적 요소에 더 큰 비중을 두었던 것이 당시로서는 개혁적인 각색인 것이다.

7. 줄리엣의 죽음은 무엇을 위한 희생이 되었는가?

- 둘의 죽음은 기나긴 원한에 대한 속죄이고 줄리엣의 죽음은 당시 사회 속에서 벌어지던 가문간의 잔인한 싸움으로부터 더 이상 피해입지 않기를 바라는 수많은 젊은 남녀들의 소망과 기도의 희생 제물이 되었을 뿐 아니라 여성의 지위와 결혼풍속에 대한 위대한 변화를 일으키는 희생양이 된 것이다.

8. 로미오와 줄리엣의 희생이 더욱 비극적인 이유는?
   - 둘 다 외동이라는 것이다. 두 가문의 유일한 상속자이었던 것이다.

- **오페라 로미오와 줄리엣의 해설(3)**

1. 줄리엣의 아버지 캐플릿이 선택한 권세가 당당한 에스켈러스공작의 친척인 패리스와의 결혼날짜를 줄리엣에게 알려주는 레이디 캐플릿은 줄리엣이 기뻐할 거라고 생각한다. 이는 무엇을 의미하는가?
   - 로미오를 불한당이라고 칭하는 어머니에게 자신의 속마음을 털어놓지 못하는 줄리엣과 어머니 사이에 의사소통이 안됨을 알 수 있다.

2. 줄리엣의 나이가 자주 언급되는 이유는?
   - 당시 다산을 축복과 재산의 증식으로 보는 사고에서 줄리엣이 충분히 출산을 할 수 있다는 줄리엣의 사회적, 정신적 성숙보다는 부모님들의 욕심을 노출시키는 것이다.

3. 셰익스피어는 그의 작품에서 성역할에 대하여 피력하는 모습이 엿보인다. 어떤 면이 그러가?
   - 일반적 사고로는 성역할은 생물학적으로 필연적으로 결정되는 것으로 여겨진다.
   - 맥베스에서 보면 맥베스는 전쟁터에서 용맹스런 남성상이었으나, 평화시에는 여성적인 모습이었다. 즉, 성역할은 생물학적으로 자연적으로 얻어지는 것이 아니고 사회적, 정치적으로 결정된다는 사실을 표현하고자 했다. 줄리엣은 죽음을 담보로 해서 자유를 획득하였다는 점에서 당시 르네상스 시대에서는 보기 드문 여성의 자유를 앞질러 쟁취했다.

4. 줄리엣의 유모가 하는 말 중 "여자는 어려서는 앞으로 넘어지지만 철이 들면 뒤로 넘어진다."라는 것은 성역할이 어떻다는 것인가?
   - 여자의 역할이 자연적으로 타고나기보다는 만들어진다는 뜻이다. 즉, 아내가 남편 밑에 있어도 남편의 무게를 감당하듯 가부장 제도 하에서 인내하고 복종하며 남편을 섬겨야하는 법을 배워나간다는 뜻.

5. 로미오와 줄리엣은 뭐니뭐니해도 남녀 간의 사랑을 주제로 한 것이다. 당시 시대적 사랑이야기와 로미오와 줄리엣의 시대를 넘어선 사랑이야기가 있다. 두 사랑의 차이는 무엇인가?
   - 짝사랑과 상호적인 사랑, 즉 이루어질 수 없는 일방적인 사랑과 서로 주고받는 사랑이다.

6. 당시 시대적인 사랑인 궁정식 사랑(Courty Love)은 무엇인가?

- 이상적인 연애에 대한 남성의 일방적이고 맹목적인 사랑. 한 여인을 설정해 놓고 결코 다른 여성은 생각조차 없이 자신의 정열을 바치지만 그에 대한 보답을 기대하지도 않고 오직 사모하고 충성을 다하는 것으로 끝나는 사랑이다.

7. 페트라르크식 연애시(Petrarchan Sonnet)란 무엇인가?
   - 14세기 이탈리아의 인문학자인 페트라르크의 시로서 1327년 아비뇽에서 '라우라'라는 운명의 여인을 만나게 되면서 쓰기 시작하여 평생 이루어질 수 없는 그녀의 모습을 그린 애정시의 형식을 말하는데 내용은 순결하고 냉정한 여성이 남성의 일방적인 숭배를 거부하는 것으로 설정된다.

8. 로미오는 줄리엣을 만나기 전에 로잘린을 사랑한다. 어떤 사랑인가?
   - 페트라르크식 사랑이었으며 로미오는 페트라르크식 연인으로 로잘린을 선택하고 사랑이 이루어질 수 없음을 괴로워하는데 이 고통은 아름다움과 연결되고 한없는 시심이 자극되는데 이는 시대적 배경과 일치한다.

9. 궁정식 사랑은 14세기에 이르러 두 가지 형태로 변한다. 어떻게 변하는가?
   - 육체적 측면이 완전히 부정된 형태로서 정신적 사랑에만 관심을 갖고 신성한 사랑으로 승화시키는 형태와 육체적 결합의 욕망이 그려지는 형태이다.

10. 로미오와 줄리엣에는 당시 유행했던 관념적 사랑의 개념을 초월하는 사랑이 나온다. 어떤 형태인가?
   - 로미오와 줄리엣 두 사람은 진정한 사랑이란 상황 때문에 변하거나 굴복하는 것이 아님을 보여주는 전형적인 모델이다.

• 오페라 로미오와 줄리엣의 해설(4)

1. 로미오는 줄리엣을 만나기 전 로잘린을 사랑하는데 사랑의 고통으로 심히 괴로워하나 누구에게도 대상을 고백하지 않고 실제로 극 중에 로잘린이 등장하지 않는다. 이는 무엇을 암시하는가?
   - 로미오의 사랑의 대상은 이루어질 수 없는 이상적인 연인의 대표일 뿐이지 어떤 특정 개인이 아니기 때문이다. 즉, 로잘린은 허구의 세상에 존재하는 이상적 여인들의 하나일 뿐이다.

2. 로미오의 로잘린에 대한 사랑이 육체적 결합의 욕망을 표현한 페트라르칸적 사랑이라면 육체적인 측면이 제거된 정신적인 사랑의 존엄성에만 빠져있는 패리스의 모습에서 또 하나의 궁정적 사랑의 이상을 보게 된다. 어떤 모습인가?
   - 패리스는 줄리엣과 결혼하고 싶어하나 줄리엣은 이미 로미오와 둘만의 결혼을 한 상태이다. 그러나 패리스는 끊임없이 자신의 애정을 표시하고 심지어는 줄리엣이 죽고난 후 그녀의 무덤에 찾아와 꽃과 향수를 뿌린다. 상대방의 반응에 상관없이 자신의 감정에만 충실하다. 이는 정신적 사랑만이 최고라는 환상에 사로잡혀 있는

궁정식 사랑의 희생물이다.

3. 이런 궁정식 사랑에 대비하여 통속적이고 자연주의적 사랑의 모습이 극의 초반에 나온다. 어떤 이야기인가?
   - 캐플릿가의 하인인 샘슨은 몬테큐네 족속이라면 남정네들과의 싸움을 끝내고 친절을 베풀어 그 집안의 처녀성을 빼앗겠다고 하며 거침없는 음담패설을 서슴없이 한다. 줄리엣의 유모를 통해서도 성적농담이 나온다.

4. 셰익스피어가 로잘린이라는 허구적 인물을 설정한 이유는?
   - 그 시대가 만들어 놓은 문학적 환상의 사랑, 즉, 페트라르크식 사랑의 허구성을 비판함으로써 사랑의 본질에 대해 이야기하려 했다.

5. 셰익스피어 작품이 음악화되는 시기는?
   - 17세기 후반부터 18세기 말 신고전주의 문학이 주조를 이루던 시기에는 셰익스피어 작품의 진가가 충분히 나타나지 못했지만 19세기 낭만주의 문학이 대두되면서 셰익스피어 작품이 거의 신격화되었고 음악 작곡가들에게도 깊은 영감을 주었다. 이후로 셰익스피어 작품은 연극공연보다 음악콘서트홀에서 더 자주 연주되었다.

6. 로미오와 줄리엣이 음악작품화되는데 유리했던 이유는?
   - 음악작품화되는 좋은 구조와 내용 때문이다.
      1) 1303년 무더운 여름 7월 중순의 일요일부터 목요일까지 짧은 시간 동안 단순하면서도 강력한 구성의 빠른 진행으로 관객이 쉽게 빠져들 수 있었다.
      2) 절실한 사랑의 문제를 언어의 음악성 시성 그리고 우아함을 내포하고 있다.
      3) 사랑이야기 구성의 선명한 구분
         a. 가면무도회에서 처음 마주친 눈길
         b. 어둡고 조용한 밤 발코니에서의 고백
         c. 불꽃을 태운 하룻밤
         d. 애절한 이별장면

7. 구노의 음악적 특징은?
   - 서법의 순수성, 선율선의 아름다움, 표현의 간결성을 추구

8. 구노의 영향을 받은 프랑스의 작곡가들은, 그리고 그 특징은?
   - 비제, 랄로, 마스네, 생상 등이 있으며,
   - 프랑스 음악은 절도성과 명석함으로 이루어진 고유의 특징이 있다.

9. 로미오와 줄리엣은 많은 작곡가들이 음악화하였는데 구노가 오페라로 작곡하는데 결정적 역할을 한 작곡가는 누구인가?
   - 구노가 어릴적부터 숭배하던 베를리오즈

10. 구노의 오페라 로미오와 줄리엣의 서곡의 음악적 특징은?
    - 양가의 대립을 2성 대위법적(쉽게 설명하면 돌림노래형식)으로 작곡하였고, 그

다음으로 합창이 프롤로그를 로미오와 줄리엣의 줄거리를 이야기하듯 노래한다.
11. 1막의 특징은?
 - 많은 배역들이 나오며 왈츠풍의 거대한 합창의 무도회는 줄리엣의 사회로의 데뷔를 알린다. 그녀는 왈츠 노래로 자신의 행복함을 표현한다.
 - 로미오와 머큐쇼의 맵여왕 아리아가 끝난 후 파리스와의 결혼이 줄리엣에게 알려지자 줄리엣이 아리아가 '그 꿈 속에서 살고 싶어라(Ah! Je veux vivre)'를 부르는데 소프라노 가수의 기교적인 역량이 충분히 과시되는 아리아다.
 - 이 아리아가 끝나면 로미오와 줄리엣의 첫 만남이 이루어진다. 서정적인 로미오의 선율 마무리같은 마지막에 듀엣으로 마무리된다.
 - 티볼트가 긴박한 노래를 부르면서 서로의 존재를 알고 놀라 절망적인 노래를 부른다.
12. 2막은?
 - 로미오와 줄리엣의 발코니 장면과 사랑장면이 등장한다. 이 오페라에서 가장 중요한 사랑의 테마가 나온다.
13. 3막의 특징은?
 - 2막에서 정지하듯 발코니장면에서 머물렀다면 3막은 2막과 달리 급박한 사건들이 진행해 나간다.
14. 4막은?
 - 전주부분을 2막의 발코니 사랑장면을 연주함으로서 그들이 서로 밤새 사랑을 나눈다는 모습을 상상하게 한다.
15. 5막은?
 - 원작에서는 로미오가 죽은 후 줄리엣이 깨어나는데 이 오페라에서는 로미오가 죽기 전에 줄리엣이 깨어나 서로의 노래가 이루어진다.

■ 샘컴퍼니(연출 대본/연출 양정웅) <로미오와 줄리엣>
  2016.12.9.~2017.1.15., 국립극장 달오름극장
  2017.1.21.~1.22., 군포시문화예술회관 수리홀(대공연장)
  2017.2.4.~2.5., 대전 우송예술회관
  2017.2.18.~2.19., 대수 수성아트피아 용지홀
 샘컴퍼니는 2010년 4월 창단되었으며 Management, Musical, Movie 등 종합 엔터테인먼트 그룹이다. 샘컴퍼니는 국민배우 '황정민'을 포함 로미오 역의 박정민의 소속사이기도 하다.
 이 연극은 로미오 역에 영화 '동주'의 박정민과 줄리엣 역에 국민 여동생 문근영의 캐스팅이 확정되면서부터 화제가 되었던 작품이다.

◆ CNB 저널(2016.12.16.) 김금영 기자

이들의 무대를 보고 느낀 것은 풋풋함 그 자체다. 손발이 오그라들 정도의 유치함. 그래서 존재하는 어색함. 하지만 그래서 더욱 사랑스럽다. 문근영은 기존 대표 줄리엣으로 꼽히는 배우 올리비아 핫세, 클레어 데인즈가 연기한 줄리엣처럼 고혹적인 매력을 보여주지는 못한다. 박정민은 레오나르도 디카프리오가 보여준 꽃미남 로미오와는 이미지가 다르다. 미남보다는 볼매(볼수록 매력 있는)에 가깝다. 그런데 오히려 그래서 더 이들 만의 매력이 부각된다.

기존 〈로미오와 줄리엣〉을 다루는 콘텐츠는 다소 철든 청춘남녀의 사랑을 보여줄

때가 많았다. 슬프고 안타까우며 고귀한 사랑, 그 이미지에 대부분이 익숙하다. 그런데 1막의 이들은 정말 철이 없다. 그래서 어디로 튈 줄 모르는 자유분방함이 있다. 예의나 체면치레보다 마음이 가는대로 행동한다.

그런데 2막에 이르러서는 분위기가 반전된다. 1막은 관객의 참여를 유도하면서 웃음 포인트에 집중한다. 그런데 로미오가 줄리엣의 사촌 오빠 티볼트를 죽이고 추방당하면서 시작되는 2막은 초상 분위기다. 그리고 여기서 박정민과 문근영이 순간적으로 보여주는 몰입도가 대단하다. 로미오는 자신의 분노를 억누르지 못해 티볼트를 해친 것에 대해 스스로 자책하고 무너진다. 자신을 도와주는 로렌스 신부에게 미친 듯 화를 내기도 한다. 감정이 폭발하는 장면에서 1막의 어벙하던 로미오는 어느덧 사라진다.

줄리엣은 특히 약을 먹기 전 고민하는 장면이 압도적이다. 아버지가 강요하는 패리스와의 결혼을 피하기 위해 가사 상태에 빠지는 약을 먹는 장면이다. 이 장면은 대부분 줄리엣이 굳은 결심을 하고 약을 먹는 것으로 표현될 때가 많았는데, 이 공연 속 줄리엣은 굉장히 갈등하고 불안해하며 어떤 고민들을 했을지 보여준다.

혹여나 약을 준 로렌스 신부가 사실은 자신의 명예를 지키기 위해 자신을 독살하려는 건 아닌지, 깨어났는데 죽은 망령들의 영혼이 자신을 부르는 건 아닌지, 과연 깨어날 수는 있을지 고민하며 광기에 휩싸인다. 평정심을 갖고 약을 먹으려던 줄리엣은 단 몇 초 사이 미칠 듯한 불안감에 휩싸여 눈동자가 흔들리고, 얼굴은 창백해졌다가 붉어졌다가 한다. 단순히 '국민 여동생'으로 귀엽게 보였던 문근영이 어느덧 올해로 배우 인생 17년차임을 느끼게 해주는 장면이다.

이 장면에 이어 다시금 박정민이 감정을 폭발시킨다. 무덤에 누운 줄리엣을 찾아온 로미오는 슬픔에 휩싸이는데, 그 모습이 정말 어찌해야할지 몰라 미쳐버리는 광기를 보여준다. 줄리엣을 보며 "장난치지 말고 일어나라"고 할 때는 소년 같으면서도, 일어나지 않는 줄리엣을 보고 절규할 때는 사랑의 아픔을 알아버린 한 남자의 모습이 보인다.

그러나 기대되었던 서른 살 두 동갑내기의 캐스팅과 우리나라 연극계 특히 셰익스피어 작품으로 세계적인 연출가의 반열에 오른 양정웅의 작품이라는 점에 비해서 관람평은 대체로 실망스러웠다는 것이었다.

◆ 머니투데이(2016.12.24.) 박다해 기자
연극은 평이 극과 극으로 나뉜다. 원작 '로미오와 줄리엣'을 떠올린 사람이라면 실망할 가능성이 크다. 전체적인 줄거리와 배경만 원작을 차용 했을 뿐 각 캐릭터는 현대적으로 재창작한 것에 가깝기 때문.
가볍게 감상하기엔 좋지만 극이 전반적으로 산만하고 번잡스럽다는 느낌은 지울 수 없다. 관객석에서 등·퇴장하는 횟수가 잦은 데다 극 초반 관객과 대화를 하는 부분은 오히려 정신을 흩뜨린다.
로미오의 친구인 머큐쇼와 밴볼리오는 능청스러운 '찰떡' 궁합을 보여주며 극의 활력소 역할을 하지만 그 비중이 과한 편이다. 극의 진행 자체를 방해하는 듯한 느낌을 준다. 이에 반해 다른 조연인 티볼트와 패리스의 존재감은 거의 없다.
무엇보다 아쉬운 것은 원작 '소네트' 형식을 살린 대사다. 전반적인 연출이나 연기가 모두 현대적으로 재해석된 상황에서 중간중간 불쑥 튀어나오는 소네트 형식의 대사는 오히려 전체 극의 분위기에 이질감을 더할 뿐이다. 사랑에 빠진 로미오를 "말린 과메기 같다"는 비유를 차용하다가 갑자기 "분노여 광기의 불길로 날 인도하라"란 대사가 나오는 식이다. 양정웅 연출은 일부러 "원작의 대사를 살리겠다"고 밝혔지만 차라리 소네트 형식의 대사를 과감히 버렸으면 '양정웅표' 개성이 살아있는 독특한 연극이 나오지 않았을까 싶다.

■ '김수로 프로젝트 20탄'(예술감독 김수로, 각색/연출 성완종)
　창작뮤지컬 <로미오와 줄리엣>
　2016.12.15.~2017.3.5., 두산아트센터 연강홀
스크린, 드라마, 예능에서 종횡무진하고 있는 배우 김수로가 "온 국민이 공연을 보는 날까지" 라는 슬로건을 내걸고, 2011년 처음 시작한 '김수로 프로젝트'는 연극, 뮤지컬, 춤 등 문화 전 분야에 걸쳐 그 영역을 확장하고 있다. 2013년 10월 11일 대학로 아트씨어터 3관에서 공연한 <발칙한 로맨스>를 제1탄 시작으로,

제20탄으로 창작뮤지컬 <로미오와 줄리엣>
을 2016년 12월 16일부터 2017년 3월 5일
까지 두산아트센터 연강홀에서 공연하게
된 것이다.

이 작품은 <로미오와 줄리엣>은 '사랑'
이라는 전 인류적 키워드를 주제로 고전의
견고한 스토리에 현대적 감각을 입혀낸 작
품이다. 핵전쟁 이후 돌연변이가 된 로미
오가 인간 줄리엣을 만나 사랑에 빠진 후
존재 이유를 찾는 이야기를 그려 작품 초
기 단계부터 궁금증을 불러모았다. 인간과
좀비의 사랑이야기가 영화 속에서는 많이
구현됐지만 무대 위에 올려진 것은 처음인 것 같다.

핵전쟁 후, 인류는 지하철역에서 살아남았다. 지상은 온통 오염물질로 뒤덮여,
여러 종류의 돌연변이들을 만들어냈다. 카풀렛 역의 인류와 몽타궤 역의 돌연변이들
은 생존을 위해 서로를 끊임없이 죽인다. 그러던 어느 날, 카풀렛 역의 고아 소녀
줄리엣은 남몰래 바깥 세상에 나가, 폐허가 된 몽타궤 역에서 돌연변이 소년 로미오
를 만나게 된다. 그리고 둘은 운명처럼 서로에게 이끌리는데… 원작 속 몬테규와
캐플릿 가문간의 갈등이 이 작품에선 지하철 역 카풀렛에 사는 인간들과 몽타궤에
사는 돌연변이들의 갈등으로 그려진다.

성종완 연출은 기자간담회에서 돌연변이와 인간의 사랑이라는 독특한 설정에 대
해 "인류 역사상 유명한 러브스토리를 두고 어떻게 표현할지 고민이 참 많았다.
제가 잘 할 수 있는 부분에 더 힘을 싣고자 설정을 바꿔서 표현했다."고 밝혔다.
이어 "원작의 대사들은 1~2% 정도밖에 남아있지 않지만, 원작이 가지고 있는 메시
지는 그대로 살렸다"며 "힘든 시기를 겪고 있는 관객들이 이번 작품을 통해 사랑의
의미에 대해 생각할 수 있는 기회가 되길 바란다."고 덧붙였다.

종론

셰익스피어가 우리나라에 어떻게 수용되었는지 개화기에서부터 근자에 이르기까지의 과정을 살펴보았다. 셰익스피어 희곡이 근대극을 자극하여 변화시켰는가를 논의하였는데 그 결과는 셰익스피어의 작품이 한국 근대극에 엄청난 영향을 미쳤음을 확인할 수 있었으며, 결코 부정적이 아니고 긍정적이었다는 사실이다.

계몽기에 셰익스피어는 시인이자 위인이었다. 그는 희곡작가가 아니고 격언자요 경구가였다. 셰익스피어의 이름이 처음 소개된 것은 1906년 조양보(朝陽報)에 '세이구스비어'라고 선보인 것이리라. 셰익스피어가 우리나라에서 본격적으로 소개, 수용되기 시작한 것은 1920년대이다. 이는 주로 일본 도쿄(東京)에 유학한 문학도들이 문단, 저널리즘을 통해 발표한 셰익스피어의 전기, 희곡 그리고 작품 연구에 관한 글들을 통해서였다.

셰익스피어는 위인이었다. 그의 몇 마디 대사는 경구가 되었다. 신식교육이 시작되면서 셰익스피어는 중등교과서에 그의 이름도 나타나기 시작하였으며, 개화기 한국인들에게 시인의 모습으로 비쳐진 것이다. 그나마도 중국이나 일본이라는 징검다리를 건너서였으며 그의 이름도 색사비아(塞士比亞), 색사피아 등 몇 가지로 변형되어 소개됨으로서 그의 실체에 접근하기 쉽지 않았으나 시성(詩聖)이자, 위인에서 대문호가로 기재된 바 있다. 그러다가 수년 뒤에 극작가로서 알려지게 되었는데 1917년 그의 희곡인 <맥베스>가 영화로 상영됨으로서 대표적인 고전극 작가로 회자되게 되었다.

1919년에 와서 셰익스피어에 대한 친근감을 갖게 되는 계기가 마련된다. 원작은 아니나, 램을 통한 <템페스트>(Tempest)와 <베니스의 상인<The Merchant of Venice)이 산문체로 번역·소개되었던 것이다.

셰익스피어의 작품이 우리나라에서 처음으로 번역된 것은 1919년 구리병(句離瓶)(본명 주요한)이 번역한 <템페스트>인데, 원작에서 번역한 것이 아니라, 램의 <셰익스피어의 이야기들>로부터 번역한 것이다. 그런 점에서 램은 셰익스피어 수용에 큰 공로자라고 할 수 있다.

1919년 3·1운동 이후 번역문학의 르네상스 시대를 맞이하게 되고, 잡지가 많이 창간되고 신문도 하나 둘씩 발간되어, 이러한 새바람은 셰익스피어를 자연스럽게 상승시켰다. 또한 일본 도쿄(東京) 유학생이 점차 늘면서, 셰익스피어 희곡이 여러 번 소개될 수 있었다.

최고의 공연 기록을 갖고 있는 <햄릿>의 경우, 최초로 이 작품을 번역·소개한 자는 선각자라고 할 현철(玄哲)이었으며 20세기에는 한로단, 설정식, 최재서 등이 번역진에 참여하였다. 최초의 공연은 1938년 진우촌(秦雨村)이 번안한 <함레트>(묘지 일막) 이었다.

지금은 셰익스피어의 범람시대이다. 수많은 영문학자들이 학자의 자격심사에 응하듯이 셰익스피어의 작품을 번역하고 있다. 대개 한 작품 또는 몇 작품을 번역하고 있다. 오늘날 셰익스피어의 전 희곡을 번역한 사람은 김재남(金在枏의 40권)과, 새로이 셰익스피어의 작품으로 인정된 <두귀족 친척>과 <에드워드 3세>까지 포함하여 42권을 번역한 신정옥(申定玉)이다.

셰익스피어의 수용 초기에는 셰익스피어의 원문에 의한 문학적인 범주는 크게 벗어나지 못하였다. 찰스 램의 「셰익스피어의 이야기들」이 젊은이들에게 크게 어필함으로서 극작가로보다는 위대한 문인으로 자리잡게 된 것이다.

1919년 3·1운동 이후는 문화의 변혁기였다. 일본 도쿄(東京) 유학을 한 문학도들이, 또 영문학을 전공한 학생들이 늘어나고, 이들이 점차 문화운동에 참여함으로서, 셰익스피어에 대한 관심이 높아지고 간헐적으로 셰익스피어에 관한 소개가 되었다. 대학 강의나 신문·잡지에 실린 글월을 통해 셰익스피어의 전기와 그의 전모가 밝혀지게 되었고, 그의 희곡이 서적(書籍)으로, 무대화로 소개되어, 셰익스피어가 점차 위대한 극작가로 알려지게 되었다. 그러나 무대화에는 문제가 있었다. 셰익스피어가 탁월한 극작가라고 하여도 그의 희곡을 무대 위에서 소화해낼 만한 극단도 없었다. 번역은 번역자의 노력으로 가능한 것이나 연극은 희곡에 알맞은 연출가, 배우, 무대와 무대장치, 조명, 음향이나 음악 등의 필수적인 조건이 맞아야 하는 것이니 무대화는 쉬운 일이 아니다. 1930년대에 와서 극예술연구회라는 지식인 극단이 생겨나서 셰익스피어 작품의 부분 공연이 가능했고, 상업극단 중에서도 시도해보는 정도였다. 그래도 학생극 단체들이 몇 번 셰익스피어극을 시도해보려 노력한 흔적이 보였으며, 그 후에도 학생극은 셰익스피어 희곡의 전통성을 살리는 연극이었다.

셰익스피어극의 공연은 해방이 되고 나서야 가능했으며, 셰익스피어의 문학도 희곡 번역으로 토착화하였고, 학문으로서 연구과제가 되었다.

대학극이 셰익스피어 희곡을 선구적으로 전통성을 확립하는 공연을 하였으며, 낙후성이 있다고 인정되었던 직업극단도 셰익스피어극에 대한 미련이 없었던 것은 아니다. 해방 전은 일제가 우리의 문화권을 장악하고 있는 시대였으나, 셰익스피어는 우리나라 극작가들이 흠모하는 모델이었고, 실제로 그의 작품 플롯이 자주 차용되었다. 예를 들면 유치진의 작품 세계를 살펴보면, 역사극 <마의타자>, <대추나무>가 공연되었고 해방 후에는 <자명고>, <별>, <원술랑> 등 대작들이 셰익스피어극의 원용이었다. 그 외에도 몇 몇 극작가들이 셰익스피어 희곡을 교본으로 삼은 흔적이 있다.

셰익스피어가 이 땅에 본격적으로 수용된 것은 1950년 6·25 전쟁 이후였으며, 몇 가지 이유를 열거할 수 있다. 첫째로 부산 피난시절의 셰익스피어 붐을 꼽아야 할 것이다. 부산으로 남하하여 국립극단에서 사설극단이 된 신협이 셰익스피어의 대표적인 비극으로 피난민들을 감동시키면서, 셰익스피어가 자연스럽게 대중의 정서를 사로잡은 것이며, 셰익스피어가 우리의 지식으로, 문화로 친근하게 되었다는 뜻이다. 두 번째로 해방 후 여러 대학의 영문학과에서 셰익스피어가 주요 커리큘럼으로 등장하였고, 셰익스피어 전공학자들이 적잖게 배출되었다는 점이다. 이 말은 셰익스피어 희곡을 번역할 수 있는 소장 영문학자들이 여러 명 등장했다는 것이며, 1925년 처음으로 셰익스피어를 논한 김우진의 <사옹(沙翁)의 생활> 이래, 저명한 영문학자 최재서(崔載瑞)의 <셰익스피어 예술론>과 그의 <햄릿> 번역은 젊은 영문학자들을 고무시켰다.

그로부터 셰익스피어 전작이 번역되기 시작했고, 독자가 늘고 셰익스피어극 공연에 관객이 몰리면서 전문출판사들이 번역서 출판에 적극 나서기도 했다. 휘문출판사에서는 영문학자 김재남의 셰익스피어 전작 번역을 5권으로 출판하였고, 정음사도 저명한 영문학자들이 번역한 작품을 모아서 셰익스피어 전집을 4권으로 출판하였음은 본보기가 될 만하다. 1964년 셰익스피어 탄생 400주년 기념행사는 셰익스피어 붐을 일으키는 촉매제가 되었다. 주요 극단들이 셰익스피어 작품을 기념 공연하였고, 학술행사·출판 등이 셰익스피어에 대한 대중들의 호감을 북돋우는데 크게 기여하였다.

1970년대는 유신체제하의 정치였고 사회였다. 억압과 변용의 이율적인 시대였다. 정치·사회에 대한 풍자성이 강한 셰익스피어의 작품들이 기피되었다. 대중성이 강한 비극들, <햄릿>과 <맥베스>는 왕위 찬탈이 주제이고, <리어 왕>은 왕위 계승에 따른 비극이었으니 기피의 대상이 될 수 있다. 또 하나의 이유는 시대적 흐름으로 반영된 극단의 영세성이다. 그러나 이 시기에 셰익스피어의 실험극이 시작되었다는 점에서 셰익스피어의 수용에 하나의 터닝 포인트가 되었다. 좋은 본보기가 <오셀로>와 <로미오와 줄리엣>이 여성국극단에 의해 <흑진주>와 <청실홍실>이라는 번안국극을 무대화한 것이고, 동랑레퍼토리극단 <하멸태자>(안민수 번안·연출) 공연이었다. 1970년대부터 셰익스피어가 실험극으로 떠오르기 시작한 것은 확실하다. 이들 실험극을 대상으로 한 연극인들은 중견 연출가 김정옥과 신진 연출가 기국서, 오태석, 이윤택 등이다. 이들이 셰익스피어극을 실험극으로 만드는 작업의 의도는 가지각색이다. 몇 가지를 열거하면 다음과 같다.

첫째, 완전한 우리식 한국화,

둘째, 김정옥의 경우에서처럼 셰익스피어에 한국인의 죽음관이라고 할 한국인의 정서투영,

셋째, 기국서의 경우처럼 원작의 파괴를 통한 우리의 정치현실에 대한 비판용 도구화,

넷째, <떠벌이 우리 아버지 암에 걸리셨네>의 경우처럼 패러디화한 것,

다섯째, 찰스 마로윗츠의 <마로윗츠 햄릿>에서처럼 서양의 실험극을 무대에 올리는 것 등이다.

셰익스피어의 작품에 대한 우리 연극인들의 실험작업은 외국인들의 영향도 적지 않다. 피터 부르크와 제3세대 연출가들의 실험에 자극받은 경우가 가장 크고, 이웃 일본의 실험극 작업도 우리 연극인들에게 영향을 준 것도 사실이다.

1980년대 이후는 문예에 있어서 해체주의가 풍미했고, 포스트 모더니즘도 겹치면서 셰익스피어는 형체를 알아볼 수 없을 만큼 도마 위에서 난도질을 당하였다. 그러나 분명한 것은 셰익스피어가 한국 현대극을 풍요롭게 한 점이다. 6·25전쟁 중에는 창작극의 공연을 기대할 수 없었다. 그러나 신협의 셰익스피어 비극 공연은 창작극의 부진을 커버할 수 있었으며, 무대예술의 주요 부분이 되었고, 국민에게 위로감을 안겨주었다. 1960년대는 직업극단들의 연기의 각축장이 되었고, 1970년대는 다양한 실험극으로 우리 연극의 침체성을 극복하였고, 1980년부터는 해체주의의 물결이 셰익스피어를 탁류(濁流)속에 몰아넣을까 염려되며, 1990년 이후는 셰익스피어 문화의 전성기요, 2000년부터는 병용의 다양화 시대가 되어 셰익스피어 희곡이 뮤지컬이 되고, 판토마임이 되고, 발레가 되고, 토속적인 콧노리판이 되는 등 셰익스피어 문화의 범람시대가 되었다.

이상은 셰익스피어 연극의 수용, 변용의 흐름을 검토한 것이다. 번역의 부분도 그 진전을 간과할 수 없다. 영문학 교육이 강화되고 영문학 전공의 학자들은 과거의 중역의 시대를 넘어서서 직접 원문 번역을 하여 단행본 또는 전집판으로 출판하게 되었으며, 대중 교양의 폭과 질을 향상시키는데 크게 기여하였으며, 그들 번역은 연극으로 이어져, 극단들의 공연은 셰익스피어의 진미를 만끽하도록 해주었다.

셰익스피어는 학문으로서 연구대상이 되었다. 최재서의 논문이 시금석이 되어 각 대학의 교수와 학자들은 그의 연구에 몰두하였고, 강의에서 논의하고, 에세이나 논문으로 연구결과를 발표하여 학술잡지나 서적으로 출판되는 등 학구의 범위와 깊이가 연구의 실적을 가름하게 되었다.

오늘날은 셰익스피어의 범람시대라고 언급하였다. 지금에 와서 유치진이나 이해랑이나 김동원을 옳게 평가하듯이 지금의 범람기의 문학, 연극, 학문 등은 21세기 중반에 가서야 진가 여부가 판정날 것이다.

신정옥

명지대 영문학과 교수를 역임한 신정옥 저자는 경북대를 거쳐 이화여대대학원을 졸업한 뒤 한국외국어대학교 대학원에서 문학박사학위를 받았다.

저자는 수많은 번역 작품을 남기고 있는데 영미문학작품, 그 가운데서도 영미희곡 작품을 끊임없이 우리말로 번역한 공로로 「실험극장 에쿠우스 장기공연 공로상」(1976), 「한국일보 제16회 한국연극영화텔레비전 예술특별상」(1980), 「한국연극협회 한국연극 100호 기념 최다 집필상」(1985), 「한국연극협회 한국연극공로상」(1985), 「명지대학교 제1회 학술상」(1994), 「한국예술연구원 동랑 유치진연극상」(1996), 「한국연극예술 본상」(1998)을 잇달아 수상했다. 또한 저자는 한국 셰익스피어학회 회장을 역임했다.

저서로는 『무대의 전설』(1988, 전예원), 『한국신극과 서양연극』(1994, 새문사) 『셰익스피어 한국에 오다-셰익스피어의 한국 수용과정 연구』(1998, 백산출판사), 『한국에서의 서양연극-1900~1995년』(공저: 1999, 소화출판사)가 있으며, 번역서로는 『현대영미희곡』(전 10권: 1975~1984, 예조각), 『에쿠우스』 등 4권(1990-1993, 범우사)이 있으며, 『셰익스피어전집』(전 42권: 1989-2007, 전예원)을 출간했다.

연구논문으로는 「체호프의 한국수용에 관한 연구」, 『한국연극』(제169호)외 40편이 있다.

韓國新劇과 셰익스피어 受容史 Ⅱ

초판 01쇄 인쇄_2018년 08월 20일
초판 01쇄 발행_2018년 08월 25일

지은이_신정옥
펴낸이_양계봉
만든이_김진홍

펴낸곳_도서출판 전예원
주소_경기도 용인시 처인구 초부로 54번길 75
전화번호_031) 333-3471
전송번호_031) 333-5471
전자우편_jeonyaewon2@nate.com
출판등록일_1977년 5월 7일
출판등록번호_16-37호

ISBN_978-89-7924-123-5 03680

값_25,000원

※ 잘못된 책은 바꿔드립니다.

이 책은 한국출판문화산업진흥원의 출판콘텐츠 창작자금을 지원받아 제작되었습니다.